학습자 중심

교수방법

권낙원 /역

도서출판 원미사

머리말

- 계획
- 실행
- 평가

효과적인 교실 수업을 위해서는 전문교사의 헌신적 노력이 요구된다. 우연히 그렇지 않은 경험이 일어나긴 하지만 그것은 예외적인 것으로 규칙적인 것은 아니다. 만일에 교사가 학기 내내 학습을 증진시켜 성공 지향적 학습환경을 유지하고자 한다면, 교사들은 수업활동을 계획, 실행하고 학생들의 성취를 평가하는 교수활동을 지속적으로 그리고 철저하게 실천해 나가야한다.

이러한 계획, 실행, 평가는 전문 교사들이 수업의 질, 즉 많은 학생들의 학습을 증진시키기 위하여 교사가 노력해나가는 계속적 과정 또는 순환적 과정인 것이다. 즉 이 교재의 목적은 현직교사, 직전교사 모두가 효과적으로 수업을 계획, 실행, 평가할 수 있게 하는 방법을 제공하는데 있다. 그러기 위해서 교사는 늘 달성하고자 하는 목적과 필요한 자원을 결정하고 목표가 달성되었는지를 검토해 보아야 할 것이다.

이 한권의 교재로 전반적인 교수방법이라는 학문을 모두 다룰 수는 없다. 그러나 우리는 효과적인 교실수업을 개선하고 교수방법론 분야의 심층적 연구를 위한 틀을 제공함으로써 학생들의 학습증진을 위한 기초를 제공한다고 믿는다.

개념적 틀

이 책의 구성목적은 두 가지이다. 첫째는 독자들의 계속적인 전문적 성장의 기초가 되는 개념적 도구를 개발하는 것이다. 둘째는 교사들에게 가장 최근의 교수에 관한 연구를 제공하고 이 연구가 교실의 실제에 주는 의의를 기술하는 것이다.

처음으로, 실속 있는 연구물들이 교육의 의사결정에 중요한 영향을 미치고 있다. 이러한 연구문헌은 소위 교사효과성이라는 영역에 속한다고 볼 수 있다. 간단히 말해 이 연구는 좋은 교사 또는 효과적인 교사의 행동과 덜 효과적인 교사의 행동을 비교하고 있다. 이 연구는 방대하고 다양하며 실제적인 많은 문제를 다루고 있다. 예를 들면 학급 규모를 줄이는 것이 교사와 학생에 어떠한 영향을 미치는가? 연구 결과에 의하면, 학급 규모의 축소는 단기적, 장기적으로 긍정적 영향을 미친다는 것이다(Nye, Medges, & Konstantopoulous, 2001; Viadero, 1992c). 학급 규모를 25명에서 15명으로 줄인 테네시에서 연구자들은 독서와 수학 점수가 향상되었음을 발견하였다. 추수연구에서 긍정적 영향은 12학년까지 지속되었다고 밝히고 있다. 보다 더 작은 학급에서는 중도 탈락하는 학생들이 거의 없으며, 그들은 더욱 더 도전적인 과정을 선택하였으며, 규모가 큰 학급 학생들보다 대학에 다닐 가능성이 더 높게 나타났다. 특히 이러한 긍정적인 영향은 아프리카계 미국인에 두드러졌다. 보다 규모가 작은 학급은 교사의 생활에도 긍정적인 영향을 미친다(Munoz & Poters, 2002). 학급 규모가 줄어들면, 교사의 사기와 직무만족은 증대된다. 규모가 작은 학급에 있어, 교사들은 훈육에 시간을 더 적게 보내고 소집단 학습과 진단평가에 더 많은 시간을 보낸다. 오늘날 미국 교육에서 가장 많이 언급되는 주제가 과밀학급이지만 비판가들은 이러한 교육적 변화가 제 값을 다할지 의문을 갖고 있다. 연구를 통하여 이러한 문제에 대한 해답을 찾을 수 있다.

역사적으로 교육이란 여론에 영향을 많이 받아왔고, 저명한 사상가 또는 최악인 경우 검토되지 않은 신념이나 일시적 생각에 많은 영향을 받아왔다. 이제는 결코 이런 일은 없다. 이 두 번째 문제 때문에, 교수효과성에 관한 연구들이 이 교재 전반에 걸쳐 이용되고 있다.

교수방법 배우기

교수 방법을 배우려면 많은 여러 지식이 요구된다는 점에서 복잡다단하다. 이들 지식은 아래와 같다.

- 내용지식
- 교육학적 지식
- 교수기술

이제 이들 각 내용을 검토해 보자.

"모르는 내용을 가르칠 수 없다"라는 말은 오래전부터 있어 왔다. 여러분의 내용지식은 여러분이 교양과목과 전공, 부전공 과목에 보낸 시간에 근거하고 있다. 그러나 Rudolph Dreikurs에 의하면, "교과목의 지식만이 효율적 교실수업에 충분하지 않으며 심지어 지식을 전달할 수 있는 능력조차도 충분하지 않다(1986b)." 교사는 또한 이 복잡하고 어려운 아이디어를 학습 가능한 주제로 번역해내는 방법을 알아야 한다.

*교육학적 지식(Pedagogical knowledge)*은 교실수업에 관한 지식을 포함하여 교실수업은 어떻게 작용하고 교실수업은 어떻게 학습을 증진시키느냐에 관한 지식으로 교사가 결정적

으로 갖추어야 할 두 번째 지식인 것이다. 교육학적 지식에 속하는 개념 본보기에는 다음과 같은 것들이 있다.

- 인지영역에서의 학습 수준
- 수업목적과 목표
- 교수학습계획
- 대기 시간
- 탐구
- 규칙과 절차
- 절대기준 준거 검사

이 교재를 집필하는 목적 중의 하나는 이들 개념에 관한 지식을 제공하여, 여러분이 교사로서의 역할을 생각하고 분석하게 하고 중요한 교육문제에 관하여 다른 전문인들과 대화를 나누도록 하는데 있다.

교사가 갖추어야 할 세 번째 지식에는 교수기술 또는 학생들의 학습을 촉구시키는 전략적 방법을 활용할 수 있는 능력이 포함된다. 이 책에서 검토할 교수기술은 계획, 실행, 평가라는 세 가지 상호 관련된 과제를 중심으로 조직되어 있다. 우리는 이 책이 여러분에게 교직 첫 몇 년 안에 교사로서 유능해지는데 필요한 기술을 제공해 주기를 희망한다.

교재의 조직

이 교재는 네 단원으로 조직되어 있다.

단원1: 효과적인 수업을 위한 교실관리(2-3장)
단원2: 표준과 수업계획(4-6장)
단원3: 표준과 수업실행(7-10장)
단원4: 표준과 수업평가(11장)

이 교재를 쉽게 읽도록 하기 위하여, 각 장마다 다음의 내용이 포함되는 표준형태를 만들었다.

1. *서론.* 학습할 자료 내용에 초점을 둔 시나리오를 포함하여 자료 내용의 소개와 그 내용을 교재에 포함시킨 근거 소개.
2. *목표.* 각 장을 읽은 후 얻게 될 일반적 지식의 열거.
3. *교실에서의 …적용.* 각 장의 내용에 대한 선행조직자로 고안한 일련의 질문과 사례연구
4. *내용.* 설명, 기술, 본보기를 제공하여 목표 달성을 촉진시키는 아이디어와 개념. 하위주제에는 '다양성이 어떻게 교수학습에 영향을 미치고, 교사는 이 다양성을 이용하여 어떻게 학급을 좀 더 풍요롭게 만들며, 공학을 통하여 어떻게 교사의 효과성을 증진시키고, 그들의 수업을 보다 효율적으로 만들지에 대한 내용이 포함된다.
5. *반성…* 각 장은 INTASC표준에 따라 내용이 강조되고 있으며, 제시된 자료에 대해 구체적 질문을 통하여 반성할 기회를 제공한다.
6. *요약.* 이 책의 전반적인 내용 전개와 관련된 간단한 결론적인 진술.
7. *검토를 위한 핵심 개념.* 각 절에 열거되어 있고 각 장에 뚜렷하게 표시되어 있는 중요한 용어와 개념.
8. *자격시험준비.* 여기서는 수업시나리오를 주고 이에 많은 질문을 제기하여 각장의 핵심 주제에 초점을 맞추도록 돕고 실제연습2(PRAXIS II)에서 직면하게 될 질문에 대비한 경험과 기회를 제공한다.
9. *비디오 연습.* 여기서는 온라인으로 볼 수 있는 구체적인 비디오가 제시된다. 비디오를 보고 학생들은 일련의 질문에 응답한다.
10. *포트폴리오 개발.* 여러분의 교과 포트폴리오에서 언급될 수 있는 각 장에 나와 있는 주제에 대한 제안들.
11. *토의문제.* 각 장의 내용에 대한 사고를 자극하기 위하여 고안된 문제.
12. *현장경험을 위한 제안.* 학교와 교실에서 반드시 수행해야 할 목록.
13. *교수도구.* 이 절에서는 인쇄된 주석을 단 참고문헌과 웹사이트가 제안되어 있다.

이 교재는 상호작용적이 되도록 고안되어 여러분들이 효과적인 교수에 관한 포괄적 견해를 갖도록 책속에 있는 정보를 적극적으로 활용하는데 도움이 될 수 있도록 구성되었다. 우리는 여러분이 자신을 교사로 규정하고 각 장의 여러 내용요소들을 올바로 활용할 것을 권장하는 바이다.

8판의 새로운 내용

이 책 전체에 걸친 교사 효과성에 관한 최근의 참고문헌과 최근 연구 이외에 8판에서는 다음과 같은 중요한 내용이 추가된다.

- 국가와 주의 표준과 그 표준이 3단계 교수 모형에 미친 영향에 대한 새롭고 확대된 논의
- 전 교재에 걸친 학급에서의 교수전략에 대한 더 많은 집중
- 교육목표분류학에서의 목적의 자원과 인지적 영역에서의 내용간의 관계를 수립하는 새로운 장
- "학급에서의 적용"이란 절에서는 각 장의 내용의 선행조직자가 되는 추수질문과 사례연구 제시.
- 핵심개념을 설명하는 용어 해설.
- "비디오 연습" 절에서는 Pearson's myeducationlab.com online video와 추수질문 및 피드백을 함께 제시
- "교수도구" 절에서는 선택된 그리고 주석을 단 참고문헌과 Web site 제시

끝으로, 이전의 7판과 마찬가지로 우리는 교실수업에 더욱 실제적이고 적용 가능한 교수방법서를 만들고자 시도했다. 이러한 목적을 위하여 전 교재에 걸쳐 시나리오, 본보기, 그리고 연습이 부가적으로 수정되고 확대되어 제시되었다.

생동하는 교실로서의 교육실험실

"교수학습분석 방법을 개발하고 있는 교사 교육자들은 교수자료의 분석에는 세 가지 이점이 있다고 주장한다. 즉 이것은 신임교사에게 실제수업자료를 사용하는 동안 반성의 시간을 준다; 두 번째 이것은 신임교사에게 복잡한 교실수업을 생각해 보고 접근해 보는 경험을 제공해 준다; 세 번째는 어느 경우에는 신임교사와 교사 교육자가 교수에 관한 공통이해와 공통 언어를 개발하도록 하는데 도움이 된다는 것이다."

Linda Darling-Hammond와 그녀의 동료들이 지적하고 있듯이, 교사와 학생 간 그리고 학생의 활동과 교사의 활동사이에서 교사교육의 기초를 닦는 것이 오늘날 교실에서 힘들게 학생들을 가르치는 교사를 양성하는데 없어서는 안 될 중요하고 필수적인 요소가 된다. 우리는 여러 해 동안 교무실에서 교과의 목적과 다음세대의 교사교육자를 가르치는데 직면하게 되는 도전에 대하여 학습을 하면서 여러 교사로부터 똑같은 메시지를 듣는다. 우리 저자들 그리고 여러 교사와 함께 작업하여 우리는 Web site를 만들었다. 그 Web site에서는 교사와 학생에게 교사교육연구에서 중요하다고 지적하는 실제교실상황

과 교수자료를 제공해 주고 있다. 교실 내 비디오 장면, 상호작용적 시뮬레이션, 풍부한 사례연구, 실질적인 교사와 학생의 작품 등을 통하여 MyEducationLab에서는 여러분과 여러분의 학생들에게 가치 있는 교사교육의 도구를 제공한다.

MyEducationLab

이것은 사용하기가 쉽다. MyEducationLab로고가 이 책 어디에 나타나건 교사와 학생들은 각 장의 내용과 일치하는 MyEducationLab자원에 접근하기 위해서는 단순한 연결지시만 따르면 된다.

비디오

생생한 교실 비디오는 실제교사가 실제 교실상황을 어떻게 다루는지를 보여준다.

숙제와 연습

이러한 과제부과 활동은 학생들이 내용을 보다 깊이 이해하고 적용할 기회를 준다.

사례연구

베스트셀러 책에서 발췌한 다양한 사례들은 학생들에게 수업의 실제를 보여주고 교육에서의 공통문제와 도전에 대한 중요한 관점을 제공해 준다.

시뮬레이션

Vanderbilt University에 대한 IRIS센터에서 만든 상호작용적 시뮬레이션은 모든 학습자에게 적합한 실제적인 수업을 제공한다.

학생과 교사의 교수학습자료들

실제적인 학생 교사의 교수 학습자료들은 교과의 주제와 관련이 있고 매일 교사가 대면하는 실제자료를 활용할 기회를 준다.

독서

ASCD의 유명한 Educational Leadership저널에서 특별히 주제와 관련된 논문은 핵심문제와 핵심주제에 대한 학생들의 관점을 확장하고 풍부하게 해 준다.

기타자원

단위수업과 포트폴리오 개발법

효과적이고 사용하기 용이한 이 도구를 통하여 여러분은 표준에 기반을 둔 교수학습과정안과 포트폴리오를 창안하고 최신의 내용으로 바꾸어 공유할 수 있다.

새논문

교육의 이슈를 찾고 있는가? 우리는 ABC뉴스거리로부터 수백편의 관련 노문을 수집해 놓고 있다.

MyEducationLab은 사용하기 용이하다. 이것은 반드시 여러분의 학생들에게 가장 큰 도움을 줄 것이다.

재미있는 온라인 교수자원의 실연을 위해서는 www.MyEducationLab.com을 방문하시오.

감사의 말

8판을 준비하는데 결정적인 피드백을 주었고 더할 나위 없이 중요한 자원이 되어 주었던 수백 명의 교사, 학생에게 감사를 드립니다. 또한 다음의 검토자들에게도 감사의 말씀을 올립니다. Holy Family대학교, Phyllis J. Anthony, Augustna대학 Julie Ashworth, Western Carolina 대학교 Edward Case, Florida International 대학 Gailp P. Gregg, Texas A&G International대학교 Cordelia M. Nava 그리고 Charlotte에 있는 North Carolina대학교 David Pugalee.

마지막으로 복사하고 편집하는 과정에서 아주 소중한 도움을 주었던 다음 사람들에게 감사의 말씀을 드립니다.

Roxanne Kass, 그리고 모든 i's에 점을 찍어 주었고 모든 t's를 삭제해 준 Sarah Kenoyer 그리고 8판 내용의 개요를 작성하는데 도움을 준 우리의 부편집인인 Christina Robb 그리고 이 책의 전과정을 안내하고 그 일을 완성시킨 총 편집책임자인 Darcy Betts Prybella.

D.A.J. P.D.E. D.P.K.

역자 서문

교수방법(methods for teaching) 7판을 번역할 당시 역자는 학습자중심 교과교육학회 회장직을 맡고 있었다. 학회를 이끌면서 늘 학회의 이론적 토대를 어떻게 구축할까 고민하다가 교수방법 7판을 접하게 되었다. 제목은 늘 다른 책에서 보는 것과 차이가 없었다. 그러나 그 안의 목차는 '학습자중심 수업계획', '학습자중심 수업', '학습자중심 평가'로 되어 있었다. 그래서 학습자중심 수업을 우리 학회는 물론, 일선 교사들에게도 알려주고 싶은 마음에 번역을 시작하게 되었다. 그 당시 대학원생이었던 최화숙, 한은정, 박일수, 박승렬이 도움을 주었다. 그런데 번역이 끝나자마자 제 8판이 나왔으며, 그 내용과 체계가 7판과 상당부분 달라져서 다시 번역을 하지 않으면 안 되었다. 이 작업은 역자 혼자 완성하기로 했다. 그 때 참여한 선생님들 모두에게 고마움을 전한다.

이 책은 앞에서도 간단히 언급했지만 7판의 개정판으로, 학습자중심이라는 목차는 사용하고 있지 않지만 실제 내용 속에는 학습자중심 이론들이 스며들어가 있다. 이 책의 특징이라고 한다면 과거의 수업이론이나 실제에 관한 책은 주로 저자의 관점에 따라 목차를 정해 책을 집필했으나 이 책은 미국의 각 주에서 정한 초임교사 자격표준에 근거하여 책이 집필되었다는 점이다. 이 표준은 교사라면 누구나 도달해야 하는 기준인 것이다. 이러한 기준은 미국의 교사에게만 적용되는 것은 아니다. 우리나라의 교사에게도 꼭 요구되는 수업기준이라고 생각된다. 따라서 이 책에 제시된 내용의 기준에 도달한다면, 곧 교사로서의 기본자질을 갖춘 훌륭한 교사라고 말할 수 있을 것이다.

이 책의 목차는 제1단원 효과적인 수업을 위한 학급경영, 2단원 표준과 수업계획, 3단원 표준과 수업실행, 4단원 표준과 수업평가로 되어 있으며 각 단원 내용에 있어서는 교사로서 꼭 도달해야 할 지식, 기능, 태도 등이 잘 제시되어 있다. 그래서 오늘날 학교에서 자신의 수업을 평가해 볼 수 있는 하나의 지침 역할을 하고 있다고 보여진다. 따라서 관심을 갖고 1단원부터 끝까지 정독해 나간다면 '수업 개선'에 대한 많은 아이디어를 갖게 됨은 물론 수업에 어느 정도 자신감을 갖게 될 것이다. 그러나 이러한 아이디어가 지식 상태로만 간직된다면 큰 의미가 없을 것이다. 이러한 아이디어를 우리 현실에 비추어 해석하고 적용하고 나아가 그 효과를 검증하는 작업이 요구된다. 이러한 과정을 통해 다소나마 교실현장이 개선된다면 더 할 나위없는 즐거움이 될 것이다.

끝으로 출판사 사정이 어려운데도 불구하고 출판을 승낙해 주신 원미사 박준식 사장님께 깊은 감사의 말씀을 전한다.

2012. 1월 다락리에서 권 낙 원

차 례

1 단원

효과적인 수업을 위한 학급경영

Chapter 2

학급경영: 예방 • 69

Chapter 3

학급경영: 중재 • 105

2 단원

표준과 수업계획

Chapter 4

표준과 수업목적 • 139

Chapter 5

표준을 사용하여 목적과 목표를 설정하기 • 183

Chapter 6

표준에 따른 평가계획 • 217

3 단원

표준과 수업실행

Chapter 7

표준과 책무성시대의 발문전략 • 263

Chapter 8
교사중심 수업전략을 통하여 표준에 도달하기 • 297

Chapter 9
학습자중심 수업전략을 통하여 표준에 도달하기 • 343

Chapter 10

학습자의 개인차 고려: 수업전략 • 387

4 단원

표준과 수업평가

Chapter 11

표준과 책무성 시대의 학습평가 • 427

1

표준 책무성시대의 교수

교실내에서의 교수와 표준의 적용

표준과 전문성의 발달

교사의 역할

교수 : 분석

학급의 다양성

수업에 대한 3단계 접근

의사결정자로서 교사

교수에 있어서 반성의 중요성

교실에서의 공학 : 실행과 활용

서 론

아마도 이 책을 읽는 사람은 대학에서 일반 방법론과목에 등록한 학생이거나 수업의 효과성 증진에 관심을 갖고 있는 교사일 것이다. 우리는 이 책을 집필하면서, 여러분은 학생으로, 부모로, 보조교사로 또는 개별교사로 학교와 교실에 대한 경험이 있지만 형식적인 수업에 대한 경험은 없을 것이다라고 가정해본다. 이러한 가정에 근거하여, 우리는 여러분에게 학습활동을 계획하고 아동과 함께 학습활동을 실행하고 학생들 성공 평가에 관한 현명한 결정을 내리는데 필요한 배경과 기본적 도구를 제공하고자 한다. 우리는 여러분이 공부를 끝내고 나면, 전 교직 생애를 통하여 계속 성장하는데 요구되는 지적 도구를 갖게 되기를 희망한다.

수업에 대한 공식적 경험을 쌓아온 사람들을 위하여 우리는 이 자료가 여러분의 수업을 보다 체계적이고 효과적이게 하는데 도움이 되고, 더욱이 수업에 대한 보다 나은 의사결정을 내리는데 도움이 되기를 희망한다.

우리는 우선 표준이 교실수업에 미친 영향과 전문조직은 물론 연방과 주의 표준이 수업의 계획, 실행, 평가에 어떠한 영향을 미쳐왔는지를 알리는 일부터 시작하고자 한다.

학습자 목표

1장을 공부하고 나면 여러분은 다음과 같은 것을 할 수 있어야 한다.

- 교사의 일차적 역할을 논의할 수 있다.
- 학생의 성장과 학업성취를 증진시키기 위해 교사가 사용하는 전략을 기술할 수 있다.
- 교수행위와 과정에 영향을 주는 요소들을 규명할 수 있다.
- 교사가 의사결정자로서 역할을 하는 방법을 논의할 수 있다.
- 교실수업에서 반성의 중요성을 기술할 수 있다.
- 3단계 교수모형의 요소를 규명할 수 있다.

교실내에서의 교수와 표준의 적용

다음은 한 유치원 교사가 구강보건에 대한 수업을 한 사례연구이다.
여러분은 이 사례연구를 읽으면서 다음 문제를 생각해 보시오.

- 교사는 아동의 사회적, 정서적 성장을 증진시키고 있는가? 그렇다면 어떻게 증진시키고 있는가?
- 학생들은 적극적으로 수업에 참여하고 있는가?
- Warner여교사가 참여하고 있는 활동에는 어떠한 것들이 있는가?
- 본래 학습환경은 교사중심인가?(교사가 무대의 주역이다)아니면 학생이 중심인가?(교사는 측면에서의 안내자이다)

여교사 Joy Warner는 자기가 가르치는 유치원 학생들이 치아건강에 대해 학습하기 바란다. 그녀는 교실에 몇 개의 학습센터를 만들었는데, 그 중 하나가 치과 사무실이다. 여기에서 서로의 치아, 충치, 새로 해 넣은 이를 헤아리고, 이에 대한 정보를 도표로 작성한다. 놀이 세공용 점토 센터에서 아동들은 치아 모형을 만든다. 예술센터에서 아동들은 치아의 여러 부분에 색칠을 한다. 싱크대 옆에 있는 학습센터에서는 아동들이 정확한 칫솔질을 연습하고 있다. 영양센터에서 선생님은 한 번에 몇 명의 학생을 상대로 상호작용한다. 세 명의 어린이가 선생님과 함께 자리에 앉아 있는데 보조 교사와 부모 자원봉사자가 다른 학습센터에서 아동들과 함께 학습활동에 참여하고 있다.

우선 Joy Warner 교사는 학생들에게 모종의 음식에 관한 그림을 보여주었다.

"자, 이 음식은 어떠한 음식이지?" Waner 선생님이 물으셨다.

"그것은 고깃덩어리 같은데요." JuRelle가 대답했다.

"좀 더 가까이 봐."

"과자요."

"그래, 그 음식은 과자같이 생겼어. 그러면 과자 겉에 있는 음식물은 무엇이지?"

"설탕발림이요."라고 Melina가 대답했다.

"아마 견과류일걸."이라고 Nirav가 덧붙였다.

"아주 훌륭해." Warner 선생님이 말씀하셨다.

"자! 여기에 무엇이 있지?"

"딸기요."

"맞아, 제시카. 그럼 이것은 무엇이지?"

"토마토요."라고 Preston이 대답했다.

"맞아." Warner 선생님은 그림을 치켜들고 아동들에게 그림 속에 있는 음식이 무엇인지 알아맞히도록 요구하였다. 선생님은 행복한 얼굴 모습이 그려있는 판자 쪽으로 몸을 돌렸다.

"이제 우리가 할 일은 이들 그림을 골라내는 거야. 이들 중에는 여러분의 치아를 행복하게 만드는 음식에 관한 그림이 있는 반면에 다른 그림들은 여러분의 치아를 행복하지 않게 해. 이제 이 모든 그림을 가운데로 놓을 테니 이 중에 하나를 선택하여 그들 그림을 어디에 위치시킬지 말하면 돼요."

"좋아. 자, 내가 여러분에게 시범을 보이겠어요. 이것은 과자입니다. 나는 이 과자를 여기 슬픈 치아 바로 아래에 둘 것입니다. 여러분은 이 과자가 왜 치아를 불행하게 만든다고 생각하지? Merina?"

"충치요." Melina가 대답했다.

"무엇이 충치를 생기게 하지?" Warner 교사가 물었다.

"단 것이요." Melina가 대답했다.

"그래, 충치는 단 것을 너무 많이 먹어 생긴단다. 그런데 무엇이 달게 만들지?"

"제가 알아요. 그것은 설탕이에요!"라고 Melina가 소리쳤다.

"그래 맞아." Warner 교사가 말했다. "설탕을 넣어 달게 해 보자. 자, 그리고 그림을 다시 보고 그것이 행복한 얼굴을 하는지 아니면 슬픈 얼굴을 할지 알아보자. JuRelle, 네가 한번 해보렴."

JuRelle가 손을 뻗어 그림 하나를 집어 들고, "토마토"라고 말을 했다.

"그것을 완성된 문장으로 말해 볼 수 있겠니?"

"토마토는 여러분의 치아를 위하여 유익한 것입니다."

"좋아, JuRelle. 나는 유익하다는 말이 좋아. 좋아, Preston은?"

"딸기가 여러분의 치아에 좋습니다."

"좋아, 딸기는 과일로 그 속에는 설탕이 있어. 그러나 여러분이 딸기 속에 함유된 자연 설탕을 먹는다면 사탕이나 과자처럼 달게 하려고 음식에 설탕을 넣는 경우보다 더 좋다는 것을 우리는 알고 있단다."

Warner 선생님은 계속해서 학생들로 하여금 그림을 분류하여 그것들을 판자 위에 놓도록 하고, "자, 여러분의 치아에 좋지 않은 것들이 얼마나 많아요?"라고 학생들에게 물어보았다. 학생들은 1에서 8까지 수를 헤아렸다.

"그래, 가장 좋은 음식은 어느 것이지?"

"건강한 음식이요."라고 학생들은 대답하였다.

"좋아, 이제 여러분은 내 말을 잘 듣기 바래. 우리가 벽으로 가면, 여러분들은 유익한 음식이나, 유익하지 않은 음식 중 어느 하나를 그림으로 그려야 해."

"나는 딸기를 그릴거에요."라고 Preston이 말했다.

"어디에 딸기를 그릴거니? 유익한 음식에 또는 유익하지 않은 음식에?"

"유익한 음식에요."

"좋아, Preston." Warner 선생님은 말했다. "여러분은 유익한 음식이라는 부분에 딸기를 그려 넣어야 해요. 그림을 그리고 나서 여러분이 그린 바로 그 음식에 대한 이름을 기입하세요."

Warner 선생님은 학생들과 함께 마룻바닥에 앉아서, 학생들이 쓰기와 음성학의 활용에 있어서의 진전 정도를 진단해 주는 새로운 철자쓰기 연습에서의 진전 정도를 조정해 나간다. 이러한 관찰들은 Warner 선생님에게 앞으로의 개별화 수업을 위한 정보가 되었다. 또한 Warner 선생님은 학생들과 함께 수, 집합, 언어발달, 보건, 의사소통기술, 쓰기, 미술을 포함한 통합학습경험을 통한 학습을 검토할 수도 있었다.

이에 대한 반응이 수업과 교사의 역할에 어떠한 관계가 있는지를 파악하기에 앞서 표준과 전문조직이 교실에서 가르치는 내용에 어떠한 영향을 미치는지 탐구해 보자.

표준과 전문성의 발달

몇 개의 조직 단체들은 교직을 안내하는 지침 또는 표준의 출판을 통하여 교육 개선을 도모하고자 한다. 이러한 지침과 표준은 교사의 역할에 직·간접적으로 영향을 미친다. 이 절에서는 몇 개 주의 교육을 개선하려는 노력과 이러한 노력들이 교사에 미치는 영향을 기술한다.

각주의 신임교사평가, 지원컨소시엄(INTASC)

각 주 신임교사평가지원 컨소시엄(INTASC)은 1987년 각 주가 지원, 평가를 위한 공동 노력을 통하여 보다 우수한 교사를 개발하는 일을 돕기 위하여 설치되었다. 주 신임교사평가 컨소시엄에서는 10가지 수행표준 또는 원리를 개발하였다. 이 원리는 〈그림 1.1〉에서 찾아볼 수 있는데, 이것들은 학습을 증진시키는 내용지식, 교육방법과 전략 그리고 인성적 행동을 제시하고 있다. 예를 들면, 이 장을 소개하는 시나리오에서 Warner 선생님은 원리5를 언급하고 있는데 여기에서 교사는 긍정적인 사회상호작용, 학습에의 적극적 참여, 자기 동기부여를 격려하는 학습환경을 조성하기 위해 개인과 집단동기에 대한 이해를 활용한다.

그림 1.1 주 신임교사 평가·지원 컨소시엄의 원리

1. 교사는 자신이 가르치는 중심개념, 탐구도구, 학문의 구조를 이해하여야 한다.
2. 교사는 아동들이 어떻게 학습하고 발달하는지를 이해해야 한다.
3. 교사는 학생들이 학습에 대한 접근에서 어떠한 차이가 있는지를 이해해야 한다.
4. 교사는 다양한 수업전략을 이해하고 사용하여야 한다.
5. 교사는 개인과 집단동기에 대한 이해를 활용해야 한다.
6. 교사는 효과적인 언어적, 비언어적, 그리고 미디어 기법에 관한 지식을 활용해야 한다.
7. 교사는 교과에 관한 지식을 토대로 하여 수업을 계획해야 한다.
8. 교사는 형식적, 비형식적 평가 전략을 이해해야 한다.
9. 교사는 반성적 실천가가 되어야 한다.
10. 교사는 동료, 부모, 관련 기관과의 관계를 증진시켜 나가야 한다.

국립교직전문기준위원회

각 주의 신임교사평가지원 컨소시엄의 표준은 모든 교사의 전문성 발달을 안내하기 위하여 개발되었다. 이것과 비교가 되는 숙련교사의 전문성 발달에 초점을 두고 있는 움직임이 곧 국립교직전문기준위원회이다. 이것은 "국가의 준비 : 21세기를 대비하는 교사"라는 카네기포럼 보고서의 산물로서 1987년에 만들어졌으며, 이 위원회는 거의가 유치원에서 12학년에 이르는 교사들로 구성되어 있으며, 또한 여기에는 노동조합, 기업의 지도자들과 대학교수가 포함된다.

국립교직전문기준위원회는 모범교사들의 공헌을 인정하고, 그들을 재정적으로 보상해주고, 그들에게 책임을 더 많이 부여하고, 의사결정에 있어서의 그들의 역할을 증대시킴으로써 교육의 질을 향상키시고 교직을 전문적으로 강화시키려고 노력하고 있다(Seratini, 2002).

국가자격위원회는 "교사는 무엇을 알아야하고 무엇을 할 수 있어야 하는가?"라는 보고서에 제시된 기준에 기반을 두고 있다. 자격은 전문 교육자에 대한 다섯 가지 핵심명제를 지향하고 있다. 이 명제와 이것이 실제에 어떻게 적용되는지는 〈표 1.1〉에 제시되어 있다.

확실히 국립전문교직기준위원회 기준은 잘만 적용된다면 학생들의 학습증진에 결정적 역할을 하게 되고, 이 책에 제시된 많은 자료의 핵심적 구실을 하고 있다.

국립교사교육인준위원회(NCATE)와 교사교육인준위원회(TEAC)

미국 내에서의 교육의 질을 개선하려는 추가적 시도들은 교사교육에 집중되었다. 국립교사교육인준협의회(NCATE)와 교사교육인준협의회(TEAC)는 교사교육에 대한 기준을 만들어 놓았다. 이 협의회의 기준들은 그들의 인준기관에서 유능하고, 잘 보살피고, 자격있는 교사 양성을 보장할 수 있도록 고안되었다. 이러한 과정을 거쳐 국립교사교육인준협의회는, 이러한 양성기관의 졸업생들은 모든 학생들의 학습을 돕는데 필요한 지식, 기술을 습득했음을 일반대중들에게 보증해주고 있다(NCATE, 2000). 국립교사교육인준협의회는 또한 교사교육기관이 교사의 성향을 규명할 필요성을 역설하고 있는데 그 본보기로서는 다음과 같은 내용들이 있다(Adams State College, 2002):

- 모든 학생들은 학습할 수 있다는 신념
- 높고 도전적 기준에 대한 비전
- 개인의 전문성 발달과 안전하고 지원적인 학습환경에 대한 헌신
- 책임을 수용할 수 있는 능력

- 지역사회의 일부로서 학교 운영에 대한 이해
- 자녀교육의 파트너로서 가족의 수용
- 의사결정과정에 윤리적 원리의 적용

교사교육인준협의회에 있어 다음의 세 가지 원리는 교사교육프로그램이 유능하고, 잘 보살피고, 질적으로 우수한 전문 교육자를 성공적으로 양성하도록 교사교육 담당교수가 지켜야할 수단이다. 이들 원리는 다음과 같다(TEAC, 2004):

- 교과지식, 교육학적 지식, 그리고 교수 기술의 배려를 포함한 학생의 학습의 증거
- 학생의 학습에 대한 타당한 평가
- 증거와 영향력 있는 질관리 체계에 근거한 프로그램 결정과 계획을 포함한 제도전적 학습

표 1.1 국립전문교직기준 위원회의 명제들

명제	기술
1. 교사는 학생과 그들의 학습에 헌신해야 한다.	• 성취한 교사는 모든 학생들이 학습할 수 있다고 믿고, 자신과 학생을 동등하게 취급한다. • 성취한 교사는 학생들이 어떻게 성장, 발달하는지를 이해하고, 널리 수용되고 있는 학습이론을 그들의 수업의 기초로 사용한다. • 성취한 교사는 상황과 문화가 행동에 미치는 영향을 잘 알고 있고 학생의 자존심, 동기, 성격을 개발해 나간다.
2. 교사는 그들이 가르치는 교과와 이 교과를 학생들에게 어떻게 가르치는지를 알아야 한다.	• 성취한 교사는 자기가 가르치는 교과에 대해 충분히 이해하고, 교과에 대한 지식이 타학문에 어떻게 관련이 되어 있으며, 실생활 장면에 어떻게 적용되는지를 잘 알고 있다. • 성취한 교사는 교과를 학생들에게 이해시키는 방법을 알고 있으며, 문제가 생기면 수업을 수정해 나갈 수 있다. • 성취한 교사는 수업을 할 때 비판적인 능력과 분석적인 능력을 나타내 보이고, 학생들의 이와 같은 능력을 개발시켜 나간다.
3. 교사는 학생의 학습을 관리하고 조정해 나갈 책임이 있다.	• 성취한 교사는 학생들의 흥미를 끌어 유지해나가고 자신들의 시간을 효과적으로 사용한다. • 성취한 교사는 다양한 수업기법을 사용할 수 있고, 그 기법을 적절하게 사용해 나간다. • 성취한 교사는 다양한 방법을 사용하여 학생들의 학습 진전을 평가하고 그 학습 진전을 부모에게 효과적으로 전달해 준다.

4. 교사는 수업실제에 대하여 체계적으로 사고하고 경험을 통하여 배워나간다.	• 성취한 교사는 지적 호기심의 모델로 교사가 학생들에게 심어주고자 하는 덕목인-정직, 공정성, 다양성에 대한 존중을 나타내 보인다. • 성취한 교사는 학생, 학습, 수업에 대한 이해를 통하여 건전한 실천에 대한 원칙적인 판단을 내린다. 그들은 평생 학습자이다. • 성취한 교사는 그들의 실천을 비판적으로 조사하고 계속적인 전문적 성장을 도모한다.
5. 교사들은 전문 학습공동체 구성원이다.	• 성취한 교사는 학교의 효과성에 공헌하고 그들의 동료와 협력해 나간다. • 성취한 교사는 학교의 발전을 평가하고 지역사회 자원을 활용한다. • 성취한 교사는 부모와 협력하고 부모들을 학교활동에 참여시킨다.

교수개선을 위한 연방의 노력

목적 2000. 인준기관 이외에, 국가의 목적과 연방 법령은 표준을 중심으로 학교를 재조직하려는 개혁운동에 윤활유의 역할을 하고 있다. 헌법적으로 아동교육은 국가의 권리이기 때문에 1980년대에 "국가의 위기"라는 법령이 아닌 보고서의 형태로 표준이 만들어졌다. 공립교육에 대한 이 유명한 보고서가 다른 백서와 함께 실망스러운 결과를 가져오자, 교육 지도자들은 국가의 목적과 이에 대한 추종에 관심을 돌리게 되었다(Marzano & Kendall, 2003). 1989년 부시 대통령은 Arkansas 주의 Bill Clinton이 이끄는 주지사로 구성된 교육정상회의를 소집하였다. 이 회의는 교육개혁에 초점을 두고 다음과 같은 6개의 교육목적을 다루었는데 이것들이 목적 2000의 일부가 되었다.

2000년까지 다음의 목적이 달성되어야만 한다.

1. 미국의 모든 아동들은 학습준비가 갖추어지면 학교를 시작하여야 한다.
2. 고등학교 졸업률은 적어도 90%까지 끌어 올려야 한다.
3. 모든 학생들은 영어, 수학, 과학, 역사, 그리고 지리를 포함한 도전적인 교과목에 대한 능력을 입증해 보이면 4, 8, 12학년에 졸업할 수 있다. 미국의 모든 학교는 모든 학생들이 그들의 마음을 잘 활용하는 법을 배울 수 있도록 보장해야하고 그 결과 그들은 책임 있는 시민정신, 후속학습, 미국의 현 경제체제 내에서의 생산적인 고용에 대한 준비를 갖추어 나갈 수 있다.
4. 미국학생들은 전 세계에서 과학, 수학 성취에서 1위를 차지해야 한다.

5. 모든 미국성인은 문해인이 되어야 하고, 세계 경제에서 경쟁에 필요한 지식과 기술을 소유하며, 시민으로서의 권리, 책임을 감당해야 한다.
6. 미국의 모든 학교는 마약, 폭력, 불법 소화기, 술이 없어야 하고, 학습에 도움이 되는 학구적 환경을 제공해야 한다.

여기서 주목할 사실은, 목적 3, 4는 특히 학업성취를 언급하고 있으며, 클린턴 행정 당시 목적 4는 더 확장되어 외국어, 예술, 경제학, 공민학, 정부가 포함되었다. 두 가지 부수적 목적을 추가하면 아래와 같다.

7. 2000년까지 미국의 교사들은 다음 세기를 대비하기 위하여 모든 미국인을 준비시키고 가르치기 위하여 요구되는 지식과 기술을 습득할 기회와 전문적 기술의 개선을 위한 프로그램을 이용하여야 한다.
8. 2000년까지 모든 학교는 아동들의 사회적, 정서적, 학문적 성장을 증진시키는데 있어 부모의 참여를 증진시켜줄 협력관계를 증진시켜 나가야 한다.

위와 같은 목적은 다양한 국가의회와 협회에서 주어진 학문과 연구 분야에서의 기준을 만드는데 하나의 자극이 되었다.

낙오 없는 교육개혁안(NCLB). 비록 많은 비평가들은 압도적으로 많은 표준과 약간의 모호한 성격 때문에 표준에 관한 개혁노력이 문제가 있음을 알고 있지만, 개혁적 노력의 초점은 "낙오 없는 교육"과 같은 구체적인 연방의 제안을 보다 구체화시켰다는 것이다. 2002년 부시대통령이 서명한 입법안은 1965년의 초, 중등학교 법안의 재인가에 관한 것으로, 어느 것보다 교사와 학교 책무성, 그리고 다음의 내용을 담고 있는 성취가 낮은 학교의 지침을 제공하고 있다.

- 2005~2006년까지 학교는 3~8학년에 가서 모든 아동에게 독서와 수학시험을 치러야 한다. 기준에 도달하지 못하는 학교는 높은 성취학교로 재정을 넘겨주는 이외에 연방의 재정지원을 못 받을 위험을 감수해야 한다. 반면에 기준에 도달한 학교는 추가 재정지원을 받을 수 있다.
- 음성학과 같은 과학에 기반을 둔 방법을 사용해야 한다.
- 2005년까지 학교는 질적으로 높은 수준의 교사를 확보하여야 한다.

비록 전문교육협회와 학교에서는 이 법안의 많은 부분을 지지하고 있지만, 주된 관심은 교육에서의 연방정부의 역할이 확대된 점과 이러한 법령을 시행하기위한 재정지원의 결핍에 집중되어 있다(Hardy, 2002; Jennigs, 2002). 비록 주 교육당국자와 학교위원회는

"낙오자 없는 교육"의 준수에 대하여 불평을 토로하고 있지만, 교장들은 교육의 최전선에서 부모와 교사를 위한 해설자 역할을 하고 있다. 이 말은 교장들이 책무성을 설명하고(예를 들면, 학생을 평가하고, 낮은 성취자에게 특별한 서비스를 제공하고, 교육자의 질을 개선하고), 부모에게 보다 많은 정보를 제공하고(예를 들면, 서면으로 된 부모참여정책, 주의 보고서), 선택권(예를 들면, 성취수준이 높은 학교로 전학 가는 것)을 부여한다는 뜻이다(NAESP, 2000).

주의 표준

미국헌법은 주가 시민교육에 대한 책임을 질 것을 명확히 하고 있다. 이러한 목적을 위하여 주 수준에서의 표준화 운동에는 내용에 관한 지식, 기술은 물론 교과를 어떻게 정의하고 학생의 수행을 어떻게 기술하고, 학생의 수행을 어떻게 채점하여 보고할지에 대한 내용이 포함되어 있다(Marzano & Kendall, 2003). 콜로라도는 유치원에서 12학년까지의 가장 명백한 모델이 되는 내용의 표준과 더불어 학년수준에 맞는 기대의 제안을 분명히 밝히고 있다. 콜로라도 말고도 이러한 주가 세 개나 더 있다. 학년수준에 따른 수학에서의 몇 가지 표준에 관한 실례를 살펴보자.

표준1: 학생들은 수에 대한 감각을 발달시키고, 문제해결상황에서 수와 수의 관계를 사용하고, 문제를 해결하는데 작용되는 추론을 교환해야 한다.

- 유치원 학생들은 사물과 그림을 사용하여 0에서 50까지 전체의 수를 다양한 방법으로 표상해야 한다.
- 4학년 학생들은 사물과 그림을 사용하여 0에서 1,000,000에 이르는 홀수 및 짝수의 모든 수를 표상하여야 한다.
- 7학년 학생들은 수직선상의 정수와 양의 유리수를 정할 수 있다.
- 고등학교 학생들은 실수체제의 부분집합 간의 관계를 나타내 보일 수 있다. 실수체제에는 정의 정수, 범자연수, 정수, 유리수, 무리수 등이 포함된다.

학문적 표준이외에 콜로라도에서는 교사를 위한 수행중심표준을 설정하고 있는데, 이것은 그 주의 모든 교사교육지원자의 자격을 위한 필요한 지식과 기술을 담고 있다. 여섯 개의 표준에는 45개의 요소가 포함된다.

- 문해에 관한 지식
- 수학에 관한 지식

- 기준과 평가에 관한 지식
- 내용에 관한 지식
- 학급경영과 수업경영에 관한 지식
- 민주주의, 교육관리, 교직생애

유치원에서 12학년까지의 학문적 표준과 콜로라도 교사를 위한 수행중심표준을 검토하기 위하여서는 56-58쪽에 있는 "교실에서의 공학"이라는 절에 열거되어있는 웹 사이트를 보시오.

이 절에서 우리가 검토한 개혁노력에서는 교육의 목적을 명확히 진술하여 교육을 개선하고자 시도하고 있다. 교육을 개선하려는 또 하나의 다른 방법은 교수와 교사의 역할을 분석하는 것이다.

교사의 역할

교사에 대한 일반적이고 고정된 견해는 지식을 갈구하고 있는 집단에 정보를 전달하는 박식한 사람이라는 것이다. 이러한 집단은 가끔 수동적인 것으로 간주되고 이러한 학습 환경에서의 주된 활동은 교사가 학생들이 알아야 할 내용을 학생에게 말로 전달해주는 것이다. 그러나 대부분의 교육자들은 이 견해가 지나치게 협소하고 말의 전달은 교사가 활용하는 전략의 일부분에 지나지 않는다는 점에 의견의 일치를 보이고 있다. 교사가 수행하는 다양한 역할을 알려면 이장의 첫머리에 있는 시나리오를 참고해주기 바란다. 시나리오 다음에는 초등학교 과학 단원 수업이 전개된다.

성장과 학업성취 증진

앞의 수업 시나리오 속에 몇 가지 교사의 역할이 나타나 있다. 이들 역할은 가끔 이중적인 형태를 띠게 된다. 예를 들면 Warner 교사는 몇 개의 상호작용적 학습센터를 제공하여 학생들의 사회적 정서적 성장의 증진을 희망하였는데 동시에 건강한 음식과 건강하지 않은 음식에 대한 학생들의 이해를 촉진시키기 위해 사용한 교수전략이 지식의 습득과 내면화를 증진시켰다. 이와 같은 특별한 활동의 경우, Warner 교사는 사회적, 정서적 성장의 개발과 지식 습득이라는 두 가지 목적을 갖고 있는 셈이 된다.

건강한 음식과 건강하지 않은 음식을 분류하도록 요구받자 JuRelle 학생이 "토마토가

치아의 건강에 좋습니다."라고 말한 것을 주목할 필요가 있다. Warner 교사는 이 점과 관련하여 음식에 관한 그림을 생각하여 그것을 슬픈 치아 또는 행복한 치아 아래에 분류해 놓도록 하였다. 그 개념을 언급하고 음식과 건강한 치아 간의 관계를 언급한 사람은 Warner 교사가 아니라 바로 JuRelle 이었다. 교사가 학생들을 능동적인 학습자로 참여하도록 강조한 것은 구성주의의 한 단면을 보여주는 것이다. 이러한 학습에 관한 발달적 견해에 대해서는 다음 장에서 논의하게 될 것이다.

바람직한 지식을 습득하는 것 이외에 아동의 사회적 · 지적 증진은 전문교육자인 교사들의 중요한 역할로 일차적인 목적이 된다. 사회적으로 Warner 교사는 학생들이 여러 학습센터에서 서로 상호작용하게끔 하였다. 특히, 치과사무소에서 아동들은 차트를 완성하기 위하여 서로서로 협력하였다. 교사가 아동과 함께 참여한 학습센터에서는 지적 또는 인지적 활동에 중점을 두었다. 여기, 여러 교육 상황에서의 중복현상은 어느 한 상황이 아니고 우선순위에 따라 달라진다.

교사가 직면한 주된 문제는, 공립학교에서 학생의 어떠한 성장을 중시해야 하는 것인가? 그것은 지적 · 학문적인 성장인가? 아니면 정서적 · 사회적 성장인가? 무슨 내용을 가르칠 것인가와 관련해 볼 때, 교육과정은 인류로 하여금 문명을 발전시켜온 지식의 보고에 기초해야 하는가, 아니면 우리의 수업은 자존심과 학업성취를 증진하고 우정을 돈독히 할 기회를 제공하기 위하여 학생들이 동료들과 보다 나은 상호작용을 해나가도록 돕는데 초점을 맞추어야 하는가? 이다(Campbell, Campbell, & Dickinson, 2004)

광의로 말해, 교사의 중심역할이란 다양한 방법으로 학생들의 학습을 촉진시키는 것이다. 이것은 '우리는 어떻게 배우는가?' 라는 근본적인 문제를 제기한다. 우리는 순수한 경험학습에서 시작하여 다른 사람으로부터 배우는 여러 다른 방법을 통하여 배운다. 우리는 앞에서 Warner 교사가 학습을 촉진시키려고 여러 활동을 조직한 교실에서의 여러 학습 유형을 보았다. 그러나 좀 더 엄밀히 검토해 보면, 우리는 Warner 교사의 학습환경이 일차적으로 학습자 중심적이고 실제적이며 실천 지향적이라는 사실을 알게 되는데, 사실 이 모든 것은 학습에 대한 구성주의적 접근이 반영된 것이다.

학습에서의 구성주의

비록 구성주의가 여러 가지 양상을 띠지만, 공통적 견해는 지식이란 개인 내부에 존재하여 우리는 정확한 진리의 표상을 가르칠 수 없다는 것이다. 우리는 단지 학생들과 공유된 의미를 타협하고 학생들이 의도적인 활동에 참여함으로서 이해를 구성해나갈 기회를 제공해 줄 뿐이다(Jacobsen, 2003).

비록 급진적인 구성주의 견해가 많은 학자들에 의하여 가치를 인정받고 있지만, 오늘날 교사는 학급에서 직면하는 현실에 맞추어 잘 번역하여 적용하지 못하고 있다. 학습자들이 실제로 이해를 구성한다는 증거는 압도적으로 많지만, 모든 이해들이 타당한 것도 아니고, 개인의 이해와 다른 현실도 존재하는 것이다(Eggen & Kauchak, 2004). 만일에 이것이 사실이 아니라면, 교사는 교육에서 담당해야 할 역할이 거의 없는 셈이고, 어느 것이나 다 좋다는 구성주의가 생겨날 수 있을 것이다. 이러한 생각은 교사들이 표준화되고 평가에 의하여 측정된 구체적인 인지적 지식 습득을 책임지고 있다는 사실에 비추어 볼 때 자취를 감추게 될 것이다.

구성주의 학습환경에서는 학생의 적극적 역할을 최우선시하여 이를 촉진한다. 구성주의 학습환경에서는 학생들의 수동적 역할을 강조하는 교사의 지식전달에서 적극적 역할을 강조하는 학생의 자율과 반성으로 그 초점을 바꾸어 놓는다. 적극적인 학습활동은 학생들에게 학습활동의 방향에 대한 상당한 자율과 통제가 주어지는 학습활동을 말한다. 적극적 학습에는 문제해결, 소집단학습, 협력학습, 조사연구 그리고 경험학습이 포함된다. 이와는 대조적으로 수동적 학습활동은 학생들이 수동적인 정보수용자가 되는 활동으로, 여기에는 교사 설명의 경청, 폐쇄적 또는 수렴적 질문, 이미 제공된 정보의 실천과 응용이 요구된다(Anthony, 1996). 이러한 구성주의로의 전환은, 학습자는 본래 활동적이고 호기심이 많다는 생각에 근거하고 있다. 교과서 대신 구성주의 교실에서 수업에 대한 강한 동기는 세상을 탐구하고 이해하려는 학생들의 자연적 호기심인 것이다(EL-Hind, 1998). 이렇게 교과와 교사의 지식전달을 덜 강조한다고 해서 곧 교사는 학생들에게 내용을 전달하지 말라는 뜻은 아니다. 이것은 학습자들이 설명과 지식의 기록을 토대로 얼마나 많은 이해력을 개발시키고 있는지 깊이 생각해보아야함을 시사하고 있다. 학습자들이 이해를 기록하지 않고 구성한다는 믿음은 우리가 가르치는 방법에 중요한 시사점을 준다. 앞서 열거한 주의사항 이외에 교사로서 우리는 다음을 꼭 지켜야 한다(Eggen & Kauchak, 2004):

- 학습자에게 내용에 대한 다양한 본보기와 표상을 제공하여야한다.
- 수업에 있어 상호작용의 수준을 증진시켜야한다.
- 내용을 현실세계와 관련 지어야한다.

단 하나의 유일한 구성주의 이론은 없지만, 많은 구성주의 접근들에서는 다음과 같은 내용을 제안하고 있다(Ormrod, 2000).

- 복잡한 도전적인 학습환경과 실생활과제
- 학습의 일부로서 사회적 타협과 책임의 공유

- 내용의 다양한 표상
- 지식의 구성과정 이해
- 학습자중심수업

학습자중심수업의 핵심은 다양한 특징이 있다는 점이다. 첫째, 학생이 학습과제를 소유하고 있다는 것은 구성주의 교육학의 기본원리이다(Greening, 1998). 학생들은 자신들이 내용의 이해를 구성해 가면서, 지식은 자신의 것이란 개인적 느낌을 발전시켜 나간다. 둘째, 학생중심성이란 탐구, 문제해결 그리고 집단학습을 강조한다는 의미이다. 구성주의 이론에서 다른 학생 중심적 요소와 함께 학급에서의 문제해결활동에 강조를 두는데, 이것은 미국의 가장 영향력 있는 교육 철학자인 John Dewey(1906, 1938)의 철학에 기초하고 있다. 듀이 이전에 미국의 교육목적은 학생의 지식습득을 촉진하는 것이었다. 존 듀이의 이론과 반성적 방법이 등장하면서 교육자들은 정보를 생각해낼 수 있는 사고능력과 실제적인 문제를 해결해 낼 수 있는 능력에 관심을 갖게 되었다. 이러한 이론을 교실수업에 적용하는 교사들은 학생중심, 활동중심 교육과정을 강조한다(Jacobsen, 2002). 한걸음 나아가 듀이는 이러한 활동이 의미가 있고, 실제적 가치가 있다고 믿었다. 즉, 학생에게 가장 효과적인 학습활동은 "행하면서 배우는 것"으로, 학습은 적극적 마음이 이전 경험과 다르지만 계속 이어지는 실제적 문제를 해결하기 위하여 넓은 세계와 상호작용하는 계속적인 평생경험이 되어야 한다는 것이다(Reed & Jacobsen, 2000).

구성주의 학습이론은 또한 Piaget의 발달이론(1952, 1959)과 Vygotsky의 사회학습이론에 의하여 영향을 받았다. 피아제 연구가 학습자를 일정한 시간에 걸쳐 지각적, 구체적, 궁극적으로는 추상적 지식을 구성하게 하는 직접적이며 개인적인 경험에 집중되어 있다. 비고츠키의 연구는 학생들이 의미 있는 학습과제에 참여해 나갈 때 사회 상호작용의 중요성을 강조한다. 학습자들은 다른 사람의 관점과 통찰에 드러내보이므로 자신의 사고를 발전시켜 나간다. 자신의 신념과 이해를 전달하므로 그들의 아이디어가 더욱더 명확해지고 개념이 정교해지며 아이디어들이 새로운 관련을 맺게 하는데 도움이 된다(Alleman & Brophy, 1998). 가장 일반적으로 사용되고 있는 소집단 학습전략 중 하나는 협동학습으로, 여기에서 교사의 역할이란 경쟁학습과는 대조적으로 팀을 강조하여 학습을 증진시켜 나간다. 이러한 역할을 통하여 수업은 다시 학생들의 지식 구성을 촉진시켜 나갈 수 있다.

그러나 한 가지 주의사항이 필요하다. 앞의 문장에서 조작 가능한 단어는 "할 수 있다"라는 단어이다. 특히, 사회 상호작용을 통하여 이해의 구성이 촉진된다는 견해가 바로 구성주의 학습이론의 기본원리가 되는 셈이다. 이 말은 가끔 협동학습을 활용하는 교사가 구성주의자이고, 반면에 대집단 학습활동에 의존하는 교사는 구성주의자가 아니라는 뜻으로 사용되기도 한다. 사실 따지고 보면 이 두 가지 입장을 지지하는 교사 모두가 구성주의 학습이론에 근거하여 수업을 실시한다고 볼 수도 있고, 그렇지 않다고 볼 수도 있는 것이다. 대집단 수업도 잘만 하면 이해구성을 증진시킬 수 있다. 반면에 협동학습을 잘못 실시하면 이해 구성에는 도움이 되지 못한다(Eggen & Jacobson, 2001). 그러므로 기초선(baseline)은 교사가 어떻게 가르치느냐가 아니고 학생들이 무엇을 어떻게 배우느냐가 되는 셈이다. 수업전략의 효과성은 그 전략이 어떻게 사용되느냐가 아니고 그것이 학생들 개인의 지식획득과 이해를 증진시켰느냐의 여부에 달려있는 것이다. 이 말은 수업을 계획하는 과정에서, 교사는 학습활동을 어떻게 조직하고 전개하며, 학생들을 어떻게 동기유발하고, 어떻게 평가할 것인가와 같은 전통적인 모든 수업문제를 고려하여야 하지만 궁극적으로 학생들의 학습의 입장에서 이들 문제를 분석해야함을 시사한다(Eggen & Kauchak, 2004). 다음 장에서 우리는 계획, 실행, 평가에 관한 구성주의자의 입장을 논의한다. 여기서는 동기유발이 학습에 어떠한 영향을 미치는지 고려해 보겠다.

학생들의 동기유발

학생들의 학습증진에 있어서의 교사의 결정적 역할은 학생들의 학습에 대한 욕구 또는 동기를 증진시키는 것이다. 이러한 과제를 완수하기 위하여, 여러분은 학생들을 잘 파악하여 학생들에게 흥미 있고 가치 있으며 내적으로 동기가 유발되고, 도전적이고 보상이 되는 학습경험을 제공할 수 있어야 한다(Kellough, 2000). 교사가 학생을 더 잘 알고 그들의 흥미를 더 잘 이해하고 그들의 기능수준을 더 잘 판단할수록 학생에 더 쉽게 다가가 그들을 더 잘 가르칠 수 있을 것이다. 다음은 여러분의 학생들이 대답하기를 원하는 질문들이다(McCarty & Siccone, 2001).

- 교육받은 성인이 알고 싶어하는 것은 무엇이라고 생각하니?
- 너의 흥미, 취미, 시간을 보내는 방식은 어떠한 것이 있니?
- 네가 잘하고, 즐기는 너의 기능, 재능, 일은 무엇이니?
- 네가 가장 싫어하는 것은 무엇이니?
- 네가 가장 많이 걱정하는 것은 무엇이니?

부모와 교사들은 여러 가지 방법을 통하여 학생들의 학습동기를 유발하고 있다. 예를 들면, 대부분의 부모들은 자녀들에게 "미안하지만", "고맙습니다."와 같은 말을 하여 강화하고 보상을 해 준다. 부모들이 이러한 용어를 사용하고 자녀에게 이렇게 사회적으로 용납되는 행동이 바람직한 행동이라고 설명을 해주면 아동들은 그러한 행동을 효과적으로 모방할 수 있다. 이러한 과정에 사용되는 첫 번째 동기 유발 방법이 외발적 동기유발이다. "미안합니다.", "감사합니다."와 같은 말을 사용하면 아동들은 그들이 원하는 바를 얻게 되고, 그 과정에서 부모들을 기쁘게 해드릴 수 있다. 그러나 실제로 부모들은 아동들에게 이렇게 가르치지는 않는다. 부모들은 아동들이 일상적인 대화에서 이러한 용어의 사용에 대한 외재적 가치를 깨달을 수 있는 능력을 촉진시켜 왔다. 다른 사람을 기쁘게 하고 보상을 받는 것이 단기적인 학업성취를 증진 시킬지 모르나 외적 보상을 지나치게 사용하는데 어떤 교육가들은 우려하고 있다. 그러나 이러한 교육자들은 학생들이 가시적이고 외적인 보상에서 자기동기적 학습으로 전환하도록 도와주는 것이 중요하다고 믿는다. 이것은 남을 기쁘게 하고 보상을 얻기 위해 참여하고자하는 욕구에서, 지식을 얻고 흥미를 만끽하고자 하는 내발적 동기로 학생을 전환시킴을 의미한다. 선행이나 개선된 행동에 보상을 주는 것 이외에, 교사는 학습활동의 가치를 강조하고 모든 학생들이 성공할 것이라 믿도록 활동을 구조화해 나가야 한다(Parsons & Brown, 2002).

예를 들면, 구두끈을 맨 아동에게 보상을 주는 것은(고전적 연구에서 보상은 아이스크림이었다) 바람직한 행동을 하게 하는데 효과적일 수 있다. 그러나 우리의 궁극적 목적은 외발적이 아닌 내발적 동기유발을 증진시키는 것이다. 환언하면, 기초선은 아동들이 그들의 구두끈을 맬 수 있는 능력에 대하여 좋은 감정을 갖고, 그래서 자기 가치와 긍정적인 자아상을 고양시키는 것이다. 여기에서 결정적인 요소는 "자신의 구두끈을 성공적으로 맨 사람"이라는 구절이다. 왜냐하면 아동들이 성공한다는, 단순히 과제에 참여하는 것과는 반대의 성취기준이 강조될 때 긍정적인 동기유발의 효과 그 이상이 있기 때문이다(Alderman, 1999).

교사는 이 영역에서 결정적 역할을 담당한다. 교사들은 내면화 과정을 촉진시켜나가는데 가장 효과적인 방법으로 그들을 긍정적인 학문적 또는 인지적 자아개념을 증진시키는 학습활동을 설계한다. 교사들은 또한 학생들이 성공할 수 있는 도전적인 활동을 제공하여 내면화과정을 촉진시켜 나간다(Pintrich & Schunk, 2002: Stipek, 2002). 학업성취에 영향을 미치는 주된 요인은 도전적인 학습과제에서 성취할 수 있다는 신념이다. 내발적 동기의 증진은 지각된 능력의 향상과 관계가 있다(Harter, 1996).

이따금 여러분들은 교사들이 "동기를 부여할 수 없는 아동이 있어"라고 말하는 것을 듣게 된다. 사실 학생들이 동기 부여가 되지 않는 것은 아니다. 그들은 단지 교사가 가르치는 것에 관심이 없을 따름이다. 동기가 부여되지 않은 아동을 가르치는데 있어 교사에게 도전이 되는 것은 학생들이 주어진 학습과제의 적합성 또는 실제 적용을 이해하도록 돕는 일이다. 과제는 학생들의 능력 범위 안에 있는 것이 중요하다. 만일 그 과제가 너무 어렵거나 너무 쉽다면, 학생들은 당황하거나 싫증을 느끼기 때문에 과제를 회피하게 된다(Pintrich & Schunk, 2002: Stipek, 2002). 만일 학생들이 실제적인 성취감과 만족감을 경험한다면 그들은 그 과제를 계속 학습할 가능성이 커진다. 지적이든 신체적이든, 도전에 직면하여 탐색하고 극복하고자 하는 욕망은 학급에서의 내발적 동기유발의 핵심이다. 어떤 과제를 이해하고 숙달하고자 하는 요구(숙달지향)에 의하여 동기가 부여된 학생들은 결과를 얻기 위해 무엇인가를 행하는 학생들보다 더 긍정적인 행동과 사고를 나타내 보인다(McMillan, 2004).

교사의 가장 중요한 역할 중 하나는 우리 모두가 모든 도전에 동참해 있고 학생들 편에 있다는 것을 확인시켜 주는 것이다. 그러기 위해서는 내발적 동기의 가치와 그리고 내발적 동기가 학생들의 학업 성취에 미치는 긍정적 영향에 초점을 두고 있는 조직적 전략과 개인적 전략 모두를 필요로 한다. 도전적이고 확대된 과제를 수행하는 동안 계속 집중하고자 하는 동기가 결여되는 경우, 학생들이 성취를 거두기는 어려운 일이다. 교사들은 다음의 요소들이 바람직한 학습결과에 대한 집중력을 높인다고 생각하고 있다(Guillaume, 2004).

- 요구와 흥미에 부응하기
- 관심 수준의 향상
- 적당량의 노력에 대한 인식 촉진
- 성공확률 증진
- 즉각적 결과에 대한 지식 제공

이외에 학생 참여를 증진시키는 결정적인 조직 전략으로는 유의미하고 흥미 있는 교육과정의 구축, 적합한 학습경험과 자료의 제공, 학생의 성공 기회 증진을 위한 충분한 시간 배당이 있다. 학생들이 더 많은 성취 또는 성공을 경험할수록, 그만큼 학생들은 기대 수준을 더 높이고 다른 과제에 집착하여 시도하고자하는 동기를 갖게 된다. 연구자들은 동기 유발이 학습과정에 하나의 강력한 변인으로, 아마도 능력보다도 더 중요한 변인이라고 제안하고 있다(Pintrich & Shunk, 2002).

비록 참여가 학생들에게 동기를 부여하고 활력을 주는데 있어서 결정적 요소가 되지만, 교사의 조직전략은 구조와 자율지원에 초점을 맞추어야만 한다. 학생의 참여를 증진시키는 학급의 조직구조를 만듦으로써 교사들은 학생의 참여를 증진시키고 능력에 대한 학생의 요구를 충족시켜야 한다.

조직전략 이외에 교사와 학생과의 상호작용도 중요한 동기 요인이 된다. 동기유발을 증진시키는 개인적 교수 전략은 성실하고, 긍정적이고, 열정적이고, 지원적이어야 한다. 이외에 우리의 관심을 전달하는 가장 강력한 방법 중 하나가 학생들이 하는 말을 경청하고 우리가 그들의 생각과 학습에 대한 공헌을 가치 있게 여기고 있음을 알려주는 것이다. 마지막으로 유머는 학생들과 긍정적인 관계를 증진시키는데 없어서는 안 될 도구인 셈이다.

동기유발에 관한 부정적 요소로는 실수가 있다. 과오를 지나치게 강조하면, 아동의 긍정적 자아개념이 손상되고, 아동들이 과제를 수행하려는 시도가 방해를 받게 된다. 이것은 특히 승리가 궁극적 목적이 될 때 그렇다. 교사들이 과제숙달을 강조하는 협동적인 학습환경에 초점을 맞출 때 경쟁이나 학생들 간의 비교는 덜 강조하게 된다.

학생들에게 동기를 부여하면서 교사들은 학생들에게 개념과 행동을 내면화시킬 수 없다. 왜냐하면 내면화는 우리 모두가 수행해야할 개인적이며 독특한 과정이기 때문이다. 그러나 교사들은 이 과정을 촉진시키기 위해 많은 일을 한다. 예를 들면, 아동들에게 자전거 타는 방법을 가르칠 때, 우리는 브레이크의 사용과 페달 밟기 같은 자전거의 기능을 실연해 보일 수 있다. 우리는 아동들을 우리와 함께 자전거에 앉히어 서서히 가면서, 옆으로 몸을 기울이고, 그렇게 하면서 균형을 잡아나가기도 한다. 우리는 멈춰있는 자전거 위에 아이를 앉히고 어린아이에게 페달을 밟도록 하고, 브레이크를 사용하게 할 수도 있다. 우리는 아이들 곁을 따라 자전거를 달릴 수도 있으며, 정확히 달리도록 도움을 주고, 계속 정확히 달리도록 격려하고, 이러한 행동을 강화시켜 나갈 수도 있다. 간단히 말해, 우리는 자전거 타는 것을 시범보이거나 모델링하면서 수업을 지원할 수 있다. 즉, 자전거 작동에 관한 지식 기반을 제공하고, 적합하고 충분하며, 지원적인 실제 경험을 제공한다. 이러한 수업의 도움은 아동으로 하여금 궁극적으로 자전거 타는 것을 배우게 하고, 아동들이 세상을 극복할 수 있는 능력을 개발하는데 자부심을 갖게 할 수 있다.

과오란 학습의 일부이며 동시에 도전 과정의 일부이다. Rudolph Dreikurs는 우리에게 이에 관한 한 고전적인 예를 제시해 주고 있다. 아동들이 자전거 타는 것을 배울 때 흔히 길을 따라 내려간다. 만일에 길 한 가운데 바위가 있으면, 그들은 바위에 부딪쳐 본다. 왜냐하면 그들은 자전거 타는 것을 배우면서 바위에 부딪치는 것이 어떠한 것인지 실험도 해보고 경험도 해보고 싶기 때문이다(Dreikurs, 1968a). 도전과 과오는 학습에 있어서 필연적인 것이다.

마찬가지로 비유하건데, 많은 학생들도 바위에 부딪쳐보는 경향이 있다. 우리는 학생들이 달리 해보도록 할 수는 없다. 우리가 할 수 있는 일이란 학생들이 내발적인 면으로 전이될 수 있도록 다양한 많은 외발적 동기 요소가 있는 긍정적인 학습환경을 조장하는 교육적 경험을 제공하는 것이다. 이러한 방식으로 교사들은 어느 정도 아동들이 최종적으로 결정할 내면화과정을 발전시키고 지도해 나갈 수 있다.

역사를 통해서 볼 때 위대한 교사들은 학생들의 생각과 행동을 촉진시켜 왔으며, 교육자의 가치는 학생들이 무엇을 행하느냐로부터 무엇을 알고 무엇이 되고자 하느냐 하는 것으로 바뀌어 나가는 길을 열어주는 데에서 발견된다.

연습 1.1

동기유발에 관한 논의를 검토하고 학생의 동기를 촉진시킬 수 있는 세 가지 방법을 열거하시오.

교수 : 분석

효과적인 교사들은 어떻게 학생들의 학습과 동기부여를 증진시키는가? 이 문제에 대답하기 위하여 교실 수업을 담당하고 있는 교사들의 세 가지 예를 검토해보자.

시나리오 1. Shafer 부인은 Plainview 초등학교 6학년 선생님이다. Plainview는 Florida의 중하류층이 모여 사는 이웃 마을 Laqua에 있는 오래된 학교이다. 그 학교에 새로운 것은 없으나, 행정을 잘하여 운동장과 건물을 매력적으로 해놓았다. 모든 사람들이 협조하여 조그만 풀밭에 풀들이 짓밟혀 죽지 않도록 하였으며 포장된 시멘트로 되어 있는 지역은 흙부스러기 하나 없었다. 깨어진 유리창도 없었고 분수와 화장실은 물도 잘 내려가고 냄새도 좋았다.

Shafer 선생님의 교실은 천장이 높아 크게 보였지만 상자를 연결하여 아동들이 사용할 아늑한 방과 코너를 만들어 주었다. 그 선생님은 학교에 요청하여 벽에 도안과 그래프를 그려 넣도록 허락을 얻어 냈고, 그 외에 장식용으로 몇 개의 게시판을 사용하도록 허락을 얻어냈다.

Shafer 선생님은 지리 단원 수업을 시작한다. 학생들은 여러 지역과 그 지역의 특징을 공부해 왔다. 아동들은 미국의 중앙 평원, 러시아의 스텝지대, 아르헨티나의 대초원, 미국의 로키 산맥, 스위스의 알프스, 남미의 안데스와 같은 지역의 유사점과 차이점을 알고 있다. Shafer 선생님은 학생들이 지리가 인간의 생활양식과 문화에 미치는 영향을 이해하길 원한다. 그 선생님은 학생들이 지역과 지역민의 외모, 활동을 관련짓도록 다른 여러 지역의 사람들 사진을 사용하기로 결심했다. 그 선생님은 그림을 수집하여 수업을 시작한다. 선생님은 풀로 엮어 지은 오두막집 앞에서 놀고 있는 어린 아이의 그림을 보여주면서 수업을 시작한다.

"여러분 그림을 보세요."라고 Shafer 선생님이 웃으면서 말했다. "여러분들이 그림에 관하여 보고 있는 모든 것을 말해 보세요."

"그 집들은 아프리카에 있는 것이에요."라고 Carol이 즉각적으로 말하였다.

"아주 잘 말했어, 그런데 어떻게 알았지?"

"저의 아버지가 해군에 계시는데, 우리는 그리스에 산 적이 있고 아프리카로 여행을 했는데 거기에서 이와 같은 집들을 보았어요."

Jimmy는 눈을 크게 떴다. "네가 아프리카에 갔었다고? 나는 내 인생에 Laqua 밖을 떠나 본 적이 없는데."

Mike도 한마디 하였다. "나도 한 번도 아프리카에 가 본적이 없어. 그러나 나는 아프리카에 관한 글을 읽은 적은 있어. 그리고 그 곳의 어린이들은 인도에 가도 살 수 있을 거야. 그곳에서도 많은 옷을 입지 않고서도 살 수 있어."

David는 Mike가 말을 하자 빌리를 보고 속삭이면서 웃음을 지어 보인다. 그리고 Shafer 선생님은 David에게 엄한 표정을 지어 보인다.

"David, 우리가 합의한 중요한 규칙이 하나 있지?" Shafer 선생님이 물으셨다. David는 "우리는 언제나 다른 사람을 존중해야 합니다."라고 조용히 대답하였다.

"우리가 그렇게 하는 유일한 방법은 무엇이지?"

"우리는 동의하던 안하던 그들이 하는 말을 경청하고, 우리 차례가 오면 의견을 피력하는 것입니다."

"아주 좋아, David" Shafer 선생님은 웃으면서 말씀을 하신다.

"그것은 우리 모두에게 기억에 남을 만한 좋은 일이야. 자, 계속해보지. 그 그림에서 그 외에 또 무엇을 볼 수 있지?"

학생들이 그들이 보고 있는 것을 계속 설명하고 나자 Shafer 선생님은 두 러시아 아동들이 통나무집 앞에서 썰매를 타고 노는 그림을 보여 준다. 또 다시 선생님은 학생들이 무엇을 보고 있는지 설명하도록 요구한다. 선생님은 이 과정을 계속하고 에콰도르의 인디언 양치기와 중동의 베두인 부족에 관한 그림을 보여준다. 그 선생님은 학생들에게 모든 그림의 유사점과 차이점을 밝혀 모든 그림을 비교하도록 요구한다. 끝으로 선생님은 학생들로 하여금 그들이 무엇을 보았는지 요약하게 한다.

"자, 사람들은 여러 다른 곳에서 살고 그들의 집도 서로 달라요." Joan이 말을 한다.

"맞아, Joan, 이제 이 외에 어느 것이 있지?"

"그들의 옷도 달라요." Kim이 덧붙였다.

"맞아요, 그들은 놀이경기도 다르고 소질도 달라요." Susan이 말했다.

"아주 좋아, 우리가 본 것 즉, 가옥, 의상, 게임이나 기타 등에 대해 무언가 더 할 말이 있나요?"

"자" Jimmy가 약간 조급해 하면서 "사람들에 관한 것이에요."

"좋아, 사람들에 관한 것 어떤 것이 있어."

"아, 그들이 생활하는 방식 그리고 모든 것."

"아주 좋아, 우리는 지금 지리를 말하고 기후가 인간의 생활양식에 미치는 영향을 말하고 있어요."

Shafer 선생님은 다음으로 플로리다의 기후, 지리, 생활양식을 논의하고, 학생들에게 북미시간과 미네소타에서 인간은 어떻게 살 것이라고 기대하는지 서로 비교하도록 요구한다.

수많은 비교가 이루어지고 난 후 Shafer 선생님은 "자 여러분, 내가 여러분에게 읽어 줄 두 개의 단문이 있어요."라고 선언하였다. "그 다음 지리와 기후가 생활양식에 어떠한 영향을 미치는지를 보여주는 문단으로부터 네 가지 본보기를 쓰도록 하고 싶은데……."

선생님이 아동에 제공한 문단은 아래와 같다.

Jose와 Kristen은 faraway 지역에 살고 있는 여러분 또래의 아이들이다. Kristen은 Norway 산악지역에 살고 있는데 이 지역은 아주 북쪽에 위치해 있다. Jose는 서멕시코 평원에 살고 있는데 이곳은 아주 덥고 건조한 곳이다. Kristen은 스키타기를 좋아하고 겨울이면 매일 스키를 탄다. 여름이면 그녀와 그녀의 오빠는 가벼운 털스웨터를 입고 산으로 하이킹을 간다. 그들은 산봉우리에 올라앉아 계곡 아래를 바라다보는 것을 좋아한다. 저녁이면, Kristen의 어머니는 불을 피우고 가족은 모두 조용히 책을 읽는다.

Jose는 Kristen과 마찬가지로 놀기를 좋아한다. 그는 오후마다 마을 근처 샘물로 만들어진 연못에서 수영을 한다. 그는 급히 서두른다. 왜냐하면 점심때마다 그의 어머니가 낮잠을 주무시는데 깰 때까지는 기다려야하기 때문이다. 저녁이면 아이들은 밖에 나가 놀고, 마을을 시원하게 하는 바람을 즐긴다. 그들은 보통 어두워 밖이 보이지 않을 때까지 논다.

Shafer 선생님은 학생들이 쓴 글들을 모으고 다음에 문화를 소개하고 이것과 지리, 기후와의 관계를 소개할 것이라 말하면서 수업을 끝마친다. 선생님은 수업을 계획하면서 학생들이 쓴 글들을 검토하고 다음과 같은 반응을 발견한다.

1. 겨울에 스키를 타는 Kristen
2. 저녁에 불가에 앉아 책을 읽는 Kristen 가족
3. 산으로 하이킹을 가고 있는 Kristen과 그녀의 오빠
4. 매일 점심때마다 낮잠을 자고 있는 Jose 어머니
5. 저녁이면 놀이를 즐기는 Jose
6. 오후에는 수영을 하는 Jose

시나리오 2. Adams 선생님은 유치원에서 유아를 가르친다. 그는 교실을 몇 개의 구역으로 나누었다. 오늘은 월요일. 그래서 Adams 선생님은 일찍이 학교에 출근하여 자기 방을 정돈했다. 그는 주단위로 자신의 활동을 바꾸고 금요일 오후와 월요일 아침에는 그 활동 준비에 시간을 보낸다. 이번 주에 Adams 선생님은 조작적인 기능을 특별히 강조하고 싶어 하고, 모든 어린이들이 코트에 단추를 잠그고 구두에 끈을 매는 것 같은 것을 할 수 있는지 확인하고 싶어 한다. 한 구석에서 그는 상자 안에 회중전등, 건전지 몇 개, 그리고 와이어를 두었다. 또 다른 코너에 그는 큰 프라넬판을 두었다. 그 판에는 여러 개의 콩이 놓여있는데 아이들은 콩의 숫자에 맞추어 2 또는 3이라는 수치를 부여할 수 있다. 그는 방의 다른 구석에 유사한 활동을 마련하고 있다.

아동들이 방으로 들어오자, Adams 선생님은 아동들에게 어떠한 활동을 선택하겠냐고 물어 우선 그들을 어느 한 코너로 보낸다. 그런 다음 세 소년들과 함께 마루에 앉아 아동들이 Fred라 이름 붙인 큰 인형에 구두끈을 매는 것을 배울 수 있도록 도와준다. 매일 아동들은 Fred의 셔츠에 단추를 잠그고 구두끈을 매고 머리를 빗는다. Jimmy는

Fred 구두끈을 매도록 노력하고, Adams에게는 무관심한 척 한다. Jimmy는 자신의 이마에 약간의 열이 있음을 느끼고 간호실로 간다. Jimmy는 가끔 아프다. 그래서 Adams는 그가 열이 있는지 신경을 쓴다.

그가 돌아오면 Scott가 Lisa를 향하여 공기를 던지는 것을 본다. Adams는 그를 깜짝 놀라게 하고 점잖게, "Scott, 너는 Lisa를 향하여 공기를 던져서는 안 돼. 너는 Lisa가 공기를 잡을 수 있도록 공기를 던져야 해"

"그녀는 처음에 공기를 나를 향하여 던졌어요. Lisa 그렇지?"

Lisa는 웃으면서 고개를 끄덕였다.

"공기를 서로에게 던지고, 너는 실수 없이 10번을 던질 수 있는지 보아라."

Adams선생님은 오전 11시 30분까지 아동들과 함께 공기를 던진다. 그 시각이 서로 헤어질 시각이다. Adams는 어린 아이들이 안전하게 버스에 타도록 도와주고 그리고 자기 방으로 돌아간다.

아침을 음미하면서, David가 Fred의 구두끈을 잘 매게 되었음을 회상하면서 혼자 웃어본다. Adams는 아이들의 이름이 씌어 있는 종이를 꺼내서 David의 이름에 체크를 해 둔다. 그는 그 종이를 들여다보면서 Bobby가 평균대를 걷는데 어려움이 있음을 알게 되어 그 애가 가정에서 할 수 있는 운동을 제안하는, 그의 어머니에게 줄 쪽지를 준비한다. 그러고 나서 Adams는 오후 수업을 준비한다.

시나리오 3. Tyler 선생님은 큰 고등학교의 역사 선생님이다. 그 선생님은 집단과정 단원에 대하여 교재 연구를 하는 중이다. 한편, 이 선생님의 궁극적 목적은 집단 과정이 민주주의의 의사 결정에 미치는 영향을 학생들에게 이해시키는데 있지만, 현 수업의 목적은 학생들에게 자신의 견해를 보다 명확히 이해하는 방법을 배우게 하고 집단 내에서의 의사 결정을 통하여 협동하는 것을 배우게 하는데 목적을 두고 있다. 이러한 목적을 달성하기 위하여 Tyler 선생님은 학급을 두 집단으로 나누고, 각 집단마다 난해한 딜레마를 제시하였다. 이 딜레마 상황은 병자와 부상자가 가득한 난파선이다. 일행은 음식과 마실 물도 없는 버려진 섬에 내동댕이 처져있다. 다행히 그들은 구조되었으나, 그 배는 첫 번 여행에 그 사람들의 일부만을 구출 할 수 있다. 십중팔구, 환자와 부상자 중 다수는 문명세계로 다시 돌아올 수 없는데, 그렇다고 섬에 남게 된다면 그들은 모두 분명히 죽게 될 것이다. 만일에 건강한 사람이 두 번째 여행 때까지 남게 된다면 많은 사람들은 배가 돌아오기도 전에 굶어 죽거나, 목이 말라 죽게 될 것이다. 그 선생님은 수업 중에 학생들에게 이 문제에 대해 토의하도록 요구한다. 각 집단은 그 다음 날 발표하기로 되어 있다.

각 집단이 그 문제를 논의하자, Tyler 선생님은 경청하면서 학생들이 과제로부터 벗어나면 질문을 제기하거나 그 집단이 생각지도 않은 문제를 제안하기도 한다.

그 다음 날 Tyler 선생님은 학생들에게 그들이 지나온 과정, 그들이 토의에 참여했던 느낌, 그리고 그들이 내린 결정의 기초에 대해 토론하도록 요구한다. 한 해가 지나가자 Tyler 선생님은 학생 각자에 관하여 기록을 남기고 집단 상황에서의 활동의 진전을 기술해 둔다.

자, 이제 세 수준에서 세 가지 다른 내용을 배우는 학생들과의 활동에 참여한 세 교사를 분석해 보고 어떻게 세 교사들이 이 책의 나머지 장의 기본 틀이 되는지 알아보자.

강조할 내용영역: 목표마다 학습에 미치는 영향은 다르다

우선 세 교사들이 달성하고자 한 것을 살펴보자. Shafer 선생님은 학생들에게 지리와 기후가 삶의 방식에 미치는 영향을 이해시키고자 하였다. Adams 선생님은 아동들에게 다양한 활동을 시켰다. 즉, 어떤 학생들은 전구에 불을 켰으며, 어느 학생들은 콩을 헤아렸고, 다른 학생들은 구두끈을 매고 코트에 단추를 끼는 것을 하였다. Tyler 선생님은 학생들이 집단 내에서 협동하는 것을 배우고, 학생들을 문제해결, 의사결정활동에 참여하기를 바랬다. 한편 각 교사들은 우선 수업에 초점을 맞추었는데 이들의 학급은 또한 다른 목적에도 초점을 맞추게 되었다. 예를 들면 Shater 선생님은 학생들에게 지리, 기후, 삶의 방식 간의 관계를 배우도록 하면서, 또한 타인에 대한 존중을 중요하게 여겼다. 그 선생님은 Mike가 말할 때 David와 Billy가 경청하고 있음을 상기시키면서 자신의 입장을 증명해 보였다. 또한 목공일, 그리고 테니스공을 치는 것 같은 심체적 기능을 수행하려면 테크닉에 관한 지식이 요구된다. 이 모든 것이 지식, 기능, 태도의 세 영역이 상호 밀접히 관련되어 있고, 어떠한 방법으로라도 완전히 분리될 수 없음을 나타낸다.

위의 세 가지 시나리오에 근거하여, 우리는 학생들의 학습이 첫눈에 기대한 것보다 더 다양하고 복잡함을 알게 된다. Shafer 선생님의 학생들은 정보 또는 지식을, 그리고 그것이 사물과 세상사를 설명하는데 어떻게 사용되는지를 배우고 있었다. 이와 비교하여 Adams 선생님의 많은 활동은 Fred의 코트에 단추를 끼우고 구두에 끈을 매는 조작적이거나 심체적인 기능과 관련이 있었다. 학교에서는 이외에 다른 타이핑, 목공일, 가축을 다루는 일, 기계수리, 체육에서의 기능과 같은 심체적 기능을 가르친다. Tyler 선생님의 활동은 Shafer 선생님과 Adams 선생님의 활동과 서로 다르다. Tyler 선생님은 학생들이 대인간의 의사소통기술과 협동, 대조되는 견해를 경청하고 타인을 존중하는 것과 같은 어떠한 태도와 가치를 습득하기를 원한다.

이제 우리는 학생들이 학교에서 보다 많은 정보를 배우고 있음을 알게 된다. 학생들의 학습은 세 가지 형태 즉 (1) 정보와 지식, (2) 심체적 기능, (3) 태도와 가치가 있다.

이 세 영역은 아주 중요하여 학교에서는 반드시 언급되어야 한다. 그러나 지식, 기능, 태도 이 세 가지 학습에 대한 충분한 논의는 이 책의 범위를 넘어서는 일이다. 비록 우리는 후에 두 가지 영역만을 논의하겠지만, 여기서는 지식과 정보 영역만을 선택하였다. 그 이유는 간단하다. 태도, 심체 기능을 일반 대중과 교육자들이 중요하고 가치 있게 여기고 있지만, 그들은 지식의 습득과 사고 능력의 습득을 더 많이 강조하고 있다. 우리는 4장에서 지식, 기능, 태도를 좀 더 세밀히 들여다보게 될 것이다.

학습환경은 학습에 영향을 미친다.

목적 이외에 학습은 또한 교사들이 조성하는 학습환경에 의하여 영향을 받는다. 이제 세 시나리오를 보고 어떻게 학습환경이 서로 다른지 보자. Shafer 선생님은 전체 학급을 대상으로 가르쳤지만 Adams 선생님은 소집단을 대상으로 가르쳤으며, 학습센터를 설치하였다. Tyler 선생님은 두개의 대집단을 가르쳤다. 일대일 수업 이외에 서로 다른 집단 배열이 〈그림 1.2〉에 제시되어 있다. 집단 구성이 다르면 학생들이 서로 다른 내용을 배울 기회가 달라진다. 우리는 이 다른 집단 구성에 대하여 다음 장에서 상세히 논의한다.

그림 1.2 학습활동을 위한 집단구성

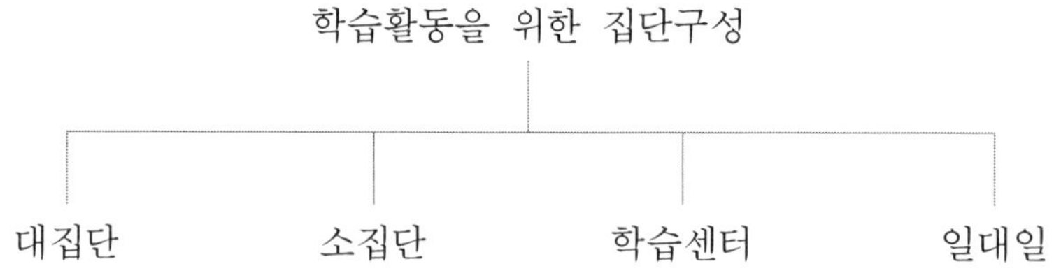

학습에 미치는 다른 영향들

집단구성이 아동의 학습 방법에 영향을 미치지만, 이외에 다른 많은 요인들은 학교 밖에서 아동들이 학습하는 것에 영향을 미친다. 예를 들면, Adams 선생님의 수업 활동시 Jimmy는 무관심해 보였는데 그는 그 당시 기분이 언짢았다. 확실히 건강은 학습에 영향을 미치는 요인이며, 아동은 어릴수록 영양을 잘 지켜주는 것이 더욱 중요하다. 영양은 또 하나의 요인이다. 그것은 일반 건강을 증진시키는 것 이외에 그 중요성은 학교가 궁핍한 아동에 자유 아침식사와 점심식사 프로그램을 운영하는 것만 보아도 입증이 되는 셈이다. 이 프로그램을 운영하는데 있어, 학교는 두 가지 문제 즉, 기아와 영양을 고려하여야 한다.

아동들은 배가 고프면 집중하지도 못하고, 학교생활도 즐기지 못하며, 제대로 학습도 못한다. 아동의 인지발달을 위해 적절한 영양이 필요하다는 증거는 많다. 예를 들면, 심한 철분의 결핍은 비록 보충이 된다 하더라도 인지발달을 2-3년 정도 지연케 한다는 것이다.

배경 경험 또한 학습에 영향을 준다. 또다시 Shafer 선생님의 수업을 생각해보자. 풀로 지은 오두막집 앞에서 뛰어노는 어린 아이들의 사진을 보면서, Carol은 Jimmy와 다른 반응을 보였다. 왜냐하면 Carol은 아프리카에 가 본 적도 없고, Shafer 선생님 사진에 있는 사람들과 비슷한 오두막집과 아이들을 본 적도 없기 때문이다. 한편 Jimmy는 아무런 생각도 없었다. Mike의 반응은 위 두 사람의 중간 어딘가에 있었다. 그는 직접 가본 경험은 없었으나 그림과 이야기를 통해 갖게 된 아이디어는 익숙한 것이었다. 이 모든 것으로 볼 때 경험이 아동들의 학습에 영향을 미치고 있음을 알 수 있다. 방금 기술한 상황에서 Carol은 경험 때문에 수업을 통하여 가장 많은 도움을 받게 되었으며, 한편 Jimmy는 가장 불리한 입장에 처하게 되었다. 분명, 교사로서 우리는 학생의 배경을 통제할 수는 없으나, 가장 현실성이 있는 본보기를 제공하고 가능한 학생의 참여를 증진시킬 수 있고 학생들이 배경 경험을 공유하게 할 학습활동을 설계할 수 있다. 이러한 예들이 이 책의 중심 주제가 되는 학생들의 학습에 영향을 미치는 교사의 결정적 역할을 잘 설명해주고 있다.

여러분은 교사로서의 여러분의 역할을 반성해 볼 때, 개인교사로서 여러분은 아동의 능력, 건강, 학교 밖의 경험, 정서적 성장에 대하여 할 수 있는 일이 거의 없다는 것을 알게 될 것이다. 그러나 여러분은 사고를 증진시키는 경험을 제공하고, 가능한 한 학습을 긍정적인 경험으로 만듦으로써 학습에 의미 있는 영향을 미칠 수 있다. 이것이 바로 이 책이 관심을 갖는 바이다. 나머지 후속 장에서 우리는 여러분이 가능한 많은 학습을 증진시키기 위한 활동을 계획, 실행, 평가하는 방법을 배울 수 있도록 도움을 줄 것이다.

학급의 다양성

표준의 적용

전 절에서 보았듯이, 학생이 교실 장면에 가져오는 것은 모두가 학습에 큰 영향을 미친다. 학습자의 다양성은 교사에 있어서 도전이며 기회인 셈이다. 우리가 가르치는 아동들은 신체적 특성, 흥미, 가정생활, 지적인 능력, 학습능력, 운동능력, 사회적 기술, 적성, 재능, 언어기능, 배경경험, 이상, 태도, 희망, 꿈을 포함하여 여러 가지 면에서 서로 차이가 난다(Jarolimek, Foster & Kellough, 2005). 오늘날의 교실은 학생 인구의 인종적 구성의 변화, 특수아동의 수적인 증가로 인하여 미국 교육 역사상 그 어느 때보다 더욱더 다양하다. 인종구성과 관련해 볼 때 이민이 상당히 증가하여 21세기 중반이 되면 소수민족, 특히 아프리카계 미국인, 아시아계, 스페인계가 미국의 다수로 등장하게 될 것이다. 전국적인 인종의 다양성은 교실 수업에서 다양한 문화적 전통과 언어를 표출하게 한다. 교육에서 중심이 되는 이정표는 성, 사회계층, 인종적, 민족적, 문화적 특징과 관계없이, 모든 아이들은 학교 안에서 동등한 기회를 가져야 한다는 것이다(Nakamura, 2000).

교사들의 일반 반응은 학생들을 집단으로 편성하여 다양성에 대처하는 것이다. 그러나 다양성이란 또한 개인정체감의 인정을 뜻하기도 한다. 우리는 모두 통상적인 분류를 초월하여 생각하고, 다양성이란 외모로만 판단하여 가정된 것보다 훨씬 더 복잡한 문제라는 것을 이해할 때 우리 사회의 넉넉하고 다양한 본질을 보다 더 잘 이해하게 된다. 인종 또는 국민의 기원을 분류하는 것은 오늘날 학교에 존재하는 다양성에 관한 단초가 된다(Landau, 2004).

다양성이란 또한 특수아의 구성으로 나타난다(Hardman, Drew & Egan, 2002). 학교의 중요한 목적 중 하나는 수업을 통한 도움을 주기 위하여 물리적 시설, 적절한 지원, 적합한 장비, 합리적 적용, 변경, 동화를 제공함으로써 도와주어야 한다는 것이다(Nakamura, 2000).

오늘날 다양한 학급의 본질 이해를 돕기 위하여, 각 장의 절에서 내용자료의 실제적 적용을 다룬다. 예를 들면 계획에 관한 장에서 우리는 개인의 요구에 부응하는 본보기가 되는 계획안을 제공한다. 수업 전략에 관한 장에서 우리는 모든 학생들의 협동을 격려하는 방법을 설명한다. 학급에서의 다양성의 중요성을 강조함에 있어, 우리는 여러분이 각 주의 신임교사 평가 지원 컨소시엄 표준의 원리와 국립교사교육협의회 표준에서 논의된 다양성의 요소를 다시 찾아 볼 것을 제안한다. 이 두 표준은 학습자의 다양성을 이용하고 이에 적응하기 위한 교사의 능력을 강조하고 있다. 오늘날 대부분의 학구에서는 교사가 목표를 표준에 맞추고 교사들이 교실 내에서의 다양한 학생들의 요구에 부응해가는 방법을 제시하도록 요구하고 있다. 개별 학생의 요구에 관심을 갖는 것은 오늘날 교실 교사의 역할에 의미 있는 영향을 미친다.

연습 1.2

다음 진술문을 검토하고 그것들이 지식(k)영역인지, 기능(s)영역인지 또는 태도(a)영역인지를 결정하시오.

______ 1. 학생들은 매 분 40개의 단어를 타이핑한다.
______ 2. 학생들은 그들이 선호하는 색깔을 말하도록 요구받는다.
______ 3. 학생들은 8분 안에 1마일을 달리려고 시도한다.
______ 4. 학생들은 방 주위를 둘러보고 원의 본보기를 확인한다.

______ 5. 학생들은 2000명의 지역 주민에게 에너지를 공급할 수 있는 가장 경제적인 방법을 결정한다.
______ 6. 학생들은 부서진 텔레비전을 수리한다.
______ 7. 학생들은 사회적 문제로써 AIDS를 논의할 의향을 보인다.

수업에 대한 3단계 접근

교육의 개선은 수업에 대한 체제적 접근을 통하여 이룩될 수 있다. 이 책에 제시되어 있는 교수모형은 차시별 수업에서나 단원을 설계하고 실천하는데 있어서나 적용 가능한, 단순하고, 이해가능하고, 실제적인 모형이다. 이 모형은 이 책의 기본적인 개념적 틀이 된다. 3단계 수업 접근의 기본 단계는 아래와 같다.

1. 계획
2. 실천
3. 평가

이 3단계는 계열적이며 상호관련을 맺고 있다. 환언하면, 교사는 어떠한 학습활동을 개발하든지 우선은 계획하고, 그 다음 이 계획을 실천하고, 마지막으로 활동의 성공을 평가하게 된다. 이 수업접근은 교실수업의 조직적 틀로서의 역할 이외에, 학습경험을 전절에 제시한 국가와 주의 표준과 관련을 지워주는데 핵심이 되고 있다.

계획

모든 수업은 계획으로부터 시작된다. 이 단계에서 교사는 아래와 같은 질문을 제기한다. : 나는 나의 학생들이 무엇을 알고, 이해하고, 느끼고, 할 수 있기를 바라는가? 이 질문에 대한 대답이 곧 교사의 목적이 되며, 계획단계의 제1단계가 곧 모종의 목적을 수립하는 것이다. 이 목적은 역사나 수학의 사실을 가르치는 것과 같은 일상적인 것이 될 수도 있고, 학생들의 도덕적 또는 정신적 가치를 개발하는 것 같은 고상한 것이 될 수도 있다. 의도야 어떠하든, 모종의 목적수립이 수업에서 최우선 순위를 차지한다.

무엇이 교사의 목적을 결정하는가? 이 문제에 대한 대답은 철학적이거나 실제적일 수 있다. 이와 같은 문제들이 2장에서 고려된다. 이외에 수업목적 진술방법은 3장에서 설명된다. 서론에서 수업 시나리오에서의 각 교사들마다 자기 수업에 대한 목적이 있었다. Shafer 여선생님은 지리가 생활양식과 문화에 미치는 영향을 학생들이 이해하기를 바랐고, Adams 선생님은 학생들이 그들의 조작적 또는 심체적 기능을 개발하기를 바랬고, Tyler 여선생님은 학생들이 집단 내에서 협동적으로 학습해나가는 것을 배우기를 바랬다.

계획단계에서의 그 다음단계는 수업전략의 선정, 학습활동의 조직, 관련 자료의 수집이 포함된다. Shafer 여선생님은 학생들이 기후와 문화와의 관계를 이해하기를 바랬고, 그래서 학생들이 문화와 기후를 관련짓도록 격려하기 위하여 그림을 보여주고 질문을 제기함으로서 이해를 도모하도록 시도하였다. 그녀의 그림들은 관련 자료라 볼 수 있다. Adams 선생님은 그 전략으로 학습센터를 선택하였다. 여기에서 학생들은 연습을 통해 운동기능을 발달시키고 있었고, Tyler 여교사의 전략은 학생들을 집단 의사결정 과정에 참여시키는 것이었다. 4장에서는 효과적인 수업계획을 논의하고, 5장에서는 세 영역 중, 즉 인지, 정의, 심체적 영역에서의 학습목적을 기술한다.

학생들을 가르쳐본 일도 없고, 잘 이해도 안 된 상태로 학생을 가르치는 사람들에게 있어, 이러한 연구결과들은 격려가 된다. 이러한 연구결과가 주는 시사점은 만일에 여러분이 조심스럽고 철저하게 수업을 계획한다면, 여러분의 불안감은 여러분이 교실에 들어서기도 전에 줄어들 것이라는 점이다.

마지막으로, 6장에서 보겠지만 효과적인 수업계획은 학습목표를 설정하는 일을 넘어서는 일이어서, 언제나 교실에 들어서기 전에 발생되는 것은 아니다. 예를 들면, 계획에서 고려해야할 결정적 사항 중 하나는 학급의 규칙을 설정하는 일인데, 연구결과에 의하면 이 과정에 학생을 참여시키는 것이 좋다는 것이다(Emmer, Evertson, & Worsham, 2003; Evertson, Emmer, & Worsham, 2003).

구성주의 학급에서는 의미 있는 학습경험으로 학생들과 협력하여 학급의 규칙을 만들 것을 강조하고 있다. 이와 같은 경험은 다음과 같은 활동으로 이어지게 한다(Castle, 1993):

- 적극적 참여
- 반성
- 의미 있는 연결
- 규칙에 대한 존중
- 공동체 의식
- 협상을 통한 문제해결

- 협동
- 고차적 사고기술
- 주인의식

실행

3단계 수업접근 중 제 2단계는 실행단계이다. 목표도 결정되었고 그 목표에 도달하기 위한 수단도 선정되었으니, 이제 교사는 수업전략을 실행해야 한다. Shafer 여선생님은 학생들에게 사진을 보여주고 질문을 제기하면서 수업전략을 실행하였다. Adams 선생님은 학생들을 다른 학습센터에 참여시키면서 수업을 실행하였다. Tyler 여선생님은 자기 학생들이 집단 의사결정 방법을 배워나가면서 수업을 실행해 나갔다.

실행단계의 성공은 명확한 목적에 달려있다. 재미있게도, 상당히 많은 교사들은 그들이 달성하고자하는 목적을 거의 생각조차 하지 못하고, 수업활동을 수행해 나간다. 많은 연구자들은(예를 들면, McCutcheon, 1980; Minz, 1979; Peterson et al, 1978) 교사들이 계획과정을 시작할 때 목적을 고려하지 않고 오히려 활동, 내용 또는 자료에 관심을 갖는다는 것이다. 이 책을 저술하는 주요목적은 교사들이 우발적인 접근보다는 오히려 체계적이고 사려 깊은 접근을 통하여 학습경험을 계획, 실행, 평가할 것을 권장하기 위한 것이다. 연구에 의하면 유의미한 목적 지향적 프로그램을 계획하고 실행에 옮기는 것이 체계적이지 못하더라도, 이러한 행동은 가끔 긍정적인 학습결과를 가져다준다는 것이다.

실행단계에서 교사가 제기해야할 핵심질문은 어떻게 나는 학생들이 목표에 도달하도록 도울 수 있을까? 이다. 이 질문에 대한 대답은 교수절차나 교수전략이 될 것이다. 가장 적합한 방법의 선정은 목적, 학생의 배경, 요구, 가용한 자료, 교사의 인성, 교사의 장점, 스타일에 달려있다. 우리는 7장에서 9장까지 걸쳐 교수전략을 논의한다.

사전에 결정된 목적에 도달하기 위한 교수전략을 고려하는 것 이외에, 교사는 학습이 무난히 진행될 수 있도록 교실을 잘 조직하여 관리해야만 한다. 관리는 학생들에게 주의를 기울이도록 말로 타이르는 단순한 것에서부터 생산적인 학습환경을 만들기 위하여 복잡한 규칙과 절차를 만드는데 까지 관련된다.

Shafer 여선생님은 다른 학생들은 속닥거리고 있는데 David가 속닥거린다고 엄한 모습을 보이면서 교실관리를 해 나갔다. Adams 선생님은 Scott가 콩을 담은 봉지를 Lisa에게 던진 것을 점잖게 교정해주는 관리 절차를 사용했다. 이외의 관리전략은 Adams 선생님이 교실을 정돈하는 방식에 잘 나타나있다. 그는 아동들을 줄을 맞추어 조직하지 않고 그들 스스로 소집단을 편성하여 학습하도록 하였다.

Shafer 여선생님과 Adams 선생님을 포함하고 있는 수업 시나리오에 예시되어 있듯, 학급관리와 수업은 원칙적으로 서로 분리될 수 없는 것이다. 학습과제에 주의를 기울이지 않고 학생들은 학습을 해 나갈 수 없다. 학습활동을 조직하려면, 교사가 관리문제를 고려해야만 한다. 이러한 이유 때문에 학급관리는 수업의 실행단계에 대한 논의에 포함시켰다. 관리전략은 2,3장에서 논의된다.

평가

수업의 세 번째 단계는 평가단계이다. 이 단계에서 교사는 정보를 수집하여 어떠한 종류의 학습이 일어났는지를 결정한다. 이것을 하기 위해서는 여러 가지 방법이 동원된다. 즉, 검사나 퀴즈를 실시하고, 숙제를 채점하거나 질문이나 논평에 대한 학생의 반응을 주목한다. 교사는 이들 각 방법을 사용하여 계획단계에서 설정한 목적이 달성되었는지에 관한 의사결정을 내리게 된다.

이 단계에서 교사는 학생들이 알고, 이해했는지, 또는 앞서 설정한 목적에 도달했는지를 어떻게 결정할지에 대한 질문을 제기하게 된다. 이 질문에 대한 대답에는 여러 상이한 측정도구를 활용하여 학생의 이해를 평가할 수 있는 방법이 제안되어 있다. 예를 들면, Shafer 여선생님은 아동들에게 익숙하지 않은 문단을 주고, 지역과 그것이 인간의 삶에 영향을 주는 방식 간의 관계를 예시하도록 요구한다. Adams 교사는 아동들이 조작적 과제를 수행하는 것을 관찰하고 성공적인 학생들의 이름을 체크한다. Tyler 여선생님은 학생들을 관찰하고 집단 상황 내에서 학생들의 학습 진전에 관한 사항을 적어 놓는다.

이러한 예에서 교사가 사용하는 평가절차는 이미 설정된 목적 그리고 선정된 실행전략과 일치한다. 우리는 11장에서 평가 전략에 대해 더 깊게 논의할 것이다.

연습 1.3

다음 과제에 있어 계획단계 과제는 (p), 실행단계 과제는 (i), 평가단계 과제는 (a)를 표시하시오.

______ 1. 교사는 학생들이 자기책상에서 수학문제를 풀고 있는 것을 관찰한다.
______ 2. 4학년 담당교사는 운동장에서 발생한 문제를 주목하면서 학생들이 협상을 통해 갈등을 해소해 나가는 것을 돕기로 결심한다.
______ 3. 교사는 학습목적을 진술한다.
______ 4. 학생은 10개의 다지선다형 검사를 받는다.
______ 5. 교사는 안내된 발견전략을 실시한다.
______ 6. 교사는 미국인의 서부정착을 묘사하고 있는 비디오테이프를 보여준다.

세 단계의 상호관계

다시 3단계에 관련된 수업 에피소드로 돌아가 3단계 수업접근에 관한 중요한 사항을 설명해 보자. 세 교사가 3단계 각각을 수행한 시나리오가 〈표 1.2〉에 요약되어 있다.

표 1.2 3단계 접근의 예

	계획	실행	평가
Shafer 여교사	학생들이 생활방식과 지역은 어떠한 관계가 있는지 알기를 바랬다.	아동들이 사진을 관찰하고 관계를 발견하도록 시켰다.	아동들에게 문단을 주고 그들로 하여금 그 문단 내에 있는 실례를 확인하도록 시켰다.
Adams 교사	학생들이 조작적 기능을 개발하기를 바랬다. 연습을 결정했다. 인형을 사용하기로 결심했다.	학생들에게 인형을 갖고 연습하도록 시켰다.	학생들을 관찰하고 체크리스트에 나와 있는 학생들의 이름을 점검했다.
Tyler 여교사	학생들이 집단 속에서 학습하는 것을 배우기를 바랬다. 집단이 토론할 딜레마를 선택했다.	학생들에게 딜레마를 논의하여 집단결정에 도달하게 하였다.	일 년 내내 학생들이 집단 내에서 학습하는 것을 관찰했다.

비록 세단계가 따로따로 나누어 기술되어 있지만, 각 단계들의 연속성과 그 상호관계는 강조되어야 한다. 각각의 단계간의 상호관계를 알기위해서는 계획단계부터 시작해야 한다. 특정 학생집단에 대하여 교사가 설정한 목적은 무엇을 어떻게 가르치느냐를 결정하고, 또한 어떻게 학습을 평가할 것이냐 하는 방법에도 영향을 미친다. 이 관계가 〈그림 1.3〉에 제시되어 있다. 〈그림 1.3〉에 제시되어 있는 관계는 아주 분명하다. 반면에 다른 요소들은 논의가 필요하다.

그림 1.3 3단계 교수접근

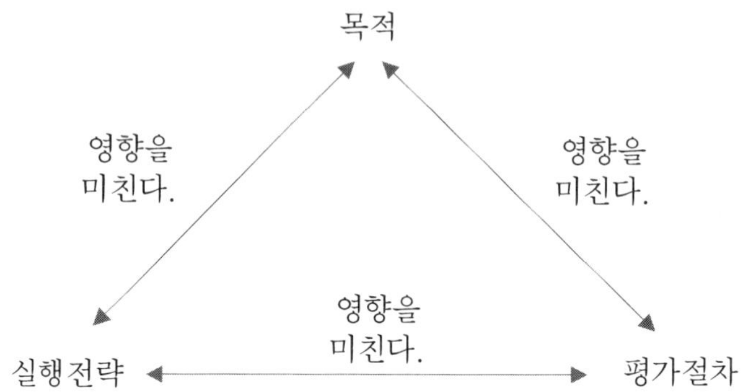

수업내용이 어떻게 가르쳐지고 그 효과가 어떻게 측정되느냐에 영향을 미친다는 점에서 가르칠 목적이 실행전략과 평가절차에 미치는 영향은 분명하다. 평가절차는 또한 선택된 목적과 사용된 실행절차에 영향을 미친다. 예를 들면, 교사는 목적과 사용된 수업전략을 모두 재고하고 싶어 할 수도 있다. 아마도 목적은 학생들에게는 야심적이거나 부적합할 수 있다. 이와 비슷하게, 교수전략은 선택된 목적을 달성하는데 적합하지 않을지도 모른다. 교수행위 단계로부터 피드백을 받아 교사는 전체적인 학습경험은 물론 다른 요소들의 효과성을 비판적으로 조사하고 반성해 볼 수도 있다.

의사결정자로서 교사

교사는 광범위한 의사결정을 내리는데 이 의사결정은 확실히 교실수업의 효과에 영향을 미친다. 분명히 의사결정이란 선택하는 것을 의미 한다 ; 가장 일반적인 예로서는 무엇을 어떻게 가르치고, 학생의 성취를 어떻게 평가할 것이냐를 결정하는 것이다. 어떻게 가르치느냐하는 방법을 예로 들어보면, 여기에는 많은 원천들이 의사결정에 영향을 미치고, 그 원천은 어느 특수한 전략을 모종의 내용을 가르치는 가장 효과적인 방법이라고 믿는 것으로부터 그 효과를 알아보기 위해 사례연구도 하고, 그 어려운 연구정보도 구하는 온갖 것이 다 들어간다.

이러한 중요한 결정을 회피할 수 있는 한 가지 방법은 교사용 지침서와 교과서에 딸린 수업자료에서 발견되는 내용, 전략, 평가를 사용하는 것이다. 이러한 자원은 주어진 내용에 대한 가장 효과적인 수업을 제공할 수 있으나, 우리의 입장은 교실 내에서 우리가 수행하는 것은 무엇이든 의도적이고 신중한 노력을 통하여 다른 어떠한 대안에 견주어서도 더 가치가 있어야한다는 점이다. 효과적인 교사는 교실 내에서 다양한 결정을 내릴 때 몇 가지 지식영역에 의존하는데, 전문적인 의사결정 능력은 수업에 있어 결정적으로 중요하다(Doebler, 1998).

의사결정에 영향을 미치는 요소들

교사로서 내리는 의사결정을 평가하는 세 가지 주요방법은 연구, 경험, 그리고 맥락이다. 많은 연구들이 교사의 행위와 학생의 학습과의 관계에 관한 유용한 정보를 제공해주고 있다 (Brunning, Schraw, Norby, & Ronning, 2004; Eggen & Kauchak, 2004); 우리는 다음 장에서 의사결정의 여러 측면을 고려하면서 이와 같은 연구를 소개할 것이다.

전문적인 의사결정에 영향을 미치는 두 번째 요인은 경험이다. 연구에 의하면 숙련교사들은 그들의 경험을 의사결정의 지침으로 삼는다는 것이다(Berliner, 1994). 이것은 초임교사에 있어 몇 가지 시사점을 준다. 첫째, 숙련교사의 효과적 수업실제에 관한 연구를 고려해 볼 필요가 있다. 둘째, 초임교사는 가르치는 것을 배워나가면서 숙련교사를 관찰하고 그들과 대화를 나눌 필요가 있다. 마지막으로 초임교사들은 그들이 전진해나가고, 경험을 통하여 성장하고, 성공과 실패를 통하여 학습해 나갈 때 자신의 성장을 반성할 필요가 있다.

상황은 교사의 의사결정에 영향을 미치는 세 번째 요인이다. 어느 두 학생, 그리고 어느 학습환경도 똑같은 것은 하나도 없다. 그 외에 수업에 대한 의사결정은 가르칠 내용, 가용한 자원, 하루 중 특정시간 또는 일 년 중 어느 시점에 의하여 영향을 받는다. 확실히, 수업이란 개인적 과정으로서 개인은 우리가 가르치는 방식에 영향을 미친다(Pajars, 1992). 우리는 대안적 교수방법과 수업전략을 배워나가면서 계속해 다음과 같은 것을 자문할 필요가 있다. 즉, 이것은 나에게 도움이 되고, 그것들은 내가 가르치는 학급에서의 학습을 효과적으로 증진시키는가?

의사결정에 있어서의 목적의 중요성

대안을 평가하려면 학습에 영향을 미치는 선택적 요소를 결정해야 한다. 대안평가는 교사가 분명한 목적을 갖고 있을 때 가능하다. 교사는 학생을 가르칠 때 항상 목적을 마음속에 간직하고 있어야 한다. 왜냐하면 목적은 교수에 방향을 제공하고 의사결정을 안내하기 때문이다. 의사결정은 그 결정이 의도적이고 명시적인 목적에 기반하고 있다는 점에서 전략적이다. 여기에 목적에 기반을 둔 의사결정에서 따라야할 효과적인 계열이 있다(Beyer, 1988).

- 기대되는 목적을 규명한다.
- 목적을 도달하는데 있어서 장애물을 규명한다.
- 각 장애물을 극복하기 위한 선택사항을 규명한다.
- 시간, 자원, 비용, 활용상의 제약조건 이라는 입장에서의 선택사항을 조사한다.
- 최선의 선택사항 또는 여러 개로 구성된 선택사항을 선택한다.

계획단계에서는 목적을 고려해야한다. 이 단계는 세 단계 중 첫 번째 단계로 교사는 의사결정을 하는 단계이다. 계획단계에서 교사는 목적뿐만 아니라 또한 학생이 목적을 도달하는데 도움이 되는 학습활동을 설계하여야 한다. 의사결정에서 고려할 내용은 다음과 같다.

- 나는 주어진 아이디어나 개념을 어떻게 설명하여야 하는가?
- 나는 현재의 주제와 내가 이미 학습한 자료를 어떻게 관련지어야 하는가?
- 나는 주제를 설명하기위해 구체적 본보기를 어떻게 사용하여야 하는가?
- 유의미한 학습을 조장하기 위하여 나는 어떠한 학습과제를 고안해야 하는가?

제2단계인 실행단계에서, 교사는 이전에 제시한 본보기와 같은 보다 깊은 의사결정에는 참여하지 않는다. 그러나 교실 내에서 학생들과 상호작용해 나가면서 사소한 순간순간의 많은 의사결정을 내릴 필요가 있다. 이러한 많은 상호작용은 질문의 형태를 띤다. 효과적인 교사는 발문기술과 여러 질문형태를 사용하는 방법을 알고 있을 필요가 있다. 질문형태에는 사실질문, 과정질문, 수렴적 질문, 확산적 질문이 있으며, 이것들은 학습을 증진시킨다 (Good & Brophy, 2003). 이 단계에서의 의사결정에 포함시킬 내용은 아래와 같다.

- 어떠한 종류의 질문이 학생의 사고를 조장하고 학생의 이해를 가늠하게 하는가?
- 질문은 전체집단을 대상으로 제기해야하는가? 아니면 개별학생을 대상으로 제기해야 하는가?
- 교사는 학생의 반응을 얼마나 오래 기다려야 하는가?
- 학생의 반응이 부정확하면 교사는 어떻게 해야 하는가? 암시를 주거나 대답을 제공해야 하는가? 아니면 또 다른 학생에게 대답을 요구해야 하는가?

3단계는 평가단계인데, 여기에서도 교사의 의사결정이 필요하다. 교사는 계속해서 학생의 새로운 아이디어를 요구하고 있고, 학습증진을 위해 어떠한 수정이 요구되는지 자문해야만 한다. 평가결정에 관한 질문에는 다음과 같은 내용이 포함된다.

- 학생들이 배운 주제를 이해하고 있는지 여부를 결정하기 위하여 어떠한 종류의 평가를 사용할 수 있는가?
- 학생들은 어떠한 내용을 분명히 이해하고 있으며, 추가 수업을 요하는 내용은 어떠한 내용인가?
- 어느 학생이 과외의 도움을 필요로 하고, 어느 학생이 도움을 필요로 하고 있지 않는가?
- 평가결과를 학생, 부모, 그리고 이러한 정보를 필요로 하고 있는 전문가들에게 어떠한 방법으로 전달할 수 있는가?

이 시점에서 보다 분명히 알 수 있는 것은, 교수란 아주 복잡하여 계속적인 의사결정을 필요로 한다는 사실이다. 이러한 과정을 복잡하게 하는 몇 가지 요소가 있다. 교수에는 쉽고, 분명한 해답이 존재하지 않는다. 그러나 교수에는 유일하게 교사만이 의사결정을 내릴 수 있다. 혼란스럽고 모호한 문제에 직면해서, 교사는 해결보다는 적합한 실천행동을 모색하여야 한다. 심지어 최상의 조건에서조차도 교사는 여러 좋지 못한 대안 중에서 선택을 해야 하는 입장이 되어 많은 수업문제를 완전하게 해결하지 못하는 경우도 있다 (Wasserman, 1999). 그럼에도 불구하고 여러분이 내린 의사결정의 질은 여러분이 제공하는 학습경험에 영향을 미치고, 궁극적으로 여러분이 학습을 증진시키는 정도에 영향을 미치게 된다.

교수에 있어서 반성의 중요성

교사가 의사결정을 개선하는 한 가지 방법으로 반성이 있다. 반성적 교사는 교수에 관하여 사려 깊고, 분석적이며, 심지어 자기 비판적이다. 여러분이 수업을 하고 난 후, 여러분이 세운 수업계획과 여러분이 내린 결정을 다시 생각해보고 싶어 할 것이다. 반성은 그것이 글로 표현하건, 아니면 마음속에 간직하던, 전문적인 생각, 아이디어, 그리고 신념을 다듬기 위한 효과적인 방법이다. 반성은 우리들로 하여금 우리의 경험을 평가하고 실수를 통하여 학습하고, 성공을 반복하고, 미래를 위하여 수정하고 계획을 세우게 한다.

반성적 교수는 복잡하며 다면적인 특징이 있다. 이것은 자신이 설정했던 바를 달성했는지 그 여부를 결정하고 자기가 행했던 것 보다 효과적인 방법에 대한 통찰을 얻기 위한 하나의 시도로서 자기가 실천한 것을 검토하는 것이다. 반성적 교사는 자신의 개인적 행위를 고려하는데 대한 책임감을 기꺼이 수용한다. 즉, 어려운 문제를 깊이 있게 철저히 생각하고, 가르치고 학급을 관리해 나가기 위하여 보다 많은 지식과 보다 나은 방법을 끊임없이 모색해 나가는데 헌신하고 있다. 또한 교육이론과 실제에 관한 건전한 회의론도 갖고 있다. 또한 주어진 문제에 대하여 가능한 한 많은 정보를 모으고 적합한 기준에 비추어 증거의 가치를 따지고 그 다음 결론을 도출하여 판단을 내린다(Ely, 1994).

기본적으로 반성은 다음과 같은 질문을 제기한다. 내가 내린 의사결정은 얼마나 효과적이었는가? 구체적으로 반성은 다음과 같은 질문에 대한 해답을 시도한다.

- 그 주제는 얼마나 적합한가? - 즉 그 주제들을 가르쳐야 하는가?
- 그 부제들의 계열은 적합한가? 그렇지 않다면 그 부제들은 어떻게 재배열할 것인가?
- 나의 목적은 나의 학생들에게 적합한가?
- 나의 수업은 일관성이 있는가? 나의 차시 수업계획은 나의 단원계획을 촉진시켰는가? 내가 상세화한 절차와 평가는 내가 세운 목적과 일치하는가?
- 내가 사용한 절차는 남들이 일반적으로 말하는 절차만큼 효과적인가? 그렇지 않다면, 어떠한 절차가 더 좋은가?
- 내가 사용한 자료는 가르칠 주제내용을 잘 나타내고 있는가?
- 어떠한 표상, 자원을 활용하여 그 주제를 더 잘 이해시킬 수 있는가?
- 전반적 환경이 학습에 도움이 되게 할 수 있는 방법이 있는가?

끝으로 지금까지 언급한 많은 내용들이 우리의 실천을 다양한 방법으로 질의하는 과정으로서의 반성을 나타낸다. 그러나 반성은 또한 창의적인 문제해결로도 보여진다. 창의적이 되므로 교사는 알고자하는 욕구가 생겨나기도 하거나 또는 학생들에게 무엇이 가장 도움이 되는지 즉각 깨닫게 되기도 한다.

여러 연구결과에 의하면 숙련교사는 수업의 여러 다른 국면을 반성하고, 잘못된 가정과 개선의 여지가 있는 수업의 국면을 밝혀낼 수 있다(Berliner, 1994). 수업에 대한 반성적 사고에 참여한다는 것은 계획, 실행, 평가 그리고 학생들의 성취를 개선하는데 사려깊은 접근을 발전시킨다는 것이다.

교실에서의 공학 : 실행과 활용

전절에서 우리는 실행단계에서 교사에 있어 핵심적 문제는 학생들이 학습목표를 도달할 수 있도록 어떻게 도와줄 수 있을까? 라는 질문이었다. 공학, 그것은 우리가 가르치는 방법, 학생이 배우는 방법을 끊임없이 변화시켜왔으며, 어떻게 학습목표 도달을 도와주느냐에 대한 해답을 제공해 줄 수 있다. 현 세계는 공학혁명에 의하여 조형되어온 특징이 있다. 이러한 변화는 무엇보다도 우리의 삶의 방식과 학생을 가르치는 방법을 철저하게 바꾸어 놓았다. 특히 교육과 관련하여, 오늘날의 교사는 일차적으로는 학교나 지역사회에서 사용되고 있는 컴퓨터와 같은 하드웨어에 대하여 알 필요가 있다. 또한 학교와 지역사회에서 사용되고 있는 소프트웨어, 디스크, 프로그램, 기타 자원도 알 필요가 있고, 공학의 교실수업에의 적용에 대하여도 알 필요가 있다. 이외에, 어떠한 교육자원이든 간에 교사는 학생들이 이용가능한 공학자원에 쉽게 다가가 사용하는데 요구되는 선수기능을 갖고 있는지 반드시 확인하여야 한다.

구성주의적 관점에서 볼 때, 학급에서의 공학의 적용은 교사의 촉진적 역할을 증진시킨다. 이 경우 교사는 "무대의 핵심 인물"이기보다는 오히려 "변두리에서의 안내자"가 되어야 한다. 공학은 다음과 같은 내용을 포함하는 여러 교실수업전략을 지원하여야 한다. (Armstrong, Henson, & Savage, 2005):

- 내용을 효과적으로 제시하기
- 내용을 다시 가르치고 강화하기
- 영재학습자에게 심화경험 제공하기
- 과제를 개별화하기
- 웹 사이트를 이용하여 세계적 관점을 갖게 하기
  (예를 들어, 국제 이메일 펜팔을 장려)

수업활동과 수업전략의 실행을 가능케 하는 것 이외에, 컴퓨터는 워드프로세스와 기록유지능력을 이용하여 계획과 평가활동에서의 효율성을 개선해왔다.

미래의 컴퓨터의 영향을 예측하기 어렵지만, 많은 교사들은 그들이 점점 공학에 더 의존해감에 따라 그들이 학급에서 가르치는 것들을 바꾸어나가고 있다. 과거에 도움이 되었던 전략을 계속 사용하느니, 오히려 효과적인 교사는 그들이 가르치는 방식을 다시 생각하고 있다(Henniger, 2004). 확실히 여러분이 교실에서 공학을 사용하는 방식은 여러분의 공학의 가치에 대한 철학이나 견해, 공학에 대한 지식, 학교나 지역사회에서 이용 가능한 지원과 자원에 크게 의존하게 될 것이다.

이러한 과정을 다시 생각하는데 도움을 주기 위하여, 이 책의 각장에서는 공학을 수업 속에 통합하기 위한 제안과 활동을 제공하고 있다. 예를 들면, 계획을 다룬 장에서 우리는 단원과 차시수업의 존치, 활용, 수정을 허용하는 본보기의 개발에 초점을 둔다. 평가를 다룬 장에서 우리는 여러분의 수업을 보다 효율적이고 효과적이게 하기 위한 한 가지 방법으로 전자기록보관에 집중한다.

수업을 처음 시작하는 사람을 위하여 우리는 본 장에서 세계적 웹을 통하여 접근할 수 있는 인준과 표준에 관한 정보를 언급하였다. 전자정보 검색경험을 위해 다음의 활동을 완수하시오.

1. 〈그림 1.2〉는 INTASC 원리를 열거하고 있다. 10가지 원리 모두와 주제별 추가 정보를 얻으려면, 구글(http://www.google.com)이나 야후(http://www.yahoo. com) 같은 탐색엔진에 접근하고, 탐색박스에서 INTASC 원리를 입력하시오. 페이지가 열리면 추가정보를 위해 열거된 자원은 어느 것이나 클릭 할 수 있습니다.
2. 교직전문기준 국가위원회에 대한 추가정보에 접근하려면 1단계, 2단계에서의 지시를 따르시오.
3. NCATE 기준을 잘 알려면, 이전에 열거했던 지시를 따르고 인준조직에서 강조한 중요한 사항들을 결정하시오.
4. 초등 과학교과에 나와 있는 태양계나, 미국 역사교과에 나와 있는 산업혁명과 같은 여러분이 담당하고 있는 교과에서 여러분이 가르치고 있는 구체적인 내용을 결정하시오. 그 다음 콜로라도 주 학과표준에 접근하고 여러분이 촉진시키고자하는 구체적인 표준을 규정하시오. 이러한 정보를 다시 복구하기 위해서는 http://www.cde. state.co.us로 들어가시오. 왼쪽 난에 "표준"을 클릭하고 그 다음 "표준"과 "본보기" 아래에 있는 구체적인 주제를 클릭하시오. 추가 연습을 위하여 당신이 소속되어 있는 주의 교육국 웹사이트를 찾아 똑같은 연습을 하시오.
5. 35쪽에 우리는 학과 포트폴리오에 대한 입문적인 정보를 제공하고 있다. 여러분이 선택한 자원을 활용하여, 전자 포트폴리오의 찬 · 반을 연구하기 바란다. 이것을 시작하는데 있어 우리는 여러분이 키워드 포트폴리오로 검색엔진을 사용하고 그 다음 "전자 포트폴리오"를 클릭할 것을 제안한다.

연습 1.4

본 장에서 열거되어 있는 INTASC, NCATE 그리고 TEAC 기준을 사용하여, Warner 여교사가 포함된 시나리오를 다시 읽고, 그녀의 치과 수업에서 그녀가 언급하고 있는 모든 내용을 제시하시오.

반성하기

서론 : 교수모형

INTASC 원리 1, 2, 3, 4, 5, 6, 7, 8, 9

교사의 상이한 역할과 학습에 미치는 영향을 생각해 보시오. 학급에서 학습을 증진시킬 수 있는 방법을 생각해 보시오. 그 다음 웹사이트 www.prenhall.com/Jacobsen의 1장의 모듈의 반성하기로 들어가시오. 여기에서 여러분은 오늘날 교실에서의 교사의 역할을 반성하고 이를 보다 더 잘 이해하는데 도움을 주기 위해 고안한 질문을 발견하게 될 것입니다.

요 약

국가의 많은 표준들이 교사의 전문적 발달을 안내하기 위하여 만들어졌다. 여러 주의 신임교사 평가, 지원 콘소시엄(INTASC)에서는 신임교사를 위한 지침을 제공하고 있다. 국립교직전문표준위원회에서는 숙련된 교사를 위한 비교 가능한 표준을 제공하고 있다. 국립 교사교육인준협회(NCATE)와 교사교육인준협회는 교사 준비프로그램을 위한 지침을 만들고 있다. 교수개선을 위한 노력에는 목적 2000 발의와 낙오자 없는 교육(NCLB)이 있다. 또한 여러 주에서는 내용과 관련된 표준이 있는데 이것들은 교사와 학생에 직접적인 영향을 미치게 될 것이다.

교사는 학급에서 다양한 역할을 수행한다. 그 역할은 학업과 인지적 성장에서 도덕적, 심체적 발달에 까지 이르고 있다. 학습의 발달이론인 구성주의는 학습을 안내하고 촉진하는데 있어서의 교사의 역할을 강조한다. 이 외에 교사는 학생들이 학습동기를 발달시키는데 결정적 역할을 담당한다.

교사는 수업을 할 때 인지적 영역에서 정의적, 심체적 영역에 걸쳐있는 다양한 목적을 갖고 있다. 학교에서는 인지적 결과를 지나치게 강조하기 때문에 이 교재에서는 일차적으로 인지적 성장과 발달에 초점을 두게 될 것이다. 학생의 성장을 증진시키려는 시도로 교사는 생산적인 학습환경을 만드는데, 이 환경은 학습에서의 다른 상황적 요소들을 토대로 구축되는 것이다.

이 책의 개념적 기초는 계획으로 시작되는 3단계 수업접근이다. 계획의 핵심은 분명한 학습목적을 만들고 교수전략을 선정하는 것이다. 실행단계에서 교사는 수업전략을 사용하여 학생들이 학습목적에 도달하도록 돕는다. 개념모형의 마지막단계에서 교사는 학습을 평가하고 학생이 학습한 것을 확인하고자 한다.

이 교재에서는 효과적인 교수에서의 의사결정의 핵심적 역할을 강조하고 있다. 연구, 경험 그리고 상황, 이 모든 것은 교실 내에서 교사가 내리는 결정에 영향을 미친다. 목적은 잘만 개념화되면, 교사의 의사결정시 초점과 명확성을 제공해 준다. 반성은 교사가 자신의 행위의 효과성을 생각해 볼 기회를 준다. 의사결정과 관련하여, 반성은 교사로 하여금 내가 내린 결정이 얼마나 효과적이었느냐를 자문해 보도록 해 준다.

이 교재는 이 교재에 제시된 개념모형과 일치하는 계획, 실행, 평가라는 세 개의 핵심절로 나누어진다. 이 세 절은 교사에게 효과적인 의사결정과 통찰적인 전문적 반성에 필요한 지식과 기술을 제공하기 위하여 고안된 것이다.

핵심개념

계획	능동적학습	실행	평가
구성주의	동기유발	외발적	학습자의 다양성
기능	반성	지식	학습자중심수업
내발적	수동적학습	태도	협동학습

자격시험준비

2학년 학생들을 가르치는 또 하나의 다른 교사를 주목해보자. 다음의 사례를 읽고 이 장에서 얻은 정보를 사용하여, 다음의 질문에 답해보시오.

Lori Guthrie 여교사는 아동들에게 그들은 이 수업에서 또 하나의 다른 모험을 경험하게 될 것이라는 것을 알려주면서 수업을 시작했다. 그런데 이것은 아동들로 하여금 오늘의 수업 주제가 무엇인지를 열심히 찾아내게 하였다.

"자, 여러분", 그 여선생님은 "밖으로 나가 모르는 상대와 데이트나 하자"라고 말했다. 아동들은 문 밖으로 걸어 나갔다. "어머" Guthrie 여선생님은 "오늘 날씨 참 좋으네"라고 되뇌었다.

"햇빛이 참 좋네요. Guthrie 선생님" Jose가 말했다.

"밖 참 멋지네." Maria가 말했다.

"무엇을 할까?"라고 Katy가 물었다. Guthrie는 "글쎄"라고 응답하였다.

"날씨가 좋으니, 덧셈, 뺄셈 문제를 재미있게 만드는데 우리가 사용할 수 있는 다른 것을 찾아보자. 주위를 살펴보자. 무엇인가를 찾으면 나에게 알려주어라."

"아 Guthrie 여선생님, 나는 나뭇잎 몇 개를 보았어요. 아니 많이 보았어요. 누군가 원하는 사람 있어?" Nate가 물었다.

"내가 좀 필요한데" Maria가 말했다.

두 어린이들이 Nate를 합류시켜 양손가득 나뭇잎을 집어 들면서 "나도 필요한데"라고 말했다.

"Guthrie 선생님, 나는 돌이 몇 개 필요한데요." Alex가 말했다. "그리고 이 큰 바위도 필요해요. 이것도 가져도 될까요?"

"어이, 무엇이던지 너에게는 도움이 되는구나."라고 Guthrie 선생님이 말씀하셨다.

"나는 큰 나뭇가지 몇 개를 보았어요. 이 음료수병을 좀 보세요. 재미있어요. 나는 음료수병도 사용하고 싶은데요."라고 José가 말했다.

"좋은 생각이야" Gurhrie가 말했다. 아동들은 교사가 학생들에게 교실에 들어오라고 지시한 후에도 그들은 몇 분간에 걸쳐 주위 청소를 하며 돌아다녔다. "잘한다. 얘들아" Guthrie 선생님은 다음과 같이 물으셨다. "여러분들은 이제 새로운 여러 자료를 구했으니 이제 무엇이 필요하지?"

"종이와 풀이 필요 한데요" Katy가 응답하였다.

"그 외에 다른 것은?"

"아, 덧셈문제와 뺄셈 문제를 적을 수 있는 것이요" Maria가 덧붙여 말을 하였다.

"좋아. 이리 와서 네가 갖고 싶은 것을 가져가." 아동들이 Guthrie 선생님에게 다가갔고, 각 아동들은 건축설계용지, 풀통, 매직마커를 가져갔다.

아동들이 잠시 작업을 하고나니, Guthrie 선생님은 다음과 같이 말씀하셨다. "Marley가 막대기를 모으는 방식을 잘 살펴봐. 그는 막대기를 6개로 묶어 놓았다. 그 다음 막대기 옆에 문제를 적어놓았다. 그리고 우리들에게 6개 막대기 더하기 2개 막대기는 8개가 된다는 것을 보여주었다. 놀랍지!"

"Alex의 뺄셈문제를 보자." Guthrie 선생님은 열의에 차 계속 수업을 이어갔다. "두개의 잎에서 두 개를 제하면 잎은 하나도 남지 않는다. 자, 나는 Alex의 이파리가 풀로 붙여져 있는 것을 보았는데 그녀는 그것들을 떼어내서 결국 풀칠만 남아 있어. 좋은 생각이구나!"

모든 학생의 작업에 대한 논평을 하고 그들 스스로 관찰하도록 격려를 한 후, Guthrie 선생님은 다음과 같이 말씀하셨다. "자, 여러분. 모든 것을 2층으로 가져갈 시간입니다."

1. 11쪽에 있는 Campbell의 논평을 읽고, 이상의 수업은 교육의 일차적 목적 중 어느 것을 반영하고 있는가? 왜 그런가?

2. Guthrie 선생님은 그녀의 수업에서 어떠한 동기적 기법을 사용했으며, 내발적 동기는 왜 외발적 동기보다 더 바람직하며 강력하다고 생각되는가?

3. Guthrie 선생님은 세 가지 학습형태인 정보와 지식, 심체 기능, 태도와 가치를 그녀의 수업 속에 어떻게 통합했으며, 여러분은 어느 것이 일차적인 강조를 받아야 한다고 믿는가?

4. Guthrie 선생님은 그녀의 수업 속에 구성주의 학습환경의 어떠한 특징을 통합시켰는가? 각각을 간단히 논의하시오.

5. Guthrie 선생님이 이 수업에 관해 내린 가장 일반적인 의사결정은 무엇인가?

6. 3단계 수업접근은 순환적 또는 폐쇄적 과정을 취한다. 앞의 특수한 수업과 관련하여 하나의 전체 순환과정을 거친 후, Guthrie 선생님은 이제 무엇을 하게 될까?

비디오 연습

MyEducationLab으로 가서 "효과적인 수업과 효과적인 교사"라는 주제를 선택하고 "학생의 아이디어와 학생의 기고문 활용"이란 비디오를 시청하시오.

비디오를 시청한 후 다음 질문에 대답하시오.

1. Rebecca Adkins의 일차적 역할은 "무대 위의 주역"인가 아니면 "측면에서의 안내자"인가? 간단히 설명하시오.

2. 3단계 교수모형 중 계획단계와 관련하여 당신은 Adkins 여선생님이 자기 학생들이 무엇을 학습하기를 원한다고 생각하는가?

3. 3단계 교수모형 중 실행단계와 관련하여 Adkins 여선생님이 학생의 성장과 성취를 증진시키기 위하여 사용했던 소수의 수업전략은 무엇인가?

4. 3단계 교수모형 중 평가단계와 관련하여, 학생들이 학습내용을 학습했는지 결정하기 위하여 Adkins 여선생님은 무엇을 할 수 있었는가?

5. 반성의 입장에서, Adkins 여선생님이 수업을 개선하기 위하여 무엇을 할 수 있다고 생각하는가?

포트폴리오의 개발

포트폴리오는 초임교사의 지식, 기술, 경험, 성취를 나타내는 한 가지 방법이다(Goethals, Howard, & Sanders, 2004). 행정가에게 제공하기 위하여 고안된 포트폴리오나 교사의 고용 자격을 요하는 학교체제와는 달리, 학문적인 포트폴리오는 교사교육프로그램에서의 이론적, 실제적 경험을 포함하는 자원을 조직하고 반성할 기회를 제공해준다. 학문적 포트폴리오의 요소는 일반적으로 다음과 같은 내용이 포함된다.

- 내용목차
- 학생 정보/ 이력서
- 철학진술
- 교수에 대한 반성
- 추천서, 수상과 같은 추가적 문서
- 단위 수업계획, 평가, 학생의 작품 본보기, 창의적 활동에 관한 사진과 같은 인위적인 산출(예 학습센터, 역동적 수업에 관한 비디오테이프)

여러분의 전문적 연구 프로그램에서 주어진 코스의 진술된 목적, 목표를 달성하고 있다는 증거로, 우리는 각 장의 말미에 학과적 포트폴리오 과제를 제시한다. 예를 들면, 3장의 목적과 목표의 설정에서 우리는 여러분이 강조하고 있는 영역에서 세 가지 목적, 목표를 진술하고 그것들을 주에서 설정한 기준에 맞추어 볼 것을 제안한다.

철학진술은 가끔 학과적 포트폴리오와 전문적 포트폴리오 중에서 볼 수 있다. 그러므로 이 장에서의 여러분의 학과적 포트폴리오 과제는 다음과 같다.

철학적 진술은 학생과 사회의 본질과 요구, 학습할 지식의 기반, 교실수업에서 사용될 방법과 전략에 대한 견해를 나타내기 위하여 마련된다. 1장의 구성주의, 동기유발, 국가와 주표준에 대한 논의를 사용하여 교사가 어떻게 학생의 학습을 증진시킬 수 있을지에 대한 철학적 진술을 적으시오. 그리고 다음의 세 가지 진술내용을 반드시 언급하시오.

- 교사는 어떻게 모든 학생의 학습을 촉진시킬 수 있나?
- 교사는 어떠한 종류의 결정을 내려야 하는가?
- 교사는 교실에 들어올 때 어떠한 종류의 능력과 실천능력을 가지고 들어와야 하는가?

토의문제

1. 왜 내발적 동기는 외발적 동기보다 더 바람직하거나 더 강력한가?
2. 정보와 지식, 심체기능, 태도와 가치 같은 세 가지 학습형태 가운데에서 어느 것이 일차적인 강조를 받아야 된다고 믿는가? 왜 그러한가?
3. 구성주의 학습환경의 세 가지 특징은 무엇인가?
4. 매일매일 교사가 내리는 가장 일반적인 의사결정은 무엇인가?
5. 의사결정과 교사의 반성 간에는 어떠한 관계가 있는가?
6. 대부분의 교사는 3단계 수업접근을 순환적 과정 또는 폐쇄적 과정으로 생각한다. 이것이 의미하는 바는 무엇이고 이것은 어떻게 작용하는가?

현장경험을 위한 제안

1. 어느 한 교사와 면담을 갖고 그 교사에게 교실에서 학생들의 동기유발을 위하여 사용하는 전략을 공유하자고 요구하시오. 또한 학생에 관한 지식을 어떻게 증진시킬 수 있는지에 대한 제안을 요구하시오. 학생에 관한 지식은 여러분의 동기유발 기법의 성공에 영향을 미칠 수 있다.
2. 토의문제 3번에 있는 구성주의 학습환경의 특징을 밝히고 여러분의 현장교실에서 이러한 특징이 있는 학습환경의 본보기를 찾아보시오.
3. 가능하다면, 차시수업계획, 교육과정 지침서 또는 교사가 편집한 내용에서 일련의 목표를 조사하고, 그 목표들이 일차적으로 지식, 기능, 태도를 언급하고 있는지를 결정하시오. 여러분은 또한 학급교사와 함께 이 세 영역에 대한 우선순위의 여부 및 방법을 정하게 될지 논의해 나갈 수 있을 것이다.
4. 교사가 의사결정에 참여해야 할 영역을 밝혀낼 수 있는지를 알아보기 위해 지역 및 주의 교육과정 지침서를 검토하시오. 특히 내용, 전략, 평가 영역에서 선택할 수 있는 기회를 모색하시오.
5. 다른 예비교사와의 정보공유가 여러분의 학교에서 가능하다면, 3단계 교수접근의 일부로서의 반성의 역할을 논의하시오.

6. 기회가 주어진다면 교육과정 지침서, 단원 계획 또는 교과서에 나와 있는 목적을 선정하고 어떠한 자료들이 가장 효과적인 수업을 제공해 줄지를 결정하시오.

교수도구

☞ 참고문헌

Gagnon, G., Collay, m.(2006). Constructivist learning design: Key questions for teaching to standards. Thousand Oaks, CA: Corwin Press. Reviews the process of learning, assumptions about the process, and descriptions of how to organize for learning.

Redman, P. (2006). Don't smile until December and other myths about classroom teaching. Thousand Oaks, CA: Corwin Press. A thorough review of key quality of humanness and the ability to tough the lives of students.

Snider, V. (2006). Myth and misconception about teaching. Lanham, MD: Rowman & Littlefield Education. Present a different way of thinking about teaching and learning with an emphasis on how myth stands in the way of developing a science of teaching that focuses on results as opposed to unsubstantiated beliefs.

Weinstein, R. (2002). Reaching higher: The power of expectations in schooling. Cambridge, MA: Harvard University Press. An in-depth presentation of the academic expectations of students and educators and how they shape children's lives in school.

☞ 웹사이트

http://home.capecod.net~tpanitz/tedsarticles/coopbenefits.html Here you will find the academic, social, and psychological benefits of student-centered instruction via collaborative learning paradigms.

www.secondaryenglish.com/approaches.html Here you will find an experiment using teacher-centered instruction versus student-centered instruction as a means of teaching American government to high school seniors for the purpose of identifying the effectiveness of nontraditional instruction.

www.weer.wisc.edu/step/ep301/fall2000/Techonites/stu_cen.html Here you will find answers to the follwing questiona: What is studented-centered teaching? Why do we want to promote student-centered teaching? What are the benefits of student-centered teaching? How do authentic learning, active learning, cooperative learning, and cognitive apprenticeship promote a student-centered environment?

How is thematic instruction student centered?

http://agpa.uakron.edu/k12/best_practices/student_instruction.html Here you will find information to suggest that teachers who permit students to play an active role in selection topics and answer their own questions stimulate motivation and reasoning.

www.funderstanding.com/construtivism.cfm Here you will find a definition of constructivism and a brief discussion on serveral guiding principles of constructivism.

http://carbon.cudenver,edu/~mryder/itc_data/constructivism.html Here you will find an excellent resource for a wide rang of difinitions of constructivism as well as a number of printed references.

http://chiron.valdosta.edu/whuitt/col/motivation.html Here you will find definitions of motivation as well as the importance of motivation, the relationship of motivation and emotion, and explanation of motivational influences, and selected motivational theories.

UNIT 1

효과적인 수업을 위한 학급경영

02

학습경영: 예방

- 학급경영문제 예방을 위한 효과적인 전략의 적용
- 학급 경영 : 개관
- 효과적인 경영에 대한 전제 조건들
- 높은 기대 : 경영과 수업에 주는 시사점
- 효과적인 경영을 위한 계획
- 규칙과 절차 교수
- 학부모와의 의사소통
- 교실에서의 공학 : 의사소통의 촉진
- 학급에서의 다양성 : 학부모와의 의사소통

서 론

교사에게 가르치는 주제를 잘 이해하고 효과 있는 수업을 계획하고 실행하는 것은 아주 중요한 능력이다. 그러나 또 다른 중요한 것이 있다. 그것이 없다면, 주의 깊게 짜놓은 계획이나 전략들이 효과가 없다. 이것이 바로 수업 환경을 효과적으로 다루는 능력이다.

경영이 잘된 학급은 학습을 도와준다. 그러한 학급에서는 학생들은 질서가 있으면서 경직되지 않는다. 그리고 육체적인 피해나 조롱을 받는 것에 대한 두려움으로부터 안전함을 느낀다. 그들은 자유롭게 이야기를 나누고 규제를 이해한다. 학급은 부드럽고 생산적으로 운영되고 교사는 학급을 운영하는데 거의 노력을 기울이지 않는 것처럼 보인다. 반대로 경영이 잘못된 학급은 혼돈의 바다가 될 수 있다. 학생들은 부주의하고 분열되고, 교사는 기진맥진하게 되고 지친다. 그리고 학습은 거의 이루어지지 않는다.

연구에 의하면, 효과적인 교사들은 대부분의 경영 문제들이 발생하면 그것들을 해결하는 것 보다 미리 예방하기 위해서 학급을 조직하고 학습 활동을 설계한다고 한다. 이 장은 문제예방에 관한 내용을 담고 있다.

학습자 목표

2장을 공부하고 나면, 여러분들은 다음과 같은 것을 할 수 있어야 한다.

- 효과적인 경영을 위한 선행조건들을 규명한다.
- 효과적인 경영과 효과적인 교수와의 관계를 기술한다.
- 효과적인 경영을 수립한다.
- 규칙과 절차를 설계하고 가르친다.

학급경영문제 예방을 위한 효과적인 전략의 적용

다음은 중학교 교사가 학생들과 함께 수학을 가르치고 배우는 것에 관한 하나의 사례 연구를 보여준다.

- 교사는 수업 전에 경영문제를 예방하기 위하여 무엇을 했는가?
- 교사는 경영문제를 예방하기 위하여 학급을 어떻게 조직했는가?
- 효과적인 경영과 효과적인 수업은 어떠한 관련이 있는가?

Sheryl Poulos는 7학년 수학 교사다. 지금 그녀의 반 아이들은 분수를 소수와 백분율로 바꾸는 단원을 배우고 있다. 그녀는 24명이 적정인원으로 설계된 교실에서 32명의 아이들을 가르치고 있다. 그래서 아이들은 옆 분단의 아이들과 서로 팔이 닿을 위치에 앉아있다.

Ginger가 교실에 들어와 교실 앞 스크린 위쪽에 투영되어 있는 분수문제들과 "각각의 분수를 소소와 백분율로 바꾸시오"라는 지시사항을 본다. 그녀는 종소리가 끝나는 것을 들으며 재빨리 그녀의 자리로 가서 앉는다. 대부분의 학생들은 이미 문제를 풀기 시작하고 있다.

Poulos 선생님은 종소리가 끝날 때쯤 출석을 부른다. 학생들은 문제를 해결하느라 바쁘고 선생님은 아이들에게 과제물을 나누어 주신다. 그녀가 Jack에게 그의 과제물을 나누어 줄 때 그녀는 그의 팔을 만지면서 머리 위를 가리킨다. 이것은 Jack이 창문을 바라보는 동작으로부터 돌아왔음을 기억하게 한다.

그녀는 학생들이 끝마치기를 잠시 기다렸다가 시작한다. 그녀는 칠판에 분수 7/12를 쓰고 "이 분수에 대해 생각해 보자. 7/12는 몇 퍼센트일까 추측해보자… Donna?"라고 말한다. 그녀는 Veronica 옆에 앉아서 다리를 앞으로 내밀고 Veronica의 다리를 툭툭 치고 있는 Scott을 바라본다. 그녀는 또한 교실의 뒤쪽에서 Ellen이 Kristen에게 무언가를 속삭이는 것을 알아챈다.

Scott이 계속 Veronica의 다리를 툭툭 치자, Veronica가 "그만 해, Scott."이라고 크게 속삭인다.

Donna가 "음, 제 생각에는 … 아마도 60정도요."라고 답을 할 때 Poulos선생님은 통로 아래쪽으로 움직인다.

선생님은 Scott의 책상에 멈추어서 허리를 굽혀, 부드럽지만 단호하게 "우리는 우리의 손과 발을 제자리에 놓아야 한다."라고 속삭이신다. 그리고 나서 "좋아, 잘했어, Donna… Donna의 생각이 왜 옳은지 설명해 볼까… Jeremy?"라고 말씀하신다.

Jeremy가 "음, 7은 12의 반이 넘고 그래서, 50%보다 더 많아야합니다"라고 말할 때 선생님은 교실의 뒤쪽으로 가서 Ellen과 Kristen 옆에 선다.

학급 경영 : 개관

1960년대부터 현재까지, 국가 갤럽 여론조사에 의하면 학급 경영은 교사들이 직면한 가장 도전적인 난제들 중의 하나였다. 2007년의 여론조사에서는 미국 학교가 당면한 가장 중요한 문제로 재정지원의 부족이었고 학급경영 문제는 2위였다. 훈육이 가장 또는 다소 심각한 문제라고 말했다(Rose & Gallup, 2007). 그것은 초임 교사들에게 일차적 관심거리였으며(Rose & Gallup, 1999), 주의 산만한 학생들은 초임교사와 숙련교사 모두에게 스트레스의 가장 중요한 원천이 되고 있다(Bohn, Roehrig, & Pressley, 2004; Public

Agenda, 2004). 교사가 된 후 초기 3년 안에 직장을 그만두는 교사들의 거의 절반이 학생들을 다루는 문제 때문에 그만두는 것이다(Weiner, 2002, 2002). 그리고 학급 경영은 교사들이 도시의 학교를 떠나는 주요 이유가 되고 있다(Weiner, 2002). 교육대학들은 이러한 문제들을 더욱 조심스럽게 관심을 갖도록 요청받고 있다(Johnson, 2005).

학교 폭력에 대한 관심에도 불구하고, 많은 노력을 들어 질서있고 학습에 초점이 맞춰진 학급을 만들고 유지하는 것은 매일 매일의 일이 되고 있다. 학급경영과 관련된 문제를 다룰 준비가 잘 되어있지 않고 교원양성교육도 미흡하다고 생각하는 예비교사와 초임교사에게 경영은 어려운 과제이다(Kher-Durlabhji, Lacina-Gifford, Jackson, Guillory, & Yandell, 1997).

이러한 이유들은 일반적으로 학교나 사회에서의 변화에 그 원인을 찾아 볼 수 있다. 권위 있는 인물에 대한 의심할 여지없는 존경이 의심, 의문, 망설임 등의 태도로 대치되어 지고 있다. 또한 사회화의 도구로서 학교에서의 신념은 교육에 대한 비판으로 대치되어 지고 있다. 아이들 양육에 대한 태도가 변화하고 있고, 이러한 태도들은 양육 방법을 학교로 되돌리고 있다.

학생 집단도 또한 변화하고 있다. 학습자들은 지루한 설명을 들으면서 조용히 앉아 있지 않고, 동기유발은 수업경영과 교수에 있어 중요한 고려사항이 되고 있다. 학생들은 많은 시간을 텔레비전 앞에서 보내고, 많은 도시의 학급에는 영어이외의 언어를 모국어로 갖는 다수의 학생들이 있다(Kent, Pollard, Haaga, & Mather, 2001; U.S. Department of Education, 2000). 엄청난 수의 학생들이 성공하지 못할 위험을 안고 있는 가정환경과 경험을 가지고 학교로 온다(Slavin, Karweit, & Madden, 1989).

학급경영 대 학급훈육

이 장에서 우리는 일반적으로 사용되는 용어인 학급훈육이라는 용어 대신 학급 경영이라는 개념을 강조할 것이다. 경영이란 질서 있는 학습환경을 창조하고 유지하기 위한 교사들의 전략을 말한다. 반면에 훈육은 부적절하게 말하는 행동, 허락 없이 자리에서 벗어나는 행동, 적의 있는 또는 비꼬아서 말하기, 더 심각하게는 싸우거나 비난하기 등과 같은 학생들의 잘못된 행동에 대한 교사들의 반응을 포함한다.

효과적인 경영의 성과

학급을 효과적으로 관리하는 교사들은 두 가지 중요한 성과를 달성한다:

- 학생들의 성취 향상
- 학생들의 동기 증가

성취 향상. 경영과 성취사이의 관계는 여러자료에 잘 나와 있다(Blumenfeld, Pintrich, & Hamilton, 1987; Evertson, 1987). Purkey와 Smith(1983)는 효과적인 경영을 효과적인 학교의 네 가지 중요한 특징 중 하나임을 밝히고 있다. Wang, Haertel과 Walberg(1993)는 학습에 영향을 미치는 요인들에 관한 포괄적인 문헌 고찰에서 "효과적인 학급 경영은 학생의 참여를 증가시키고 산만한 행동을 감소시키며 수업 시간의 활용을 늘리는 것으로 나타났다. 이러한 것들은 학생들의 학업성취도 향상이란 결과를 낳게 된다(p.262)."라고 결론짓는다. 간단히 말해, 효과적인 경영은 효과적인 수업의 필수적인 요소이다.

동기 증가. 질서와 안전은 학생들의 동기를 향상시키는 데에 필수적이다(Radd, 1998). Brophy(1987a)는 학급 경영을 "학생들을 동기화시키는 데에 필수적인 전제 조건"으로 말하고 있다(p.208). 학급 경영은 교사가 동기화된 학급을 만들기 위해 구축해야 할 토대이다. 게다가, 교수와 경영의 문제에 대한 학생들의 참여를 추구함으로써, 교사는 학생들의 동기에 긍정적인 영향을 줄 수 있는 학생들의 주인의식과 참여를 증진시킬 수 있다(McLaughlin, 1994).

효과적인 경영에 대한 전제 조건들

질서 정연한 학급은 마법처럼 생기는 것이 아니다. 학급은 주의 깊게 계획되어져야 하고, 학생과 학습을 하고, 확고하고, 헌신적인 교사들은 그렇지 못한 교사들에 비해 경영의 문제를 덜 겪는 것 같다(Marzano, Marzano, & Pickering, 2003). 이 절에서 우리는 효과적인 경영에 대한 세 가지 전제 조건들을 살펴보고자 한다:

- 학급 분위기
- 교사 특징
- 경영과 수업의 관계

학급 분위기

여러분의 초등학교와 중등학교 시절의 경험을 되돌아보시오. 어떤 수업에서 편안했고,

다른 어떤 수업에서 편안하지 않았는지요? 어떤 수업은 재미있고 자극적이어서 그 수업 시간을 기다리게 되고, 어떤 수업은 두렵거나 지루하여 시계만 쳐다보고 있지 않았는지요? 사실상 우리 모두의 대답은 "그렇다"이다.

어떤 수업에서는 학습에 대한 느낌이 건전하고 긍정적이고 지지적이다. 이런 감정을 지지해주는 환경을 학급 분위기라고 말한다. 긍정적인 분위기를 갖고 있는 수업에서 학생들은 능력 있고, 소속감이 있고, 안전하다고 느낀다. 교사의 지시와 학생들의 선택 사이에 균형이 유지되고, 학생들은 잘 정의된 규제 안에서 자유를 누리며, 학습자의 책임감이 규칙을 잘 지키는 것 보다 강조된다. 학습자의 자기조절능력의 개발은 자기 통제를 발전시키는 것이 최우선 목표이다(Alexander & Murphy, 1998).

그러나 긍정적인 분위기는 자동적으로 발생하지 않는다. 그 분위기는 교사와 학생들이 겪게 될 학습 경험의 종류에 좌우된다.

교사 특징

우리는 산만하고 다루기 힘든 학생에서부터 질서정연하고 학업에 열중하는 학생에 이르기까지 여러 학생들을 보아왔다. 이러한 차이를 만드는 사람은 바로 교사이다. 효과적인 경영자로서 교사는 다양한 성격을 지니고 있다. 어떤 사람들은 조용하고 겸손한 반면에, 어떤 사람들은 엄격한 훈련 하사관과 같은 목소리를 가지고 있다. 비록 한 유형이 다른 유형보다 반드시 나은 것은 아니지만, 효과적인 교사들은 주로 다음과 같은 몇 가지 중요한 특징을 지니고 있다.

- 배려
- 단호함
- 모델링과 열정
- 높은 기대

이 특징들을 각각 살펴보도록 하자.

배려 : 긍정적인 학급 분위기의 기초. 학생들과 그들의 학습에 대한 진심어린 배려 없이 학급을 경영하고 수업을 성공적으로 하는 것은 사실상 불가능하다. 한 연구에서, 연구자들이 4학년 학생들에게 그들의 선생님이 배려가 있는지 없는지를 어떻게 아느냐고 물어보았다(Rogers, 1991). 그들은 배려 있는 선생님을 다음과 같은 사람으로 묘사하였다:

- 학생들의 관점에서 보고 들으려고 노력한다.

- 안전하고 걱정이 없는 학습환경을 만들어준다.
- 학습 과제를 이해함으로써 학교 숙제를 도와준다.

배려의 중요성은 다른 4학년 학생의 다음 말에 잘 드러난다. "만약 선생님이 여러분에게 무관심하다면 그 무관심은 여러분의 마음에 영향을 미칠 것이다. 당신은 당신의 존재 가치도 못 느낄 것이고, 그로 인해 당신은 학교를 그만두고 싶을 것이다."(Noblit, Rogers, & McCadden, 1995, p.683)

Wentzel(1997)은 부가적으로 또 다른 학생의 관점을 제안한다. 그녀는 중학교 학생들에게 다음과 같이 질문을 하였다. "너는 선생님이 너에게 언제 관심이 있고 언제 관심이 없는지를 어떻게 아니?" 학생들은 인간으로서 그들에게 세심한 신경을 써주는 것이 중요하지만, 관심을 보이는 선생님들은 학습을 촉진시키고 학생들을 적당히 높은 수준으로 유지시키기 위해 신중한 노력을 한다는 신념이 더 중요할 거라고 말하였다. 이러한 발견은 배려가 학생들과의 따뜻하고 부드러운 상호작용 이상의 그 무언가라는 것을 보여준다. 학생들이 어떻게 느끼는지를 이해하는 것 이외에도, 배려 있는 교사들은 학생들의 성장과 능력에 헌신적이다(Noddings, 1995, 1999; Wentzel, 1997).

Savage(1991)는 배려를 약간 다르게 묘사한다. 그는 배려 있는 교사들은 학생들을 존중하고 학생으로부터 존경받기 위해 노력한다고 말한다. 그는 이를 위해 다음 사항들을 제안한다.

- 주의 깊게 계획을 세워서 가르칠 주제를 완전히 이해하도록 하라.
- 시험을 공고하고 시험 내용을 확실히 알려주어 학생들을 속이는 일이 없도록 하라.
- 진실한 격려와 칭찬을 하고, 학생들을 상대로 빈정거리는 일이 없도록 하다.
- 학생들의 이름을 빨리 외우고 그들의 이름을 규칙적으로 사용하라.
- 학생들이 잘한 일에는 적당한 보상을 제공하라.

Stipek(2002)은 존중의 문제와 관련하여 다음과 같이 부가적인 설명을 하고 있다.

> 학생들에게 존중을 보여주는 최선의 방법 중 하나는 그들을 높은 수준으로 유지시키는 것이다 - 불성실하고 사려 깊지 못하고 미완성의 수행을 받아들이지 않음으로써, 모호한 말을 분명하게 하라고 강력하게 요구함으로써, 학생들이 포기하지 않도록 격려함으로써, 진정한 노력을 하지 않은 일은 칭찬하지 않음으로써 높은 수준을 유지시키는 것이다. 아이러니하게도 학생들의 부족한 과업을 받아들이는 것과 같은 그들의 자존심을 보호할 의도로 행해지는 교사들의 반응은 오히려 그들의 흥미, 인내심, 배려 부족으로 보여질 수도 있다. (p.157)

이것은 단호함이라는 개념을 생각하게 한다.

단호함 : 학생들의 책임감 개발을 돕는다. 단호함은 학생들을 스스로 책임을 다할 수 있고 그들의 행동에 대해 책임을 질 수 있는 존재로 보는 것을 의미한다. 학생이 규칙을 어겼을 때 단호함을 유지하지 못하는 교사는 그 규칙이 실제 목적이 없고, 행동이 반드시 어떤 결과를 낳는 것은 아니라고 말하고 있는 것과 같다. 이러한 메시지는 세상을 이해하려고 노력하고 있는 학생들을 혼란에 빠지게 한다. 학생들이 자기 행동에 대해 책임을 지도록 만들 때 교사는 끝까지 이를 도와주는 것이 필수적이다(Stipek, 2002).

모범 보이기(Modeling)와 열정. 교수와 학습에 대한 교사들의 신념은 교사가 보여주는 모습(modeling)을 통해 전달된다. 긍정적인 학급 분위기는 교사가 자신이 가르치는 주제에 흥미가 없음을 보여주면 사실상 불가능하다. 다음과 같은 말은 질서 정연하고 학습 지향적인 환경과는 거리가 먼 말들이다.

"이런 내용이 지루하다는 것 알아요, 그러나 우리는 이것을 배워야 해요."
"여러분이 증명하는 것을 싫어하는 것을 알아요."
"이것은 나 또한 좋아하지 않는 주제예요."

반대로, 일상적이고 흥미가 없는 주제일지라도 만약 교사가 그것들에 관심을 보인다면 학생들에게 더욱 동기 부여가 될 수 있다.

교사들이 열정을 보여주면, 그것은 교사가 그 학습 주제에 대해 진심으로 관심이 있다는 것을 보여주는 것이다. 그것은 학생들의 기운을 북돋아주기 위한 말, 연극, 학생들을 즐겁게 해주기 위한 노력을 의미하진 않는다. 오히려 다음 인용에서 보여지듯이, 학생들이 배우고 있는 정보가 소중하고 배울 가치가 있다고 느낄 수 있도록 유도하는 것이다(Good & Brophy, 2008).

높은 기대.

"이 생각은 새롭고 아마도 도전적일 것이다. 그러나 나는 너희들 모두 너희들의 몫을 수행할 수 있다는 것을 안다. 나는 그 생각들이 너희들 마음속에 새로운 것으로 받아들여지는 바로 지금 시작되길 원한다. 나는 너희들 가까이에 있을 것이다. 그러니 질문이 있으면 두려워하지 말고 어떤 질문이라도 하길 바란다."

"이 내용은 어렵지만 우리는 이것을 배워야만 한다. 나는 여러분이 빈둥거리지 말고 지금 바로 시작하길 원한다. 여러분 중 몇 사람은 이것을 하는데 어려움을 겪을지도 모른다. 내가 여러분을 가능한 한 빨리 고쳐줄 수 있도록 주위에 있을 것이다. 내가 갈 때까지 빈둥거리지 말아라."

학생 행동과 성취에 대한 교사의 기대는 매일 미묘하게(그렇게 미묘한 것은 아니지만) 전달된다. 첫 번째 교사는 과제가 어렵다는 것을 인정했다. 하지만 그녀는 학생들이 그것을 성공적으로 완성하기를 기대했다. 두 번째 교사는 몇몇 학생들이 다른 학생들보다 능력이 떨어진다고 넌지시 암시하며 과제를 부정적인 어조로 제시했다.

기대는 교사의 행동에 어떠한 영향을 미치는가. 연구에 따르면, 교사들은 기대가 낮은 학생들보다 높은 학생들을 훨씬 더 잘 다룬다고 한다. 그들은 **높은 기대**를 갖고 있는 학생들에게 더 자주 다가가고, 그들과의 상호작용이 더 긍정적이다. 그들은 높은 기대를 갖고 있는 학생들에게 더 명확하고 완전한 설명을 하고, 더 완전하고 정확한 대답을 요구하며, 수업도 더 열심히 한다. 그들은 높은 기대를 갖고 있는 학생들에게 더 자주 칭찬해 주고, 더 완전한 피드백을 준다.

학생들은 이런 차별적인 대우에 민감하다. 그래서 1학년과 같은 어린 아이들은 성취수준이 높고 낮은 학생들에 대한 공평하지 않은 대우를 알아차린다(Stipek, 2002). 한 연구에서, 연구자들은 다음과 같은 결론을 내렸다.

> "한 교사의 수업을 10초만 보고 듣고 나면, 심지어 아주 어린 학생들일지라도 그 교사가 이야기를 나누고 있는 학생이 성취 수준이 높은 학생인지 낮은 학생인지 알아낼 수 있고, 그 학생이 어느 정도 그 교사에게서 사랑을 받고 있는지 결정할 수 있다." (Babad, Bernieri, & Rosenthal, 1991, p.230)

높은 기대 : 경영과 수업에 주는 시사점

이에 관한 연구는 교사들에게 무엇을 시사하는가? 첫째, 교사의 기대가 학생의 수행 능력에 기초한 것과 같이 현실적일 때는 거의 아무런 문제가 없다. 그러나 그 기대가 학생의 수행 이 외의 다른 것에 근거를 두었거나 과거 학생이 수행한 것보다 낮은 기대를 갖고 있을 때 그런 기대는 학생의 성취를 낮출 수 있고 학급 분위기를 손상시킬 수 있다.

둘째, 기대는 자성적이 되는 경향이 있다.

> "그런 낮은 기대는 자성적 예언으로 작용할 수 있다. 다시 말하면, 차별적인 대우에 의한 낮은 기대감의 표현은 고의가 아니더라도 아이들이 덜 노력하고 결국엔 성취 수준이 낮아져서 자신의 능력에 대한 예언을 확실한 것으로 받아들이는 결과를 초래할 수 있다." (Weinstein, 1998, p.83)

이 장을 집필하는 목적은 이해수준을 높이기 위한 것이다. 기대는 미묘하고 종종 교사의 의식적인 통제에서 벗어나 있다; 교사들은 종종 그들이 학생들에 대한 서로 다른 기대를 갖고 있다는 것을 깨닫지 못한다. 교사들은 자각과 노력으로 모든 학생들을 가능한 한 공평하고 평등하게 대하려고 최선을 다해야 한다.

경영과 수업

학급경영에 관한 토론에서 일반적으로 간과되어지는 것이 효과적인 수업의 역할이다. 연구에 따르면, 효과적인 수업 없이 질서 있는 학급을 유지하는 것은 사실상 불가능하고 그 반대도 마찬가지라고 지적되고 있다(Doyle, 1986).

6장에서 토론 될 발문 기술에 덧붙여서, 질서 있는 학급에 직접적으로 공헌하는 몇 가지 부가적인 수업 요인들을 살펴보고자 한다. 그것들은 〈그림 2.1〉에 나와 있고 이어서 다음 절에서 논의하게 될 것이다.

조직. 이 장 시작 부분에 삽입되었던 Sheryl Poulos의 수업을 되돌아보자. 학생들이 교실에 들어올 때, 학생들은 스크린에 제시되어 있는 문제들을 발견했다. Sheryl은 수업 도입 부분에 하는 일상적인 활동을 시작했다. 학생들은 교사의 지시 없이 수업 전 준비 활동을 하기 시작했고, Sherly는 빠르고 부드럽게 준비 활동에서 그날의 수업으로 전개해 나갔다. 그녀는 효과적인 조직의 네 가지 중요한 특성들을 보여주었다. 그 특성들은 〈표 2.1〉에 개관되어 있고, 다음 절에서 논의 될 것이다.

그림 2.1 학급 질서 유지에 기여하는 수업 요인들

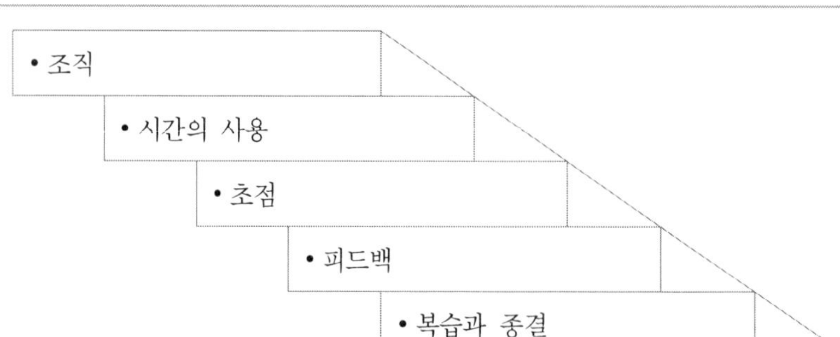

표 2.1 효과적인 조직의 특징

특징	예
자료와 실연을 미리 준비한다.	학생들이 교실에 들어 왔을 때, Sheryl은 문제를 준비해 놓고 기다리고 있다.
정각에 시작한다.	Sheryl은 벨이 울리기 전에 출석을 부른다.
일상적인 것들을 잘 계획한다.	Sheryl은 매일 사전연습 활동을 한다.
부드럽고 빠르게 전환한다.	Sheryl은 사전연습 활동에서 실제 수업으로 빠르게 이동한다.

정각에 수업을 시작하고 수업 자료를 미리 준비해 놓는 것은 수업 도입부분에서 있을 수 있는 "시간 낭비(dead time)"를 줄일 수 있다. 수업의 도입 시기는 경영 문제들이 가장 잘 발생할 수 있는 시간대 중에 하나이다(Emmer, Evertson, & Worsham, 2006; Evertson, Emmer, & Worsham, 2006). 세심한 조직은 학생을 수업에 끌어들이고 학습을 할 수 있는 기회를 최대화 하고, 경영 문제를 초래할 수 있는 시간을 최소화 할 수 있다.

수업 도입 부분에서 출석을 부르고 다른 일상적인 일을 하느라 몇 분을 소비하는 교사들이나 과제물과 수업 기자재(demonstrations)를 서툴게 조작하는 교사들은 그들이 하고 있는 일에 대한 확신이 없고 자신의 수업을 제대로 장악하지 못한다는 인상을 준다. 이런 교사들은 경영 문제를 만들어 내고 있다.

전환은 질서 있는 학급에서 특히 중요하다. 그리고 효과적인 경영은 또한 학생들이 한 활동에서 다음 활동으로 빠르고 부드럽게 전환 될 수 있도록 도와준다. 종종 교사들은 수업이 어디를 향하고 있는지에 대한 명확한 개념을 가지고 있지만 학생들에게 이런 활동의 변화를 전달하지 않는다. 많은 혼란들이 다음 기법을 사용함으로써 예방될 수 있다:

- 다음 활동으로 넘어가기 전에 학급 전체가 조용하고 집중할 때까지 기다리기
- 어떤 변화가 이루어질지를 명확하게 말해주기
- 만약 변화되는 양상이 혼란스러울 것 같으면, 중요한 지시사항을 칠판에 적어주기
- 변화가 일어날 때, 주의 깊게 관찰하기

학교생활의 하루나 일 년 동안 어떤 시간대는 문제를 일으킬 소지가 많은 시간대이다; 이런 기간 동안에, 경영 문제들은 더 발생하기 쉽다. 효과적인 경영자들은 이런 가능성을 잘 알고 있고 이런 기간에 더 주의 깊게 수업을 조직한다. 수업의 도입 부분과 변화 이외에도 문제를 일으킬 만한 다른 기간은 다음과 같다:

- 하루의 마지막 교시(특히 금요일에)
- 점심시간 전 몇 분
- 큰 행사나 휴가를 앞둔 며칠
- 전체 조회, 학교 조회, 화재 피난 훈련 다음에 이어지는 수업의 도입 부분
- 성적표 배부 전, 배부할 때, 배부 후의 시간들

이런 기간들이 어떻게 다루어지는지는 교사의 전문적인 판단에 달려 있지만, 교사가 취할 수 있는 방법에는 잘 조직되고 높은 동기가 부여된 활동들을 선택하는 것, 자리에 앉아서 할 수 있는 활동이나 시험을 제시하는 것, 학생들이 지금 무엇을 하고 있고 왜 해야 하는지를 알 수 있도록 학생들과 이런 기간들에 대해 간단한 토론을 하는 것 등이 포함된다.

시간의 활용. 교사들이 그들의 시간을 활용하는 방법은 효과적인 경영을 위해 필수적인 것이다. 시간은 귀중한 자원이다; 개혁 운동가들은 학교의 1년 수업 기간, 하루 수업 시간, 심지어는 어떤 과목에 할당되어진 시간을 늘려야 한다고 제안해 오고 있다(Karweit, 1989).

불행하게도, 교사들이 시간을 항상 효과적으로 사용하는 것은 아니다. 연구에 따르면 수업 시간의 많은 부분이 비교육적인 활동으로 사용되고, 가끔은 교사의 시간표의 1/3이상이 비교육적인 활동으로 쓰여 진다고 한다(Karweit, 1989). 게다가, 몇몇 교사들은 자원으로서의 시간의 가치를 알지 못하고 있는 것 같다. 그들은 시간을 학습을 증가시킬 수 있는 기회로 여기기보다 항상 채워져 있는 것 또는 소비되는 것이라고 생각하는 듯하다(Eggen, 1998; Wiley & Harnischfeger, 1974).

Sheryl는 이런 경향의 희생자가 되지는 않았다. 예를 들어 그녀는 칠판에 연습 문제를 미리 적어두어 학생들이 학급에 들어와 그 문제를 보고 풀도록 했다. 이렇게 함으로써 그녀가 출석을 부르고 과제물을 나누어 줄 때 발생할 수도 있었던 "시간낭비"들을 제거했다. 그들이 연습 문제를 다 풀 때 쯤 그녀도 수업준비가 다 되었다. 그녀의 수업 조직과 시간 활용의 조화에서 발생 할 가능성이 있는 경영 문제를 제거해 주었다.

수업 초점. 효과적인 경영자들은 또한 학생들의 관심을 이끌고 유지하기 위해서 칠판, OHP, 차트, 전시물, 그리고 실연 등을 사용한다. 소위 수업 초점(Kauchak & Eggen, 2007)이라고 부르는 이러한 접근법은 두 가지 기능을 제공한다. 첫째, 그것은 주의 유지에 도움이 됨으로서 학습을 증진시킨다. 둘째, 학생들이 정보가 전시되는 것을 봐야 하기 때문에, 태만한 학생들이 들어나기 쉽다. 7장에서 소개된 수업을 회상해보면, 우리는 교

사들이 OHP로 전시해 놓은 문장들, 칠판에 쓰여 진 분류표, 그리고 심지어 초점의 유형으로서 실 과 자들을 사용하고 있는 것을 보았다. 칠판에 적혀져 있는 Sheryl의 연습 문제들도 초점의 한 유형이다.

학생 참여. 세심한 계획으로 여러분은 수업은 내적 논리와 체계를 학생들에게 전달할 수 있다. 6, 7장에서 토론되었던 발문 기술과 교수 전략들이 학생 참여를 증진시키기 위해 사용될 수 있다. 학생들의 참여는 그들의 학습을 증진시키는 동시에, 경영 문제를 예방하는 것을 도울 수도 있다. 어떤 한 요소만 가지고서 효과적인 수업을 만드는 것은 사실상 불가능하다.

피드백. 학습을 촉진시킬 때, 학생들에게 반응의 정확성과 적절성에 대한 정보를 주는 피드백의 중요성은 잘 연구되어 있다(Brosvic & Epstein, 2007; Hattie & Timperley, 2007). 피드백은 학습자들에게 그들이 정확하게 이해했는지에 대한 정보를 준다. 그리고 그것은 학생들의 동기 유발을 위해서도 중요하다. 왜냐하면 그것은 학생들이 어떻게 그리고 왜 발전되어 가는지에 대해 알고자 하는 욕구를 충족시키는데 도움이 되기 때문이다(Clifford, 1990).

효과적인 피드백은 네 가지의 필수적인 특징을 가지고 있다:

1. 그것은 즉각적이다.
2. 그것은 명확하다.
3. 그것은 교정적인 정보를 제공한다.
4. 그것은 긍정적인 감정 어조를 가진다(Brophy & Good, 1986; Murphy, Weil, & McGreal, 1986).

이러한 특징을 설명하기 위해 다음 세 가지 예를 살펴보자.

Mr. Hill : 저 영사기에서 어떤 것이 보이지, Jan?
Jan : 정사각형이요.
Mr. Hill : 정확하지는 않은데. 누가 좀 도와줄까 … Karen?

Mrs. Frank : 저 영사기에서 어떤 것이 보이지, Jan?
Jan : 정사각형이요.
Mrs. Frank : 아니야, 그것은 직사각형이야. 다음 모양은 뭐지, … Albert?

Ms. Baker : 저 영사기에서 어떤 것이 보이지, Jan?
Jan : 정사각형이요.

Ms. Baker : 아니지, 정사각형은 모든 변의 길이가 같은 것을 봤던 것 기억할 거야. 이 모양의 변들의 길이는 어떠니?

위의 각각의 경우에서 피드백이 즉각적인 것을 볼 수 있다. 그러나 Hill 선생님은 Jan에게 그녀의 대답이 틀렸다는 것 이외의 그녀의 대답에 대한 다른 정보를 주지 않았다. 그러한 피드백은 명확하지 않고 교정적인 정보를 제공하지 못한다. Frank 선생님의 피드백은 명확하다. 그러나 Jan의 오답을 교정할 만한 정보를 제공하지는 못했다. 대조적으로 Baker 선생님은 Jan에게 준 그녀의 응답에서 명확하고 교정적인 정보를 제공했다.

이 예들은 우리에게 교사들의 응답에서 감정적인 어조에 대한 정보는 제공하지 못한다. 긍정적인 감정 어조란 교사들이 학생들의 대답에 대해 응답할 때 학생들을 지지할 수 있어야 한다는 것을 의미한다. 거칠고, 비판적이고 또는 냉소적인 피드백은 동기, 성취, 학급 분위기를 손상시키게 된다(Pintrich & Schunk, 2002).

칭찬은 아마도 교사들의 피드백에 있어서 가장 일반적이고 받아들이기 쉬운 형태일 것이다. 연구에 나타나 있는 교사들이 칭찬을 사용하는 몇 가지 흥미로운 경향은 다음과 같다.

- 칭찬은 대부분의 교사들이 생각하는 것보다 종종 덜 사용된다 - 한 수업에서 다섯 번 이하로 사용된다.
- 좋은 행동에 대한 칭찬도 꽤 드물다. 초등학교에서는 두 시간 정도에 한 번씩 일어나고 그 이상의 연령층의 학생들에게는 훨씬 드물게 발생한다.
- 칭찬은 학생들의 응답의 수준에 따라 달라지는 만큼이나 학생의 유형 - 성취 수준이 높은지, 행동이 바른지, 그리고 주의 깊은지 등과 같은 - 에 따라 달라지는 경향이 있다.
- 교사들은 그들이 실제로 들은 대답에 근거를 두는 만큼 그들이 받기를 기대하는 대답에 근거를 두고 학생들을 칭찬한다(Brophy, 1981).

칭찬을 효과적으로 사용하는 것은 건전한 교사의 판단을 필요로 한다. 예를 들어, 그 판단을 신뢰하기 위해서는 진실한 것으로 받아들여져야 한다. 모든 대답에 대한 교사의 과장된 칭찬은 설령 교사가 진실하다 할지라도 그 칭찬은 신뢰성을 잃게 된다. 이것은 연령층이 높은 학생들에게는 특히 더 그러하다. 그들은 자기들이 받은 칭찬을 근거가 없는 것으로 무시하거나 쉬운 과업에 대한 칭찬은 교사들이 그들을 지적이지 않다고 생각하기 때문이라고 해석하는 경향이 있다. 한편, 어린 아이들은 칭찬을 액면 그대로 받아들이고 반 학생들 앞에서 공개적으로 받은 칭찬에 행복해 하는 반면, 중학교 학생들은 조용히 개별적으로 칭찬을 받을 때 그 칭찬에 더 반응한다(Stipek, 2002). 걱정이 많은 학생들과 사회 · 경제적 지위(low-SES backgrounds)가 낮은 학생들은 자신감 있고 높은 사회적 지위를 획득한 가정의 학생들보다 칭찬에 더 긍정적으로 반응하는 경향이 있다.

효과적으로 칭찬하기 위한 몇 가지 제안점은 다음과 같다.:

- 진심으로 칭찬하기
- 즉각 칭찬하기
- 명확하게 칭찬하기
- 흔한 대답에도 칭찬하기
- 노력을 칭찬하기

학생들이 받는 피드백의 많은 부분이 말로 이루어지지만 - 칭찬이 가장 일반적인 예- 교사들은 또한 학생들의 과제물에 메모나 논평을 기록함으로써 가치 있는 피드백을 제공한다. 상세한 논평을 쓰는 것은 시간이 많이 소비되기 때문에 글로 쓰는 피드백은 종종 간결하고 개략적이어서 학생들에게 유용한 정보를 거의 제공하지 못한다(Bloom & Bourdon, 1980).

이러한 문제에 대한 한 가지 해결책은 쓰기 숙제에 대한 모범 답을 제공하는 것이다(Eggen & Kauchak, 2007). 예를 들어, 학생들이 에세이 항목에 대한 그들의 대답을 평가하는 것을 도와주기 위해서 교사들은 이상적인 모범 답을 써서 그것들을 학생들과 공유하여 학생들이 그들의 대답을 모범 답과 비교해 보도록 허락할 수 있다. 토론과 방과 후에 개개인을 도와 줄 수 있는 유용한 시간이 결합된 모범 답은 교사에게도 관리하기 쉬운 가치 있는 피드백을 제공하게 된다.

복습과 종결. 복습과 종결이 요약하고 생각을 이끌어 내기 위해 함께 사용될 때 수업은 더욱 통일성을 갖게 된다. 복습은 수업 내용을 요약해 주고 학생들이 수업 시간에 배운 내용과 다음에 배울 내용을 연결시키는 것을 도와준다. 복습은 수업의 도입 부분이나 정리 부분에 가장 일반적으로 이루어지지만 수업의 어느 시점에서도 가능한 일이다. 효과적인 복습은 중요한 요점을 강조하고 학생들이 그들의 정확하게 이해하는데 도움을 준다. 효과적인 복습은 학생들이 수업에서 배운 사실들을 회상하는 것 이상을 포함 한다; 효과적인 복습은 학생들의 관심을 학습한 내용에 대한 축어적인 상세 보고에서 더 깊이 있게 개념적으로 관련짓도록 한다(Dempster, 1991).

종결은 수업 정리 부분에 나타나는 복습의 한 형태이다; 그 안에서, 주제들은 요약되고 통합된다. 종결이란 개념은 일반적인 것이고 직관적으로 느낄 수 있는 것이다; 그것은 수업 요지를 함께 이끌어 내고 수업이 끝났음을 알려준다. 예를 들어, 개념들을 가르칠 때 효과적인 종결의 형태는 학생들이 그 개념의 정의를 말해 보도록 하고 추가적인 예들을 들어보는 것이다. 이렇게 함으로써 학생들은 배운 내용의 핵심을 이해하게 되고 다음 수업의 토대를 마련하게 된다.

연습 2.1

우리는 경영상의 문제를 예방하기 위해서 몇 가지 교사들의 특징과 전략들을 알아봤다. 조직, 시간의 활용, 수업 초점, 상호작용 그리고 학생 참여, 피드백 그리고 복습과 종결이 이것들에 속한다. 다음에 나오는 각 항목마다 그 예에서 가장 잘 보여주고 있는 교사 전략을 확인해 보고 여러분의 대답을 설명해 봐라.

1. "좋아," Izillo 선생님은 시작한다. "잠시 동안 어제로 되돌아가 보자. 왜 우리가 Gettysburg 전쟁이 전쟁의 전환점이라고 말했지? … Teresa?"
2. "이 차트를 보자," Moran 선생님이 개구리와 두꺼비를 비교해 놓은 차트를 보여 주시면서 그들의 특징, 무엇을 먹는지, 어디에 사는지를 설명한다.
   "이 특징들이 어떻게 비교가 되지?"
3. "이 문장에 '달리기'는 어떤 부분이지? … Richard?" Suarez 선생님이 "달리기는 운동의 매우 좋은 형태입니다." 라는 문장을 언급하면서 묻는다.
   "동사입니다," Richard가 대답한다. "다시 한 번 볼래," Suarez 선생님은 계속하신다.
   "이 문장은 무엇에 관한 것이지?" "… 달리기?" Richard가 주저하면서 계속 말한다.
   "그것은… 명사…인데."
4. "좋아," Evans 선생님이 안내한다. "우리 수학 수업은 거의 끝났다. 이제 국어를 배울 시간이야. 수학 학습지를 빨리 정리하고 국어 책을 꺼내놓도록 해라" Evans 선생님은 학생들이 그들의 학습지를 정리하고 책을 꺼내는 것을 바라보고 있다. 2분 후 학생들은 국어를 시작할 준비를 갖추었다.
5. Lynch 선생님의 학생들은 유럽의 지리에 대한 토론에 참여하고 있다. 학생들이 프랑스와 스페인 사이에 있는 Pyrenees 산맥을 보여주는 지도를 관찰하고 있을 때, 그녀는 묻는다. "자, 이 산맥은 두 나라의 역사에 어떤 영향을 미치고 있을까? … Jack?"

효과적인 경영을 위한 계획

계획은 가르치는데 있어서 학급 경영보다 더 중요하다. 질서 있는 학급은 마법처럼 발생하지 않는다; 그것들은 주의 깊고 체계적인 계획의 결과물이다 - "자연스러워" 보이는 교사들조차도 그러하다.

예방의 문제들은 우리가 초기에 토론했던 문제를 일으킬 가능성이 있는 시기와 같은 잠재적인 상황들을 예상하고 의식적으로 그것들을 대비해 계획하는 것을 포함한다. "학생들을 바쁘게 하라, 그러면 그들은 문제를 일으킬 시간이 없을 것이다" 또는 "크리스마스 때까지 웃지 마라"와 같은 격언에 반영되어 있듯이 이러한 생각은 새로운 것은 아니다.

계획 과정에서 첫 번째 단계는 잘 설계된 규칙과 절차 시스템을 만드는 것이다. 일단 규칙과 절차를 만들면, 교사는 학생들을 가르치고 모니터하기 위해 계획을 세워야한다.

학급 규칙

학급 규칙은 학생의 행동에 대한 기준이 된다. 그것들은 효과적인 경영을 위해 필수적인 요소이다. 그리고 많은 연구들은 끊임없이 그들의 가치를 문서화하고 있다(Emmer et al., 2006; Evertson et al., 2006). 명확하게 진술되고 끊임없이 모니터 되는 규칙들은 경영 문제를 예방하기 위해 많은 역할을 한다. 규칙을 준비하기 위한 몇 가지 안내사항이 아래에 개괄되어 있다.

학급과 학교의 규칙을 일치시켜라. 이 제안은 자명한 것이다. 교사들은 학교나 학교구의 정책과 일치하지 않는 학급 규칙을 세울 수 없다. 규칙을 준비하고 학생들에게 규칙을 제시하기 전에 교사들은 지역구와 학교의 규칙을 재검토하고 그것에 따라서 자신의 학급 규칙을 세워야 한다. 예를 들어, 만약 학교가 의복 규정을 가지고 있다면, 교사 개개인도 전문적으로 그것을 실행할 의무가 있다. 규칙이 적당하지 못하다고 강하게 느끼는 교사들은 그것을 뒤엎으려고 하지 말고 변화시키기 위해 노력해야 한다.

규칙을 명확하게 진술하라. 규칙들은 이해가 가능해야한다. 그렇지 않으면 그것들은 학생들의 행동에 어떤 영향도 미치지 못할 것이다. 또한, 모호한 규칙들은 계속해서 해석되어져야할 필요가 있는데, 그것은 학습의 흐름을 방해한다. 예를 들어, "항상 준비하고 수업에 들어 와라"라는 규칙은 불확실한 의미를 나타낸다. 반면에 "수업에 필요한 준비물을

날마다 챙겨 와라"라는 규칙은 훨씬 더 명확하다. 두 번째 규칙도 효과적이기 위해서는 주의 깊게 토론되고, 재검토되고, 강화되어야 한다.

규칙의 근거를 제시하라. 왜 이 규칙이 존재하는가를 설명하는 것은 중요하다. 특히 학급 분위기와 그것이 학생에게 미치는 감정적인 영향을 위해 중요하다. 근거들이 제시되어질 때, 학생들은 세상이 이성적이고 지각이 있다는 것을 알게 된다. 그리고 그것은 질서에 대한 그들의 욕구를 충족시키도록 도와준다. 근거 없이 제시된 규칙들은 권위주의자 세상, 심지어는 멋 대로이고 변덕스러운 세상이라는 인상을 남긴다. 이것은 어린 아이들에게 조차도 적용된다. 어린 아이들이 규칙의 근거들이 제시될 때 그것들을 완전히 이해하지 못한다 할지라도 그것을 진술하는 것은 여전히 중요하다. 그렇게 하는 것은 학생들이 세상은 이치에 맞다는 것을 알 수 있는 분위기를 만들어 주고, 학생의 발전을 향상시킬 경험을 제공해 준다.

규칙을 긍정적으로 진술하라. "대답하기 전에 선생님이 지목할 때까지 기다려라"가 "대답을 불쑥 말하지 마라" 보다는 더 낫다. 긍정적으로 진술된 규칙들은 긍정적인 기대와 학생들의 책임감을 만들어 낸다. 게다가, 부정적으로 진술된 규칙들은 학생들이 바람직한 행동을 이해하는 것을 도와주지 못한다; 그것들은 단지 바람직하지 못한 행동을 구체화 할 뿐이다.

규칙 목록을 간결하게 만들어라. 이 제안은 실용적이다. 학생들은 단순히 규칙을 잊어버리기 때문에 일반적으로 규칙을 깬다. 규칙들이 효과적이기 위해서는 학생들이 계속해서 규칙을 인지하고 있어야 할 필요가 있고 그것은 규칙 목록이 간결할 때에만 가능한 일이다. 교사들은 그들의 규칙에 대해 분별력이 있어야 하고, 반드시 실행할 의도가 있는 규칙만을 포함시켜야 한다. 실행되지 않은 채로 남겨진 추상적이고 그다지 중요하지 않은 규칙들은 오히려 목록에 포함된 모든 규칙의 신뢰성을 떨어뜨리게 된다.

규칙을 만들 때 학생들의 의견을 반영하라. 연구에 따르면, 통제에 대한 욕구는 인간에게 있어서 본질적이라고 지적한다(Ryan & Deci, 2000). 학생들에게 그들의 학급 환경에 대하여 통제권을 줄 수 있는 한 가지 방법은 규칙을 개발할 때 그들의 의견을 반영하는 것이다. 게다가, Lepper와 Hodell(1989)은 통제를 내재적 동기의 원천들 중 하나로서 인정해오고 있다. 학급 회의라는 형태 안에서 규칙을 만드는 것은 또한 학생들의 사회적 책임감을 개발시키는 것을 도와주고 이어서 학생의 행동을 개선하고 학생의 성취도를 증가시키는 것으로 연결되어지고 있다(Wentzel, 1991).

학급 절차

규칙들이 학생들의 행동의 기준을 제공하는 반면, **절차**들은 학생들이 날마다의 활동에서 따라야 하는 일상의 과정을 확립시킨다. 규칙들은 다음과 같은 활동들을 다룬다:

- 수업시작하기
- 결석과 지각 다루기
- 학급에 들어오고 나가기
- 한 활동에서 다음 활동으로 넘어가기
- 과제 제출하기
- 연필 깎기
- 도움 요청하기

이러한 활동들을 다루기 위한 절차들은 학생들이 교사의 지시 없이도 행할 수 있도록 잘 확립되어져야 할 필요가 있다. 이것은 교사가 모든 에너지를 수업에만 쏟을 수 있도록 만들어 준다. 만약 절차가 잘 만들어 지지 않는다면, 교사들은 학생들에게 과제를 제출하는 방법, 다른 학생들과 함께 끝마칠 때까지 도움을 요청하기 위해 기다리는 방법, 또는 토론이 계속되는 것을 방해하지 않고 연필을 깎는 방법 등을 상기시키는데 시간과 에너지를 사용해야 한다.

규칙과 절차들 : 발달적인 고려사항

우리 모두 알고 있듯이 유치원생들이나 1학년 학생들의 행동 유형이 중학교 학생들의 행동 유형과 같지 않다. 그 두 연령대의 욕구와 발달은 매우 다르다. 그리고 이러한 차이점들은 교사들이 그들의 규칙과 절차를 계획할 때 고려해야 한다. 이 부분에서 우리는 네 개의 다른 나이 그룹들의 발달적 특성과 이러한 특성들이 경영을 위해 지니는 함축적 의미를 고려해 보고자 한다. 이 단계들은 다소 자의적이지만, 여러분이 여러분의 규칙과 절차들에 대한 결정을 내릴 때에 참고할 수 있는 틀을 제공해 줄 것이다(Brophy & Evertson, 1976).

1 단계 : 유치원 ~ 2학년 어린 아이들은 고분고분하고 그들의 선생님을 기쁘게 해 주기를 간절히 원한다. 그러나 그들은 주의 집중 기간이 짧고 규칙을 잊어버려서 종종 규칙을 어긴다. 규칙과 절차들은 주의 깊고 명백하게 가르쳐지고, 연습되고, 모니터 되고, 강화되어져야 한다.

2단계 : 3학년 ~ 6학년 초등학교 중간단계의 학생들은 더 독립적이지만 그들은 여전히 교사의 배려와 애정을 받는 것을 좋아한다. 그들은 규칙들을 이해하고 받아들이고 규칙을 만드는 과정에 참여하는 것을 즐긴다. 규칙들은 모니터 되어져야 하고 변함없이 공평하게 실행되어야 한다.

3단계 : 7학년 ~ 9학년 이 단계의 학생들은 사회적인, 물리적인, 정서적인 그리고 성적인 복합적 감정을 경험한다. 결과적으로 그들은 변하기 쉽고 심지어 반항적일 수도 있다. 그들의 학급은 확고한 안정성의 토대가 마련되어져야한다. 규칙들은 명백하게 진술되고, 관리되고, 예상 가능한 범위 안에서 실행되어져야 한다.

4단계 : 10학년 ~ 12학년 연령층이 높은 학생들은 어른대 어른으로서 효과적으로 대화를 한다. 그들의 행동은 이 전 단계의 학생들과 비교해서 안정적이다. 그리고 그들은 규칙을 위한 명확한 근거에 잘 반응한다. 학생들은 의사소통을 위한 전문적 기술과 능력이라는 관점에서 교사를 존경한다. 효과적인 교수란 이런 단계에서 효과적인 경영만큼이나 중요하다.

물리적 환경 계획하기

물리적 환경은 경영과 학생의 학업성취라는 두 가지 차원에서 종종 간과되어진다. 매력적이고 적당한 밝기의 편안하고 다채로운 학급은 긍정적인 행동에 기여하고 이것은 학생들의 성취도 향상으로 이끈다. 어둡고 단조로운 학급은 반대의 효과를 낳을 수 있다.

학습 자료와 배열과 같은 다른 요소들 또한 중요하다. 학생들은 매력적인 학습 자료에 긍정적으로 반응하므로 교사는 이미 만들어진 방대한 양의 학습 자료 중에서 선정을 하거나 자신이 스스로 학습 자료를 준비할 때 이런 점을 고려해야 한다. 학습 자료에 대한 긍정적인 반응은 경영 문제들의 가능성을 줄여준다.

학급의 물리적인 배치를 디자인할 때 최소한 다음의 세 가지 요소들은 고려되어야 한다(Evertson, 1987):

- 가시성(Visibility). 학생들은 칠판과 다른 시각 자료를 볼 수 있는가? 교사는 모니터를 할 수 있도록 모든 수업 장면을 한눈에 볼 수 있는가?
- 접근성(Accessibility). 학급에서 연필깎이가 있는 곳이나 출입문과 같이 학생들의 통행이 잦은 곳이 능률적으로 이동을 할 수 있도록 배치가 되어 있는가? 이러한 통행이 혼잡한 영역은 이 학급에서 방해를 최소화 할 수 있도록 설계되어 있는가?

- 주의산만성(Distractibility). 잠재적으로 시끄러울 수 있는 장소와 다른 장소가 분리되어 있는가? 문이나 창문들이 주의를 산만하게 하는가?

이러한 일반적인 고려사항들을 염두에 두고 책상을 배열할 수 있는 다른 방법들을 살펴보도록 하자.

〈그림 2.2〉에서와와 같이 교사의 책상이 앞에 있고 학생들의 책상을 줄지어 배열하는 전통적인 배치는 교사에게 주의를 집중시키고 학생들 사이에서 대화를 막는 경향이 있다. 이것은 교사가 학생 전체에게 수업을 제시할 때는 효과적이지만 그룹 활동은 어렵게 만든다. 학급 뒤쪽에 있는 학생들은 물리적으로 교사와 떨어져 있기 때문에 문제를 일으키기가 쉽다.

어떤 학급에서는 〈그림 2.3〉처럼 학생들의 좌석으로 테이블을 사용하고 교사의 책상은 한쪽 외곽에 둔다. 〈그림 2.4〉와 같이 학생이 가능한 한 방해를 받지 않도록 그들 개개인의 작업 공간을 확보해 주는 배열은 종종 개별화 수업을 위해 사용된다. 수업 자료와 교사에 대한 접근을 유지시키면 옆에 나란히 앉는 것이 마주보고 앉는 것만큼 산만해 지지는 않는다.

좌석 배치를 고려할 때, 학생들이 스스로 학급에 소속되어 있다고 느끼는 감정과 같은 요소들은 중요하다. 소속감은 기본적인 욕구이다; 소속감을 증진시키는 물리적인 배열은 학생들의 행복감을 증가시키고 경영 문제를 예방하는데 도움이 된다. 다시 한 번 말하자면, 교사들은 학급의 물리적인 배열을 고려할 때 경영과 학습적인 목표를 고려해야 한다. 어떤 유형의 학습이 요구되어지는가? 학생들은 서로서로 상호작용할 필요가 있는가? 교사와 학생 개개인의 접촉이 필수적인가? 학생들 사이에서의 대화가 바람직한가? 그룹 활동이나 개인 활동을 위한 공간이 중요한가?

그림 2.2 전통적인 좌석배치

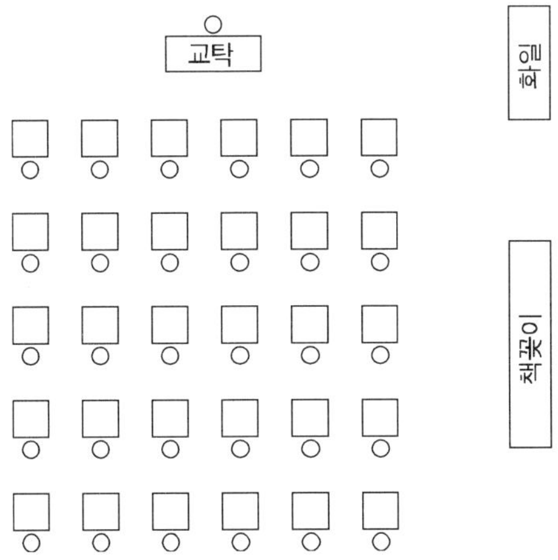

그림 2.3 대안적 좌석배치

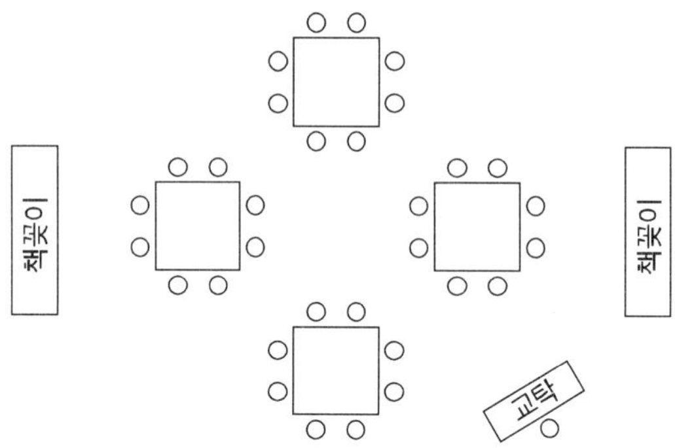

그림 2.4 개별적인 좌석배치

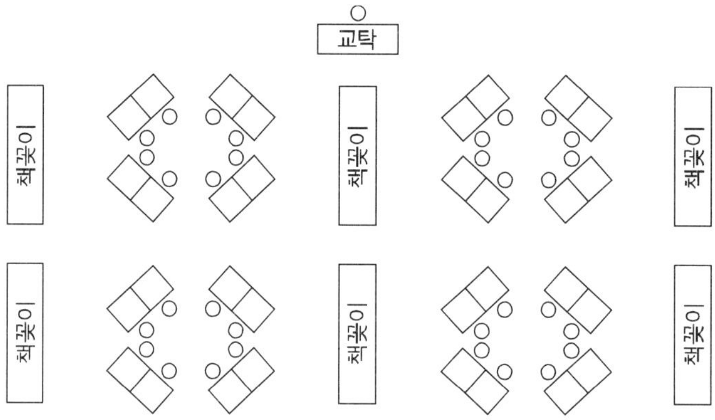

규칙과 절차 교수

규칙과 절차가 존재하고 학생들에게 제시되었다고 해서 그것들이 자동적으로 작용되는 것은 아니다. 그들은 개념들처럼 다루어져야 하고 어떤 개념을 가르치기 위해 교사가 하는 것과 마찬가지로 개념과 예들을 사용하여 명백히 가르쳐져야한다(Dowhower, 1991).

한 교사가 이것을 어떻게 수행하는지 보도록 하자:

> Jim Gallagher와 그의 1학년 학생들은 "허락을 받았을 때만 자리에서 일어난다."라는 규칙을 세우고 지금 Gallagher 선생님은 학생들이 그 규칙을 완전히 이해하도록 돕기 위해 시도하고 있다.

그는 "네가 공부를 하는데 연필심이 부러졌다고 가정을 해보자. 어떻게 할래? Selinda?"라고 말하기 시작한다.

"… 나는… 나는 손을 들고 선생님을 기다리겠어요."

"좋아, 정확하구나," Gallagher 선생님은 미소를 지으신다.

"그러면 왜 Selinda가 이렇게 할까?… Grant?"

"… 자리에 앉아있는 것이 규칙이니까요."

"좋아, 잘했어. 우리는 왜 이 규칙이 중요하다고 결정했지?… Joyce?"

"만약 사람들이 그들의 의자에서.. 음.. 그들의 자리에서 일어난다면, 그것은 우리가 배울 수 있는 만큼 배우지 못하도록 만들 것입니다," Joyce는 주저하며 대답한다.

"맞아, Joyce. 자리에서 일어나는 것은 수업을 방해할 수가 있어, 그래서 우리는 할 수 있는 만큼 많이 배울 수가 없게 될 거야. 매우 잘했어… 자, 이제 여러분이 공부를 하다 틀려서 새로운 종이에다 시작하고 싶다고 가정해보자. 틀린 종이는 어떻게 할래?… Joe?"

"…가지고 있겠어요, … 점심시간까지." Joe가 대답한다.

"좋아, Joe. 하지 말아야 할 것은 무엇이지?" Gallagher 선생님께서 강조하기 위해 그의 목소리를 높여 계속 말씀을 하신다.

"…그 종이를 구겨서 쓰레기통에 버리러 가는 거요."

"훌륭해, Joe! 아주 생각을 잘 해냈어."

선생님께서는 또 다른 예를 들어 설명을 하시고 그 시간에 배울 내용으로 넘어가신다.

이 간단한 에피소드에서 우리는 Jim선생님께서 규칙을 어떻게 가르쳤는지 보았다. 그는 명확하고 구체적인 규칙에 순응하는 예를 들고 또한 규칙에 순응하지 않는 예들도 다루었다. 만약 규칙들이 이런 식으로 명백하게 가르쳐진다면 학생들이 규칙을 깨뜨릴 가능성이 현저히 줄어들 것이다.

이제, 1학년 선생님이신 Kathy Francis가 그녀의 학생들에게 수업 절차를 어떻게 가르쳤는지를 살펴보도록 하자.

나는 학급 앞에 있는 교탁에 나 자신과 학생 개개인을 위한 폴더를 가지고 있다. 나는 폴더 앞부분에 큰 글씨로 학생들의 이름을 적어 놓았다. 학생들에게 그들이 주어진 학습지를 마치면 교실 앞으로 학습지를 가지고 와 나한테 허락 받을 필요 없이 그것을 폴더 안에 넣으라고 말한다.

그리고 나는 학생들에게 그들이 해야 할 일을 알려주기 위해 짧은 학습지를 마치고 그것을 가져와 내 폴더 안에 넣는 것을 보여주었다. 학생들과 함께 내가 보여준 행동에 대해 이야기를 나누고, 첫 주는 매일 두 세 번씩 연습해 보도록 시켰다. 그리고 이제는 학생들에게 그들이 학습지를 끝마치고 해야 할 일에 대해서 거의 상기시키지 않아도 된다.

Jim선생님께서 자리에 앉아있는 규칙을 가르칠 때 그랬던 것과 마찬가지로, Kathy 선생님도 그녀의 수업 절차를 직접 보여주고 학생들이 그것을 연습해 보도록 함으로써 명백하게 가르쳐 주었다. 규칙을 가르칠 때처럼 이것은 학생들이 그 절차를 따를 가능성을 현저히 증가시킨다.

학년의 시작

가장 효과적인 경영이 되기 위해서 규칙과 절차의 교수 및 강화는 즉시 시작해야 한다. 처음 며칠 안에 일 년 동안의 규칙과 절차의 유형이 만들어져야 한다(Emmer et al., 2006; Evertson et al., 2006). 1년의 교육을 시작하기 위한 몇 가지 제안사항에 다음과 같은 내용을 포함시킬 수 있다(Kauchak & Eggen, 2007):

- "여러분 모두 훌륭한 학생이라고 들었어요. 여러분이 이 수업시간에 잘 행동할 것이란 걸 알아요."와 같이 당신의 기대에 대한 분명한 긍정적인 말을 함으로써 긍정적인 학급 분위기를 만들기 위해 노력하시오.
- 첫 날 수업 규칙과 절차를 시작하시오. 어린 아이들과 함께 하는 수업이라면 적극적으로 절차들을 연습하시오. 연령대가 조금 높은 아이들을 가르친다면 세심히 설명해주고 규칙과 절차에 대해 토론하시오.
- 이 기간 동안에 완벽한 일관성을 가지고 규칙을 모니터하고 강화하시오. 학생들이 규칙을 어기거나 절차를 따르지 않을 때에는 즉시 개입하여 조정하시오. 학생들의 순응을 확실히 하기 위해서 끝까지 일관되게 하시오. 여러분은 이 시기 동안에 학생들을 위해 환경을 완전히 예상 할 수 있게 해야 한다.
- 최대한의 통제를 위해서 처음 며칠 동안의 수업을 계획하시오. 소그룹 활동 대신에 대그룹 활동을 활용하시오. 항상 교실에 있어야합니다.

규칙과 절차 모니터하기

단순히 규칙들을 제시한다면 몇몇 학생들의 잘못된 행동을 예방할 것이다. 그리고 세심하게 규칙을 가르친다면 문제가 발생하기 이전에 훨씬 더 많은 문제들을 제거할 것이다. 그러나 이러한 노력에도 불구하고, 사건들은 주기적으로 발생할 것이고 효과적인 교사는 이런 사건들이 문제들로 확장되는 것을 막기 위해서 계속해서 그들의 규칙과 절차를 모니터 할 것이다(Emmer et al., 2006; Evertson et al., 2006). Sheryl Poulos 선생님께서 Scott에게 가서 "우리는 손과 발을 이곳에 가만히 둔다."라고 말씀하신 것처럼 이러한 교사들은 수업에 관계없는 행동에 대해 즉시 반응하고, 그것을 중지시키고, 학생들에게 규칙을 언급한다. 세심한 모니터를 수반하는 규칙과 절차의 조화로운 사용은 대부분의 경영의 문제들이 발생하기 이전에 그 문제들을 제거할 것이다.

연습 2.2

다음 예는 한 교사가 학교 수업이 시작되는 시기에 수업시간에 지켜야하는 규칙을 제시하는 것을 보여준다. 이 장에서 개괄된 기준에 근거하여 교사의 모든 규칙과 그 규칙들을 제시하는 방법을 평가해 보자. 여러분이 평가할 때, 교사의 규칙과 그것을 제시하는 방법의 긍정적인 요소와 부정적인 요소를 모두 밝혀보도록 하시오.

Jim Harkness 선생님은 1년 동안 수업에서 학생들의 행동을 관리할 규칙들을 세우기 위해 학생들과 작업 중이다. 그는 "우리가 이 수업에서 배울 수 있는 만큼의 양을 모두 학습하기 위해서 우리는 우리 행동의 지침을 제공해 줄 몇 가지 규칙을 필요로 한다. 그래서 나는 우리 수업을 위한 목록을 준비해 왔다. 나는 오늘 아침 여러분과 함께 그것들에 대해 토론을 해보고 싶다."라고 말하면서 토론을 시작한다.

그리고 그는 다음의 목록을 보여 준다:

1. 항상 공부할 준비를 하고 수업에 임한다.
2. 손, 발 또는 신체 어느 부분으로라도 다른 학생을 건드리지 않는다.
3. 선생님이 허락했을 때만 말을 한다.
4. 허락 없이 의자에서 일어나지 않는다.
5. 선생님과 학급 친구들을 존중한다.

"이제," 그는 계속한다, "첫 번째 것을 보자. 왜 이와 같은 규칙이 필요할까?"

"만약 우리가 공부할 준비가 되어 있지 않으면, 우리가 할 수 있는 만큼의 학습을 하지 못하기 때문입니다." Karen이 자진해서 대답을 한다.

"좋아, 누구 다른 이유를 말해 볼까?"

Harkness 선생님은 첫 번째 규칙에 대한 그의 토론을 계속한다. 그리고 계속해서 다른 규칙들에 대해서도 비슷한 토론을 이끌어 낸다. 마지막으로, 그는 각각의 규칙들을 다시 검토해보고 그날의 수업으로 전개한다.

학부모와의 의사소통

학부모가 그들의 자녀의 교육에 참여하지 않고서는 어떤 학급 경영 시스템도 효과적일 수 없다. 학습은 협동적인 모험이다. 교사, 학생, 그리고 학부모가 함께 참여해야 한다. 학생들의 학습에 영향을 미치는 요소들을 재검토하면서 연구자들은 다음과 같이 결론을 내린다:

> 학교 학습에 대한 가정환경의 중요성 때문에 교사들은 또한 학생들의 학교생활에 학부모들의 참여를 증가시키기 위한 전략을 개발해야 한다. 이것은 교사들이 전통적으로 일 년에 한번 열리는 사친회(parent-teacher conference)를 넘어서서 학습이 가정에서는 어떤 수준인지 알기 위해 학부모와 함께 노력해야 한다는 것을 의미한다. 교사들은 학부모들이 날마다 자녀의 학습 진도를 확인하고, 숙제하는 것을 도와주고, 텔레비전 시청을 조절하며, 자녀들에게 책을 읽어주고, 자녀들이 학업에서의 성공을 이룰 수 있을 것이라는 그들의 기대를 가볍게 표현할 수 있도록 해야 한다. (Wang et al., 1993, pp. 278-279)

부모나 또는 일차적으로 보살펴주는 사람과의 의사소통이 교수 과정에 포함되는 것은 아니다; 그러나 이것은 교사들의 업무에서 빠뜨릴 수 없는 부분이다.

의사소통의 장점

연구에 의하면 학부모가 참여하면 학생들은 최소한 네 가지 면에서 이득을 본다고 한다:

- 더 높은 학업 성취
- 더 긍정적인 태도
- 더 나은 출석률
- 더 많은 숙제에 대한 노력 (Cameron & Lee, 1997; Lopez & Scribner, 1999)

이러한 성과들은 학교 활동에 대한 학부모들의 높은 참여, 학교에 대한 그들의 보다 더 긍정적인 태도, 학습자의 가정환경에 대한 교사들의 높은 이해에 기인한 것이다(Weinstein & Mignano, 1993). 학부모들의 참여를 권장하는 교사들은 수업과 학교에 대한 더 긍정적인 생각을 갖고 있다. 또한 교사들은 학부모들의 지원을 더 높이 평가하고 수행하며 학부모들에 대한 더 높은 기대를 갖고 있다(Epstein, 1990).

학부모들을 참여시키기 위한 전략들

사실상 모든 학교는 학교개방과 같은 공식적인 의사소통장치를 가지고 있다. 주로 새 학년이 시작되고 처음 2주안에 시행된다; 각 학기의 중간 지점에 학생들의 성취도에 대해 학부모들에게 알려주는 중간 발달 보고서, 학부모회의, 그리고 성적표 등이 해당된다. 비록 이러한 과정들이 학교차원으로 일어나는 것이고 필요한 것이지만, 한 교사 개인으로서 대화 과정을 늘릴 수 있다. 이를 위한 몇 가지 방법들을 살펴보도록 하자.

초기 대화. 이 제안은 과장해도 지나치지 않는다; 학부모들의 참여는 즉시 일어나야하고 1년 내내 지속되어야 한다. 한 교사가 학생들과 어떤 가정통신문을 작성하기 위해 작업을 한 예를 들어 보자. 가정통신문에는 학생들의 학습에 대한 교사의 방침을 개괄적으로 설명하고 교사의 규칙과 절차를 기술하며 학교 전화번호와 교사의 e-mail 주소를 포함하고 있다.

가정통신문은 학년이 시작된 둘째 날에 학생들 편으로 집에 보내졌고 학부모들과 학생의 서명을 받아 첫 주 마지막 날까지 학교로 되돌아왔다.

서명이 비록 학부모와 학생이 그 계약의 의도를 완전히 존중한다고 보장 할 수는 없지만, 교사와 함께 노력하겠다는 약속을 상징하기는 한다. 이 약속은 학부모와 학생이 그 계약을 존중할 가능성을 증가시킨다(Katz, 1999). 또한, 학생들이 가정통신문의 내용에 참여했기 때문에, 그들은 그 과정에서 주인 의식을 느끼고 학부모들에게 자신들의 숙제를 완성하는 데 도와줄 것을 요구했다.

마지막 지적사항이 중요하다. 교사들은 때때로 가정으로 보내는 통신문에 철자, 문법, 구두점들의 실수를 저지른다. 그렇게 해서는 안된다. 첫 인상은 중요하고 오래 지속된다. 교사에 대한 학부모들의 인식은 그들이 받는 첫 번째 통신문에 근거할 것이고 실수를 담고 있는 통신문은 교사의 신뢰성을 떨어뜨린다. 이것은 훗날 학부모들의 지원을 부탁할 때 필요한 요소가 될지도 모른다.

의사소통의 유지. 초기 그리고 긍정적인 의사소통은 1년을 잘 출발하게 도와주는 것처럼, 지속적인 대화는 추진력을 유지하는 데에 도움을 줄 수 있다. 예를 들어, 많은 교사들은 매주 한 묶음의 숙제를 집으로 보내고 학부모들이 서명해서 돌려보낼 것을 요구한다. 이것은 가정과 학교 사이의 명백한 관계를 유지시키고, 학부모들에게 자녀의 학습에 대한 지속적인 보고를 하는 것이다.

학부모 소환. 의사소통을 유지하기 위한 가장 강력한 방법 중에 하나는 학부모들을 부르

는 것이다. 이것은 최소한 두 가지 이유 때문에 중요하다. 첫째, 이것은 교사의 배려를 강하게 전달한다. 모든 사람들은 하루에 24시간을 가지고 있는데 교사가 그의 개인적인 시간의 일부를, 주로 저녁시간이 될 것인데, 그 시간을 학생 개인의 학부모를 만나는데 할당하기로 한 선택은 다른 어떤 방법보다 교사의 배려를 더 잘 전달할 수 있다.

둘째, 학부모에게 이야기 할 때 교사는 학생들의 욕구와 장점을 구체적으로 설명할 수 있고, 또한 학부모의 지원을 부탁할 수 도 있다. 예를 들어, 만약 한 학생이 숙제 일부분을 빠뜨리고 안 해 왔다면 교사는 그 이유를 묻고 동시에 학부모들이 자녀들의 학습 습관을 더 면밀하게 모니터 해보기를 요구할 수 있다.

교실에서의 공학 : 의사소통의 촉진

대화에 대한 논의를 더 확장해보면, 공학은 대화를 향상시키기 위한 또 다른 통로를 제공할 것이다. 단지 몇 년 전만 해도 전혀 없었던 두 가지의 간단하면서 강력한 대화의 형태가 오늘날 존재한다. 그것들은 음성 메일과 e-메일이다.

음성 메일. 음성 메일은 교사와 학부모의 대화의 질과 양을 향상시키는 결과를 가져왔다(Cameron & Lee, 1997). 그것은 24시간 대화 통로를 만들었고, 학부모들이 언제라도 교사와 연락할 수 있다는 것을 앎으로써 더 편안해 하고 자녀들의 교육에 참여하고 있다고 느끼게 한다. 교사들은 학부모들이 적당한 수준 이상으로 자주 연락을 해서 그 시스템을 오용하는 일이 거의 없다고 말한다.

E-메일. E-메일은 부수적인 대화의 통로를 가능하게 한다. 그것은 학급 가정 통신문과 다른 문서 자료들을 단순히 첨부함으로써 가정으로 편리하게 보낼 수 있어 교사와 학부모의 대화를 증가시킬 기회를 제공한다. 한 교사는 다음과 같은 평을 했다:

> 아이들은 매주 학급 통신문을 만든다. 나는 매주 이 통신문을 모든 학부모님들에게 e-메일로 전송을 한다. 우리는 매주 목요일 오후에 학급회의를 열어 학급 통신문에 어떤 내용이 들어갈 지를 결정 한다. 학생들이 돌아가면서 이 작업에 참여하고 금요일 정오까지 전자문서로 나에게 그 정보를 제출한다. 그러면 나는 금요일 오후에 그것을 발송한다. 나는 학부모들의 e-메일 주소를 그룹으로 묶어 가지고 있어서 가정통신문을 그저 첨부하고 네 개의 자판만 두드리면 모든 학부모들에게 전송이 된다. 우리는 이런 일을 일상의 일로 정착시켰는데 이 일은 매우 단순하고 힘이 별로 들지 않는다.

그러나 딜레마는 존재한다. 만약 어떤 학부모들이 e-메일을 다룰 수 없다면, 이 과정은 그리 단순하지만은 않다. 이 교사는 그런 학부모들에게는 통신문을 인쇄해서 아이들을 통해 전달한다고 말했다. 더 많은 학부모들이 e-메일을 사용할 수 있을 때, 이런 문제들은 덜 중요하게 될 것이다.

학급에서의 다양성 : 학부모와의 의사소통

문화적 소수 민족으로부터 온 많은 수의 학생들이 있는 학급은 독특한 대화의 도전을 나타낸다. 연구에 따르면 문화적 소수 민족의 학부모들은 다른 학부모들이 학교 행사에 참여하는 것보다 훨씬 덜 학교 행사에 참가하는 경향이 있다고 한다(Griffith, 2002). 일반적으로 다양성은 학부모의 참여 권장을 더 도전적인 것으로 만드는 경향이 있다.

경제적, 문화적 그리고 언어적 장벽. 경제적, 문화적 그리고 언어적 장벽은 소수민족과 사회 · 경제적 지위가 낮은 학부모들의 학교 참여를 제한할 수 있다고 연구는 밝히고 있다.

참여는 시간이 걸리고, 종종 경제적 지원이 처음에 요구된다. 예를 들어, 한 연구에 의하면 학부모들의 반수가 그들의 직업 때문에 아이들의 숙제를 도와주지 못한다고 말했다(Ellis, Dowdy, Graham & Jones, 1992). 종종 학부모들은 그들이 학교 행사에 참여하는 것을 가능하게 하는 경제적 자원(아이들 양육, 교통수단, 전화기 등과 같은)을 결핍하고 있다. 학부모들은 자녀들의 학교생활에 참여하기를 원한다. 그러므로 학교는 융통성이 있어야 하고 도움과 격려를 제공해야 한다.

학교와 가정 문화의 차이점은 또한 장벽을 만들 수 있다(Delgado-Gaitan, 1992; Harry, 1992). 학부모들은 그들의 자녀가 다니는 학교와 매우 다른 학교를 다닌 경험이 있을 수도 있고, 일부 학부모들은 부정적인 학교 경험을 가지고 있을 수도 있다. 이런 학부모들이 참여하기 위해서는 상당한 격려와 지원을 필요로 한다(Kaplan, Liu & Kaplan, 2001).

언어는 또 다른 장벽이 될 수 있다. 2개 언어를 하는 학생들의 부모들이 영어를 말하지 못할 수도 있는데, 이것은 아이에게 교사들이 가정으로 보낸 통신문을 해석하게 하는 책임을 갖게 하는 것이다. 학부모들은 숙제를 해석하고 도움을 줄 수 없기 때문에 숙제는 특별한 문제가 될 수 있다(Delgado-Gaitan, 1992).

소수 민족 학부모들 참여시키기. 문화적 소수민족으로부터 온 많은 학부모들은 학교와 관련된 일에 대해 그들의 자녀들을 도와 줄 준비가 제대로 되어있지 않다고 느낀다. 그러나

교사들이 학부모들에게 그들의 자녀들과 함께 공부를 하기 위한 구체적인 전략을 제공한다면 가정과 학교의 차이는 좁혀질 것이다(Gorman & Balter, 1997; Porche & Ross, 1999). 다음의 예를 보도록 하자.

> 8학년 영어 교사인 Nancy Miller의 반 아이들은 여러 개의 서로 다른 모국어를 가지고 있다. 학교가 시작되기 전에 그녀는 학부모들에게 보낼 가정통신문을 준비했다. 그리고 첫날 그녀는 그녀가 그 가정통신문을 학생들의 모국어로 각각 번역하는 것을 학생들이 도와주도록 시켰다. 그 가정통신문은 다양한 환경에서 온 학생들을 만나게 되어 얼마나 기쁜지 묘사하면서 시작한다. 그리고 이러한 배경이 그녀의 학생들 모두의 교육을 풍요롭게 해줄 것이라고 말하고 있다.
>
> 간단한 수업 절차 목록으로 계속해서 이어갔고, 다음과 같이 함으로써 학부모들이 그들 자녀들의 노력을 지원해 줄 것을 권장하였다.
>
> 1. 매일 밤 학교와 학교 공부에 대해서 묻기
> 2. 공부할 수 있는 조용한 장소 마련해 주기
> 3. 학교 숙제를 끝마칠 때까지 텔레비전 시청 제한하기
> 4. 자녀들이 공부한 자료나 그들이 받은 점수를 보자고 요청하기
>
> 그녀는 학교에서 공개수업을 가질 것이고 가장 높은 출석률을 보인 학급이 우수학급으로 시상될 것이라는 내용을 말했다. 그녀는 그녀의 학급에서 그렇게 많은 다양한 아이들을 만나게 되어 기쁘다는 것을 다시 강조하면서 가정통신문을 끝맺는다. 그녀는 학부모들이 가정통신문에 서명을 해서 학교로 되돌려 줄 것을 요청했다.
>
> 학부모 모임 전 날, Nancy 선생님은 모든 학생들에게 부모님이 학부모 모임에 참석하실 것을 부탁하는 가정통신문을 직접 손으로 쓰도록 시켰다. 그리고 그녀는 "그 곳에서 만나 뵙기를 기대합니다."라고 가정통신문 아랫부분에 쓰고 서명을 했다.

Nancy 선생님의 가정통신문은 최소한 세 가지 목표를 달성했다. 첫째, 학생들의 모국어로 가정통신문을 씀으로서 선생님의 배려가 전달되었다. 그리고 배려를 전달하는 것은 모든 학생들에게 중요하지만 특히 더 다양한 환경에서 온 학생들에게는 필수적인 것이다. 이러한 학생들과 학부모들은 때때로 교사로부터 냉대를 받거나 겸손해야 하는 것에 더 민감하다. 한편, 그들은 따뜻한 배려에 강하게 반응한다.

둘째, 가정통신문은 구체적인 제안을 포함하고 있다. 숙제를 읽지 못하는 학부모라 할지라도 자녀들에게 그들의 공부를 함께 공유하고 설명해 줄 것을 요구하면, 더 참여하게 될 수 있다. 이 제안은 또한 학부모들이 그들의 자녀들에게 필요한 존재라는 것을 알게 할 수도 있다. 셋째, 학부모들을 학교 학부모 모임에 참석하도록 권유함으로써 Nancy 선생님은 학부모들이 실제로 참석할 가능성을 높였다. 만약 그들이 참석한다면 그 경험은 긍정적으로 작용할 것이고, 그들의 참여는 더 높아지게 될 것이다.

연습 2.3

다음 중학교 지리 선생님이 가정으로 보낸 가정통신문을 보도록 하자. 가정통신문을 읽은 후, 학부모와의 초기 대화가 효과적인 형태가 되는 방법을 최소한 다섯 가지 찾아보시오.

2006년 8월 3일

학부모님들에게,

저는 우리 학급이 생산적이고 흥미로운 한 해를 보내기를 간절히 바라고 있습니다. 그리고 저는 여러분도 그러하시기를 바랍니다! 저는 학부모님의 참여와 지원을 부탁드리기 위해 이 가정통신문을 쓰고 있습니다. 학부모님은 항상 자녀들의 교육에서 가장 중요한 사람이었고 지금도 여전히 그러실 것입니다. 우리는 학부모님 없이는 이 일을 할 수가 없습니다.

우리가 가장 효과적으로 함께 교육을 하기 위해서, 몇 가지 지침이 필요합니다. 그것들은 아래에 나열되어 있습니다. 이 정보를 끝까지 주의 깊게 읽어보시고 이 가정통신문의 끝에 있는 줄에 서명을 해 주시기 바랍니다. 만약 어떤 질문이 있으시거나 해 주실 말씀이 있으시면 언제든지 2622번지 신축건물 213-2980에 있는 Lakeside 중학교로 연락 주시기 바랍니다. 제 음성메일은 하루 24시간 언제든지 열려있고, 저는 매일 오후 퇴근하기 전에 그것을 확인하고 오후 7시에 다시 한 번 확인합니다. 학부모님의 전화에 간단히 응답할 것입니다. e-메일을 통해 연락을 주셔도 됩니다. 제 e-메일 주소는 jawest@mail.clay.k12.fl.us.입니다. 저는 또한 제 e-메일을 매일 오후와 저녁에 확인하고 가능하면 빨리 대답을 할 것입니다.

가정통신문의 복사 본 두 장이 함께 가정으로 보내질 것입니다. 한 장은 가정에 보관하시고 참고해 주시고 다른 한 장은 자녀들의 공책에 붙여서 1년 동안 보관할 수 있도록 해 주시기 바랍니다.

저는 또한 모든 학부모님들이 8월 28일 월요일 7시로 예정 되어 있는 Lakeside 학교에서 열리는 학부모 모임에 참석해 주시기를 바랍니다. 올 해를 우리 중학교 학생들을 위한 최고의 해로 만들기 위해 학부모님들이 보내주실 성원과 도움에 감사드립니다.

학교 용품

학생들은 다음 용품을 준비해 주시기 바랍니다:

1. 가제식(loose-leaf)의 공책과 종이
2. 꼬리표가 달린 칸막이 상자(tab dividers) 한 세트
3. 지도 수업을 위한 색연필 한 세트
4. 펜(파란색이나 검정색 잉크)과 연필

학급 지침과 절차들

다음의 지침들은 모든 수업이 자연스럽게 진행되도록 도와 줄 것이다:

1. 여러분이 올해 해야 할 학습을 조직하고 성취하는데 책임이 있다는 것은 피할 수 없는

일이다. 성공은 열심히 공부하고 온 몸을 바쳐 노력한 후에 온다. 나는 가르치고 안내하고 상담해 주기 위해 이곳에 있을 것이다; 만약 여러분이 도움이 필요하다면 가능하면 빨리 나를 찾아오세요. 나는 여러분이 성공하기를 바란다.

2. 우리 학급의 모토는 다음과 같다: 나는 항상 노력하고, 절대 포기하지 않는다!
3. 숙제와 다른 프로젝트는 수업시간에 정해진 기한을 지켜야한다. 늦게 내는 과제물(결석하지 않은 한)은 받지 않을 것이다(나에겐 150명의 학생이 있기 때문에 늦게 제출하는 과제를 관리하고 기억하는 것은 매우 어려운 일이다).
4. 숙제, 책, 또는 다른 교재를 저장하기 위한 개인보관함은 주어지지 않을 것이다.
5. 시험은 3일 정도 먼저 발표 될 것이다.
6. 재시험을 위한 정책은 학생 계획서에 설명되어져 있다.
7. 책임감을 길러주는 것이 우리 수업의 목표 중에 하나이므로 만약 여러분이 시험을 보는 날 결석을 한다면 재시험 계획을 세우는 것은 여러분의 책임입니다.
8. 매일 오전과 방과 후에 여러분을 도와 줄 수 있습니다.

학급 규칙

1. 수업 시작종이 울리면 교실에서 조용히 해야 합니다.
2. 지시 사항을 받으면 그날부터 바로 시행해야 합니다.
3. 매일 교과서, 공책, 펜, 연필, 계획서를 수업 시간에 가져와야 합니다.
4. 할 말이 있거나 자리에서 일어나야 할 일이 있으면 손을 들고 허락을 받아야 합니다.
5. 손, 발, 물건들을 제자리에 놓아야 합니다.
6. 선생님이 수업이 끝났다고 말씀해 주시면 학급을 떠날 수 있습니다.

이 항목들에 대한 어떤 질문이 있으면 나에게 알려주세요.

학생 서명 ______________________________

학부모 서명 ______________________________

반성하기

학급경영: 예방

INTASC 원리 5와 10

이 장에 제시된 학급경영에 관한 논의를 학급경영이 시작되기 이전에 학급경영문제의 예방과 관련하여 생각해 보시오.

요 약

학급 경영은 질서 있는 학습환경을 만들고 유지하기 위한 행동들을 포함한다. 잘 경영된 학급은 더 높은 학업 성취를 보이고 학습자의 동기를 높여 주는 결과를 낳는다.

학생들에게 높은 기대를 갖고 있는 열정적이고 배려가 있으며 단호한 교사들은 학습에 초점이 있고 학생들과 질서 정연한 학급 환경을 만들어 낸다.

경영과 수업은 서로 상호 보완적이다. 효과적인 교사는 잘 조직되어 있고, 그들의 시간을 능률적으로 사용하고, 학생들을 학습 활동에 참가시키며, 효과적인 피드백을 제공한다. 효과적인 수업 없이 질서 있는 학급을 만드는 것은 대단히 어려운 일이다.

효과적인 경영을 위한 계획은 명확한 규칙과 절차를 만드는 것, 학생들의 발달상의 특징을 고려하는 것, 방해를 피하기 위해 물리적인 환경을 배열하는 것 등을 포함한다.

어떤 경영 시스템에서도 학부모와의 대화는 필수적인 것이다. 학부모 모임, 중간 발달 정도 보고서와 같은 학교 수준의 활동에 덧붙여서, 학년 초에 가정으로 가정통신문을 보내는 것과 대화를 유지하는 것은 학부모들을 참여시키는데 중요한 역할을 한다.

핵심개념

규칙	수업초점	조직	학급경영
높은기대	숙제	종결	학급분위기
단호함	열정을 모범보이기	칭찬	학급훈육
배려	절차	피드백	

자격시험준비

다음 두 개의 예를 읽고 이 장에서 설명한 구체적인 정보를 이용하여, 다음 질문들에 대답을 하시오.

1. Deborah Martin은 수업의 첫날 그녀의 학습지를 준비하고 있다. 그녀의 8학년 학생들이 학급으로 들어온다; 몇 명은 자리에 앉지만 다른 학생들은 몇 명씩 무리지어 이야기를 하면서 돌아다닌다. 종이 울리자, 그녀는 고개를 들고, 떠들고 있는 학생들에게 이야기를 시작한다. "모두 자리에 앉으세요." 그리고는 다시 그녀의 학습지를 준비한다.

2. Maria Novelo는 학습지를 손에 들고 그녀의 8학년 학생들을 문에서 기다리고 있다.

> 학생들이 들어올 때, 그녀는 학습지를 나누어 주면서 이야기를 한다. "신속히 자리에 앉아주세요. 책상에 여러분의 이름이 쓰여 있습니다. 1분도 지나지 않아 종이 울릴 것입니다. 모두 자리에 앉아야 합니다. 그때까지 조용히 해주세요. 기다리는 동안 학습지를 읽으시길 바랍니다."
> 그녀는 종이 울리자 학생들을 바라보면서, 교실 앞에 서있다. 종이 멈추자, Maria 선생님은 시작하신다. "좋은 아침이에요, 여러분."

1. Deborah 선생님은 실패한 경영의 문제를 예방하는 것을 Maria는 어떻게 해서 성공했는지 구체적으로 설명하시오.

2. 이 장에서 기술된 교사들의 효과적인 경영의 특징들 중에서, Maria 선생님과 Doborah 선생님의 행동의 차이에서 무엇이 가장 확실한가? 설명해 보시오.

3. 이 장에서 기술된 교수 요소들 중에서 어떤 것이 Maria 선생님이 한 것에서 가장 잘 보여 지는가? 설명해 보시오.

비디오 연습

MyEducationLab으로 가서 "학급경영"이라는 주제를 선택하고 "가구와 자료 정돈하기"라는 비디오를 시청하시오. 그리고 비디오의 에피소드 다음의 질문에 답하시오.

포트폴리오의 개발

이 활동의 목적은 교사가 경영의 문제가 발생하기 이전에 예방하기 위해서 학급을 조직하고 수업을 계획하는 것에 대해서 생각하도록 권장하는 것이다.

- 학생들의 연령이나 교사가 가르치기를 원하는 내용영역에 대해 효과적이라고 믿는 규칙 목록을 준비하시오.
- 교사가 수업을 부드럽게 진행하기 위해 학생들이 따라야 하는 절차를 설명하시오.
- 학부모들과의 의사소통 과정을 시작하기 위해서 교사가 사용할 지도 모르는 학부모에게 보내는 가정통신문을 작성하시오.

토의문제

1. 학습자가 책임감과 자기조절을 개발하는 것을 돕는 것이 중요한 목표이다. 학급 규칙과 절차들은 학생들이 이런 목표에 도달하는 것을 도와주는가 아니면, 목표로부터 벗어나게 하는가? 여러분의 견해에 대한 이론적 근거를 제시하시오.

2. 만약 수업이 효과적이지 않다면, 질서 정연한 학급을 유지하는 것이 왜 사실상 불가능한가? 여러분의 설명을 입증할 예를 들어 보시오.

3. 왜 질서 정연한 학급은 학습자의 동기를 높여 주는가? 학습 동기를 높여 주는 요인에 대한 여러분의 이해에 기초하여 설명해 보시오.

4. 어떻게 하면 교사가 학생에게 배려를 보이면서 동시에 엄격할 수 있는지 설명하시오.

5. 교사가 학습자에게 그들의 시간을 기꺼이 내어주는 것이 그들이 학생들에 대해 배려가 있다는 것을 나타내 주는 가장 좋은 방법이라고 많은 전문가들은 생각한다. 왜 그런지 설명하시오.

현장경험을 위한 제안

1. 한 교사를 인터뷰하시오. 다음 질문을 물어보시오:
   a. 경영 문제를 예방하기 위해 당신의 학급을 어떻게 조직하는가?
   b. 당신의 규칙과 절차는 무엇인가? 그것들을 성공적으로 달성하기 위해 어떻게 하는가?
   c. 당신의 규칙과 절차를 학생들에게 어떻게 제시하는가? 규칙과 절차를 준비할 때 학생들에게 의견을 내도록 부탁하는가?
   d. 당신의 규칙과 절차를 어떻게 "가르치는가"? 그것들을 "가르치는 것"이 필요 한가 아니면 그저 제시만 하는가?
   e. 당신의 규칙과 절차를 학부모들에게 어떻게 전달하는가?

2. 학급 안에서 관찰하시오. 당신이 관찰한 학급 경영 절차를 확인하고 설명하시오. 교사에게 절차는 어떻게 가르쳤는지 물어보시오.

3. 당신이 학급을 관찰할 때, 학급 규칙의 증거를 찾아보시오. 예를 들면, 규칙들은 전시 되어 있는가? 교사는 학생들에게 규칙이 적힌 종이를 나누어 주었는가? 학생들은 공책에 규칙을 적어 놓았는가?

4. 교사가 수업을 진행하는 것을 관찰하시오. 교사의 수업은 어떻게 경영 문제를 예방하고 있는지 아니면 예방하고 있지 않은지를 설명하시오. 교사의 수업이 효과적 또는 비효과적이라고 생각하는 이유를 설명하시오.

교수도구

☞ 참고문헌

Emmer, E. T., Evertson, C. M., & Worsham, M. E. (2006). *Classroom managiment for middle and high school teacher(7th ed.).* Boston: Allyn & Bacon. A widely respected text that provides detailed suggestions for designing effective classroom management systems in middle and high schools.

Evertson, C. M., Emmer, E. T., & Worsham, M. E. (2006). *Classroom management for elementary teachers(7th ed.).* Boston: Allyn & Bacon. A widely respected text that provides detailed suggestions for designing effective classroom management systems in elementary schools.

Good, T. L., & Brophy, J. E. (2008). *Looking in classrooms(10th ed.).* Boston: Allyn & Bacon. This well-known and widely used text includes a chapter specifically devoted to the prevention of classroom management problems.

Marzano, R. J., Marzano, J. S., & Pickering, D. J. (2003). *Classroom management that works: Research-based strategies for every teacher.* Alexandria, VA: Association for Supervision and Curriculum Development. This research-based resource provides specific strategies for organizing classroom to prevent management problems.

☞ 웹사이트

www.honorlevel.com/hls_intro.xml Provides strategies for development an honor system approach to classroom management.

www.nea.org/classmanagement/ifc070814.html Offers a series of strategies for getting the school year off to a good start and keeping your classroom running smoothly throughout the year.

www.nea.org/classmanagement/ifc061212.html Provides suggestions for establishing routines that help create an orderly classroom environment.

www.nea.org/classmanagement/begtk030828.html Includes a series of Web sites that provide classroom management tips for new teachers.

03

학습경영: 중재

서 론

2장에서 우리는 학급 경영 그리고 효과적인 경영과 수업 사이의 상호 의존성에 대해 생각해 보았다. 또한 전문적인 경영자는 문제가 발생했을 때, 이를 제거하는 대신 문제들을 사전에 예방한다는 것에 주목했다.

그러나 문제를 예방하기 위한 교사의 노력에도 불구하고, 그것들은 여전히 주기적으로 발생하게 된다. 그것은 모든 교사에게 일어나고 여러분도 예외가 아니며 특히 초임 교사들에게 빈번히 일어날 것이다. 이번 장에서는 여러분이 이러한 문제들을 다루는 방법에 대해 살펴보고자 한다.

학습자 목표

3장을 공부한 후 여러분은 다음과 같은 것들을 할 수 있어야한다:

- 교사나 학생들에 의해 감정적으로 일어나는 경영상의 문제 원인을 기술하기
- 경영상 발생하는 사건을 해결하기 위한 적당한 중재 규명하기
- 인지주의적 또는 행동주의적 경영에 대해 이론적으로 규명하기
- 단호한 훈육의 특징 기술

학급에서의 효과적인 학급경영 적용

다음은 질서 정연한 수업환경을 위해 1학년 학생들과 수업하고 있는 초등학교 교사를 연구한 사례이다. 사례연구를 읽으면서, 다음 문제를 생각해 보시오.

- 교사는 학급경영상의 문제를 없애기 위해 무엇을 했는가?
- 중재의 이론적 바탕은 무엇인가?
- 여러분은 이와 유사한 원리를 교실에서 어떻게 적용할 수 있는가?

Cindy Daine의 1학년 학생들은 수업에 자주 어려움을 느낀다. 그녀가 집단별로 주의환기를 시키고 학급 전체가 다같이 다음 활동으로 넘어갈 수 있도록 노력하지만 집단별로 4분정도의 시간이 걸린다.

상황을 개선하기 위한 노력으로 그녀는 전단지(construction paper)로 "티켓"을 만들고, 소정의 선물들을 사서 다음날 이 선물들이 담긴 어항을 보여주며 설명한다. "우리는 수업이 바뀔 때 얼마나 조용히 할 수 있는지 보기 위해 작은 게임을 할 거예요. 우리

가 국어에서 수학으로 넘어가듯 수업이 바뀔 때마다 나는 여러분에게 2분을 주고 이 종을 칠 겁니다." 그녀는 시범적으로 종을 치며 이야기 한다. "내가 종을 쳤을 때 책을 꺼내 준비를 하고 조용히 기다리는 학생에게는 티켓 한 장을 주겠어요. 금요일 오후, 여러분은 그 티켓들을 제출하고 이 어항에 있는 선물을 받게 될 거에요. 많은 티켓을 가진 학생이 더 좋은 선물을 받게 되겠지요. 만약 여러분이 책을 꺼내지 않아 준비가 되어 있지 않으면, 티켓 한 장을 잃게 될 겁니다. 자 이제 여러분이 얼마나 많은 티켓을 받을 수 있는지 볼까요."

다음 며칠 동안, 선생님은 교실을 돌아다니면서 티켓을 나누어 주고 다음과 같은 말을 했다. "나는 Merry의 학습준비 방법이 무척 맘에 들어요.", "Ted는 벌써 책을 꺼내고 조용히 기다리고 있네.", "수학 수업을 그렇게 빨리 준비해 줘서 고마워."

그녀는 학생들 스스로가 "쉿"과 "조용히 해!"라는 소리를 하는 것을 보고 이것이 효과적임을 알았다. 그녀는 작은 선물을 주는 것으로 멈추지 않고 티켓을 모은 학생들에게 자유 시간을 허락해 주고, 학급전체가 충분한 티켓을 모았을 때 집단 보상으로 금요일 오후 파티를 열도록 허락해 주었다. 그녀는 학생들이 스스로 자기 통제를 하고 이를 증진시켜 감에 따라 점차적으로 집단에게 주는 보상을 일정한 간격을 두고 하게 되었다.

학급경영 문제의 원천

효과적인 경영자가 되기 위해서, 우리는 먼저 경영 문제라는 용어가 무엇을 의미하는지를 이해해야 한다. 경영 문제는 학생을 학습으로부터 멀어지게 하거나 학생 또는 교사에게 불안을 야기시키는 교실 내의 어떠한 상황들이다. 이러한 문제들은 학급 토론시간에 학생들이 사소하게 연필을 깎는 일 일수도 있고 싸움과 같은 심각한 일 일수도 있다. 몇 가지 경영의 문제들은 일반적으로 다음과 같다:

- 허락 없이 이야기하기
- 부주의
- 허락 없이 자리에서 일어나기
- 공책 넘겨주기
- 수업 시간에 필요한 준비물 챙겨오지 않기
- 학생들이 서로에게 막말하기

흔하지 않은 문제들에는 머리를 빗거나 몸치장을 하거나(특히 중학교 학생의 경우), 심지어 싸움을 일삼는 것 등과 같은 행동으로 교사의 지도를 거부하는 학생들이 있다.

이번 장에서 우리는 교수-학습 과정을 방해하는 문제들의 해결에 대해 살펴본다. 교사들이 직면하는 약물, 폭력, 공격들과 같은 문제들은 널리 잘 알려져 있지만, 상대적으로 비교적 중요하지는 않아도 오랫동안 지속된 경영 문제들인 부주의, 허락 없이 이야기하기, 자리에서 자주 일어나는 행동들과 같은 문제들은 학생들이 빈번히 일으키는 것들이다.

경영 문제(management problem)라는 이름은 엄밀히 잘못된 것이다. 왜냐하면 우리가 전형적으로 문제라고 묘사하는 것들은 사실상 문제라기보다는 증상들이기 때문이다. 교사들이 문제로 보는 행동들은 주로 다음의 세 가지 원천 중의 하나이다.:

(1) 교사 자신 (2) 정서적 문제 (3) 우연히 일시적으로 일어난 학생의 행동들이 그것이다. 예를 들어, 한 아이가 계속해서 공상에 빠져있거나 토론시간에 친구에게 말을 거는 것은 교사가 학생들을 학습 활동에 유인하지 못한다는 것을 나타내고, 이것은 교사의 문제인 것이다. 방해는 그저 증상일 뿐이다. 이것은 다시 경영과 효과적인 교수의 상호의존성을 보여준다. 한편 자주 싸움을 하는 학생들과 같은 경우는 정서적인 문제를 가지고 있을지도 모른다. 그리고 친구 옆을 걸어가다가 친구의 어깨를 치거나 되받아 치는 아이는 단지 아이들의 난폭한 놀이와 관련된 개인적 성향을 드러내는 것일지도 모른다.

잘못된 행동의 원인을 이해하는 것은 보다 나은 중재를 결정하는데 도움이 된다. 예를 들어, 교사는 난폭한 놀이를 정서적인 문제와 단순히 같은 방식으로 다루지는 않을 것이다. 전자의 경우라면 교사는 단순히 학생들을 분리시켜 놓을 것이고, 후자의 경우라면 부모를 부르던지, 학교 상담사나 심리학자에게 상담을 의뢰할 것이다. 더욱이 교사가 자신에게서 원인의 실마리를 찾는다면, 교사는 학습 활동을 더 주의 깊게 계획할 것이고, 가르치는 주제와 관련한 좋은 예들을 만들기 위해 두 배로 노력할 것이며, 학생들을 수업에 몰두시키기 위해 더 많은 질문을 할 것이다.

9장에서 보았듯이, 정서상의 문제들을 포함해 많은 문제들은 예방될 수 있다. 만약 수용되는 행동들에 대한 명백한 기대가 학년 초에 설정되고 규칙들이 공정하고 일관성 있게 강화된다면, 사실상 모든 학생들을 경영하는 것은 어렵지 않을 것이다.

우연하고 일시적으로 일어나는 행동들이 경영 문제들의 가장 일반적인 원인이 된다. 일반적으로 교실에서 정서상의 문제를 갖고 있는 학생들은 기껏해야 손가락으로 셀 수 있을 정도일 것이다. 준비가 잘 된 교사들은 문제가 있는 학생들을 "아이들은 아이들일 뿐이다"라는 식으로 바라보는 것에 분개한다. 우리는 주로 이러한 문제들에 초점을 맞출 것이다.

연습 3.1

다음 행동들을 보고 정서상의 원인으로 일어난 문제에는 (e)로, 교사가 원인이면 (t)로, 학생이 원인이면(s)로 구분해 보시오.

______ 1. 허락 없이 자리에서 일어나기
______ 2. 친구들에게 부정적인 말하기
______ 3. 토론 시간에 창 밖 바라보기
______ 4. 책상에 낙서하기
______ 5. 금지된 시간에 껌 씹기
______ 6. 손을 들지 않고 말을 불쑥 내뱉기
______ 7. 반응 하지 말고 기다리라고 요청받고 참지 못하고 화를 내기
______ 8. 친구들 주위에서는 떠들고 교사 옆에서는 조용히 하기
______ 9. 계속해서 외설적인 용어 사용하기(비록 교사 앞에서는 아니지만)
______ 10. 질문에 대답하길 거부하기

효과적인 중재의 특징

경영의 문제를 해결하는데 있어서 첫 번째 단계는 처방만큼이나 예방이 중요하다. 교사와 학생들은 어떤 행동이 수용될 것인지에 대해 명확해야한다. 이것이 우리가 2장에서 토론했던 규칙과 절차를 세우고 가르치고 조정하는 이유이다. 더욱이 우리는 경영 문제에 대해 내리는 유용한 선택들에 대해서 명확해야한다. 명확하게 함으로써 교사는 문제가 발생했을 때 단호하게 행동하고 의사를 전달 할 수 있다.

경영문제의 경우에 중재하는 것은 결코 쉽지 않다. 만약 그것이 쉬운 문제라면, 경영의 문제가 교사들이 처리하는 가장 곤란한 문제들로 남아있지 않을 것이다. 연구들은 효과적인 중재의 몇 가지 특징을 밝히고 있다. 그 특징들에는 다음과 같은 것들이 포함되어 있다.

- 완전파악(withitness)과 동시 반응(overlapping)
- 일관성과 계속수행(follow-through)
- 확고함과 명확성
- 학생의 자존감 유지

완전파악(Withitness)과 동시 반응(Overlapping)

Jacob Kounin(1970)은 효과적인 교실 경영과 비효과적인 교실 경영의 실제를 분석하고 그 두 가지를 구별하는 변수들을 나누어 살펴보는 시도를 했다. 가장 중요한 것 중에 하나는 그가 명명한 완전파악(withitness)의 개념이다. 그것은 교사가 수업 시간 내내 교실의 모든 곳에서 어떤 일이 벌어지고 있는지를 알고 이것을 학생들에게 전달한다는 것을 뜻한다. 완전파악(withitness)과 관련해 동시 반응(overlapping)이라고 부르는 변수도 있다. 그것은 한 번에 한 가지 이상의 일을 하는 교사의 능력을 가리킨다. 그 둘은 모두 학급의 관심을 일관되게 유지하면서 학생 개개인의 문제들을 살피는 것을 포함하고 있다.

이러한 개념들을 실례로 설명하기 위해서, 9장 시작부분에 사례연구로 봤던 Sheryl Poulos가 수업에서 학생과 함께 한 모습을 다시 살펴보자. 예를 들어, Sheryl이 "이 분수에 대해 생각해 보도록 합시다. 7/12이 몇 퍼센트일까 생각해 볼까요… Donna?"라고 물어보았을 때, 그녀는 Scott이 그의 다리를 앞으로 쭉 뻗어 Veronica의 다리를 툭 치는 것을 보았다. 그러자 Veronica가 "그만해, Scott."이라고 큰 목소리로 반응한다. 그녀는 또한 Ellen이 교실의 뒤에서 Kristen에게 속삭이는 것을 목격했다.

이러한 행동들은 7학년에서 나타나는 전형적인 모습이다. Scott은 장난을 좋아하는 7학년 학생들이 할 만한 일을 한 것이고 Ellen과 Veronica도 마찬가지였다. 어떤 정서적인 문제의 증거도 존재하지 않고, Sheryl의 학습 활동에는 그 학생들이 포함되어 있다. 그래서 그녀는 "아이들은 아이들일 뿐이다"라고 문제를 단순히 생각한다.

그녀는 어떻게 이 문제를 다루었나? Donna가 그녀의 질문에 응답을 할 때, Sheryl은 교실 앞쪽으로 나아가 Scott의 책상에 멈추었다. 그리고는 간단하고 단호하게 "우리는 우리의 손과 발을 여기 우리 몸의 제자리에 놓는단다."라고 말했다.

Sheryl은 완전파악(withitness)을 세 가지 방법으로 보여주었다. 첫째, 그녀는 즉시 중재했다. 그녀는 문제의 행동을 하고 있는 Scott을 바로잡고, 사건이 더 확장되기 전에 더 방해를 하는 것을 예방하기 위해 움직였다. 둘째, 그녀는 "올바른 것"을 알아차렸다. 그녀는 Scott이 문제의 원인이란 것을 알았기에 Veronica의 말은 무시했다. 그리고 셋째, 그녀는 더 악화될 잠재성을 지닌 문제를 먼저 다루었다. 그녀는 먼저 Scott의 방해를 멈추고, Ellen과 Kristen 옆으로 다가갔다. 그녀가 다가가자 그들의 속삭임은 멈추었다.

Sheryl은 그녀의 수업의 흐름을 깨지 않으면서 수업을 방해하는 요소들을 신속하게 멈추었다. 이런 식으로 동시반응(overlapping)을 보여주었다. 교실에 있던 학생들의 대부분은 아마 사건이 일어났다는 것을 알지조차 못했을 것이다. 이러한 능력은 효과적인 경영자의 특징이다.

만약 교사가 "완전파악(withit)"을 하지 못했다면, 즉 그들이 그들의 교실에서 어떤 일이 일어나고 있는지 알지 못한다면, 질서정연한 학습환경을 유지하는 것은 어려운 일이 될 것이다.

일관성(Consistency)과 계속수행(Follow-Through)

일관성에 대해서는 너무 자주 들어서 거의 진부한 표현이 되어버린 것 같다. 하지만 그것은 여전히 중요한 요소이다. 일관성의 필요성은 명백하지만, 수업이라는 실제에서 완벽한 일관성을 달성하는 것은 사실상 불가능하다. 실제로, 조사에 의하면 중재는 맥락적이어야 하기 때문에 특정한 상황과 학생들에 따라 달라진다고 한다(Doyle, 1986).

예를 들면, 대부분의 교실에는 "교사에 의해 허락되었을 때만 말하기"와 같은 규칙이 있다. 교사가 학생들이 앉아서 하는 활동을 모니터하고 있을 때, 한 학생이 그 활동과 관련된 질문을 다른 학생에게 물어보고 재빨리 다시 활동을 한다고 가정해 보자. 이 때 교사는 그 학생으로 하여금 물어본 것을 제지하려는 것과 활동을 하는 동안에는 말하는 것이 허락되지 않는다는 것을 알려주기 위해 중재를 할 것인가? 중재를 하지 않는 것은 수업 기술상 일관성이 없는 것이지만 교사는 이런 상황에선 중재하지 않을 것이고 또 그렇게 해서도 안 된다. 물론 반복적으로 돌아보고 지속적으로 속삭이는 학생은 방해가 된다. 문제를 다룰 줄 아는 교사는 교실에서 일어나는 일들을 파악하고, 그 행동들 사이에서 차이점을 구별하여 언제 중재를 할 것인지 그 적절한 시기를 알고 있다.

효과적인 경영자는 모든 중재에 있어 그 바람직하지 않은 행동이 확실히 멈추어 질 때까지 계속 추적한다. 예를 들어, 속삭이고 있는 두 학생이 있다고 해보자. 그들은 멈추라는 지시를 받았어도 교사가 그 행동을 멈출 때까지 계속 추적하지 않는다면, 단지 속삭이는 수준만 낮추고 여전히 계속 속삭이면서 새로운 방해를 시작할 것이다.

간결성(Brevity), 명확성(Clarity), 그리고 확고함(Firmness)

가능한 한 간결하고 확고하고 명확하도록 유지해라. 길어지는 중재는 수업의 흐름을 깨뜨리고 교수에 할당된 시간을 다른 데에 사용하게 한다(Crocker & Brooker, 1986).

명확성이란 바람직한 행동에 관해서 의사전달을 정확하게 하는 것을 말한다. 예를 들어, "Jenny, 다른 사람들이 이야기 할 때는 조용히 들어야지."라고 말하는 것이 "하지마, Jenny."라고 말하는 것보다 더 명확하다. 명확히 의사전달을 함으로써 Jenny에게 뿐만 아니라 교실의 나머지 학생들에게도 문제가 무엇이고, 어떤 것이 기대되는지를 전달할 수 있다.

확고함이란 교사가 전달하려는 의미가 학생들이 그 행동을 멈출 때까지 계속 중재할 의도라는 것을 인식시키는 능력을 의미한다. "여러분, 너무 시끄럽군요. 자 이제, 조용히 합시다."라고 말하는 것이 "다 같이 정리하고 조용히 하도록 노력합시다."라고 말하는 것보다 더 효과적이라는 것이다. 확고하게 반응해 주는 것은 교사가 말하려고 의도한 것을 확실히 전달하도록 해준다. 언어적이든 비언어적이든 교사에게 있어 의도하는 바를 전달하는 능력은 필수적이다.

명확성과 확고함이 효과적이지만 분노, 좌절, 적대감과 같은 격앙된 표현으로 이루어진 거친 반응은 효과적일 수 없다. Kounin(1970)은 거친 반응은 늘어나는 경영의 문제와 관련되어 있다고 밝혔다. 거칠게 교실 분위기를 파괴시키는 경영상의 중재는 물결 효과(Kounin, 1970)를 일으키는 경향이 있다고 했는데, 물결 효과란 한 개인이 비난을 받을 때 그 혼란이 교실의 나머지 학생들에게 확산되는 것을 의미한다. 교사가 꾸짖을 때 비난이나 빈정거리는 말을 사용하면 물결효과는 더욱더 많이 퍼져나간다(Rosenshine & Furst, 1971). 학생에 대한 지속된 비난은 교수 시간을 낭비하게 되고 활동에 집중하고 있는 학생들을 방해하게 된다.

학생의 자존감 유지

학생의 자존감을 지켜주는 것은 어떤 중재에서도 기본적인 원칙이다. 교사가 학생과 의사소통을 할 때 사용하는 교사의 감정 섞인 어조는 교사에 대한 학생의 순응 가능성과 교사와 학급에 대한 그들의 태도에 영향을 미친다. 큰 소리로 학생들 앞에서 꾸중하는 것, 학생들 앞에서 비난하는 것, 그리고 빈정거리는 것은 학생들에게 있어 스스로 안전하다는 느낌을 감소시키고, 분개를 발생시키며, 생산적인 학습환경을 손상시키게 된다. 학생들이 규칙을 어겼을 때, 그들을 일깨워 주고, 규칙이 왜 중요한지 말해주고, 규칙을 준수할 것을 요구해서 가능한 한 사건으로부터 멀리 벗어나게 해야 한다.

학생과의 논쟁은 피하라. 일단 지시사항이 내려지면, 논쟁 없이 끝까지 마무리해라. 만약 학생들이 불공평하게 대우받았다고 느끼면 학생들이 학교 일과를 시작하기 전이나 방과 후에 또는 학생들이 수업시간이 아닌 다른 시간에 교사를 찾아와서 그것에 대해 말하도록 해라.

위협과 최후통첩은 교사를 돌이킬 수 없는 상황에 놓이게 할 수도 있다. 그것들은 주로 실행에 옮기기 불가능하기 때문에 오히려 어떠한 규칙을 끝까지 준수하고 일관성을 유지할 수 있는 가능성을 저해할 수도 있다.

교실에서의 다양성

효과적인 중재

학습자의 다양성은 중재라는 문제가 일어나는 요인이 될 수 있다. 이러한 다양성은 최소한 두 영역에 기인한다.

첫 번째는 문화와 민족성이다. 조사에 따르면 문화적으로 소수 민족들은 학교에서 차지하는 그들의 수에 비해 불공평한 비율로 학교 당국이 경영상 문제로 거론한다고 지적되고 있다(Slavin, Karweit & Madden, 1989). 이러한 이유는 최소한 두 가지 이유에 근거한다.

하나는 가정의 문화와 학교의 문화 사이에 불일치가 존재한다는 것이다. 태평양의 한 섬에 사는 학생들과 함께 근무한 한 교장선생님의 경험(Winitzky, 1994)이 그 예이다. 교장선생님은 지역 교회에서 개최된 공동체가 수여하는 시상식에서 그녀의 학교 학생들에게 상을 수여해 달라는 부탁을 받았다. 그녀는 기쁜 나머지 일찍 도착해서 무대 위 명예의 자리로 안내되었다. 한 시간 이상 불편하게 기다린 후, 시상식이 시작되었고, 학생들은 자랑스럽게 그들의 상을 받기 위해 무대로 나아갔다. 학생들은 각자 호명되었고, 상이 수여되었고, 박수갈채를 받았다. 아이들은 청중 속의 저마다의 자리로 돌아갔고, 교장선생님은 눈이 휘둥그레질만한 경험을 갖게 되었다:

> 음, 아이들은 잠시 동안은 괜찮았지요. 그러나 여러분이 상상하는 대로, 그들은 빨리 지루해했고 몸을 들썩거리기 시작했습니다. 몸을 움직이고 속삭이는 것은 물론 찌르고, 괴롭히고, 공공연히 떠들기 시작했습니다. 나는 그 혼란에 약간 걱정스럽기 시작했습니다. 그러나 다른 어른들은 주의조차 기울이지 않았습니다. 그래서 저도 무시했죠. 그러자 곧, 몇 명의 아이들이 자리에서 일어나더니 청중의 뒤로 옆으로 걸어 다니기 시작했습니다. 모든 어른들의 얼굴은 계속해서 무대 위의 연설자를 고요히 응시하고 있었습니다. 그 후 아이들은 좌석 주위를 원을 그리면서 달리고 즐겁게 소리 지르면서 술래잡기 놀이를 시작했지요. 어떤 어른도 반응을 보이지 않았습니다 - 나는 무척 놀라 아이들을 조용히 시키고 싶은 욕구를 억누르느라 애를 썼습니다. 아이들 몇몇은 무대 위로 올라가서 연설자 주위를 달리고, 전등을 켰다 껐다하고, 커튼을 열었다 닫았다 했는데도 여전히 이 섬나라 부모들은 아무 반응을 보이지 않았답니다. 이곳은 학교가 아니기에 그러지 말았어야 했는데 인내심의 한계를 느낀 나는 눈으로 노려보고, 손으로 조용히 하라는 신호를

> 보내 아이들을 조용히 안정시켰습니다. 그 때 나는 이 아이들이 학교에 늦게 왔을 때, 부모들이 학생들의 학습에 대해 신경 쓰지 않은 것이 아니라는 사실을 깨달았습니다. 그것은 어른들이 나름의 세상을 살아갔던 방식이었습니다. 학생들이 책상 아래에서 꿈틀거리고 교실주위를 뛰어 다닐 때 무례나 반항을 위해 노력하지 않을 때 그것은 그들이 어느 곳에서건 하는 행동일 뿐이었습니다(Winitzky, 1994, pp.147-148).

다른 말로 바꾸어 말하면, 학생들은 학교에서 그들이 하도록 기대되는 방식과 다른 행동의 방식을 학교로 가져오는 것이다(Trawick-Smith, 2000). John Ogbu(1992, 1999)는 문화적 차이의 또 다른 예를 제시한다. 그는 어떤 문화적 소수 민족들의 차별과 낮은 계급의 오랜 역사 때문에 문화적 배척, 또는 "소수 민족들이 어떤 유형의 행동, 사건, 상징, 그리고 의미가 백인 아메리카인들의 특징이라는 이유로 그들에게 부적절한 것으로 간주하는 경향"이라고 일컬어지는 과정을 통해 스스로를 방어한다고 제안하고 있다(Ogbu, 1992, p.8). 다시 말해 훌륭한 학생이 되는 것은 백인의 문화 가치를 받아들여 그들처럼 되는 것이다. 학교에서 공부하고 학교생활에 활발히 참여하는 학생들은 그들 친구들과의 우정과 그들이 속한 사회로부터의 존경을 잃는 위험을 감수해야 한다. Ogbu는 많은 학교에서 이러한 집단의 학생들이 학교에서의 학습을 지지하지 않거나 직접적으로 그것을 반대한다고 믿는다; 그들은 소위 "저항 문화"라는 것을 형성한다(Ogbu & Simons, 1998). 낮은 성적과 잘못된 행동은 이러한 갈등의 증상이다.

성(gender)은 다양성이 존재하는 두 번째 영역이다. 문화적으로 소수 민족의 경우처럼, 남학생과 여학생의 수는 본질적으로 같은데도 불구하고 학교와 같은 훈육 장소로 보내진 남자들의 수는 여자들보다 훨씬 많은 것을 볼 수 있다. 다른 예들도 다양하다. 어떤 연구자들은 소년들이 소녀들보다 유전적으로 더 공격적인 경향이 있다고 제안한다(Berk, 2006). 그리고 이러한 공격성은 때때로 그릇된 행동으로 표출된다. 다른 연구자들은 소년과 소녀는 태어날 때부터 다르게 취급받고 이런 다른 대우가 다른 행동 양상을 낳는다고 주장한다(Biklen & Pollard, 2001).

교사들이 이러한 차이점들과 그것이 일으킬 수 있는 잠재적인 문제를 파악하고 있을 때, 효과적인 중재는 훨씬 더 중요해진다. 예를 들어, 완전파악, 일관성, 간결성, 그리고 학생의 자존감 보존 등은 하나같이 모든 학생들에게 중요하다. 경멸, 편애 등에 특별히 예민한 문화적 소수 민족의 학생들에게는 효과적 중재는 필수적인 것이다.

중재에 대한 이론적 접근

다양한 학습 이론은 부절적한 행동들을 다루는데 필요한 몇 가지 지침들을 제공해준다. 이 부분에서는 두 가지를 살펴본다: 인지적 접근과 행동주의적 접근.

인지적 중재

인지는 사고를 가리키는 말로 인식, 신념, 기대와 같이 사람들의 머릿속에서 일어나는 과정이다. 우리는 모두 인지적인 존재이다. 교사와 학생들 모두는 학교의 기능에 대한 일련의 믿음을 가지고 학교에 온다. 그들은 공정과 불공정한 취급에 대해 알고 있고 적절한 행동에 대한 기대를 가지고 있다. 인지적인 관리 시스템은 인지과정에 초점을 맞추어 질서 정연한 교실을 유지하기 위해 노력한다(Singh et al., 2007).

일관성이라는 개념은 이러한 생각을 반영해준다. 예를 들어, 앞부분에서 우리는 중재에 있어 완전한 일관성을 유지하는 것은 사실상 불가능하다는 것에 주목했다. 중재에 대한 인지적인 접근은 학생들의 사소하고 순수한 질문과 상습적으로 방해하는 언행의 차이를 인식하기 때문에 경미한 불일치는 수용할 수 있다고 가정한다. 학습자의 이해는 경영에 대한 인지적 접근의 핵심이다.

이 부분에서, 우리는 학습자의 이해와 교사의 중재에 반응하는 방법에 영향을 미치는 세 가지 요인들을 살펴보도록 하겠다.

- 일관된 의사소통(congruent communication)
- "나" 메시지("I" messages)
- 논리적 결과(logical consequences)

일관된 의사소통. 만일 학생들의 이해와 책임감을 계발시킬 의도라면, 교실에서 학생들과의 의사소통은 그들에게 이해되어야 한다. 예를 들어:

> Karen Wilson의 10학년 학생들은 어느 날 영어 과제를 하고 있고 그녀는 학생들 사이를 돌아다니고 있었다. 그녀가 Jasmine의 과제를 도와주고 있는데 뒤에서 Jeff와 Mike가 큰소리로 속삭이기 시작한다.
>
> "Jeff, Mike, 그만 얘기하고, 과제 시작해라." 그녀는 어깨 너머로 흘낏 보며 말한다.
>
> 그 두 아이는 말소리를 낮추고 Karen은 Jasmine을 다시 돌아본다. 그러나 곧 두 소년의 속삭임은 전처럼 다시 커진다.

"내가 그만 얘기하라고 말한 것 같은데", Karen은 이번에는 화난 목소리로 어깨 너머로 다시 얘기한다.
소년들은 그녀를 한번 흘낏 보더니 곧바로 다시 속삭이기 시작한다.

Isabel Rodriguez는 9학년 대수학 수업 시간에 비슷한 상황을 겪고 있다. 그녀가 Vicki를 도와주고 있을 때, Ken과 Lance가 교실 뒤쪽에서 야단법석을 떨고 있다. Isabel은 재빨리 Vicki에게 양해를 구하고, 돌아서서는 곧바로 그 소년들에게 걸어간다. Lance를 똑바로 바라보면서, "Lance, 우리는 점심식사 전에 할일이 많단다. 소음은 다른 사람들의 공부를 방해하지. 지금 너도 과제를 시작해."라고 상냥하지만 단호하게 말한다. 그리고는 Ken을 똑바로 바라보면서, "Ken, 너도 마찬가지야. 지금 빨리 과제를 시작해. 우리는 과제를 빠듯하게 할 정도의 시간밖에 없어, 시간을 낭비하고 싶지 않아."라고 계속해서 말한다.
그녀는 조용히 숙제를 할 때까지 기다렸다가 Vicki에게 되돌아온다.

중재에 대한 인지적 접근은 학생들의 이해에 초점을 맞춘다. - 다시 말해, 학생들은 교실에서 그들이 행동하기로 되어있는 방식이 무엇인지를 이해해야 한다는 것이다. 우리의 첫 번째 예에서, Karen의 대화는 애매모호하다. 그녀의 말과 행동이 서로 달라 결국 적절치 못한 행동을 한 학생들에게 그녀가 그 행동을 멈추기 위해서 얼마나 열심이었는지에 대한 확신을 주지 못하고 있다. 결과적으로, 효과적 중재의 특징 중 하나인 끝까지 마무리하기가 제대로 이루어지지 않았다.

메시지가 일관성이 없을 때, 사람들은 어조와 비언어적인 메시지를 전달하기 위해 사람들이 사용하는 몸동작과 같은 것을 포함하는 비언어적인 표현을 더 신뢰한다(Mehrabian & Ferris, 1967).

효과적으로 끝까지 마무리하기 위해, 교사의 의사전달은 Isabel의 중재의 경우에 그랬던 것처럼 명확하고 일관성이 있어야 한다. 그녀는 즉시 반응을 했고, 그녀의 학생들을 똑바로 바라보았으며, 교실 질서와 학습 사이의 관계를 강조했고, Vicki에게 되돌아가기 전에 문제를 일으켰던 학생들이 과제를 수행하는 지를 확인했다. Isabel의 언어적인 행동과 비언어적인 행동에는 일관성이 있었다. 그래서 그녀의 의사 전달은 학생들에게 이해가 되었다. 만약 우리는 학생들이 그들 자신의 행동에 대해서 스스로 책임지기를 기대한다면, 우리의 메시지는 일관성이 있고 이해할 수 있는 것이어야 한다. 그렇지 않으면, 학습자의 이해와 순응은 기대하기 어려울 것이다.

비언어적인 의사소통의 본질적인 요소는 〈표 3.1〉에 설명되어 있다.

표 3.1 **비언어적인 의사소통의 본질적인 요소**

비언어적 행동	예
근접	교사는 부주의한 학생에게 가까이 간다.
시선접촉	교사는 한눈파는 학생들을 똑바로 쳐다보면서 지시를 내린다.
신체방향	교사는 학생들을 쳐다볼 때 어깨 너머나 몸 옆쪽으로 보지 않고, 정면으로 얼굴을 직시한다.
얼굴표정	교사는 혼란스러울 때 약간 얼굴을 찡그리고, 유머러스한 일이 있을 때는 가볍게 웃고, 동료를 돕기 위해 학생이 노력할 때는 미소를 보인다.
몸동작	교사는 다른 학생이 말할 때는 방해하는 학생에게 손을 들어 멈추라고 한다.
음성조절	교사는 강조를 하기 위해 어투나 말의 높낮이, 그리고 큰 소리로 변화시켜 에너지와 열정을 나타내 보인다.

"나" 메시지. 이 부분을 시작하기 위해 교사와 학생의 간단한 만남을 살펴보도록 하겠다.

> Joanne Bass의 학생들은 교과서, 공책, 연필 또는 펜을 가지고 매일 교실에 오도록 되어 있다.
>
> Ms. Bass는 다음과 같이 말하면서 수요일 수업을 시작한다. "교과서에서 중동지역의 서로 다른 사진들을 보자. 누가 79쪽 사진에 있는 다양한 사람들을 설명할 수 있을까?"
>
> 학생들은 사진을 설명하기 시작하다. 그리고 Ms. Bass는 "Ron, 덧붙여 설명해 볼까?" 하고 묻는다.
>
> Ron은 망설이면서 대답한다. "오늘 교과서를 가져오지 못했어요."
>
> 선생님이 대답한다. "Ron, 네가 교재를 가져오지 않으면, 토론을 멈춰야만 하고 수업은 엉망이 되고 선생님은 실망감을 느낀단다."

Joanne이 이 사건을 어떻게 다루었는지 상세하게 보고 왜 그녀의 접근이 인지적인지 알아보도록 하자. 그녀는 Ron이 교재를 수업에 가져오지 않은 것이 문제를 일으킨다는 것을 이해하도록 도와주었지만 동시에 그의 성격상의 약점을 건드리지 않기 위해 주의를 기울였다.

그녀는 Thomas Gordon(1974)의 "I" message란 것을 알게 되었다. 교재를 가져오지 않은 Ron에게 그녀는:

- 그 행동을 묘사했다(책을 가져오지 않은 행동)

- 그 행동의 결과를 확인시켜주었다(수업 방해)
- 그녀의 감정을 말했다(좌절)

그녀의 목표는 이해시키는 것이다. 그녀는 Ron이 그의 교재를 가져오지 않는 것이 학습 활동을 저해시킨다는 것을 이해하길 원했다. 중재에 대한 인지적 접근은 학생들이 규칙과 절차를 보다 잘 이해할수록 규칙과 절차를 잘 따르게 된다는 생각에 기반을 둔다.

논리적 결과. 논리적 결과들은 잘못된 행동을 문제로 취급하고 학습자들이 그들의 행동과 결과 사이의 관계를 알 수 있도록 도와준다.

다음의 예를 보도록 하자.

> 활동적인 6학년 학생, Ryan은 식당을 향해 복도를 달려가고 있다.
>
> "멈춰, Ryan." 복도를 감독하고 있었던 Matt Papuga 선생님께서 Ryan이 달려가고 있을 때 말씀하셨다.
>
> "문으로 되돌아가서 다시 출발해라, 그리고 이 복도로 다시 걸어 나와 보렴."
>
> "어서." Mr. Papuga는 단호하게 말씀하신다.
>
> Ryan은 문으로 되돌아가서 다시 돌아온다. 그가 다가가자, Matt 선생님은 그를 다시 멈춰 세우고 말한다, "자, 내가 왜 너에게 그렇게 하도록 시켰지?"
>
> "…왜냐하면, 복도에서는 달리지 않도록 되어 있습니다."
>
> "음, 그렇지." Mr. Papuga는 상냥하게 말한다. "그러나, 더 중요한 것은, 사람들이 복도에서 달리면, 누군가가 다칠 수도 있어. 물론, 그런 일이 일어나는 것을 누구도 원하지 않지…게다가, 나는 네가 그것을 이해하기를 원한다. 그래서 다음번엔 너도 자신이나 그 밖에 다른 사람들을 다치게 하고 싶지 않다는 것을 깨닫게 될거야. 선생님이 여기 있든 없든 너는 걸어 다닐 거야."

이 사건에서, Mr. Papuga 선생님은 Ryan이 그의 행동과 결과사이에 관계를 알도록 도와주었다. 어떠한 결과 그 자체는 인지적이 아니다. 행동과 결과 사이의 연결을 이해하는 것이 인지적인 것이다. 다시, 목표는 학습자의 이해를 계발시키는 것이다. 연구에 의하면 자신의 행동이 다른 사람에 미치는 영향을 이해하는 아이들은 더 이타적이고, 그들의 잘못된 행동을 보상하기 위한 조치를 취할 가능성이 크다고 밝히고 있다(Berk, 2006).

연습 3.2

다음의 간단한 문장을 읽고 여러분의 응답을 online으로 보내시오

1. 선생님께서 7학년의 어떤 학생이 교실 문에 침을 뱉는 것을 보았다. 이 정보에 기초하여 어떤 것이 보다 적절한 반응일까 – 학생을 방과 후에 남게 하는 것(학교 경영 정책의 부분)과 학생이 문을 닦도록 시키는 것? 설명해 보아라.

2. 선생님께서 어떤 학생이 말하는 것을 보고 다음의 의사소통이 이루어 졌다:

교사 : Janet, 뭐하니?
Janet : 아무것도 안해요.
교사 : 아니야 뭔가를 했어. 모두 들을 수 있도록 크게 말해보자.
Janet : 〔침묵〕
교사 : 너는 말하고 있었지. 허락 없이 말하는 것에 대한 규칙이 뭐지?
Janet : 〔침묵〕
교사 : 들어보도록 하자. 나는 네가 규칙을 말하는 것을 듣고 싶구나.
Janet : 우리는 선생님께서 허락하기 전까지 말하지 않는다.
교사 : 그래 맞아. 그것을 이해하지?
Janet : …예.

a. 이장 마지막 부분에서 토론되었던 효과적인 중재의 특징들에 기초하여 교사가 이 사건을 다룬 방법을 평가해보시오.
b. 교사가 사건을 다루는 방식보다 더 효과적이었던 "나" 메시지를 묘사해 보시오.

행동주의적 중재

경영에 대한 인지적 접근과 행동주의적 접근은 모두 같은 목표를 지닌다. 바람직한 교실에서의 행동 개발과 부적절한 행동의 제거가 그것이다. 그러나 강조점은 다르다. 인지적 접근에서의 초점은 사고와 이해에 있는데 비해, 행동주의적 접근에서의 초점은 이름에서 알 수 있듯이, 행동 그 자체에 있다.

인지적 접근은 이상적이다. 교사들은 학생들이 규칙과 규칙의 이유를 이해하고 그것들을 받아들이기 위한 개인적인 책임감을 수용하기를 바란다. 그러나 불행하게도 우리는 때때로 학생들이 그들의 행동에 대한 책임감을 받아들일 수 없거나 받아들이기를 꺼려하는 상황에 직면한다(Fabiano, Pelham, & Gnagy, 2007). 게다가, 시간이나 안전에 대한 염려가 경영에 대한 더 직접적인 접근을 제안할지도 모른다. 이러한 상황에서 행동주의적 중재는 효과적일 수 있다(Reynolds, Sinatra, & Jetton, 1996).

경영에 대한 행동주의적 접근은 바람직한 구체적 행동들을 명확히 밝히고 학생들이 그런 행동들을 보였을 때 보상받지만 그렇지 못했을 때는 벌을 받게 된다(Murphy, 2007).

처음에 보여준 1학년 학생과 수업을 한 Cindy Daine의 경우가 한 예이다. 그녀의 티켓, 자유 시간 그리고 금요일 오후의 파티들이 모두 신속하고 조용한 수업진행에 의도된 보상이다. 게다가, "나는 Merry가 수업을 준비한 방식이 정말로 맘에 들어요"와 "Ted는 항상 책을 꺼내고 조용히 수업 준비를 해요"와 같은 말들은 나머지 학생들에 대한 간접적 보상으로 의도된 것이다. 규칙을 지키지 않아 티켓을 잃는 것은 일종의 벌이다. Cindy가 사용한 이런 행동주의적 시스템은 새로운 행동을 시작하기 위해 효과적일 수 있다고 연구는 밝히고 있다(McCaslin & Good, 1992).

보상에 초점을 맞춘 시스템은 벌을 사용하는 것보다 더 효과적이다(Alberto & Troutman, 1999). 그러나 긍정적인 행동들에만 초점을 맞추는 것이 항상 효과가 있는 것은 아니다. 모든 벌이 없어진다면, 어떤 학생들은 실제로 더 산만해 질 것이다(Pfiffer, Rosen, & O'Leary, 1985; Rosen, O'Leary, Joyce, Conway; & Pfiffer, 1984). 벌이 완전히 없어질 수 있다고 생각하는 것은 현실적이지 않다. 아마도 어떤 경우에는 필요하다(Axelrod & Apsche, 1983; Maccoby, 1992). 우리는 이 장의 뒷부분에 나오는 단호한 훈육(assertive discipline)에 대한 부분에서 벌의 예들을 제안하겠다.

효과적으로 벌을 사용하기 위한 몇 가지 지침은 다음과 같다.

- 교실의 분위기를 해치지 않기 위해 가능한 벌을 자제하라.
- 벌을 주어야 할 행동이 나타나면 즉시 벌을 주어라.
- 부적절한 행동을 제거해야 할 정도로 충분히 엄한 벌을 사용해라.
- 벌의 형태에 있어 앉아서 하는 과제를 부여하는 것은 피하라.
- 논리적으로 감정에 치우치지 않게 벌을 주어라 - 절대 화를 내며 벌을 주어서는 안 된다.

경영에 대한 몇 가지 접근들은 교실에서의 바람직한 행동들을 증진시키기 위해 체계적으로 강화와 벌을 사용한다. 단호한 훈육은 이러한 접근에서 가장 잘 알려진 것이다.

단호한 훈육(Assertive Discipline) : 결과에 대한 체제적 접근. 1980년대에 단호한 훈육이라고 불리는 교실 경영에 대한 접근이 널리 유행을 했다. 이 접근은 논쟁을 또한 불러일으켰다. 비평가들은 이것이 너무 벌에 의존하고 학습과 자기-통제를 넘어선 복종과 순응을 강조한다고 주장한다(Brophy, 1999; McLaughlin, 1994). 다른 사람들은 이것이 본질적으로 파괴적이라고 주장한다(Kohn, 1996). 옹호자들은 이에 동의하지 않고 긍정적인 강화에 대해 강조하며 효과적이라고 주장한다(Canter, 1988).

우리는 단호한 훈육의 사용을 지지하지도 비난하지도 않는다. 최근에는 관심이 줄어들고 있지만 여전히 계속해서 소개되고 있다. 이러한 프로그램에 관해 몇 가지 경험이 없는 학교들은 드물다. 750,000명 이상의 교사들이 이 프로그램에서 훈련되었다고 추정된다

(Hill, 1990). 이러한 이유로, 우리는 이것을 이 부분에서 다루어보겠다.

단호한 훈육은 주장 훈련 분야에서 활동한 Lee와 Marlene Canter에 의해서 개발되었다(1992). 그들은 고객이 자신의 의지를 확고히 주장할 수 있도록 도와주었을 때 고객들은 갈등에 대해 세 가지 특징적인 유형을 나타내게 된다고 한다. 수동적인 사람들은 그들이 원하는 것이나 감정을 잘 표현하지 못하고 그들의 말을 행동으로 뒷받침하지 못한다. 이와 반대로 적의적인 사람들은 그들이 원하는 것이나 감정을 잘 표현할 수 있지만 종종 다른 사람들을 매도하는 경향이 있다. 대조적으로 즉각적인 반응을 하는 사람들은 그들이 원하는 것과 그 의사를 다른 사람에게 해를 끼치지 않으며 분명하게 전달한다. 그들은 선생님과 수업을 할 때, 교실에서 아래와 같은 반응의 유형을 보였다. 다음의 예들을 살펴보자.

Johnny는 교실에서 그의 손을 제자리에 두라는 말을 여러 번 들었다. 선생님은 Johnny가 그의 책상 옆을 걸어가고 있는 한 학생을 손으로 찌르는 것을 본다.

수동적인 반응 : Johnny, 너를 어떻게 해야 할지 모르겠다. 왜 손을 제자리에 가만 두지 않는 거니?

적의적인 반응 : Johnny, 너한테 뭔가 문제가 있는 것 같다. 너는 선생님의 말을 결코 듣지 않는구나! 내가 너한테 손을 제자리에 두라고 백만 번도 더 말한 것 같은데.

단호한 반응 : Johnny, 이전에 경고 받았지. 이제 교실을 떠나 있어야겠구나. 책 들고 앞으로 나와라.

단호한 훈육은 교사들이 수동적이거나 적의적인 반응보다는 단호한 반응을 사용하도록 격려한다. 이것은 교사들이 다음 세 가지의 권리를 가지고 있다는 전제에 기초한다:

1. 학습에 도움이 되는 교실 구조를 만들 권리
2. 학생들의 행동 중 적절한 행동을 결정하고 그들로부터 적절한 행동을 기대할 권리
3. 교실의 질서를 지키기 위해서 부모, 교장선생님, 다른 전문가들로부터의 도움을 요청할 권리

기본적으로 이러한 권리를 사용하는 단호한 훈육 지지자들은 학습에 대한 행동주의적 견해에 기반을 둔 경영 시스템을 만든다. 규칙과 절차는 학년 초에 세밀하게 계획되고, 강화와 벌로 보완된다.

강화물에는 다음과 같은 것들이 포함된다:

- 칭찬

- 보상
- 부모님에게 메모를 쓰거나 전화하기(칭찬의 부수적인 형태)
- 게임이나 퍼즐을 할 수 있는 것과 같은 특별한 권리 부여
- 음식이나 상과 같은 물질적 결과물 제공

벌에는 다음과 같은 것들이 있다:

- 고립시키기(책장 뒤와 같은 곳을 이용하여 학생들로부터 고립시키기)
- 컴퓨터로 작업하기 또는 체육관에 가기와 같은 특권 제거
- 학교 일과 시작 전이나 후에 벌로서 잡아두기
- 교장 선생님이나 학장님에 보내지기
- 잘못된 행동을 알려주기 위해 집으로 메모를 보내거나 전화하기

강화물과 처벌은 초기에 명백하게 만들어서 칠판이나 다른 점검표에 그 항목을 적어 학생들에게 적용한다.

Canter(1992)는 기록 깨기(broken record)라고 불리는 단호한 훈육의 마지막 형태를 강조한다. 문제들을 다룰 때, 교사들은 그 문제로부터 회피할 수 있다. 이러한 회피를 위해, 교사들이 "깨진-기록" 기법을 사용할 것을 권한다. 이것은 본질적으로 메시지가 전달될 때까지 그들의 요청을 반복하는 기법이다. 여기 이 기법이 실제에 활용된 예가 있다.

Ms. Jackson : Tom, 너는 운동장에서 싸우는 것을 멈춰야만 한다.
Tom : 하지만, 그들이 항상 내 이름을 부른단 말이에요.
Ms. Jackson : 그것이 요점이 아니야. 너를 문제로 빠뜨리는 것은 너의 싸움이야. 멈춰야만 한다.
Tom : 그러나 그들이 먼저 저를 괴롭혔어요.
Ms. Jackson : 이해한다. 그래도 여전히 너의 문제는 싸움이야. 너는 싸움을 그만해야한다.

지나치게 많이 사용되지 않는다면(추천되는 최대의 수는 세 번이다), 이 기법은 교사가 목표로부터 벗어나지 않고 문제의 초점을 유지하도록 도와준다.

대부분의 노련한 교사들은 단호한 훈육과 같이 엄격한 경영 시스템을 사용하지 않지만, 몇 명의 연구가들은 이것을 특히 신참 교사들에게는 추천하고 있다(Wolfgang & Glickman, 1986). 그것의 구조와 대안에 관한 명확한 묘사가 교사들을 위한 경영과제를 단순화 시켜준다. 희망적인 것은 교사들이 이것을 성장을 위한 기초로 사용한다는 것이다. 문제가 질서유지 그 자체라기보다 학습자의 성장이 될 때, 교사들은 이것을 기본 토대로 더 복잡하고 진실된 교육적인 대안들에 관해 그들의 역량을 확장해 나가게 된다.

행동적인 경영 시스템을 설계하고 유지하기. 행동주의에 기반을 둔 경영 시스템을 설계하는 것은 전형적으로 다음의 단계를 포함 한다:

- 구체적인 규칙 목록을 준비하기. 규칙들은 "교사가 허락했을 때만 말을 해라"와 같이 관찰 가능한 행동으로 기술되어야 한다.
- 규칙을 어긴 것에 대한 벌과 각각의 규칙을 따랐을 때 주는 강화물을 구체화하라.
- 규칙과 절차를 보여주고, 그 결과를 학생들에게 설명하라.
- 일관성 있게 결과를 적용하라.

행동주의적 시스템은 이론적 설명을 제공하거나 학습자들의 의견을 반영하여 규칙을 만드는 것을 포함한다. 그러나 초점은 행동주의적 지침들의 명확한 상술과 결과의 적용에 있다. 학습자의 이해와 책임을 강조하는 인지적 시스템과는 대조적이다.

포괄적인 경영 시스템을 설계할 때, 교사는 인지적 접근과 행동주의적 접근 두 가지 요소를 모두 사용하게 될 것이다. 행동주의적 시스템은 즉각적으로 적용할 수 있다는 장점이 있다. 그것은 바람직한 행동들을 시작하게 할 때 효과적이다. 특히 어린 학생들에게 효과적이다. 그리고 상습적으로 잘못된 행동을 줄이는데 유용하다. 인지적 시스템은 결과가 나타나는 데 보다 오랜 시간이 걸린다. 그러나 학습자의 책임감을 더 발달시킬 수 있다.

경영에 대한 인지적 접근과 행동주의적 접근 모두를 마음속에 간직하고 일련의 중재에 관한 선택사항들을 고려해 보자.

중재 연계

방해는 하나의 단독 사건(조용한 시간에 친구에게 짧게 속삭이는 학생)에서부터 상습적인 위반 행위(다른 학생들을 계속해서 찌르고, 때리고, 차는 학생)에 이르기까지 매우 다양하다. 위반 행위가 다양하기 때문에, 교사들의 반응 또한 다양해야 한다. 교수 시간을 최대화하고 수업에의 방해시간을 최소화하기 위해, 우리의 목표는 가능한 한 드러나지 않게 중재를 유지하는 것이다. 이 목표에 도달하기 위해 설계된 연계가 〈그림 3.1〉에 묘사되어있다(Eggen & Kauchak, 2007).

그림 3.1 중재의 연속선

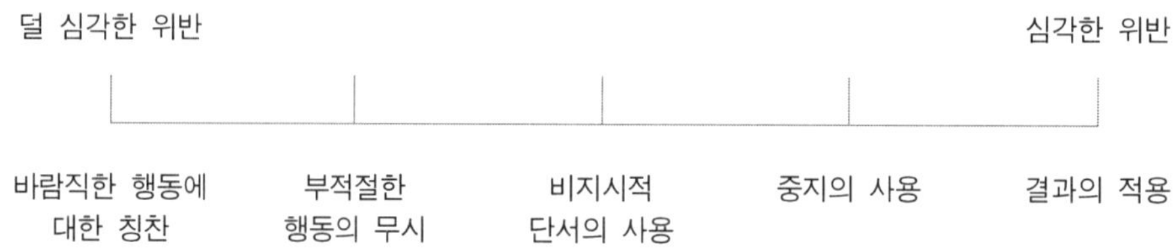

바람직한 행동 칭찬하기

강화된 행동을 증가시키는 것은 행동주의의 원리이다. 어떤 교실에서도 우리의 목표는 가능한 한 바람직한 행동을 많이 증가시키는 것이기 때문에, 바람직한 행동을 칭찬하는 것은 현명한 시작점이다.

칭찬은 우리의 기대보다 잘 나타나지 않는다. 그래서 "학생들을 바르게 유지시키기" 위한 노력은 가치로운 목표이다. 예방의 한 방법으로서 특히 가치가 있다. 초등학교 교사들은 공개적으로 자유롭게 칭찬을 한다. 그리고 중학교와 고등학교 교사들은 종종 "나는 마지막 주에 보여준 너의 수행에 굉장히 기쁘단다. 너는 점점 더 나아지고 있구나. 계속 노력해서 더 잘하도록 해라"와 같은 말을 방과 후에 조용히 학생에게 전달한다. 바람직한 행동과 훌륭한 수행을 알려주기 위해 노력하는 것은 생산적인 학습환경을 만드는데 상당히 기여할 수 있다.

부적절한 행동 무시하기

행동주의의 두 번째 원리는 강화되지 않은 행동은 사라진다는 것이다. 따라서 바람직하지 못한 행동을 제거하는 한 가지 방법이 무시하는 것이다. 교사들이 일상적으로 부주의하게 제공할지도 모르는 강화물들을 제거한다(Alberto & Troutman, 1999). 예를 들어, 만약 두 학생이 서로 속삭이다가 곧 멈춘다면 이러한 방법이 적절하다. 바람직한 행동을 칭찬을 해주고 잘못된 행동을 무시하는 것은 작은 방해 행위를 다루는 데에 효과적일 수 있다(Pfiffer et al., 1985; Rosen et al., 1984).

간접적인 단서 사용하기

교사들은 신체적 접근, 관심 돌리기 방법, 대리 강화물과 같은 간접적인 단서를 사용할 수 있다. 이러한 전략은 학생들이 직접적으로 지적받지 않고서도 멈추거나 방향을 전환할 수 있는 행동들을 보일 때 적절하다(Jones & Jones, 2001). 한 예로서, 2장 시작부분에 다루었던 Sheryl Poulos 선생님이 학생들과 함께 한 수업을 상기해보자. Scott이 그의 다리로 Veronica를 툭툭 친 것에 대한 반응으로 Sheryl 선생님은 통로를 지나 그의 옆에 섰다. 이것은 그의 "다리로 치기"를 멈추기 위해 근접을 사용한 것이다. 그녀는 그리고 나서 Ellen과 Kristen에게도 같은 반응을 보였다. 근접은 하나의 간접적인 단서이다.

행동저지(desist) 사용하기

행동저지는 교사가 한 학생에게 어떤 행동을 멈추라고 말할 때 나타난다(Kounin, 1970). "Jasmine, 허락 없이 자리에서 일어나서는 안 돼." "Jasmine!", 입술에 손가락 대기, 또는 단호한 얼굴 표정 등은 모두 행동저지를 위한 것들이다. 이들은 잘못된 행동에 대한 교사의 가장 일반적인 반응들이다(Humphrey, 1979; Sieber, 1981).

명확성과 어조는 행동저지의 효과에서 중요하다. 예를 들어, "Randy, 교실에서 다른 학생들을 건드리는 것에 대한 규칙이 뭐지?" 또는 "Randy, 그것이 Willy가 어떻게 느끼도록 만들었다고 생각하지?"라고 말하는 것이 "Randy, 그만둬" 보다 더 명확하다. 그 이유는 학생이 한 행동을 규칙과 그 행동의 결과에 연결시켰기 때문이다. 학생들은 규칙과 결과를 상기해 보는 것을 교사의 명령보다 더 선호하면서 이러한 미묘한 차이에 반응을 보인다(Nucci, 1987).

행동저지의 어조는 확고해야 하지만 분노의 표현이어서는 안 된다. 연구에 의하면 거친 행동저지를 사용한 유치원생들이 보다 방해적인 행동을 보이고, 나이가 있는 학생들은 거친 행동저지의 수단이 사용된 교실에서 불편해 한다는 것을 밝혔다(Kounin, 1970). 대조적으로, 대안적인 행동 제시와 효과적인 발문 기법을 함께 사용한 부드러운 질책은 하루에 20분이나 과업의 시간을 줄였다(Borg & Ascione, 1982).

명확한 의사전달(언어적인 행동과 비언어적인 행동 사이의 일치를 포함), 교실에서 일어나는 일에 대한 자각(완전파악), 그리고 효과적인 교수의 특징들은 잘못된 행동을 멈추게 하기 위해 행동저지를 효과적으로 사용하는 데 있어서 필수적이다. 그러나 심지어 이렇게 중요한 요소들이 사용될 때에도, 행동저지만으로는 효과를 발휘하지 못한다.

결과 적용하기

주의 깊은 계획과 효과적인 교수는 잘못된 행동을 사전에 상당 부분 제거할 것이다. 몇몇의 작은 사건들이 무시되고, 행동저지는 단순히 다른 사건들을 멈추게 할 것이다. 그러나 이러한 전략들이 방해요소를 멈추게 했을 때, 교사는 근본적으로 그 문제와 관련이 있는 결과를 적용해야 한다.

논리적인 결과는 잘못된 행동을 문제로서 다루고, 그 행동과 결과사이의 연결을 보여주기 때문에 유용하다. 그러나 교실은 빠르게 움직이는 장소여서 문제들을 항상 논리적인 결과로는 해결할 수 없다. 이러한 예에서, 행동주의적인 결과들이 대안이 되고 있다:

> Jason은 지적이고 적극적인 5학년 학생이다. 그는 말하는 것을 좋아하고 자신이 어느 정도 해야 Mrs. Aguilar가 화를 내는지 알고 있는 듯하다. 그는 규칙과 그 이유를 이해하지만, 말하는 것에 대한 그의 흥미는 항상 앞선다. 그를 무시하는 것은 효과가 없다. 부모에게 전화하는 것이 잠시 상황을 도와주었지만 곧 그의 본래의 행동으로 돌아왔다-Mrs. Aguilar의 입장에선 항상 고민거리이다.
>
> 마침내 그녀는 그에게 한 가지 경고를 내리기로 결심한다. 두 번 방해하는 행동을 하면, 그는 정상적인 수업 활동으로부터 벗어나 외딴 장소로 이동해야 한다. 그녀는 Jason을 만나 새로운 규칙을 설명해 준다. 다음 날, 그는 거의 즉각적으로 잘못된 행동을 하기 시작한다.
>
> "Jason." 그녀가 경고한다. "네가 말하는 동안에 수업을 할 수 없다. 그리고 너는 다른 친구들의 공부를 방해하고 있다. 그러지 말아라."
>
> 그는 하던 행동을 멈춘다. 하지만 5분 후, 그는 다시 시작한다. "Jason." 그녀는 그의 책상으로 되돌아가면서 재빨리 말한다. "나는 경고 했다. 이제 외딴 장소로 가야겠다."
>
> 일주일 후, Jason은 학급의 나머지 학생들과 함께 조용하고 편안하게 공부를 하고 있다(Eggen & Kauchak, 2007, pp. 452-453).

Jason의 행동은 흔히 있는 행동이다. 특히 초등학교와 중학교 학생들에게 흔하게 나타난다. 이것은 엄밀히 말해 교사를 궁지로 몰아넣는 종류의 행동이다. 학생들은 Jason에게 폭력과 신체적 손상의 위협보다는 스트레스와 심신의 소모를 주도록 하는 것을 더 좋아한다. 그의 행동은 너무 방해를 줘서 무시되어질 수 없다. 훌륭한 수행에 대한 칭찬이 어느 정도까지는 도움이 되지만, 강화의 많은 부분은 그의 친구들로부터 온다. 행동저지도 짧게는 효과가 있지만, 그를 끊임없이 모니터하느라 교사는 소진되어 버린다. Mrs. Aguilar는 거의 선택의 여지없이 결과를 적용해야한다.

Jason과 같은 학생을 다루는 데 있어 중요한 요소는 일관성이다. 그는 스스로가 무엇을 하고 있는지 이해하고 있고, 그 자신을 통제할 수 있다. 절대적인 확실성을 가지고 그의 행동의 결과를 예상할 수 있을 때 그는 멈출 것이다. 그는 그의 두 번째 규칙위반이 외딴 장소로의 이동을 야기할 것이라는 것을 알고 있었는데 막상 그렇게 되자 그의 예상대로 결과가 행해지자 그는 재빨리 그의 행동을 변화시켰다. 이제 논쟁도 없고, 시간도 거의 사용되지 않고, 수업은 방해받지 않았다.

심각한 경영 문제: 폭력과 공격

> 교실은 난투로 혼란스럽다. 선생님은 Ron이 그의 자리에서 일어나 Phil의 책상으로 가서 그를 주먹으로 치면서 소리를 지르는 것을 보고 있다. Phil은 그 자신을 방어하려고 노력하지만 그다지 되받아 치지는 못하고 있다. 선생님은 이것이 어떻게 시작되었는지 모른다. 하지만 Phil은 다른 학생들하고 잘 지내지만 Ron은 종종 화나게 하지 않았는데도 싸우고 논쟁을 벌인다는 것을 알고 있다(Brophy & Rohrkemper, 1987, p. 60).
>
> 오늘 아침 몇 명의 학생들이 선생님에게 와 학교 오는 도중에 Tom이 Sam을 때리고 점심값을 빼앗는 것을 보았다고 흥분하여 말한다. Tom은 이 반의 말썽꾸러기이고 이와 같은 일을 여러 번 해왔다(Brophy & Rohrkemper, 1987, p. 53).

이러한 상황에서 교사는 어떻게 하겠는가? 교사의 즉각적인 반응은 어때야 하는가? 이 일을 어떻게 대처하여 끝까지 마무리할 것인가? 이런 문제들이 재발하는 것을 막기 위해 당신이 사용할 장기적 전략은 무엇인가? 심각한 경영의 문제를 그들의 원칙에 따라 효과적으로 다룬다고 알려진 교사들에게 이런 질문들을 제기 했다(Brophy & McCaslin, 1992). 이 부분에서 우리는 학교의 폭력과 공격을 고찰한 다른 연구들과 함께 그들의 반응을 고려해 보겠다. 폭력과 공격의 문제들은 즉각적인 조치와 장기간의 해결책을 필요로 한다. 이들을 살펴보자.

즉각적인 조치(Immediate Actions)

즉각적인 조치는 세 단계를 거친다: (1)(가능하다면) 사건을 멈춘다, (2)희생자를 보호한다, 그리고 (3)도움을 준다(Smith & Bondy, 2007). 예를 들어, 교실에서의 난투와 같은 경우에, 소리 지르기, 치기, 바닥에 의자 내던지기 등과 같이 큰 소음은 때때로 다른 학생들을 놀라게 하고 하던 일을 멈추게 할 수 있다. 그 때, 교사는 그 학생들에게 이야기를 시작할 수 있다. 우선 Phil이 옳은지 체크하고, 그들을 교무실로 데리고 가서 도움을 줄 수 있다.

만약 교사의 중재가 싸움을 멈추지 못한다면, 한 학생을 즉시 교무실로 보내 도움을 요청해야 한다. 교사 자신이나 학생들에게 위험 없이 학생들을 떼어 놓을 수 있을지에 대한 확신이 없으면 그렇게 하려는 것은 현명하지 못하다.

학생이 싸울 경우 교사의 중재는 꼭 필요하다. 교사는 싸움의 경우를 중재할 때, 법률적인 것을 알아야 할 필요가 있다. 만약 교사가 싸움을 무시한다면, 심지어 운동장에서의 싸움조차도 부모들은 학생을 부상에서 보호하지 못한다면 직무 태만의 이유로 교사를 고소할 수도 있다. 그러나 법은 교사가 신체적으로 싸움을 말려야한다고 말하지 않는다. 그것을 교무실에 즉시 보고하는 것이 중재의 한 형태이다.

장기간 해결책(Long-Term Solutions)

학생들은 조치의 엄격함을 먼저 이해하도록 해야 한다. 공격은 허락되어지지 않고, 그들의 행동에 대해 책임이 있다는 것을 알아야 할 필요가 있다(Brophy, 1996; Limber, Flerx, Nation, & Melton, 1998). 예를 들어 점심값으로 일어난 사건의 경우에 Tom은 그의 행동이 보고될 것이고, 받아들여지지 않을 것이고, 묵인되지 않을 것이라는 것을 이해해야 한다.

예방적인 전략으로 학생들은 그들의 화를 다스리고, 좌절에 대처하는 법, 그리고 싸우기보다 협상하고 대화하는 법을 배워야 한다. 한 접근법으로 공격적인 젊은이들이 다른 사람들의 동기와 의도를 이해하도록 도와주기 위해 문제해결 시뮬레이션을 사용하는 방법이 있다. 연구에 따르면 이러한 젊은이들은 다른 사람들의 의도를 적의적인 것으로 오해하기 때문에 종종 공격적으로 반응한다고 한다(Hudley, 1992). 문제 해결 시뮬레이션 절차를 수행하면 공격적인 학생들은 애매모호한 상황의 해석에 있어서 적의적이고 공격적인 성향이 감소된다고 한다.

공격을 예방하기 위한 다른 접근법에는 학생들이 그들의 화를 신체적으로 표현하지 않고 언어적으로 표현하도록 가르치는 것, 싸움이 아니라 대화와 협상으로 갈등을 해결하는 것을 가르치는 것이 포함된다(Burstyn & Stevens, 1999; Lee, Pulvino, & Perrone, 1998). 한 가지 형태의 대화와 협상은 효과적으로 주장하기 위해 자기 입장을 만들고 방어하는 것을 배우는 것이다. 학생들에게 효과적인 논쟁 즉, 논쟁과 언어적 공격은 매우 다르다는 것을 강조하는 것을 배우는 학생들은 그들의 의견과 일치하지 않는 사람들을 만났을 때 덜 투쟁적이 된다. 논쟁하는 법을 배우는 것은 또한 부수적인 이득을 가지고 있다. 연령대가 어떻든지 간에 논쟁에 능숙한 사람들은 그들의 동료들에 의해 지적이고 신뢰할 만하다고 평가된다.

전문가들은 또한 부모들과 학교 전 직원의 참여를 제안 한다(Brophy, 1996; Moles, 1992). 연구에서는 부모들의 대다수(88%)가 학교에서 문제가 발생했을 때, 이에 대해 즉시 알기를 원한다(Harris, Kagay & Ross, 1987). 게다가, 학교 상담가, 학교 심리학자, 사회 봉사자, 그리고 교장선생님들은 모두 이러한 문제를 다루는 법을 훈련받아 오고 있으며, 조언과 도움을 제공할 수 있다. 경험이 많은 교사들 또한 이런 비슷한 문제를 다루는 법에 관해 풍부한 정보를 제공할 수 있다. 어떤 교사도 폭력 또는 공격이라는 지속적이고 심각한 문제를 혼자 직면해서는 안된다.

결론적으로, 우리는 학교 폭력과 공격의 문제들을 어떠한 관점을 갖고 바라보고자 한다. 그리고 교사는 이러한 문제를 대처하기 위한 선택사항들을 이해해야한다. 교사의 경영 문제들의 대부분은 협동과 동기의 문제를 포함한 것이다. 많은 것들은 예방될 수 있고, 다른 것들은 신속히 처리될 수 있으며, 몇몇은 개인의 주의를 필요로 한다. 우리는 학교로 총을 가져가는 학생들과 교사에게 폭력을 가하는 사건들을 뉴스를 통해 듣는다. 그러나 통계적으로 매일 학교에 다니는 많은 수의 학생들을 생각해 보면, 이러한 사건들은 여전히 혼하지 않은 일이다.

연습 3.3

다음의 짧은 사건들을 읽고 이어지는 문제들에 대답을 해 보시오. (다음 글의 문단은 그것을 언급하는 것을 쉽게 하기 위해 숫자로 표시되어 있다.)

1. Dan Rogers는 4학년 선생님이다. 그는 매 학년을 시작할 때 먼저 그의 학생들과 친해지고 학급의 규칙과 절차를 세운다.
2. 첫 날, 그는 "최선의 학습을 위해서 우리 모두가 따를 수 있는 규칙이 있어야 합니다."라고 말했다. 그리고 그는 큰 포스터 판을 보여주었는데 그 위에는 1년 동안 학급에서 지켜져야 할 규칙 목록이 명확히 쓰여져 있었다. 그는 "모든 규칙이 공평한가요? 우리가 덧붙여야 할 다른 규칙은 없나요?"하고 물어 보았다.
3. 학생들은 규칙들을 읽고 짧은 토론을 한 후에 그가 그들에게 보여준 규칙들이 괜찮다고 동의하였다.
4. 며칠 후, 수학 문제를 설명하고 있는데 Susan이 Shirley에게 말을 걸려고 뒤돌아보았다. Mr. Rogers는 잠시 동안 그들의 대화를 무시했지만 대화는 계속되었다. 학급 나머지 학생들이 문제를 풀고 있을 때 선생님은 Susan에게 다가가서 "Susan, 내가 왜 너한테 말을 하려고 왔는지 아니?"라고 물어보았다.
5. Susan은 주저하다가 "Shirley와 제가 이야기를 했어요."하고 말했다.
6. "그래" Mr. Rogers는 계속 말했다. "수업 시간에 말하는 것은 수업을 방해한다. 수업이 방해되면 나는 화가 난다. 기억해라. 우리는 다른 사람이 말을 할 때 어떻게 해야 하는지에 대한 규칙을 만들었다. 그 규칙이 무엇인지 아니?"
7. Susan은 고개를 끄덕였다.
8. "나는 네가 우리가 동의한 규칙들을 네 스스로 지키도록 도울 수 있는 방법을 생각해보길 바란다. 방과 후에 나에게 알려 주거라."
9. 그리고는 Mr. Rogers는 계속해서 수업을 했다. Susan은 수업이 끝난 후 선생님을 찾아가 더 이상 이야기 하지 않겠다고 말했다. 선생님은 왜 이것이 중요하고 그녀가 그것을 이해하는지 물었다. 그러자 그녀가 "수업시간에 이야기 하는 것은 다른 학생들의 학습을 방해합니다. 그리고 학습은 우리가 학교에 오는 이유입니다."라고 말했다.

10. 다음날 같은 수업시간에, Mr. Rogers가 다른 문제를 설명하고 있을 때, Susan은 또다시 뒤돌아보고는 이야기를 시작했다. Mr. Rogers는 나머지 학생들에게 활동을 시켜놓고 그녀에게 다가가서 침착하게 "Susan, 이것이 두 번째 규칙 위반이구나. 그래서 나는 너의 이름을 체크해 놓아야겠다. 이것은 네가 오늘 오후에 있을 자유 놀이 활동에 참가할 수 없다는 것을 의미한다. 지금부터는 규칙을 지키도록 해라."
11. 그리고서 그는 다시 수업을 진행했다.

---

1. Dan 선생님이 그의 학급에서 인지적인 중재를 적용하려고 시도한 것을 가장 잘 보여주는 문단은:
   a. 1–2
   b. 3–4
   c. 8–9
   d. 10–11

   당신의 대답에 관해 설명하시오.

2. Dan 선생님이 행동주의적 중재를 사용한 것을 가장 장 보여주는 문단은:
   a. 2
   b. 4
   c. 6
   d. 10

   당신의 대답에 관해 설명하시오.

3. 중재의 연속선상에서 두 가지 다른 지점을 가장 잘 보여주는 문단은:
   a. 2
   b. 3
   c. 4
   d. 6

   당신의 대답에 관해 설명하시오.

4. 10번째 문단에서 Dan 선생님이 Susan에게 보인 반응은 중재의 연속선상에서 어떤 지 점을 잘 보여준 것인가? 설명해 보시오.

5. 주장 훈련의 관점에서, 10번째 문단에서 Dan 선생님이 Susan에게 한 말 "이것은 네가 오늘 오후에 있을 자유 놀이 활동에 참가할 수 없다는 것을 의미한다."이 가장 잘 나타내는 것은:
   a. 수동적인 반응
   b. 적의적인 반응
   c. 주장적인 반응

   당신의 대답에 관해 설명하시오.

반성하기

학급경영: 중재

INTASC 원리 5
이 장에 제시되어 있는 학급경영에 관한 논의를 부적절한 행동 중재와 관련하여 생각해보시오.

요 약

경영 문제들은 우연히 일시적으로 일어나는 학생들의 행동(아이들은 아이들일 뿐이다), 정서상의 문제, 교사 자신의 문제로 인한 결과일 수 있다. 이러한 원인들에 관계없이 효과적인 중재는 잘못된 행동의 영향력을 줄일 수 있다.

효과적인 교사들은 교실에서 어떤 일이 벌어지고 있는지 항상 알고 있고, 중재를 사용함에 있어서 일관성이 있으며, 방해 요소가 완전히 제거되었는지 확인하기 위해 끝까지 마무리를 한다. 그들은 중재활동을 간단하고, 단호하며, 명확하게 수행하는 반면 논쟁, 위협, 최후통첩의 사용은 피한다.

중재에 대한 인지적 접근은 학생의 이해에 초점을 두고 대화, "I" 메세지, 논리적인 결과들을 포함한다. 행동주의적 중재는 바람직하지 못한 행동의 제거와 적절한 행동에 대한 보상에 초점을 둔다.

중재는 바람직한 행동에 대한 칭찬, 부적절한 행동에 대한 무시, 단념을 위한 수단 사용, 결과 적용 등을 포함한다.

폭력과 공격은 즉각적인 조치와 장기간 해결책이 필요하다. 즉각적인 조치는 모든 학생들이 안전하다는 것과 도움을 받을 수 있다는 것이다. 장기간 해결책은 학생들이 화를 조절하는 법을 배우고 적의감과 분노를 다루는 적절한 방법을 계발시키도록 도와 줄 수 있어야 한다.

핵심개념

'나' 메세지	동시반응	완전파악
간접적 단서	명확성	행동저지
단호한 훈육	인지	확고함

자격시험준비

다음 사례를 읽고, 이 장에서 보여준 구체적인 정보를 사용하여 다음의 질문에 대답하시오.

"과제를 아주 잘 했구나," Joel Clarke는 지리 수업에서 학생이 제출한 과제물을 돌려주면서 이렇게 응답한다. "계속해서 잘 해보자…. Doris, Candy, 내가 과제물을 나누어 주는 동안 제발 떠드는 것 좀 멈춰줄래. 1분 동안 조용히 앉아 있을 수 없니?"

속삭이고 있던 소녀들은 교실 앞을 향해 몸을 돌린다.

Mr. Clarke은 교실 앞으로 되돌아 와서 계속 말한다. "우리는 중동 지역을 공부하고 있지. 잠깐 복습해 볼까. 지도를 보고 Cairo의 경도와 위도를 구분해 봐라. 1분 줄 테니 바로 해결해보자.

"그만해, Kent," 그는 Melissa가 그의 뒤에서 불쑥 말하는 것을 듣는다.

"Melissa, 수업시간에 그렇게 이야기하면 안 되는데."

"그가 저를 찔러요, 선생님."

"Melissa를 찔렀니, Kent?"

"…음."

"둘 다 그만해라," Mr. Clarke은 경고한다. "한 번 더 그렇게 이야길 하면, Melissa, 네 이름을 칠판에 쓸 거야."

마지막 학생이 문제를 끝마쳤을 때, 선생님은 책상위의 교재를 보시다가 영사기 위의 자료를 확인하기 위해 고개를 드셨다. 그는 Doris와 Candy가 교실 뒤편에서 킥킥거리고 웃는 것을 들었다.

"얘기하고 있는 거니, Candy?"

"예." Candy가 대답한다.

"음, 다른 학생들이 마칠 때까지 조용히 기다려 줄래." Mr. Clarke는 방향을 돌려 그의 교재를 다시 정리하기 위해 되돌아 왔다.

"조용히 하세요, 여러분." 그는 다시 방향을 돌려, 교실 내의 소란에 반응하기 위해 고개를 든다. "모두 끝마쳤나요? … 좋아요."

Mr. Clarke는 시험지를 모아, 자신의 책상에 올려놓고 이야기하기 시작한다.

"자 이제, Cairo의 위도에 대해서 무엇을 찾았지?"

"30이요." Miguel이 자진해서 대답한다.

"북쪽이니 남쪽이니, Miguel? … 잠시만 기다려라. Doris…. Candy, 너희들의 잡담에 대해 말하는 것이 이번 시간에만 세 번째이구나. 그리고 두 번째 말한 지 20분도 채 지나지 않았다. 너의 규칙표를 꺼내서 허락 없이 이야기하는 것에 대한 규칙을 나에게 읽어줄래… Doris?"

"… 음 …"

"네 공책 앞에 있을 텐데." (여전히 반응이 없다.)

"Candy?"

"선생님의 허락 없이 얘기를 해서는 안 됩니다." Candy가 그녀의 공책의 앞장에 있는 규칙표를 보고 읽는다.

"Doris, 너의 규칙표는 어디 있니?"

"모르겠어요."

"앞으로 나와라." Mr. Clarke는 방향을 돌려, 교실 앞에 있는 빈 책상을 가리킨다. "너는 일주일 내내 나를 신경 쓰게 하는구나. 만약 네가 조용히 하는 법을 배우지 못한다면, 남은 기간 동안 여기 앉아야 할 것이다."

그리고서 Mr. Clarke는 수업을 계속한다.

1. "Doris, Candy, 내가 과제물을 나누어 주는 동안 제발 떠드는 것 좀 멈춰줄래. 1분 동안 조용히 앉아 있을 수 없니?"라고 한 Joel Clarke의 Doris와 Candy에 대한 반응은 수동적인가, 단언적인가, 아니면 적의있는 것인가? 왜 그렇게 생각하는지 설명하시오.

2. Joel 선생님이 Kent와 Melissa에게 한 중재에서 사용한 "완전파악"을 평가하시오. 당신의 평가를 지지하기 위해 사례를 통해 증거를 보이시오.

3. 기본 원리로서 효과적인 중재의 특징을 사용하여, Joel 선생님이 Doris와 Candy에게 세 번째라고 말했을 때 그들에게 사용한 중재를 평가하시오. 당신의 평가를 지지하기 위해 사례를 들어 증거를 보이시오.

비디오 연습

MyEducationLab로 가서 "학급경영"이라는 주제를 택하여, "상호존중, 일상적인 일 전화하기를 따라하기" 비디오를 시청하고 비디오 에피소드 다음의 질문에 답하시오

포트폴리오의 개발

이 활동의 목적은 교실에서 학생들의 잘못된 행동이 나타났을 때 교사들이 그것을 다루는 시스템을 설계하도록 독려하기 위한 것이다.

2장 도입 부분에서 포트폴리오 개발을 위해 준비했던 규칙의 내용 목록들을 다시 살펴보자.

- 학생들이 규칙을 준수했을 때 제공해 줄 강화물 준비하기
- 잘못된 행동에 적용할 벌 준비하기. 잘못된 행동을 처음 했을 때는 그 행동을 다시 했을 때의 결과를 알려주고, 두 번째 그 행동을 다시 할 경우 처음 말한 대로 시행하라.
- 수업 시간에 떠들기, 허락 없이 자리에서 일어나기, 또는 필요한 준비물 가져오지 않기 등과 같은 잘못된 행동에 대해 사용할 "나" 메시지를 구성하라.

토의문제

1. 교사가 직면하는 경영의 문제들에서 얼마만큼이 "그들 자신의 잘못"인가? 이런 교사들은 그러한 문제를 예방하기 위해 무엇을 할 수 있는가?

2. 교실은 5년 전에 비해 경영하기 더 어려운가, 더 쉬운가, 아니면 어려움이 비슷한 정도인가? 10년 전에 비하면? 만약 당신이 경영하기 더 어렵다고 믿는다면, 왜 그렇게 생각하는가? 만약 당신이 경영하기 더 쉽다고 믿는다면, 왜 그렇게 생각하는가?

3. 학교에서의 폭력은 얼마나 중요한 문제인가? 왜 그렇게 생각하는가?

4. 학생에게 가하는 신체적 위협은 학습을 위해 얼마나 중요한 문제인가? 공중파와 전문적인 서적에서 이러한 문제들이 정확하게 묘사되고 있는가? 설명해 보시오.

5. 교실 경영 문제들은 학생들이 수업으로부터 얻은 능력들을 어느 정도까지 손상시키는가? 설명해 보시오.

6. 어떤 학교에서는 경영 문제가 매우 심각한 것처럼 보인다. 반면에 다른 학교에서는 그것은 주된 문제가 아닌 것 같다. 이 차이는 무엇에 기인한다고 생각하는가?

현장경험을 위한 제안

1. 교사를 면담하라. 다음의 질문들을 물어봐라:
   a. 경영의 사건들을 전형적으로 어떻게 다루는가? 두 가지의 구체적인 예를 들 수 있는가?
   b. 당신의 가장 만성적인 문제는 무엇이라고 느끼는가?
   c. 이 수업이 다른 수업보다(아니면 작년 수업보다) 더 어려운가 아니면, 더 쉬운가? 왜 이 수업이 경영하기에 더 어렵거나 더 쉬운가?
   d. 당신에게 공격을 한다던지, 학생들 사이에서 싸움을 하는 것과 같은 심각한 사건을 경험해 본 적이 있는가? 그 사건에 대한 반응으로 무엇을 했는가?
   e. 효과적인 경영과 비효과적인 경영 사이에 차이점은 무엇이라고 느끼는가?
   f. 당신 학생들의 행동 상 문제에 대해서 학부모를 부른 적이 있는가? 만약 있다면, 이것이 중재에 있어서 얼마나 효과가 있다고 믿는가?
   g. 학생들의 잘못된 행동 때문에 학생의 평균에서 점수를 깎은 적이 있는가? 만약 있다면, 이것이 얼마나 효과가 있는가?
   h. 학생들의 바람직한 행동 때문에 학생들의 평균에 추가 점수를 준 적이 있는가? 만약 있다면, 이것은 얼마나 효과가 있는가?

2. 한 교실을 관찰해 보시오. 그리고 관찰하면서 다음을 찾아보시오.
   a. 경영 사건이 발생했을 때 교사가 어떻게 중재를 하는지 구체적으로 묘사하시오.
   b. 심각한 문제에 대한 교사의 반응에 비교하여 보다 중요하지 않은 사건의 경우에 교사가 반응하는 방법의 차이를 나타내시오.
   c. 경영에 있어 교사가 얼마나 일관성 있게 반응하는가?
   d. 교사는 학생들의 행동을 조절하는 것에 비해 학습자의 책임감을 계발시키는데 얼마나 강조점을 두고 있는가?

교수도구

☞ 참고문헌

Emmer, E. T., Evertson, C. M., & Worsham, M. E. (2006). *Classroom management for middle amd high school teachers(7th ed.).* Boston: Allyn & Bacon. A widely respected text that provides detailed suggestions for responding to classroom management problems in middle and high schools.

Evertson, C. M., Emmer, E. T., & Worsham, M. E. (2006). *Classroom management for elementary teachers(7th ed.).* Boston: Allyn & Bacon. A widely respected text that provides detailed suggestions for responding to classroom management problems in elementary schools.

Evertson, C. M., & Weinstein, C. S. (Eds.). (2006). *Handbook of classroom management research, practice, and contemporary issues.* Mahwah, NJ: Lawrence Erlbaum Associates. This handbook provides a comprehensive overview of research and effective practice in classroom management.

Good, T. L., & Brophy, J. E. (2008). *Looking in classrooms(10th ed.).* Boston: Allyn & Bacon. This well-known and widely used text includes a chapter specifically devoted to effective responses to disruptive behavior.

Marzano, R. J., Marzano, J. S., & Pickering, D. J. (2003). *Classroom management that works: Research-based strategies for every teacher.* Alexandria, VA: Association for Supervision and Curriculum Development. This research-based resource provides specific strategies for responding to classroom management problems.

☞ 웹사이트

www.adprima.com/managemistakes.htm Identifies a series of common mistakes that new teachers make in responding to classroom management issues.

www.adprima.com/managing.htm Offers suggestions for respoding to classroom management issues as well as other suggestions for creating an orderly classroom.

www.4faculty.org/includes/images/solutionstable.pdf Identifies a series of classroom management issues and suggests possible solutions to each.

www.kde.state.ky.us/KDE/Instructional+Resources/Career+and+Technicla+Education/Classroom+Management.htm Offers one state's approach to offering suggestions to teachers about dealing with classroom management issues.

UNIT 2

표준과 수업계획

4

표준과 수업목적

서 론

모든 교사는 수업을 할 때 모종의 수업목적을 가진다. 그러나 교사가 선택한 목적은 학습자들에게는 다른 가치를 가지고 있다. 예를 들어, 어떤 교사는 수업 종이 울리기 전까지 활발하게 활동하게 하거나 조용하게 자리를 지키는 것을 목적으로 하기도 한다. 어떤 교사는 교과서에서 추출하거나 다음 주에 배울 내용을 목적으로 설정하기도 한다. 이러한 목적들이 갖는 가치는, 좋게 말하면 문제성을 띄고 있는 것이고 전문가 입장에서 보면 뭐라 말할 수 없는 당혹감을 느끼게 한다. 왜냐하면 앞의 경우는 학습자의 학습결과에 대한 중요성을 간과하고 있기 때문이다. 이 장은 장차 지도하게 될 학습자를 위한 유의미한 수업 목적을 세우도록 도움을 주고자 설계되었다.

학습자 목표

4장을 공부하게 되면 다음과 같은 것을 할 수 있다.

- 학교 교육과정에 유용한 목표 설정의 세 가지 원천을 기술할 수 있다.
- 정의적, 심동적, 인지적 영역의 유사성과 차이점을 설명할 수 있다.
- 정의적, 심동적, 인지적 영역의 수준의 차이점을 기술할 수 있다.
- 추상적 개념과 사실의 차이점을 기술할 수 있다.

학급에서의 표준과 목적의 적용

다음은 초등학교교사의 과학수업에 관한 사례이다. 여러분은 이 수업사례를 읽으면서 다음 질문을 생각해 보시오.

- 이 수업의 목적은 무엇인가?
- 이 수업에서는 학생들의 정의적, 신체적 그리고 지적 요구를 어떻게 언급하고 있는가?
- 이 수업에서는 사실이나 아이디어에 더 초점을 맞추고 있는가?

1학년 교사인 Traci Connell은 다음과 같은 질문을 통하여 과학수업을 시작한다. "우리는 지난 주 똑딱똑딱 거리는 것에 대하여 무슨 말을 했었지? Danielle?"

"우리의 심장이요."

"맞아요. 우리의 심장은 우리 몸 안에 있어 쿵쿵거리는 소리를 내죠. 오늘 우리는 똑딱거리는 그 무엇에 대하여 이야기를 나눌 거예요. 선생님이 2가지 이야깃거리를 줄게요. 칠판을 잘 보세요. 첫 번째 이야기는 시에요. 내가 첫 번째 행을 읽어 줄게요. 그리고 다음 행은 여러분이 읽길 바래요. 그리고 수업을 마칠 거예요. 시의 제목은 '큰 톱니바퀴 장치, 작은 톱니바퀴장치'에요. 자, 시작할게요."

선생님은 첫 행을 읽은 후 아이들이 읽는 것을 돕는다. 읽기를 끝낸 후, 그녀는 다음과 같은 말을 한다. "우리는 톱니바퀴장치에 대해서 많은 이야기를 나누었어요. 이 시는 이야기 1번이에요. 여러분, 우리는 우리의 심장이 아닌 똑딱거리는 그 무엇을 찾고 있다는 것을 기억하세요. 여기 두 번째 이야기가 있어요. 선생님이 이 손잡이를 돌릴 때 주의 깊게 관찰해보세요. 그리고 시계바늘에 어떤 변화가 생기는지 살펴보세요."

그 다음 Traci는 아동들이 시계바늘을 움직이는 손잡이로 된 돌아가는 기계장치가 있어 기계가 돌아가는 것을 볼 수 있도록 주위를 돌아다닌다.

"이것이 무엇을 의미하는지 손을 들고 알고 있는 것을 말해보세요."(잠시 쉰다) "이것은 무엇을 나타내고 있죠? 그것이 무엇이지요? Deymon?"

"시계입니다." Deymon이 망설이며 말했다.

"잘 생각했어" Traci는 열정적으로 대답한다. 이것은 시계로 우리에게 시간을 말해주는 기계에요. 그렇다면 이 손잡이를 한 바퀴 돌리면 시계바늘은 몇 바퀴를 돌까요? Bing Jie?"

"반 바퀴요."

"그래, 바늘이 12에서 6까지 간다고 생각하나요?" Traci가 묻는다.

"네" Bing Jie가 대답했다.

"좋아요. 그럼 얼마나 돌아가는지 지켜보자." 그러고 나서 Traci는 아이들이 시계바늘을 관찰 할 때 손잡이를 서서히 돌린다.

"자, 여러분들이 보았던 것을 생각하면서 질문을 다시 떠올려 보죠. 하지만 나는 여러분에게 새로운 무언가에 대해 질문해 보고 싶군요. 우리는 과학시간에 톱니바퀴에 대해 배웠죠. 여러분이 보았던 것, 생각한 것이 시계 안에 있어요…. Frank?"

"톱니바퀴요." Frank가 대답했다.

"맞아요, 오늘 아침에 벽에 걸려있는 큰 시계 안에 무엇이 있는지 여러분들에게 보여줄거에요. 오늘 우리는 정각에 수업을 시작했고 여러분은 시간을 말할 수 있으며, 시침과 분침을 그려서 시간을 알려줄 수 있을 거에요. 그림 속에 시계바늘이 있는 한 여러분은 얼마든지 창의적으로 조정할 수 있어요. 이후에 여러분이 숫자로 시간을 나타내는 시계를 좋아하는지 아니면 바늘이 있는 시계를 좋아하는지에 대해 이야기를 나눌 거예요. 그러나 먼저 질문을 하겠어요. 심장은 시계와 얼마나 유사한가요? Laura?

"심장은 박동하고 시계는 똑딱 거려요"

"만약 시계가 똑딱거리는 소리를 멈추면 어떤 일이 일어날까요? 계속 시간을 말해 줄 수 있나요?"

"아니요." Laura가 대답한다.

"왜 그렇죠?"

"왜냐하면 시계 안에 있는 톱니바퀴들은 시계바늘을 움직이지 못하기 때문이에요."

"맞아요. 그렇다면 무엇이 너의 심장을 박동하게 만들지?(잠시 쉰다) 너의 심장이 박동하기 위해서 너의 몸에 무엇이 필요할까?"

"공기요." Atiya가 말했다.

"그렇다면 심장이 필요로 하는 공기에는 무엇이 있지?

"산소요." Atiya가 대답했다.

"좋아, 맞았어." Traci는 계속한다. "우리는 그것을 에너지라고 불러. 그렇다면 Bryan, 시계는 어떤 에너지가 필요할까?"

"톱니바퀴요."

"그래. 그렇다면 무엇이 톱니바퀴를 돌게 만들지?(잠시 쉰다) 만약 우리가 에너지라는 말 대신에 '힘'이라는 단어를 사용하면 어떨까?"

"오~배터리." Bryan이 대답한다.

"맞아요, 배터리, 우리는 그것을 플러그에 꽂을 수 있어요." Traci가 덧붙였다. "좋은 생각이에요. 자 그런 생각을 갖고 잠깐 되돌아봅시다.

지금까지 나는 여러분과 함께 하고 싶은 몇 가지 활동을 했어요. Traci는 시간과 시계가 포함되는 다양한 일상활동을 아이들과 함께 하며 나머지 수업시간을 보낸다.

목적의 원천

이 장은 수업 목적, 또는 학생들이 수업 시간에 무엇을 학습하기를 바라는가에 대한 생각에 도움을 주는데 목적이 있다. 즉, 수업을 위한 목적 선정과 분석에 필요한 개념적 틀을 제시함과 동시에 오늘날 학교 교육에서 다루어지고 있는 여러 가지 유형의 수업 목적에 대해 논의하고자 한다. 그런데 이러한 수업목적은 5장의 핵심을 이루고 있는 명시적인 학습목표 설정을 위한 시발점의 역할을 하게 될 것이다. 후속 장들에서는 설정된 목표를 초등학교 및 중학교 수업에서 적용될 수 있는 수업 전략과 평가 전략 속으로 바꾸어가는 과정에 관하여 논의할 것이다.

목적(goals)에 관한 논의를 이끌어 가기 전에 목적(goals)과 목표(objectives)의 차이점에 대해 간략하게 언급하고자 한다. 목적은 교육 의도의 포괄적 진술이다. 교육 목적은 일반적으로 추상적인 용어로 표현된다. 그 예들은 다음과 같다.

미국역사에서의 독립전쟁의 중요성 이해하기.

좋은 공부습관의 중요성 이해하기.

균형 잡힌 영양의 중요성 알기.

이와는 대조적으로 목표는 교육의 결과를 정확히 정의하려는 시도로 보다 구체적인 행동적 용어를 사용하여 진술된다. 그 예들은 아래와 같다.

학생은 분사, 동명사, 부정사의 예를 들 수 있을 것이다.
학생은 주요한 역사적 사실과 이에 관련된 미국 대통령을 알맞게 연결 지을 것이다.
학생은 피타고라스의 정리를 다양한 단어문제 상황에 적용할 것이다.

확인한다(identify), 연결 짓는다(match), 적용한다(apply)와 같은 동사는 수업 목표를 달성한 후 학습자에게 기대되는 행동을 명시적으로 나타낸다. 다음 장에서는 목적과 목표의 관계, 그리고 교사가 수업계획 과정에서 목적을 어떻게 출발점으로 활용할 수 있는지에 대해 논의할 것이다.

목적자원으로서의 표준

1장에서 논의했듯이 주는 시민들의 교육에 대한 책임을 지고 표준을 이용하여 구체적인 내용에 대한 교육적 노력을 집중한다. 대신 학구에서는 이러한 표준을 교육과정에 통합시킨다. 주의 표준입장에서 볼 때 이러한 교육목적들이 내용의 표준이 되고 목표는 벤치마크가 된다(Wiggins & McTighe, 2005)

예를 들면, 이 장의 첫머리의 사례에서 Traci Connel은 시계에 관한 교사중심 토의의 기초로서 심장에 초점을 둔 수업을 언급하면서 간학문적 과학수업을 소개하였다. 만일 Traci가 Nebraska에서 학생들을 가르친다면, 그녀는 "탐구로서의 과학은 학생들의 과학적 이해를 높이기 위하여 과학적 추론과 비판적 사고를 가지고 과정과 과학적 지식을 결합하도록 요구한다"는 진술이 1학년의 과학표준이나 목적을 용이하게 할 것이다. 벤치마크나 목표와 관련하여, 그녀는 학생들이 다음과 같은 활동을 통하여 과학적 탐구를 수행하는데 요구되는 능력을 개발할 필요성을 언급해야 할 것이다.

- 학생들 주변에 관해 질의하기
- 세심한 관찰을 통하여 과학적 정보 수집하기
- 단순한 비품 도구를 사용하여 감각을 확장하기
- 급우, 가족, 지역사회구성원과 함께 결과 공유하기

모든 주의 교사들은 이와 같은 벤치마크를 참고하고 이들을 단원과 차시수업계획을 위한 목적과 목표를 수립하기 위한 지침으로 이용해야 한다.

교육목적 자원으로서의 아동

효과적인 교사는 수업 목적을 고려할 때 다음과 같은 근본적인 두 가지 질문을 제기해 보아야 할 것이다. 한 가지는 "학교는 무엇을 위해 존재하는가?" 에 대한 물음이고, 또 한 가지는 "내가 맡은 교실 수업은 보다 큰 교육의 구도에 잘 들어맞는가?"에 대한 물음이다. 이러한 물음에 대한 한 가지 답은, 학교는 인간을 위한 것이며, 학교와 교실 수업의 기능이란 학습자의 잠재 능력을 최대한 발휘하도록 도움을 주기 위한 것이라는 점이다. 다시 말해, 수업 목적 설정 자원 중 한 가지는 바로 학습자 자신에서 발견될 수 있다는 것이다(Armstrong, 2003). 이와 같은 교육과정 목적 설정의 원천과 관련하여 교사는 기본적으로 다음과 같은 자문을 하게 될 것이다 즉, 교사로서 나의 지식과 기능이 학생들이 마침내 건강하고 유능한 성인으로 성장하도록 어떻게 도움을 줄 수 있을까?

이러한 질문에 대한 해답은 매우 다양한 요인에 따라 달라진다. 즉, 학습자들의 성향, 그들의 다양한 문화적 배경, 학습자의 발달 수준, 그리고 학습자들이 배우게 될 학습 주제 등에 따라 대답은 달라진다.

교육목적 자원으로서의 사회

교육 목적을 달성하기 위한 또 다른 하나의 접근 방법은 현재 학생이 살아가고 있고 궁극적으로 자기역할을 다할 사회를 탐구하고, 사회의 도전에 학생들이 효과적으로 부응하도록 학교는 어떠한 도움을 줄 수 있는가를 결정하는 것이다(Armstrong, 2003). 이러한 교육과정의 견해를 지지하는 사람들은, 학교의 역할이란 학생들의 미래의 삶을 준비시키는 것이고 수업내용은 일상생활의 요구에 부합되어야 한다고 믿는다. 이러한 관점에 의하여 결정된 교육 목적은 세상을 살아가는데 있어 개인에게 주는 유용성의 입장에서 그 가치가 있다. 여기서 주된 강조점은 학생들이 기본적으로 수학이나 독서 같은 추상적인 과정이 일과 놀이세계에의 적응에 어떠한 실용적 가치를 갖는지를 이해하도록 돕는 것이다. 더 구체적으로 사회목적의 입장에서 생각해 볼 때, 교육과정에서 수학의 위치는 21세기 미국에서 수학기능을 적용하여 문제를 풀도록 도와줄 수 있는 정도에 따라 결정된다(Marquez & Westbook, 2007).

교육목적 자원으로서의 학문

수업 목적을 생성하는 세 번째 방법은 다양한 학문 영역을 검토하여 다른 영역의 내용을 이해하기 위해서 이들 학문 중에서 어떠한 지식이 가장 중요한가, 또는 핵심적인 것인가를 결정하는 것이다(Armstrong, 2003; Klein, 1999). 이러한 목적설정 방법의 지지자들은 학교의 기능이 오늘날과 같이 급격히 변화하는 세계에서 곧 쓸모없게 될 단기적 기능을 가르치거나 사회에 대한 적응을 돕는 것이 아니라, 오랜 세월에 걸쳐 검증되어온 지식을 전달하는 것이라고 주장한다. 앞의 관점에 동의하는 사람들조차 최근 2,30년 사이에 일어난 급격한 변화에 주목하고 있으며, 이러한 변화를 초월하는 학문중심 교육과정 말고 어떠한 교육과정도 곧 시대에 뒤떨어질 것이라는 점을 지적한다. 더군다나 이들은 가족이나 교회와 같은 수많은 제도들이 학습자 지향적 또는 생활적응적 기술을 가르치는데 보다 더 잘 어울릴 것이며, 학교는 기초지식이나 지적 또는 인지적 기술 습득에 더 초점을 맞추어야 한다고 믿고 있다.

종종 학문중심 교육과정에 해당되는 목적이 설정되는데, 그 까닭은 그러한 목적들이 다른 목적들의 기초나 근간이 되기 때문이다. 예를 들어, 어린 학생들에게 왼쪽과 오른쪽, 위와 아래, 큰 것과 작은 것, 그리고 원과 사각형과 같은 개념을 지도하는 것은 미래에 읽기 지도에서 가치가 있기 때문에 정당화 될 수 있다. 이외에 실용적인 가치도 있다. 왼쪽과 상하좌우의 개념이 형성되어 있지 않은 유아나 초등학교 1학년생에게 문자 a와 d, a와 b, a와 p, a와 q의 차이점을 설명해 주어야 한다고 가정해 보자. 이때의 수업 목적은 **준비도 기능**이라고 부를 수 있을 것이다.

연습 4.1

다음 목적을 검토하고 일차적 초점이 아동(c)인지, 사회(s)인지, 아니면 학문(a)인지를 결정하시오.

______ 1. 중학교 사회과를 공부하는 학생들은 미국의 13개 연방을 알 것이다.
______ 2. 고등학교 1학년 수학을 배우는 학생들은 총금액이 주어졌을 때 각 단위마다의 비용을 어떻게 계산하는지 이해할 것이다.
______ 3. 1학년 학생들은 생태계라는 개념을 이해할 것이다.
______ 4. 1학년 학생들은 그들에게 권리와 책임이 있다는 것을 이해할 것이다.
______ 5. 6학년 보건을 공부하는 학생들은 베인 상처와 찰과상을 어떻게 돌보는지를 이해할 것이다.
______ 6. 고등학교 공민을 배우는 학생들은 자기가 거주하는 시, 주, 국가의 선거제도를 이해할 것이다.
______ 7. 중학교 보건을 배우는 학생들은 매독의 원인, 증상, 그리고 예방법을 알 것이다.
______ 8. 1학년 생물을 배우는 학생들은 외떡잎식물과 쌍떡잎식물의 특징을 알 것이다.
______ 9. 고등학교 운전교육을 배우는 학생들은 자기가 거주하는 주의 운전규정을 알 것이다.
______ 10. 5학년 수학을 배우는 학생들은 분수를 십진법으로 전환하는 방법을 알 것이다.

교실활동의 다양성

목적의 원천

수업목적 중 하나가 모든 아동의 학습요구에 부응하는 것이라고 한다면, 학생의 다양성은 목적의 원천에 대한 중대한 문제점을 야기시킨다. 이 절에서 우리는 다양성이라는 개념을 사용하여 목적의 상이한 원천을 조사하고자 한다. 우리는 한 가지 관점만으로는 교육을 부적절하고 곡해해서 보게 될 것이고, 교사들은 그들 학급의 다양한 학생들의 요구에 부응하고자 할 경우 모든 목적의 자원을 고려할 필요가 있다고 주장하는 바이다.

현재 정치적 격변으로 말미암아 목적의 일차적 자원으로서 학문과 사회의 방향이 흔들리고 있다(Casserly, 2002; Mathis, 2003). 책무성, 점수 따기 시험, 연방교육법인 낙오자 없는 교육법에서는 내용과 기능습득을 강조하고 있다. 본래 이러한 운동에서는 일차적으로 모든 아동의 기초내용과 기초기능의 학습에 역점을 두고 개인차의 중요성을 최소화하고 있다. 사실, 현재의 평가운동을 둘러싼 주된 논쟁 중에는 평가절차를 다양성을 대변하고 있는 특수아동과 학습자와 영어를 말하는 학습자에게 어떻게 맞추어 나갈지에 대한 방법이 포함된다(Abedi, Hofstetter, & Lord, 2004; Olson, 2004).

학문에 초점을 두고 있는 이러한 협소한 관점을 비판하는 사람들은 중요한 개인차를 도외시하고 아동들에게 유해한 방식으로 교육과정을 표준화시키고 있다고 주장한다(Hatch, 2002). 보다 온건한 입장에서는 학문적 표준이 유일하게 어떻게 가르치느냐가 아니라 무엇을 가르칠지를 제안해주고 있다고 주장한다(Tomlinson, 2000). 학문적 목적과 표준이라는 지침을 토대로 교사는 자료(예 동일교재에 대한 상이한 독서수준), 학습과제(예 듣기 또는 읽기), 교사가 제공하는 지원량 또는 도움의 입장에서 수업을 차별화한다.

목적자원으로서 사회는 다양성이라는 관점에서 문제를 제기한다. 학생의 다양성을 배경, 능력, 그리고 복잡하고 다면적인 사회에서 수행해야 할 역할에 비추어볼 때, 모든 사회구성원이 갖추고 있어야 할 본질적 기능이 무엇인지 규정할 수 있을까? 더구나 우리는 일의 세계를 어떻게 정의할 수 있을까?

비판가들 중에는 학교가 일차적 임무로서 학생들에게 직업을 준비시켜야 하는지에 대하여 의문을 제기하고 있다(Bracey, 2003). 학교는 아동 각자의 최대의 개인적 성장과 행복을 달성하도록 돕는 것과 같은 보다 폭넓은 목적을 가져서는 안 되는가?

교육과정 목적자원으로서 아동도 또한 논쟁거리가 되고 있다. 학생들을 도와 건강하고 행복한 성인으로 발달하도록 돕는데 논의를 제기할 사람은 거의 없지만, 비판하는 사람들은 이러한 입장이 반영된 교육과정 개발 구조에 대하여는 의아해 하고 있다(Ravitch,

2000). 1970년대와 1980년에 유행하였던 개별화는 논리적으로 볼 때 대부분의 교실에서는 실행하기가 어렵다(Good & Brophy, 2003). 더구나 이 입장을 비판하는 사람들은 모든 학생들에게 일정한 지식기반을 제공하지 않아 우리는 학생들에게 도움을 주지 않는다고 이에 대하여 의아해 한다(Marzano, 2003). 다른 사람들은 아동중심교육과정이 본질적인 지식과 기능을 도외시하지 않는다고 주장한다. 학습과 동기유발의 전문가인 Deborah Stipek는 학생의 건강관리, 그리고 사회적 · 정서적으로 발달할 수 있는 기회를 외면한 체, 어린학생들의 지적기능에만 주의를 집중할 이유는 없다고 주장한다(2004, p.52).

이러한 주장은 교사를 어디에 위치시키는가? 교사마다 학생의 다양한 학습요구에 부응하는 교육과정을 설계하고자 시도할 때 이 세 가지 목적자원의 균형을 맞추는 과제를 안고 있다. 이것은 도전적인 과제인가? 그렇다. 그러나 불가능한 일은 아니다. 수천 명의 민감하고 효과적인 교사들이 일상적인 교실수업에서 이러한 과제를 실현하고 있기 때문이다.

학습의 세 가지 영역

교사가 무엇을 가르칠 것인가를 고민할 때는 학습자가 겪게 될 학습경험의 본질도 고려할 필요가 있다. 목적 설정의 원천에 따라 목적이 달라지는 것처럼, 목적은 의도된 학습의 유형에 따라 달라진다. 이러한 관점에서 목적을 세 가지 영역으로 나누어 기술할 수 있다. 즉, 근육 기능과 협응력의 발달(심체적), 태도나 가치의 성장(정의적), 또한 지식이나 지적 기능의 획득(인지적) 등이 그것이다.

영역에 따라 목적이 달라진다는 것을 이해한다는 것은 교사가 무엇을 가르치려고 하고 있으며 무엇을 성취하려고 하고 있는가를 명확하게 파악하는데 도움이 된다. 이러한 차이점들은 계획, 실행, 그리고 평가에 대한 시사점을 제공해 준다. 교사가 수업 중 무엇을 성취하려고 하는가를 명확히 이해할수록 교육 목표를 달성할 가능성이 더 높아진다(Marzano, 2003). 우리는 학습을 세 가지 학습영역으로 나누어 고찰하지만, 각각의 영역이 독립적으로 기능하는 것이 아니라 하나의 통합된 형태로 서로 영향을 미친다는 점을 기억해야 할 것이다. 어떤 교육목적은 세 가지 범주에서 쉽게 구분이 가능하지만 어떤 목적들은 서로 상당한 정도로 영역이 중첩되기도 한다. 이러한 중첩된 영역을 나타내면 〈그림 4.1〉과 같다. 예를 들어 학교에서 세 영역을 모두 혼합한 행동으로 '쓰기'가 있다. 어린이들은 섬세한 움직임을 나타내기 위해서 작은 근육들을 움직여야 한다(심체적). 그리고 어린이들은 근육을 어떻게 움직여야 글자를 쓸 수 있는지 알아야 한다(인지적). 또한 어린이들은 많은 연습을 통해 능숙해질 수 있을 때까지 이러한 행위를 하고 싶은 욕구가 있어야 한다(정의적). 이제 이 세 영역 각각을 고려하고 목적과 목표를 여러 수준으로 분류하는 방법을 조사해 보자.

그림 4.1 학습의 세 가지 영역

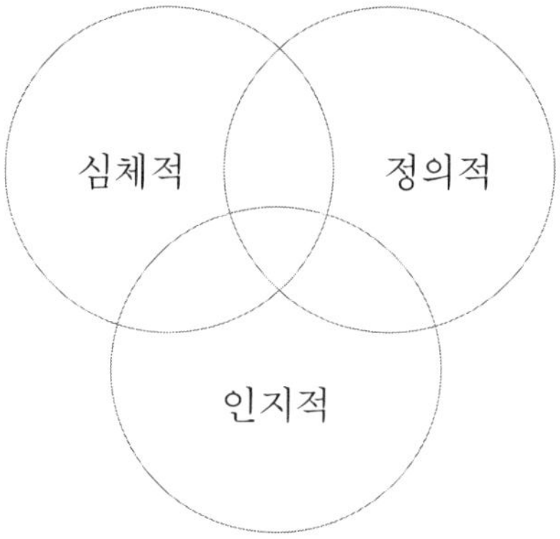

심체적 영역

심체적 영역 목표의 일차적 기능은 근육의 힘과 조정력을 발달시키는 것이다. 비록 이 영역은 학교에서 거의 강조되고 있지 않지만, 그 영향은 학생들의 연령수준과 교과에 따라 다양하게 나타난다. 특히 저학년에서는 심체적 영역이 많이 강조되고 있으며 점차로 체육, 직업교육 그리고 음악 같은 교과에서 더 많이 강조되고 있다. 이제 이 영역의 각 수준을 검토해 보자. 수준이 올라감에 따라 학생들의 학습결과는 더욱 복잡해지며 통합적이 된다(Harrow, 1972; Jewett & Mullan, 1977; Moore, 1992).

반사 동작 반사동작이나 행위들은 학습자의 의식적인 의지 없이 모종의 자극에 대한 반응으로부터 도출된다. 이것들은 임의적인 동작이 아니라 동작행동의 기초로 간주된다.

기본 동작 기본동작 형태들은 학습자가 태어난지 첫 해에 나타난다. 눈으로 물체의 움직임을 따라가고 손으로 사물을 조작하는 것 그리고 잡고 서고 걷고 하는 발달단계를 거쳐 발전해가는 것을 포함한다. 물체에 손을 뻗어 물체를 잡고, 손으로 물체를 조작하는 것을 포함한다.

지각 능력 심체적 행동은 물론 인지적 행동도 시사하고 있지만, 여기서는 심체적 영역에 포함시켰다. 왜냐하면 많은 연구자들은 지각기능과 운동기능은 분리할 수 없다고 주장하고 있기 때문이다. 이러한 능력들은 학습자가 자극을 해석하고 환경에 대한 필요한 적응을 할 수 있도록 하는데 도움이 된다.

신체 능력 신체능력은 인내, 강인함, 유연성 그리고 민첩함이 포함되며 이것들은 학습자의 효과적인 신체 작용에 필수적이다.

숙련된 동작 숙련된 동작은 여러 가지 면에서 생각해 볼 수 있다. 그것은 과제를 수행하는 능숙함을 의미할 수도 있다. 또한 숙련은 복잡한 동작을 끝내면서 학습자가 들이는 노력의 절약을 의미할 수도 있다. 또는 특정 과제에 대한 학습자 행동의 통합이 일어나는 것을 의미할 수 있다. 즉, 이 단계에서 숙달은 구체적이고, 복잡한 동작을 수행할 때의 숙달인 것이다.

동작적 의사소통 비언어적 의사소통은 일상생활에서 중요한 역할을 하고, 학습자의 심체적 발달의 중요한 요소가 된다. 이 수준에서 개별 학습자는 정의적 자아에 대한 감정을 외부의 관찰자에게 전달하는 나름대로의 동작양실을 개발해 나간다. 이러한 의사소통적 동작 행동을 정확히 해석함으로써 학습자의 감정, 요구 그리고 흥미에 대한 인식을 높일 수 있어 교육자로 하여금 특수한 학습자에 맞는 보다 유의미한 학습전략을 짤 수 있게 한다.

심체적 영역의 목적 예

- 체육 수업을 받는 10학년 학생들의 배구실력을 향상시키기 위해 연습 상황이 주어졌을 때, 학생들은 10번 중에 7번은 정확히 서브(적절한 4분원에 네트를 넘기다)를 넣을 수 있을 것이다.
- 보건 수업을 받는 건강한 9학년의 학생들은 심장혈관 강화 훈련에 익숙해지기 위하여 그들은 도움 없이 심장혈관의 강인함과 인내력을 발달시키는 3가지 방법들에 대해 논의할 수 있을 것이다.
- 수영 수업을 받는 12학년 학생들은 그들의 수영 능력을 증진시키기 위해 경쟁 상황이 주어지게 되면, 그들은 1분 20초 안에 100야드를 접영으로 수영할 것이다.

이러한 예를 통해 알 수 있듯이, 심체적 영역은 강인함과 인내심 발달뿐만 아니라 기술을 익히는 것과 조정력을 발달시키는 것을 포함한다.

정의적 영역

정의적 영역은 태도, 감정, 가치를 다루고 있는데 이것은 교육과정 속에 암시적으로 통합되어 있다는 점에서 가장 널리 알려져 있을 것이다. 모든 교사들은 학생들이 자신이 공부한 교과, 자기 자신, 그리고 다른 학생들에게 대해 보다 더 긍정적인 태도를 지니고 학교를 떠나기를 바란다는 점에서 암시적이지만 그것은 좀처럼 명시적이 되지 못하고 구체적인 수업절차 속에서 의식적으로 반영되고 있다.

정의적 영역의 일차적 목적은 태도와 가치의 개발이다. 우리는 야구와 시금치처럼 교육적으로 중요하지 않은 대상 또는 문화적 소수집단 또는 환경과 같은 교육적으로 보다 중요한 것들에 대한 태도를 가질 수도 있다. 많은 인간 행동처럼, 태도는 학습되어지고 경험의 결과로 형성된다. 태도가 경험을 통해 형성된다는 사실은 교사들이 학생들에게 긍정적인 영향을 미친다는 점에서 다행스러운 일이기는 하나 그것은 또한 학교교육의 다양한 측면에 대한 부정적 태도가 생기지 않게 하는 데 있어서 교사들에게 부담감이 될 수도 있다.

정의적 영역에서 두 번째 주요 목적은 가치의 개발이다. 가치는 지나치게 방대하다는 점에서 태도와 다르다. 이것은 학교나 학교교과와 같은 특별한 대상이 아닌 존재의 목적이나 삶의 방식을 의미한다. 학교에서 배우는 전형적인 가치들은 정직, 자존심, 타인에 대한 존중, 넓은 마음이 있다. 이러한 가치를 가르치는 데 있어 우리는 이들 가치가 학생들의 행동 방식에 영향을 미치는 성격특성이 되기를 희망한다. 이제, 가치와 태도의 발달이 정의적 영역의 수준에 따라 어떻게 작용하는지 지켜봅시다(Krathwohl, Bloom, & Masia, 1964).

정의적 영역의 수준

감수 정의적 영역의 가장 낮은 수준은 감수이다. 이 수준에서 핵심 요소는 학생들이 새로운 아이디어에 대한 어느 정도의 열린 마음을 나타내는 것이다. 이러한 특성이 없다면, 학생들은 자기가 공부할 새로운 정보를 수용하지 않게 될 것이다. 이 수준에서의 결정적 요소는 학생들이 서로 다른 아이디어에 개방된다는 것이다. 이 수준의 행동 예로는 기꺼이 타인의 견해를 경청하고 논쟁적 주제에 관한 새로운 아이디어를 받아들이는 것이다.

반응 감수와 반응의 중요한 차이는 반응은 어느 정도 긍정적인 태도를 가정하는데 반하여 감수는 중립을 의미한다는 것이다. 반응 수준에서 학생들은 약간의 관심, 참여, 또는 심지어 헌신을 보인다. 이 수준에서의 행동 예로는 논쟁적인 주제에 대해 기꺼이 대화를 나누거나 또는 체육시간에 소개되는 새로운 활동에 기꺼이 참여하는 것이다.

가치화 정의적 영역의 가치화 수준은 학생들이 태도, 가치, 또는 믿음을 가치 있는 것으로 지각하고, 그들의 행동이 내면화되어 계속적으로 나타나는 것을 말한다. 이전 수준의 정의적 영역과는 달리, 가치화 수준에서 교사는 행동을 시작하지 않는다. 대신 행동은 학생들에 의해서 시작되며, 특수한 입장을 고수하고 그러한 입장을 공개적으로 논의, 지지한다. 이 수준의 행동 예로는 미술관에 전시된 예술가들의 전시회를 본 이후에 미술관에 자발적으로 가는 것이나 논쟁적 주제에 대한 특별한 입장을 위해 논쟁을 벌인다.

조직화 조직화 수준은 가치화 수준 위에 형성된다. 가치화 수준은 따로따로 독립되어 조직화 수준은 조직화되고 통합된 체제를 의미한다. 다시 말해서, 가치는 특정 신념이나 입장에 대한 신봉을 의미한다. 여기에 관한 예로는 인간에 대한 그리고 우리가 서로 어떻게 대해야 하는가에 대한 보다 종합적인 견해로 통합하는 것이다.

하나의 가치나 복합적 가치에 의한 인격화 이전 수준의 정의적 영역에서는 학생들이 태도와 가치를 보다 포괄적인 세계적 관점 속에서 통합할 수 있게 했다. 그런데 이 수준에서는 학생들로 하여금 우주의 본질과 삶의 철학과 같은 것에 대한 개인적이지만 세계적 관점을 개발하게 한다. 예를 들면, 보건수업에서 이 수준에 있는 학생들은 건강한 생활유형에 대한 태도와 관점을 일관되고 종합적인 생활계획 속에 통합해 나간다. 교사들은 정의적 영역 수준이 다른 학생들을 가르칠 때, 그들의 목적은 학생들이 긍정적인 태도와 가치를 내면화하도록 돕는 것으로 결국 학생의 행동을 안내하게 된다.

인지적 영역

학교에서 흔히 볼 수 있는 가장 일반적 유형의 수업목적은 인지적인 것이다. 이것은 인지영역이 오늘날 그리고 과거에 학교역할에 관한 가장 지배적 관점인 지식과 전략의 전달에 초점이 맞추어져 있기 때문이다. 우리는 초·중등학교의 평균 시간의 80%에서 90%가 인지적 목표 달성을 위한 수업에 할당되어 있다고 예측한다. 이러한 강조는 연방 및 주의 표준에서, 교사가 수업계획 속에 설정한 목적에서, 교사가 실시하는 시험에서, 교사와 학생들의 책임을 묻기 위하여 사용되는 검사에서 찾아 볼 수 있다.

인지적 영역은 가끔 정의적 영역과 혼돈된다. 이 두 가지를 구분하는 한 가지 방법은 인지적 영역은 합리적이고 분석적인 과정을 수반한다는 것이며, 반면에 정의적 영역은 느낌, 좋아하는 것과 싫어하는 것을 다룬다는 것이다. 정의적 영역과 심체적 영역과 마찬가지로 인지적 영역은 위계적이고, 이것은 높은 수준의 성공적 수행은 낮은 수준의 성공에 의존한다는 것이다.

현재의 인지 영역 목표분류학(그림 4.2를 보라)은 1956년 이래 교육에서 널리 사용되어 온 고전적 분류학을 최근에 번안한 것이다(Bloom, Englehart, Furst, Hill, & Krathwohl, 1956). 현재의 분류학에서는 교육목적을 6개의 과정 또는 정보를 다루는 다른 방법으로 나누고 있다. 우리는 다음에 이 6개의 과정을 기술한다.

과정 이외에 분류학은 목적을 지식의 차원으로 나눈다: 사실적, 개념적, 절차적 그리고 메타 인지적. 우리는 첫 번째 두 가지를 이 장의 끝부분에서 기술한다. 후자는 우리들이 수업전략을 논의하는 8, 9 두 장에서 논의한다. 자 이제 인지적 영역의 목표분류학의 수준을 살펴보자.

그림 4.3 학습, 교수, 평가를 위한 분류학

지식차원	인지과정차원					
	1. 기억하다	2. 이해하다	3. 적용하다	4. 분석하다	5. 평가하다	6. 창안하다
A. 사실적 지식						
B. 개념적 지식						
C. 절차적 지식						
D. 메타인지적 지식						

인지적 영역의 수준

기억 중요한 이름, 날짜, 용어를 기억하는 것은 다음 수준을 위한 기초가 된다. 이 영역을 낮은 수준이라 부른다. 왜냐하면 이 수준에서는 정보의 처리나 조작을 요구하지 않기 때문이다. 그러나 학습전문가들은 지식이란 후속 학습을 위하여 기본적인 벽돌을 쌓는 것이라는 점을 상기시켜 준다(Bruning, Schraw, Norby, & Ronning, 2004). 간단히 말해 기억수준은 George Washington이 미국의 초대 대통령이라는 것을 기억하는 것과 같은, 이미 학습한 자료의 회상 또는 재인을 수반한다. 기억은 인지 영역의 다른 수준가 차이가 있다. 왜냐하면 사실과 같은 다른 유형의 정보를 끄집어내는 행위는 정보를 통하여 무엇을 행하도록 요구하지는 않는다. 인지영역의 다른 수준들은 정보를 우리의 사고에서 변경하거나 사용하는 것을 요구한다.

이해 이해는 목표분류에서 기억의 다음 수준이고 학생들이 무엇인가를 이해했다는 것을 증명하기 위해 정보를 변경하거나 조작하는 것을 요구한다. 이해는 기억보다 한 걸음 나아간 것이다. 왜냐하면 이해는 학생들이 정보를 그들이 이해할 수 있는 형태로 변형하는 것을 요구하기 때문이다. 학생들은 몇 가지 방식으로 정보를 변형시킬 수 있다.

정보를 자신의 언어로 재 진술 하는 것은 아마도 이해의 가장 기본적인 형태일 것이다.
번역은 이해의 또 다른 형태로서 정보를 또 다른 방식으로 표현할 수 있도록 형태를 바꿀 것을 요구한다. 학생들이 단어의 형태로 산술 문제를 풀고 그것들을 숫자로 전환시킬 때 이 과제를 수행한다. 학생들은 또한 제시된 자료를 통하여 자료를 해석하므로 무엇인가를 이해하고 있다는 것을 나타낼 수 있다. 예를 들면,

> 미국의 농작물을 나타내는 막대그림표가 주어지면(그림 4.3을 보라), 학생들은 구두로 가장 널리 생산된 농작물의 이름을 말 할 것이다.

이해 목적을 수반하는 목적의 주요 핵심은 학생들이 아이디어에 대한 기본 이해를 어떠한 방식으로라도 표현할 수 있어야 한다는 것이다.

그림 4.3 막대그래프 핸드아웃

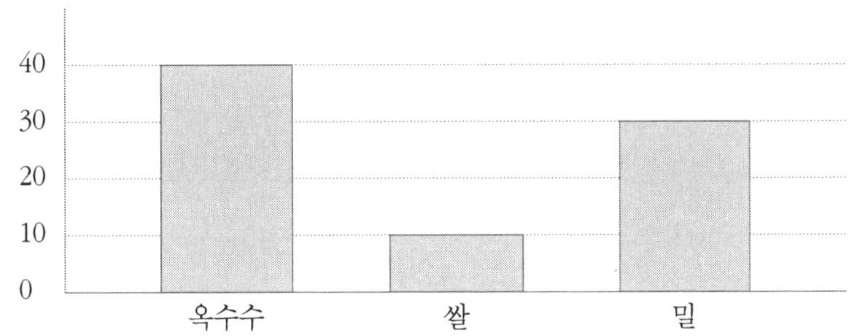

적용 인지적 영역의 다음 수준인 적용은 문제를 해결하는 데 있어 정보를 활용할 것을 요구한다. 적용 수준에는 두 가지 중요한 특징이 포함되어 있다. 첫 번째는 학생이 대면하는 상황이 독창적이거나 아니면 전에 한 번도 보지 못했거나 이전에 적용해 보지 않은 상황이어야 한다는 점이다. 그렇지 않으면 학생들은 요구된 대답이나 해답을 기억하는 것이 될 것이다.
두 번째 특징은 학생들은 문제에 올바르게 적용되는 적절한 도구, 해결책, 공식 등을 선정해야만 한다. 예를 들면,

> 마당이 있는 집 한 채의 그림이 주어졌을 때(〈그림 4.4〉를 보라), 학생들은 뒷마당의 면적을 올바르게 계산할 것이다.

그림 4.4 집/마당 핸드아웃

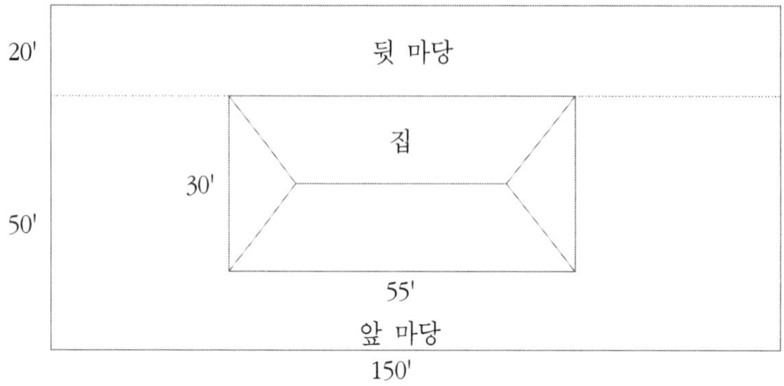

학생이 우선해야 할 일은 문제의 본질을 결정하는 것이다. 즉, 직사각형의 면적을 포함하고 있는 것이다. 다시 학생들은 이전에 이러한 구체적인 문제를 접해본 적이 없거나 아니면 기억수준의 조작만이 있어야 한다.

분석 분석의 기본적인 형태에는 전체나 전반적인 현상을 받아들이는 과정 그리고 그것을 부분으로 나누는 과정, 또는 각각의 독특한 특성을 결정하는 과정을 모두 포함한다. 분석을 수반하는 보통의 실험실 실습은 학생에게 물질을 주고 그 물질이 무엇으로 구성되어 있는지 물어볼 때 분석활동은 일어난다. 이 과정은 아마도 학생에게 다양한 화학물질과 성분을 가지고 무게를 재고, 용해하고, 분열해 보고, 불꽃을 붙여보고, 시험해보는 것이 될 수 있다. 그러나 대부분의 학습 상황에서는, 에세이, 연설, 사설, 시, 그리고 책의 형태로 인쇄된 자료를 분석하는 것이 더욱 보편적이다.

분석 수준에서 작업 할 때, 학생들은 다음과 같은 것을 밝히는 활동에 참여하게 된다.

- 가정
- 시사점
- 잘못된 생각
- 중심 주제
- 설득
- 일관성

이 각각에 있어 학생들은 복잡한 현상물을 단순한 구성성분으로 나누게 된다.

평가 인지적 영역의 그 다음 수준은 학생들이 어떤 산출이나 프로젝트에 대한 가치 판단을 하도록 요구한다. 그러나 가치 판단 자체만으로는 불충분하다; 평가에 대한 합리적인 설명이 보충되어야 한다. 예를 들어, 교사가 아이들에게 "애완용으로 가장 좋은 개는 어떤 종이니?"라고 물었다고 가정해 보자. 아이들은 래브라도, 복서, 코커스패니얼, 그

리고 푸들 같은 종을 예로 들며 흥미 있게 대답한다. 여기에서 아동들은 단지 그들의 감정이나 의견을 표현할 뿐이다. 그러므로 정의적 영역에서의 활동이 이루어지고 있는 것이다.

비록 판단하는 것이 중요하지만, 평가 수준을 고려할 때 우리는 추가로 기준이 라는 것이 필요하다. 평가수준에 필요한 비판적 과정은 판단에 대한 지적인 지원이나 지지가 된다. 예를 들면, 교사는 학생들로 하여금 다음 사항이 포함된 내용을 생각해 보도록 촉구할 지도 모른다.

1. 최고의 애완용 개는 50파운드 이하이어야 한다. 그렇지 않으면 먹이 비용이 너무 많이 들 것이다.
2. 최고의 애완용 개는 얌전한 기질을 가져야 한다.
3. 최고의 애완용 개는 온대성 기후에서는 털이 짧아야 한다.
4. 최고의 애완용 개는 습한 기후에서 귀 감염이 있을 수 있기 때문에 짧은 귀를 가져야 한다.

몇 가지 준거를 설정한 후에, 교사는 아이들이 그 준거를 앞 서 언급한 네 마리의 개에 적용하도록 도와주어야 한다. 아동들은 적용수준에서 학습하고 있는 것이다. 왜냐하면 그들은 경험을 구성할 때 기준을 사용했기 때문이다.

창안 창안은 여러 요소들을 총제적인 하나의 실체 속에 통합하는 것이다. 분석은 우리에게 무언가를 분리할 것을 요구하는 반면, 창안은 여러 개를 새롭고 독특한 전체를 만들어 내기 위해 통합하는 과정을 포함한다. 학생들에게 창안적 수준 활동을 부여할 때 두 가지 중요한 사항을 고려해야 한다. 첫째는, 완성된 결과는 반드시 이 세상에 없는 것은 아니나, 학생들에게 새롭고 독특해야 한다. 둘째, 우리가 적용한 기준이 있어야 한다. 예를 들면,

> 자료를 선택해 사용하게 한다면, 목공을 배우는 학생들은 안정되고, 표면이 완성된 독창적인 테이블을 고안하여 구성할 수 있을 것이다.

완성품이 다른 테이블과 비슷해 보일 수 있다는 사실은 중요하지 않다; 학생들이 그것을 고안했고 그것은 그들의 것이다. 그것이 창의적 활동이라는 점에서, 수월성에 대한 주관적 평가의 여지는 있다. 그러나 명확한 기준(예를 들면, 안정성, 완성된 표면)은 그 과제를 성공적으로 완수했는지를 결정하기 위하여 사용된다.

연습 4.2

_______ 1. 적절한 자료가 주어지면, 학생들은 기존의 사양이 반영된 비행기 모형을 구성할 것이다.

_______ 2. 대수를 배우는 학생들은 2차 방정식과 2차 방정식이 아닌 것을 구분할 수 있을 것이다.

_______ 3. 자료의 선택권이 주어지면, 가정을 배우는 학생들은 소매가 없으며 치마길이가 무릎 아래로 내려가는, 적어도 두 가지 종류의 재료를 사용하는 드레스를 만들 것이다.

_______ 4. 유치원 학생들은 여러 농장 동물의 이름을 말할 수 있을 것이다.

_______ 5. 세 가지 패션 디자인에 관한 사진을 주면, 학생들은 어느 것이 가장 좋은 지를 결정하고, 선택한 것은 비용, 스타일, 가용성을 따져 그것을 지지할 것이다.

_______ 6. 도움을 받지 않고, 학생들은 "프랑스 패션이 성공하는 이유!"라는 논문에서 발견되는 한 가지 가정을 밝혀낼 것이다.

_______ 7. 에너지 소비량과 소비단위별 요금이 주어지면 학생들은 계산서에 따라 에너지양을 정확히 결정할 것이다.

인지적 영역에서의 내용

인지적 영역을 분석하기 위한 한 가지 방법은 그 영역에 속해있는 다른 종류의 내용들을 검토해 보는 일이다. 중요한 점은 인지적 영역 내의 모든 교육 목적들이 동등한 가치를 가지고 있지 않다는 것이다. 어떤 내용은 학습자들이 주변 세계를 이해하도록 돕는데 있어서 다른 것보다 훨씬 더 가치가 있다. 이러한 것을 일컬어 추상개념(abstractions)이라고 한다.

이 절에서, 우리는 추상개념을 검토하고 교사는 학생들이 어떻게 이 중요한 내용을 학습하도록 도울 수 있는지 분석하게 될 것이다.

추상개념

추상개념은 현상을 기술하거나 이해하고 단순화시키는데 사용되는 아이디어이다. 어느 의미에서 추상개념은 주위 환경을 지각하고 이해하는데 사용하는 정신적 틀이다. 추상개념은 모든 학년 수준의 교육과정에서 중요한 한 부분을 이루고 있다(Eisner, 1994). 이 절에서는 추상개념을 정의하고 교사들이 학생들에게 중요한 내용 형태인 추상개념을 어떤 방식으로 가르치는지 분석하고자 한다.

논의를 시작하기 위하여 다음의 본보기들을 검토해보고 가르쳐지고 있는 추상개념을 알아낼 수 있는지 눈여겨보시오.

> Tanna Harris는 유치원 유아들에게 기본 도형을 가르치고 있었다. 그녀는 펠트로부터 사각형, 원, 삼각형을 잘라서 종이 가방에 넣었다. 학생들은 차례로 교실 앞으로 나와서 종이 가방에서 한 조각의 펠트를 꺼내 들고 칠판위에 그려놓은 원안에 배열하였다.
>
> Kim Lawson은 5학년 학생들에게 양서류와 파충류, 고래의 차이점을 이해시키고자 하였다. 학생들은 각각의 동물들에 대한 다른 문장을 읽고 해당 동물의 사진을 본 다음 이들을 올바른 영역으로 분류하고자 하였다.
>
> Sean Harris는 여러 번의 유인물을 나누어 주었는데 거기에는 엘리자베스풍의 소네트가 소개되어 있었다. 그는 10학년 문학 시간에 일절 소네트를 소개함이 없이 소네트끼리의 유사성과 차이점을 분석하도록 하였다.

추상개념은 Kim Lawson의 수업에 나오는 양서류, 파충류, 포유류의 특징과 같은 우리 주변의 환경에 존재하고 있는 규칙성 또는 패턴을 기술하고 있다. 규칙성 또는 패턴을 이해함으로써 얻는 장점은 매우 크다. 추상개념은 주변 세계를 단순화하여 개별적이고 구체적인 사례보다는 패턴만 기억하도록 도와준다. 추상개념을 이해하는 것은 장차 개별 사례를 범주화시키고 새로운 개체를 직면했을 때 전략적으로 행동할 있도록 도움을 준다. 개별 예로서는 Tanya Harris와 Sean Harris의 수업에서 언급된 기본 형태와 엘리자베스 1세 때의 시민들이 쓴 소비트와 같은 예이다.

추상개념의 또 다른 장점은 철자 규칙을 생각해 볼 수 있다. "i는 c가 따라붙을 때를 제외하고는 e에 선행한다." 인문학적 규칙은 또 다른 패턴의 사례이다. 이러한 규칙을 알게 되면 학습자들은 'retrieve, believe, conceive, conceit, perceive'와 같은 단어를 쓸 수 있게 된다.

누구나 인정하듯이, 학습자는 패턴의 예외성을 알아야 한다. 그러나 그 패턴을 알면 학습자는 모든 단어를 하나하나 모두 기억할 필요가 없게 된다.

교육에 관한 한 가지 고전적 생각은 지식과 문화를 다음 세대에 전달하는 과정으로서 보는 것이다(Jacobsen, 2003b). 예를 들어, 사회과 교육은 민주주의, 사회주의, 사회적 계층 등의 추상개념을 이해하도록 가르치는 것과 관련된 것이다. 또 다른 사회과 추상개념의 예는 경제가 더욱 경제적일수록 경제 변화는 더욱 안정적이 된다는 것이다. 공급이 일정하면 가격이 곧바로 수요에 직결된다.

비슷한 방식으로 과학 수업은 포유동물, 이온, 자기장과 같은 추상개념을 가르치는 것을 포함하고 있다. 학습자는 산(acids)이 염기를 중성화시키고, 최근 동물 분류학은 점점 더 복잡해지고 있다는 것을 배우고 있다.

영어나 언어는 형용사, 은유 그리고 엘리자베스풍의 소네트 등과 같이 추상 개념을 함께 사용하고 있다. 주어가 단수 일 때는 동사에 "s"를 붙인다는 것을 학습하게 된다. 여러 형용사들이 명사를 수식할 때는 관사가 먼저 위치한다. 또 각 교과 영역에서도 이와 비슷한 분석이 가능하다.

추상개념은 학교에서 가르치는 대부분의 교과 영역에서 핵심적인 부분이다. 이제 우리의 관심을 초등학교와 중학교 수준에서 가르치고 있는 추상개념의 주된 두 가지 타입, 즉 개념과 일반화로 돌려본다.

개념

개념은 모든 구성원이 특징을 공유하면서 형성하고 있는 부류 또는 범주를 일컫는 아이디어이다(Eggen & Kauchak, 2007). 앞에서 언급했던 많은 추상적 내용들은 개념들이다. 예를 들면, 민주주의, 이온 그리고 부사(adverb)는 모두 개념들이다. 우리는 대개 특정 본보기가 개념에 속하는지를 결정하기 위하여 뚜렷한 특징을 사용한다. 개념에는 본질적이거나 명확한 특징 이외에 부적절하거나 필수적이지 않은 특징이 포함되기도 한다. 부사라는 개념의 경우, 단어의 길이, 발음, 자음이나 모음의 수 등을 고려해 보면 부적절한 특징이 포함되기도 한다. 이러한 부적절한 특징은 어떤 낱말이 부사인지를 알려주지 못한다. 어떤 개념을 배우기 위해서는 이러한 불필요한 특징이 혼란을 빚어내므로 학습자는 핵심적인 특징에 초점을 맞추어 부적절한 특징을 제거할 필요가 있다. 본질적 특징은 개념을 형성하는 범주에 규칙을 부여하기 때문에 기억해두는 것이 아주 중요하다. 또한 본질적 특징은 어떠한 것이 긍정적인 본보기인지 아니면 부정적인 본보기인지를 결정하는데 도움이 된다.

전형적으로 개념은 아이디어를 나타내는 독립된 낱말로 생각하는 경향이 있다. 개념을 표상하는 또 다른 한 가지 방법은 정의를 내리는 것이다. 즉, 민주주의는 의사결정의 힘이 국민에게 있는 정부형태이다. 그러나 전문가들은 어휘와 개념을 혼돈하지 않도록 경고한다(Marzano & Kendall, 2003). 큰 차이점은 수업 시간에 가르치는 방식과 학습자들이 학습 후 알게 되기를 기대하는 것이 무엇이냐에 있다. 만약 '민주주의'라는 용어를 단순한 어휘로만 접근한다면, 학생들은 그 어휘가 의미하는 일반적인 용어의 뜻만 이해하게 만들 것이다. 이와는 대조적으로 '민주주의'라는 용어의 개념이 무엇인가 하는 관점에서 접근한다면, 학생들이 그 아이디어에 관한 역사성, 개념과 관련한 예와 그렇지 않은 예,

그리고 정부 조직체라는 큰 틀에서 차지하는 개념적 위치 등을 이해하도록 만들 것이다. 결과적으로 말한다면 개념이란 어휘에 국한된 좁은 의미 이상에까지 그 범주를 확장하는 것이다. 개념에 관련한 예를 몇 가지 더 들어보면 〈표 4.1〉과 같다.

지금까지 여기서 일반적인 추상화 개념과 특히 우리가 본보기라고 한 개념을 논의해온 사실을 주목하기 바란다. 연구결과 개념 학습에서 본보기와 비본보기를 제시하는 것이 가치 있음을 지지하고 있다(Bruning et al., 2004; Eggen & Kauchak, 2007). 긍정적인 본보기를 분석하여 공통성에 주목하고 이것을 부정적인 본보기와 대비시킴으로써 학습자들은 스스로 본질적인 특징을 발견할 수 있게 된다. 효과적인 교사는 개념을 소개할 때 본질적 특징을 명확히 밝혀냄으로써 보다 쉽게 부정적 본보기와 대비시킨다. 학습자에게 중요한 특징을 추출하여 자료를 제공하는 것 외에도, 적절한 본보기는 구체적인 지침이 되기도 한다. 어떤 의미에서 본보기들은 덜 추상적인 추상적 아이디어를 만들어 낸다.

표 4.1 다양한 교과에서 추출한 개념

언어	*과학*	*수학*
동음이의어	핵	집합
반대말	핵 유사분열	수
실러블(syllable)	진화	최소공배수
두운	중배엽	2차 방정식
4행시	변태	지수
논리	산	기수
비극	기저	탄젠트
문법	조류	각
플롯	과일	공리
전치사	에너지	
	식물	
사회	***음악***	***예술***
연방주의	멜로디	선
기후	리듬	질감
조세	동조	염색술
인플레이션	하모니	리얼리즘
불매운동	아카펠라	입체주의

타인에게 개념을 가르치는 또 다른 한 가지 방법은 한 개념을 다른 것과 관련짓는 것이다(Medin, Proffit & Schwartz, 2000). 예를 들어, '새가 무엇입니까?'라고 누구에겐가 묻는다면 전형적인 응답은 "그것은 동물의 일종입니다."가 될 것이다. 비슷하게 사회과 교사는 민주주의를 정부의 한 형태로 설명할 것이다. 두 가지의 경우에 비추어 보면 설명되고 있는 개념은 좀 더 거창하고 포괄적인 개념이거나 상위 개념이다. 상위 개념과의 관련성은 〈그림 4.5〉와 같이 개념적 위계나 벤 다이어그램을 사용하여 나타낼 수 있다.

그림 4.5 상위 개념의 관계도

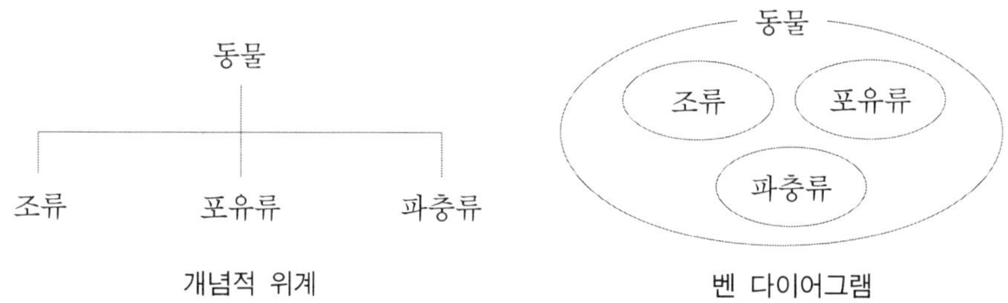

개념이란 더 큰 개념의 구성요소라는 것을 알면 유용하다. 왜냐하면 보다 더 큰 개념의 특징을 보다 작은 개념에 적용할 수 있기 때문이다. 예를 들어, 만약 여우원숭이의 상위 개념이 포유류라고 알고 있는 사람은, 여우원숭이는 털이 나있고 온혈 동물이며, 출산을 하고 새끼를 돌보는 포유류의 특성을 가지고 있을 것이라고 추론할 것이다. 비슷한 방식으로 누군가가 고수의 잎이 허브라고 말한다면 그것은 양념용으로 쓰이는 식물이라는 것을 알게 될 것이다. 상위개념은 그 특징을 하위개념의 정의에 적용함으로써 하위개념들을 더욱 의미 있게 해주는데 도움이 된다. 이것이 바로 사전에서 상위개념의 입장에서 개념을 정의하는 것이다. 예를 들면, 'wok'이라는 단어를 보면, 아시아의 음식을 요리하는데 사용되는 납작한 냄비로 정의되어 있는 것을 발견할 것이다. 냄비의 상위 개념은 이것이 금속으로 만들어져 있고, 오목하고 열을 가할 수 있다는 점을 추론할 수 있도록 해준다.

특징을 추론하는 것 이외에 상위개념은 개념들 간의 관계를 보여준다. 예를 들어, '새'라는 개념의 경우 동물이라는 개념과 연관 지움으로써 '새'는 포유류나 파충류처럼 다른 개념과 관련성이 있다는 사실을 재확인하게 된다.

학생들이 아이디어들 간의 관계를 알고 그 관계를 전체로 학습하도록 하기 위하여 수업에서 개념을 관련짓는 일은 아주 중요하다. 또 하나의 연결 관계 중 하나는 등위개념들 간의 관계이다. 등위개념들은 상위개념에 포섭되고, 그것은 우리들이 검토 중에 있는 개념과는 차이가 있다. 앞에서의 새의 예에서 포유류와 파충류는 새와 등위개념관계이다. 왜냐하면 이들은 새와는 다른 형태의 동물이기 때문이다. 이러한 생각을 종합해보면, 주어진 개념의 등위개념을 아는 것은 중요하다. 왜냐하면 등위개념은 본래개념과 밀접한 관련이 있을 뿐 아니라 우리가 배운 개념과 많은 혼돈을 일으키고 있다. 예를 들어, 파충류라는 개념을 가르치는 수업에서 학생들은 이 개념의 본보기와 차, 공, 또는 책과 같은 무관한 개념보다는 양서류 또는 포유류와 같은 등위개념의 본보기와 더 많은 혼란을 일으킬 가능성이 크다.

개념들 간에 존재하는 세 번째 유형의 관계는 하위개념간의 관련이다. 하위개념은 개념의 하위 유목이다. 만약 상위개념을 이해하고 있다면, 하위개념은 상호 관련성을 맺고 있기 때문에 쉽게 이해할 수 있다. 동물과 새의 경우를 예로 들어 보면, 동물은 새의 상위개념이고, 새는 동물의 하위개념이다. 비슷한 방식으로 '명사'라는 개념은 '고유명사'라는 하위개념보다 상위개념이다.

상위개념, 등위개념, 그리고 하위개념은 교수의 개념과 관련한 전략들을 기술할 때 다시 8, 9장에서 다루어질 것이다. 교실에서의 개념수업에 관한 내용을 더 읽고 싶어 하는 사람은 Bruning et al.(2004)와 Mayer(2008)을 참고하기 바란다.

연습 4.3

다음 질문에 답할 때 한 가지 이상의 반응이 정답일 수 있음을 주목하기 바랍니다.

1. 말이라는 개념을 생각해 보시오. 다음 중 어느 개념이 말이라는 개념의 상위 개념인가?
   a. 소
   b. 가축
   c. 스코틀랜드
   d. 짐 나르는 짐승
   e. 이상 다 아니다.

2. 라디오라는 개념을 생각해 보시오. 만일 전기를 사용하는 수업기구가 라디오의 상위개념이라면, 다음 중 어느 개념이 라디오와 등위개념인가?
   a. 백과사전
   b. O.H.P
   c. 교과서
   d. 교사
   e. 이상 다 아니다.

3. 빵이라는 개념을 생각해 보시오. 다음 중 어느 개념이 빵이라는 개념의 하위개념인가?
   a. 호밀

b. 밀
c. 고기
d. 흰색
e. 야채
f. 음식

4. 다음 중 어느 개념이 빵이라는 개념의 상위개념인가?
a. 바나나
b. 호밀
c. 음식
d. 과일
e. 야채

5. 기름에 튀긴 베이컨, 뜨거운 오트밀이 빵과 등위개념이라면, 다음 개념 중 어느 것이 빵의 상위개념인가?
a. 바나나
b. 음식
c. 요리된 음식
d. 날 음식
e. 자두
f. 이상 다 아니다.

일반화

일반화는 학교에서 가르쳐야 할 두 번째의 주된 추상 형태이다. 일반화는 현상에 대한 상관관계나 인과관계가 있는 패턴에 대한 진술이다(Eggen & Kauchak, 2007). 다른 관련된 용어로 규칙(rule), 원리(principle) 또는 법칙(law) 등이 있다. 논의를 발전시키기 위해 우리는 이들 용어들을 동의어로 생각할 것이다. 왜냐하면 이들은 모두가 주변 환경에 존재하는 사물과 사상이 작용하는 방식의 패턴을 기술하고 있기 때문이다.

인과관계를 나타내는 몇 가지 일반화의 예를 들어보면 다음과 같다.

흡연은 암을 유발한다.
햇빛이 부족하면 식물은 키만 크고 허약해진다.
분자에 열을 가하면 운동성이 활발해진다.

이러한 일반화는 무엇이 무엇을 일어나게 하는 원인이 되는 개념들 간의 관계를 기술하고 있다. 또 다른 하나의 일반화는 주어진 조건이 다른 조건을 동반하거나 또는 상호관

련이 있는 개념들 간의 관계를 기술하는 경우이다. 예를 들면,

어떤 교과를 학습하는데 보낸 시간은 그 교과의 학업 성취와 관련이 있다.
사회경제적 지위가 낮은 가정은 높은 가정보다 더 많은 자녀를 갖는다.
대집단 학습보다 개별학습을 하는 경우에 더 많은 학습관리 문제들이 생긴다.

이러한 일반화는 인과관계를 동반하지 않는다는 점을 주목해야 한다. 예를 들어 시간 자체가 학습을 일으키는 원인은 아니다. 대신 교과에 많은 시간을 투자하는 것은 주의력 신장, 연습기회 확보, 유의미한 정보처리 과정처럼 다른 학습과정이 일어나게 한다.

앞의 예에서 확인할 수 있듯이 일반화는 타당성이나 정확성 측면에서 편차가 크고 어느 것은 확률적이고 또 어떤 일반화는 불변이다. 예를 들면, 분자에 열을 가하면 운동시 활발해진다는 것은 항상 그렇기 때문에 이들 간에는 불변의 관계가 있다고 할 수 있다. 이와 상반된 일반화로 "시간과 학습은 관련이 있다."처럼 확률적 일반화도 있다. 어떤 경우에는 많은 시간을 할애해도 학습량 증가와는 관련이 없는 경우가 있다. 예를 들면 학습자가 동기화가 되어 있지 않거나 학습 주제에 직접 집중하고 있지 않은 경우가 있다. 그러나 일반적으로(이 때문에 '일반화'라고 칭한다), 앞의 상관관계는 사실이다.

일반화는 어떻게 형성되는가? 일반화는 주변 세계를 관찰하여 자신이 관찰한 사물이나 현상에서 어떤 패턴을 발견하려는 과정에서 일어난다. 이러한 과정의 예시로써 〈표 4.2〉를 보고 데이터로부터 일종의 경향성이나 어떤 패턴에 대한 진술을 할 수 있을지 알아보아라. 이 자료를 통하여 몇 가지 가능한 일반화에는 다음과 같은 내용이 포함된다.

가을에 해가 뜨는 시각은 날마다 점점 늦어진다.
가을에 해가 지는 시각은 날마다 점점 빨라진다.
가을에는 낮이 점점 짧아진다.

표 4.2 일출과 일몰시간

날짜	일출	일몰
10/14	7:14	6:42
10/15	7:15	6:41
10/16	7:16	6:40

이와 같은 일반화는 주변의 현상에서 관찰을 통하여 어떤 패턴을 찾기에 충분한 사람들에 의해 만들어진다. 이러한 패턴은 이미 존재하고 있어 쉽게 발견될 수 있다고 볼 수

있다. 개인이나 집단이 비로소 그 패턴을 알아차리게 된다. 과학의 주된 목적 중의 하나가 바로 자연 현상에 대한 일반화를 형성하게 하는 것이다. 일반인과 과학자를 구별 짓는 것 중 하나가 과학자는 일반인보다 이러한 일반화를 형성하는 일을 좀 더 체계적으로 한다는 것이다. 그러나 우리 모든 사람들이 주변 세계에 대한 일반화를 형성하고 있다.

일반화는 대개 수많은 사례를 관찰한 후 그 사례들 속에 숨어 있는 경향성이나 패턴을 깨달음으로써 학습된다. 이러한 측면에서 일반화는 개념과 유사하다. 일출과 일몰 시간에 관한 데이터를 통해 형성한 일반화는 이러한 방식으로 학습된다. 일반화를 학습하는 또 다른 방식은 누군가가 우리 자신에게 관련 사항을 설명해주는 것이다. 가끔 이것이 빠르고, 아마도 오늘날 학교에서 일반화를 가르치는 가장 일반적인 방식이 되고 있다.

교사는 교육과정에 어떤 일반화 과정을 포함시킬지에 대해 다음과 같은 질문을 제기할 수 있다.

- 얼마나 많은 영역이나 사건, 인간, 아이디어, 또는 사물에 일반화가 적용되는가? (적용가능성)
- 일반화가 시사하고 있는 관계성은 인간행동의 중요한 측면을 어느 정도 묘사하고 현대 사회에서 중요한 부분들을 어느 정도 설명해주는가? (유의도)
- 얼마나 많은 정보를 포함하는가? (범위)
- 일반화를 통해 어느 정도까지 통찰력을 향상시킬 수 있는가? (깊이)
- 일반화는 얼마나 강력한 개념을 포함하고 있는가? (개념적 강도)
- 일반화가 시사하는 관련성이 실제 어느 정도 존재하는가? (정확성)

이러한 기준의 가치는 다음 두 가지 일반화를 비교함으로써 밝혀질 수 있을 것이다.

나이테 크기는 그 해의 강수량과 관계가 있다.

변화의 속도는 변화 그 자체의 본질에 있는 것이 아니라 무엇이 변화를 촉진시키고 있으며 그 변화에 대한 저항이 무엇이냐에 달려 있다.

위에 열거한 여러 기준을 토대로 보아 두 번째 일반화가 첫 번째의 일반화보다 더 선호되고 있다. 즉, 더 응용력도 크고 학습자 자신의 경험 세계를 이해하는데 더 많은 기회를 준다.

이것이 추상개념에 대한 결론이다. 다음 장에서는 사실에 대해 제시해보고, 사실이 추상개념과 어떻게 다른지 논의할 것이며, 이러한 노력이 교수에 어떤 함의를 주는지 알아보고자 한다. 여기서 추상개념에 대한 논의를 마치고자 한다.

연습 4.4

아래의 수업 에피소드를 읽고 다음 질문에 답하시오.

1. 5학년 담임 Ken Waters 남선생님은 1교시 언어 수업을 준비 중이다. 첫 학기 그의 목적은 학생들에게 타동사를 가르치는 것이었다. 그는 다음과 같은 말로 수업을 시작하였다. "이제 여러분에게 두 개의 문장을 보여주겠습니다. 나는 여러분이 이 문장을 보고 그 문장들이 어떻게 다른지를 말하기 바랍니다." 그는 칠판에 다음 문장을 적었다.

내야수가 순간적으로 공을 놓치면서 아슬아슬한 시기에 공을 던졌다.
그들은 1교시 영어 수업에 또다시 늦었다.

"첫 번째 문장이 보다 길다."라고 Juan이 말했다.
"두 번째 문장에는 복수로 된 주어가 있다."라고 Maria가 말했다.
"첫 번째 문장에서 동사는 과거 시제로 되어 있지 않니?"라고 Kathy가 물었다
"두 번째 문장에도 동사가 있어. 우리는 그 차이를 알아 보아야해."라고 Jamal이 정정하였다.

이러한 아이디어를 칠판에 적은 후 Ken 선생님은 의견을 말하였다.
"이 모두가 좋은 아이디어입니다. 제가 첫 번째 문장과 같은 또 다른 예를 제시하겠습니다. 여러분은 여러분의 아이디어를 좀 더 좁혀 이야기할 수 있는지 알아보시기 바랍니다."
그 선생님은 자기가 작성한 목록에 다음과 같은 내용을 첨가하였다.

아동들은 오트밀 요리를 먹었다.

"다시 위 문장들을 보세요."라고 Ken선생님이 지시를 내렸다.
"나에게 첫 번째 문장과 세 번째 문장이 왜 비슷한지 말해보세요."
이러한 수업은 학생들이 첫 번째 문장과 세 번째 문장에는 직접 목적이 있다는 것을 알아낼 때까지 계속되었다. 그 이후 Ken 선생님은 자동사를 학생들이 사용하고 있는 예에 관련을 지우면서 논의하였다.

a. Ken가 가르치고자 하는 추상개념은 어떠한 것인가?

b. 교사가 본보기로 어떠한 아이디어를 사용하였는가?

2. 또 다른 여자 영어선생님인 Jones 선생님은 6학년 학생들에게 동사를 가르치려고 시도하고 있다. 그녀는 다음과 같은 말을 통하여 수업을 시작했다. "여러분 모두는 동사가 무엇인지를 기억할 것입니다. 우리는 일 년 내내 동사를 공부해 왔습니다. 이제 우리는 자동사라고 불리는 특별한 동사를 배울 것입니다. 자동사란 직접 목적을 취하지 않는 동사입니다. 직접 목적이 무엇인지 기억하고 있는 사람? Johnny?"

John는 다음과 같이 대답했다. "제 생각으로 직접목적이란 동사의 행위를 받는 단어입니다." "'그가 나를 때렸다.'처럼 '나를'이라는 것은 직접목적입니다."

"좋아 Johnny."라고 Jones 선생님은 말씀하였다. "자, 기억해봅시다. 자동사는 직접목적을 취하지 않는 동사입니다. 어떤 자동사는 an, were, was, has been과 같은 다른 형태를 취합니다. 나는 칠판에 하나의 문장을 적어 둘 것입니다. 여러분은 이를 보고 그 동사가 자동사인지 아닌지 나에게 말해줄 수 있는지 알아보세요."

그가 늦었다. (He was late.)

"예." Saritha가 말했다. "이 문장에서 동사가 be의 형태를 취하기 때문에 직접목적을 가질 수 없어요." "좋아." Jones 선생님이 말했다.

"이것은 어때?"

나무꾼이 나무를 베어 넘어뜨렸다.

"이것은 자동사가 될 수 없어요." Rashad가 말했다.

"왜 안 되지?" Jones 선생님이 질문했다.

"왜냐하면 그 문장에는 직접 목적이 있습니다. 그리고 나무는 직접목적이기 때문입니다."

"좋아, Rashad."

Jones 선생님은 학생들이 자동사를 이해한 것을 확인할 때까지 수업을 계속했다.

a. Jones 선생님은 어떠한 종류의 추상개념을 가르치고자 하는가?

b. 본보기로 Jones 선생님은 어떠한 종류의 자료를 사용했는가?

c. 두 교사의 수업접근 방법은 어떠한 차이가 잇는가? 그들의 방법은 똑 같은가?

3. Black 선생님은 학생들이 어떤 것은 버리고 어떤 것은 버리지 말아야 할지 알 수 있도록 분해되는 물건을 알기 바란다. 그는 다음과 같은 말을 통하여 수업을 한다. "오늘 나는 여러분에게 분해될 수 있는 물건에 대해 가르치고자 합니다. 모든 학생들은 따라 해보세요. '분해되는 물건.'" 그 다음 그 교사는 칠판에 "분해되는"이라는 단어를 적는다. "오렌지 껍질과 담배꽁초는 분해된다. 그러나 병과 담배필터는 그렇지 않다. 알루미늄 호일이나 병뚜껑도 분해되지 않는다. 여러분은 '분해되는'이라는 단어가 무슨 의미인지 말할 수 있습니까?"

Jony가 다음과 같이 말했다. "그것은 공장의 공산품과 관계가 있습니다." Chris는 말했다. "그것은 부드러운 것일 거예요." "자, 여러분이 결정하는데 도움이 되는 몇 가지 정보를 주겠습니다." Black 선생님이 제안하였다.

분해되는 물건과 더불어 Black 선생님은 더럽고 축축한 다른 물건으로 가득한 용기를 하나 꺼내었다. 그 용기 안에는 플라스틱 컵과 콜라 병뚜껑과 같은 물건들과 이미 분해되기 시작한 나무토막과 종이와 같은 많은 분해가 잘되는 물건들이 가득 차 있었다. 그는 그 통에서 이들 물건 중 하나를 끄집어내면서 그 물건에 '분해 가능함' 또는 '분해되지 않음'이라는 이름을 붙였다. 이러한 정보를 토대로 이 반에서는 하나의 정의에 도달할 수 있었다.

a. Black 선생님은 어떠한 추상개념을 가르치고자 하는가?

b. 교사는 본보기로 어떠한 자료를 사용하였는가?

사실

사실은 학교에서 가르치는 두 번째의 내용형태이나 직접 관찰할 수 있는 현상에 대한 진술로, 일반적으로 과거건 현재건 단 한 번에 발생한 것을 의미한다. 사실에 관한 예를 들어보면 다음과 같다.

존슨은 링컨의 부통령이었다.
에밀 폰 베링은 디프테리아를 통제하는 방법을 발견했다.
일본은 1941년 12월 7일 진주만에 폭격을 가하였다.

위의 진술문은 각각 과거나 특정의 장소, 시간에 일어난 사실적 내용을 보고하고 있다. 이것이 일반적 패턴을 진술하는 추상적 진술문과 다른 점이다. 어떤 면에서 보면 개념은 시간에 영향을 받지 않는 범주를 기술한다. 일반화는 과거뿐만 아니라 현재에도 역시 타당하며 미래에도 타당해야 하는 패턴을 기술한다. 이와 대조적으로 사실은 일회적이다. 이와 같은 특성으로 인해 학생들에게 사실을 가르칠 때는 그 유용성에 있어서 매우 제한을 받게 된다.

사실을 진술한 문장을 살펴보고 추상개념과의 관계를 살펴보자.

F.D.R은 뉴욕 출신이다.
닉슨 대통령은 캘리포니아 출신이다.
아버지 부시와 아들 부시 대통령은 텍사스 출신이다.

위 문장들은 모두 사실이다. 위에서 언급된 주들의 인구는 매우 많다는 사실을 고려해 보자. "그러면 우리는 대통령은 인구가 많은 지역에서 당선되는 경향이 있다."라는 유형을 제안할 수 있다. 이러한 경향에 명백히 예외적인 경우가 있는데 그것도 타당할 수 있다. 이 사례에서 강조하고자 하는 것은 사실과 추상개념 사이의 관련성이다. 추상개념은 학습자들이 사실을 인지하기가 용이한 경향성으로 파악하는 과정을 경험할 때 형성된다. 바로 이러한 이유 때문에 사실이 교육과정의 내용에 포함되는 것이다.

사실을 학습해야 하는 또 다른 주요한 이유로 어떤 것들은 사실 그 자체가 배울 만한 가치가 있는 것으로 그것은 추상개념과의 관련이 거의 없는 것들이다. 이러한 종류의 사례를 들어보자.

독립선언문은 1776년 7월 4일 필라델피아에서 서명되었다.
알렉산더 그레험 벨은 전화를 발명하였다.
허만 멜빌은 백경을 썼다.

위와 같은 사실이 중요한 까닭은 대부분의 미국인들이 공유하고 있는 일반적인 지식을 형성하고 있기 때문이며, 이를 앎으로써 교육을 받았다는 증거가 되기 때문이다. Hirsch (1987)는 「문화 문해」에서 어느 정도의 핵심적 사실적 지식과 개념을 소유하고 있느냐 하는 것은 문화적 문해를 반영하는 것이라고 하였다. 그러나 교육과정상에서 차지하는 실용성과 중요성을 생각해보면, 사실은 대부분의 교실 수업에서 소홀히 취급되고 있다.

사실과 추상개념: 교육과정에서의 가치

지금까지의 논의에 편견이 끼어들 논지가 없었다면 이점을 명백히 해둘 필요가 있다. 교사들은 교실에서 인지적 영역의 목표달성을 위해 사실보다 추상 개념을 가르치는데 많은 시간과 노력을 쏟고 있다고 느낀다. 이러한 까닭은 추상개념이 매우 많은 정보를 요약하는데 사용될 수 있고, 현상을 설명할 수 있으며, 미래 사실을 예측할 수 있기 때문이다.

추상개념은 요약기능을 갖고 있어서 각각의 개별 사실을 일일이 기억하는 것 보다는 다량의 정보를 기억하기 쉽게 하나의 문장으로 기술할 수 있다. 수학을 예로 들어보자. 이 책의 저자 중 한 사람이 자신의 아들에게 9의 덧셈 사실을 도와주고 있었다. 그의 아들은 개별 사실을 기억하는데 애를 먹고 있었다. 그래서 아버지는 아들에게 "어떤 수에 9를 더할 때는 나머지 수가 원래 수보다 항상 1이 적다."라는 일반화 개념을 가르쳐 주었다(예를 들어, 6과 9를 더할 때 15가 되고, 여기에서 5는 6보다 1이 적다). 이러한 일반성을 이해함으로써 아들은 9의 덧셈에 관한 개별 문제를 기억해야 하는 필요가 없게 되었다. 대신 모든 경우에 적용할 수 있는 일반적인 규칙을 기억하게 되었다. 앞에서 언급했던 “c를 제외하고 e앞에는 항상 i가 온다.”는 철자 규칙도 연관성이 없는 고립된 사실과는 달리 규칙을 학습함으로써 얻게 되는 또 다른 실례라고 볼 수 있다.

많은 고립된 사실학습을 반대하는 주된 주장 중 하나는 단순 사실의 기억으로 구성된 코스를 택한 사람들에게 검사를 실시한 바에 따르면, 사실의 개수자체가 기억하기가 힘들다는 점이다. 대개 이와 같은 실험 과정에 참여한 학습자들은 평가를 위해 암기하고 곧 망각해버린다. 왜냐하면 암기된 개별 사실들은 다른 아이디어와 통합되지도 못하며 좀처럼 반복하여 활용되지 못하기 때문이다. 두 번째 이유는 현상을 설명할 때 이를 사용할 수 있다는 점이다. 예를 들어 술을 마시지 않는 기혼자들을 위한 최저 보험율은 운전자의 사고 비율 범주에 포함시켜 일반화함으로써 설명될 수 있다. 일반화의 설명 기능은 수업과 관련하여 더 제시된다.

두 명의 초등학교 교사가 수업 시간에 기하도형을 가르쳤다. A교사는 교실 주변에 있는 다른 종류의 원, 사각형, 삼각형을 가리켰다. 반면, B교사는 두꺼운 종이로 도형 모양을 만들어서 사용하였다. 처음에는 B교사가 지도한 학생들이 도형의 개념을 더 빨리 배웠으나, 결국에는 A교사가 지도한 학생들이 복잡한 디자인이 적용된 모양들에서 더 빨리 도형들을 구별해 내었다.

이러한 결과들은, 심리학자들이 개념 학습 연구결과에서 발견한 일반화로 설명된다 (Eggen & Kauchak, 2007; Mayer, 2008). 도형의 개념을 더 빨리 배운 B교사의 학생들은 “본보기를 단순화시켜 수업초기에 개념을 가르치면 학습 속도가 빨라진다.”라는 일반화로 설명될 수 있다. 왜냐하면 B교사에 의해 제시된 도형 모형 때문에 학습자들은 본보기에서 개념의 본질적 특성을 파악하는데 있어서 어려움을 적게 겪었기 때문이다. A교사가 지도한 학습자들이 도형과제에서 더 탁월하였다는 사실은 “학습 과제가 학습상황에 근접할수록, 그 과제를 더 잘 해결할 수 있다”라는 일반화로 설명될 수 있다. 왜냐하면, A교사가 지도한 학습자들은 다른 도형으로부터 도형을 찾아내는 경험을 이미 해보았기 때문에 (시계에서 원 모양을 추론하는 것처럼) 학생들은 이러한 측면의 사후검사에서 더 좋은 성취를 나타내었다.

교육과정상에서 가치가 있는 추상화의 세 번째 활용은 추상화를 통하여 미래를 예측할 수 있다는 것이다. 이러한 과정을 구체적으로 나타내기 위해, 〈표 4.3〉에서 제시되어 있는 사실을 분석하여 6월 7일의 조수흐름을 예측해 보고자 한다.

〈표 4.3〉에서 세 가지의 일반화 개념을 찾을 수 있다.

표 4.3 밀물과 썰물

날짜	밀물	썰물
6/4	오전 2:00	오전 8:00
	오후 2:00	오후 8:00
6/5	오전 2:45	오전 8:45
	오후 2:45	오후 8:45
6/6	오전 3:30	오전 9:30
	오후 3:30	오후 9:30

밀물과 썰물은 6시간을 주기로 일어난다.
밀물 주기는 12시간이고 썰물 주기도 12시간이다.
밀물과 썰물은 매일 45분씩 늦어진다.

이러한 일반화를 토대로 밀물이 6월 7일 오전 4시 15분과 오후 4시 15분, 그리고 썰물이 오전 10시 15분과 오후 10시 15분에 발생하리라고 예측할 수 있다. 이러한 정보는 어부나 항해사, 또는 해변을 산책하는 사람에게는 매우 가치있는 정보다. 개별적인 사실만으로는 이러한 예측이 불가능하다는 점을 주목해야 한다. 개별적인 사실들은 먼저 추상화되는 과정을 거쳐야 하고, 그런 연후에 예측을 할 수 있는 것이다.

추상화로부터 예측을 하는 과정은 일반적으로 일어나는 일이며, 종종 일상생활에서도 무의식적으로 일어난다. 예를 들어 오늘 일몰 시간이 언제라고 예상하느냐, 그리고 해가 질 때 태양의 위치가 어디에 있게 될 것인가, 또한 오늘 밤 기온이 낮과 비교해서 어떻게 될 것 같은가 라는 질문을 한다고 해보자. 이러한 질문에 대한 답은 대개 의식적이든 무의식적이든 환경에 대해 이미 형성한 일반화 개념에 근거하여 하게 되기 마련이다.

사실을 가르치는 데에 대한 몇 가지 언급을 해두고자 한다. 이미 언급한 것처럼, 교육과정에서 개별 사실을 포함시키는 까닭은 구체적인 사실들이 지식체를 형성하고, 그러한 지식들은 현대 미국인의 일상생활에 필요하다고 생각되기 때문이다(예를 들어, 미국 역사와 정부 기능에 대한 지식). 사실을 교육과정에 포함시키는 두 번째 정당화 이유로는 학생들이 추상화 사고 과정을 할 때 개별 사실들이 기본적인 자료가 됨으로써 개념화를 가르치는 수단이 될 수 있기 때문이다. 만약 이와 같은 기준이 특수한 사실에 적용되지 않는다면, 우리는 교육과정에 개별 사실을 포함시키는 것에 의문을 제기해야 한다. 교육과정에서 사실의 비중이 커지는 까닭은 교사들이 사실과 추상사이의 차이점을 깨닫고 있지 못하고 있으며, 모든 교육내용들을 동일하게 다루고 있기 때문이다. 실제로 이러한 일이 일어날 경우 학습자는 사소한 개별적 사실에 집착하게 된 나머지 교과에서 추구하고 있는 궁극적 기본 개념과 원리를 배울 수 있는 능력에 지장을 받게 된다.

연습 4.5

자! 이제 여러분은 사실과 추상개념의 차이를 이해하여 이들의 본보기를 구분해 낼 수 있는지를 알아본다. 우리는 이러한 아이디어의 본질적 특징을 가르치려고 몇 가지 본보기를 제시한다. 이제 다음과 같은 추가 긍정적 본보기와 부정적 본보기를 제시했을 때 과연 이러한 추상개념이 학습되었는지를 알아보자.

다음 지문이 사실(f)인지 아니면 추상개념(a)인지를 분류하시오.

______ 1. 양면이 같은 기하도형을 마름모라고 한다.
______ 2. 소멸이란 강화가 줄어들어 생긴 반응의 중단을 말한다.
______ 3. 두 사람간의 중력은 그들의 몸무게와 정비례하고, 두 대상 간의 거리의 제곱과 반비례한다.
______ 4. 영어로 질문을 할 때, 동사는 주어 앞에 온다.
______ 5. 파블로프는 고전적 조건화라는 현상을 발견하였다.
______ 6. 음악 작품이 오래될수록 그것을 연주할 수 있는 악기는 희소하다.
______ 7. 본문 앞에 제시된 질문이 그 질문과 직접 관계된 학습을 증진시키지만 부수적 학습은 감소시킨다(질문과 직접 관계가 없는 내용).
______ 8. 유타에는 5개의 국립공원이 있다.
______ 9. 소설은 일종의 문학으로 이야기를 서술하고 있다.
______ 10. 지역사회를 돕는 사람들은 그들의 이웃에서 중요한 일을 수행하는 사람들이다.
______ 11. 물은 고도가 높은 곳에서 낮은 온도에서도 끓는다.
______ 12. 사실이나 정보를 진술하는 문장을 서술문이라고 한다.
______ 13. 항체란 체내의 독소와 기타 해로운 물질을 중화시키기 위해 항원이 결합된 단백질군을 말한다.
______ 14. 아다지오는 음악을 쉽고 우아한 방식으로 연주하는 방법이다.
______ 15. 미국은 2003년에 두 번째로 이라크를 침범하였다.

교실에서의 공학

학생들이 다양한 인지목적을 달성하도록 돕기 위하여 공학을 활용하기

공학은 교사가 다양한 인지 목적을 달성하도록 돕기 위한 강력한 도구이다. 공학은 교사가 학생들의 사실학습, 추상개념의 이해, 인지 목표분류학의 상위 마지막 부분의 목적 달성을 돕는데 도움이 된다(Roblyer, 2006).

학생들의 사실 학습 돕기

종종 '사실'이 교육과정에서 지나치게 강조되면서, 교사는 '어떤 사실'은 학생이 학습하는 데 있어 중요하다는 것을 발견하는 한편, 학생들은 그것을 기억하는데 어려움에 봉착한다. 공학은 사실 학습에 연습을 제공할 수 있는 도구가 된다.

소프트웨어 프로그램은 학생들이 다음과 같은 중요한 사실을 가르치는 데 이용될 수 있다.

- 수학사실
- 사회과에서의 중요한 이름과 날짜
- 과학에서의 화학적 상징
- 문학에서의 저자의 이름과 작품

소프트웨어 프로그램은 이와 같은 사실을 강화하는데 효과적이다. 왜냐하면 이러한 프로그램은 개별화 될 수 있고, 학생들이 애써 노력하는 내용에 과외 연습을 제공하기 때문이다. 이외에 이러한 소프트웨어 프로그램은 교사가 다른 교육 목적에 대하여 자유롭게 학생들을 도울 수 있다.

추상개념 가르치기

공학은 실제 세계를 교실로 끌어 들이는 일을 가능하게 하여 추상개념을 가르치는데 사용될 수 있다.

미국역사 시간에 미국의 시민권 운동을 공부하고 있다. 이 운동은 30여 년 전에 일어난 일이므로 학생들이 당시 시민들의 저항과 희생을 이해하기란 쉽지 않다. 학생들의 이해를 돕기 위해 교사는 물 호스와 개를 동원하고 시위대를 체포하는 정부에 맞서 끗

꿋하게 거리를 행진하는 모습이 담긴 마틴 루터 킹의 비디오 자료를 활용한다. 그리고 워싱턴 D.C로 행진하고 있는 마틴 루터 킹은 "나는 꿈이 있다(I have a Dream)"라는 연설을 한다.

생물시간에 대부분의 털이 나 있고 출산을 하기 때문에 다른 동물과 쉽게 구별할 수 있는 포유류를 공부하고 있다. 그러나 포유류가 4개의 심실을 가지고 있는 것처럼, 묘사하기 어려운 특징도 있다. 교사는 일명 '살아있는 교과서'라고 할 수 있는 비디오를 활용하여 4개의 심실이 어떤 생김새를 가지고 있는지, 어떤 기능을 하는지, 그리고 두 개나 세 개의 심실을 가지고 있는 파충류나 양서류, 어류보다 어떤 점에서 더 효율적인지를 시각 자료로 제시하여 활용한다.

공학은 학습자들의 경험세계에서 동떨어진 추상적 개념을 교실로 끌어들임으로써 학습자의 학습을 도와주는 매우 강력한 기능을 할 수 있다(Mayer, 2001). 비디오테이프, 컴퓨터 시뮬레이션, 비디오디스크 모두 외부 세계를 교실로 편리하게 끌어들일 수 있다. 비디오디스크는 108,000개의 이미지를 풍부한 음향과 함께 저장할 수 있으며 매우 선명한 내용제시 도구까지 제공한다(Roblyer, 2006). 예를 들어, 국립미술원 비디오디스크는 위대한 작가들의 작품과 매우 긴요한 정보들이 들어 있다. '과학의 창'이라는 사진과 동영상으로 이루어진 자료에서는 과학교사는 상상하기 힘든 아이디어와 구도들을 보다 상세하게 설명해 줄 수 있다. 게다가 상업용으로 제작된 비디오디스크 이외에 교사는 내용제시를 보충하기 위하여 스스로 사진, 도표, 비디오테이프를 고화질과 소리를 넣어 재구성하여 자신의 영상자료를 구성할 수 있다.

고차적인 인지 목적의 교수

공학은 또한 학생들이 상위 인지 목표분류에 속한 목적에 도달하도록 돕는데 강력한 도구가 될 수 있다(Forcier & Descy, 2005). 공학은 학생들이 다음과 같은 것을 할 수 있도록 가르치는데 활용될 수 있다.

- 정보를 수집하고 조직한다.
- 자료를 저장하고 조작한다.
- 다양한 원천으로부터 정보를 추출해낸다.
- 정보를 적당한 방법으로 기록한다.
- 제시를 위한 준비 자료를 편집한다.
- 정보를 주고받는다.
- 소프트웨어게임과 시뮬레이션게임을 통하여 문제를 해결한다.

전문가들은 교실에서의 공학의 초대 장기적 가능성은 학습자의 능력을 확대하여 실생활에서의 문제를 해결하는 정신적 도구라고 믿는다(Jonassen, Howland, Moore, & Marra, 2003).

반성하기

사실과 추상: 교육과정에 있어서의 그들의 가치

INTASC 원리 1, 3, 그리고 4

정의적, 심체적, 인지적 영역의 수준들에 대하여 생각해 보시오. 그 다음 인지적 영역을 강조하면서, 이 세 영역을 어떻게 통합할지를 생각해 보시오.

요 약

일반적으로 교육목적은 네 가지의 원천 즉, 표준, 학습자, 사회, 학문 중 한 가지에서 비롯된다. 특정한 교육목적은 여러 원천 또는 여러 관점에서 옹호될 수 있다. 예를 들어, 도형의 면적 구하는 방법을 알기와 같은 수업 목표는 엄격한 학문적 관점을 취할 수도 있고, 실생활 적용과 관련지어 실용적 법칙 형태로 제시될 수도 있다. 직사각형 면적 구하는 방법 알기는 정원에 뿌릴 비료의 양을 계산하는 상황에 적용할 수 있고, 원의 면적 구하는 방법 알기는 9인치에서 18인치 팬에서 피자를 만들 때 필요로 하는 조리법을 정하는 일에 적용할 수 있다. 또한 사춘기의 몸의 변화를 가르치는 경우에도 이러한 세 가지의 관점을 모두 동원할 수 있다. 학습자 중심 관점에서는 청소년의 성장과 발달을 이해하고 이것에 대처하는 요령을 가르칠 수 있다. 사회적 관점에서는 몸의 변화에 대한 정보가 곧 성인 사회에 참여하게 될 어린 학습자들에게는 필수적인 지식이 된다. 그리고 학문적 관점에서는 복잡한 신체 조직의 기능을 묘사해 줌으로써 자신의 몸과 변화에 대해 학생들이 관심을 갖게 할 수 있다.

교육목적 설정을 세 가지 관점으로 제안함으로써 내용 영역 자체와 특정 교육 목적도 설정할 수 있으며, 철학적으로도 그 범위를 한정할 수 있을 것이다. 중요한 것은 교사가 수업 목적의 원천을 이해하는 일이며, 스스로 자신이 선택한 목적에 대해 지적으로 정당화할 수 있어야 한다는 점이다.

이 장의 두 번째 내용에서 세 가지 영역에 대하여 논의였다. 이 책에서는 심체적, 정의적, 인지적 영역을 간략하게 소개하는 것에 목적을 두었다.

이것은 이들 영역이 가장 중요하다고 믿어서가 아니고 많은 교육프로그램에서 일차적으로 초점을 두어야 한다고 믿기 때문이다. 비록 정의적 영역을 포함한 목표가 숫적으로 거의 존재하지 않지만 우리는 이러한 목표들이 젊은이의 발달에 결정적 역할을 함에 틀림없다고 확신한다.

이것은 특히 저학년에서는 사실이다. 여기서는 사회화와 타인과 협동하는 것을 배우는 것이 중요한 목적이 된다.

심체적 영역과 관련하여, 전국의 전문가들은 아동의 비만에 대하여 점점 더 골머리를 앓고 있다. 이러한 비만의 일부는 계속적인 체육프로그램에 참여하지 않은 학생에게서 나타난다(Lafee, 2005; Schilbsted, 2006). 이외에, 상급학교로의 학업에 대한 욕구가 체육활동에 보내는 시간을 제한하고 있다. 이 장의 앞머리에서 언급했듯이, 우리는 세 영역이 아동의 건강한 성장을 증진시켜 주는데 작용하리라 믿는다. 비록 우리는 정의적 영역과 심체적 영역을 간단히 개관했지만, 우리는 가능하면 언제나 교육과정에서 이들을 통합하기를 바란다.

마지막으로 〈표 4.4〉를 참고하면서 사실과 개념에 대한 논의를 요약하고자 한다.

표 4.4 사실과 추상화의 비교

예	교수방법	평가	적용
사실	질문/대답	질문/대답	추상개념이 될 수 있다.
태양에 가장 가까운 행성은 수성이다.	S — R	S — R	
남부 연방은 13개 주였다.	(자극은 질문이고, 반응은 대답)	(자극 또는 반응 어느 하나가 제시되고, 학습자는 빠진 용어를 채워 넣어야 함)	(요약, 설명 또는 추측에 활동을 할 수 없음)
추상개념	예시/추상개념	S, S, S → R	요약, 설명, 추측 활동이 가능하다.
규칙적으로 운동하는 사람은 고혈압 증상이 없다			
차의 제동거리는 속도와 반비례한다.	S, S, S → R	(새로운 예시를 보고 학습자는 올바르게 유목화를 한다)	
초식동물은 식물만 먹고 산다.		(추상화개념이 주어지면 학습자가 새로운 예를 든다)	

아마도 사실과 추상적 개념간의 최대의 차이점 중의 하나는 가르치는 방법일 것이다. 사실은 자극이 질문이고 반응이 대답이라는 자극-반응 연결로 가르쳐진다. 이러한 학습 방법을 사용할 때는 개별적 사실을 하나하나 반복적으로 암기하는 것이 주된 강화 양식이 된다. 이러한 연결을 강화하는 방법은 반복, 즉 사실의 반복을 통하여 또는 질문의 제기를 통하여 또는 학생들에게 그들의 노트나 교재를 다시 읽도록 격려하므로 성취될 수 있다.

두 번째로, 사실과 추상화가 서로 다른 점은 측정 방식에 있다. 사실은 일반적으로 질문이라는 활동이 있고(예 미국의 첫 번째 대통령은 누구인가?), 그 다음 대답이라는 활동이 동반되는 과정을 통해 학습된 것을 평가한다. 이와 대조적으로 추상화는 추상화 관련 예시를 인지하는지(예 개념 동사의 활용 경우, '다음 밑줄 친 낱말의 공통점은 무엇인가?'), 아니면 새로운 예시를 제공하도록 요구하므로써(예 '수업 시간에 논의된 것 외에 다른 세 가지 동사를 예로 드시오.') 평가한다. 두 가지 경우 모두 학습된 추상화는 새로운 문제 상황에서 일반화 된다는 사실을 확인하기 위해 새로운 예시가 사용되고 있다는 점이 중요하다고 할 수 있다.

핵심개념

개념	아동(목적의 자원으로서)
사실	정의적 영역
사회(목적의 자원으로서)	추상개념
심체적 영역	표준(목적의 자원으로서)
인지적 영역	학문(목적의 자원으로서)

자격시험준비

다음의 사례연구를 읽고 이 장에 제시된 구체적 정보를 사용하여 다음 질문에 답하시오.

Henry Myers는 중학교 사회과 교사인데, 그는 교사 휴게실에 앉아 창밖을 내다보고 있다. Phyllis Burbank 선생님은 2층 복도의 Henry Myers 교사 옆자리에 있는데, 그는 휴게실로 걸어 들어와 물었다.

"또 공상에 잠겨있어?"

"아니야. 나는 단지 미국의 정치 · 선거 단원을 어떻게 가르칠지 생각하고 있는 중이야."

"무엇이 그렇게 어렵지? 옛날에 했던 대로 해. 올해 선거에 출마한 사람, 상원의원과 국민을 대표하는 사람은 어떠한 사람이고, 재임자가 되므로 생기는 이점은 무엇인가 등을 가르치면 돼."
"그래. 학생들은 그 모든 것을 배워야 해. 그러나 나는 학생들이 정부에서의 그들의 역할에 대한 책임감을 갖도록 하게하고 싶어. 그래서 그들이 나이가 들면, 그들은 투표를 하게 될 거야."
"음. 그건 힘든 일이데. 학생들은 겨우 13살이고 5년이 지나야 투표를 하게 될 텐데."
"좋아, 나는 이 모든 내용들을 우리학교의 선거에 관련지을까 생각하고 있었어. 학생들이 모두 이에 관심을 보이고 있어. 만일에 학생들이 이에 흥미를 갖게 할 수 있다면, 앞서 제시한 정치와 선거에 관한 내용이 다른 보다 추상적인 이와 관련된 내용에 포함되는지를 알게 하는데 도움이 될 거야."

1. 사실, 개념, 일반화가 언급된 시나리오를 밝혀낸다.
2. 각 목적 설정자원들은 단원에 대한 서로 다른 접근의 근거가 된다. 이것을 밝히고, 이것들이 어떻게 서로 다른 목적설정자원을 나타내고 있는지 설명해 보시오.
3. 그 시나리오에서 인지적 영역과 정의적 영역의 증상을 밝혀내시오.

비디오 연습

MyEducationLab로 가서 "교육과정"이라는 주제를 선택하여 "비지시적 수업모형"비디오를 시청하시오. 비디오를 보고나서 비디오에 나오는 질문에 답하시오

포트폴리오의 개발

이 활동의 목적은 인지영역의 내용에 따라 여러분이 가르칠 내용에 대해 생각하도록 격려하는데 있다. 여러분이 교직 첫해에 가르치게 될 단원에 대한 일반주제를 하나 정하시오.

- 일반제목으로 주제를 사용하여, 그 단원에 포함시킬 두 가지 사실, 두 개의 일반화를 밝히시오.
- 한 단원에 서로 다른 형태의 내용들을 어떻게 관련지을지 간단히 서술하시오.

토의문제

1. 세 가지 목적자원-아동, 사회, 그리고 학문의 중요성은 학년 수준에 따라 바뀌는가?
2. 다음의 목적자원은 어떠한 내용영역을 가장 많이 강조하고 있는가: 아동, 사회, 또는 학문? 가장 적게 강조하는 것은? 왜 그러한가?
3. 정의, 심체, 인지 영역의 상대적 중요성이 K-12 교육과정에 걸쳐 어떻게 변화되는가?
4. 정의, 심체, 인지 이 세 영역 중 어느 영역이 오늘날 학교에서 보다 많이 강조되는가? 가장 적게 강조되는 것은?
5. 여러분의 학년수준 또는 내용영역에서 가장 중요한 개념과 일반화는 무엇인가? 왜 그것들이 중요한가?
6. 사실이 학교에서 지나치게 강조되고 있는 이유는 무엇인가?
7. 사실, 개념, 일반화의 적정비율은 유치원에서 12학년에 걸쳐 어떻게 바뀌어야 하는가? (예를 들면, 50% 사실, 25% 개념, 25% 일반화) 구체적인 내용영역 또는 학문에 대한 당신의 입장을 변호해 보시오.

현장경험을 위한 제안

1. 학년수준 또는 여러분이 가르치고자 하는 내용영역을 담당하고 있는 교사를 면담하여 그들에게 수업에서의 다른 목적설정 자원의 중요성에 대하여 물어보시오.
   a. 어느 것이 가장 중요한가? 왜 그러한가?
   b. 어느 것이 가장 덜 중요한가? 왜 그러한가?
   c. 학생들의 형태(예 영재 또는 위험군 아이)에 따라 중요도의 순서가 바뀌는가?
   d. 이러한 순서는 주제(예 혁명전쟁 대 사회과에서의 선거 투표)에 따라 달라지는가?
2. 여러분이 담당한 학년 또는 내용영역을 포함하는 교과서에서 한 장을 선택하여 조사하시오. 그리고 다음과 같은 내용을 규명하시오.
   a. 사실
   b. 개념
   c. 일반화

   이들 각 내용에 각 장의 얼마가 할애 되었는가? 이것이 최적의 비율인가?

3. 한 교사를 면담하여 학급에서 세 영역의 상대적 중요성에 대하여 물어보시오. 그리고 이 서열에 어떠한 요인이 영향을 미치는지를 물어보시오.

4. 교사가 편집한 교과서나 주나 지역의 교육과정지침을 조사하시오. 그리고 세 영역 각각의 목적이나 목표를 밝혀보시오.

5. 분류학을 이용하여 교과서의 한 장 또는 교육과정지침서의 한 단원의 목적이나 목표를 분석하시오.
   a. 가능하다면 각 수준의 예를 정하시오.
   b. 어느 수준의 목적과 목표가 가장 많은가?
   c. 세 영역이 가장 알맞게 혼합 되었는가?
   왜 그런가? 아니면 왜 그렇지 않은가?

   여러분이 담당한 학년 또는 내용영역을 포함할 교과서에서 한 장을 선택하여 조사 하시오. 두 가지 개념을 선정하고 그 교재에 이 개념들이 얼마나 잘 표현되었는지 기술하시오.
   a. 특징
   b. 본보기
   c. 상위개념
   d. 하위개념
   이 정보를 사용하여 이 책이 개념을 가르치는 일을 얼마나 잘하고 있는지 평가해 보시오.

6. 방금 끝마친 단원에서 하나의 개념을 선택하시오. 학생을 면접하여 그 개념을 얼마나 잘 이해하고 있는지 알아보시오. 특히 학생에게 다음과 같은 내용을 기술하도록 하시오.
   a. 특징
   b. 본보기
   c. 상위개념
   d. 하위개념
   학생의 반응은 여러분들에게 학습의 깊이와 수업의 질에 대하여 무엇을 말하고 있는가?

7. 교사가 실시한 검사를 조사해 보시오. 시험 중 얼마의 비율로 다음에 초점을 맞추고 있는가?
   a. 사실
   b. 개념
   c. 일반화

   이것들을 통합하는 것에 대하여 논평하시오.

교수도구

☞ 참고문헌

March, C., & Willis, G. (2007). *Curriculum: Alternative approaches, ongoing issues*(4th ed.). Upeper Saddle River, NJ: Prentice Hall. Provides an excellent overview of curriculum issues.

Marzano, R.(2003). *What works in schools.* Alexandria VA:Association for Supervision and Curriculum Development. An excellent summary of the research on effective schools and effective teaching.

Onstein, A., & Hunkins, F. (2004). *Curriculum: Foundations, principles, and issues*(4th ed.). Boston: Allyn & Bacon. A basic text on curriculum issues from a foundational perspective.

Tanner, D., & Tanner, L. (2007). *Curriculum development: Theory into practice*(4th ed.). Upper Saddle River, NJ: Prentice Hall. Describes the history of curriculum in the United States as well as current controversies in curriculum development.

Wiles, J., & Bondi, J. (2007). *Curriculum development: A guide to practice*(7th ed). Upper Saddle River, NJ: Pearson. An excellent introdution to the process of curriculum development with valuable chapters on standards and integrating technology into the curriculum.

☞ 웹사이트

www.ascd.org Web site for the Association for Supervision and Curriculum Development, the primary professional organization that deals with curricular issues.

www.curriki.org Contains repository of free curriculum materials for educators.

www.funderstanding.com/curriculum.cfm A valuable resource for understanding important curriculum concepts.

www.marcopolo-education.org A favorite resource for teachers that contains hundreds of lesson plans as well as a rang of ideas for lessons.

www.rmcdenver.com/useguide/lessons/design.htm? Helps teachers understand how to convert standards into usable lesson plans.

5

표준을 사용하여 목적과 목표를 설정하기

서 론

제 1장에서 우리는 수업모형을 상호 관련된 세 단계, 즉 계획, 실행, 평가로 나누어 제시하여 이 책의 조직을 소개하였다. 교사에 있어 수업목적과 목표는 이 각각 단계에서 아주 유용하게 사용된다(Gronund & Linn, 2000). 계획단계에서 목적과 목표는 국가와 주의 표준의 범위 안에서 여러분이 달성하고자 하는 것이 무엇인지를 정의하고 명확히 하는데 도움이 된다. 실행 단계에서 목적과 목표는 여러분이 수업의 결정을 내리는데 도움을 주는 하나의 지침이 된다. 평가단계에서 목적과 목표는 평가도구의 형태와 내용을 결정하는데 도움이 된다. 이외에 목적과 목표는 학생과 그들의 부모는 물론 다른 교사와 학교 인사들에게 수업의 의도를 전달하는데 도움이 된다.

계획단계는 목적이 규명되어야 시작이 된다. 우리는 1장에서 여러분에게 표준의 영향과 목적의 원천 그리고 4장에서는 수업의 영역을 소개하였다. 이제 우리는 수업 목적을 좀 더 자세히 살펴보고 수업을 위하여 표준을 통하여 설정된 수업목적을 어떻게 조작적인 형태로 바꿀 것이냐를 살펴보고자 한다. 그 결과 우리는 수업목적을 수업의 지침으로 사용할 수 있는 것이다. 이러한 목적은 계획과정의 시작을 알리는 것으로 이것은 6장에서 충분히 다루어진다.

학습자 목표

5장의 공부가 끝나면 여러분은 다음과 같은 것을 할 수 있어야 한다.

- 국가, 주, 지역의 목적이 교실에서 가르쳐지는 내용에 미치는 영향을 안다.
- 연간, 단원, 단위시간 수업계획과 관련한 목적의 기능을 논의한다.
- 일차적인 행동 목표를 준비한다.
- 일차적인 목적의 목표를 준비한다.
- 교실에서 목표 사용의 강조에 대한 이유를 설명한다.

교실내에서 목적과 목표 적용하기

다음은 고등학교 과학교사가 물의 정수와 물을 걸러내는 방법에 관한 수업을 실시한 하나의 사례이다. 이 사례를 읽으면서 다음 질문을 생각해 보시오:

- Salazar여교사는 목적과 목표를 표준과 일치시켰는가?
- Salazar여교사의 목표는 그녀의 연간계획을 초진시켰는가?
- Salazar여교사의 목표는 그녀의 단원계획을 촉진시켰는가?

Dolores Salazar 여선생님은 수업을 시작할 때 어제의 숙제를 검사하기 위하여 학생들에게 노트를 꺼내 놓도록 지시를 한다. 지역사회학급에서 고등학교 화학과목에 등록한 27명의 학생들은 교실 벽과 나란히 있는 실험실에 U자형으로 정돈하여 앉아있다. 그 여선생님은 이전의 수업으로부터 배운 정보를 검토하기 위하여 상호작용적 질의응답을 통한 수업을 시작한다. 우리는 물의 정수에 대하여 공부를 하고 있다. 우리는 1800년대로 돌아가 인간들이 세 가지 방법으로 물을 획득한 것에 대하여 언급했었다.

"Toni, 그 세 가지 방법 중 하나는 무엇이지?"

"우물이요."라고 Toni가 말했다.

"나는 네가 무슨 말을 하는지 전혀 알아들을 수가 없어."

"우물이요!"

"우물, 맞아. Rab, 두 번째 방법은 무엇이지?"

"연못이요."

"좋아, 연못 말고 그 외에 무엇이 있지?"

"강, 호수, 그러한 것들이요." Bianca가 덧붙였다.

"좋아! Salazar." 여선생님은 말씀하셨다.

"세 번째 원천은?"

"비요." Paul이 대답했다.

"좋아, 그래. 이것들이 주된 물의 원천이 되지. 자, 이제 또한 물을 버려야 해. 못쓸 물을 버릴 수 있는 세 가지 방법으로 어떠한 것이 있지?"

"분뇨구덩이요." Nancy가 말했다.

"좋아 분뇨구덩이가 무엇이지?"

"구덩이죠."

"좋아, 그것들은 무엇과 나란히 있지?"

"돌이나 바위돌이요." Nancy가 덧붙여 말했다.

"좋아, 물을 버리는 두 번째 방법은… Alina?"

"땅을 이용하는 것은 어떨까요?" Alina가 말했다.

"좋아, 오랫동안 인간은 땅을 파 그 속에 물을 버렸어. 끝으로 세 번째 방법은?" Slazar 여선생님은 Gabe를 쳐다보면서 물었다.

"마른 우물이요."

"마른 우물이 무엇이지? Gabe."

"물이 없는 우물이요."

"맞아. Gabe. 단순히 마른 우물이지. 자, 아무튼 냄비 물을 우물이나 강으로 버린다면 다른 말로 표현해, 마시는 물속에 버린다면 무슨 일이 일어날까? Josie!"

"오염되지요."라고 Josie가 말했다.

"어떠한 의미지?"

"만일에 마시게 되면 병이 생기지요."

"좋아. 이제 오늘 우리는 병을 예방하거나 다른 부정적 효과를 막기 위하여 우리가 물에 대하여 할 수 있는 일이 두 가지 있어."

"우리는 물을 걸러내면 돼요."라고 David가 대답하였다.

"좋아." Salazar 여선생님은 다음과 같이 말씀하셨다.

"그러나 거르는 것이 무엇을 한다는 것이지? 우리가 무엇인가를 걸러낸다면, 우리가 실제로 무엇을 하고 있는 것이지?"

"물질을 끄집어내는 것이요."라고 David가 대답하였다.

"어떻게?"

"필터를 통과할 수 없을 정도로 큰 물질을 끄집어내면 돼요"라고 David가 말했다.

"좋아, 그래서 물을 걸러내는 것도 한 가지 방법이 되지. 그러면 두 번째 방법은 무엇이지? Melissa?"

"염소소독이요." Melissa가 대답하였다.

"염소소독. Vince, 너는 왜 물을 염소로 소독할 필요가 있다고 생각하지?"

"박테리아를 죽이기 위해서요."라고 Vince는 대답하였다.

"오케이, 좋아." Salazar 여선생님은 다음과 같이 말씀하셨다.

"우리는 홀로 충분한 시간이 있을 때 자연이 물을 정화시키는 방법에 대한 이야기를 나누었다. 그러나 우리는 그러한 시간이 없다. 왜냐하면 자연 자체가 스스로 정화시키는 시간보다 더욱더 신속하게 물을 사용하고 있기 때문이다. 이외에 경수, 연수에 관한 이야기를 나누었고, 경수에는 칼슘, 마그네슘, 또는 기타 미네랄 이온이 지나치게 많다는 것에 대하여도 이야기를 나누었다. 그래서 물의 정화에는 이러한 과잉미네랄을 제거하는 것이 포함된다."

"오늘 실험실에서 나는 칼슘이온이 지나치게 많은 경수에 관한 한 예를 보여줄 것이다. 여러분은 필터기법을 사용하여 이 물을 연하게 하거나 정수해야 한다.

Salazar 여선생님은 학생들에게 물을 거르는 절차가 적힌 유인물을 주고 검증 튜브 내에서 필터의 위치를 실제로 보여주었다. 그녀는 학생들이 칼슘을 제거했는지, 검사를 통하여 어떻게 밝힐지에 대해 간단히 토론을 벌여 나간다. Salazar는 실험실에서 나머지 학생들을 도와주었다.

표준이 수업의 목적과 목표에 미치는 영향들

4장에서 보았듯이 아동, 사회, 학문은 목적의 세 가지 원천이다. 각 원천으로부터 국가수준, 주수준, 지역수준의 목적과 표준이 생성되는데, 전자는 가장 포괄적이고 일반적이며, 후자는 가장 구체적이다. 1989년 국가교육정상회의에 제시된 국가 목적의 한 예는 미국 학생들이 2000년까지 수학, 과학에서 전 세계 1위가 되는 것이다. 이것과 함께 다른 목적들이 목적 2000 안의 일부를 이루고 있다(미교육부, 1994). 주 수준에서 이와 같은 목적들은 좀 더 구체적이고 특수하며 표준의 형태로 제시된다. 예를 들면, Salazar여교사는 뉴멕시코 Albuqueraue에서 화학을 가르쳤는데, 그녀의 수업은 다음의 뉴멕시코 내용 표준에 기반을 두고 있다.

> 과학내용: 표준 I (물리)
> 9-12 벤치마크 I : 물질의 속성, 기본구조, 반응 이해하기
> 수행기준: 물질의 속성. (3) 혼합물에서 순수물질을 분리하기 위하여 속성의 사용방법을 알기.

지역수준의 목적 (또는 교실수준의 목적)은 주의 표준을 촉진하기 위하여 고안된 구체적인 결과의 입장에서 기술되며 이것들은 교사의 교수학습과정안에 나온다. Slazar여교사의 지역 수준의 결과에는 물을 정속하는 방법을 규명할 수 있는 능력이 포함되어 있다. 자, 이제 이 장의 앞부분에 있는 시나리오로 다시 돌아가 이 세 수준이 교육의 계획에 어떠한 방향을 제공하는지 검토해 보자.

수준과 관점

Dolores Salazar 여선생님은 일반적인 수준부터 구체적인 수준에 이르는 많은 수업 목적을 설정했다. 국가적 또는 범국가적 규모에서, 그녀는 학생들이 세계의 물 공급은 물론 국가의 물 공급을 보충할 필요성과 보충하는데 있어서의 결정적인 문제를 알게 할 필요성에 관심이 있었다. 분명히 이 주제는 국제적 관심사로 미국학생들이 이러한 문제에 대하여 아는 것은 물론 내일의 과학 공동체의 참여자로서 이 문제를 실제로 다룰 수 있는 방법에 관한 지식과 이해를 개발하는 것이 중요하다.

가끔 교사의 목적은 국가수준의 전문조직으로부터 나온다. 예를 들면, 국가수학교사협의회는 초등수학 교사를 위한 지침을 제공하기 위하여 다음과 같은 목적들을 제시하고 있다.

국가수학교사협의회(NCTM) 기준 1: 문제해결로서의 수학

유치원부터 4학년까지의 수학은 학생들이 다음과 같은 것을 할 수 있도록 문제해결을 강조하여야 한다:

- 수학내용을 탐구하고 이해하기 위하여 문제해결접근을 사용할 수 있다.
- 일상의 문제와 수학 상황에서의 문제를 설정할 수 있다.
- 다양한 문제를 해결할 수 있는 전략을 개발, 적용할 수 있다.
- 본래의 문제와 관련하여 결과를 증명하고 해석할 수 있다.
- 수학을 유의미하게 사용하는데 자신감을 가질 수 있다(국가수학교사협의회. 1989, p.23).

국가와 주 표준은 학습의 방향을 명확히 제시하여 경영문제의 가능성을 줄인다. 주 및 지역의 관점에서 Dolores Salazar는 자기 학생들에게 물의 원천을 보충하려는 주 및 지역의 노력에 사용 되고 있는 방법을 소개하고자 한다. 물 부족, 농업 및 산업의 이용, 그리고 강의 이용권한에 관한 여러 주의 논란이 여러 주의 일반적인 안건으로, 이 모든 것은 물 문제에 대한 단원의 일부로서, 이 과의 수업을 지지해 준다. 뉴멕시코와 마찬가지로, 대부분의 주에서는 교사에게 유치원에서 12학년까지의 내용영역에 대한 구체적인 수행표준을 제시해 준다. 예를 들면, Colorado는 초등학교 사회과의 목적을 다음과 같이 정해 놓고 있다.

> 학생들은 경제, 정치, 문화, 사회적 과정이 인구유형, 상호의존, 협동, 갈등을 일으키는데 어떻게 상호작용하는지를 이해한다. K-4학년에서, 학생들이 무엇을 알고 무엇을 할 수 있는지 여기에 포함시킬 내용으로는 인간 이주의 원인 규명이 포함된다(Colorado Model Content Standards for Geography, Colorado Department of Education, adopted, June, 1995; amended, November 1995).

이와 같은 광범위한 목적은 수업을 계획할 때 교사에게 도움이 된다. 국가와 주의 영향 이외에 교사의 계획은 또한 교사의 수업방향의 핵심이 되는 지역 지침에 의하여 영향을 받는다. 특히 교실 내에서 Salazar 여선생님은 학생들이 주어진 절차를 사용하여 물의 샘플을 성공적으로 걸러내도록 하는 교수학습과정안을 고안하였다. 이 여선생님이 세운 수업목표는 국가수준의 목적의 일반성과 애매성에 비추어 얼마나 구체적이고 측정가능한지 주목하기 바란다. 목적을 상세화한 형태와 그 목적의 양은 그것들이 어느 수준에서 설정되었느냐에 따라 달라진다(Marzano & Kendall, 2003).

계획에서의 목적 및 목표의 역할

목적의 세 가지 조작적 수준

목적은 교육자들이 학생을 위한 학습경험을 계획할 때 방향을 제시해준다(Marzano & Kendall, 2003). 목적은 장기 또는 단기계획, 단원계획(몇 주 또는 한 달이 걸리는), 또는 매일의 수업 계획을 세울 때 교사에게 방향을 제시해 준다. 세 조작적 수준 중 첫째 수준인 연간, 장기 수준의 목적의 기능은, 목적이 학생들이 한 코스 기간 또는 한 학기동안 학생들이 어떠한 지식을 습득해야 하는지에 대한 일반적 방향을 제시한다는 점에 있어 철학적이고 개념적이다.

장기적 목적의 개발에 관한 의사 결정을 하려면 교사는 학습자의 학습결과를 일반적인 방식으로 결정해야 한다.

예를 들면, 초등학교 교사는 독서가 아주 중요하다고 생각하고, 그들은 학생들의 독서능력을 증진 시킬 수 있는 방법에 집중하는 것이 그들의 책임이라고 생각한다. 이것은 장기 또는 일반적 목적의 한 예이다. 고등학교 수준에 있어 미국의 역사 교사는 전쟁이 국가의 성장과 팽창에 작용한 역할을 학생들이 이해할 필요가 있다고 생각한다.

장기적 목적이 두 번째 또는 단원 수준으로 내려오면 덜 포괄적이고 더욱더 구체적으로 집중적이 된다. 단원 수준에서의 목적은 수업 단원계획의 시작점으로서 너무 지나치게 구체적이거나 직접 측정가능해서는 안 된다. 단원수준에서의 독서에 관한 예로 돌아가 보자. 교사는 독서능력을 증진시키려는, 보다 장기적이고 포괄적인 목적을 촉진시킬 단어 인지 전략에 관심을 가질 수도 있다. 이처럼 단원 수준에서 계획을 세우는 한 미국의 역사교사는 팽창주의 입장에서 학생들이 미국과 스페인 전쟁을 잘 알게 하는데 관심을 둘 수도 있다.

세 번째 수준의 구체적 목적은 레슨목적에서 찾아볼 수 있다. 이 수준에서는 구체적이고 측정 가능한 것에 초점이 모아진다. 또다시 앞에서의 독서 예에 관한 수업계획은 주어진 목록에서 2개의 음절을 가진 모든 단어에 원을 긋도록 학생들에게 요구할 수도 있다. 그렇게 하므로, 단어인지 전략이 향상되고(단원수준) 독서 능력은 향상된다(장기수준). 역사의 예로 다시 돌아가 보자. 교사는 학생들에게 미국-스페인 전쟁의 세 가지 원인을 토론하는 에세이를 쓰도록 요구할 수도 있다(레슨계획수준). 이것은 전쟁에 대한 친숙성을 증진시키고(단원수준), 미국의 팽창에 전쟁이 작용한 역할의 이해를 증진시킨다(장기적 수준). 레슨 수준에서의 목표의 예는 아주 구체적이다; 단어에 동그라미 그리기, 에세이를 쓰기는 구체적이고 관찰 가능한 것이다. 이러한 구체성은 교사가 수업을 계획하고 학생들이 무엇을 배워야 할지를 알아내고자 하는 학생에게는 도움이 된다.

목표 설정에 있어서의 의사결정

앞의 예에서 우리는 목적과 목표가 여러 수준에서의 수업에 대한 의사결정에 어떻게 도움이 되는지를 알 수 있었다. 이 과정에서 교사는 두 가지 중요한 질문에 대한 답변을 제시한다. 즉 (a) 일반적이고 특수한 의미에서, 교사는 단원과 수업이 끝난 후에 학생들이 무엇을 알고, 이해하거나 또는 행할 수 있기를 바라는가? (b) 교사는 학생들이 이것을 알고 이해하거나 또는 할 수 있는지를 어떻게 결정 할 수 있을까? 첫 번째 질문에 대한 대답은 계획의 결과 산출을 밝히는데 도움이 되고 교사가 수업에 집중하게 하는데 도움이 된다. 교사는 실제로 학생들이 이수하는 교육과정을 결정하는데 주된 역할을 한다. 심지어 교육과정지침과 자료가 정해져 있는 경우에도 그러하다(Ornstein & Behar-Ornstein ,1999). 두 번째 질문과 관련하여 목표는 교사, 학생이 학습을 평가하는데 도움이 된다. 왜냐하면 레슨계획수준에서의 목표는 학생이 구체적으로 무엇을 할 수 있는지를 밝히기 때문이다. 이제 목표를 설정하는 세 가지 방법과 이 목표들이 교수-학습에 어떠한 영향을 미치는지 알아보자.

대안적 형태

수업계획의 출발점으로 목적과 목표를 사용한 것은 Tyler의 고전인 '교육과정과 수업의 기본원리(1949)'로부터 시작된다. 이 영향력 있는 책은 교육에 있어 목표의 사용을 널리 알렸고, 목표를 진술하고 사용할 수 있는 능력은 교사 양성과정과 프로그램의 주요 요소가 되었다.

Tyler(1949)는 목표 진술의 가장 유용한 형태는 목표를 학생들에게서 개발해야할 행동과 이 행동이 나타날 생활영역이나 내용을 밝히는 형태로 표현하는 것이다(p.46). 그렇게 하여 행동 목표가 태어났다. 교사 수업계획에 강력한 영향을 미친 책은 Tyler 이후 Robert Mager가 1962년 처음으로 출판한 '행동목표 진술'이라는 책이다. 아주 쉽게 읽을 수 있는 이 책은 매우 인기가 있었으며, 수천 명의 교사들은 이 행동목표 진술 원리를 가르쳐오고 있다. 그러나 목표 진술에 대한 이 원리는 너무 협소하고 제한적이라는 비판을 받아왔다. 그러므로 그 대안으로 목표 진술에 대한 목적접근이 제안되었다.

이러한 식의 가장 잘 알려진 목표 진술 접근은 Norman Gronlund(2000)에 의하여 제안되었다. 그는 목표란 우선, 이해한다, 감상한다, 안다, 평가한다, 또는 적용한다와 같은 일반 목적의 입장에서 진술되고 이어 학습자가 목표에 도달했다는 증거를 나타내는 관찰 가능한 행동이 와야 한다고 하였다. 우리는 이 장에서 Mager와 Gronlund의 행동목표 진술을 검토한다.

Mager의 행동목표

우리가 알고 있듯이 Robert Mager는 목표 진술 방법을 바꾸는 데에 엄청난 영향을 미쳤다. 구체적이고 관찰 가능한 결과에 대한 교사의 관심을 집중시키려는 시도로, 그는 행동목표란 학생들이 무엇을 할 수 있을 것으로 기대되는 바를 명확히 진술한 것으로, 각각의 의도된 수행이 직접 가시적이거나 성취 가능해야 할 것을 제안했다. 즉, 여러분이 누군가 그 무엇을 행하는 것을 보거나 들을 수 있어야 한다(Mager, 1997, pp.51-52). 이러한 유형의 목표에서는 교사는 학생이 무엇인가를 행하고 있는 것을 보거나 들을 수 있어야만 한다. Mager는 효과적인 목표는 세 부분으로 구성된다고 제안한다. 즉, a. 관찰 가능한 행동, b. 행동이 발생할 조건, c. 수용가능한 수행의 기준이다. 다음은 Mager의 형태에 따라 작성된 목표의 예이다:

1. 문장이 6개가 주어지면 5학년들은 각 문장마다 은유를 포함시켜 표현할 수 있다.
2. 재분류를 요하는 10개의 덧셈 문제가 주어지면,2학년들은 8개를 성공적으로 풀 수 있다.
3. 정확한 화학공식으로 표시되는 15개의 혼합물이 주어지면, 화학도는 각 혼합물의 이온의 원자가를 계산한다.

관찰 가능한 학생의 행동을 강조하고 있는 Mager의 체제에서는 교사 측의 상당한 상세함, 사고, 노력을 요구한다. Mager는 이러한 상세화를 이룩하려는 노력은 가치 있는 것이라고 주장하고, 그는 더 나아가 학생들은 가끔 수업목표가 잘 제시된 것인지 확인할 것을 제안하고 있다. Mager의 목표는 가끔 결과접근이라 불리는데 그러나 평가진술만이 있다는 점에서 불완전하다는 비판을 받고 있다. 환언하면, 그 목표들은 학생 결과 아니면 학생들이 어떻게 평가 받을지를 상세화하지 교사의 교육적 의도나 학생이 평가받는 목적을 밝히고 있지 못하다.

이러한 비판을 언급하고 있는 대안을 목표 진술에 대한 목적 접근, 간단히 말해 목적목표라 부른다. 이제 이들을 논의한다.

목적 목표

목적 목표는 교사에게 두 가지 질문에 대한 답을 제시한다.

1. 나는 학습자가 무엇을 알고, 이해하고, 감상하기(또는 다른 교육목적)를 원하는가?
2. 나는 학생이 알고, 이해하고, 감상하는지를 어떻게 알 수 있는가?

Mager의 목표 진술에 대한 결과적 접근은 두 번째 질문에 대한 답이 된다. 만일에 여러분이 교수에 대한 이해를 개발시키는 교육학도라면 이 두 질문에 대한 대답은 중요하다. 이러한 이유 때문에, 우리는 이 책에서 목적 접근을 채택하였다. 이 접근은 평가 진술인 Mager식의 목표와 목적을 결합시킨 것이다. 그래서 목적 목표는 그 안에 Mager의 형태를 포섭하기 때문에 더욱 더 포괄적이라고 할 수 있다. 평가진술을 언급할 때, 우리는 Mager식 목표를 뜻한다는 점을 유념하기 바란다. 이제 목적 목표라는 범위 내에서 목적 진술 설정과정을 바라보자.

목적 진술

이 교재를 저술하는 주된 목적은 여러분이 경험 많고 효과적인 교사처럼 생각을 시작하도록 돕는데 있다. 이러한 생각을 유념하면서, 여러분이 어떤 학년 또는 어떤 교과영역의 수업에 책임을 지고 있다고 상상해 보자. 여러분은 다음날 가르칠 구체적 내용에 대한 수업계획을 세우게 될 것이다. 수업계획의 첫 단계는 다음과 같은 질문에 자문하는 것이다. 즉, "나는 학생들이 무엇을 알고, 이해하거나 또는 할 수 있기를 바라는가?" 모든 계획, 궁극적으로 학생에게 실제적으로 가르치는 일은 이러한 질문에 대한 답에서 도출된다. 이 질문은 수업계획의 과정을 연구하고 이해하고자 하는 사람들에게 특히 중요하다. 전문성 개발이라는 관점에서 볼 때 형식적, 명시적으로 목적을 진술하도록 지도받게 되면 수업계획은 효과적으로 작성될 수 있다. 여러분의 생각과 이해가 발전됨에 따라 여러분의 목적은 덜 형식적이고 더 암시적이 될 것이다.

수업계획은 교사가 여러 수업을 하는 동안 학생들이 달성하기를 원하는 것을 고려함으로서 시작된다. 이러한 바람직한 결과가 목적 진술이다. 즉, 이것은 일반 용어로 교육의 의도를 진술한 것이다. 목적 진술은 다음과 같은 질문에 대한 답변을 제공한다. "나는 학생들이 무엇을 알거나 이해하기를 바라는가?" 목적 진술의 몇 가지 예는 다음과 같다.

1. 유치원 아동들은 기본적인 색깔을 안다.
2. 8학년 과학 학도들은 뉴턴의 제1법칙을 이해한다.
3. 최상급 학년의 삼각함수반 학생들은 직각을 포함한 문제를 푼다.

이러한 목적 진술을 검토해보면 여기에는 세 가지 공통된 특징이 있음을 알게 된다. 첫째, 각 목적 진술에는 특정의 학생집단이 있다. 즉 유치원생, 8학년 과학학도, 최상급생의 삼각함수반 학생들이 있다. 두 번째,학습결과나 과제가 밝혀져 있다. 유치원 학생들의 과제는 색깔을 아는 것이고, 8학년 학생들의 과제는 뉴턴의 제1법칙을 이해하는 것이고, 삼각법을 배우는 학생들의 과제는 직각 삼각형의 문제를 푸는 것이다. 마지막으로 각각의 목적 진술은 관찰 된 것이 아니라 추론된 것이다. 우리는 "이해"를 직접 관찰할 수 없다. 우리는 그것을 단지 추론할 뿐이다. 이것은 사람에 따라 다른 것을 의미한다. "안다", "감상한다.", 그리고 기타 교육 목적에 대하여도 똑같은 말을 할 수 있다. 후에 목적 목표의 평가 요소를 논의할 때 우리는 지식, 이해, 감상을 추론하는데 필요한 정보를 어떻게 수집할 수 있는지를 알게 될 것이다.

목적 진술의 형태는 다양하지만 이것들은 가능한 한 간단하고 효율적으로 진술되어야 한다. 이들은 방금 인용한 두 번째 예에서처럼 도입적 문구가 될 수도 있지만 세 번째 예처럼 완성 문장이 될 수도 있다. 이제 학습자와 학습과제의 입장에서 몇 가지 추가적 예를 검토해 보자.

1. 최상급반 문학도들은 개인적 경험이 저자의 작품에 미친 영향을 이해한다.
   학습자: 최상급반 문학을 공부하는 학생들
   학습과제: 경험이 저자의 작품에 미친 영향을 이해한다.
2. 6학년 과학반 학생들은 비중의 개념을 이해한다.
   학습자: 6학년 과학도
   학습과제: 밀도의 개념을 이해한다.
3. 2학년 학생들은 단어에 ing을 덧붙이는 규칙을 이해한다.
   학습자: 2학년 학생들
   학습과제: 단어에 ing을 덧붙이는 규칙을 이해한다.
4. 8학년 대수반 학생들은 연립방정식을 풀 수 있다.
   학습자: 8학년 대수반 학생들
   학습과제: 연립방정식을 푼다.
5. 7학년 지리반 학생들은 유럽 국가들의 위치를 안다.
   학습자: 7학년 지리반 학생들
   학습과제: 유럽 국가들의 위치를 안다.

이 책에 제시된 각각의 목표에는 여러분을 독자 또는 학생으로 언급했고 각각의 사례마다 목표가 진술되어 있음을 주목하기 바란다. 우리가 이렇게 한 이유는 우리가 제시한 목표가 여러분이 공부해 나갈 때 여러분에게 적합한 모델이 될 수 있기 때문이다. 의도된 학습자 집단을 구체적으로 진술하는 것은 학교나 지역 수준에서 교육과정을 설계할 때 유용하다. 만일에 교사가 상당한 기간 동안 똑같은 학생들을 상대한다면, 일단 학습자가 정해지고 나면 각 목표 속에 학습자 요소를 반복해서 제시할 필요가 없다.

비록 목적이 '안다 그리고 이해한다'와 같은 관찰 가능하지 않은 형태로 진술된다하더라도 그들은 구체적이어야 된다는 점을 주목하기 바란다. 다음과 같은 목적은 너무 일반적이어서 유용하지 못하다 :

학생들은 미국문학을 이해한다.
대수반 학생들은 문제를 풀 수 있다.
지리반 학생들은 유럽에 관하여 안다.

이러한 목적들은 구체성이 결여되기 때문에, 후속 수업의 의사결정에는 도움이 되지 않다. 그 차이를 알아보기 위하여 이들 예들을 앞에서의 첫 째,넷 째,다섯 째 예들과 비교해 보시오.

연습 5.1

다음의 각 목표 진술에서 학습자와 학습과제를 밝히시오. 추가적으로, 이 목표 성취를 평가할 수 있는 한 가지 방법을 제안하시오.

1. 5학년 학생들은 소화기관의 각 부분들을 안다.
   학습자: ______________________________
   학습과제: ______________________________
   가능한 평가: ______________________________

2. 미국역사를 공부하는 학생들은 주의 권리에 관한 Andrew Jackson의 철학을 이해한다.
   학습자: ______________________________
   학습과제: ______________________________
   가능한 평가: ______________________________

3. 7학년 생활과학을 공부하는 학생들은 서로 다른 유형의 박테리아를 안다.
   학습자: ______________________________
   학습과제: ______________________________
   가능한 평가: ______________________________

4. 1학년 학생들은 대문자와 소문자를 쓰는 방법을 안다.
   학습자: ______________________________
   학습과제: ______________________________
   가능한 평가: ______________________________

5. 유치원생이 평형대를 걸을 수 있다.
   학습자: ______________________________
   학습과제: ______________________________
   가능한 평가: ______________________________

평가 진술

목적 목표를 소개할 때 이 목적 목표가 다음의 두 가지 질문에 답을 준다고 언급했다.

1. 나는 학습자가 무엇을 알고, 이해하고, 또는 감상하기를 원하는가?
2. 나는 학생이 알고, 이해하고, 감상하는지를 어떻게 알 수 있는가?

목적 진술은 첫 질문에 대한 답을 준다. 두 번째 질문을 생각해 보자. 학생이 이해하고 있는지를 어떻게 아느냐에 대한 대답은 아주 복잡하여 수업을 계획하는 동안 교사로 하여금 의사결정을 하도록 요구한다. 이 과정을 설명하기 위하여 다음의 목적을 생각해 보자.

3학년 학생들은 명사라는 개념을 이해한다.

이것은 간단하고 직선적인 목적인 것 같다. 그러나 우리는 학생들이 명사를 이해하고 있는지 어떻게 알아낼지를 묻게 되면 이 단순한 목적도 더욱 복잡해진다. 그들이 그 개념을 이해하고 있는지 여부를 결정할 수 있는 가능 한 방법에는 다음과 같은 것이 있다.

1. 학생들로 하여금 기억을 되살려 명사를 글로 써서 정의하게 한다.
2. 학생들로 하여금 수업 중 사용되지 않았던 명사의 목록을 쓰도록 한다.
3. 학생들로 하여금 단어의 목록에서 명사의 본보기를 찾도록 한다.
4. 학생들로 하여금 일련의 문장 속에서 명사를 찾도록 한다.

명사와 같은 단순한 개념에서조차도 우리는 평가 문제에는 사고와 의사결정이 필요함을 알게 된다. 예를 들면, 만일에 학생들이 명사를 정의한다고 해서 학생들이 그 개념을 이해하고 있음을 뜻하는가? 그렇지는 않을 것이다. 일련의 단어를 기억하는 것이 개념학습을 보장해 주지는 못한다. 학생들이 정말로 개념을 이해하고 있는지 여부를 결정하기 위하여 다른 방법이 사용되어야 한다. 학습결과들이 복잡하듯이 이 과정도 매우 복잡하다. 예를 들면, 여러분이 학생들에게 다음과 같은 목적을 정했다고 상상해 보자.

3학년 영어를 배우는 학생들이 표본 작문을 비판적으로 분석한다.
또는
2학년 수학을 배우는 학생들이 문제해결방법을 학습한다.

두 가지 모두 가치 있는 목적이다. 이들을 어떻게 평가할지를 결정하는 것은 다양한 선택을 고려해야 하는 복잡한 과정이다. 이것들은 매일 교사들이 답을 해야 하는 문제로써, 이것은 마치 "교사처럼 생각하는 것"을 의미한다.

평가진술을 좀 더 생각해 보자. 예를 들면 다음과 같이 말할 수 있다.

3학년 학생들이 명사라는 개념을 이해한다. 그 결과 일정한 문장이 주어지면, 학생들은 각 문장내의 모든 명사들에 밑줄을 긋게 될 것이다.

교사가 지시한 일련의 문장속의 모든 명사에 학생들이 밑줄을 그을 수 있다면, 학생들은 명사를 이해한다고 추론하기로 교사는 결정했다.

이제 전체 목표를 세밀히 검토해 보자. 전체 목적에는 학습자와 학습과제를 포함하는 구체적인 목적이 있으며, 평가 진술문도 포함되는데 여기에는 a.기대되는 수행, b.학생이 수행할 조건, c.수행에 대한 기준이 포함된다. 이 각각은 학생들과 기타 전문가들에게 분명한 의사소통은 물론 교사의 사고를 분명히 하는데 도움이 된다. 이제 수행요소의 각 요소를 좀 더 깊이 생각해 보자.

관찰가능한 행동의 상세화

수행의 핵심적 특징은 교사에 의하여 관찰될 수 있다는 점이다. 앞의 예에서 우리는 학생들이 일련의 문장 속에 있는 명사들에 밑줄을 그어 단어의 이해를 나타낸 것을 보았다. 모든 추론을 동원하여 학생들이 이해하고 있다는 결론을 내리기 위하여, 우리는 이러한 결론의 기초가 되는 관찰 가능한 그 무엇이 있어야 한다(Wiles, 1999) 이러한 객관적인 관찰 가능한 행동이 곧 수행인 것이다.

표준 중심 수업 계획의 목표는 학습 결과의 입장에서 볼 때 매우 구체적이다.

명사에 대한 학생의 이해를 달리 평가하는 방법을 생각해 볼 때 대안적인 수행으로는 정의하다. 쓰다, 규명하다가 있다. 이 외에 다음과 같은 동사들이 관찰가능하고 수행진술에 사용될 수 있는 것들이다.

진술하다.	선정하다.	열거하다.	이름붙이다.
분류하다.	해결하다.	구성하다.	비교하다.
기술하다.	암송하다.	도출하다.	명명하다.
확인하다.	그리다.	밑줄 긋다.	조직하다.

이 목록 이외에 보다 많은 내용을 포함시킬 수 있다. 그러나 이것은 여러분에게 관찰 가능한 수행을 기술하는 동사의 몇 가지 본보기를 제시하고 있을 뿐이다. 비록 목표 진술 방법이 교육자들 간에 차이가 있다 하더라도, 대부분은 목표를 기술할 때 관찰 가능한 행동을 포함시킬 필요성을 주장한다. 이 외에 각 목표마다 단 하나의 수행을 포함해야 한다. 즉 한 가지 이상의 수행이 요구된다면 두 번째 평가진술을 해야만 한다.

조건의 상세화

우리가 객관적인 조건을 상세화 할 때, 우리는 학생들이 지식 또는 이해를 나타내는 사용 가능한 조건이 무엇인지를 기술해야 한다. 예를 들면, 명사라는 개념에 관한 예를 살펴보자. 이 목적을 평가하기 위한 네 가지 가능성은 아래와 같다.

1. 학생들로 하여금 기억을 되살려 명사를 글로써 정의하도록 한다.
2. 학생들로 하여금 수업 중 본보기로 사용되지 않은 명사의 목록을 쓰도록 한다.
3. 학생들로 하여금 단어의 목록에서 명사의 본보기를 찾아내도록 한다.
4. 학생들로 하여금 일련의 문장 속에서 명사를 찾아내도록 한다.

예 3, 4에서 학생들은 명사를 찾아내도록 요구받는다는 점을 주목하기 바란다. 어느 경우에 학생들은 단어의 목록에서 명사들을 찾도록 요구받고, 다른 경우에는 일련의 문장 속에서 명사를 찾도록 요구 받는다. 학생들이 행동을 수행할 조건은 서로 다르다. 평가 조건을 명시하는 것은 우리가 달성하고자 하는 것에 관한 우리의 사고를 명확히 하는데 도움이 되고, 학생들이 학습하기를 원하는 것을 학생들에게 더욱 더 정확히 전달하는 것을 용이하게 한다. 목표에서 사용되는 공통적인 조건에 관한 예에는 다음과 같은 내용이 포함된다.

기억을 되살려
도움 없이는
어떤 목록이 주어지면
컴퍼스, 배구공, 줄넘기 줄 그림이 주어지면(또는 수행에 요구되는 기타 자료)

위와 대비되는 다음과 같은 조건들은

수업 후
~을 노출한 후
~에 대한 경험이 주어지면

수용되지 않는 조건이다. 수행이 나타날 조건을 상세화하기보다 이것들은 학습조건을 기술하고 있다. 또한 다음과 같은 조건들은 모호해서 쓸모가 없다. 즉,

검사가 주어지면,
다지선다 문항이 주어지면,
요구를 받을 때,

이와 같은 조건은 평가 조건에 대한 어떠한 구체적 정보가 되지 못한다. 평가적 정보는 수업계획을 수립할 때 도움이 되거나, 학습하는 동안 학생들에게 정보를 제공해 준다. 학습자는 언제나 질문을 받고 이야기를 듣거나 반응할 필요가 있다.

조건을 생각하는 한 가지 방법은 그 조건이 검사문항의 형태를 구체화시킨다고 생각하는 것이다. 예를 들면, "일련의 문장 안에서 명사를 밝혀내라." 라는 것은 정확히 성취를 의미한다. 이에 따른 검사는 일련의 문장이 포함되어 학생들은 그들이 원을 그리거나 밑줄을 그어 명사를 밝힐 수 있다. 이러한 상세함은 교사가 수업계획을 수립할 때, 학습활동과 수업 활동을 제안할 때 도움이 된다.

가끔 선다형 항목이 "주어지면"이라는 말이 조건으로 사용된다. 불행히도 이러한 조건은 교사, 학생 모두에게 구체성이 결여되어 있다. 보다 나은 대안은 아래와 같다.

> 학생들이 미국 정부를 이해하려면 여러 종류의 정부 형태를 이해해야 한다. 따라서 정치 이념을 기술하고 있는 한 가지 사례가 주어지면 학생들은 그 이념을 포함하고 있는 정부 형태를 밝힐 것이다.

이 목표의 측정은 선다형 항목으로 가능한데, 답지 내용에는 이념과 선택 사항으로 (a) 민주주의, (b) 군주주의, (c) 공산주의, (d) 독재국가 사회주의가 있다. 이렇게 상세히 적게 되면 교사, 학생 모두 그들에게 무엇이 기대되고 있는지를 알게 된다.

기준의 상세화

이 장의 주제로서, 우리는 교사가 전문적인 수업 계획에 대한 의사결정을 할 때 거쳐야 하는 사고과정을 기술해 왔다. 예를 들면,교사가 학생들이 목표를 달성했는지를 알고자 할 때 교사는 학생 성취의 여러 측면을 고려하게 된다. 수행은 결정적으로 중요하다. 왜냐하면 수행이 다르면 학습이 달라지기 때문이다. 우리는 또한 수행의 조건이 어떻게 목표와 평가 과정에 영향을 미치는지 보아왔다.

그 과정을 한 단계 더 나아가 그 기준을 함께 생각해 보고 다음의 세 항목을 조사해 보자.

1. 2학년 학생들은 재분류를 통하여 뺄셈을 할 수 있다. 그래서 재분류를 요하는 10개의 문제가 주어지면, 학생들은 7개를 정확히 풀 수 있다.
2. 유치원에 들어가기 이전의 학생들은 색깔을 알고 있어서 개별적으로 색깔이 있는 모양을 제공하게 되면, 어린 아이들은 각 모양의 색깔을 확인할 수 있다.
3. 세계사를 배우는 학생들은 십자군이 유럽에 미친 영향을 알 것이다. 그래서 남의 도움을 받지 않고도 그들은 십자군으로 말미암아 생긴 네 가지 문화적 결과를 열거할 수 있을 것이다.

우리는 첫 번째 예에서 10개의 문제 중 7개를 푼 것이 재분류를 통하여 학생들이 문제를 해결할 수 있는 능력을 증명해 보이기에 충분하다는 결론을 내린 것을 보았다. 그러나 두 번째 예에서 교사는 아동들의 각각의 색깔을 정확히 밝혀야 한다고 생각했다. 세 번째 예에서 학생들은 네 가지 결과를 열거하면서 그들의 지식을 증명해 보일 수 있었다. 교사들은 조건과 수행을 구체화했을 뿐 아니라 학생들이 얼마나 잘 수행하게 될지를 구체화했다. 수행수준이 곧 기준이 된다. 이것이 여러분이 목적 목표에 관한 사고를 개발할 때 고려해야 할 최종 영역이다.

기준에 대한 추가 예로서 다음과 같은 것이 있다 :

100% 정확히,
세 개 미만의 오류만 있다면,
20초 이내에,
10초 안에 네 번

수업 계획에서의 기준의 가치는 주제와 활동에 달려 있다. 예를 들면 다음의 목표를 생각해 보자.

체육교육과 학생이 신체 상위 근육을 나타내보이려면, 수평대 위에서 20초 이내에 10번을 팔을 굽혔다 폈다 할 수 있어야 한다.

여기에서 수행은 굽혔다 폈다하는 것이다. 그러나 그 목표는 우리가 기준을 상세화하기 전 까지는 아무 의미가 없다. 기준이 없으면 우리는 즉시 얼마나 많이? 얼마나 많은 시간 안에? 라는 질문을 하게 될 것이다. 한편 다음과 같은 목표를 살펴보자.

> 언어를 배우는 학생이 과장법이라는 개념을 이해하려면, 수식어에 관한 예가 주어지면 학생들은 과장법에 관한 예의 80%를 가려낼 수 있다.

이 목표에는 두 가지 중요한 교사의 결정이 반영된다. (1) 과장법을 이해하는 것은 중요한 목표이다. (2) 우리는 학생들이 여러 수식어들 중 과장법에 관한 예를 찾아낼 수 있다고 추론할 수 있다. 이 외에 교사는 80% 수준에 기준을 설정하였는데, 이 수준은 이 개념의 숙달을 입증하는데 충분하다는 전문적 판단을 나타낸다.

전형적인 교실 수업에 있어 교사들은 미리 분명한 기준을 설정하는 일은 거의 없다. 그 대신 학생으로서 우리 모두가 경험했던 채점 체제를 수립하는데 그 기준은 채점 체제 속에 암시적으로 반영되어 있다. 그러나 학구마다 능력검사를 통하여 학교책무성을 향하여 나아가고 있으며 이 경우 기준 설정은 중요하다. 이 외에 기준을 고려함으로서 교사는 "이 내용이 얼마나 중요 한가?" 그리고 "학생들은 그 내용을 배울 필요성을 얼마만큼 느끼는가?"와 같은 중요한 질문을 제기하게 된다.

만일에 여러분이 앞에 제시된 예들을 다시 검토해 보면, 여러분은 그들 중 많은 예들에는 이장에서 기술한 것과 같은 기준이 없음을 알게 될 것이다. 우리가 반복해 강조했듯이, 목표는 수업에 대한 지침으로 여러분이 스스로 여러분 자신에게 학습자가 무엇을 알고 이해하길 바라고 더 나아가 이러한 지식이나 이해를 어떻게 결정할지를 자문하게 된다. 그러나 준거체제로서의 구체적인 상황 없이는 분명한 기준을 결정하기는 어렵다. 기준은 여러 학습능력을 가진 특정의 학생 집단에 적용될 때 의미가 있다. 다시 말하면,특정의 학습자에게 적용되었을 때만 의미가 있으므로 탈맥락적 상황에서는 기준을 명확하게 진술하지 않을 것을 우리는 안다. 우리의 입장은 목표가 교사의 사고를 안내하는 것이지 제한하는 것은 아니라는 점이다. 그러나 우리는 기준이 필요하다면 그 기준을 어떻게 상세화 할지를 이해하는 것이 가치있는 일이라 믿는다.

연습 5.2

목적 목표의 4요소를 괄호를 만들어 표시하고 각 요소에 GS(목적진술), C(조건), P(수행), 그리고 CT(기준)을 정하시오.

______1. 직업기술전공 학생들은 목공기술을 실연해 보일 것이다. 그래서 톱과 직각자 두 개의 2×4 판자를 주면, 학생들은 1도 이내의 범위 내에서 90도의 이음새를 만들 수 있다.

______2. 중학교 음악을 공부하는 학생들은 플룻의 운지법을 알 것이다. 그래서 어떤 음악이 주어지면, 학생들은 각 음표에 대한 정확한 운지법을 실연해 보일 수 있다.

______3. 초등학교 체육을 공부하는 학생들은 손과 눈의 협응 반응을 나타내 보일 것이다. 그래서 농구공이 주어지면 그들은 자제력을 상실하지 않고 한 곳에서 25번 계속 드리블을 할 수 있다.

______4. 해양학을 배우는 11학년 학생들은 해역을 알 것이다. 그래서 바다의 지형에 관한 지도가 주어지면 그들은 각 지역의 이름을 정확히 열거할 수 있다.

______5. 물리를 배우는 학생들은 힘의 요소를 이해할 것이다. 그래서 대상에 미치는 힘의 크기와 각도가 주어지면 학생들은 각각의 경우 힘의 수평요소를 계산 해낼 수 있다.

연습 5.3

이제 여러분은 목적 목표의 전반적인 질을 분석할 준비가 되어 있다. 다음 각 문항을 잘 생각해 보고 다음과 같이 표시하시오.

A - 정확하고 수용 가능한 목표 진술
GS - 잘못되었거나 부적합한 목적 진술
C - 잘못되었거나 부적합한 조건
P - 잘못되었거나 부적합한 수행
CT - 잘못되었거나 부적합한 기준

목표 속에서 문제를 찾아 각각의 목표에 맞는 형태를 다시 쓰시오.

______1. 5학년 학생은 고체의 부피 계산을 이해할 것이다. 그래서 표본 문제를 보고나서 10문제 중 9문제를 정확히 풀 수 있다.

______2. 직업기술을 배우는 학생들은 조그만 가스 엔진에서 생기는 공통문제를 이해할 수 있다. 그러려면 고장 난 잔디 깎는 기계가 주어지면 그들은 80% 정확하게 고장의 원인을 밝힐 수 있다.

______3. 수식어의 이해를 나타내기 위해, 일련의 문장이 주어지면, 학생들은 각 사례에서 비유적 표현을 밝힐 수 있다.

______4. 대수 이전 과정을 공부하는 학생들은 계산 순서를 이해할 것이다. 그러기 위해서 네 개의 계산문제가 주어지면 그들은 각각을 정확히 단순화시킬 것이다.

______5. 지리를 배우는 7학년 학생들은 유럽 여러 나라의 거리적 위치를 알 것이다. 그래서 지도와 객관식 문항이 주어지면 그들은 각 문제에 정확히 답할 것이다.

______6. 9학년 학생들이 언어의 사용을 이해하기 위하여 일련의 설명이 주어지면 학생들은 대명사, 분사, 그리고 부정사에 관한 각각의 적합한 예들을 알 것이다.

______7. 미국의 정부를 공부하는 학생들은 정부의 억제와 균형이라는 개념을 이해 할 것이다. 그래서 주관식 검사에서 학생들은 억제와 균형에 관한 예를 글로서 제시할 것이다.

_____8. 생물을 배우는 학생들은 유전학을 이해할 것이다. 그래서 우성과 열성 형질이 있는 사례가 주어지면 학생들은 각 후손의 특징을 밝힐 수 있다.

Gronlund의 수업 목표

앞의 두 절에서 우리는 Mager의 행동 목표와 목표 진술에 대한 목적 접근을 기술하였다. 그것들은 목적접근이 본래 목적 진술에 따라 붙는 Mager의 목표 진술이라는 점에서 비슷하다.

이제 Norman Gronlund에 의하여 잘 알려진 대안적인 목표설정 방법을 생각해 본다. 이 접근을 소개하기 위하여, Gronlund의 원리에 따라 쓰인 몇 가지 목표의 예를 검토하고 이것들이 이미 우리가 설명한 예들과 어떻게 비교 되는지를 알아보자. 초등학교 언어에 관한 몇 가지 예들을 생각해보자.

일반목표 : 접미사를 붙이는 철자 쓰기 규칙을 안다.

구체적 행동 :

1. 자신의 말로 규칙을 진술한다.
2. 규칙과 아주 밀접한 관계가 있는 규칙을 구분한다.
3. 규칙을 독특한 예에 적용한다.

대수에 관한 두 번째 예를 생각해보자.

일반목표 : 단어 문제를 해결한다.

구체적 행동 :

1. 문제를 기술한다.
2. 관련 정보를 밝힌다.
3. 변인을 상세화한다.
4. 해결공식을 진술한다.
5. 해답을 계산한다.

이들 목표가 공통적으로 갖고 있는 것은 무엇인가? Gronlund(2000)는 우선, 목표는 안다, 이해한다, 적용한다, 평가한다, 또는 감상한다와 같은 일반용어로 진술되어야 하고, 그 다음에는 학습자가 목표에 도달했다는 증거가 되는 구체적인 행동이 와야 한다고 제안한다. 이러한 점에서 Gronlund의 목표는 목적접근과 유사하다. 그는 수업의 의도를 밝히는 일반목표가 우선 진술되어야 한다고 제안한다. 일반목표는 목적접근에 있어서 목적진술과 유사하다. "접미사를 붙이는 철자 쓰기 규칙을 안다"와 "단어 문제를 해결한다." 등의 예에서는 의도가 진술되어 있다. 각각의 일반목표 다음에 열거된 구체적 행동은 학생들이 그 의도에 도달했다는 증거가 된다. 이 접근법은 Mager의 접근법과 다르다. Mager의 목표에는, 증거는 구체적으로 제시되어 있으나 의도는 없다.

Gronlund의 목표는 교사의 수행이 아니라 학생의 결과 입장에서 진술되었다는 점을 주목하기 바란다. 예를 들면,접미사를 붙이는 철자쓰기 규칙을 가르치는 것은 교사의 수행이지 학생의 결과는 아니다. 실제적으로 접근 방법과 관계없이 모든 목표에는 이러한 특징이 있다. 지역 교육과정 지침과 주 수준의 교육과정 틀에는 목표를 학생의 결과의 입장에서 진술하고 있다.

Gronlund는 또한 이들 목표는 "학생들은 접미사를 붙이기 위한 철자 쓰기 규칙을 배운다." 와 같은 학습과정이 아니라 오히려 학습 결과의 입장에서 진술해야 할 것을 추천하고 있다. "학습하다"는 학생의 학습결과라기 보다는 오히려 학생의 학습과정이다. Grounlund는 이 방법을 반대한다. Mager의 접근과 목적 접근은 이러한 특징을 공유한다.

이전의 접근 방법과 다른 점은 Gronlund는 조건과 수행 기준이 너무 구체적이어서 교사의 융통성을 제한하고 있다고 믿고 있는 점이다. 예를 들면, 아래의 목표를 생각해 보자. 꽃에 관한 그림이 주어지면, 학생은 다섯 부분 중 적어도 네 부분을 글로 표현할 것이다. "그림이 주어지면"이라는 조건을 상세화함으로 교사는 검사 조건에서 슬라이드의 사용이나 식물의 꽃의 사용을 배제하였다. 이와 유사하게 다섯 개 중 네 개를 명시함으로 교사는 지진아에겐 낮은 기준, 우수아에게는 보다 높은 기준을 제안할 수 있는 수업의 융통성을 제한하고 있다.

이러한 융통성 때문에 Gronlund의 접근 또는 수정된 접근은 아마 오늘날 많은 교육과정 저술가 중에 가장 인기 있는 것이 되었는지도 모른다. 이 접근의 일차적 이점은 경제적인 것이다. 이 목표는 다른 접근 방법에 따라 진술된 것보다 더 방대하고 더 포괄적이다. Mager의 접근 방법에 따라 진술된 수천가지 목표를 요구하는 코스 내용은 Gronlund의 접근 방법을 사용하면 백 여 개 이하로 표현될 수 있다.

이러한 폭 넓은 범위와 융통성을 달성하는 데 있어서 Gronlund가 이룬 타협점은 구체성에 있다. 그는 수용 가능한 수행 조건이나 기준을 밝히지 않고 구체적인 교과 주제의 사용을 반대한다. 이 후자의 특징은 가끔 교육과정 저작자들에 의해 수정되곤 한다. 다음 절에서 살펴보겠지만 그들은 전형적으로 그들 목표 속에 구체적인 주제를 포함시킨다.

연습 5.4

다음의 각 목표를 생각해 보고 Gronlund의 기준에 따라 부적합하게 진술된 목표를 밝히시오. 부적합하게 진술된 목표는 바람직한 형태로 재진술 하시오. 우리는 내용의 상세성이라는 문제를 의도적으로 제처 두었다. 그래서 내용의 상세화에 따라 목표를 평가하지 않기를 바란다.

1. 화학에서의 개념을 배운다.
    1.1 개념을 자신의 말로 정의한다.
    1.2 개념에 관한 예를 든다.

2. 학생들에게 품사를 가르친다.
    2.1 학생들에게 품사를 정의한다.
    2.2 학생들에게 예를 제공한다.
    2.3 학생들로 하여금 상황에 맞춰 품사를 규명하게 한다.

3. 재분류를 통하여 뺄셈을 이해하게 한다.
    3.1 윗자리부터 꾸어오는 규칙을 진술한다.
    3.2 재분류를 요하는 문제를 푼다.

4. 지리적 용어를 이해한다.
    4.1 자신의 용어로 정의를 진술하고 이를 글로 적는다.
    4.2 문장의 절속에서 예들을 찾아낸다.
    4.3 지도 위에서 예들을 찾아낸다.

5. 뉴톤의 제2법칙을 이해한다.
    5.1 법칙을 진술한다.
    5.2 법칙을 수로써 표현한다.
    5.3 법칙을 사용하여 문제를 해결한다.

교실에서의 공학

목적과 목표 설정

공학이 교실 내에서의 학습에 혁명을 일으켰듯이 공학은 또한 교사의 수업계획 방법을 변화시켰다. 인터넷은 교사가 목적과 목표를 설정하는데 폭 넓은 자원의 원천이 된다. 목적과 목표를 설정하는데 있어서 주된 정보원 중 하나는 국가의 전문조직이다.

전문조직. 전문조직은 교사가 효과적인 교육과정을 운용하는데 도움이 되는 다양한 활동을 제공한다.

- 전문 분야의 최근의 연구, 정보를 제공해 주는 전문 출판물의 출간
- 전문적인 이슈와 문제에 관한 내용을 다루어나갈 수 있는 자원 제공
- 여러 교육과정 영역의 목적과 목표에 관한 정보 제공

〈표 5.1〉에는 유명한 전문 조직의 목록과 웹 사이트, 그리고 임무 또는 목적에 대한 내용이 기술되어있다. 우리는 여러분이 교실에서 목적과 목표를 계획해 나갈 때 이 웹사이트를 방문할 것을 추천한다.

주 교육청. 교사가 교실 수업을 위한 목적과 목표를 구성해 나갈 때 두 번째 로 교사에게 가치가 있는 자원은 모든 주에서 발견되는 주 교육청 웹사이트이다. 이 웹사이트에는 교사들이 주가 정한 표준에 도달하기 위한 수업 계획을 구성해 나갈 때 교사를 위한 부수적인 자원은 물론 각주의 다른 교육과정 영역의 표준이 있다. 예를 들면 유타주(http://www. usoe.k12.ut.us)는 표준과 목표의 입장에서 유치원부터 고등학교 3학년까지의 교육과정 전체가 개관되어 있다. 구체적 수업의 지침을 찾고자 하는 3학년 언어를 가르치는 교사는 3학년 언어라는 내용 아래 다음 정보를 발견하게 된다.

표준4.
음성학과 철자 쓰기 - 학생들은 책을 읽고 글을 쓰는 동안 익숙하지 않은 단어를 해독하고 철자로 쓰기 위하여 음성학과 다른 전략을 이해하여 적용한다.

교사의 수업 계획을 돕기 위하여 각 표준 다음에는 다음과 같은 목표가 있다.

목표3.
단어를 정확히 쓴다.

a. 새로운 단어를 쓰기 위한 단어 어근, 유형, 분철, 일반 문자 조합에 관한 지식을 활용한다.
b. 학년 수준에 맞는 복합어, 복수 표기되는 단어, 일반 표음 문자를 정확히 쓴다.
c. 많이 쓰이는 비규칙적인 단어를 정확히 쓴다(예 친구, 정사각형, 특수한).
d. 비규칙적이고 어려운 단어 철자를 배운다(예 전기의, 유성, 덫을 놓는 사람, 직사각형).

교사는 수업계획과정에서 이러한 표준과 목표를 준거틀 또는 출발점으로 사용할 수 있다. 그러나 교사가 당면하는 주된 과제는 이러한 표준과 목표가 자기가 가르치는 학생과 교실에 적합한지를 결정하는 것이다.

표 5.1 교육자를 위한 전문 조직

조직과 웹사이트	조직 임무/ 목적
미국 외국어 교수협회 American council on the teaching of foreign Laguage http://www.actfl.org/	미국의 교육과 사회의 필수적 요소로서의 언어와 문화연구를 증진시킨다.
장학과 교육과정개발 협회 http://www.ascd.org	전문성 개발, 교육의 지도성, 역량구축을 포함한 효과적인 교수학습의 모든 측면을 강화한다.
특수아협의회 Council for exceptional children	조직 임무/ 목적 비정상적인 개인, 장애 학생 또는 영재학생의 교육결과를 증진시킨다.
국제 독서 협회 International reading association http://www.reading.org	독서수업의 개선, 독서에 관한 연구정보의 보급, 평생의 독서습관 격려를 통하여 모든 사람의 높은 문해수준을 증진시킨다.
국립음악교사협회 Music Teachers National Association http://www.mtna.org/flash.html	음악교사의 전문성을 지지하고 음악연구와 사회에 대한 음악을 만드는 것의 가치를 향상시킨다.
국립미술교육협회 National Art Education Association http://Naea-reston.org/	전문성의 발달, 봉사, 지식의 향상, 지도성을 통한 미술교육을 증진시킨다.
국립과학교사협회 National Science Teachers Association	모든 학생을 위한 과학 교수학습의 수월성과 혁신을 증진시킨다.
국립사회과협의회 National Council for the Social Studies http://www.ncss.org	모든 사회과 교사들에게 지도성, 봉사, 지원을 제공한다.

국립영어교사협의회 National Council of Teachers of English http://www.ncte.org/	개인적, 공공적 세계를 구성하는 언어의 사용, 문해의 개발증진과 영어 관련 언어와 과학을 통하여 사회에 대한 참여를 이룩한다.
국립수학교사협회 National Council of Teachers of Mathematics http://www.nctm.org/	수학교육과 관련된 문제에 대한 국가적 지도성을 제공한다.
국립 2중 언어교육협회 National Association for Bilingual Education http://www.nabe.org/	이중 언어교육의 인지하고 증진하며 공론화한다.
국제 교육자 연합 Phi delta Kappa http://www.pdkintl.org/	혁신적 프로그램, 관련연구, 비전을 주는 주도성, 헌신적 봉사를 제공하여 민주적 생활방식을 개발, 유지하는데 필수적인 질 높은 교육을 발전시킨다.
기타 언어를 말하는 사람에 대한 영어교사협회 Teachers of English to Speakers of other languages http://tesol.org/index.html	연구개선, 정보보급, 지침개발, 자격증진, 해당 분야의 어음 교환소로서의 봉사를 통하여 제2 언어로서 영어를 가르치는 방법을 개선한다.

교실의 다양성

표준 중심 환경에서의 목적과 목표

현재의 표준과 책무성에 대한 강조는 여러분이 자신의 교실을 들어설 때 구성해야 할 목적과 목표에 영향을 미칠 것이다. 현재로 표준이 교사의 수업계획에 작용하는 역할에 대하여 국가적으로 상당한 논쟁이 일고 있다. 여기에서 주된 문제 중 하나는 개인차가 교수학습과정에 작용하는 역할이다. 한편에서는 표준 중심 교육과정의 지지자들이 표준은 모든 학생이 습득해야 하는 최소한의 능력을 나타낸다고 주장한다. 본래 이러한 지지자들은 미국의 모든 학생이 읽고 쓰는 방법을 배우고 기본수학을 하는 방법을 배워야한다고 주장한다. 이것이 낙오자 없는 교육법의 기초가 되는 논리이다(Mathis, 2003). 이 접근의 비판자들은 한가지로 모두에게 맞추려는 교육접근은 너무 엄격하다고 주장하고 교사는 각 개별학생의 요구에 맞추어 목적과 목표를 융통성 있게 조정해 나가야한다고 주장한다(Hatch, 2002). 이러한 비판가들은 교사가 수업을 계획할 때 발달요구, 개인의 학습양식, 문화차이를 조정할 필요가 있다고 주장한다.

교직은 학습에 대한 교사의 책무성을 더욱 요구하고 있으며, 어느 학구에서는 직접 목표에 대한 설명서를 교사에게 쥐어주고 있으며, 또한 목표를 가르치는 날짜를 명시하도록 요구 하고 있다. 중등수준의 언어교사에게는 가끔, 자기 학생들이 Shakespear와 Hemingway와 같은 작가의 중요한 작품을 읽었는지 확인하도록 요구되고 있다. 책무성은 교사의 수업계획과 가르치는 방법을 변화시키고 있다. 앞서 우리는 목표란 오늘날 교육에 있어서 하나의 생활방식이라고 제안했다. 그러나 궁극적으로 각 교사는 자기 학생에게 가장 좋은 것이 무엇인지를 결정해야한다. 거기에는 분명한 타협이 존재한다. 그러나 목표는 공립학교의 실세계 일부가 되어 가고 있다. 목표는 수업에 있어 또는 엄격한 수업처방에 있어 교사에게 도움을 준다. 궁극적으로 각 교사는 자기 학습에 대하여 전문적인 결정을 내려야 한다.

목표와 반성

수업결정의 지침이 되는 이외에 목표는 또한 전문적 반성을 증진시키는데 있어 아주 가치가 있다. 반성적 교사는 수업에 관하여 사려 깊고, 분석적이고, 심지어 자기 비판적이다. 그들은 수업을 심사숙고하여 계획하고 후에 시간을 갖고 이를 분석한다.

반성은 수업에 있어 중요하다. 왜냐하면 반성은 교사로서의 효과성을 증진시킬 뿐만 아니라 전문인으로 발달해 가는데 도움이 되기 때문이다. 자신과 학생과의 일을 계속 생각함으로서 반성적 교사는 일관된 교수 철학을 발달 시켜나가며 이것은 이론과 실제를 통합하고 실제를 정교화 하는데 도움이 된다(Rodgers, 2002).

여러분의 과목에서 목적과 평가 전략을 분명하게 생각하여 작성하는 과정 자체가 모든 좋은 수업의 궁극적 목적인 학생의 학습에 초점을 맞추도록 해준다. 목적과 목표는 수업계획수립을 위해 유용할 뿐 아니라,전문적 반성을 위한 도구로서도 가치가 있다. 계획과정 내에서 목적과 목표를 고려하는 것은 학생의 학습이라는 관점에서 수업의 효과를 생각하는 준거체제가 된다.

어느 의미에서, 목적과 목표의 설정은 전문적 반성을 위한 출발점이 된다. 교사가 목적과 목표에 대하여 생각을 많이 할수록 그들은 수업의 효과에 대하여 그만큼 더 잘 반성하게 될 것이다.

반성하기

목적과 목표

INTASC 원리 8과 9

목적과 목표가 수업에서 갖는 다른 역할과 형태를 생각해 보시오. 학생을 가르칠 때 목적과 목표를 어떻게 사용할지를 생각해 보시오.

요 약

5장의 목적은 여러분이 목표를 설정하는 상이한 이유를 이해하도록 돕는 것이었다. 즉 여러분에게 목표가 국가, 지역 수준에서 영향 받는 방식을 소개하고, 장기간, 단원, 차시수준의 목표를 수립하는데 도움을 주며, 목표를 진술하는 기능을 개발하는 것을 돕는 것이었다. 이 세 가지 중 우리는 목적접근을 강조했다. 왜냐하면 그것은 교수와 학습과의 관련에 대한 생각을 발전시키는 이점이 있기 때문이다.

목적 목표는 기본적인 두 부분이 있다. 첫째는 목적 진술에서는 일반적이고 관찰할 수 없는 용어로 교사의 의도를 기술하는 것이다. Mager의 목표설정 방법에 따라 작성된 목표와 똑같은 평가체제에는 조건, 수행, 기준이 포함된다. 목적 진술에는 다음과 같은 질문, 즉 나는 학습자가 무엇을 알고, 이해하고 또는 할 수 있기를 바라는가? 와 같은 질문에 대답을 준다. 평가체제는 "학습자가 알거나 이해하고 있는지 여부를 어떻게 결정하는가?"와 같은 질문에 대답을 준다.

Gronlund의 수업목표는 우선 일반적인 의도가 진술된다는 점에 있어서 목적목표와 유사하다. 그리고 나서 일반목표가 도달되었다는 증거가 되는 구체적인 행동이 제시된다. 그러나 Gronlund의 목표는 목적 목표보다도 더욱 일반적이다.

주와 지역의 교육과정자료에 제시된 예들을 보면, 비록 목표 진술을 위한 구체적 절차는 다양하더라도 목표는 표준과 책무성이라는 현실세계에서 점점 중요한 역할을 담당하고 있다.

목표는 수업을 계획하고 실행하는데 결정적으로 중요하다. 목표는 효과적인 의사소통을 증진시키고 교사가 학습전략을 개발하는데 도움이 되고, 목표가 달성되었는지에 대한 평가와 반성을 고무한다. 제6장에서 수업계획안을 개발할 때 목표의 중심역할을 공부하게 되는데 그때 목표의 중요성이 언급될 것이다.

핵심개념

객관적 기준	목적 목표	지역수준의 목적
객관적인 관찰 가능한 행동	목적진술	수업목표
국가의 목적	장기적 목적	평가진술
단원 목적	주 수준의 목적	행동목표
단위수업목적		

자격시험준비

본 장의 구체적 정보를 사용하여 다음의 사례연구를 읽고, 다음의 질문에 대답하시오.

Sasha Perez는 여름휴가를 이용하여 가끔 과거도 생각해 보고 수업을 개선하기 위한 방법도 생각해 본다. 이러한 일은 종종 운전을 할 때 운동을 할 때 심지어 요리를 할 때에 일어난다. 교육과정 중 어느 한 영역, 즉 쓰기가 그녀를 계속 괴롭히고 있다. 그녀가 맡은 6학년 학생들은 주에서 실시하는 시험에서 주와 지역의 평균 이하 점수를 얻었으며 특히 남학생은 성적이 더 낮았다. 그녀는 자신에게

"우리는 쓰기에 대해 더 많은 노력을 할 필요가 있어" 라고 말하였다.

8월, 그녀가 다음해를 위하여 수업을 준비할 때 그녀는 매주 월, 수, 금요일의 쓰기에 대한 계획을 검토해 본다. 그녀가 구체적 계획에 착수하면서 그녀는 자기반 검사점수를 재검토하고 문단의 구조가 주된 문제영역이라는 것을 발견하게 된다. "우리는 그것을 고칠 수 있어." 라고 그녀는 생각한다.

10월, 그녀는 OHP 상에 두 개의 문단을 제시하여 문단구조라는 주제를 소개한다. 상당한 토론을 거친 후, 그녀의 반은 분명히 어느 것이 다른 것보다 더 나으나 아무도 그 이유를 확실히 모른다고 결론을 내린다. 그녀는 이것이 칠판에 다음과 같은 내용을 적을 기회로 여긴다.

우리의 목적 : 효과적인 문단 쓰기를 배운다.

a. 효과적인 주제 문장
b. 적합한 지지 문장
c. 결론 문장의 요약

Ms. Perez는 두 개의 문단을 통하여 학생들을 안내하고 효과적인 문단의 서로 다른 요소가 존재하는지 또는 아닌지를 지적해 가면서 목표를 설명한다.

1. 사례연구에서 목적의 조작수준을 밝히시오.

2. Sasha는 학생들과 어떠한 목표를 공유했는가?

3. Sasha의 목표를 목적목표로 다시 쓰고 주요 부분을 밝히시오.

비디오 연습

MyEducationLab으로 가서 "교육과정"이라는 주제를 선정하여 '비지시적 수업모형'이라는 비디오를 시청하시오. 비디오를 보고 다음의 질문에 답하시오.

1. 그래프에 관한 수업을 할 때 Brush여교사가 정한 장기적 수업 목적은 무엇일까?

2. Brush 여교사의 그래프에 관한 수업은 주의 어떠한 표준을 촉진하고 있는가? 주: 여러분은 어느 주를 골라도 좋다. 그리고 2학년 미만의 그래프에 관한 수학 내용 표준을 정할 수 있다. 또한 여러분은 다음과 같이 할 수 있다.
   www.georgiastandards.org 키워드 "Graphing"으로 가시오: "주제"란에 "수학"을 설정하고 학년에는 "2"를, 그런 후 "찾기"를 설정하시오. 자세히 보기위해서는 꼭 "Standard Name"을 설정하시오.

3. Brush여교사의 수업을 위해 (일반진술 형태로 활용할) 단원목적을 어떻게 진술 할 수 있는가?

4. Brush여교사의 수업을 위해 (평가형태로 활용할) 학습목표는 어떻게 진술할 수 있는가?

포트폴리오의 개발

이 활동의 목적은 여러분이 계획을 수립할 때 목표를 사용하기 시작하도록 격려하는데 있다.

- 여러분이 첫 해 학생들에게 가르치고 싶은 가능한 수업의 주제를 선정하시오. 이것은 장기적인 목적이 된다.
- 이 주제를 단원 목표로 다듬으시오. 단원 목표는 단원 속에서 학생들에게 가르치고 싶어 하는 내용에 관한 일반진술이다.
- 마지막으로 구체적인 수업의 초점이 되고 주에서 결정한 표준의 핵심이 되는 목적목표를 선정하시오.

토의문제

1. 목표에 영향을 미치는 세 수준(국가, 주, 지역) 중 어느 것이 교실교사로서 당신에게 가장 많은 영향을 미친다고 믿는가?

2. 연간 또는 학기수준 목표, 단원 목표와 수업목표 사이의 주된 구조적 차이는 무엇인가?

3. 현재 교육과정 지침, 교과서의 같은 자료를 통하여 교사에게 준비된 목표를 제공하는데 대한 주된 이유는 무엇인가?

4. 교사의 관점에서 보았을 때, 교사에게 목표와 교육과정지침을 제공하는데 있어서의 장점과 단점은 무엇인가?

5. 목표설정과정이 수업계획 수립 시 초임교사나 숙련교사에게 유용한가? 왜 그런가?

6. 왜 목표는 수업계획의 기초로 여겨지는가?

현장경험을 위한 제안

1. 여러분이 가르치려고 계획하고 있는 학년수준 또는 교과별 해당 교사를 면담하고 그들에게 국가, 주, 지역의 목적과 목표가 그들의 교육과정에 영향을 미치는 방식을 물어보시오.
   a. 어느 것이 그들에게 가장 많은 영향을 미치는가? 왜 그런가?
   b. 어느 것이 그들에게 가장 적은 영향을 미치는가? 왜 그런가?

2. 여러분이 담당한 학년수준 또는 학문영역의 교육과정지침이나 교과서를 조사하시오. 이러한 자료 속에 목표가 제시되어 있는가? 그것들은:
   a. Mager의 목표인가?
   b. Gronlund의 목표인가?
   c. 목적목표인가?
   d. 다른 형태인가?

   전 과정에는 얼마나 많은 목표가 있는가? 이들 숫자의 적절성에 대하여 논평해 보시오.

3. 수업목표가 준비되어있지 않은 상황에서 현재 가르치는 교과나 해당 학년의 교과서를 준비하시오. 한 장(chapter)을 선택하여 그 장의 내용을 보고 다음의 목표를 작성해 보시오.
   a. Mager의 행동목표
   b. Gronlund의 수업목표
   c. 목적목표

4. 여러분이 가르치려하는 학년과 교과를 담당한 교사를 면담하고, 단원과 차시수업을 위한 목표를 작성할 때 어떠한 형태를 사용할지 질문하시오.

교수도구

☞ 참고문헌

Gronlund, N. (2004). *Writing instructional objectives for teaching acd assessment*(7th ed.). Upper Saddle River, NJ: Merrill/Prentice Hall. This book contains an updated discussion of Gronlund's perspective on formulating and objectives.

Morrison, G., Kemp, J., & Ross, S. (2007). *Designing effective instruction*(5th ed.). Hoboken, NJ: Wiley. Explains how goals and objectives can be used to achieve instructional alignment.

Serdyukov, P., & Ryan, M. (2008). *Writing effective lesson plans.* Boston: Allyn & Bacon. Describes how goals and objectives fit into the essential teaching skil of designing effective lesson plans.

Wiggins, G.., & McTighe, J. (2006). *Understanding by design* (2th ed.). Upper Saddle River, NJ: Merrill/Prentice Hall. Explains hoe goals and objectives fit into the current emphasis on standards and accountability

Wiles, J., & Bondi, J. (2007). *Curriculum development: A guides to practice* (7th ed.). Upper Saddle River, NJ: Merrill/Prentice Hall. An excellent introduction to the process of curriculum development, with chapters on

standards and integrating goals and objectives into the curriculum.

☞ 웹사이트

www.ed,gov/G2K/teachers/appndx5.html Here you will find the eight national education goals and specific objectives for each of the goals.

www.sonoma.edu/users/p/phelan/423/stadards/html Here you will find an overview of the standards movment that includes introduction and discussion of the evolution of the standards movement, federal legislation (No Child Left Behind Act), and selected state standards.

www.quasar.ualberta.ca/edit573/modules/modules8.html Here you will find a discussion on goals and objectives and the best way to develop and present them.

www.uwap.edu/education/lwilson/curric/behavior.htm Here you will find the advantages of behavioral objectives and problem-solving and cognitive examples of behavioral objectives.

http://edweb.stsu.edu/LShaw/f95syll/bloom/behobj.htm Here you will find a definition of behavioral objectives and examples of student behavior and performance criteria.

http://med.fus.edu/education/FacultyDevelopment/objectives.asp Here you will find a definition and characteristics of behavioral objectives and how to write them.

6

표준에 따른 평가계획

서 론

여러분은 환자의 질병에 대한 구체적인 지식이 없이 수술을 시작하는 외과 의사를 상상할 수 있는가? 그리고 그 의사가 질병을 고치기 위해 무엇인가를 할 것이라고 상상할 수 있는가? 또한 기술자가 자세한 청사진, 소요될 예산, 그리고 환경에 미칠 영향에 대한 이해없이 다리를 만들 수 있다고 생각하는가? 비행사가 일기예보, 차트, 그리고 지도 등의 분석 없이 비행을 할 수 있는가? 각각의 경우, 그 결과는 끔찍할 것이다. 수업이 드라마 같지 않지만, 수업도 이와 비슷할 것이다. 학생들의 지적, 정서적, 사회적, 그리고 신체적 발달을 촉진시키기 위해, 교사는 외과의사, 기술자 그리고 비행사가 하는 것처럼 주의깊게 계획하고 준비해야 한다. 간단히 말해서 교사로서 여러분은 계획하고 또 철저히 계획해야 한다! 계획은 교사의 사고와 의사결정을 실제 수업 전략으로 바꾸는 방법인 것이다.

단위수업을 구성, 실행, 그리고 분석할 수 있는 예비교사의 능력 개발은 교사의 전문성 훈련에 있어 필수적인 구성요소가 된다. 가능한 한 많은 학습을 불러일으키도록 의사결정하는 방법을 배우는데 도움을 주는 것이 본 장의 핵심이다.

학습자 목표

6장을 공부하고 나면 여러분은 다음과 같은 것을 할 수 있어야 한다 :

- 장기계획에서 고려되어야 할 가장 중요한 요소들을 밝힐 수 있다.
- 단원계획이 세부 수업계획의 틀을 형성하고, 관련시킬 수 있는 방법을 설명할 수 있다.
- 효과적인 일일 수업계획을 만들 수 있다.
- 다른 수업계획안의 장점과 단점을 구별할 수 있다.
- 통합 교실수업 계획의 변형을 설명할 수 있다.

교실에서의 평가계획 적용

다음은 과학교사가 학년 초에 침식이라는 개념에 대한 수업계획 과정에 참여한 하나의 사례이다. 이 사례를 읽고 다음 질문을 생각해 보시오.

- 장기계획과 관련하여 어떠한 요인들을 고려해야 하는가?

- 침식에 관한 교수학습과정안의 핵심사항으로 단원계획을 어떻게 짜서 활용해야 하는가?
- 단위수업계획은 단원계획을 어떻게 촉진시키는가?
- Armendariz남교사는 학생들의 성취를 어떻게 평가할까?

중학교 과학 교사인 Harry Armendariz는 학년 초 책상에 앉아 그 앞에 놓인 과학책을 훑어보고 있었다. 침식의 원인과 예방이라는 학습은 주와 지방 과학 교육과정 지침서에 모두 진술되어 있었다. 그래서 그는 침식의 개념을 소개하기 위한 가장 좋은 방법이 무엇인지를 고심 중이었다.

"휴…" 그는 혼잣말로 중얼거렸다. "이걸 내가 가르치려 한다면 학생들은 불평을 늘어놓겠지. 그들은 바로 침식부터 수업을 시작하자고 애원할 정도로 과학수업에 열정적이진 못한데. 이건 6학년 정도의 아이들에게 적합한 내용인데…" 그의 생각은 왔다 갔다 했다.

"이 학습은 중요한데… 이건 환경을 보호하기 위해 노력하는 것이 얼마나 중요한지를 학생들에게 이해시키는데 도움이 될 수 있어." 그는 계속해서 책장을 넘기고 노트필기를 하면서 결의에 차서 중얼 거렸다.

"정확하게 나는 학생들이 침식에 대해 무엇을 알기를 원하지?" 그는 노트에 침식이라는 단어를 써 내려가며 생각했다.

어떻게 침식이 "토양의 형태"란 단원에 적합하지? 그는 계속해서 노트에 침식-토양형태라고 썼다.

학생들에게 무엇을 보여줄 수 있을까? 그러면 그들이 이해할까? 학습 자료를 구하기가 얼마나 힘이 들까?" 그는 계속해서 혼잣말로 중얼거렸다.

"그럼 실제로 그 예가 적절한지 어떻게 이해시킬 수 있을까?" 그는 머리를 흔들며 고심했다.

그는 몇 분간 자리에 앉아 생각한대로 노트에 모래판 시범이라고 적었다. "시범으로 시작해보자. 정말 구체적이고 재미있겠는 걸. 학생들에게 좋은 본보기가 될 거야. 그것은 침식의 작은 예가 될 거고 학생들은 조그마한 협곡과 삼각주를 보게 될 거야. 그건 크기가 충분히 크기 때문에 반 아이들 전체가 별다른 혼란 없이 볼 수 있을 거야… 그럼 이제 시작해보자."

Armendariz 선생님은 세계의 다양한 지역의 침식과정을 보다 잘 설명해 주는 비디오를 그의 시범에 추가하기로 결정했다.

첫 수업을 계획한 후에, 그는 "나는 학생들에게 침식이 화산과 지진 — 풍경을 변화시키는 다른 요소들과 어떻게 관련이 있는지를 보여 줄 거야"라고 생각했다. 마침내 그는 교재에서 관련된 내용을 찾았고,"학생들에게 그 내용을 읽게 할 것이야."라고 적어놓았다.

Armendariz 선생님은 "나중에 학생들에게 어떻게 이 지역에서 침식이 형성되고 있는지를 보여주기 위해 오염된 하구, 지방 하천으로 데리고 가야지."하며 더욱 더 생각에 잠겼다.

의사결정과 계획

본 장의 논의를 위하여 앞서 앞의 시나리오를 언급하고자 한다. Armendariz 선생님이 계획할 때 결정했던 몇 가지를 생각해 보자. 적어도 다음의 4가지 결정이 중요하다:

- 첫 번째 명백한 결정은 내용과 방법론 관점에서 주와 지역 교육과정 지침에 나타난 기준이나 표준을 언급할 필요성에 관한 것이었다.
- Armendariz 선생님은 그의 학생들에게 침식의 개념을 설명하고 시범을 보여주기 위한 방법에 대해 결정을 했다(모래판 시범, 비디오, 텍스트, 그리고 현장체험).
- 다음으로 교사는 수업의 계열을 결정했다; 즉 모래판 시범으로 수업을 시작하기로 결정했다.
- 마지막으로 침식에 관한 수업과 토양 형태를 관련짓는 것에 대해 결정했다.

첫 번째 진술로 돌아가 볼 때, 우선 표준에 초점을 맞춘다는 것은 내용과 방법에 관한 의사결정을 한다는 것만이 아니고 평가를 고려할 때의 기초를 제공한다는 것이 된다. 1장에서 언급했듯이 3단계 교수모형 중 평가 단계는 목적과 목표에 관한 학생들의 학업성취를 결정하는 데 있어 가장 효과적이 되는 평가도구를 선정하는 것을 포함한다. 주의 표준을 촉진하기 위해 설계된 이러한 목표는 교사가 다음과 같은 질문에 대답하는데 도움이 된다. 즉 "학생들이 현제 배우고 있는 자료를 알고, 이해하고 감상하는지를 나는 어떻게 알까?" 게다가, 목적으로 번안되는 표준의 장에서 평가를 생각해 보면 교사는 단위수업이나 단원이 끝날 무렵, 학생들에게 달성시키고자 하는 것에 초점을 두게 된다. 이장의 끝 부분에서 이에 대하여 보다 많은 내용을 언급할 것이다.

5장에서 언급했듯이, 목표에 대한 논의 부분에서 교사는 구체적인 기준을 결정하지 않는다는 점을 주목하는 것이 중요하다. 여기에서 중요한 것은 학생들이 무엇을 배울 필요가 있는지, 그리고 어떠한 수준까지 그것을 배울 필요가 있는지, 학습진전을 결정하기 위하여 어떠한 평가 도구를 사용해야 하는지를 결정하는 일이다. 평가에 관해서는 11장에서 보다 많이 언급하게 될 것이다.

의사결정은 평가뿐만 아니라 수업의 모든 측면 그리고 3단계 모형에도 영향을 미친다. Armendariz 선생님의 사례에서 나타난 바와 같이, 정의상 의사결정은 의사결정자의 전문적인 판단을 필요로 하는 해결이나 결론을 포함한다. 이 경우 Armendariz 선생님이 의사결정자였다. 그는 일련의 다른 결정을 할 수 있었다. 예를 들어, 모래판과 비디오의 사용 대신에 다른 표상물을 사용할 수 있었다. 그는 선택적으로 수업을 다르게 계열화할 수 있었다. 또는 다른 방식으로 개념을 토양형성 단원과 관련지을 수 있었다. 의사결정을 할 때 Armendariz 선생님은 세 개의 중요한 요소를 고려하였다. 첫 번째, 그는 단기와 장기 목표 둘 다를 고려하였다. "정확하게 나는 학생들이 침식에 대해 무엇을 알기를 원하지?"라고 스스로 자문하면서 자신과 학생들을 위한 명확한 단기 목표를 세우고 있었다. "또한 어떻게 침식이 토양 형태 단원에 적합할까?"라고 의아해 하면서, 그는 장기 목표를 생각하고 있었다.

두 번째, 그는 학생들이 배우는 방식 -학습하는 과정 자체- 을 고려했다. "내가 그들에게 무엇을 보여줄 수 있을까? 그렇다면 그들은 이해할까?", "학습 자료를 구하기 위해서는 얼마나 힘이 들까?"라고 스스로 자문했다. 또한 그는 모래판 시범으로 수업을 시작하기로 결심했다. 왜냐하면 "그것은 구체적이고, 그리고… 그것은 학생들에게 좋은 참고자료가 되기 때문이다." 이러한 결정은 Armendariz 선생님이 계획할 때, 의식적으로 그리고 체계적으로 학생들의 학습방식을 고려했음을 나타낸다.

마지막으로 그는 의사결정 할 때, 학생들의 동기를 고려했다. 그의 첫 번째 반응은 "휴, 내가 학생들에게 이걸 가르치면 학생들은 불평할 텐데. 학생들은 침식으로 시작할 정도로 과학에 대해 열정적이지 않거든" 이었다. 그의 다음 결정은 설명을 재미있게 해주는 것과 학생들이 주제와의 관련성을 이해하도록 도와주는 것이었다. 이러한 유형의 사고는 숙련된 교사들에게는 전형적인 것이다(Zahorik, 1996).

이 설명으로부터 우리는 계획이 많은 중요한 결정을 포함하는 복잡한 과정이고 이러한 결정은 많은 요소가 고려되어야 한다라는 것을 알게 된다. 이러한 점을 유념하면서 교사들이 계획하는 이유를 재고해 보자.

연습 6.1

1장에서 소개된 INTASC 와 NCATE 표준을 사용해서 Armendariz 선생님의 시나리오를 다시 읽어보아라. 그리고 침식 단원에서 설명하고 있는 모든 것들을 확인해 보아라.

계획을 세우는 이유

효과적인 수업은 흥미진진하고 적절한 경험이 규칙적으로 교실에서 저절로 일어날 것이라는 희망에 기초를 두어서는 안된다. 효과적인 수업은 본 장의 후반부에서 논의하게 될 다양한 수준의 계획에 기초를 두고 있다는 것은 의심의 여지가 없다. 더 구체적으로 계획은 다음과 같은 사항에 도움이 된다(Manning & Bucher, 2001):

- 수업의 연속성
- 시간의 효율적인 활용
- 교사들은 학생들의 욕구를 명심하게 된다.
- 지역, 주, 그리고 국가 교육과정 지침과 표준을 따른다.
- 도서관 자료와 컴퓨터 어학실과 같은 자원의 활용 계획
- 가능성 있는 범교과적 연계

효과적인 수업 촉진을 위하여 계획에 대한 여러 이유를 다음 네 가지 범주로 분류해볼 수 있다.

- 개념적(conceptual)
- 조직적(organizational)
- 정서적(emotional)
- 반성적(reflective)

계획에 대한 개념적 이유

우리는 외과의사, 건축가, 비행사 그리고 교사를 언급하면서 본 장을 소개했다. 그리고 우리는 그들 모두가 자기 일을 효과적으로 수행하기 위해서는 계획을 잘 세워야 한다고 주장했다. 예를 들어, 건축가가 건물을 디자인하기 위해 사용할 가장 좋은 자료를 결정할 때, 그들은 계획의 개념적 측면에 관련하고 있는 것이다. 또 다른 예로서, Armendariz 선생님은 - 정확히 학생들이 무엇을 알기를 원하는지, 주제를 설명하기 위해 무엇을 사용할 것인지, 그리고 어떻게 그 단원을 계열화시킬 것인지 - 이러한 목표에 대한 결정을 했다. 이러한 개념적 계획을 통해 교사는 일관성있고 연속적인 방법으로 아이디어를 표현할 수 있다.

조직과 계획

외과 의사나 비행조종사가 수술이나 비행 일정을 결정 할 때, 그들은 계획의 조직적인 측면에 관련하고 있는 것이다. 목표와 학습활동에 대한 개념적 결정을 하는 것 이외에도, 교사들은 또한 교실 규칙과 과정, 시간의 활용, 그리고 신체적 환경의 최적 활용 등을 고려한다. 또한 이러한 것들은 계획의 조직적 관심의 부분이기도 하다.

계획에 대한 정서적 이유

계획에 대해 세 번째로 중요한 이유는 정서적인 것이다. 발표를 준비한다거나, 캠핑 여행을 계획하고 있다거나, 혹은 개인적인 생활비 계획을 세우고자 할 때 주의 깊은 계획이 우리 모두에게 안전과 자신감의 원천을 제공한다는 것은 일반적인 지식이다. 이것은 확실히 "기초를 다룰" 필요가 있다고 느껴서 그들의 계획안에 꽤 많은 양을 계획하려고 하는 초임교사들에게 영향을 미친다. 숙련된 교사조차도 학생들에게 새롭고 어려운 내용을 접하여 계획을 세울 때 특별한 주의를 기울인다.

반성과 계획

계획은 또한 반성을 위해 중요하다. 계획은 교사들이 목표를 명확하게 결정하고, 왜 목표가 중요한지를 설명해주며, 학생들이 목표를 달성하는데 도움이 되는 방법을 설정하도록 돕는다. 이것은 학생들이 목표를 달성하도록 도울 때 교사가 목표가 얼마나 적합한지, 그리고 그 목표들이 얼마나 효과적인지에 대해 반성하게 하는 준거 틀이 된다. 학생들의 학업성취가 학업 참여시간과 관련이 있다는 연구가 보여 주듯이, 계획에서는 학생들을 참여시키는 방법을 고려해야 한다. 학생들과 교실활동을 관찰할 수 있는 풍부한 방법을 통하여 교사는 계획이 즉각적인 상황에 적합해야만 수업 중 계획을 조절할 수 있다 (Ryan & Cooper, 2001). 주의 깊은 계획이 없다면 반성의 과정은 기껏해야 애매하고, 불확실하게 될 것이다.

계획을 할 때의 의사결정을 검토하고 다른 이유들을 고려해 봤기 때문에 이제 우리는 세 가지 다른 수준의 계획을 생각해 보기로 한다. 장기계획을 시작으로, 그 다음 단원계획을 고려하고, 마지막으로 일일 수업계획을 검토한다.

장기 계획

철학적 고려

계획을 하는 동안 의사결정에는 상이한 목적이나 목표들의 가치에 대한 철학적 고려가 수반된다. 보다 폭넓은 수준에서 철학자들은 "궁극적으로 알 수 있는" 것에 관심을 갖는다. 교사들은 필요하고 바람직한 것으로 여겨지는 "알 수 있는" 하위 정보요소에 집중한다. 의미상 교육은 일련의 바람직한 지식의 습득(예 지적, 도덕적 그리고 명제적)일 뿐만 아니라 그러한 지식을 표현하고 사용할 수 있는 능력을 말한다.

4장에서 살펴보았듯이 학생들이 배우고자 하는 지식은 개인적 욕구, 사회적 욕구, 그리고 필수적인 정보를 이해하고자 하는 욕구 등을 충족시키도록 의도된 것이다. 우리는 이러한 관점이 Armendariz 선생님의 계획에 반영되어 있는 것을 볼 수 있었다. 그는 학습의 본질과 학생들의 동기를 고려했을 때, 그것은 학생들의 개인적 욕구를 고려한 것이었다. 그는 침식에 대한 이해가 환경을 보호하는데 중요하다고 결정했을 때, 사회적 욕구를 고려한 것이었다. 그리고 지식의 총체에 대한 중요한 부분은 교육과정 자료에 반영되어 있었다.

표준과 기준

1949년 Ralph Tyler의 매우 영향력 있는 작품 "교육과정과 수업의 기본 원리"에서 제시되어 있듯이, 학교의 교육과정은 개인, 사회 그리고 고전적인 지식 체계를 지향하는 지식 기반을 포함해야 한다. 이 세 가지 영역은 교육 목표가 개발되어지는 기초로서 역할을 하고, 그리고 많은 교육자들에게 있어 발달적 요구는 발달에 맞는 교수 경험을 계획하는데 있어 기초가 되고 있다. 그러나 이러한 발달요구는 수업에 영향을 주는 단순한 원동력은 아니다(Manning & Bucher, 2005). 1장에서 논의되었듯이 교수협회, 인가기관, 그리고 연방정부의 명령에 의해 영향을 받는 국가기준은 미국학교 교육과정에 확실히 영향을 주고 있다. 게다가 1장에 제시된 콜로라도 주의 학습표준과 버지니아 주의 학습표준에 정해져 있는 내용과 같은 국가기준은, 무엇을 가르쳐야할지, 그리고 학생, 교사, 학교를 어떻게 평가해야 할지에 더욱 영향을 미친다.

요즘에는 흔히 주와 교육구가 기준과 표준들의 형태로 목적을 제시하는 경향이 있다. 이러한 내용기준에 맞추기 위해 교사가 널리 사용하고 있는 형태가 역행적 계획이라고 하는데 여기에는 다음 단계가 포함된다(Guillaume, 2004).

- 완전학습을 위한 내용기준과 학습결과를 선정한다.
- 주제, 쟁점, "핵심 아이디어"를 통해 학습결과를 통합한다.
- 필수적 질문을 만들고 단원의 질문을 개발한다.
- 수용할 수 있는 수행수준을 결정한다.
- 학생들의 완전학습을 이끄는 활동들을 선정한다.
- 수행을 평가할 수 있는 채점 기준을 개발한다.
- 단원의 각 구성요소가 다른 단원을 지원할 때까지 검토하고 수정한다.

우리는 이장의 마지막 부분에서 단원계획에 대해 더 언급할 것이다. 그러나 여기서는 비록 교사들이 기준들을 잘 알고 있어야 하지만 동시에 교사들은 이러한 의도된 학습자의 학습결과를 촉진시켜야 할 것이다. 예를 들면, Wyoming 주의 Laramie에 있는 Albany County School District One에 대한 교사 총괄 평가는 다음과 같은 내용을 포함한다:

> 교과목에 대한 지식을 가져야하고 교육구의 목표 그리고 / 또는 학생의 IEPs (개인 교육 프로그램)를 가르쳐야한다.

다음은 2학년 담당교사인 Sue Demaree 선생님이 특정 교육구 기대에 응답한 내용이다.

> 나는 교육구의 교육과정 목표들이 마음에 들어서, 나의 교육을 계속하기 위해, 그리고 최근의 교육적 경향에 뒤처지지 않기 위해 강의에 등록했다. 나는 교육구의 목표들을 학생들을 위한 긍정적 학습 경험들로 바꾸기 위해 노력하고 있다. 그러나 나는 학생들의 학문적, 정서적, 사회적, 신체적 욕구들을 만족시켜주기 위해 나의 수업을 조절하고 있다. 학생들의 개인 교육 프로그램에 있는 모든 목표들이 충족되고 있다는 것을 확인하기 위해 나는 매주 훌륭한 특수교육 교사와 독립적인 교실 담당교사를 만나고 있다. 나는 또한 모든 과목에 대한 지식을 증진시키고자 하는 동기가 부여되어 있다.

대부분의 경우에, 표준들은 철저하게 공식화 되어 있다. 예를 들어, 1996년 플로리다 주 교육위원회는 PreK-2, 3-5, 6-8 그리고 9-12의 네 단계 학년군의 표준을 승인했다. 이러한 선샤인 주의 표준들이 더욱 잘 규정되어왔고, 언어, 수학, 과학 그리고 사회과목에 주 평가를 위한 기초자료가 될 학년수준의 기대를 포함하도록 확대되어 왔다. 더욱이 수업계획을 수정 할 때, 교사들은 구체적 선샤인 주의 표준을 확인해야 한다. 그것은 그 단원의 목표에 의해 촉진되어진다.

표준과 기준은 매트릭스의 형태로 종종 나타나며 다음과 같은 형태를 취한다.

8학년 언어

내용표준	기준
1. 독서 학생들은 다양한 학년 수준 자료를 읽고 다양한 상황에 적합한 전략을 적용한다.	1. 학생들은 문화적 차이를 인정하는 자료를 포함하고 있는 고전과 현대의 픽션과 논픽션 작품을 읽는다. 2. 학생들은 예측, 열거, 원인/결과, 사실/의견, 주제, 비교/대조, 그리고 추론 등을 포함하는 다양한 이해전략을 사용한다. 3. 학생들은…

표준은 아마도 (1) 지도와 지구본을 읽기 위한 범례, 중요사항들, 상징들을 이용하거나, (2) 막대그래프를 만들고 해석하는 것과 같은 능숙도를 진술하는 형태로 나타낸다. 그 형태가 무엇이든지, 교사들이 학습단원과 수업계획 속에 통합시키는 목적과 목표는 표준에 근거하고 있는데, 표준과 시험이 불가분의 관계가 있기 때문에 그 표준은 학생들, 교사들, 학교가 책임질 수 있는 결과가 된다. 문서화된 표준들은 수학과 독서와 같은 과목에서 학생들이 무엇을 알고 무엇을 할 수 있는지를 설명해준다. 또한 교사들은 명확한 목표를 가져야만 하고 지역사회는 그 목표를 실현할 수 있도록 자원을 위해 노력해야 할 것을 분명히 해둔다. 학생들을 위한 표준과 목적 외에도 예비교사들이 전문직에 들어갈 자질을 갖추도록 보장함으로써 교육전문직을 강화하는데 목적을 둔 기준들의 개발에 관한 최근 노력들이 시행되고 있다. 이러한 기준 또는 수행평가의 본보기에는 다음과 같은 것이 있다(Morgan, 1999).

- 이상적인 교수 실제 반영
- 동기부여
- 다양한 전략 추진
- 호기심 증진
- 지식과 과정의 통합
- 관련성이 있다.
- 적절한 수준의 난이도

이러한 고려사항들은 다른 것 가운데 교사가 내려야 할 특정의 수많은 결정에 대한 핵심적 내용이 되며, 이것은 다음 토론 주제가 될 것이다.

연습 6.2

Armendariz 선생님의 침식 수업 내용이 담긴 도입부분의 시나리오를 다시 읽어보아라. 그 후에 Sunshine State Standards Website (http://www.fine.edu/doe)로 가서, 교사를 위한 참고자료, 선샤인 주 표준, 플로리다 코스 설명, 기초 교육 항목을 선택하라. 그러고 나서 Armendariz 선생님이 촉진시키고 있는 구체적인 선샤인 주 표준을 찾아보아라.

구체적인 교사의 결정

이제 교사들은 장기계획을 통하여 철학적 목적을 구현해 나간다. 이 장기계획에는 우리가 토론했던 철학적 고려사항들과 앞에서 제시한 계획에 대한 네 가지 이유가 포함된다. 그러나 그것의 주요 목적은 정서적이고 반성적이라기보다는 개념적이고 조직적인 측면에 초점을 두고 있다. 아마도 교사들이 결정해야 하는 가장 중요한 계획과 조직에 대한 결정은 장기목적을 통하여 성취하고자 하는 것과 이러한 목적들을 학급조직, 매일 매일의 교수, 관리, 평가에 연결하는 방법이다(Arends, Winitzky, & Tannenbaum, 2001). 예를 들어 개념적 차원에서, 그것은 일 년이나 한 학기 내용에 대한 윤곽을 잡는 것이고, 이것은 후에 더 구체적인 계획을 위한 틀이 된다. 여름방학 또는 사전계획 동안 - 교사들이 다음 학년을 준비하는 가을시기, 하지만 학생들은 출석 수업을 하지 않는 시기에 - 교사들은 일반적으로 교재, 다른 책들, 교육과정 안내서, 지역 - 주 수준의 교육과정들을 검토한다. 이 자료를 기초로 교사들은 폭넓은 주제의 목록을 대략적으로 순서에 맞추어 만든다. 예를 들어, 9학년의 지리 교사는 다음과 같은 목록을 만든다.

1학기
1. 지도에 관한 기초 기술들 - 위도, 경도, 시간대, 지도 계획
2. 지리학은 무엇인가? - 지리학의 5가지 기본개념
3. 지구의 자원들 - 지리학과 환경
4. 세계 기후

2학기
5. 생태계, 토양, 수목
6. 지형
7. 계절
8. 문화

3학기
9. 문화적 지역
   a. 서부 유럽

b. 동부 유럽
c. 러시아와 구소련
d. 북아프리카와 중동
e. 사하라사막의 남아프리카

4학기 f. 동남아시아
g. 태평양연안의 나라들
h. 앵글로 아메리카
i. 라틴 아메리카

이러한 주제들 이외에도, 교사들은 비디오, 보고서, 가능한 현장학습, 초빙 교사들, 프로젝트 등을 고려한다.

우리는 이러한 내용 속에 3가지 중요한 결정이 있음을 알 수 있다. 첫째, 어떤 주제를 가르칠지 결정했다; 둘째, 학습순서를 결정했다; 셋째, 폭넓은 의미에서 다양한 수업자료와 학습활동을 고려했다. 그녀의 수업계획과 의사결정은 넓은 의미에서 Armendariz 선생님의 계획과 비슷하다. 장기 계획을 세우는 동안, 계획의 개념적 차원은 광범위하지만 후에 구체적인 결정이 나온다. 비록 이러한 결정이 광범위하지만, 이것은 교사가 전반적인 계획 절차를 단순화 하는데 도움이 될 것이다. 예를 들어 교사는 단원의 개관을 보고, "맞아, 다음시간에 세계의 기후를 가르쳐야겠어, 그렇다면 지금 바로 관련 비디오를 준비해야겠어."라고 결론 내릴 수 있다. 다음 수업에서 다루어질 주제에 대한 그녀의 결정이 이미 완성된 셈이다.

장기계획의 조직적 측면에서, 교사들은 또한 적어도 3가지 추가적 요소들을 고려해야 한다.

- 학생들의 능력 수준, 욕구, 관심을 포함한 학생들의 특성과 사전 경험. 이러한 정보를 얻기 위해, 교사들은 동료교사들과 대화를 나누고 축적된 서류들을 살펴본다.
- 물리적 환경. 교사들은 긍정적 정서를 만들어 낼 수 있는 환경을 만들려고 노력하고, 모든 학생들이 사물함이나 연필깎이와 시설을 이용할 수 있을 뿐만 아니라, 차선은 물론 칠판, 스크린, TV를 볼 수 있도록 자리 배치를 고려한다.
- 학급관리. 1년 동안 행동양식을 결정할 규칙과 절차를 만든다.

학급관리는 교사들이 학급운영이나 교실에서 일어나는 일상의 일들에 관하여 구체적 결정을 해야 한다는 점에서 더욱 언급할 가치가 있다. 이러한 일상규칙들이 〈표 6.1〉에 열거되어 있다.

표 6.1 장기계획에서 일과를 구성하기 위한 영역

영역	예
일반적인 일상의 과정	• 출석확인 • 지각확인
교실사용	• 교사책상과 보관 장소 • 학생책상과 개인물품 보관 • 모든 학생들이 사용하는 학급비품 보관 • 세면대, 연필깎이, 쓰레기통 • 학습센터 및 어학실 • 자료 분배 및 수거 • 수업 중단상태에서 예측되는 행동들 • 초등학교에서 교실 도우미들 • 컴퓨터 사용
교실 안과 밖에서의 행위	• 수업 날짜와 학기 시작 • 교실을 나가고 들어오는 절차들 (예 물 마시기, 화장실 가기, 점심시간, 운동장, 도서관, 교무실) • 수업종료일과 학기 종료 • 화재와 재난 대처 방법들
그룹 활동 절차들	• 그룹을 이동하는 것 • 그룹 내에서 기대되는 행위들
자습과 교사주도 학습	• 학생의 집중도 • 학생 참여도 • 자리를 떠나기 위한 절차들 • 도움을 요청하는 것 • 자습이 끝난 후 활동들

계획의 개념적 차원에서 장기 계획 동안 조직과 관리에 대한 결정을 하므로 나중에 해야 할 결정들의 수가 줄어든다.

단원 계획

단원계획은 장기계획과 구체적 수업계획 구성 사이의 중간단계에 있다. 단원은 학생들의 연령과 주제에 따라 일주일 또는 2주, 한 달까지 계속될 수 있다. 이 단계에서 장기간의 계획으로 교사들은 다른 주요 쟁점들, 특수 활동의 시간요구, 자료 활용, 목표성취에 대한 학생들의 진행과정을 고려하고 숙고해야한다. 단원계획에 도움이 되는 교수기술은 다음과 같다(Cooper, 2003):

- 학생의 행동 관찰
- 학생요구 진단
- 목적과 목표 설정
- 목적과 목표 계열화
- 목표와 관련된 적절한 학습 활동 결정

단원계획은 개별적 문제이고 교사들이 정한 단원의 구성요소들은 다양한 반면에, 단원은 보통 〈표 6.2〉에 제시된 요소들을 포함한다. 지금 이 요소들을 살펴보자.

단원 명칭

단원이란 일반적 주제에 초점을 맞춰 상호 관련된 일련의 단위수업으로 구성된다. 다양한 내용의 단원주제들의 예가 〈표 6.3〉에 제시되어있다.

만약 장기계획이 효과적이었다면 대부분 단원 주제들이 이미 정해진 것이다. 왜냐하면 이러한 결정들은 국가 교육과정 지침서, 주와 지역 지침서, 교재, 그리고 다른 자료들의 고찰을 기초로 이루어졌기 때문이다. 예를 들어, 장기계획에서 나타나는 지리 주제들의 목록으로부터, 기초 지도 기술들, 세계 기후, 지형, 러시아와 구소련 등 이러한 모든 것이 단원으로 바꾸어질 수 있는 것이다.

교과서에서 장의 구분은 일반적으로 대략적인 단원의 길이와 관련된다. 그러나 이것은 교사들이 단원 주제들의 조직자로서 반드시 교과서를 따라야 한다는 것을 의미하지는 않는다. 가장 효과적인 단원에서는 교사들은 교과서의 일부 장만을 채택하고, 교과서에 없는 자료를 추가하거나, 교과서 주제들의 순서를 바꾼다.

표 6.2 단원구성요소와 설명

구성요소	설명
단원 주제	단원 주제를 명확히 한다.
단원 목표	일반적으로 학습자들이 성취해야만 하는 것을 기술한다.
이론적 근거	왜 단원이 중요한지 구체화한다.
내용 개요	단원에 포함되어야 하는 주제를 명확히 하고 계열화한다.
구체적 단원 계획	단원 내의 단위수업에 대한 구체적 지침을 제공한다.

표 6.3 서로 다른 영역의 단원 주제들

국어	사회
명사	남북전쟁
구두점	식민시대
단편소설	자본주의와 사회주의
단락쓰기	미국의 산업혁명
건강	**과학**
호흡 시스템	파충류
약물	식물
영양	전기
운동	핵에너지

단원 목적

단원 주제를 정한 후에, 교사들은 그 단원에 대한 전반적인 목적 또는 목표를 고려해야 한다. 일부 단원 목적의 예들이 〈표 6.4〉에 제시되어 있다.

목적은 단원의 핵심을 구성한다. 목적을 구체화할 때 교사들은 주제와 관련해 학생들이 이해하거나 할 수 있기를 바라는 내용을 결정한다. 예를 들어, 식물에 관한 단원에서 "왜 식물들이 우리 삶에 중요한가"를 이해하는 것이 수업목적의 구성요소임을 아는 것은 교사가 구체적 차시 수업계획을 준비할 때 구체적 수업목표와 학습활동을 결정하는데 도움이 된다. 다시 말하지만, 이장의 전반부에서 논의했듯이 목적들은 일반적으로 표준설정을 용이하게 할 필요가 있고, 그 표준을 단원 목적의 일부분으로 간주하는 것이 좋을 것이다.

단원에 대한 이론적 근거

계획과정에서의 어떠한 전문적인 결정도 단원에 대한 이론적 근거를 고려할 때보다 더 잘 설명되거나 더 중요하지는 않다. 이러한 결정은 적어도 두 가지 측면에서 중요하다. 첫째, 우리는 교과서에 포함된 폭발적인 정보의 양을 담고 있는 "지식의 폭발"이라는 말을 상당히 많이 듣는다.

표 6.4 단원 주제와 목표들

단원	목표
접미사(4학년)	이 단원의 목표는 학생들이 단어에 접미사를 첨가하는 규칙을 이해하는데 도움을 준다.
식물(7학년)	이 단원의 목표는 학생들이 식물의 부분들, 그 부분들의 기능, 건강한 식물을 위한 필요조건들 그리고 생태계에서 식물의 결정적 역할을 이해하는 것이다.
남북전쟁(8학년)	이 단원은 8학년 미국의 역사를 배우는 학생들이 남북전쟁의 원인, 사건, 결과, 여파를 이해하도록 구성되어 있다.
방정식 풀이(대수)	이 단원 마지막에, 대수를 배우는 학생들은 두 개나 그 이상의 연립방정식을 풀 수 있어야 한다.

사실상 교과서에 있는 모든 주제를 다루는 것은 실제로 불가능하다. 그래서 교사들은 어떤 주제가 더 중요한지와 어떤 순서로 가르쳐야 할지에 대한 중요한 결정을 해야 한다. 교사들은 가르칠 주제를 선택하고, 다른 것들 보다 더 중요한 목표와 주제를 더 장려하는 것에 대한 이유에 대해 심사숙고해야 한다.

둘째, 계획 과정에서 주제 선택에 대한 이론적 근거를 깊이 고려하는 것은 그 단원을 가르친 후에 일어날 반성적 사고를 위한 틀을 제공하고, 반성적 사고의 과정을 더욱더 의미 있게 만들어준다.

내용 개요

단원 목적과 이론적 근거를 결정 하고나면 교사는 그 단원의 주요 내용을 개괄할 준비가 된 셈이다. 이 과정은 일반적인 주제를 더욱더 구체적이고 가르칠 하위주제로 나누는 것이다. 단원의 도입부분에서 교사는 학생들이 그 단원이 어디로 갈 건지 그리고 내용들이 어떻게 관련되어 있는지를 이해하도록 도와주기 위해 선행 조직자의 형태로 윤곽을 제시한다. 게다가 매일 수업을 할 때 교사는 학생들이 본 차시 수업과 전·후 차시의 관계를 이해하도록 도와주기 위해 개요를 언급할 수도 있다.

서로 다른 두 단원의 내용을 개관하는 다른 방법들이 〈그림 6.1〉과 〈그림 6.2〉에 제시되어 있다. 여러분이 선택할 형태는 여러분의 선호도와 고려해야 할 내용에 따라 달라질 것이다.

계획의 지침으로 어떤 개요를 사용한다면, 교사는 이미 그 단원의 구체적 목표를 고려할 준비가 된 셈이다. 이 계획단계의 주요 과제는 내용 주제들을 측정 가능한 목표들로 바꾸는 것이다. 게다가 이러한 목표가 만들어지면 Bloom의 교육목표분류학의 관점에서 재배열 하여야 한다.

그림 6.1 식물 단원 내용의 개요

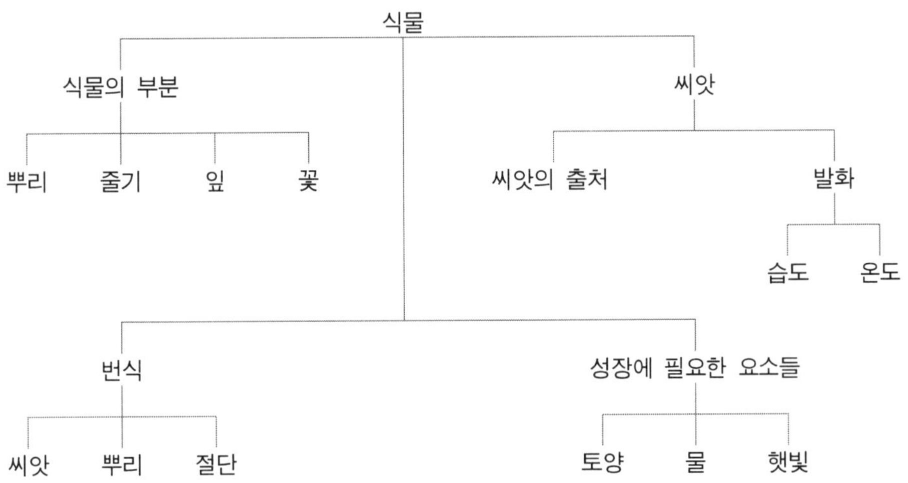

그림 6.2 유제품 단원 내용의 개요

우유와 유제품

- I. 역사
- II. 우유의 영양성분
  - A. 지방, 단백질, 탄수화물
  - B. 비타민
  - C. 미네랄
- III. 우유 가공과정
  - A. 저온살균
  - B. 균질화

IV. 다양한 우유 제품
  A. 우유
    1. 전체
    2. 지방제거
    3. 크림
    4. Half and half
    5. 버터우유
  B. 버터
  C. 요거트
  D. 치즈
  E. 사워크림
  F. 아이스크림
V. 우유와 우유제품의 저장과 관리
VI. 메뉴 계획에 우유의 사용

이것은 학생들의 기대된 행동들을 명확히 해주는 방법뿐만 아니라 교수를 위한 제안된 순서가 된다. 이 과정의 예는 다음 식물 단원의 한 분류에 적용 할 수 있다.

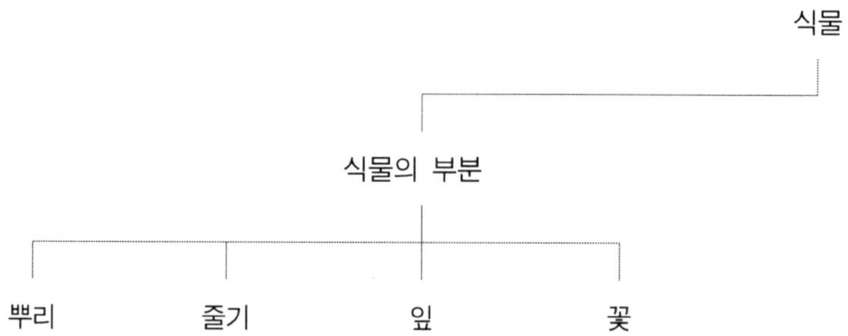

통합 수업 단원(구체적 수업 계획)

우리가 지금까지 설명했던 계획에 대한 학문중심의 단일주제 접근방법은 특히 초임교사들에게 두 가지 장점이 있다.

첫째는 단순함이다; 왜냐하면 개별 수업은 단일 주제나 단일 기술에 초점을 맞추기 때문에 초임교사는 그 주제와 관련된 학습활동을 계획하는 것이 더 쉽다. 둘째는 학생들에게 교과에 대해 더 단순하고 명확한 모형을 제시해준다. 예를 들어, 학생들이 수학 방정식을 배우고 자리를 뜰 때, 학생들은 방정식을 정확히 이해하고 활용하는 방법을 알게 될 것이다.

그러나 이러한 접근방법 역시 문제와 한계가 있다. 아마도 가장 심각한 것은 교육과정의 단절일 것이다. 예를 들어, 학생들은 지구과학이나 지리시간에 지형과 기후에 대해 공부를 하고, 역사시간에 남북전쟁과 같은 역사적 사건을 공부한다. 그러나 지리와 기후, 남과 북의 경제 그리고 전쟁의 원인과 결과 사이에는 깊은 연관성이 있다. 이러한 주제를 따로 공부하는 것은 학생들이 서로 다른 내용들 간의 관련성을 파악하는데 도움을 주지 못한다.

그러나 통합계획은 교과내용 영역을 구분하는 기준이 모호하거나 전혀 없을 때, 그리고 명확하고 구체적인 교과내용이 없을 때, 학습활동을 체계화하는 것이다(Wolfinger & Stockard, 1997). 통합계획은 학생들이 실제적이고, 관련이 있는 거창한 쟁점에 대한 관련을 찾아내도록 돕는 학습활동을 간결하게 계획함으로써 학생들이 다른 내용 영역의 아이디어들이 서로 관련이 있음을 이해하도록 돕는다.

통합계획에는 세 가지 접근방법이 있다(Wolfinger & Stockard, 1997) :

- 학문의 결합
- 주제 관련짓기
- 쟁점 탐구

각각의 접근방법을 살펴보자.

학문의 결합. 내용영역을 통합하는 가장 간단한 방법 중의 하나는 하나의 주제로 시작해서 다른 학문교과와 가능한 연관성을 찾는 것이다. 예를 들어, 서로 다른 토착민 문화에 대한 사회 단원을 계획하는 교사는 학생들이 그러한 문화를 설명하기 위해 활용할 수 있는 방법으로 음악이나 미술 분야를 고려해 볼 수 있다. 이와 비슷한 방식으로 도표에 대한 단원을 계획하는 교사는 계산할 수 있고, 측정할 수 있으며, 도표화 할 수 있는 주제를 찾기 위해 과학이나 사회를 공헌할 수도 있다. 이러한 방법을 상기시킬 수 있는 가장 손쉬운 방법은 한 과나 단원을 계획한 후에 반문해 보는 것이다. "어떻게 내가 이 내용을 학생들이 배우고 있는 다른 주제나 기술과 관련시킬 수 있을까?" 이러한 접근방법은 비록 과목들이 그들만의 분과적 지식을 간직할지라도, 종종 과목과 과목사이, 학문과 학문 사이에 연관성이 형성된다는 점에서 간학문적이라고 불려진다. 샐러드(수업단원)는 독특하지만, 구성요소들(교과목 학문내용)은 그들만의 특성을 간직한다는 사회학에서의 "샐러드 그릇 이론(Salad bowl theory)"과 유사하다.

주제 관련짓기. 여러분의 수업계획을 통합하는 두 번째 방법은 주제와 관련된 것이다. 특정 학년 아이들의 공통된 관심사는 주제의 한 원천이 되기도 한다. 예를 들어, 초등학

교 저학년의 아이들은 휴일, 지역사화, 공룡과 같은 다양한 관심거리를 갖고 있다. 중학교와 고등학교 학생들은 종종 몸매 만들기, 대인관계, 그리고 마약, 흡연, 알코올과 같은 건강상의 쟁점과 같은 주제에 관심이 있다. 이와 같은 주제를 다루고 있는 주제중심의 단원은 다른 내용의 관점에서 수업을 이끌어내기 위해 사용될 수 있다.

쟁점 탐구. 통합계획의 세 번째 방법은 쟁점이나 문제들을 활용하는 것이다. 학생들이 오염, 테러, 군비경쟁, 굶주림, 가난과 같은 쟁점들을 공부할 때, 교사들은 학생들이 이 쟁점들을 이해하고, 이러한 쟁점들에 의해 제기된 문제점들에 대한 해결책을 제시하기 위해서 다양한 연습을 하도록 권장할 수 있다.

통합계획은 명백하게 너무 많은 것을 요구하고 있다. 그것은 학습내용, 학습자, 그리고 목적의 철저한 이해를 요구한다. 그러나 비교적 간단한 과정으로 시작하는 것이, 가령 사회(남북전쟁)와 과학(지형과 기후)에서 정보를 도식화하는 예는 좋은 출발점이 된다. 그러한 시작으로부터 여러분은 경험을 통해 학문들 간의 관련을 맺을 수 있는 더 많은 기회가 있음을 알게 될 것이다. 단원 주제들을 구체화하고 순서를 정하고 나서, 교사는 구체적 수업 계획을 준비하게 된다.

연습 6.3

5학년 담당교사가 미국토착민의 문화에 대해 단원을 계획하고 있다. 단원 목표를 쓰고 이 일반적 주제에 대한 개요를 작성하시오.

단원 목적:
개요:

레슨 계획

단원 주제, 목표, 이론적 근거, 그리고 주제 개요를 구체화 한 후에, 교사는 개별 수업을 계획한다. 수업계획 과정 단계에서 교사는 단일 수업 시간에 대해 생각한다. 일부 중등학교는 교사가 수업계획을 세우는 것을 금하고 있기 때문에, 이것은 짧게는 15분에서 20분 또는 길게는 90분에서 100분 정도이다. 교사들은 교과서에 나오는 활동목록보다 “1

장" 또는 "유인물, 문제 1-3을 읽어라"와 같은 활동들을 열거하는 것 이외에 실제로는 거의 아무것도 하지 않는 것이 일반적이다. 교사들이 구체적 수업과 관련하여 많은 결정을 하는 것에 관한 한 교사들은 더욱 더 철저하다. 일부 수업계획이 활동 계획으로 언급되는 것과 달리, 레슨계획은 수업절차, 질문, 논평을 확인하는데 있어 더욱 구조화된 경향이 있다. 여전히 융통성은 있지만, 수업계획은 종종 구체적 학습과 미리 정해진 수업절차에 초점을 맞춘다(Henniger, 2005).

비록 "정확한" 한 가지 레슨계획은 없지만, 우리가 추천하는 구성 방식은 다음의 7개 구성요소를 포함한다.

- 단원 주제
- 목표
- 이론적 근거
- 내용
- 절차
- 수업자료
- 평가

각각의 구성요소는 효과적인 교수와 학생들의 학습에 도움이 된다. 7개의 구성요소를 설명한 후에, 우리는 수업계획 과정에 대한 다양한 사고방식을 살펴볼 것이다.

단원 명칭

개별수업은 분리해서 계획되지 않는다; 개별수업은 단원과 전후레슨의 맥락 속에서 존재해야 한다. 단원 주제는 단순히 교사에게 개별레슨과 전체로서 단원 사이의 관계를 상기시킨다. 예를 들어, 꽃의 부분들에 대한 수업은 식물 전체 단원의 맥락 속에 있을 것이다. 단어 뒤에 -ing을 붙이는 규칙에 대한 수업은 접미사를 붙이는 전체 단원에 적합할 것이고, 남북전쟁에서 남쪽이 패배한 이유를 정의하는 것은 남북전쟁 단원에서 한 시간 또는 더 많은 레슨을 차지할 것이다.

목표

목표는 수업계획의 핵심이다. 목표에는 세 가지 기능이 있다.

- 목표는 좀 더 구체적으로 단원목적을 설명함으로써 단원목적을 확대시킨다.
- 목표는 학생들이 수업이 끝날 때 알아야 할 것 또는 할 수 있는 것을 구체화한다.
- 목표는 단원의 내용 개요를 측정 가능한 결과로 나타낸다.

이 외에, 목표는:

- 교사가 학습 활동을 간결하게 계획하도록 도와준다.
- 학습자들이 자기통제를 할 수 있도록 도와준다. 왜냐하면 학습자들은 자신들에게 기대되는 것을 이해하기 때문이다.

예를 들어, 식물 단원에 대한 단원 목표는,

이 단원의 목표는 학생들이 식물의 부분과 부분들의 기능, 건강한 식물을 위한 필요조건들, 그리고 왜 식물들이 생태계에서 중요한지를 이해하는 것이다.

단원에서 단일 레슨들의 목표는 다음과 같다:

1. 생명 과학을 공부하는 학생들은 식물의 부분들을 알게 될 것이다. 그래서 이름이 붙여지지 않은 특이한 식물에 관한 그림이 주어졌을 때(학생들이 전에 보지 못했던 식물 그림), 학생들은 각각의 부분을 확인하고 이름을 붙일 것이다.
2. 생명 과학을 공부하는 학생들은 식물의 각 부분들이 하는 기능을 이해할 것이다. 그래서 식물 부분들의 목록이 주어졌을 때, 학생들은 각 부분들의 기능을 설명할 것이다.

다른 예로서, 접미사 단원의 목적은

이 단원의 목적은 학생들이 단어에 접미사를 붙이는 규칙을 이해하도록 돕는 것이다.

이 단원에서 레슨목표는 다음과 같다:

1. 4학년 학생들은 단어에 -ing을 붙이는 규칙을 이해할 것이다. 그래서 그들이 선택한 주제가 주어졌을 때, 학생들은 각 규칙의 부분을 설명하는 문장을 쓸 것이다.
2. 4학년 학생들은 단어에 -ed를 붙이는 규칙을 이해할 것이다. 그래서 그들이 선택한 주제가 주어졌을 때 학생들은 각 규칙의 부분을 설명하는 문장을 쓸 것이다.

목표의 수를 결정할 때 주먹구구식 규칙은 의심이 갈 때 다수의 입장에 서게 되어 과오를 범한다는 것이다. 여러분은 손해 볼 것이 없다. 만약 여러분이 다룰 수 있는 것보다 더 많은 내용을 계획한다면, 다음 수업에서 할 수 있는 계획이 줄어들 것이다. 반대로 시간이 반이나 남았는데 수업이 끝나면 불확실성, 수업운영의 문제점들, 그리고 당혹감을 초래할 수 있다. 이것은 인턴 교사와 초임 교사들에게 아주 어려운 일들 중의 하나이다.

마지막 중요사항으로써, 여러분이 수업목표들을 지정된 기준에 맞추어야 할 때, 우리는 여러분의 수업계획 속에 수업목표 다음에 그 기준을 적어둘 것을 제안한다.

레슨의 이론적 근거

여러분의 교실을 방문한 사람이 "왜 학생들에게 이 시간에 이것을 가르칩니까?"라고 물어본다고 가정해보자. 여러분의 대답은 바로 그 수업에 대한 이론적 근거가 될 것이다. 일반적으로 이론적 근거는 그 수업을 가르치는 철학적 이유를 포함한다. 예를 들어 교사는 접두사에 대한 규칙을 이해함으로써 학생들이 더 좋은 글을 쓸 수 있고, 그것은 학생들의 직업세계에도 도움이 될 것이라고 느낄지도 모른다. 결론적으로 이러한 지식은 개인적 욕구를 만족시켜 준다. 남북전쟁의 원인을 이해하는 것은 학생들이 책임감 있는 시민이 되는데 도움을 주는 중요한 역할을 한다. 이러한 지식은 사회적 욕구를 만족시켜 준다.

우리가 이 장의 도입부분에서 말했듯이, 수업계획은 교사들이 자신들의 교수에 대해 생각하도록 도와준다. 단원계획에 대한 토론에서, 우리는 이론적 근거가 중요하다고 제안했다. 레슨을 결정하는 데에도 이러한 사실이 적용된다. 이론적 근거는 레슨 계획에서 가장 중요한 부분이다. 만약 여러분이 어떤 주제를 가르치는데 명확한 근거를 갖지 못한다면, 그 주제는 그 단원에서 제거되어야 한다.

꽃의 부분들을 아는 것에 대한 이론적 근거와 남북전쟁에서 남쪽이 패배한 이유를 밝히는 것은 아마도 다음과 같이 설명되어 질 수 있다.

- 식물의 부분들을 이해하는 것은 어떻게 동물과 식물들이 생태계에서 상호작용 하는지를 이해하기 위해 중요하다.
- 남북전쟁에서 남쪽이 패배한 이유를 이해하는 것은 학생들이 특히 지리, 정치, 그리고 농업 사이의 상호관계를 이해하고, 일반적으로 국가들 간의 산업 강대국을 이해하는데 도움이 된다.

이론적 근거는 또한 우리가 오늘날 교육에서 가장 보편적이고 자주 사용되는 용어 중에 하나인 타당성의 개념을 이해하는데도 도움을 준다. 이론적 근거를 만들 때, 여러분은 학생들이 공부하고 있는 주제의 적합성을 고려해야 한다. 그 주제가 학생들에게 적합 할수록 학생들에게 더욱 타당성이 있다.

이론적 근거는 또한 수업에서 내용을 가르치기 위한 수단으로써 보여 질 수 있다. 만약 여러분이 여러분 자신, 학생들, 동료교사들, 그리고 관리자들에게 수업을 확실히 설명하지 못한다면, 여러분은 그 수업계획에 대한 수업목표를 다시 생각해 보아야 한다. 우리는 계획과 반성 부분에서 이 아이디어에 대해 다시 한 번 살펴볼 것이다.

레슨 내용

레슨의 내용 구성은 여러분이 가르치려고 하는 주요 아이디어를 설명해준다. 만약 누군가가 교실에 들어와서 "지금 무엇을 가르치죠?"라고 물어본다면, 여러분은 레슨계획의 내용을 설명해 주어야 한다.

연초에 여러분이 일반적인 목적들이 무엇인지 이미 결정했지만, 레슨의 내용 구성은 더욱 더 구체적이어야 한다. 일부 경우에는 그 과정이 간단하다. 만약 레슨이 개념에 초점을 맞춘다면, 내용은 개념의 정의, 개념의 특성, 개념의 예와 예가 되지 않는 것, 그리고 다른 개념들과의 관계이어야 한다. 레슨이 개념이나 이론적 규칙을 포함할 때, 레슨은 개념이나 규칙을 설명하고, 예를 들어주며 응용한다. 예를 들어, 단어에 -ing를 붙이는 레슨에서는 간단하게 규칙의 예들이 수업내용이다.

어떤 단어에 -ing를 붙일 때, 만약 단모음 다음에 자음이 있으면 마지막 철자를 두 번 써야 한다. 그러나 다른 자음 다음에 있거나 장모음 다음에 있다면 마지막 철자를 두 번 써서는 안 된다.

flop	flopping	sing	singing
trip	tripping	jump	jumping
fly	flying	play	playing
read	reading		

반대로, 만약 수업이 꽃의 부분들과 같은 더욱 복잡한 개념을 포함한다면, 수업내용은 아래와 같은 형태가 될 것이다.

암술(암컷)

암술머리
암술대
씨방(씨방은 익어서 열매가 된다)
배주(후에 씨앗이 된다)
수술(수컷)
꽃밥
수술대
꽃잎(색이 더해지면 새와 곤충을 유혹한다)
꽃받침(재생 조직을 보호한다)

내용 개요는 교사들에게 안내서의 역할을 하고 무슨 내용을 다루어야 할지를 상기시켜 준다. 교사들은 그것을 가르칠 내용을 잊어버리지 않도록 확인시켜주고, 심지어 다루고 있는 항목들을 점검하는데 그 내용 개요를 사용한다. 또한 내용 개요를 통해 교사들은 학생들에게 수업에서 가장 중요한 부분을 강조하거나 또는 학생들에게 문제가 되는 부분을 강조하게 한다.

여러분의 레슨계획 내용 부분이 얼마나 구체적인가? 이것은 여러 주제들과 다른 주제에 설명을 요한다. 이것은 전문가들에 의한 결정을 포함한다. 그 주제에 익숙하지 않거나 교직경험이 없는 교사들은 하나하나의 요점 개요를 준비해야 할 것이다. 반면에 경험이 많은 교사들에게는 몇몇 중요한 어휘나 어구들로도 충분할 것이다.

레슨 절차

내용 부분에서 여러분은 무엇을 가르치려고 하는지 그 목록을 만든다. 이 부분에서 여러분은 그것을 어떻게 가르칠 것인지를 생각하게 된다. 수업계획의 절차 구성은 수업을 어떻게 제시할 것인가에 대한 일련의 방향과 교수법으로 간주될 것이다. 만약 여러분이 특정한 날에 학교에 결근한다면, 대체교사는 여러분이 계획한대로 그 수업을 가르치기 위해 절차 부분의 충분한 정보를 가져야 할 것이다.

내용 부분에서처럼 절차 부분이 얼마나 구체적일 것인가는 교사가 결정해야할 사항이다. 초임교사들의 경우에는 절차 부분이 아마도 매우 구체적일 것이다; 반면에 경험이 풍부한 교사들의 경우에는 절차 부분이 간단할지도 모른다.

한 가지 효과적인 수업계획 전략은 일련의 단계나 대체가 가능한 방향으로서의 절차를 진술하는 것이다. 예를 들어, 단어에 -ing을 붙이는 수업에 대한 절차 구성은 다음과 같다:

1. 학생들을 위해 높은 곳에 다음의 문장을 전시한다.

   "신문 읽을래?" Latanya의 엄마가 신문을 가리키며 물었다. "아니요." 그녀는 의자에서 벌떡 일어나며(Jumping) 대답했다. "하루 종일 읽었어요.", "샤워하러 갈래요(Jumping)."

   "양탄자 위로 다니지(trip) 마라. 너는 항상 양탄자를 넘어서(tripping) 다닌다."라고 엄마가 경고했다. "엄마도 집안 여기저기를 다니잖아요, 저는 등교 준비 할 때만 그래요."라고 Latanya가 반박했다.

   넌 네가 집을 나설 때 양탄자를 항상 펼쳐 놓아야 한다(lay). 난 양탄자가 빨래더미처럼 놓여 있는(laying) 것을 원치 않아"라고 엄마는 말했다.
2. 학생들에게 파트너와 함께 해 보도록 시킨다.
3. 그룹별로 밑줄 친 단어에서 발견할 수 있는 유형들을 정의해 보도록 지시한다. 5분을 준다.
4. 학생들을 다시 집합시키고, 그룹별로 그들이 발견한 것을 발표하도록 시킨다.
5. 만약 필요하다면 학생들에게 밑줄 친 단어들의 반이 -ing로 끝나는 것을 신속하게 알려준다.
6. 학생들에게 만약 단모음 다음에 자음이 있으면 마지막 철자를 두 번 쓰지만, 다른 자음의 다음에 있거나 장모음 다음에 있으면 마지막 철자를 두 번 쓰지 않는다고 결론 내릴 수 있도록 가르친다.
7. 발견한 규칙들을 명확히 표현하도록 시킨다.
8. 학생들이 규칙을 설명할 때 칠판에 쓴다.

다른 예로 꽃의 부분에 대한 단원의 수업절차는 다음과 같다:

1. 꽃의 부분들을 보여주는 사진을 보여주어라.
2. 사진에 나오는 각 부분의 명칭을 써라. 그리고 그것을 도표에 연관시켜라.
3. 각 부분의 기능을 설명해라.
4. 학생들에게 실제 꽃을 보여주어라.
5. 꽃의 각 부분을 학생들이 실제로 진술 할 수 있도록 개인별로 질문해라.
6. 각 부분이 정의된 후에 학생들이 정의된 부분의 기능에 대해 설명하도록 시켜라.
7. 학생들에게 색깔이 들어간 꽃 그림을 주어라. 그리고 각 부분의 명칭을 쓰게 하고 각 부분의 역할을 각각 정의하도록 시켜라.

이제 수업의 내용과 절차가 어떻게 관련이 있는지 살펴보아라. 우리는 내용이 수업의 무엇(what)에 해당하고 절차는 방식(how)에 해당하는 것을 알고 있다. 꽃의 예에서 보면 절차가 각 부분에 대한 정의를 요구하고, 내용 개요는 구체적 부분에 대한 준거를 제공한다.

수업계획의 다른 부분에서 본다면, 수업 절차는 많은 양의 의사결정을 반영한다. 예를 들어, 접미사 -ing을 가르치는 절차에서 교사는 3가지 중요한 결정을 했다. 첫째, 그녀는 안내된 발견 접근방법을 선택했다(우리는 7장에서 구체적으로 안내된 발견 접근방법을 살펴볼 것이다.). 그녀는 먼저 규칙을 진술할 수 있고, 몇 가지 예를 제공할 수 있으며, 설명 할 수 있었다. 그것은 더욱 교사 중심의 설명 접근방법이었을 것이다.

둘째, 교사는 독립된 문장이나 단어에서 규칙을 설명하는 대신에 짧은 단락의 문맥에 규칙의 예를 끼워 넣기로 결정했다. 그것은 또 다른 하나의 결정을 포함할 것이다. 셋째, 그녀는 학급 전체가 다 같이 수업을 하기 보다는 협동학습을 하고나서 전체 그룹별로 학습하도록 결정했다. 수업계획의 다른 부분들처럼, 의사결정과정은 수업절차를 선정하는 일부분에 속한다.

레슨 자료

수업계획에서 자료를 목록화하는 목적은 간단하다; 그것은 교사에게 수업 전에 준비해야 할 특별 장비, 교재, 삽화, 시범, 사진, 비디오테이프, 컴퓨터 프로그램 등을 상기시켜 준다. 예를 들면, 접미사 -ing를 붙이는 규칙, 꽃의 부분을 보여주는 슬라이드, 그리고 실제 꽃을 설명하는 단락은 수업계획의 자료부분에 제시된다.

우리가 의미하는 자료는 교과서, 연필, 공책 그리고 이와 비슷한 아이템들과는 다른 자료를 의미하는 것이다. 비록 그것들이 자료일지라도 수업계획에서 그것들을 목록화 할 필요는 없다. 왜냐하면 학생들은 그것들을 가지고 있어야 하기 때문이다. 필요한 수업 자료를 가져오지 않은 학생들이 문젯거리가 되기는 하는데 이점에 대해 우리는 9장에서 토론 할 것이다.

레슨 평가

수업계획의 평가부분은 교사가 수업 전에 어떻게 학생들의 학습을 평가할 것인지를 고려하도록 해준다. 만약 학습목표가 완성되고 평가에 대한 진술을 포함하고 있다면 비교적 간단하다.

수업을 계획할 때, 학생들에게 가르치고 싶은 내용과 평가의 실행여부와 관계없이 평가 방법을 기술할 때 가능한 한 구체적으로 기술해라. "학생들의 반응을 기초로 평가할거야"라고 말하지 말라. 물론 그렇게 할 수 있다. 그러나 만약 그렇게 평가한다면, 학생들의 어떤 반응을 의미하는 것인가? 이 내용을 곰곰이 생각해보면 수업이 완료되었을 때 무엇을 평가 목표로 삼아야 하는지, 그리고 학생들이 무엇을 할 수 있는지를 명확히 할 수 있을 것이다. 목표와 평가와의 관련에 대한 예로 아래 내용을 고려해보아라.

목표: 4학년 학생들은 접미사 -ing에 대한 규칙을 이해할 것이다. 그들이 선택한 주제가 주어 졌을 때, 그들은 각 규칙을 예시하는 문장을 쓸 것이다.

평가: 학생들에게 주제를 선택하게 하고 각 규칙을 예시하는 문장을 쓰도록 시킨다.

목표: 생물을 배우는 7학년 학생들은 꽃의 부분을 알 것이다. 꽃의 구조를 나타내는 사진이 주어졌을 때, 학생들은 각 부분에 대한 이름을 정확히 말할 수 있을 것이다.

평가: 학생들에게 꽃의 구조를 나타내는 사진이 담긴 유인물을 나누어 준다. 학생들에게 화살표로 각 부분과 이름을 연결하도록 시킨다.

여기서 중요한 점은 평가는 목표와 일관성이 있어야 한다는 것이다. 만약 목표가 듣기 행동이라면, 토론을 평가하는 것은 부적절한 것이다. 학생들의 학습목표 성취를 평가하기 위한 도구 준비에 대해서는 11장에서 구체적으로 논의될 것이다. 우리가 앞에 제시한 평가들의 예는 목표가 공식적으로 학생들이 바람직한 결과를 성취할 수 있는지 없는지 증명하고 확인하기 위한 것이라는 점에서 총괄평가이다. 교사들은 학습 과정의 일부분으로서 형성평가나 평가를 실시하고, 평가가 부담이 되지 않게 만든다. 연구에 의하면, 형성평가나 평가는 상호작용적인 교수와 학습을 증진시키기 때문에 기준과 관련하여 학생들의 학습수행을 높여줄 수 있다. 그리고 교사들은 학생들의 학습진전과 학습곤란에 대해 더욱 많은 것을 알게 된다(Black, 1988).

마지막으로 주목할 것은, 수업계획의 평가 구성요소를 교수 수행능력을 평가하는 반성이나 비평과 혼동해서는 안 된다는 것이다. 반성이나 비평은 자신의 교수수행에 대한 자신의 평가인 것이다. 비록 비평이 실제로 수업계획의 구성요소는 아니지만, 그것은 교사의 수행능력을 평가할 때 수업을 계획하고 고찰하는 결정적인 부분이다.

전체 수업계획

수업계획의 모든 요소를 조직하는 가장 간단한 방법이 〈표 6.5〉에 제시되어 있다. 〈표 6.6〉으로 가면, 여러분은 아래 내용의 절차를 열거 해놓은 것을 볼 수 있고, 반면에 〈표 6.5〉에서는 그것들이 나란히 열거되어 있는 것을 볼 수 있다. 이러한 배열은 개인적 선호도의 문제이다. 어떤 선택도 다른 것보다 더 정확한 것은 아니다.

표 6.5 표본 레슨계획

단원: 미국의 사회계층

목표: 역사를 배우는 고등학교 학생들이 미국의 사회적 계층을 이해하기 위해, 어떤 가족의 특성 목록과 세 가지 증거 자료가 주어지면 3가지 계층 중 그 가족을 가장 잘 설명하는 1개 계층을 선택할 것이다(Colorado 교과기준 - 역사 3-2.).

이론적 근거: 역사를 배우는 학생이 미국의 사회계층은 사람들의 유동적 분류에 지나지 않는다는 것을 이해하는 것이 필수적이다. 비록 미국 사람들 사이에 주목할 만한 차이점은 있지만, 사람들의 계층이 거의 없는 것이 미국의 사회적 구성의 특징 중 하나이다.

내용	절차
I. 상류층 A. 수입 B. 교육 C. 직업 D. 정치적 관계 E. 주거	1. 상류층의 특성을 정의한다. 2. 서로 특성의 관계를 토론한다. "교육과 수입이 어떻게 관계가 있는가? 교육과 직업은 어떤가?" 3. "상류층을 다른 계층과 구별하는 가장 큰 특성은 무엇인가?"를 묻는다.
II. 중산층 A. 수입 B. 교육 C. 직업 D. 정치적 관계 E. 주거	4. 중산층과 하류층에 대해 1, 2, 3단계를 반복한다. 5. 위 사례1을 제시한다. 학생들이 이전에 논의된 특성에 관하여 계층을 정의해 보도록 시킨다. 6. 위 사례 2를 제시한다. 특성을 토론한다.
III. 하류층 A. 수입 B. 교육 C. 직업	7. 시간이 된다면, 사례3을 퀴즈로 제시한다. 만약 시간이 없다면, 학생들에게 내일 퀴즈를 준비하도록 시킨다.

D. 정치적 관계
E. 주거

자료 : 각 학생들에게 공통된 특성
평가 : 짧은 에세이의 형태로, 학생들은 그 계층의 이유와 특성을 제시하면서, 왜 특정 가정이 우리가 연구하고 있는 사회계층 중 하나의 계층에 속하는지를 설명할 수 있어야 한다.

연습 6.4

단원:
목표:
이론적 근거:
내용:
절차:
자료:
평가:

교실에서의 다양성

다양한 학생들을 위한 계획

이 교재의 전반에 걸쳐 자주 언급했듯이, 오늘날의 교사들은 과거보다 더욱 이질적인 학생들을 경험하고 있다. 그 결과 비전통적인 학생들에게 전통적인 기술을 가르쳐야 한다. 게다가 교사들은 학생들의 자긍심, 기술에 관한 지식, 인종적 그리고 언어적 배경을 지지해 줄 수 있는 교수법을 다양화하고 있다(Eby & Herrell, 2005). 그러므로 〈표 6.6〉의 예에서 논의되고 요약된 수업계획의 기준 요소들 외에 많은 주의 교육부와 학군에서는 교사들에게 수업계획의 다양성을 조절이라는 부제로 사용하도록 지시했다. 일반적으로 교사들은 (1) 배경지식과 사전지식을 결정하고, (2) 학생들이 과업을 수행하고 완성할 수 있는 충분한 시간을 제공하며, (3) 학생들이 성공을 확신할 수 있도록 적합한 학습 자료를 제공함으로써 학생들을 적응시킨다. 이제 예외적인 사례들에서 학생들을 적응시키기 위한 방향을 제시하는 몇몇 계획을 살펴보자.

통합 교실의 예외적인 사례들

오늘날 학교의 보통 교실에는 특수 학생들의 수가 늘어나고 있다. 그 결과 통합수업(instruction on inclusion)은 많은 예비교사 교육 프로그램에 포함되고 있다. 이러한 요소들 중에서 가장 중요한 하나는 특수 학생들의 욕구를 만족시켜 줄 수 있는 단원 재구성과 레슨계획이 포함된다. 한 가지 적용방법은 과제 분석을 활용하거나, 복잡한 기술들을 단순한 기술로 바꾸는 과정을 활용하는 것이다. 간단한 과제분석이 〈표 6.6〉에 제시되어 있다.

표 6.6 간단한 특수교육 과제분석의 예(단원계획)

특 수 교 육

과제분석(단원계획)

각각의 학생들을 위한 출발점 행동: 2학년에 재학 중인 Eric은 읽기와 쓰기에서 4-5살의 유치원 학생 수준인 EMH증후군이 있는 아이이다. 철자법은 천천히 도입되고 있고 수학도 유치원 수준이다. Eric은 A.D.H.D(주의력 결핍 장애)를 가진 것으로 진단되었고 지나치게 활동적인 학생이다. 그는 요즈음 하루에 세 번 Ritalin을 복용하고 있다. 그는 점심시간 11시에 두 번째 약을 복용한다. 대략 점심시간 45분 전에는, 그의 좌절 수치는 낮고, 특별 과제에 집중하는데 어려움을 겪는다.

중간 목표:

1. 다양한 모양의 기차그림 5개가 주어졌을 때, 그 학생은 5개의 기차에서 엔진, 객실, 그리고 승무원실을 구별할 것이다. (엔진 0, 객실 X, 승무원실 밑줄 긋기)
2. sh, ch, th, 그리고 wh 이중모음이 들어있는 열 개의 단어가 있는 시험지가 주어졌을 때, 그 학생은 열 개의 모든 단어에 있는 이중모음을 구별할 것이다. (0)
3. 복합어 10개가 들어있는 시험지가 주어졌을 때, 그 학생은 80% 정도 정확하게 2개의 성분으로 된 단어들을 구별할 것이다. (세로선 긋기)
4. 짧은 기차 이야기에 대한 유인물이 주어졌을 때, 그 학생은 7개 축약 중에서 5개를 구별할 것이다. (0)
5. 5개의 단어와 그 단어들의 정의가 쓰여 진 시험지가 주어졌을 때, 그 학생은 100% 정확하게 각각의 단어에 대한 알맞은 정의를 구별할 것이다. (연결)
6. 교과서에 나오는 특별한 사건들을 설명하는 6개의 문장으로 구성된 시험지가 주어졌을 때, 그 학생은 100% 정확하게 사건의 순서를 알맞게 진술할 것이다. (번호로)
7. 3개의 짧은 설명이 되어있는 시험지가 주어졌을 때, 그 학생은 주제를 설명해 주는 정확한 진술을 구별할 것이다. (0)

최종 목표 :

인지적 목표: 2학년 EMH증후군이 있는 학생이 단어 공략 기술의 사용을 익히기 위해 The Little Engine That Could의 복사본을 받아서, 그 학생은 모든 이중모음, 축약, 그리고 복합어를 구별할 것이다. (0)

정의적 목표: 2학년 EMH증후군이 있는 학생이 개인별로 성취할 수 있는 것에 차이가 있음을 알기 위해 크레용과 도화지를 받아서, 그 학생은 적어도 완성하기 어려운 과제 하나와 쉬운 과제 하나를 설명할 것이다(그릴 것이다).

〈표 6.6〉에서 보았듯이, 첫 번째 과제는 학생평가와 관련이 있고, 그것은 학생들의 학문적, 사회적, 정서적, 그리고 신체적 기능 수준을 확인하는 것을 필요로 한다. 사전검사, 추천, 연속적인 방문에 대한 보고서 검토, 관찰, 그리고 상담가나 내과 의사와 같은 외부 자원과의 상담은 이 목적을 위해 사용될 수도 있다.

이 정보는 학생을 위한 최종 목표를 진술할 수 있도록 해준다. 일단 여러분이 이 과제를 수행하면, 여러분은 중간 목표를 진술하여야 한다. 그것은 학생이 최종 목표를 도달할 수 있도록 설계된 더 구체적인 목표이다.

그 다음에, 여러분은 과제 분석을 용이하게 해 줄 수 있는 특수교육 수업계획을 만드는데 초점을 맞출 것이다. 하나의 예가 〈표 6.7〉에 제시되어 있다.

표 6.7 특수 교육 수업 계획의 본보기

특 수 교 육

수업계획

날짜 2월 23일

A. 중간 목표 #6: *The Little Engine That Could*에 나오는 특별한 사건들을 기술하는 6개 문장으로 구성된 시험지가 주어졌을 때, 학생은 100% 정확하게 사건의 순서를 알맞게 진술할 것이다. (번호로)

B. 방법과 자료:

자료: *The Little Engine That Could*

1-10번까지 설명해 놓은 교사가 만든 기차들

일련의 사건들을 나타내는 그림들

그림들: 행복한 작은 기차, 장난감들, 빛나는 새 엔진, 크고 강한 엔진, 낡고 오래된 엔진, 작은 파란 엔진

줄
연필
크레용
일련의 사건들을 설명하는 유인물

방법:

1. *The Little Engine That Could*를 학생들에게 읽어준다.
   * Eric의 주의 집중시간 간격 때문에 이른 아침에
2. 교사가 만든 기차를 이용하여 1-10번의 내용을 검토하고 그것들을 적절한 순서로 배열하도록 시킨다.
   * Eric이 수를 세기 위하여 구슬을 이용할 때 촉각을 강조한다.
3. 첫째, 그러고 나서, 그 후에 그리고 마지막으로와 같은 전문용어로 말한다.
4. 그림을 걸고, 그것들을 알맞은 순서로 배열하도록 시킨다.
   * 혼란을 막기 위해, Eric이 처음과 마지막 그림을 맞추도록 시킨다.
5. 익숙하지 않은 단어들의 목록을 만들고 의미를 검토한다.
6. 유인물을 나누어 준다.
   * Eric은 시각적 단서가 있는 유인물을 받는다.

학생들의 관심거리나 실생활에 수업 적용

학생들이 사건이 실생활뿐만 아니라 이야기에서 특별한 순서로 일어난다는 개념을 이해하는 것은 중요하다. 이러한 개념 습득은 이해 기술(이야기나 사건을 회상하는 것)과 의사소통 기술(사건이나 이야기를 다시 이야기하는 것)에서 학생들에게 도움이 된다. 또한 이 개념은 EMH 학생들이 마음속에서 사건들을 조직할 때 도움이 되고, 그래서 더 깊이 이해를 할 수 있게 해 준다.

C. 평가

학생: 교사가 만든 유인물
* 수정유인물

Eric: Eric은 100% 정확하게 수정된 유인물을 완성했지만, 높은 좌절수치를 나타냈고 작업을 하는 동안 지쳐 보였다. 또한 그는 교사의 도움이 필요했다.

〈표 6.7〉의 수업계획은 단지 중간목표 #6을 포함하고 있음을 알 수 있다. 사실 레슨계획은 과제 분석 목록에 있는 각각의 중간목표를 위해 준비된다. 또한 여러분은 학생들의 다양한 욕구를 충족시켜 주기 위해 폭넓고 다양한 수업 방법과 학습 자료를 선택할 필요가 있다. 게다가 학문적이 아니라 적용할 수 있고, 사실적이며, 관련성이 있는 요소를 선

택하는 것에 초점을 맞추어야 한다. 평가는 이러한 요소들을 측정할 수 있을 정도로 융통성이 있어야 하고, 개인의 수행능력을 파악하는 것이어야 한다.

개별화 교육 계획(IEPs)에서 종종 일어나는 것처럼, 물론 개별화 교육계획을 10장에서 논의 할 것이지만, 우리의 본보기는 Eric 이라는 학생에게만 초점을 두었다. IEPs을 개발할 때, 여러분은 특수 학생들의 수업에 대한 욕구가 겹칠 수도 있고 그렇지 않을 수도 있는 교실에서 셋, 넷, 또는 그 이상의 특수 학생들의 욕구를 종종 다루고자 할 것이다.

영어 능력

전국적으로 제한적인 영어 능력을 가진 학생들의 수가 증가하고 있다. 이러한 증가로 인해 교사, 행정가, 지역 지도자들의 전문성을 향상시킴으로써 영어가 모국어가 아닌 미국에 거주하는 학생들에게 높은 질의 교육을 제공할 필요성이 생겨났다(Diaz-Rico & Weed, 1995). 교사들을 위한 프로그램은 군이나 지역의 현지 워크샵에서 대학 연구과정과 석사학위 과정에 이르기까지 다양하다. 가장 일반적인 프로그램들은 외국어로서의 영어(ESOL), 외국어로 영어를 가르치는 것(TESOL), 그리고 제2외국어로서의 영어교수(TESL) 등이 있다. 이들 프로그램의 공통된 목표는 다음과 같은 것들에 초점을 맞추고 있다.

- 제2언어 습득
- 영어 발달
- 의사소통 기술
- 문화적 다양성
- 선택된 이론과 실제

영어 능력을 증진시키는데 있어 내용과 교육학적 지식을 증가시키는 것 이외에 교사들이 언어에 차별을 받는 아동들을 가르치는데 관련된 특별한 문제들에 대해 민감하게 반응하는 것도 중요하다. 교사의 기대에 미치지 못하는 학생들의 빈번한 행동과 반응은 부정적으로 보여지고 문화적으로나 언어학적으로나 부족한 것처럼 여겨진다(Brisk, 1998; Gopaul-McNicol & Thomas-Presswood, 1998). 일반교실과 특별교실 담당교사들이 사전에 제시된 예를 포함해 증가된 지식을 긍정적이고 지지적인 관점에 통합할 때, 교사들은 제한된 영어 능력을 가지고 있는 학생들의 학습을 촉진시키는데 있어 학생들의 학습을 효과적으로 증진시키게 될 위치에 있게 된다.

다른 전략

혜택 받지 못하는 소수 학생들의 평등 교육을 보장하기 위한 노력이 교수 전략이라는 문제에까지 확대되고 있다.

부분적으로, 이 요소는 목적 2000의 일부분으로서 학습기회(OTL) 기준의 제정을 요구하던 클린턴 행정부에 의해 국가적 전략이 되었다. 지금까지 OTL 전략에 초점이 맞추어지고 있는데 그것은 반드시 기준이 아니라 학업성취에 긍정적 영향을 미치는 것으로 알려지고 있다. 합당한 지침으로서 역할을 하는 선택된 전략들에는 아래의 것이 포함된다(Schmartz, 1998):

- 높은 수준의 학과과정에의 학생 참여
- 편견으로부터 벗어난 자유로운 표현
- 다양한 학생과 상이한 학습 양식에 맞는 전략
- 다양성에 대한 존중과 차별로부터의 보호
- 필요한 지원 제공
- 학생의 복지에 대한 관심
- 다른 교과과정과의 논리적 통합
- 도전적 실생활 문제의 반영

매일의 레슨 계획

우리가 여기서 제시한 기본적 형태는 여러분이 학교에서 직면하는 형태보다 더욱 구체적이다. 숙련된 교사들은 일반적으로 〈표 6.8〉과 같은 요약된 형태를 이용한다.

일과에 없는 교재를 수업계획에 포함시키는 것은 그 주에 활동을 유지하기 위한 유용한 도구가 된다. 수업계획을 잠깐 훑어봄으로써 교사는 그 날 수업시간의 주요 활동을 알 수 있다. 이것은 긴 주말을 보낸 후에 도움이 되고, 특히 바쁜 날에도 수업을 유지할 수 있는 수단이 되기도 한다. 각 칸에 어떤 내용이 들어가는지 그 본보기를 알려면 〈표 6.9〉를 보아라.

표 6.8 요약된 수업계획 형식

	월요일	화요일	수요일	목요일	금요일
1교시					
2교시					
3교시					
4교시					
5교시					
6교시					
7교시					

표 6.9 요약된 수업계획 형식으로부터 완성된 칸

1교시	퀴즈를 돌려준다. p125의 형용사절을 소개한다. p127의 연습문제를 숙제로 낸다. 개인 상담을 시작한다.

이 간단한 형식과 정보는 잘못된 생각을 갖게 할 가능성이 있다. 왜냐하면 우리는 간단한 개요만을 볼 수 있고, 수업목표, 이론적 근거, 그리고 수업절차를 볼 수 없기 때문에 숙련된 교사들은 이런 것들을 생각하지 못한다고 결론내릴 수 있다. 이것은 사실이다. 숙련된 교사들은 마음속에 명확한 목적을 가지고 있고, 그들이 가르치는 주제에 대한 분명한 이유를 가지고 있으며, 어떤 수업절차를 이용할 것인지를 구체적으로 알고 있다. 그들은 경험이 많기 때문에 이러한 많은 정보를 기록하지 않는다. 나아가 교사가 전문적 지식을 습득할 때, 일부 수업절차는 사실 의식적으로 절차를 생각할 필요 없이 자동적으로 이루어진다. 이 장을 작성하는 목적은 간단하다. 우리가 자세히 설명한 장기계획, 단원계획 그리고 수업계획은 모든 효과적인 교사들이 하고 있는 사고와 의사결정에 대한 구체적인 실례를 보여주는 것이다. 우리는 여러분이 내용, 목적, 이론적 근거, 절차, 학습자료, 그리고 평가에 대하여 생각하고 의사결정을 내리기를 바란다. 여러분은 경험을 습득해가면서 여러분이 작성한 정보의 양은 더 줄어들 것이다. 이 장에서 정보란 여러분의 사고를 명료화하고 체계적으로 만드는데 도움을 주기위해 고안된 출발점이다. 이제 여러분이 구체적으로 계획을 세워야하고 상당한 양의 정보를 작성해야만 한다. 이렇게 함으로써 여러분은 수업계획을 구체적이고 세부적으로 만들 수 있다. 이러한 점에서 정보가

수업계획에 충분히 반영되지 않는다면, 많은 수업계획 결정들은 모호하고 잘못 구성된 것이다. 여러분은 경험을 습득하면서, 여러분의 사고는 더욱 더 명확해질 것이고, 여러분의 사고는 더 자동적으로 이루어 질 것이며, 여러분은 많은 양의 정보를 기록할 필요가 없어질 것이다.

교실에서의 공학

계획과정을 촉진하기

교재를 계획하는 것은 효과적인 수업을 수행하는데 중요한 정보를 구체화하기에 충분하지 못하다. 이러한 문서에는 주로 활동의 목록이 핵심이 된다. 확실히 오늘날 교사들은 많은 행정업무를 수행한다. 그리고 서류철 정리는 중요한 일이 되었다. 교사들이 장기 교육과정 전략을 세우는 것 이외에도 수백 개의 단원과 수업계획을 세우고 있다. 학구 내에서 사용하는 수업계획 형식과 일치하는 모형의 계획을 컴퓨터로 효율적으로 저장시킨다는 점에서 기술의 상당한 이점을 찾아볼 수 있다. 다른 것들 중에서, 수업계획은 교실에서 사용하기 위해 준비하고, 시도해 보고, 수정하고, 재구성하기가 쉽다. 또한 반성적 사고에 참여하고 즉각 수정하는 것은 비교적 간단하고 매우 효율적인 과정이다. 사람의 생각은 즉각적이고 가공되지 않는 반면에, 수업계획을 즉시 컴퓨터로 복구하고 수정할 수 있는 능력은 교사들에게 수업의 효율성을 향상시키고 학생들의 학업성취도를 올리기 위한 노력에 가치 있는 방법이 된다.

계획과 반성

여러분은 이미 가르칠 주제에 대해 일련의 결정을 내렸다; 학생들이 주제와 관련하여 무엇을 알고, 이해하고, 할 수 있기를 바라는 지; 왜 그것들이 중요한지; 어떻게 학생들이 그것들을 이해하도록 도와줄 것인지. 여러분은 그 주제들을 가르친 후에, 여러분이 한 생각과 결정을 다시 한 번 생각하기를 바란다. 이것이 수업계획의 반성적인 부분이다. 기본적인 의미에서 반성은 "내가 한 결정이 얼마나 효과가 있었는가?"라고 묻는 것이다. 특히 반성은 다음과 같은 질문들에 대답하는 것이다.

- 주제가 얼마나 적합했는가? (주제를 다시 가르쳐야 하는가?)
- 주제의 순서는 적합했는가? 만약 그렇지 않다면, 어떻게 순서를 정해야 하는가?

- 수업목표는 학생들에게 적합했는가?
- 나의 교수는 일관적이었는가? 레슨계획이 단원계획을 용이하게 했는가? 그리고 수업절차와 평가는 수업목표와 일치했는가?
- 내가 사용한 수업절차가 예전만큼 효과가 있었는가? 만약 그렇지 않다면 어떤 절차가 더 좋을까?
- 내가 사용한 자료들은 주제를 표현하기에 적절했는가? 어떤 표현 방식이 주제를 더욱 잘 이해할 수 있게 할까?
- 나는 학습자 욕구를 적절히 충족시켰는가? 내가 학생들을 더욱 성공할 수 있도록 하기위해 어떤 추가적 절차와 자료를 활용해야 하는가?
- 학습에 도움이 되는 환경을 만들어 주었는가?

어떤 사람도 여러분보다 이러한 질문에 더 잘 대답할 수 없지만, 어떤 면에서 대답은 이러한 질문을 하려는 의도보다 더 중요하지 않다. 교과서에 있는 주제이기 때문에 또는 전에 가르쳤기 때문에 어떤 주제를 가르치는 것은 지금 그 주제를 가르치는 적절한 근거가 될 수 없다. 교사들은 반성적이 되어 가면서 가르칠 주제와 학생들을 가르치기 위해 사용할 수업절차에 대해 더욱 의식적이고 충분한 사고를 거친 의사결정을 할 수 있다. 이것이 의사결정과 반성의 본질적 관계이다.

반성하기

학습계획

INTASC 원리 3과 7, 그리고 9

세 가지 다른 수준의 계획을 생각해 보시오: 장기계획, 단원계획, 레슨계획. 그 다음 각 수준별 적어도 세 가지 고려사항을 생각해 보시오.

요 약

수업계획은 세 가지 계획이 있다: 장기계획, 단원계획, 그리고 레슨계획이 있다. 각각의 계획은 교수 시작 전에 이루어져야하는 일련의 의사결정을 요구한다. 장기계획은 단원계획과 구체적 레슨계획을 보여주는 종합 청사진이다. 단원계획은 폭넓은 목적을 일련의 이론적 근거가 있는 주제들로 바꾸는 것이다. 그 다음으로 구체적 레슨계획은 그 주제들을 가르칠 수 있고 학습할 수 있는 부분으로 바꾸는 것이다.

수업계획 작성은 다양한 형식이 있다. 한 가지 형식은 단원주제, 수업목표, 이론적 근거, 수업내용, 수업절차, 수업자료, 그리고 평가를 포함하는 7개의 영역으로 이루어져 있다. Hunter의 모형은 이러한 형식과 일치하지만, 예상되는 환경, 학생의 이해도 확인, 안내된 연습, 독립적인 연습과 같은 추가적 요소를 포함하고 있다. 특수 학생들을 위한 수업계획은 과제분석과 개인적인 교육계획과 같은 더욱 구체적인 계획이 필요하다. 교사들은 끊임없이 다양한 학습자의 욕구를 충족시키기 위하여 고심해야 한다.

교사들은 경험을 쌓아나가면서 수업계획안에 더 적은 양의 정보를 기록해둔다. 그러나 이것은 잘못된 것이다. 왜냐하면 전문적인 교사들은 수업주제, 목적과 목표, 이론적 근거, 수업절차, 그리고 평가에 대해 심사숙고해야하기 때문이다.

수업계획에 대한 반성은 주제와 주제의 순서를 정한 방법, 수업목표의 적합성, 수업목표의 균형, 학습활동과 평가, 효과적인 수업절차, 그리고 수업자료들이 수업주제를 적절히 표현했는지의 정도에 대한 질문들이 포함된다. 이러한 질문에 대한 대답은 수업계획 과정에서 의사결정과 반성간의 연결을 가져다준다.

핵심개념

내용의 개요	래슨 목표	레슨 평가
단원 계획	레슨 내용	레슨의 이론적 근거
단원 목적	레슨 자료	의사결정
단원의 이론적 근거	레슨 절차	

자격시험 준비

아래의 사례 연구를 읽고 이 장에 있는 구체적 정보를 이용하여 다음 질문들에 답하시오.

영어와 스페인어로 충성의 맹세를 완성한 후에, Sue Doyle는 분필 한 개, 미국 지도 그리고 유럽지도를 아이들에게 보여주면서 Centennial 초등학교 1학년 수업을 시작한다. 그 리고 그녀는 물었다. "우리가 이 지도를 볼 때 어떤 방향이 북쪽이죠?" "위쪽이요"라고 일부 학생이 대답했다. "지도의 맨 꼭대기요"라고 다른 학생이 대답했다. "그러면 아래쪽은…?" Doyle이 물었다. "남쪽이요" "그러면 다른 방향은 무엇이 있나요?" "서쪽과 동쪽이요" 아이들이 대답했다. "잘했어요. 훌륭한 복습이었어요. 어제 우리는 미국 지도를 공부했습니다. 그리고 태평양과 콜로라도 주와 플로리다 주를 찾아보았죠. 그리고 플로리다 주는 반도라는 것을 배웠어요. 반도가 무엇인지 알고 있나요?" "삼면이 바다로 둘러싸인 곳입니다." Brittany가 대답했다. "완벽해요! 잘했어요. 이제 우리는 새 분필 한 자루와 확대경을 가지고 과학적인 발견을 할 것입니다. 여러분들은 이 지식을 여러분 가족들과 함께 나눌 수 있을 것입니다."
"그 지식이 무엇이죠?" Jennifer가 물었다.

"지식이란 우리가 배우는 훌륭한 것들을 말해요. 그리고 우리가 무엇인가를 관찰하는 것은 즐거운 일이에요. 유럽 지도를 찾아보세요. 이제 우리는 북쪽, 남쪽, 동쪽, 그리고 서쪽을 복습했어요. 이제 유럽의 북쪽을 손으로 짚어 보세요. 이제 손가락을 밑으로 또는 남쪽으로 이동시켜요. 여러분 손가락이 어떤 나라에 닿을 때까지. 이 나라가 아일랜드예요. 좋아요. 이제 여러분 손가락이 또 다른 나라에 닿을 때까지 동쪽으로 이동시켜요. 그리고 가운데에 E라는 글자를 써요. 그 나라가 영국입니다. 그리고 가끔 대영제국이라고 불리기도 하죠. 영국은 바다에 둘러싸여져 있어요. 그렇다면…?"

Nick과 아이들이 함께 "섬"이라고 대답했다. "훌륭해요. 도버 해협의 하얀색 절벽이라고 불리는 영국에 무엇인가 있어요. 분필을 가지고 영국의 아랫부분을 색칠해 보아요. 왜냐하면 그 부분이 절벽을 찾아볼 수 있는 곳이기 때문입니다. 그 절벽은 매우 높고 하얀색이구요 그리고 우리는 절벽과 분필색이 똑같기 때문에 분필을 사용하고 있는 겁니다."라고 말 한 후에 Doyle 선생님은 학생들의 이해도를 확인하기 위해 교실을 순회했다. "이제 미국의 지도를 꺼내보아요. 캘리포니아 중부에 있는 태평양을 찾아보아요. 여러분들의 손가락을 우리의 고향인 콜로라도를 향해 동쪽으로 이동하세요. 그 후에 여러분들의 손가락을 Wyoming까지 북쪽으로 이동하세요. 분필을 가지고 Wyoming에 X표시를 해요. 주의하세요! 영국에 절벽이 있다는 것을 기억한다면 분필로 표시한 하얀색 X자는 무엇을 상징하죠?"

"석회가 있는 지역입니다." Chick가 대답했다.

"석회라고? 정말 대단해요. Wyoming에는 많은 석회가 저장되어있어요. 그리고 그들은 영국 사람들처럼 땅에서 이 천연자원을 캐내고 있어요. 무엇이 석회를 만들었는지 알고 있나요? 그것은 공룡으로부터 생긴 석유와 같은 것입니다."

"석회가 동물로부터 생긴 것인가요?" Kristina가 물었다.

"맞아요, 그 당시에 동물들은 작은 해양 생물이었고 수천 년 동안 압축되어 그들이 가지고 있던 하얀 껍질이 우리가 오늘날 사용하는 분필을 제공해 준 거예요. 자, 이제 여러분들이 갖고 있는 분필을 자세히 살펴보아요. 무엇을 발견할 수 있죠?"

"코에 비벼보니 부드러운 느낌이 나요." Mark가 말했다.

"이상한 냄새가 나요." Jill이 말했다.

"또 다른 건 없나요?"라고 Doyle선생님이 물었다.

"차가운 느낌이 나요." Megan이 말했다.

"그 느낌이 너에 대한 느낌이랑 똑같아." Juila가 말했다.

"분필을 긁어 볼래요?" Doyle선생님이 요구했다.

"네" 반 아이들이 대답했고, 분필을 긁기 시작했다.

"이제 어떤 느낌이 드나요?"

"가루에요"라고 반 아이들이 말했다.

"잘했어요. 여러분 모두 잘했어요. 이제 확대경을 가지고 우리가 알아 볼 수 있는 것을 찾기 위해 가루를 살펴봅시다."

Doyle 선생님은 아이들이 분필의 특성을 관찰하면서 아이들과 함께 남은 수업을 계속했다.

1. INTASC 기준들 중에 Doyle 선생님은 어떤 것을 강조했고 구체적으로, 어떻게 그것들을 강조했는가?

2. 만약 여러분이 사용할 만한 내용 기준이 없다면 콜로라도 주의 내용 기준이나 다른 주의 내용 기준을 이용해서 Doyle 선생님 수업에서 사용된 두 가지 기준을 정해보아라.

3. Doyle 선생님은 지리와 물리학을 포함하는 여러 분야의 관계가 있는 수업을 하였다. 이 장에서 찾을 수 있는 정보를 이용해서, 수업목표는 무엇이고, 그녀가 목표를 성취하기 위해 어떤 내용, 어떤 수업절차, 그리고 어떤 자료를 사용했는가? 에 대한 답을 찾아보아라.

비디오 연습

MyEducationLab으로 가서 "레슨과 단원의 계획"이라는 주제를 선정하고 "남북전쟁토론"이라는 비디오를 시청하시오. 비디오를 보고 다음의 질문에 답하시오.

1. 남북전쟁에 대한 수업은 어떠한 주의 표준을 촉진하고 있는가?
   주: 여러분은 어떠한 주를 선택해서 5학년 사회과 내용에 대한 기준을 찾을 수도 있다. 또한 여러분은 사회과 내용에 대한 기준을 찾을 수도 있다. 또는 여러분은 다음을 사용해도 된다: http://doe.sd.gov/contentstandards/social /newstandaerds.asp. 그런 후 "사회과 표준: 3-5학년"을 설정하시오.

2. 수업 초 교사의 주의사항을 고려한 후, 이 단위수업의 적합한 단원목적은 무엇이 될까?

3. 여러분이 규명해낸 단원의 목적을 고려해 볼 때, 단원을 촉진시키는 2-3의 교수학습안은 어떠한 것일까?

4. 남북전쟁에 대하여 가르치는 수업의 적합한 목적 목표는 어떠한 것일까?

포트폴리오의 개발

여러분이 4장에서 제시한 수업계획 전략에 대한 지식을 습득하고 있다는 증거로서, 여러분의 포트폴리오 과제는 〈그림 6.8〉과 〈그림 6.9〉의 형식들을 이용해서 여러분의 전공과목의 단원계획을 용이하게 해주는 하나의 단원계획과 하나의 수업계획을 만드는 것이다. 여러분의 수업계획에 수업목표가 추구하는 기준을 반드시 언급하고, 수업계획 구성요소들 이외에도 예외적 상황을 가진 학습자들의 욕구를 충족시켜줄 수 있는 방법을 언급하시오.

토의문제

1. 여러분이 장기계획, 단원계획, 그리고 레슨계획을 세우는 동안 결정한 것들은 무엇이 있는가? 대안적 결정은 무엇일까? 다른 결정에 대한 이론적 근거를 제시하라.
2. 행정가들과 동료들은 여러분의 수업계획 결정에 어떻게 영향을 주는가? 각각의 사례에 대한 예를 한 가지씩 들어라.
3. 연방, 주, 지역 기관이 어떻게 여러분의 수업계획 결정에 영향을 줄 것인지를 기술하는 예를 제시하라.
4. 교사들이 수업계획을 위한 가장 효과적인 결정을 하기 위하여 필요한 지식의 종류를 설명하라.
5. 숙련교사들이 구체적인 수업계획을 세운다면 더욱 효과적인가? 여러분 입장에 대한 근거를 제시하라.
6. 이 장에서 제시한 것처럼 숙련교사들은 수업계획을 구체적으로 세우지 않기 때문에, 여러분은 이 과정을 시간낭비라고 생각하는가? 왜 여러분은 그렇게 생각하는가, 또는 왜 그렇게 생각하지 않는가?
7. 이 장에서 우리가 제시한 수업계획 과정에 대한 대안은 여러분이 숙련교사와 함께 "견습생"으로서 근무하는 것이다. 그리고 그들이 실행하는 과정을 모방하는 것이다. 그 모방이 여러분이 수업을 계획하는 방법을 배우는데 얼마나 효과적인가? 이 질문에 대해 여러분의 생각에 대한 이론적 근거를 제시하라.

현장경험을 위한 제안

1. 교사와 인터뷰를 해보아라. 그녀가 장기계획, 단원계획 그리고 레슨계획을 수립할 때 그녀의 생각을 설명하도록 요구해라. 그녀가 기술한 계획의 예를 보여 주고, 그녀가 그것들을 어떻게 이용하는지를 설명하도록 요구해라. 그녀가 수업계획을 세우고 수업을 한 후에 자신에게 어떤 질문을 하는지 물어보아라.

2. 몇몇 교육과정 안내서를 검토하고, 교육과정 안내서에 있는 장기계획, 단원계획 그리고 레슨계획의 요소들을 정의할 수 있는지 없는지 확인해라.

3. 여러분이 학교 현장에 있다고 가정하고, 이장의 내용과 학교에서 보았던 수업계획을 비교해라.

4. 기회가 주어진다면, 여러분의 현장 경험에서 단원계획에 있는 하나의 목표를 선택하고 그 목표에 맞는 완전한 레슨계획을 세워라.

5. 기회가 주어진다면, 여러분의 현장에 있는 반이나 소규모의 학생들에 대한 레슨계획을 세우고 가르쳐라. 그리고 238쪽에 있는 질문들을 이용하여, 여러분이 실행한 것과 여러분이 발표한 것을 어떻게 수정하고 개선할지에 대해 반성해 보아라.

교수도구

☞ 참고문헌

Blackurn, B. (2007). *Classroom instruction from A to Z: How to promote student learning.* Larchmont, NY:Eye on Education. This work presents a wide range of practical chapters, including "Active Learning Is the Focus, "Background Knowledge Is the Foundation", "Choice Add Interest," and 'Focus on Your Purpose."

Jalongo, M., Rieg, S., & Helterbran, V. (2007). *Planning for learning: Collaborative approaches to lesson design and review.* New York: Teachers College, Collumbia University. This book Presents an excellent and thorough discussion on critical components of lesson design and planning.

Slavkin, M.(2004). *Authentic learning: How learning about the brain can shape the development of students.* Lenham, MD: Scarecrow Education. Chapter 6 prexents a thorough review of thematice planning/interdisciplnary learning and includes discussion on definitions and benefits of interdisciplinary learning and a step-by-step plan for designing thematic units.

Sotto, E.(2007). *When teaching becomes learning: A theory and practice of teaching*(2th ed.). New York: Continuum international Publishing Group. Chapter 17 presents a concise discussion on lesson planning, while chapter 21 presents an excellent and unusal chapter that discusses the difficulties and problems teachers may face with "bad lessons."

Utter, B.(2007). *Pick and Plan: 100brain-compatible strategies for lesson design.* Thousand Oaks, CA: Corwin Press. A workbook apporach that present an excellent five-part model for lesson plans that includes(a) engager, (b)frame, (c)activity, (d)debrief, and (e)story and metaphor.

☞ 웹사이트

www.sasked. gov.sk.ca/biology/unitplan.htm/ Here you will find a unit plan guide and sample model units.

www.coolessons.org Here you will find a series of educational units and lessons plans.

www.teachers.ash.org.au/bee/plan.htm Here you will find a curriculum exchange that offers unit plans, sample unit plan formats, integrated unit formats, and samples at differing educational levels.

http://school.discovery.com/lessonplans Here you will find a lesson plan library that offers lesson plans for grades K to 5, 6 to 8, and 9 to 12 in all subject matter areas.

www.eduref.org/Virtual/lessons Here you will find a collection for more than 2,000 unique lesson plans written by teacher from all over United States.

UNIT 3

표준과 수업실행

7장 표준과 책무성시대의 발문전략
8장 교사중심 수업전략을 통하여 표준에 도달하기
9장 학습자중심 수업전략을 통하여 표준에 도달하기
10장 학습자의 차이를 고려하기: 수업전략

3단원에서는 학습자중심 관점에서 수업을 분석한다. 7에서 10장까지 이 장들의 내용은 몇 가지 원천의 영향을 받았다. 이 중의 하나가 미국심리학회가 발간한 학습자중심 원리이다. 이 원리를 요약해 보면 교수학습에 관한 다음의 일반화가 부각된다.

- 학생의 선수지식은 학습에 영향을 미친다.
- 학생들은 자신의 학습전략에 대하여 생각할 필요가 있다.
- 동기유발은 학습에 강력한 영향을 미친다.
- 발달과 개인차는 학습에 영향을 미친다.
- 학급의 사회적 맥락은 학습에 영향을 미친다.

이 단원의 여러 장에 미치는 두 번째 영향은 학생중심수업으로, 여기서는 네 가지 핵심 구성요소를 강조한다(Eggen & Kauchak, 2007).

1. 학습자는 이해를 전달받거나 전수받기보다는 스스로 구성해 나간다.
2. 새로운 지식은 선수지식에 의존한다.
3. 학습은 사회적 상호작용에 의하여 증진된다.
4. 실제적인 학습과제는 유의미한 학습을 증진시킨다.

학습자중심원리와 마찬가지로, 학생중심은 학습자에 대한 관심을 재 집중시키고, 진정한 학습은 내부에 존재하는 것이며 학습자에 의하여 영향을 받는다는 것을 상기시켜준다.

우리는 7장에서 발문전략, 8,9장의 교수전략, 10장에서 학습자에 따른 촉진에 관한 글을 쓰면서, 수업에서 학습자중심의 중요성을 강조하고자 하고자 하였다. 교사로서의 궁극적 성공은 학생의 성장으로 측정된다.

7

표준과 책무성시대의 발문전략

교실에서의 발문전략 적용
발문의 수준
질문의 초점
발문 전략
교실에서의 다양성
발문 기술
발문을 통한 동기유발
교실에서의 공학

서 론

교수는 기본적으로 예술과 과학이 결합되어 있다. 연구를 통해서 우리는 효과적인 교수 전략과 비효과적인 교수전략 간의 차이를 알 수 있지만, 교사는 어느 정도 자신의 인성이나 그리고 어느 정도는 자신의 직관에 따라 알고 있는 내용을 응용하고 실천해야 한다. 가르치는 데에는 가장 좋은 방법, 즉 최고의 전략도 없다. 이 장과 나머지 장들 또한 이러한 가정에 기초하고 있다.

우리는 이제 세 단계 모형 중에서 2단계인, 실행에 대하여 살펴보려고 한다. 우리는 실행에 대한 여러분의 이해를 상기시키기 위해 1장을 간략하게 복습 하고자 한다. 간단히 설명하면, 여러분이 주의 표준, 학구의 교육과정, 낙오자 없는 교육지침을 사용하여 목표를 명확히 확인 하고나면, 여러분은 비로소 학생들이 목표에 도달하도록 도움을 줄 준비가 되어 있는 것이다. 학생들이 목표에 도달하거나 완성할 수 있도록 여러분이 고안한 구체적 경험과 학습과제는 실행에 달려 있다. 실행은 간단히 말하여 여러분들이 가르치는 방법이다.

모든 효과적인 교수의 기본적인 초석은 발문이다. 교실에서, 교사는 다양한 이유로 질문을 한다. 가장 대표적인 이유는 다음과 같다(Freiberg & Driscoll, 2000).

- 학생들의 수업 이해를 점검한다.
- 수업의 효과를 평가한다.
- 고차원적인 사고력을 증가시킨다.

발문은 모든 교과, 학년 수준, 교사의 인성과 관계없이 사용될 수 있는 필수적인 교수 전략이다. 발문이 효과적으로 사용되면, 학생들의 참여를 조장하고, 학습을 강화시키며, 학생들의 동기유발을 촉진시키고, 교사와 학생 모두에게 학습 진전에 관한 중요한 피드백을 제공하게 된다(Eggen & Kauchak, 2004). 효과적인 발문의 질은 간단하고, 명료하고, 핵심이 있고, 관련이 있고, 구성적이고, 중립적이고, 개방적이다(Cook, 1999). 효과적인 발문을 강화시키는 추가적 실천사항은 질문을 잘 계획하고, 학생들의 반응을 들으며, 질문을 적게 하는 것이다(Dillon, 1990).

또한 발문은 목표 지향 활동을 유지하면서 학생 중심의 학습환경을 조성하는데 도움을 준다. 이러한 요소들 때문에, 우리는 이 장에서 구체적으로 발문에 대하여 논의한다. 그리고 다음 장에서는 어떻게 발문을 다양한 교수 전략에 통합시킬 수 있는지를 설명한다. 이장과 7장을 마치게 되면, 여러분들은 학생들과 상호작용하는 효과적인 방법을 구성하는데 배경지식을 갖추게 될 것으로 기대된다. 발문 기술의 효과적인 활용은 학생들의 이해를 확장시키고 학생들을 적극적으로 참여시킴으로써 이러한 상호작용을 의미 있게 향상시킬 수 있을 것이다(Henniger, 2004).

구체적 목표를 달성하기 위하여 고안된 발문 전략에 관한 설명과 예시를 보여 준 후, 우리는 발문 수준과 발문이 학습에 미치는 영향을 기술함으로써 논의를 시작한다. 그리고 우리는 발문, 비판적 사고, 동기와의 관련성에 대하여 논의하면서 이장을 마무리한다.

학습자 목표

7장을 학습하고 나면, 여러분들은 다음과 같은 것들을 할 수 있다.

- 학습하는데 있어 낮은 수준의 발문과 높은 수준의 발문 역할을 설명할 수 있다.
- 수렴적 발문과 확산적 발문과의 차이를 이해할 수 있다.
- 다양한 발문 전략(사고전환, 촉진, 확인)이 학습에 미치는 영향을 설명할 수 있다.
- 발문을 통하여 비판적 사고를 촉진하는 방식에 대한 지식을 증가시킬 수 있다.

교실에서의 발문전략 적용

다음은 한 고등학교 과학교사가 화학적 화합물에 대한 수업을 전개하는 하나의 사례연구이다. 사례연구를 읽으면서 다음 질문을 생각해 보시오.

(여러분은 아마도 151-156쪽에 있는 4장의 인지영역에 관한 논의를 검토하고 싶을 것이다)

- 학생들이 단순히 정보를 회상하거나 기억하도록 요구하는 질문을 제기합니까?
- 학생들이 보다 높은 수준의 인지영역의 정보를 처리하도록 요구하는 질문을 제기합니까?
- 교사는 토의에 많은 학생들을 참여시킵니까?
- 만일에 학생들이 요구된 반응을 말로 표현하지 못한다면 교사는 어떻게 할까?
- 요구된 반응을 한 학생으로부터 보다 많은 정보를 원하면 교사는 어떻게 할까?

한 고등학교 물리 교사는 화학적 합성에 관한 수업을 시작하였다. "여러분들 앞에는 두 개의 용기가 있습니다. 그 안에는 서로 다른 물질이 담겨 있어요. 물질을 주의 깊게 살펴보고 그들을 비교해보세요. 비슷한 점과 다른 점은 무엇입니까? Jim?"

"글쎄요. 모두 흰색이에요."

"잘했어요. Nancy?"

"입자가 불분명해요. 모두 불분명한 종류 같습니다."

"불분명의 의미가 무엇인지 설명할 수 있겠니?"

"글쎄요…"

"덩어리라고 말하고 싶은 거니? 아니면 가루라고 말하고 싶은 거니, Nancy?"

"덩어리요."

"이 덩어리를 뭐라고 말하죠? 아는 사람?"

Manny가 대답했다. "결정체"

"좋아요. 모두 결정체로 구성되어 있어요. 이것 말고, 두 가지 물질을 비교한 것에 대해서 말할 것 없니? Tom. (잠시 후) Tom, 물질을 보는 것 이외에 물질로 무엇을 할 수 있을까?

"좋아. 그렇게 해보자." Tom에게 용기를 건네주며 "촉감이 어떠니?"라고 선생님이 묻는다.

"하나는 결정상태가 좋아요." Tom이 하나를 들어 올리며 대답한다.

"좋아. 우리가 결정체에 대하여 말한 것과 어떻게 관련이 있을까?"

"이것의 결정체가 더 작아요."

"좋아. 잘했어. Tom. Jacinta, 이들 물질을 비교할 수 있는 다른 방법은 없을까?"

"잘 모르겠어요."

"글쎄요. 이것들을 살펴보자. 그리고 우리는 촉감과 시각을 활용해서 직접 문질러 보았어요. 우리의 관찰을 확장시키기 위하여 사용할 수 있는 감각은 무엇이 있을 수 있나요?"

"우리는 후각을 사용할 수 있어요."

"좋아. 해보자. 교사는 Jacina에게 결정을 보여주면서 말했다. 냄새 어떠니?"

"아무 냄새도 안 나요."

"다음에 시도해 볼 수 있는 것에는 무엇이 있을까? 얘들아?"

"맛을 볼 수 있어요." Murray가 대합했다.

"좋은 생각이에요, 그런데 안전을 위하여 여러분들이 그것이 무엇인지 알기 전에 여러분들의 입안에 어떠한 것도 넣어서는 안돼요라고 내가 한 말을 명심하세요. 다행히도 선생님이 이게 무엇인지 알고 있어요. 이것들은 해로운 물건이 아니에요. 그러니까, Juan이 이것의 맛을 보세요. Peter는 다른 것의 맛을 보구요. 이것들의 맛이 어때요?"

Juan이 먼저 대답했다. "이것은 써요."

Peter도 재빠르게 대답했다. "이것은 반대에요."

"와우! 너희들이 말한 것을 명확하게 얘기할 수 있겠니? Juan?"

"네. 이것은 소금과 같은 맛이 납니다."

"Peter, 넌 어땠니?"

"설탕인거 같아요."

"좋아. 소금의 공식이 무엇이었지, Juan?(잠시 후). Juan 한번 해보렴. 소금은 무엇으로 구성되어 있지?"

"염소와 나트륨이라고 생각해요."

"좋아. 그럼 공식은 어떻게 되지?"

"NaCl?"

"좋아. 잘했어! 그럼, 설탕의 구성 성분은 뭐지요?"

Murry가 대답하였다. "설탕 속에는 탄소가 있어요."

"그래. 다른 것은 뭐 없니? Nancy?"

Nancy가 당황해하였다.

"공기 중에 많이 포함되어 있는 것은 뭐지?"

Nancy는 망설이면서 대답하였다. "산소?"

"잘했어! 설탕 안에 산소가 들어있을 거라고 생각하니, Nancy?"

"음…. 그럴 거 같아요."

"맞아; 들어있어. 다른 것은 뭐가 있을까? 가장 가벼운 원소가 들어있는데. Tran?"

"수소?"

"맞아요. 이제, 이 정보를 모두 활동하여 설탕의 화학식을 생각해보세요?"

"CHO?" Helen이 대답하였다.

"좋은 생각이에요. Helen. 이것은 소금에 대하여 말한 것도 동일해요. 설탕 속에는 수소와 탄소가 있는 만큼 수소의 원소가 2배만큼 있어요. 그러면 공식이 어떻게 될까요…?"

발문의 수준

교사는 5가지 주요 목적을 달성하기 위하여 발문을 활용한다: (1) 수업에 학생 참여시키기 (2) 학생들의 사고력과 이해력 촉진시키기 (3) 중요한 내용 복습하기 (4) 학생 통제하기 (5) 학생의 발달정도 평가하기(McMillian, 2004). 효과적인 발문의 핵심은 가장 효과적으로 수업 목표를 달성할 수 있도록 발문하는 것이다. 좋은 교사와 효과적인 교사와의 차이점은 효과적인 교사는 좋은 교사가 항상 하는 모든 것 이외에, 구체적이고 명확한 목적을 가지고 수업을 주도한다는 것이다(Berliner, 1985).

다양한 발문의 유형은 시기에 따라 효과가 달라진다. 교사는 몇 가지 이유로 발문을 한다(Brualdi, 1998).

- 교사는 학생들이 수업에 적극적으로 참여하도록 하기 위하여 발문을 한다.
- 질문에 답하는 동안, 학생들은 자신의 생각과 아이디어를 표현할 수 있는 기회를 갖는다.
- 학생에게 발문함으로써 다른 학생들은 다양한 자료에 대한 동료의 설명을 들을 수 있다.
- 질문을 통해 교사는 수업의 속도를 조절하고 학생들의 행동을 조정할 수 있다.

- 학생들에게 발문함으로써 교사는 학생들의 학습을 평가하고 필요하면 수업을 수정할 수 있다.

어떠한 경우에 질문은 정보의 지식을 기억하도록 하는데 사용될 수 있다. 다른 경우에 우리는 학생들이 정보를 우리 세상을 생각하는데 관련짓고 적용하기를 바란다. 예를 들어, 다음과 같은 질문을 생각해보자.

9더하기 6은 무엇인가?
오늘날 Julius Caesar 희극을 공부하는 것이 우리에게 무슨 의미가 있는가?

학습자에 대한 요구가 명백하게 다르기는 하지만 학생들이 곱셈에 대하여 알기를 원하는 초등학교 교사에게, 첫 번째 질문은 타당하고 중요하다. 반면에 도덕적 딜레마를 분석하기 바라는 중학교 문학 교사에게 두 번째 질문이 타당하고 중요하다.

낮은 수준의 질문

4장의 인지적 영역에서 논의할 때, 지식수준은 학생들이 배우고 장기 기억 속에 저장한 정보를 기억하도록 요구하는 것이라고 하였다. 낮은 수준의 질문은 이러한 지식과 관련이 있다. 예를 들어,

철물점에서 가장 흔한 것 세 가지는 무엇인가?
5더하기 5는 얼마인가?
피타고라스의 정리는 무엇인가?
2차 세계 대전 이후 인도의 평화 지도자는 누구인가?
anonymous 철자는?
선사시대에 생존했던 동물은 무엇인가?

교사는 여러 가지 목적을 달성하기 위하여 낮은 수준의 질문을 사용한다.

- 학생들의 배경 지식을 평가한다.
- 중요한 정보를 상기시킨다.
- 다음 절에서 논의할 고차원적인 수준에서 사용될 수 있는 정보 기저를 만든다.

종종, 낮은 수준의 질문은 두 개의 답지 중에 하나를 선택하도록 간단히 또는 예, 아니오에 반응하는 것으로 구성된다. 학생들이 자료를 제대로 개념화했는지를 확신할 수 없기 때문에, 이러한 유형의 질문을 활용하는 것은 제한되어야 한다. 그러나 이장의 뒷부분

에서 논의될 탐구 방법은 학생들의 인지와 지식의 깊이를 점검하기 위하여 사용될 수 있다.

높은 수준의 질문

어떤 목적에 있어서는, 낮은 수준의 질문이 중요하고 가치가 있다. 그러나 한편으로 우리는 학생들이 내용을 연결하고 사고를 확장시키기를 바란다. 이것은 우리들에게 높은 수준의 질문이라는 주제로 유도한다. 5장에서 논의한 것처럼, 높은 수준의 질문에서 낮은 수준의 질문을 구별하는 특징은 다음과 같다. 높은 수준의 질문은 학생들에게 지식을 처리하거나, 또는 아이디어를 관련짓거나 변형하기를 요구하지만, 낮은 수준의 질문은 정보가 회상되는 정도, 즉 기억하는 것을 의미한다. 인지목표 분류학에 의하면, 낮은 수준의 질문은 기억 수준을 목표로 한다. 나머지 다섯 수준(이해, 적용, 분석, 평가, 창의)은 모두 높은 수준으로 간주된다.

높은 수준의 질문은 학생들에게 이전에 학습한 정보를 회상하는 것 이상으로 요구하는 질문이다. 확실히 높은 수준의 질문은 학생에게 주어지는 난이도와 요구에 달려있다. 그러나 그들이 갖고 있는 중요한 속성은 그들이 단지 기억하는 것 이상을 요구한다는 것이다.

높은 수준과 낮은 수준의 상대적 장점에 관한 연구에서는 교수의 복잡성과 명확한 목적의 중요성을 강조한다(Good & Brophy, 2003). 높은 수준의 질문이 낮은 수준의 질문보다 본질적으로 더 나은 것 같다. 왜냐하면 그 질문들이 도전적이기 때문이다. 그러나 교사들은 또한 학생들의 지식을 강화하고 확장하기 위하여 낮은 수준의 질문을 고려해야 한다. 이것은 교사가 먼저 특별한 질문을 하는 목적과 이유를 고려해야 한다는 것을 의미한다. 만약 목적이 수학적 사실과 같은 특별한 정보를 확인하고 강화하는 것이라면, 낮은 수준의 질문이 적합하다. 여러분의 목표가 학생들이 배우고 있는 내용을 생각하도록 하는 것이라면, 높은 수준의 질문은 그 목적을 달성하는데 보다 효과적이다. 결론적으로, 지금까지의 연구를 살펴보면, 고차원적 질문 그 자체가 학업의 성공을 보장하지 못한다는 것이다. 또한 학습자들이 복잡한 사고 과제에 참여하기 위해서는 기본 지식이 선행되어야 한다(Amstrong, Henson & Savage, 2005).

이제, 수업에서 이러한 활동이 어떻게 전개되는지 살펴보자.

> 교사는 수업을 시작한다. "역사를 통해 힘의 분배 균형을 볼 때, 우리는 그런 힘의 분배가 드물게 몇 십 년 이상 지속되고 있음을 보았다. 이런 힘의 분배가 왜 무너질까?… Carlos?"

"많은 나라들의 외교 정책이 급변하기 때문인 것 같아요. 그리고 그들의 목표가 바뀌면, 국가는 새로운 동맹을 찾아야 하기 때문이죠."

"미국은 어떻지? 미국은 이들 동맹을 어떻게 찾고 있지?… Lavonda?"

"우리는 우리의 입장과 맞는 사람들을 찾으려고 해요. 이것은 우리를 지지하는 나라와 우리의 지원을 필요로 하는 나라 모두를 포함해요."

학생들에게 "왜 그렇게 생각하니?"와 "미국이 어떻게 찾고 있니?"와 같은 질문을 시작함으로써, 교사는 학생들의 사고를 기억 이상으로 확장시킬 수 있다. 학생들은 사전지식을 통합하여 높은 수준에서 학습하여야 한다.

학생들의 사고력을 조장하는 또 다른 대안은 학생들에게 추상적인 개념에 관한 예를 제시하고 설명하도록 하는 것이다. 다음의 진술을 생각해보자. "우리가 이전에 논의하지 않았던 수사법의 예를 하나 들어줄래." 이 질문에 대답하는 학생은 이전의 정보를 기초로 하여 수사법의 개념에 대한 새로운 예를 만들어야 한다. 그것은 학생들이 내용을 깊게 생각할 것을 요구하기 때문에, 고차원적 사고력을 자극하는 훌륭한 방법 중의 하나이다.

고차원적 질문을 하는 효과적인 또 다른 방법은 학생들에게 자신의 말로 생각이나 정의를 진술하도록 하는 것이다. 예를 들어, "'문학은 저자의 시대와 사회를 반영한다.' 라는 문장이 의미하는 바를 여러분들의 언어로 말해보세요." 이 질문에 대한 대답은 교사가 저자의 예, 저자의 업적, 그리고 사회의 특성을 요구한 다음에 있을 수 있다. 이것이 또 다른 고차원적인 질문이다.

고차원적 질문을 하는 가치 있는 또 다른 방법은 저자의 동기, 관점, 준거의 틀을 고려하는 것이다. 이것의 사례는 다음과 같다. "저널리스트 William F. Buckley의 칼럼을 읽었다. Buckley가 칼럼에서 생각한 것은 무엇이냐?" 이러한 논의는 그의 보수 지향, 확실한 동기, 그리고 기본적인 철학적 관점을 고려할 것이다.

고차원적 질문은 또한 학생들에게 "20달러로 판매되고 있는 상품이 20% 세일을 한다. 판매 가격은 얼마인가?"와 같은 문제에 대한 해결을 요구할 수도 있다. 그 문제에 대한 해결은 고차원적 응답을 요구한다. 그러나 주의할 점이 하나 있다. 수학 교과서에 제시되어 있는 연습 문제는 서로 형태가 유사한 문제들로 구성되어 있다. 학생들은 각각 처음 문제를 푼다. 그러나 다음 문제의 수준은 높지 않다. 사실상, 과정을 기억하는 것이다. 이것은 상호작용적 질문 상황보다는 과제 학습에서 주로 발생하지만, 모든 상황에서 발생할 수 있다. 그래서 교사는 반대가 실제로 발생할 때 고차원적 반응을 얻을 수 있다고 생각할지도 모른다. 이러한 해결책은 간단하다. 문제의 유형을 혼합해라. 그러면 학생들은 고차원적 반응을 보일 것이다.

연습 7.1

1장에 소개되어 있는 INTASC와 NCATE 기준을 활용해서, 화학 합성에 대한 수업의 사례를 다시 읽고 교사가 언급한 모든 것을 확인해라.

연습 7.2

다음의 시나리오를 읽고, 각 교사의 질문이 낮은 수준(l)인지 높은 수준(h)인지 확인하시오.

_____ 1. "칠판 위에 세 개의 단어 목록이 있어요. 이것들을 잠시 분석해 보세요. 처음 두 단어에서 특별한 게 있나요? Amy?" "모든 단어가 똑같아요."

_____ 2. "똑같다는 것이 어떠한 뜻인지 설명해 줄래요?"
"글쎄요. 누군가에게 좋은 것을 의미하기 위해 사용하는 모든 단어입니다."

_____ 3. "잘했어. 이 단어들에 대하여 다른 것은 없나요? Bob?"
"이것들 중 하나는 다른 의미로 사용될 수 있습니다."

_____ 4. "이와 관련된 예를 들어 볼래."
"'당신은 매우 능력 있는 교사이다.' 또는 '당신은 매우 숙련된 교사이다.' 이것은 모두 같은 의미를 갖고 있어요, 선생님."

_____ 5. "잘했어, Bob. 그러면 1칼럼에 있는 단어와 2칼럼에 있는 단어를 바꿀 수 있을까?"
일반적으로 동의를 표시할 학생들은 고개를 끄떡인다.

_____ 6. "여러분들은 이러한 관계의 유형을 뭐라고 하죠?"(무응답)

_____ 7. "좋아. 접두사, 접미사, 어근에 대하여 다시 생각해보자. 같은 것을 의미하는 접두사는 뭐죠? Sally?"
"Syn-요."

_____ 8. "잘했어요. 자, 이름을 의미하는 것은 무엇이 있죠?"
"-Onym 요."

_____ 9. "그래, Sally, 그것들을 조합하면, 너는…"
"동의어요."

_____ 10. "잘했어. 1칼럼에 있는 단어와 2칼럼에 있는 단어의 관계를 말해 볼 사람? Bob?"
"2칼럼에 있는 단어가 1칼럼에 있는 단어의 동의어입니다." Amy가 덧붙였다. "그리고 1칼럼에 있는 단어가 2칼럼에 있는 단어의 동의어입니다."

_____ 11. "그래. 이제 3칼럼을 보자. (잠시정지) 이 단어들은 앞의 두 칼럼과 어떠한 관계가 있니?"(무응답)

_____ 12. "좋아. 증오는 즐거움과 같은 의미니? Samantha?"
"아니요."

_____ 13. "그것이 동의할 수 있는 것과 같은 것이니? Jared?"
"아니요. 동의의 반대입니다."

_____ 14. "맞아, Jared. Bob, 비슷한 관계가 있는 칼럼에서 또 다른 단어를 찾을 수 있겠니?"
"네. '못생긴'은 '예쁜', '매력 있는'과 반대를 의미하기도 하고, '친절한'의 반대를 의미하기도 합니다."

_____ 15. "처음 두 칼럼과 3칼럼 사이의 관계를 설명할 수 있겠니? LaDawn?"
"3칼럼에 있는 단어들은 1, 2칼럼에 있는 단어와 반대 의미를 갖고 있어요."

_____ 16. "그렇지. 이 관계를 표현하는 단어를 뭐라고 하죠, Kareem?"
"반의어요."

_____ 17. "반의어를 사용하여 문장을 만들어 볼 사람? Bob?"
"뜨거운 것은 차가운 것의 반대이다."

_____ 18. "얘들아, Bob이 발표한 것이 맞니? 그렇다면, 왜 그렇지?"

질문의 초점

수렴적 질문

질문이 학생의 사고에 미치는 영향에 대하여 생각하는 또 다른 방법에는 수렴적 질문과 확산적 질문이 있다. 수렴적 질문은 한 가지 정답만을 요구한다. 수렴적 질문은 정답이 하나 있는 문제에 답하거나 사실을 확인하는데 유용하다. 일반적으로, 수렴적 질문은 앞 절에서 설명한 낮은 수준이거나 사실이나 회상을 요구하는 질문이다. 수렴적 질문의 예는 다음과 같다.

1. 6곱하기 9는?
2. 명사 또는 대명사를 수식하는 품사는 어떤 품사인가?
3. 거북이는 어디에 속하는가?
4. 소금의 화학식은 무엇인가?
5. 세계에서 가장 인구가 많은 나라는?

각 질문에 대한 정답은 단 하나이고, 그 답은 이전에 학습한 정보를 회상하는 것이다. 이 규칙의 예외는 적용이나 분석이 요구되는 문제를 해결하는 것이다. 예를 들어, "400피트의 담장이 있다. 나는 사각형의 형태로 영역을 에워싸고 싶다. 넓이는 얼마가 되어야 하는가?" 이것은 고차원적 질문이지만, 정답이 한 개이기 때문에 여전히 수렴적 질문이다.

이 규칙의 예외는 적용과 분석을 요구하는 문제에 대하여 협소한 반응과 해결이 있는 수렴적 질문을 포함한다. 전자에 관하여, 학생에게 한 가지 주된 색깔의 이름을 대도록 요구하면 한 가지 이상의 답이 나온다. 그러나 그 범위는 매우 협소하다. 그러므로 그 문제는 아직까지는 수렴적이다 적용이나 분석에 관하여 당신이 다음과 같은 질문을 제기한다면 즉 "400피트의 담장이 있다. 나는 사각형의 형태로 영역을 에워싸고 싶다. 넓이는 얼마가 되어야 하는가? 이것은 고차원적 질문이지만, 정답이 한 개이기 때문에 여전히 수렴적 질문이다.

확산적 질문

수렴적 질문이 단 하나의 정답을 요구하는데 비하여, 확산적 질문은 다양한 답이 가능하기 때문에 이와 반대다. 수많은 학생들이 확산적 질문에 참여하는 동안, 교사는 확산적 질문을 통해서 학생의 이해력을 평가할 수 있다. 예를 들어, 다음과 같은 질문들을 생각해보자:

1. *Julius Casear*와 *Hamlet*의 비슷한 점은 무엇인가?
2. 1종 지레의 예를 들어보시오.
3. 역사상 가장 중요한 날을 말해보시오.

이들 각각의 질문들은 다양한 답이 나올 수 있다. 예를 들어, 첫 번째 질문에 대한 대답은 다음과 같은 것들이 있을 수 있다:

1. 두 작품의 작가는 셰익스피어이다.
2. 두 작품은 비극이다.
3. 두 작품 모두 남자가 주인공이다.

두 번째 사례의 경우:

1. 드라이버로 페인트 뚜껑을 열 때
2. 쇠지레로 돌을 들 때
3. 가위

세 번째 사례의 경우:

1. "1588 - 스페인 함대 격침"
2. "1215 - 대헌장 사인"
3. "1066 - 헤이스팅스 전투"
4. "1776 - 미국 독립 선언"

명백하게, 각 사례에서 더 많은 답이 있을 수 있지만, 그 사례들은 어떻게 확산적 질문이 많은 학생들이 동일한 질문에 반응하게 함으로써 학생들의 참여를 조장하기 위해 사용될 수 있는지를 보여준다. 게다가, 확산적 질문은 학생들이 자신들의 반응을 탐험하고 반성할 수 있도록 활용될 수 있다. 그것은 구성주의적 관점에 따라서 학생들이 알고 있는 것을 다시 생각하게 함으로써 사고를 확장시킬 수 있다. "이 답을 어떻게 도출했나요?"와 "이 문제에 어떻게 접근했나요?"와 같은 질문은 학생들에게 비판적 탐험 과정을 안내하기 위해 사용될 수 있다(Parson, Hinson, & Brown, 2001).

연습 7.3

질문의 수준과 방향을 검토해보자. 다음의 진술이 낮은 수준/확산(l/d), 낮은 수준/수렴(l/c), 높은 수준/확산(h/d), 높은 수준/수렴(h/c)인지를 표시하시오.

______ 1. 건축이 문화에 준 영향은 무엇인가?

______ 2. 2차 세계대전 이전에 일본과의 갈등을 가져다준 미국의 경제적 동기에는 어떠한 것들이 있는가?

______ 3. 고전이라고 언급할 수 있는 소설에 관하여 어떠한 가정을 할 수 있는가?

______ 4. 소화계의 주요 기관의 이름은 무엇인가?

______ 5. 아킬레스가 젊음을 선택하고 오랫동안 명성을 얻게 된 이유가 무엇인가?

______ 6. 소금에서 발견할 수 있는 두 원소는 무엇인가?

______ 7. 아리스토텔레스와 플라톤이 다음 세대에 주는 영향에 대하여 자신의 언어로 말하시오.

______ 8. 여성 한 명당 5.1명의 세계 출산율이 의미하는 것은 무엇인가?

______ 9. 독서에서 논의되는 모든 사항에 대하여 동등하게, 분리주의를 선호하는 주요 논쟁은 무엇인가?

______ 10. 여러분들은 Jacksonville에서 Miami로 가려고 합니다. 거리는 360마일입니다. 속도 제한은 55마일입니다. 규정 속도를 지키면서 같은 속도로 이동한다면, 여행에 걸리는 시간은 얼마입니까?

______ 11. 약강 오보격의 사례를 제시하시오.

______ 12. 지구가 우주의 중심이라는 이론에서 나타난 거짓말은 무엇인가?

______ 13. 선반이 작동되는 단계를 쓰시오.

______ 14. 여러분이 선택한 역사적 사건 세 가지를 기초로 하여, JFK's의 "New Frontier"가 어느 정도 성공한 것이라고 생각하는가?

______ 15. Orwell의 동물 농장에서, 동물들이 농장을 위해 헌신하도록 설득하기 위하여 어떤 기법을 사용하였는가?

발문 전략

학생들의 참여를 증가시키기 위하여 개방형 질문과 방향전환 질문 활용하기

효과적인 발문 전략을 개발하는 중요한 목적은 학생들이 참여하는 양을 증가시키기 위한 것이다. 일반적으로, 상호작용 패턴은 교사의 질문과 그 질문에 대한 학생의 자발적인 반응과 관련이 있다. 활동이 진행되면서, 아는 것이 많고 말을 잘하는 학생들은 계속해서 참여한다. 반면에 참여하지 않는 다른 학생들은 이 활동에서 이탈하게 된다(Eggen & Kauchak, 2001; Good & Brophy, 1997). 이러한 패턴은 적극적으로 참여하는 학생, 거의 반응을 하지 않는 학생, 그리고 활동에 참여조차 하지 않는 학생으로 이루어진다. 결과적으로, 교사는 종종 일부 학생들에게만 신경을 쓴다. 그것은 일부 학생들만 학습한다는 것을 의미한다. 게다가, 교사는 학생들이 개념을 형성했는지를 측정할 때, 우수 학생 중 한 사람의 반응을 판단 기준으로 사용해서는 안 된다. 대신에, 교사는 모든 학생들의 대표적 표본과 의사소통해야 하며, 그들이 학습한 내용을 정확히 부연 설명하고 요약할 것을 요구해야 한다(Sheidecker & Freeman, 1999).

일반적으로, 교사는 특정 학생에게는 질문을 하지 않는다. 개인에게 질문을 할 때, 높은 성취자로 알려진 학생들이 낮은 성취자 학생들보다 훨씬 더 많이 호명된다(Good & Brophy, 1997). 이러한 현상과 관련하여 흥미롭고 아이러니한 것은 교사들이 이러한 패턴을 잘 모른다는 것이고, 수업 후에 즉각적으로 관찰자가 지적했음에도 불구하고, 종종 그들의 현상을 부인한다는 것이다.

모든 학생들이 참여할 수 있는 학습환경을 만들기 위해서, 교사가 이러한 패턴을 깨는 것은 중요하다. 다양한 상호작용 패턴이 설정될 때, 효과적인 결과가 발생할 수 있다. 한 가지 효과적인 패턴은 개방형 질문과 방향전환 질문 교수 전략을 관련짓는 것이다. 비록 개방형 질문의 특성이 다른 유형의 질문과 구별되는 것은 아니지만, 개방형 질문은 종종 다양한 답을 요구하는 문제로 생각되어진다. 아마도 개방형 질문의 보다 본질적인 특성은 학생들의 문제해결 방법에 거의 제한을 두지 않고 학생들이 다양한 방법으로 문제에 접근한다는 것이다(Hancock, 1995). 쉽게 질문하고, 쉽게 대답할 수 있으며, 학생들의 참여를 촉진시키는데 있어 효과적인 개방형 질문의 두 가지 다른 형태는 기술적인 질문과 비교질문이다. 첫 번째 유형은 학습자에게 예증, 논설, 지도, 그림, 표, 진술과 같은 대상이나 사건을 관찰하고 기술하도록 하는 것이다. 대화는 교사의 다음과 같은 진술에 의하여 시작된다.

1. "여기에 있는 게 뭔지 알겠니?"
2. "이것에 대하여 말해보세요."
3. "관찰한 것이 뭐죠?"
4. "네 앞에 있는 대상을 설명해보렴."

기술적인 질문은 참여, 성공, 사고를 촉진시키는데 효과적인 방법이다.

두 번째 유형은 비교 질문으로, 이것은 학습자에게 두 개 이상의 사물, 진술, 예시, 논증을 보게 하고 이들 간의 유사점과 차이점을 확인하도록 한다. 학생들이 유사점을 확인하게 되면, 학생들은 궁극적으로 개념이나 일반화를 가져올 수 있는 패턴을 설정하게 된다. 예를 들어, 학생들에게 다음과 같은 세 가지 문장을 제시한다고 가정해보자.

1. 그는 쥐처럼 조용하다.
2. 그는 산만큼 크다.
3. 그들은 바람처럼 빨리 달린다.

"이 문장에서 비슷한 점은 뭐죠?"라는 질문을 통해서, 학습자는 궁극적으로 직유라는 개념의 특성을 구체화시키는 패턴을 찾아내야 한다. as라는 단어는 두 개의 사물이나 아이디어 간의 자유로운 비교에서 뿐만 아니라 원문 그대로의 비교로도 사용될 수 있다.

앞에서 언급한 두 번째 질문 패턴 요소인 방향전환 질문 교수 전략은 교실에서 높은 수준의 상호작용과 사고력을 촉진시킨다. 이 전략은 다양한 반응이 일어날 수 있는 질문을 만들고, 여러 학생들의 다양한 반응을 인정하고 받아들이는 것을 포함한다. 다음의 사례는 이것이 교실에서 어떻게 일어나는가를 나타낸 것이다.

"미국의 역대 대통령 중에 누가 가장 위대한 대통령이라고 생각하니? Tran?"
"링컨 대통령이요."
"Sharif?"
"윌슨 대통령이요."
"Jose, 다른 사람은?"
"워싱턴 대통령이요."
"모두 훌륭한 선택이에요. 이제 그들에 대하여 이야기해볼까요?"

교사가 학생들의 대답에 대하여 반응하거나 논의하지 않았음을 주의하라. 대신에, 교사는 초기 질문의 방향을 전환하였다. 그렇게 함으로써, 교사는 소수의 학생이 토론을 지배할 가능성을 제거하였고, 또한 학생들의 참여를 증가시켰다. 이러한 방법의 또 다른 이점은 초기 대답에서 표현한 내용을 정교화하고 범위를 확장할 수 있다는 것이다. 개방형 질문은 또한 높은 수준의 사고력을 촉진시키는데 사용될 수 있다. 다음 순서에서, 교사가 질문을 어떻게 전환하였는지 자세히 주목해보자.

> "여러분들이 위대하다고 생각하는 대통령이 서로 다르네요. 왜 그들이 위대하다고 생각하나요? 자! Betty?"
> "링컨은 나라를 통합하였기 때문에 위대하고, 워싱턴은 나라를 처음으로 이끌었기 때문에 위대해요."
> "이 생각에 대하여 보충할 사람 없나요, Daniella?"
> "윌슨은 평화를 수호하고 자기의 시대를 초월하여 문제를 볼 수 있었기 때문에 위대해요."
> "Maria, 다른 것은 없니?"
> "그들은 강하고, 그들이 믿고 있는 것을 위하여 싸울 수 있는 용기가 있었기 때문에 모두 위대해요."

세 학생이 동일한 사람을 다루지 않았지만, 세 학생 모두 교사가 제시한 동일한 질문에 대답했다는 사실이 중요하다.

앞의 사례에서 모든 방향전환 질문이 확산적이었다는 것에 주목하라. 대부분의 방향전환 질문은 확산적이지만, 수렴적 발문으로 전환하는 것도 가능하다:

> "우리는 5단에 대하여 공부했어요. 5곱하기는 2는 뭐죠? Myron?"
> "5곱하기 2는 10입니다."
> "어떻게 생각하니, Suzanna?"
> "정답인 것 같습니다."

교사는 (a) 다른 학생들의 이해 정도를 확인하기 위해서, (b) 다른 학생들을 수업에 참여시키기 위해서, 그리고 (c) 수업 내용이 교사와 학생에게 적합한지에 대한 의사소통을 하기 위하여 수렴적 방향전환을 활용할 수 있다.

방향전환을 용이하게 하는 질문은 설명과 비교를 요구한다. 예를 들어, 앞에 제시한 직유 개념의 사례를 활용하여, 교사는 "그는 쥐처럼 빠르다"와 같은 문장을 제시하고, 그것에 대해 다른 점을 말하도록 유도하면서, 많은 학생들에게 문장을 설명하도록 지시할 수 있을 것이다. 상호작용 패턴은 다음과 같다:

> 교사 : 이 문장에서 알게 된 게 뭐니? … Tim?
> Tim : 6개의 단어로 이루어진 문장입니다.
> 교사 : 다른 것은 없니, Sue?
> Sue : 그는 주어입니다.
> 교사 : 다른 것은 없니, Steve?
> Steve : 소년에 대한 것입니다.

이러한 과정은 교사가 원하는 한 계속 할 수 있고, 또는 수업이 진행될 준비가 되어 있는 것처럼 보일 때까지 가능하다.

효과적인 다음 단계는 교사가 두 번째 사례를 제시하고 비교를 하게 하는 것이다. 예를 들어, 학생들은 다음과 같은 문장을 보게 될 것이다. "그는 쥐처럼 빠르다." "그녀의 힘은 돌과 같다." 그러고 나서 교사는 질문할 것이다. "두 문장의 공통점과 차이점은 뭐지?" 반응은 다양할 것이고, 질문은 몇몇 학생들에게 방향전환 될 것이다.

요약하면, 우리는 방향전환을 서로 다른 학생들에게 질문하는 것으로 정의하였다. 방향전환이 개방형 질문과 결합할 때, 그것은 학생들의 참여와 동기를 향상시키고 성취도를 높일 수 있는 좋은 전략이다.

단서 제공

수업 활동의 많은 의미있는 상호작용은 교사/ 학생의 다양한 토의에서의 발문으로 이루어진다. 발문은 도움이 되거나 해가 될 수 있다. 도움이 되는 발문에 대한 조작적 정의는 학생들이 잘못 생각하고 있는 답을 최종적으로 정답으로 바꾸는 것이다. 해로운 발문이란 학생들이 질문한 후에 정답을 오답으로 바꿀 경우를 말한다. 또한, 우리가 학생들에게 질문했을 때 학생들이 틀리게 답하거나 응답을 하지 않은 것은 왜 그런가? 일반적으로, 교사는 흥미와 분위기를 유지하기 위하여 다른 학생들에게 질문을 한다(Eggen & Kauchak, 2004). 불행히도, 이렇게 하는 것에 문제가 있다. 대답할 수 없는 학생들은 종종 당황하게 되고, 낙담하게 되며, 심리적으로 토론에서 제외가 될 수 있다. 우리는 모든 학생이 참여하기를 바라지만, 대답을 잘못하거나 대답을 하지 않는 학생들을 어떻게 해야 하는가? 이러한 문제를 해결하는 한 가지 방법으로 교사와 한 학생 간의 대화를 살펴보자.

"구체적 권력 패턴에 관한 논의와 관련하여, 어떤 패턴이 군사력 규모를 동등하게 한다고 할 수 있을까? … Pat?" Pat는 대답하지 않았다.

"어떠한 아이디어 없을까?"

"모르겠어요."

"좋아. 그럼 다른 척도를 보자. 이 물체의 무게가 2온스고, 다른 것에 2온스가 있다면, 어떻게 말을 해야 할까?"

"같아요."

"맞았어요. 그럼 무엇이 같지?"

"무게요."

교사가 끄덕였다. "이제, 우리가 동일한 무게를 유지하고 있다면, 각 쟁반에 있는 무게는 어떻게 될까?"

"서로 균형을 이루죠."

"맞아요. 각 무게가 세 나라를 대표한다고 생각하고, 각 집단이 기본적으로 서로 적대적이라고 생각해 보자. 그들이 힘 또는 권력이 같다면, 그들은 …"

"균형이 있어요."

"잘했어! 그러면 이러한 논증은 권력의 어떤 패턴을 의미하니?"

"권력 패턴의 균형이에요."

"그래요. 이제 이해했군요!!"

앞의 예는 단서 제공이라는 전략을 설명한 것이다. 이것은 힌트, 단서를 제공하여 학생들에게 성공적으로 대답할 수 있도록 도움을 주는데 사용된다. 이 방법은 또한 대답이 틀렸을 때에도 사용될 수 있다.

예를 들면 다음과 같다.

"구체적으로 말하면, 균형이라고 불리우는 권력의 패턴은 두 개 혹은 그 이상의 나라가 어떤 특정한 적으로부터 자신들을 보호하기 위하여 연합하는 패턴이다. 동등한 힘의 연합은 서로 대립한다; 그 속에서 균형이 있고 평화가 유지된다. 그러나 균형이 깨지고 한쪽으로 힘이 기울어지면, 전쟁이 발생한다. 우리의 척도에 의하면, 너무 많은 무게가 한 쪽으로 몰리면, 다른 쪽이 제압당할 것이다. 이제, 이것에 대하여 생각해보자. 미국은 권력 배치의 균형을 대표하는가?… Marisha?"

"나는 그렇다고 생각해요."

"그것을 분석하고 알아보자. Marisha, UN은 적에 의해 공격받는 나라를 지원하고 돕니?"

"네. 그렇다고 생각해요."

"좋아. UN이 두 나라 이상과 연합을 하는 거니?"

"네."

"UN이 특정 적에 반대하기로 맹세하니?"

"글쎄요."

"UN이 치명적인 전투를 하고 있을 때 이와 동등한 규모와 힘을 가진 다른 조직은?"

"없어요."

"그러면 어떤 결론을 내릴 수 있지?"

"UN은 권력의 균형에 대한 본보기가 아니에요."

"그렇지, 잘 생각했어."

학생들은 틀린 답을 말한 후에, 교사의 간단한 일련의 질문들, 즉 학생들이 정답에 도달하는데 단서가 되는 질문을 제기함으로 학생들은 도움을 받는다. 이것은 종종 학생들에게 정답을 알려 주고, 다른 학생에게 물어보고, 다른 학생이 오답을 바로 정정할 수 있도록 도와주는 것보다 낫다. 왜냐하면 그것은 정답 뒤에 논리가 있기 때문이다.

한 가지 사례를 생각해보자. 앞부분에서 우리는 "그는 쥐처럼 빠르다." "그녀의 힘은 돌과 같다"라는 문장을 활용하였다. 교사는 학생들이 첫 문장을 직유로, 두 번째 문장을 은유로 정의 내리기를 원했다. 아마도 교사는 학생들에게 방향전환을 하도록 일련의 확산적 질문 -기술과 비교- 을 했을 것이다. 그러나 학생들이 그 문장들을 관련된 개념의 사례로 인식하지 못한다고 가정해 보자. 이 문제를 해결하는 한 가지 방법은 학생들이 정답을 도출해 내도록 단서를 제공하는 것이다:

"두 번째 문장에서 '그녀'와 '돌'과 관련하여, 알게 된 것은 뭐지? Shin?"
"그녀가 돌이라는 것이에요."
"그 문장이 그녀가 실제로 돌이라는 것을 의미하는 것이니?"
"아니요, 실제 그렇지는 않아요."
"그럼 우리가 이것이 비교의 한 유형이라고 말할 수 있니?"
(침묵)
"원문 어구에 충실한 비교일까 또는 자유로운 비교일까?"
"자유로운 비교요."
"그렇지. 우리는 두 가지 아이디어를 자유롭게 비교해야 돼요. 첫 번째 문장에 대하여 같은 것은 사실이에요. 그러나 그 안에는 구체적인 단어가 있어요. 그게 뭐죠?"
"As."
"그래요. 단어 as가 붙어있어요. 그렇지 않다면, 두 문장은 유사에요. 그것을 뭐라고 부르죠?"
"첫 번째는 직유, 두 번째는 은유요."
"잘했어요. 우리는 두 문장 간의 중요한 차이점을 확인했어요."

연구 문헌에서 알 수 있듯이, 단서 제공은 효과적인 교사가 사용하는 중요한 기술이다. 그러나 교사의 실제 수업 상황에서 이것을 실행하는 것이 어려울 수 있으며, 종종 원하는 대로 활용되지 않음을 알 수 있다. 이것이 어려운 이유는 아마도 단서 제공은 순간적으로 판단하는 것을 요구하기 때문일 것이다. 많은 교수 절차와 기술들이 사전에 계획되고 연습될 수 있지만, 단서 제공은 실제 수업 상황에서만 일어날 수 있기 때문이다.

가금씩 학생들의 반응이 정확할 것이라고 가정하고, 여러분은 학생들이 정확하지 않을 때도 빈 칸을 그려 넣을 것이다. 가장 크다고 알려진 행성을 모르는 학생을 어떻게 촉구할 것인가? 여러분은 로마의 신화를 언급할 것인가, 또는 그것이 J로 시작되는 것을 암시해 줄 것인가? 여러분은 다른 학생들의 도움을 받을 것인가, 또는 모르는 것을 인정하게 하고 여러분 자신의 질문에 직접 답을 할 것인가? 여러분의 선택과 관계없이, 다음과 같은 것을 제안한다. 학생이 성공하지 못했다고 가정해보자. 그렇다면 여러분은 그 학생을 염두에 두면서 남은 시간 동안 성공적인 대답을 할 수 있도록 단서 제공을 할 수 있어야 한다.

단서 제공은 상당한 보상이 되고 즐겁기 때문에 학습자가 전에 할 수 없었던 반응을 구성할 수 있도록 도울 수 있다. 이러한 이유로, 우리는 여러분이 끈기 있게 노력하기를 바란다. 연습을 통하여 여러분은 기술이 능숙해지고, 여러분이 학생들의 학습에 긍정적이고 직접적이며 확실한 영향을 줄 수 있다는 생각에 대한 내재적인 보상을 얻게 될 것이다.

세심한 준비는 여러분이 단서 제공에 대한 노력을 하는데 도움이 될 수도 있다. 예를 들어, 교사가 학생들이 은유의 주요 특성으로 "as와 like 없이 자유로운 비교"를 정의할 수 있고, 유사 표현으로 "as와 like를 활용하여 자유로운 비교"를 밝혀내기를 원하는 것을 안다면, 이러한 인식은 교사가 스스로 생각하는데 도움이 될 것이다. 왜냐하면 교사는 학생들에게 무엇을 원하는지 알고 있기 때문이다. 그러면 교사는 학생들이 그 아이디어를 이해할 수 있도록 어떠한 질문이라도 할 수 있다.

탐색

이 시점에서, 우리는 개방형 질문, 방향전환, 단서 제공 전략을 통하여 학생들의 참여를 향상시키는 방법에 대하여 논의하였다. 첫 번째 두 전략은 학생들의 수가 증가하면서 복잡하고 창의적인 표현을 할 기회를 제공하고, 세 번째 전략은 견문을 넓히고 인간적인 방식으로 잘못된 반응을 다루는 전략이다. 그러나 때때로 학생들의 대답이 정확하지만 깊이가 부족해서 불충분할 때가 있다. 그런 경우에 교사는 학생들이 보다 더 완벽한 답을 할 수 있도록 추가 정보를 제공하는 것이 중요하다. 이 전략을 탐색이라고 부른다. 탐색이 실제로 어떻게 활용되는지에 대하여 자세히 살펴보자:

> 교사가 다음과 같이 시작하였다. "여러분은 나무가 토지에 중요하다고 생각하나요?… Carmelina?"
> "네."
> "왜 그렇죠, Carmelina?"
> "나무들은 무엇인가를 결합하도록 도와주기 때문이에요."
> "무슨 의미죠?"
> "글쎄요. 뿌리와 모든 것이 땅 아래로 들어가고, 땅이 한 곳에 머무를 수 있도록 도와줘요."
> "잘했어요. Carmelina, 우리가 어제 배운 것처럼, 땅이 다른 곳으로 이동하기 시작할 때, 그것을 …라고 하죠."
> "침식요."

탐색의 과정을 통하여, 교사는 학생들에게 그들의 반응을 입증하거나 심도 있게 설명하도록 하였다. 이것은 토론의 깊이를 더하는 것이다. 이것은 또한 학생들이 표면적인 반응에서 벗어나도록 도움을 준다. 너무나 종종, 우리는 학생들이 네, 아니오와 같은 간단한 대답이나 정답을 말하는 것 이상의 질문을 하지 않는다. 이 장 앞부분에서 우리는 그런 반응에 대한 질문이 매우 효과적이지 않음을 시사했다. 그러나 그런 질문을 가끔 제시했을 때는, 우리는 학생들에게 선택한 합리적인 근거를 제시하도록 요구할 필요가 있다. 그리고 우리는 그들에게 정보를 처리할 기회-그들이 대답한 내용과 관련된 이유와 방법을 다루는-를 좀 더 제공해야 한다.

탐색의 기능은 단순하게 진술된 명제 또는 관점을 지적으로 지지하거나 방어하기 위한 기회를 제공하는데 있다. 그렇게 함으로써, 학생들은 고차원적인 과제를 다루는 경험을 하게 되고 성취감을 느낄 수 있다.

연습 7.4

다음의 사례를 읽고 교사의 진술이 방향전환(r)인지 단서 제공(p)인지 표시해 보시오.

_____ 1. "오늘 우리는 숫자의 속성에 대하여 고려해 봤습니다. 여기 숫자의 리스트가 있어요." 교사가 칠판 위에 적혀있는 리스트를 가리켰다. "여기서 소수를 찾아보세요. Mariko?" "3요."

_____ 2. "또 다른 숫자는, Shalynne?" "2요."

_____ 3. "다른 숫자는, Angela?" "5요."

_____ 4. "이제 소수가 아닌 숫자를 말해보세요. Pedro?" "6요."

_____ 5. "다른 것은, Rudy?" "8요."

_____ 6. "잘했어요. 우리가 아직 하지 않은 것을 살펴보자. 6은 2개의 소수로 나눌 수 있어요. 그게 무엇이죠, Bob?" Bob은 대답하지 않았다.

_____ 7. "내가 도와줄게, Bob. 곱셈표를 기억해 봐요. 몇 곱하기 몇이 6이 되나요?" "아, 3곱하기 2요."

_____ 8. "그래요. 잘했어요. 이제, 여기서, 제곱한 숫자를 골라보세요." Bob이 대답했다. "9요."

_____ 9. "잘했어요. Bob, 다른 것은요, Sarina?" "16요."

_____ 10. "잘했어요. 다른 것은? Ralph?" "24요."

_____ 11. "이거 한번 확인해보자. 먼저, 전 단계로 되돌아가자. 제곱한 숫자는 자기 자신의 숫자로 구분될 수 있어요. 어떤 숫자를 곱하면 9가 되죠?" "3요."

_____ 12. "잘했어요. Ralph. 자 그럼 계속해보자. 무슨 숫자끼리 곱해야 16이 되죠?" "4요."

_____ 13. "이제, 어떤 숫자를 곱해야 24가되죠?" "음, 24는 제곱한 숫자가 아닌데요."

_____ 14. "그렇지, 그럼 여기서 어떤 숫자가 제곱한 숫자죠?" "25인가요?"

_____ 15. "바로 그거예요!"

대기 시간

우리가 학생들에게 사고를 촉진시키는 질문을 할 때, 우리는 학생들이 생각하기를 바란다. 이렇게 하기 위한 한 가지 방법은 대기 시간의 과정을 거치는 것이다. 이것은 Maru Budd Rowe(1974, 1986)의 실험 연구에서 논문에서 강조되고 있다. 대기 시간에는 두 가지 형태가 있다. 첫 번째 형태는 질문 후에 교사가 멈추는 시간으로 정의될 수 있다. 이것은 일반적으로 교사가 말하는 것을 멈출 때 시작하여 학생들이 대답하거나 교사가 다시 말할 때 끝나게 된다. 두 번째 형태는 학생이 논평하거나 또 다른 질문에 응답한 후에 교사가 기다리는 시간으로 정의될 수 있다.

연구자들은 교사들이 일반적으로 학생들이 대답하는데 1초 또는 그 미만 동안 기다린다는 사실을 발견하였다. 잠시 생각해보자. 여러분을 이 책을 공부하는 학생으로 가정하고, 여러분이 토론 수업에서 질문을 받았다고 생각해 보자. "어떠한 상황에서 단서 제공하기를 하나의 전략으로 사용하는 것이 부적절하다고 생각하는가?" 여러분의 교사가 다른 질문을 하거나 다른 학생에게 그 질문을 다시 하기 전에, 여러분에게 대답하는데 1초 이하의 시간을 준다. 이와 같은 상황은 학생들이 계속해서 직면하는 상황이다. 반대로, 생각할 시간을 좀 더 주게 되면, 학생들의 대답의 질이 개선된다. 이러한 것들은 생각시간을 늘였을 때에 효과를 검증한 Rowe의 연구 결과이다. 그녀는 교사가 약 3초 또는 그 이상 기다렸을 때, 학생들의 대답의 질이 개선된다는 것을 발견하였다. 학생들에게 대답할 시간을 더 주는 이런 단순한 과정은 학습에 긍정적인 영향을 준다. 학생들의 인지 능력을 평가할 때, 어떤 질문이나 결단에 필요로 하는 대기 시간을 제한적으로 더 주면, 학생들의 기능 수준을 더 정확하게 측정할 수 있는 것은 당연한 결과이다. 수업을 하는 동안, 확장된 대기 시간은 학생들에게 더 정확하게 반응하도록 해주고, 반응에 더욱 도전하도록 해준다(Lee, O'shea & Dykes, 1987).

이 연구의 시사점은 명백하다. 우리가 학생들에게 질문할 때, 우리는 학생들이 대답할 수 있도록 몇 초 기다리려고 노력해야 한다. 처음에 침묵의 기간이 어색할 수 있지만, 여러분과 학생 모두 금방 그것에 익숙해질 것이다.

그러나 다른 발문 기법처럼, 이 전략은 세심하고 주의 깊게 실행되어야 한다. 예를 들어, 학생을 호명하고, 그 학생이 빈 칸에 무엇인가를 그리는 경우를 생각해보자. 여러분이 기다리고 있으면 학생은 공포스러워 한다. 이러한 경우에, 학생이 대답을 생각하고 있는 것처럼 보이는 또 다른 곳에 여러분이 있으면, 여러분은 기다리지 않을 것이다. 또한 "여러분은 왜 시카고가 그런 주요 도시로 발달되었다고 생각하나요?"와 같은 사고를 촉진시키는 질문을 하는 것과 달리, "4곱하기 7은?" 또는 "미시건 호수 끝에 있는 도시는?"과 같은 낮은 수준 또는 수렴적 질문을 할 때에는 여러분은 기다릴 필요가 없을 것이다.

요약하면, 대기 시간의 장점은 토론에서의 참여를 증가시키고, 답을 입증하기 위하여 추론을 좀 더 활용하고, 보다 사변적인 반응을 한다는 것이다. 교사가 학생의 반응에 논평을 하기 전에 대기 시간을 사용하면, 이와 유사한 이점이 발생할 수 있다(Campbell, Campbell, & Dickinson, 2004). 마지막으로, 이 토론에서 일차적 목적은 여러분이 대기 시간의 가치를 인식하는 것이다. 따라서 여러분들이 가르칠 때 이것을 실천하기 위하여 노력을 기울이게 될 것이다. 우리들 중 어느 누구도 완벽하게 발문기법을 사용하지 못한다. 그리고 여러분이 질문한 후 또는 학생이 반응한 후에 조용히 시간을 재라고 제안하는 것은 아니다. 그러나 여러분이 학생들에게 생각할 시간을 더 주려고 노력하면, 여러분의 질문은 더욱 효과적일 것이다.

교실에서의 다양성

발문 전략을 통한 요구 촉진시키기

이 교재를 통하여 우리가 언급한 것처럼, 학생들은 문화와 학습의 상당한 차이를 갖고 학교에 입학한다. 효과적인 의사소통은 교사가 학생들의 이해를 쌓고 반성하는데 매우 중요한 요소이다. 집단들마다 정보 처리를 반대하기 때문에, 정보의 저장을 강조한다; 개별 탐구 대 집단 과정, 적극적인 참여 대 수동적인 참여, 정보에 관한 인지적 대 정의적 교환. 효과적인 발문 전략과 활용은 교사로 하여금 개별 학생들의 다양한 장점을 활용할 수 있게 한다. 예를 들어, 교실에서 차이를 보이는 학생들은 처음에 교실 활동에 참여하는데 주저할 수도 있다. 특히 언어적인 활동의 경우에서 그렇다. 이전의 논의에서 대기 시간을 활용하는 교사가 수업에 효율성을 높일 수 있다고 제안했다. 특히, 평균 대기 시간이 더 길어지면, 예전에 답하지 못한 학습자도 토론에 보다 적극적으로 참여하게 되고, 더 높아진 참여도를 통하여 결국 교사가 학습자의 능력을 판단할 때, 학습자의 수준이 향상됨을 알 수 있게 된다(Amstrong, Henson, & Savage, 2005).

게다가, 우리가 앞에서 논의한 확산적 질문, 특히 개방형 질문을 회상해 보아라. 개방적 질문은 학생들에게 (a) 이미 알고 있는 내용, (b) 학생들이 명료화할 필요가 있는 것, (c) 학생들이 대답할 필요가 있는 질문 등을 학생들에게 제기함으로써 개인의 욕구와 인식을 알아내는데 도움이 된다.

이 질문들에 대한 대답은 주제나 차시 수업을 개발하는데 상당히 유용한 정보를 제공할 수 있다(Henniger, 2005). 학생들의 반응의 조절은 장애를 갖고, 쉽게 지루해하고, 그리고 소외된 잠재적 영재아를 확인하는데 유용할 수 있다. 종종, 확산적 사고를 하는 학생들은 동료들에게 논리적이지만, 흔하지 않고 빗나간 답을 제공할 때 자아존중감이라는 문제를 갖게 된다(Jarolimek, Foster, & Kellough, 2005).

발문 전략을 적절하게 실행하는 것은 그 자체로 언어적 상호작용의 질을 향상시키고, 그 학생들의 다양한 욕구를 충족시키는데 중요한 요소가 된다. 여러 질문 가운데 여러분들은 스스로 다음과 같은 것을 질문할 수 있다. "나는 학생들에게 다른 학생과 상호작용할 수 있는 기회를 제공하는가? 학생들은 직접 자료를 사용할 기회를 갖고 있는가? 그들이 배워야 하는 것에 대한 실제 중요성에 대해 논의할 기회를 가졌는가?"(Eby & Herrell, 2005).

끝으로, 교사는 학생들의 배경과 차이뿐만 아니라 능력 수준을 잘 파악하여 학생들의 욕구를 조절해야 한다. 이러한 정보를 활용하여, 교사는 학생들의 능력 수준에 적합한 질문을 할 수 있어야 한다. 그것은 학생들의 이해력을 향상시키고, 불안감을 줄일 수 있다(Powell, 2005).

발문 기술

인지적 영역과 비판적 사고

교실에서 학생들의 학습 내용을 돕고 학생들이 더욱 비판적이고 분석적으로 생각하도록 가르치기 위하여 발문 전략을 활용한다. 비판적 사고는 다음과 같이 정의될 수 있다(Browne & Keeley, 1990):

- 일련의 상호 관련된 비판적인 질문 인지
- 적절한 시기에 비판적인 질문을 제기하고 답하는 능력
- 비판적인 질문을 적극적으로 활용하고자 하는 욕구

고차원적인 질문은 인지적 영역의 5가지 수준을 적용하여 심층적인 사고력과 비판적 사고력을 증진시킬 수 있다. 학생들에게 적용, 분석, 평가를 요구하는 질문의 주된 목적은 고차원적인 사고 기술을 증진하는 것이다. 이러한 과제를 성취하기 위해서, 교사는 재미있고 도전적인 질문을 해야 하고, 그것은 주제를 관련이 있고, 학생들의 사고력을 촉진시키기 위해 설계되어야 한다. 문제 확인, 분류, 유목화, 분석, 종합, 해석과 같은 비판

적인 사고 기술은 구조화된 교사 주도의 집단 토론을 통하여 강화될 수 있다. 다음 질문과 판단의 사례는 비판적 사고를 증진시키기 위한 것이다(Miller, 1998):

- 만일 무슨 일이 일어난다면 …
- …처럼 예측된다.
- 서로 비슷한 점과 차이점 …
- 서로 다른 점은 …
- 서로 구분되는 것은 …
- 여러분이 어떻게 평가할 것인지 …
- 평정한다.

그러나 그런 질문을 하는 것으로 충분하지는 않다. 여러분들이 사고력과 분석력이 중요하다고 여기는 교실분위기를 조성하는 것 또한 중요하다(Rodriguez, 1988). 교실에서 발문을 할 수 있도록 긍정적인 환경을 조성하기 위해 갖추어야 할 조건은 아래와 같다.

- 학생들이 발언에 대하여 진심으로 관심 갖기
- 학생들의 생각에 대하여 호기심 갖기
- 학생들의 생각을 기초하여 재진술하기
- 학생들이 과제나 문제를 직접 확장하거나 "심화" 할 수 있도록 확산적인 추가 질문을 활용하기

이 장의 앞에서 살펴보았듯이, 확산적 질문의 사용은 비판적 사고력을 위한 기회를 종종 제한하는 사실적 질문 또는 예/아니오의 질문의 과도한 사용을 방지한다. 사실의 기억이 중요하기는 하지만, 교사가 학생들에게 정보를 적용, 분석, 종합, 평가하게 하는 질문을 할 때 성적과 동기는 모두 증가될 수 있을 것이다.

즉, 4장에서 자세히 언급한 인지적 영역의 높은 수준을 활용하는 것은 여러분에게 이 연구에서 인용되고 있는 많은 비판적 사고의 행동을 촉진하는 질문을 제기하기 위한 기본 틀이 된다. 종종 여러분들은 수업 계획에서 전략적으로 사용되는 그런 질문이 전체 수업에 대한 충분한 도전과 자극이 된다는 것을 발견할 수 있을 것이다. 여러분들이 질문을 개발하거나, 수업 계획을 토론할 때, 여러분들은 "내용"과 관련된 계획 부분 아래에 중요한 질문을 포함시킬 것을 제안한다. 이러한 질문은 여러분의 수업 의도에 중요한 초점을 제공하고, 학생들이 단순 사실 기억 이상의 수업활동에 적극적으로 참여하게 할 것이다. 그렇게 함으로써 학생들은 비판적인 사고 과정을 직접 경험할 수 있게 된다.

발문을 통한 동기유발

이 장에서 다양한 질문의 수준, 확산적 질문과 수렴적 질문, 단서 제공, 추궁, 방향전환에 대하여 논의하였다. 이들 전략들이 어떻게 다양한 교수 상황에서 적용될 수 있는지에 대하여 예를 들어 설명하였다. 그러나 이들 전략들을 종합하여 교실 활동에 체계적으로 적용할 때, 그것들은 또한 학생들을 동기화시키는데 강력한 기술이 될 수 있다.

학생들이 학습할 수 있도록 동기화시키는 기술은 교사 효율성의 핵심이며 기초이다(Good & Brophy, 2008). 그러나 동기는 단지 지난 몇 년 전부터 교육자로부터 체계적인 주목을 받기 시작했다. 그 이전 시대는, 교사들은 동기를 가르치는 일로 생각하고, 마지못해 하는 학습자를 동기화시킬 수 없다고 주장했다. 또 다른 경우 동기는 우연히 발생되는 장난으로 생각했다. 이제, 모든 것들이 변화되었다. 소외된 아이들, 성공하지 못한 학생들, 그리고 높은 중퇴율에 대한 관심이 이것을 재조명하는데 기여하였다.

개념적으로, 비록 실제 수업에서 발문하는 것은 노력과 성실이 필요하지만, 과정은 상당히 단순하다. 본질적으로, 학생들의 동기를 유발시키기 위하여 발문 전략을 사용할 때, 우리는 두 가지를 기대한다. 첫째, 우리는 학생들이 학습 활동을 하는 동안에 모두 호명될 것이라는 것을 확실히 알기를 바란다. 교사가 모든 학생들을 동등하게 호명하는 훈련을 받았을 때, Kerman(1979)은 인상적인 결과를 발견하였다. 이것은 학습 공동체의 일부분인 학생들과 의사소통하는 것이고, 교사로서 여러분은 학생들이 수업에 참여하여 배우기를 기대하는 것이다. 이를 달성하기 위하여, 모든 학생들을 똑같이 호명하고, 지원자는 학습 활동의 10~15%정도만 호명하였다. 이것은 여러분이 손을 들지 않는 학생들을 호명하게 될 상당한 시간을 의미한다. 이것은 개방형 질문과 방향전환을 활용함으로써 가능하다. 이러한 것들은 특히 방향전환이 설명과 비교를 요구하는 확산적 질문과 결합될 때 효과적일 수 있다. 그러나 질문의 유형이 그들이 대답을 하기 위해 호명될 것이라는 것을 아는 상황만큼 중요하지 않다. 학생들이 수업하는 과정의 어떤 시점에서 호명될 수 있다는 것을 알 때, 그들의 집중은 놀랍게도 향상된다.

"나는 그렇게 할 수 없어요." "내가 곤란한 질문으로 아이들을 곤혹스럽게 만들어 예전보다 더 나빠지게 할 수도 있어요."라고 일부 사람들은 주장할 지도 모른다. 이것은 우리에게 두 번째 기대를 가져다준다: 학생들이 호명되었을 때, 학생들은 여러분이 자기들이 대답할 수 있는 질문을 하려고 하는 것을 알고 있다. 우리가 받아들일 수 있는 대답이라고 말한 것을 주목하라. 우리는 말하지 않는다. 학생들이 여러분에게 원래 질문에 원하는 대답을 할 것이라고 말하지 않았지만, 그들은 여러분이 받아들일 수 있는 대답을 할 것이다. 예를 들어, 부사에 관하여 수업하는 다음의 대화를 생각해보자.

> Mrs. Wu는 학생들이 문장 속에서 부사를 밝혀내는 수업을 하고 있다. 그녀는 일련의 사례를 제시하고, 학생들에게 문장을 분석하도록 하였다. 교사는 칠판 위에 다음과 같은 문장을 썼다. "Steve는 울타리를 빠르게 점프하여, 눈앞에서 사라졌다."
> Mrs. Wu는 다음과 같이 질문하였다. "Tim, 이 문장에서 부사는 뭐죠?"
> "음…. 잘 모르겠어요."
> "Steve가 한 행동은 뭐죠?"
> "그는 울타리를 뛰어 넘었어요."
> "그래, 맞아요! 그는 분명히 울타리를 뛰어 넘었어요! 잘했어요. Tim."

이 사례에서, Tim은 받아들일 수 있는 대답을 하였다. 그는 문장 속에서 부사를 찾지 못하였다. 그럼에도 불구하고 그의 대답은 수업과 관련이 있었으며 교사 역시 그를 칭찬하였다. 다음으로 Mrs. Wu는 Tim에게 "어떻게 점프했죠?"라는 질문을 하면서 계속해서 추궁과 확인을 하였고, 또한 Tim에게 더 이상 질문하지 않고 다른 학생들에게 물어보기도 하였다. 이들 방법 중 어느 것이든지, Tim은 성공적이고 긍정적인 경험을 하였다.

거의 호명되지 않거나 정답을 말하지 못한 학생들의 경우에, 이러한 경험은 매우 긍정적일 수 있다. 결과적으로, 그들은 다음번에 호명될 것에 대하여 덜 불안하게 되고, 대답을 하기 위하여 더욱 더 노력하게 될 것이다. 동기 전문가는 정서적으로 안정된 학습환경이 학생들의 동기에 중요하다고 말하면서, Mrs. Wu는 Tim을 위하여 안정적인 환경을 만드는데 도움을 주었다고 말하였다(Pintrich & Schunk, 2002).

분명히, 여러분은 적대적이거나 심각하게 동기화되지 못한 학생들을 이들 전략을 통하여 즉각적으로 바꿀 수는 없다. 그러나 교실에서 모든 학생들이 호명(그들이 있을 때, 그들이 대답할 수 있다)되는 패턴이라면, 여러분은 수업에 참여한 학생들의 주의력을 눈에 띄게 향상시킬 수 있을 것이다. 좋은 질문은 좋은 수업과 효과적인 동기에 있어서 핵심이다. 숙련된 질문은 학생들의 호기심을 불러일으키고, 상상력을 자극할 수 있으며, 학생들이 문제를 해결할 수 있도록 동기화할 수 있다.

또한 여러분이 수업하는 과정에서 만들어가는 교실 분위기를 생각해보자. 여러분들은 모든 학생들이 학습할 수 있고, 학생들이 대답하기를 기대하며, 학생들이 수업을 이해할 수 있도록 최선을 다하고 있다는 것에 대하여 학생들과 의사소통을 하고 있다 (Scheidecker & Freeman, 1999). 특히, 교사 주도 토론수업을 하는 것은 (a) 흥미를 유발시키기 위해 계획된 자극적이고 사고를 촉진시키는 질문을 함으로써 (b) 왜 그 주제가 중요한지, 무엇이 학습에 목적과 방향을 제시하는가에 대한 질문에 대답하도록 수업을 이끌어 감으로써 학생들의 동기를 촉진시키기 위해서이다(Miller, 1998). 학생들의 참여와 성공을 조장할 수 있도록 도와주는 방향전환과 단서 제공 전략을 함께 활용하면 학생들의 동기를 향상시키는데 크게 기여할 것이다.

교실에서의 공학

효과적인 발문 전략 촉진하기

효과적으로 발문 전략을 활용하기 위해서는 양적 · 질적 고려를 해야 한다. 말할 것도 없이, 학생 중심, 구성주의 학습환경을 조장하기 위한 노력으로, 교사는 저차원적인 질문과 고차원적 질문을 통하여 정보를 회상하고 처리하는 광범위한 질문을 사용한다. 질적으로, 교사는 참여를 늘리고, 부정확한 것에 반성하며, 반응을 명확히 하기 위해서 공학을 활용한다. 이것이 지나치게 부담스러운 일이 될 수도 있지만, 질문을 전자적으로 저장, 배열, 편집하는 능력이 있으면, 이러한 과제를 단순하게 하는데 크게 기여할 것이다. 템플릿에 전자적으로 저장된 구체적인 수업 계획의 내용 부분에 핵심 질문을 첨부함으로써, 교사는 사용된 언어가 명확하고 단순한지를 반성할 수 있고, 질문과 전략이 목적을 달성하는데 효과적이었는지 반성할 수 있으며, 학생들의 후속 학업 성취를 위하여 어떤 질문을 활용할 것인지에 대하여 반성할 수 있다. 게다가, 수업을 실행할 때, 중요한 질문은 선행조직자로써 사용하거나 수업 시간에 고려해야 할 주요사항들을 강조하기 위하여 OHP를 활용하여 큰 글씨 크기로 강조되어 제시된다.

반성하기

발문전략

INTASC 원리 3, 5 6

이 장에서 논의된 다양한 질문 수준, 핵심, 기술에 대하여 생각해보시오. 여러분이 개인적 요구를 다루기 위해 그리고 학생들을 수업에 참여시키기 위해 이러한 전략을 어떻게 사용할 것인지를 생각해 보시오.

요 약

우리는 발문 전략이 효과적인 수업의 핵심이라고 언급하면서 이 장을 시작하였다. 다양한 수준, 방향, 전략은 교사가 갖고 있는 전반적 교수전략에 기여할 것이다. 때로는 고차원적 질문이 매우 바람직하지만, 다른 사람들에게는 낮은 수준이 적합할 수도 있다. 여러분들은 확산적 질문과 수렴적 질문 모두 다 할 수 있다. 질문의 수준과 방향은 수업의 목표와 관련이 있지만, 발문 기술의 구체적인 목적은 다음과 같다(Johnson, 1997):

- 모든 학생들에게 질문에 대답할 기회를 동등하게 제공한다.
- 질문에 답할 때 학생들의 성공률을 증가시킨다.
- 질문하는 동안 학생들의 참여 수를 최대화한다.

개방형 질문, 방향전환, 추궁, 단서 제공, 대기 시간은 모두 학생들의 참여를 높이고, 성공률을 높이고, 긍정적이고 정서적으로 안정된 학습환경을 조장하는데 사용되는 전략들이다. 질문의 수준과 방향에 따라, 이들 전략은 수업의 목적을 달성하기 위하여 사용되어야 한다. 그러나 여러분은 모든 수업에서 학생들을 참여시키고, 동기를 유발하며, 비판적인 사고 기술을 촉진시키고자 하는 부가적인 목적을 가지고 있다. 질문 전략이 체계적으로 통합될 때, 이러한 목적을 달성하는데 도움이 될 수 있다. 끝으로, 발문을 준비하고 실행할 때, 다음과 같은 것들을 고려해야 한다(Kellough, 2000):

- 수업 계획 속에 깊이 생각하여 작성한 인지적인 질문을 충분히 계획하고 포함시켜라.
- 그들이 의도한 목적과 질문을 일치시켜라.
- 학생들을 호명하기 이전에 잘 작성된 질문을 제기하라.
- 교사는 너무 말을 많이 하여 학생들을 몰아세우지 않도록 하라.
- 질문한 후에, 학생들에게 생각할 수 있는 적절한 시간을 주어라.

핵심개념

개방적 질문	단서제공	비판적 사고
긍정적 발문	대기시간	수렴적 질문
낮은수준의 질문	방향전화	추궁
높은 수준의 질문	부정적 발문	확산적 질문

자격시험준비

고등학교 학생들에게 경영법을 가르치는 교사를 살펴보자. 사례를 읽고, 7장에 제시되어 있는 구체적인 정보를 활용하여 다음의 질문에 답하시오.

Monte Vista 고등학교의 경영법 교사인 Kana Condon은 수업을 시작하였다. 그녀는 학생들이 민주적 과정과 민주적 과정에 참여하는 시민권에 대해 보다 잘 이해하기를 바라고, 그것을 학생들과 공유하였다. 그리고 그녀는 학생들이 이러한 과정에 대하여 그들 자신의 견해를 가지려면 수업시간에 무엇을 하고 싶은지를 물었다.

"우리는 어떻게 의회가 법률을 처리하는지에 대하여 살펴볼 수 있었어요." Lee가 말했다.

"음… 아마도 특허법과 같은 것일 거예요."라고 Virginia가 덧붙였다.

"우리가 하원의원들을 시민으로 생각한다면 그것은 좋은 생각일 것 같아요."라고 Ms.Condon이 말했다. "그게 맞나요?"

"나는 일반 사람들을 시민으로 생각하는 것이 더 나은 것 같아요."라고 Donna가 대답했다.

"저두 그래요." Georgia가 대답했다.

"좋아요. 그럼, 계속 생각해 봅시다." Mr. Condon이 말했다.

"모의재판은 어때요!" Claudia가 열정적으로 말했다.

"멋져요."라고 Lee가 말했다.

"모두 동의하나요?" Ms. Condon이 물었다. 그리고 나서 그녀는 교실 주변을 살펴보고 학생들이 Claudia의 제안에 만족하는지 확인하였다. "좋아." 그녀는 계속해서 말했다. "그러나 왜 여러분은 모의 법정이 민주주의와 시민권을 반영하는 학습 경험에 유익하다고 생각하나요?" Ms. Condon이 질문하였다.

"교실에서 우리가 하는 몇 가지 것들을 보다 잘 이해하기 위하여 사용할 수 있어요."라고 Sandi가 말했다.

"좋아, 다른 의견 없니?" Ms. Condon이 물었다.

"우리가 법의 다른 부분에 대하여 더 많은 것을 이해할 수 있다고 생각해요."라고 Pam이 덧붙였다.

"그리고 우리는 법정에서 실제로 어떤 일이 일어나는지에 대해 배울 수 있다고 생각해요."라고 Georgia가 대답했다.

"예를 들면?" Ms. Condon이 물었다.

"글쎄요. 다른 절차들인 것 같아요."

"좋은 추측이야. 그밖에 다른 거는, Georgia?"

"사람들이 거기에서 무엇을 하지?" Georgia가 덧붙였다.

"좋아! 그러면 법정에서 사람들이 하는 역할은 어떤 거죠?"

"판결을 내려요." Andrea가 말했다.

"그리고 배심을 해요." Denise가 덧붙였다.

"누군가는 재판을 해요." John이 말했다.

"우리가 그 사람들을 뭐라고 부르죠?" Ms. Condon이 물었다.

"유죄가 입증될 때까지 결백해요." John이 대답했다.

"그것은 우리나라의 법률 제도의 주요 교리에요. John, 그러나 재판할 때 그 사람이 해야 하는 것은 뭐죠. John?"

"자신을 방어해요. 아, 이해갔어요. 피고인이에요."

"잘했어요, John, 네가 피고인이라면, 누군가 필요하겠니?"

"그들을 고소하는 사람이요." John이 대답했다.

"맞아요. 그 사람을 뭐라고 하죠?"

"원고라고 생각해요." Phil이 대답하였다.

"그래요, Phil. 그러면 우리는 판사, 배심원, 피고, 원고가 필요해요." Ms. Condon가 요약했다. "그럼 누가 더 필요하죠?"

"우리는 변호사와 증인 없이 재판을 할 수 없어요."라고 Donna가 말했다.

"좋아요." Mr. Condon이 결론 내렸다. "이제 다른 것에 대해서 생각해 볼까요. 실생활의 사례를 선택하고 싶니? 아니면 여러분들이 하나의 사례를 만들고 싶니?"

"하나의 사례를 만드는 것으로 해요. 그것이 더 재미있을 것 같아요." Pam은 동료로부터 지지를 받았다.

"좋아요." "이제 어떠한 주제로 할까요?" Ms. Condon이 말했다.

윤리와 사회적 책임, 환경법과 헌법과 같은 것에 대하여 긴 토론을 한 후에, 학생들은 고용차별을 사례로 결정하고, 어떻게 모의재판을 조직하고 보여줄 것인가에 대하여 심사숙고하기 시작했다.

1. Ms. Condon은 7장에서 논의된 발문 수준 중 어느 것을 사용하였는가?

2. Ms. Condon은 7장에서 논의된 발문 기술 중에서 어느 것을 수업에 적용하였는가?

3. Mr. Condon의 발문 전략은 얼마나 효과적이었는가? 답을 설명하시오.

비디오 연습

MyEducationLab으로 가서 "발문전략"이라는 주제를 선정하고 "교차적 발문"이라는 비디오를 보시오. 비디오를 본 후, 비디오에 있는 질문에 답하시오.

포트폴리오의 개발

6장에서 제시한 효과적인 발문 전략에 관한 지식을 습득했다는 증거로, 121쪽에 있는 수업 안 양식에 따라서 수업 안을 만들어라. 절차는 대 집단, 교사 주도 토론학습이다. 내용 영역과 관련하여, 선택된 주제에 흥미를 유발시킬 수 있는 많은 질문을 나열해라. 이 장에서 제시한 다음의 수준과 기술에 적합한 질문을 적어도 한 가지 이상 구성하시오.

- 저차원적인 질문
- 고차원적인 질문
- 확산적 질문
- 수렴적 질문
- 사고전환
- 단서제공하다
- 추궁하다

토의문제

1. 낮은 수준의 질문이 항상 높은 수준의 질문에 앞서야 하는가? 왜 그런가? 또는 왜 그렇지 않은가? 구체적인 사례를 제시해라.

2. 높은 수준과 낮은 수준의 질문을 혼합하거나 높은 수준과 낮은 수준의 질문 비율을 학년수준에 따라 다양화해야 하는가? 내용 영역은 어떻게 이러한 최적의 혼합에 영향을 주는가?

3. 여러분의 수업 경험을 기초로 하여, 교사는 확산적 질문을 더 사용해야 하는가, 덜 사용해야 하는가? 그 이유는 무엇인가?

4. 어떤 교사는 학생들을 추궁하는 것이 처음에 정확하게 응답하지 않은 학생들을 당황하게 한다고 주장한다. 여러분은 이러한 교사들에게 어떻게 반응하겠는가?

5. 다음의 변인과 관련하여 대기 시간이 어떻게 되어야 하는가?
   a. 질문의 유형
   b. 학생의 나이
   c. 단원에서의 위치
   d. 교사의 목적

6. 질문과 관련하여 여러분이 알고 있는 교사 중 가장 효과적인 교사라고 생각되는 사람을 떠올려 보아라. 여러분은 그 교사를 이 장에서 제시된 개념들과 관련하여 어떻게 설명할 것인가? 이 장에서 논의되지 않은 질문과 관련하여 그 교사가 한 것은 또 무엇이 있는가?

현장경험을 위한 제안

1. 질문과 관련하여 교사를 면담해라.
   a. 사전에 어떻게 발문계획을 세우는가?
   b. 수업 중 누구를 호명할 것인지를 어떻게 아는가?
   c. 모든 학생들이 참여할 수 있도록 어떻게 하는가?
   d. 학생들이 대답할 수 없을 때 어떻게 하는가?
   e. 질문에서 가장 어려운 부분은 무엇인가?

2. 상호작용 수업을 관찰하고 교사의 질문을 나열하시오.
   (이 과제를 보다 쉽게 하기 위하여 오디오테이프로 수업을 기록할 수 있다.)
   a. 높은 수준의 질문과 낮은 수준의 질문이 얼마나 되는가?
   b. 높은 수준의 질문과 낮은 수준을 질문을 사용할 때 어떠한 유형이 있는가?
   c. 이들 질문에 대답할 때 학생들은 얼마나 성공하였는가?
   d. 여러분들이 이러한 질문의 유형을 개선하기 위하여 무엇을 제안할 수 있는가?

3. 활동2에 제시되어 있는 질문을 보고, 그것들을 확산적, 수렴적 관점에서 분석해라.
   a. 각 질문의 유형은 얼마나 많이 사용되었는가?
   b. 그들이 사용하는데 어떠한 유형이 있었는가?
   c. 이들 다양한 질문에 학생들이 어떻게 반응하였는가?

4. 수업을 관찰하고, 초시계를 활용하여 교사의 다른 질문에 대한 대기 시간을 계산해라.
   a. 평균 대기 시간은 어떠한가?
   b. 대기 시간은 질문의 유형에 따라 다른가(예 높은 수준과 낮은 수준)?
   c. 대기 시간은 학생의 유형에 따라 다른가?
   d. 대기 시간을 보다 효과적으로 하기 위하여 제안할 것은 무엇인가?

5. 양방향 발문 수업을 위해 수업계획서를 작성하라. 여러분이 목적을 달성하기 위해서 수업계획에 구체적인 질문을 넣어라. 이장의 개념과 관련하여 이것들을 분석하라(예 높은 수준 대 낮은 수준, 확산적 대 수렴적).

6. 여러분이 활동 5에서 설계한 내용을 갈쳐 보아라.
   a. 질문이 사고력을 자극하는데 얼마나 효과가 있었는가?
   b. 얼마나 자주 여러분은 질문을 반복하거나 설명하였는가?
   c. 얼마나 자주 여러분은 질문 계획을 바꾸거나 적용하였는가?
   d. 여러분은 학습을 촉진시키기 위해서 질문 활용에 대하여 무엇을 배웠는가?

교수도구

☞ 참고문헌

Gagonon, G., & Collay, M.(2001). *Designing for learning: Six elements in constructivist classrooms.* Thousand Oaks, CA: Corwin Press. This work pressents examples and characteristics of questions along with techniques for questions.

Liewellyn, D.(2007). *Inquire within* (2th ed.). Thousand Oaks, CA: Corwin Press. Chapter 10 presents a thorough presentation on questioning with subheadings on wait time, answering questions, asking questions, and posing reflective questions.

Milner, J., & Graciano, M. (Eds.). (2006). *The act of teaching English: What effective teachers do in their classrooms.* Lewiston, NY: Edwin Mellen Press. Unit III presents discussions on examining questions, questioning patternts, teacher responses and classroom discussion, wrong answers and raised hands, and teacher corrections and student responses.

Morgan, N., & Saxton, J. (2006). *Asking better questions* (2th ed.). Markham, On: Pembroke Publishers. A thorough presentation of ways to frame better questions with chapters that include question s that promote the six levels of the cognitive domain and fewer questions, better questions, and time to think.

Rief, S., & Heimburge, J. (2006). *How to reache and teach all children in the inclusive classroon: Practical strategies, lessons, and activities.* San Francisco: Jossey-Bass. An excellent source for strategies employed in diverse classrooms.

☞ 웹사이트

www.utexas.edu/academic/cte/sourcebook/questioning.pdf Here you will find information on questioning skills and principles that are designed to promote student learning, a checklist for asking artful questions, and benefits of using wait time.

www.criticalthinking.org/resources/articles/the-role-of-questions.shtml Here you will find a discusstion of the role of questions, including the kinds of questions teachers need to ask, why thinking is driven by questions, and need for students to frame questions for themselves.

www.iun.edu/~edujal/e343/m201/questioning.html Here you will find reasons for asking questions, basic types of questions, that promote critical thinking.

http://hsp.myweb.uga.edu/question.htm This site presents types of questions and examples of these questions that promote action learning, including information questions, probing questions, and group processsing questions.

http://inquiry.uiue.edu/ Here you will can find out more about what inquiry is and become familiar with a spiral path of inquiry: asking questions, investing solutions. creating new knowledges, discussing experiences, and reflecting on new found knowledge.

08

교사중심 수업전략을 통하여 표준에 도달하기

서 론

이제 우리는 일반 교수모형의 실행단계에 와 있다. 이 단계에서 교사는 수업계획단계에서 밝힌 목적을 학생들이 좀 더 빨리 달성할 수 있도록 상이한 전략을 사용한다. 이 장에서는, 7장에서 설명한 발문전략을 포함하며 소규모 수업전략이 보다 종합적인 대규모 수업전략에 어떻게 통합될 수 있는지를 보여준다. 효과적인 교사는 표준에 도달하기 위하여 다양한 수업전략을 사용하며, 그들의 학습목적을 충족시킨다. 수업전략은 교사가 학습목적도달에 책임을 지고 있는 교사중심수업에서 수업전략은 학생들이 학습에 보다 적극적인 역할을 취하게 하면서 보다 촉진적인 역할을 담당하는 전략에 이르기까지 다양하다. 이 장은 여러분이 학급에서 교사중심수업전략을 구성하고 실행하는 것을 돕기 위해 고안되었다.

학습자 목표

8장의 연구가 끝나면, 여러분은 다음과 같은 것을 할 수 있어야 한다.

- 교사중심 교수전략의 주요특징을 이해한다.
- 다른 내용영역에서 교사중심수업을 어떻게 계획하고 시행하는지를 안다.
- 교사중심수업에서 더 많은 학생을 이해하는 데 있어 예를 설명한다.

학급에서 교사중심전략의 적용

다음은 중학교 교장이 포함된 하나의 사례연구이다. 이 사례연구를 읽으면서, 다음 질문을 생각해 보시오.

- 교사가 학생의 학습을 돕는 다른 방법으로 무엇이 있는가?
- 어느 수업전략이 학생의 학습을 증진시키는데 가장 효과적인가?
- 교사는 언제 수업에서 보다 적극적인 역할을 수행하는가? 그리고 교사는 언제 한걸음 물러나 학생들의 노력을 촉진하는가?

Cassie Jones는 도심의 중학교 교장이다. 그녀는 학교 복도를 걸으면서 교실에서부터 들리는 소리를 들었다. Ben Carlson 교사의 사회 수업시간이었다. "우리는 지난 시간에 남북전쟁의 발발시 남아메리카와 북아메리카의 장점과 단점에 대해서 배웠어요. 어제 배운 내용 기억나는 학생 있나요?"

Cassie 교장은 복도 아래로 내려가다가, Sahara MaCarthy 교사의 과학 교실 앞에서 걸음을 멈추었다. Sahara는 교실 앞에서 열쇠를 흔들고 있었다. Cassie 교장은 "음! 교실이 너무 조용해. 학생들이 최면에 걸렸나봐."라고 생각했다. Cassie 교장이 귀를 기울일 때 그는 Sahara가 학생들에게 하는 질문을 들었다. "얘들아, 이것은 할아버지 시계에서 발견할 수 있는 것처럼, 간단한 시계의 추란다. 시계의 추가 진동하는데 영향을 주는 요인에 대하여 누가 발표해 볼까?"

"좋은 질문이야"라고 교장은 생각했다. "학생들이 그렇게 조용한 이유를 알 것 같군."

Cassie 교장이 복도 끝을 돌아갔을 때, 무엇인가에 대하여 학생들이 논쟁하는 소리들을 듣게 되었다.

"나는 너의 말에 관심이 없어. 도둑질은 나쁜 짓이야."

"그러나 가족들이 먹을 게 없어. 가족들이 배고파하는데 그는 가족들을 굶길 수가 없었던 거야!"

"Hector 오늘 무슨 일 있어요?" Cassie는 Hector Sanchez의 영어 수업을 좀 더 들어야겠다고 생각했다.

Hector는 "여러분!"이라고 큰소리를 지르며 학생들 말에 끼어들었다. "얘들아, 상대방과 의견이 일치하지 않은데 그대로 있으면 안돼. 여러분들은 이유를 설명해야 해. 기억하렴, 우리가 Sounder와 같은 책을 읽는 이유 중의 하나는 우리의 인생을 이해하는데 도움이 되기 때문이야. 아버지가 가족들을 위해 음식을 훔친 행위가 옳은 것인지 나쁜 것인지의 이유를 설명하는데 3분의 시간을 더 주겠어요."

Hector의 학생들이 논쟁하는 것을 듣고, Cassie는 만족했다. "영어 선생님은 학생들에게 감동을 주었다. 나는 다양한 장점을 가진 유능한 교직원들과 함께 할 수 있다는 것이 정말 행운이야."라고 생각하였다.

교사중심 수업전략과 학습자중심 수업전략

Cassie Jones가 결론적으로 말한 바와 같이 효과적인 교사는 교사중심접근에서부터 학습자 중심 접근에 이르기까지 다양한 수업전략을 실행할 수 있는 사람이다. 본 장에서 논의하게 될 교사중심전략은 지시적 수업, 강의-토의식 수업, 그리고 안내적 발견학습이다. 다음 장에서 우리는 협동학습, 토의, 문제중심수업과 같은 학습자중심접근을 기술하며, 이들 수업을 다양한 학문의 예들을 통하여 설명하게 된다.

교사중심수업은 "*교사의 역할은 학습할 지식을 제시하고 학생들의 학습과정을 보다 명확하게 지시하는" 교수전략을 포함한다*(Shuell, 1996, p.731, 강조점이 첨가됨), 반면에 학습자중심 수업에서 학생은 교사의 안내를 받으며 자신의 이해를 구성하는 데 보다 많은 책임을 갖는다(McCombs & Miller, 2007).

연구에 의하면, 학생들의 학습에의 적극적 참여는 그들의 이해와 동기유발에 중요하다(Eggen & Kauchak, 2007). 이것은 수업에 적합한 유일한 방법은 학습자중심 수업이라는 결론에 이르게 할 수도 있다. 이것은 사실이 아니다: 어느 목적에는 교사중심 접근이 더 효과적이고 다른 목적에 있어서는 학습자중심 접근이 더 우수하다(Fullan, Hill, & Crevola, 2006). 효과적인 수업의 핵심은 두 가지다. (a) 목적과 배울 내용의 이해 그리고 이들 목적에 수업전략을 맞추기 (b) 특정한 수업전략이 사용되더라도 학생들을 학습에 적극적으로 참여시키기

이 장에서 우리는 교사중심 접근이 더 효과적인 여러 주제를 탐구한다. 교사중심 전략이 의도하고 있는 내용에는 다음과 같은 몇 가지 특징이 있다.

- 구체적이며 잘 정의된 내용이다. 예를 들면, 덧셈, 뺄셈, 곱셈, 나눗셈과 같은 많은 수리기능은 명확하게 규명되고 정의 될 수 있다.
- 후속학습결과의 성공을 보장하기 위해 모든 학생이 꼭 숙달해야 할 내용이다(Popham, 2007). 수학능력처럼, 여러 읽기 능력은 다른 내용영역의 추후 성공을 보장하기 위해 숙달되어야한다.
- 자신의 힘으로 이해하기 어려운 내용이다.

학습자중심 수업에서처럼 학생들에게 수학이나 읽기능력을 이해하는데 책임을 지우는 것은 시간과 노력에 비추어 보아 비효율적이며 이 경우에는 혼란을 가져다 줄 가능성이 크다. 즉 이런 경우 교사중심전략이 더 효과적이다.

교사가 교사중심수업을 계획할 때 그들은 주 또는 지역의 교육과정 지침서에 나와 있는 표준을 밝히고, 구체적인 수업목표를 설계하고 학생들이 이러한 목표에 도달하도록 학습활동을 구성한다(Wiggins & McTighe, 2005). 수업이 진행되는 동안 교수학습활동은 목표에 집중되고 교사는 모델, 설명, 발문을 통하여 학습을 안내할 책임을 진다. 기능중심 수업에 있어 학생들은 기능의 자동성을 개발할 목적으로 기능을 연습한다: 내용지향적 수업에 있어서는 교사는 학생들이 새로운 내용을 이해하고 있는지 확인하기 위하여 발문을 활용한다. 교사중심접근과 학습자중심접근은 교실에서 보충적 관계에 있다. 예를 들면 교사중심접근을 통하여 학생들이 숙달해야 할 기능은 차후의 문제해결을 위하야 필요하고 문제해결능력은 학생들이 자율과 자유를 갖는 학습자중심접근을 통하여 잘 개발된다, 마찬가지로 교사는 학습자중심전략이 효과적인 토의를 수행하는데 필요한 배경지식을 습득하도록 돕기 위한 교사중심전략인 잘 조직된 토의를 사용할 수도 있다.

교사로서 여러분은 여러 전략의 특징들을 통합하여 수업을 설계하여 실천에 옮기게 된

다. 이것은 여러분이 자신의 수업방식을 개발해 나갈 때 그리고 여러분의 수업을 학생의 요구에 부합시킬 때 바람직하다. 그러나 우리는 여러분의 이해를 명확히 그리고 돈독히 하기 위해 각각의 수업전략을 따로따로 나누어 논의할 것이다. 여러분의 사고가 발달하고 수업에 진전이 있음에 따라 여러분은 여러분의 인성, 스타일, 그리고 학생의 요구에 맞추어 이들 전략을 조정해 나가게 될 것이다.

우리는 가장 널리 사용되고 있는 수업전략 중 하나인 교사중심수업으로서의 지시적 수업의 논의를 시작한다.

지시적 수업

지시적 수업은 후속학습에 요구되는 본질적인 지식, 기술을 가르치기 위한 수업전략이다(Eggen & Kauchak, 2007). 그 효과는 연구에 의하여 잘 정리되어 있다(Carnine, Silbert, Kame'enui, Tarver, Jongjohann, 2006; Kroesbergen, van Luit, & Maas, 2004). 학생들이 구체적인 쓰기전략을 습득할 때, 화학전공학생이 방정식을 학습할 때, 그리고 지리전공학생이 위도, 경도를 사용하여 지역을 알아낼 때 수학기능과 읽기기능은 본질적 지식의 예가 된다(Kroesbergen et al., 2004; Turnbull, Turnbull, Shank, Smith, & Leal, 2007).

지시적 수업은 기능을 구체적인 단계로 나눌 때 유용하고 이것은 낮은 학업성취자와 특수아를 가르칠 때 특히 효과적인 것으로 밝혀졌다. 지시적 수업은 고도로 구조화되고 거의 대본화 되어 있는 접근에서(Carnine et al., 2006) 실행에 있어 보다 융통적인 접근에 이르기까지 그 범위가 넓다(Eggen & Kauchak, 2007). 우리는 다음에 이 문제를 논의한다. 왜냐하면 지시적 수업은 수업을 구체적인 학습자의 요구에 적응시키는데 교사에게 보다 많은 융통성을 주기 때문이다. 지시적 수업의 특징을 설명하기 위하여, 다음의 수업을 살펴보자. 여기서는 한 교사가 지시적 수업전략을 사용하여 수학내용을 가르치고 있다.

Carl Hite는 5학년 수학시간에 학생들에게 원의 둘레를 계산하는 공식을 이해시키고자 한다(C=□ X d). 그는 칠판 위에 큰 원을 그리고 "이 원은 얼마나 클까요?"라고 말한다. 잠시 쉬고 나서, 계속해서 "우리는 원 주위가 얼마나 될지 어떻게 알아낼 수 있을까요?"라고 질문을 하고 원 주위를 손으로 가리킨다. "오늘 우리는 원주를 계산하는 방법을 배울 거에요. 여러분이 배우고 나면, 여러분에게 지름 혹은 반지름이 주어졌을 때, 여러분은 원의 둘레를 알 수 있을 거에요. 이것은 여러분이 원의 둘레를 포함하는 수학문제를 푸는데 도움이 될 것입니다. 그리고 여러분은 이것을 실생활에 적용할 수 있을 것입니다" 그런 후 그는 C=□ X d를 칠판위에 쓰고 말했다. "이 빈곳에 들어갈 것은 무엇일까요? 앞으로 나와 읽어보세요, Antonio."

"C= π X d입니다."라고 Antonio가 대답한다.

"잘했어. 안토니오." Carl교사는 미소를 지으며 응답한다. "자, 그러면 C는 무엇일까…. Jan?"

"원주에요."

"그럼 원주는 뭐지…. Derek?"

"그건…. 확실하지 않은데." Derek가 머뭇거린다.

그러자 Carl 교사는 그림 8.1과 같이 지름과 반지름이 있는 원을 칠판 위에 그린다.

"Derek, 이 원을 봐. 원주가 무엇이지?" 그는 칠판을 가리키며 질문을 하고 머릿속에서 원을 그려본다.

그림 8.1 원 학습지

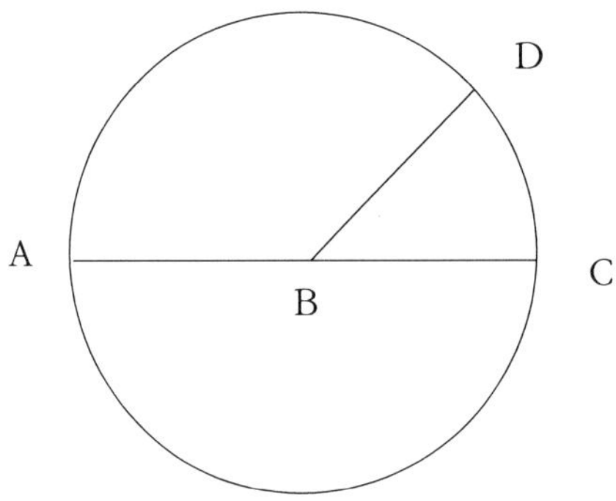

"그것은 원 주의의 거리에요." Derek는 Carl교사의 팔 동작을 바라보면서 미소를 지으며 말을 한다.

"맞아 Derek" Carl이 빙긋이 웃는다.

"그러면 공식에서 d는 뭘까…. Sasha?"

"지름이요."

"그럼 우리가 그린 원에서 그것은 어디에 있지?"

그는 칠판 위에 그린 원을 가리키면서 묻는다. "Cal?"

"선 AC에요." Carl교사는 원을 본 후 대답한다.

"맞아, 잘했어. Cal! 이제 우리는 공식의 왼쪽이 남았어. 그것이 뭘까…. Shanda?"

"그건 3.14에요." 라고 Shanda가 말한다.

"잘했어 Shanda. 내가 칠판에 공식을 적을 때 Antonio가 말한 것을 우리는 뭐라고 불렀지? 누가 말해볼까?"

"π"세 명의 학생들이 동시에 대답을 한다.

"아주 좋아. 이제 우리는 모두 해결했다."

Carl교사는 학생 각자에게 자와 끈과 네 개의 원을 그린 유인물을 나누어 주고 그들을 문제를 해결할 두 그룹으로 배정한다.

"여러분, 유인물을 보세요. 자를 이용해 원의 지름을 재고 첫 번째 원의 둘레를 계산해 보세요. 그 다음 끈으로 원 둘레를 재보고 여러분이 계산한 것을 점검해 보세요. 우리가 하고 있는 것을 모든 사람이 이해하도록 그룹에서 함께 첫 번째 문제를 해결해 보세요. 그런 후 여러분이 나머지를 연습할 것입니다."

Carl의 지도를 받아 예시문제를 해결한 후, 그는 나머지 문제는 학생들에게 맡겼다. 학생들은 곧바로 문제를 해결했다. 즉 각원의 둘레를 계산하고 각각의 원을 측정하여 답을 적었다.

이제 우리는 교사중심수업의 계획과 실행단계를 기술하겠다. 그전에 연습 8.1을 완성하시오.

연습 8.1

다음의 수업에 관한 일화를 읽고, 이것이 교사중심수업(T)인지 아니면 다른 유형의 전략(O)인지 결정하시오.

________ 1. Hames 선생님은 기하학을 가르치고 있다. 그는 각도기와 여러 삼각형이 그려진 종이를 학생들에게 나누어주었다. 그런 다음, 다음과 같이 말했다. "오늘 우리는 삼각형의 속성에 대해 공부할 것입니다. 자 여러분은 내가 나눠준 삼각형의 각을 측정하기 바랍니다." 이것을 잰 후, 그 학급은 삼각형의 내각의 합은 180도라는 결론을 내렸다.

________ 2. Jones 언어선생님은 어떤 규칙이 언어의 발음을 지배하는지 학생들에게 이해시키려고 노력하고 있다. 그는 칠판 위에 cold, can't, 그리고 cut를 쓰는 것으로 수업을 시작했다. 그는 학생들에게 단어들을 기술, 비교, 발음하도록 시켰다. 그는 계속해서 cell, center, city 그리고 civil을 쓰고 첫 번째 목록에서 했던 것과 같은 과정을 반복하였다, 그는 학생들에게 각 사례의 c 다음 문자를 확인시키고 단원의 첫머리에 나오는 c는 다음에 e 나 I가 올 때 s처럼 발음이 된다는 결론을 내리도록 도움을 주었다. 그러나 그것이 a, o, 혹은 u 다음에 오게 되면 k로 발음된다.

________ 3. Smith선생님은 집합이라는 개념에 대한 수업을 하고 있다. 그녀는 유치원 학생들을 작은 카펫에 모이게 하고 수업을 시작한다. 그리고 마루 위에 실로 원을 만들어 그 안에 세 개의 빨래집게를 놓았다. 그녀는 말한다. "이것이 집합이에요. 이것은 함께 있는 사물의 집단이에요." 그 다음 그녀는 실로 만든 원 안에 다른 사물을 놓고 그것들이 어떻게 집합에 관한 예가 되는지 설명하였다. 수업이 끝날 무렵, 그 반 학생들은 자신만의 집합을 만들라는 과제를 받았다.

________ 4. Kirk선생님은 독서반 학생들에게 글을 보고 추론할 수 있도록 가르치고 있다. 그녀는 이야기를 통해 그것을 시도했으며, 그 속에 있는 여러 문장을 확인하게 했다. 그리고 이 모든 것의 공통점이 무엇인지 물어보았다. 학생들이 추론은 이야기 속에서 실제로 언급되지 않은 생각이라는 결정한 후, Kirk선생님은 그들에게 또 다른 하나의 이야기를 주고, 추론하도록 요구했다.

표준중심환경에서의 지시적 수업의 계획

지시적 수업 계획에는 세 가지 필수적 단계가 있다. 첫 번째는 주제를 규명하는 단계로 이 주제는 '주'의 표준, 교육과정지침 또는 교과서에 의하여 시사 받게 된다(Wiggins & McTighe, 2005). Carl Hite의 수업의 주제는 원의 둘레를 계산하는 것이었다. 두 번째 계획단계는 수업의 초점을 제공하기 위하여 일반주제를 구체적인 학습목표로 번역하는 것이다. 세 번째 단계는 학생에게 새로운 기능 또는 개념을 연습할 기회를 제공하는 수업활동과 평가활동을 설계하는 것이다. 자, 이제 계획과정이 어떻게 표준에 의하여 영향 받는지 알아보자. 계획하는 동안 교사는 수업의 구체적인 목표를 규명하고 학습활동을 설계하여 학생들이 목표에 도달하도록 돕게 된다. 예를 들면, Carl Hite의 목표는 다음과 같이 진술될 수 있다.

> 5학년 학생들은 원주율을 계산하는 공식을 이해할 수 있을 것이다. 따라서 줄자와 지름이 제시된 4개의 원을 주면, 그들은 오류를 범하지 않고 원주율을 계산할 수 있을 것이다.

목표의 상세화는 교사 학생 모두에게 방향을 제시해 준다.

수업 중에 수업은 목표에 초점을 맞추게 되고 교사는 모델, 설명, 발문을 통하여 학습을 안내할 일차적 책임을 갖게 된다. 기능중심수업에 있어, 교사는 학생들의 새로운 내용에 대한 이해를 확인하기 위해 발문을 사용한다. 표준은 계획에 강력한 영향을 미친다. 4장과 5장에서 보았듯이 **표준**이란 학생들이 배우고 알고자 하는 바를 상세화하기 위한 주와 국가조직의 시도이다(Darling-Hammond, 2001). 어떤 표준은 구체적으로 진술되는 반면, 다른 표준은 아주 일반적이다. 일반적 용어로 진술된 표준은 *벤치마크, 기대 또는 지표*라는 구체적 진술이 따라 붙는다. 여러분의 학교는 학생들이 이러한 표준에 도달하도록 도울 책임이 있다. 그래서 여러분은 이러한 목적을 달성하기 위한 학습활동을 설계해야만 한다.

표준이란 본래 학습목적에 대한 방대한 그리고 일반적인 진술이다. 이러한 일반성 때문에 대부분의 경우 여러분은 여러분의 학생을 대상으로 표준의 특수한 의미를 해석해야만 한다. 이것은 여러분 자신의 목표를 수립하는 것보다 더욱 부담이 가는 일이다. Carl교사는 계획대로 이 일을 하였다. 그는 원주를 알아내려면 *삼각형, 사각형 그리고 원과 같은 기본 기하학적 형태를 수반하는 개념을 이해해야 한다*라는 표준을 언급해야 한다라고 결정하였다, 그러고 나서 그는 이러한 내용을 학습하기 위하여 사용할 수 있는 문제를 규명하고 끝으로 추가 연습을 제공하고 학생이 학습할 양을 측정하기 위하여 평가문항을 준비하였다. 그의 계획은 그가 학생들이 기준에 도달하도록 돕고, 그의 목표, 학습활동, 평가가 일관성이 있도록 하였다. Carl교사가 결정을 내리기 위해 사용하는 표준의 한 가지 방법은 소위 **역행적 설계**라 불리는 과정을 통하는 것이다. 계획에 대한 이 접근에서는 우선 바람직한 학습목표가 규명되고 그 다음 목표가 달성되었는지 평가하기 위한 구체적인 방법이 수립되고 끝으로 목표를 달성하기 위한 학습경험을 수립한다(Wiggins & McTighe, 2005). 이 방법은 목표, 학습활동, 평가를 일관되게 하는 효과적인 수업계획이다.

표준중심수업계획에 수반된 사고는 어떠한 계획이라도 그 속에 수반된 사고와 비슷하다. 표준은 목표를 아주 구체적인 형태로 제시함으로써 의사결정을 시작한다. 그러면 여러분은 학습활동과 평가에 대한 의사결정에 책임을 져야한다.

지시적수업의 세 번째 계획단계는 문제나 본보기의 선정 및 준비단계이다. 문제란 학생들이 기능을 연습할 기회를 제공해 준다. 본보기는 학생들에게 개념이 실생활세계에 어떻게 적용되는지를 보여준다. 기능수업을 계획할 때, 교사는 학생들에게 문제는 학생들이 기능을 이해하고 연습할 수 있는 기회를 준다는 점을 확실시 하여야 한다. Carl Hite의 수업에서, 학생들이 원주를 계산하게 하고, 끈과 자로 그 결과를 비교하게 하였다. 끈과 자의 사용은 계산에만 기초하여 추상화되는 관계를 구체화시키는데 도움이 되기 때문에 학습에 있어 중요하다.

추상적 개념을 가르치기 위해 선택하는 예는 개념적으로는 간단하나 실제로는 이것을 달성하기 어려울 수 있다. 단순한 면은 좋은 본보기의 특징을 인식하는 것이다. 좋은 본보기에는 만일 교사가 가르치려고 하는 경우 중요한 특징이 포함되어 있다. 또한 일반화를 가르치려고 할 때 좋은 사례는 개념 사이의 관계 또는 연계성을 설명할 수 있어야 한다. 어려운 부분은 이 과제를 완성할 수 있는 사례를 찾는 것이다. 몇 가지 단순한 개념의 경우에, 과제가 간단할 수 있다. 예를 들어, 사변형의 개념은 다음과 같은 특징이 반영되어 있다: 사면, 평면 도형, 그리고 직선. 이와 관련된 예들은 아주 많다. 이전의 본보기들은 각각 직선, 평면 도형, 사각형으로 구성되어 있다. 이들과 같은 본보기는 준비하기가 간단하다.

그러나 민주주의, 사회주의, 공산주의와 같은 개념을 발견하는 것은 상당히 어렵다. 실제로, 이러한 개념은 본보기를 사용하여 설명하기가 거의 불가능하다. 대신에, 개념에 대한 정의를 하고, 학생들이 개념을 얼마나 잘 배울 것인가는 학생들의 배경지식과 정의의 질에 따라 달라질 수 있다. 선행 연구에 의하면, 단지 정의만을 활용하는 것은 학생들에게 종종 개념을 이해하지 못하고 정의를 기억하도록 하는 문제를 유발한다. 본보기들은 개념과 일반화를 배우는데 있어서 핵심이 된다(Mayer, 2008).

긍정적인 예와 부정적인 예 모두는 매우 밀접하게 관련된 개념들 간의 혼동을 방지하는데 도움이 된다(Eggen & Kauchak, 2007). 긍정적인 예는 학생들에게 개념이 무엇인지를 알려주지만, 부정적인 예는 개념이 아닌 것이 무엇인지를 설명해 준다. 예를 들어, 교사가 학생들에게 은유를 이해시키고자 한다면, 교사는 부정적인 예로서의 직유를 포함시킬 수 있다.

개념을 가르치기 위해 긍정적 예를 선정할 때 개념을 정확하고 상세하게 전달하는데 그 예가 적합한지를 평가하기 위하여 개념의 본질적 특징을 점검표로 활용하는 것이다. 예를 들어, 부사의 개념을 가르치려고 한다. 그래서 부사 개념의 중요한 특징이 동사, 형용사, 다른 부사를 수식하는 단어라고 결정했다. 그들의 적절성을 판단하기 위해서 다음과 같은 긍정적인 예를 검토해보자:

1. 소년은 잔디밭을 가로질러 빨리 뛰어갔다.
2. 옥석이 산 아래로 큰 소리를 내며 굴렀다.
3. 그녀는 애매모호하게 표현된 질문에 답하지 못했다.
4. 상어가 끈질기게 낚시줄을 잡아 당겼다.

위의 항목에서, 다른 부사를 수식한 부사를 나타내는 예가 제시되지 않고 있다. 결과적으로, 이 수업에서 학생들이 형성해야 할 개념은 불완전하고 부정확하다. 본질적인 특징의 항목에 대하여 이들 예를 점검함으로써, 교사는 이러한 잠재적인 함정을 피할 수 있을 것이다.

예를 선정하기 위한 또 다른 방법은 등위 개념과 종속 개념을 분석하는 것이다. 등위 개념이 긍정적인 예와 혼동될 수 있는 부정적인 예로 제시될 수 있으며, 종속 개념은 긍정적인 예를 생성하기 위하여 사용될 수 있다. 등위계념을 부정적인 예로 제시하므로 학생들이 밀접하게 관련되어 있는 아이디어들 간의 중요한 차이를 이해하는데 도움이 된다. 이러한 방식으로 생성된 부정적인 예들은 또 다른 부정적인 예보다 학생들에게 유용할 수 있다. 예를 들어, 교사가 학생들에게 파충류의 개념을 가르치려고 한다면, 양서류,

포유류, 조류와 같은 부정적인 예는 자동차, 나무, 공, 보트와 같은 부정적인 예보다 학생들에게 보다 많은 도움이 될 것이다. 후자의 예는 개념에서의 공통적인 특징이 거의 포함되어 있지 않기 때문에 결과적으로 그 개념이 아닌 것에 대한 중요한 정보를 거의 제공하지 못한다.

일반화 수업을 위한 계획은 보다 복잡한 과정이다. 왜냐하면, 예는 일반화 내의 개념간의 상호작용을 설명해야만 하기 때문이다. 예를 들어, 심리학 교사가 다음과 같은 일반화를, 즉 "행동과 강화 사이의 시간량은 행동이 학습되는 속도에 반비례한다."를 가르치려면 여러분은 시간과 결과에 따라 행동은 달리 강화받게 되는 예를 제공할 필요가 있다. 이것은 선행연구, 실제 또는 비디오테이프로 된 예 또는 표와 차트로 된 자료를 함께 사용할 수 있다.

요약하면, 추상을 가르칠 때, 계획 단계에서는 주제를 확인하고, 목표를 세우고, 주의 깊게 예를 선정해야 한다. 이것은 주의 깊은 사고와 통찰력을 요구하는 논리적이고 분석적인 과제이다.

실행

지시적 수업은 순차적인 4단계가 있으며 그것은 학생들의 추상적 개념 학습과 기능개발을 돕기 위해 설계되었다.

- 도입과 복습
- 이해의 개발
- 안내된 연습
- 독자적 연습

도입과 복습

Carl은 칠판위에 원을 그리며 수업을 도입한다. **도입과 복습**은 지시적 수업의 첫 부분으로 학생들이 주의를 집중시켜 수업에 끌어들이고, 이전에 학습한 내용을 상기시키기 위하여 고안된다. 그 다음 그는 방정식내의 용어들을 복습시킨다. 이러한 복습은 원의 둘레를 구하는 수업의 출발점이 된다. 도입과 복습의 가치는 연구에 의하여 잘 지적되고 있다. 비록 그 중요성은 명백하지만 대부분 교사들의 수업은 거의 혹은 전혀 주의를 집중시키기 위한 시도 없이 시작되거나 관련된 사전지식을 거의 또는 전혀 활용하지 못하고 있다 (Brophy, 2004).

도입단계의 중요한 요소는 학생들과 학습의 목적을 공유하는 것이다. Carl선생님은 다음과 같이 말하면서 학생들과 학습목적을 공유한다. "여러분이 이 과제를 끝마치게 된다면 여러분은 지름 또는 반지름이 주어졌을 때, 원의 둘레를 찾아낼 수 있을 것입니다" 학생들과 목표를 공유하는 것은 학생들에게 성취해야할 대상을 제공하는 것이 되며 이것은 수업 중 학생들이 노력해야 할 분명한 학습목표가 된다(Stiggins, 2007).

이해의 개발

이 단계에서 교사는 모델이 되고 배울 기능을 설명하거나 개념의 본질적 특징을 기술한다. 이해의 개발은 교사가 새로운 내용을 설명하는 지시적 수업의 한 영역으로 아마도 지시적 수업의 가장 중요한 단계가 될 것이다. 아이러니 하게도, 흔히 교사들이 가장 잘 못하는 영역이다. 학생의 이해를 개발하기 위해 노력하는 대신, 교사들은 가끔 기억을 강조하고, 충분한 질문을 제기하지 못하거나 너무 빨라 학생들이 연습을 따라할 수 없다.

Carl교사는 이 단계에서 아주 효과적이었다. 그는 조심스럽게 학생에게 다가가 첫 번째 문제를 해결하고 발문을 통하여 학생들이 이해하고 있는지를 확인한다. 자, Carl교사가 어떻게 했는지 그의 수업으로 다시 돌아 가보자.

"그리고 여기서 우리는 무엇을 알아내려고 하지? 원 주위의 거리를 무엇이라고 하지? Alberto?"

"원주입니다."

"좋아, Alberto, 그러면 여기 이 선은 무엇이지? Angelica?"

"음… 직경이요"

"잘했어. 원 주위의 거리 또는 원주를 알아내기 위한 공식은 뭐지… Kareem?"

"$\pi \times r2$해야 해요"

"좋아. 그렇게 하면 어떤 결과를 얻게 되는지 보자. 계산기는 누가 있지? 6인치 곱하기 π는? π가 얼마인지 누가 기억하지?… Sandra?"

"3.14요"

"좋아, 누가 대답해 볼까? … Katya?"

"18.84인치입니다"

"그래? 모두 답을 구했니?" Carl교사는 고개를 끄덕이면서 수업을 진행한다.

"자, 우리가 구한 답이 맞는지 어떻게 점검하지?""누가 말해볼까? Octavio?"

"원주를 측정합니다."

"좋은 대답이야. 모든 학생들이 실을 잡고 그것을 원주에 놓아보자." Cral은 큰 원으로 모델을 보이면서 설명한다.

"그 다음 실끝을 쭉 펴고, 이것을 자로 재는 거야. 얼마가 되는지 보자." Carl교사는 교실주위를 들면서 질문에 답하면서 학생들을 돕는다. 1분 정도 지나 그는 계속한다.

"그래, 얼마가 나왔지? … Sarah?"
"18$\frac{1}{2}$인치에요." Cral은 칠판에 그 답을 적는다.
"Julia?"
"19인치요"
"Katya?"
"18$\frac{7}{8}$인치요"
"Billy?"
"18$\frac{5}{8}$인치요"

Carl교사는 학급학생들에게 이들의 평균을 구하게 하고 학생들에게 이전에 토론을 벌였던 측정오차를 상기시켰다. 그 학급은 원주의 평균 숫자가 그들이 계산한 것과 거의 같다는데 동의하자, 그는 다음 학생들에게 다음 문제를 풀도록 요구하고, 또 다른 문제를 풀기에 앞서 전체 학급의 답을 점검한다.

여기서 Carl교사는 대부분의 학생들이 과정을 철저히 이해했다는 것을 확인하기 까지는 추가 문제를 연습시키지 않았다. 이것이 다음단계를 위해서는 필수적인 것이다(Kauchak & Eggen, 2007; Kroesbergen et al., 2004).

안내된 연습

안내된 연습은 학생에게는 새로운 기능을 시도해 볼 기회를 주고 교사에게는 학습과정에 관한 피드백을 줄 기회를 준다. Carl교사는 대부분의 학생들이 원주를 이해하고 그것의 계산방법도 이해했다고 생각해서, 그는 학생들에게 원주를 찾도록 요구하는 3가지 추가문제를 주고, 학생들에게 첫 번째 문제를 풀도록 요구했다. 그들이 문제를 풀고 있을 때, Carl교사는 학생들이 학습진전을 모니터하고 그 다음 학생들에게 두 번째 문제를 풀도록 요구하기에 앞서 첫 번째 문제에 대한 상세한 피드백을 주었다. 피드백은 학습자에게 중요하다. 왜냐하면 그것은 학생들에게 그들이 무엇을 학습했으며, 아직까지도 무엇을 학습할 필요가 있는지를 알려주기 때문이다(Hattie & Timperley, 2007). 그는 이 과정을 두 번째 문제 그리고 세 번째 문제에도 똑같이 반복하였다. 학생들이 노력을 기울였다면, 그는 학생들에게 그들 스스로 독립적으로 연습할 준비가 갖추어졌다고 믿을 때까지 그의 지도아래 추가문제를 풀게 하였을 것이다.

독립된 연습

독립된 연습은 지시적 수업의 마지막 단계로 학생들이 새로운 내용을 연습할 추가기회를 제공하기 위하여 고안되었다. 마지막 단계에서 Carl교사는 학생들이 그의 지도 아래

연습을 실시하는 것에서 그들 자신이 스스로의 연습으로 전환하도록 도움을 주었다. 이 단계의 목적은 학생들이 거의 의식적 노력 없이 유연하고 자동적으로 조직을 수행할 수 있는 지점까지 학생의 이해를 개발하는 것이다. 독립적인 연습기간 동안 교사는 지원의 양을 줄이고 책임을 학생에게 이양한다.

그러나 교사의 모니터링은 계속 중요하다. 효과적인 교사는 학생들의 이해력 개발을 평가하기 위하여 학생들을 조심스럽게 모니터한다(Safer & Fleischman, 2005). 덜 효과적인 교사는 단지 학생들이 학습과제에 참여하고 있는지를 알기위해 단지 점검만으로 할 가능성이 크다. 숙제는 독립적인 연습의 한 형태이다. 적절히 이용하면 숙제는 학생들의 이해와 기능개발을 강화시켜준다(Cooper, Robinson, & Patall, 2006; Marzano & Pickering, 2007). 적절히 이용한다는 뜻은 교사는 학생들이 수업 중 공부하고 연습한 것의 연장인, 즉 학습목표, 학습활동과 일관성이 있는 숙제를 부과한다는 것이다(Bransford, Brown, & Cocking, 2000). 비록 숙제에 점수를 매기는 것이 시간 낭비일지라도 교사는 교사들이 숙제를 심각하게 여기고 그것을 학습의 도구로 생각한다면 교사들은 학생들에게 점수를 주고 피드백을 제공하기 위한 모종의 기제를 갖고 있어야한다.

지시적 수업을 사용하여 개념 가르치기

기능을 가르치는 것 이외에, 지시적 수업은 또한 개념을 가르치기 위하여 사용될 수 있다. 개념을 가르치기 위해 지시적 수업을 사용할 때 교사는 우선 칠판위에 추상개념을 쓰거나 아니면 그 개념을 오버헤드로 비춘다. 예를 들면, 교사가 가르칠 주제가 "산(acide)"이라는 개념이라면, 교사는 "산은 신맛이 나고 수소이온을 용액으로 풀어 놓은 혼합물이다" 추상개념을 칠판에 적거나 아니면 그것을 OHP로 비추는 것은 중요하다. 왜냐하면 글로 쓴 정보나 OPH에 비춘 정보는 학생들에게 시각적으로 주의를 집중시키기 위한 그 무엇인가를 제공하기 때문이다. 그것은 또한 수업을 개발할 때 준거점이 된다(Eggen & Kauchak, 2007).

지시적 수업으로 개념을 가르칠 때, 교사는 기능과 같이 똑같은 계열적 단계를 따르고, 개념의 특징에 따라 그 절차들을 수정해 나간다((Eggen & Kauchak, 2007).

개념을 정의하고 난 후 그 다음 단계는 정의 속에 있는 용어들을 명확히 하고 그 개념을 유의미한 상위개념과 관련을 맺는 일이다. 이것은 학생들에게 용어를 자신의 언어로 정리하도록 요구하거나 학생들에게 용어에 관한 본보기를 인용하도록 요구함으로써 용어 정의를 명확히 하고 개념과 상위개념간의 관계도 명확해 질 수 있다. 다음 단계에서 교사는 긍정적인 본보기를 제공함으로써 학생의 이해를 개발하도록 돕고 이들 이해를 정의와 연결 짓도록 돕는다. 부정적 본보기는 또한 개념이 아닌 것이 무엇인지를 이해하도록 돕기 위해 제공되어야 한다. 이러한 본보기를 제시할 때 교사는 학생들이 정의에 열거된 본질적 특징과 관련을 짓도록 요구해야 한다. 이것은 이 특징이 학생들에게 유의미하며 또한 학생들 마음속의 본보기와 연결된다는 것을 확인시켜준다.

일단 교사가 가르치고 있는 개념을 학생들이 이해한다고 느끼면, 교사들은 학생들에게 추가 본보기를 주어 안내된 연습을 받으며 분류할 수 있게 한다. 그렇게 함에 있어, 교사들은 학생들이 개념의 특징에 기반을 두어 그들이 분류한 것을 설명하도록 격려해야한다. 학생들로 하여금 긍정적 본보기 그리고 부정적 본보기를 분류하도록 시키고 그들의 사고를 설명하도록 시킴으로써 다음과 같은 기능에 도움이 된다.

- 개념을 강화시켜준다.
- 적극적인 학생참여를 조장한다.
- 교사가 학생의 이해를 평가하는데 도움이 된다.

만일 학생들이 본보기를 성공적으로 분류할 수 있다면 교사는 학생들에게 본보기를 요구할 수 있다. 그렇지 않다면 그들이 분류하고 설명하기 위해 추가 본보기를 제공해야 한다. 일단 교사는 학생들이 개념을 이해하고 있다고 생각이 들면, 교사는 독립적인 연습을 통하여 아이디어를 좀 더 심도 있게 강화시켜 나갈 수 있다.

이 단계가 그림 8.2 교수학습과정 안에 잘 나와 있다. 이것은 다음과 같은 학습활동으로 실행되었다.

Kathy Hutchins의 오늘 수업은 명령문을 학습하는 것이다. 그녀는 다음과 같이 수업을 시작하였다. "지난 며칠 동안 우리는 여러 가지 문장의 종류에 대하여 이야기했습니다. 어제 우리는 의문문을 배웠고, 그제는 평서문을 배웠습니다. 오늘은 명령문에 대하여 학습할 것입니다. 우리가 모든 활동을 하게 되면, 우리는 혼합된 문장에서 명령문을 선택할 수 있어야 합니다."

그런 다음 그녀는 칠판에 다음과 같은 도표를 그렸다.

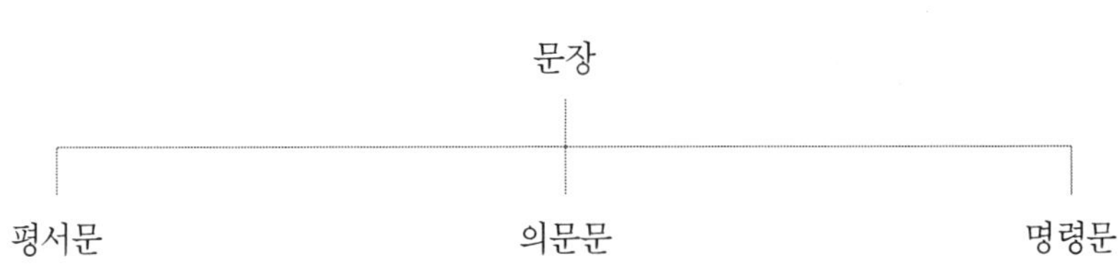

그림 8.2 명령형 문장에 대한 설명식 수업 계획

단원: 문장의 종류

학습목표: 5학년 학생들은 명령형 문장을 이해할 수 있을 것이다. 따라서 일련의 문장을 보고, 학생들은 명령형 문장을 확인할 수 있을 것이다.

원리: 학생들은 글을 정확하게 표현하기 위하여 명령형 문장을 이해해야 한다.

내용: 명령형 문장은 명령이나 지시와 관련되는 문장이다.

절차:

칠판 위에 다음의 개요를 제시한다:

문장

평서문 의문문 명령문

명령문과 관련된 정의를 제시한다.
예를 제시한다.

그거 하지마!
옷 집어 드세요.

명령문의 특징을 확인한다.
예와 정의를 관련짓는다.
예를 제시한다:

그는 가기를 원하지 않는다.
가. 그러지 않으면 경찰을 부르겠어!
더 이상 거짓말 하지마!

학생들에게 명령형을 확인하고, 그들의 추론을 설명하도록 해라.
학생들에게 추가적인 예를 제시하도록 요구한다.

자료: 문장의 형태에 관한 개요
문자의 형태에 관한 예시

평가: 학생들에게 일련의 문장을 제시하고, 이 중에서 명령형 문장을 확인한다.

그녀는 계속해서, 칠판에 다음과 같은 문장을 썼다. "명령문은 명령이나 지시와 같은 것을 하기 위해 사용하는 특수한 문장 형태이다." 그 다음 OHP에 다음과 같은 글자를 놓았다.

그거 하지마!
옷 줘.

"종종, 문장의 주어, '너'라는 것은 알죠. 처음 예에서, 단어, '너'는 없지만, 여러분들은 이것이 '너 그거 하지마.'라는 것을 의미한다는 것을 알고 있어요. 여러분들은 이들 두 가지 예에서 모두 누군가에게 어떤 것을 하도록 하는 것이라는 것을 알 수 있죠. 또한, 명령문에서의 동사의 시제는 거의 항상 현재형이에요. 때때로 명령문은 누군가가 실제로 어떤 것을 했으면 하는 뜻을 표현하기 위해 감탄부호를 사용하기도 해요. 예를 들어, '그만해, 그렇지 않으면 쏠 거야!'에서 여러분은 이 문장의 끝에 감탄 부호를 넣을 수 있을 거예요. 또한, 동사는 현재 시제이고, '너'라는 것을 알고 있어요."

그런 다음, Kathy는 칠판 위에 다음과 같이 적었다.

그는 가기를 원하지 않았다.
가, 그렇지 않으면 경찰을 부를 거야!

"이제 이들 두 문장을 보고, 이것들이 명령문인지 말해보세요. Jenny."
"나는 두 번째 문장 한 개만 명령문이라고 생각해요. 첫 번째 문장은 아니에요. 왜냐하면 두 번째 문장은 명령을 요구하고 있지만, 첫 번째 문장은 아니에요."
"맞습니다. 두 번째 문장은 현재형이지만, 첫 번째 문장은 아니에요."라고 Tom이 말했다.
"다른 것은 없나요? Francesca?"
"있어요, 첫 번째 문장에 주어를 볼 수 있습니다. 주어는 '그'입니다. 그러나 두 번째 문장에서 주어는 알고 있습니다. 왜냐하면 우리가 그것을 볼 수 없기 때문입니다."
"잘했어요."
Kathy는 칠판에 다른 문장을 새로 썼다.

나에게 더 이상 거짓말 하지 말아요!

"이 문장은 어때? 명령문으로 적절한 예라고 생각하니? Call?"
"네. 명령이 제시되어 있어요. 그리고 주어가 이해되었구요. 문장 끝에 느낌표가 있어요."
"잘했어. 그럼, 누가 명령문의 다른 예를 말해 볼래?"

이 예에서, 우리는 Kathy가 그녀의 계획을 치밀하게 수행한 것을 알았다. 그녀는 수업을 시작할 때 목표를 명료하게 진술하였고, 수업을 마칠 때 학생들이 해야 할 것들에 대하여 진술하였다. 또한, 그녀는 도표를 활용하여 새로운 개념과 예전에 배운 개념들의 관계를 예를 통하여 내용 조직을 명료화하였다. 이러한 모든 것들은 수업을 보다 논리적으로 하는데 도움을 주었으며, 결과적으로 초기의 학습과 파지에 좋은 효과를 주었다.

지시적 수업을 사용하여 일반화 가르치기

일반화는 추상적이라는 점에서 개념과 유사기 때문에 일반화를 가르치는데 따라야 할 단계는 개념을 가르치는데 따라야 할 단계와 유사하다. 일반화가 수반된 다음 수업을 읽으면서 여러분은 지시적 수업의 네 단계를 밝혀낼 수 있는지 눈여겨 보기 바란다.

Shannon은 그 동안 소리와 소리가 어떻게 만들어지는지에 대하여 공부해 왔다. 이 수업에서, 그녀는 자기 학급이 소리의 높낮이에 영향을 주는 요소를 이해하기를 바라고 있다. 그녀는 수업을 위하여 플룻, 기타, 고무 밴드 악기와 같은 소리를 내는 다양한 물건을 수집하였다.

그녀는 다음과 같은 말로 수업을 시작하였다. "우리는 소리가 진동에서부터 어떻게 오는지에 대하여 말할 것이다. 이제 우리는 소리의 다양한 종류를 높고 낮게 만드는 방법을 배울 것이다. 오늘 우리는 진동수가 길어질수록, 낮은 소리가 난다는 것을 배울 것이다. 진동수가 짧아지면, 소리가 높아진다."

이것을 칠판 위에 적은 후에, 교사는 계속했다. "우리가 수업을 끝내고 나면, 여러분들은 높낮이가 어떻게 진동수의 길이에 영향을 받는지를 말할 수 있어야 하고, 이것이 다른 악기와 어떻게 작동되는지를 말할 수 있어야 해. 높낮이가 무엇인지 아는 사람? (중지) 아무도 없니? 이것은 얼마나 높게, 또는 얼마나 낮게 들리니?"

Shannon은 학생들에게 다양한 소리를 들려주고 이것들이 높고 낮은 소리임을 확인하면서 율관으로 높낮이의 개념을 설명하였다. 그녀는 학생들이 이 개념을 이해했다고 생각하고, 이어서 말하였다.

"이 율관을 자세히 보아라." 그녀는 그 안에 있는 구멍이 어떻게 다른지를 보여 주었다. "이들은 다양한 높낮이 판을 위하여 열려있다. 소음이 여기서 만들어지며 이 판을 통하여 진동이 생긴다. 그것이 서로 다른 높낮이를 만든다."

그녀는 대나무 플룻을 가져오고, 학생들에게 서로 다른 구멍이 진동수의 길이에 어떻게 영향을 주는지를 보여 주었다. 그런 다음 그녀는 일반화를 설명하기 위하여, 그녀는 피아노에 가서 동일한 높이를 부드럽고 강하며, 빠르게 천천히 연주하고, 학생들에게 높낮이가 변화하는지 질문하였다. 학생들이 아니라고 말하자, 그녀는 학생들이 보는 피아노의 위로 올라갔다. 그녀는 줄을 때리는 해머가 어떻게 소리를 내는지 설명하였고, 실이 어떻게 진동수의 형태를 만드는지 설명하였다. 그런 다음 그녀는 학생들에게 줄이 높은 소리를 낼지 낮은 소리를 낼지를 예상해 보도록 하였다.

학생들이 일반화를 이해했는지를 결정하기 위한 검사로서, 교사는 기타를 주고, 여러 차례 줄을 튕기도록 하였다. 그런 다음 그녀는 기타의 목 부분부터 아래 부분까지의 줄을 튕기면 어떠한 일이 일어나는지 물어보았다. 어떤 학생들은 질문에 답할 수 있었지만, 다른 학생은 할 수 없었다. 그래서 그녀는 다른 예를 제시하는 것이 도움이 될 거라고 생각하였다. 그녀는 텅 빈 소다 병을 주었고, 두 학생에게 불어서 소리를 내도록 하였다. 학생들이 진동수의 개념을 이해했다고 생각한 교사는 빈 병 속에 물을 넣으면 높낮이가 어떻게 될지 질문하였다. 수업을 끝내면서 그녀는 짝으로 되어 있는 서로 상이한 간단한 도구에 관한 그림이 많은 학습지를 주었다. 학생들은 어떠한 짝이 높은 음율을 가지고 있는지 결정하고 그 이유를 설명해야 한다.

잠시 멈추고 이 수업을 〈표 7.5〉에 제시된 단계에 따라 분석해 보자. 교사는 일반화를 진술하고, 학생들이 높낮이와 진동수의 개념을 이해했는지를 결정하고 나서 수업을 시작하였다. 이 도입과 복습 단계에서는 추상개념을 정의하고 이것을 학생들이 이미 알고 있는 아이디어와 연결을 짓는다. 이해개발 단계에서 그녀는 많은 긍정적 예나 부정적 예를 통하여 일반화를 설명했다. 이 경우 부정적인 예는 학생들이 이것이 높낮이와 관계가 없다는 것을 알도록 하기 위하여 다른 방법으로 피아노 건반을 치는 것이다. 추상개념을 가르치는데 있어서, 긍정적인 예는 학생들의 추상개념 학습을 돕는 데 있어 부정적인 예보다 더 유용하다. 그러나 부정적 예는 추상개념이 포함하지 않는 것을 명확히 하는데 도움이 된다. 안내된 연습동안, Shannon은 관련된 분류 예로 즉 학생이 꼭 예측해야 되는 긍정적, 부정적 예를 추가로 제시하였다. 학생들이 자신의 추가적인 예를 제시하기 전에 수업이 끝났다.

교실에서의 다양성

다양성과 배경지식

다양성은 여러 형태로 나타난다. 학생의 학습에 영향을 미치는 가장 강력한 현대의 다양성 중의 하나는 학생이 교실에 갖고 들어오는 배경지식으로 나타난다(Bruning, Schraw, Norby, & Running, 2004; Carnine et al., 2006). 이러한 사전지식은 수업 중 초기학습에 영향을 미칠 뿐 아니라 학생들이 얼마나 잘 정보를 파지하고 그것을 얼마나 잘 새로운 상황에 전이하느냐에 영향을 미친다(May, 2008). 효과적인 교사들이 이러한 국면의 다양성을 다루는 주된 방법은 계속적이고 체계적인 형성평가를 실시하는 것이다.

형성평가는 수업 중 학생의 학습 진전에 관한 정보를 수집하여 학생들에게 피드백을 주고 교사가 학습자의 배경지식과 후속 수업에 대한 적응을 진단하는 일을 돕는다(Stiggins, 2007). 형성평가의 실시시기는 결정적으로 중요하다. 형성평가는 체계적이고 계속적이어야 하며 교사, 학생에게 학습진전에 대한 끊임없는 피드백을 주어야한다(Popham, 2006).

만일에 학습이 일어나지 않으면, 수업은 학습문제를 해결하기 위하여 수정될 필요가 있다.

형성평가는 특히 지시적 수업에 있어서 중요하다. 왜냐하면 전략은 계열적이어서 각 단계에서의 학생성공은 그 다음 단계의 기초가 된다. 예를 들면, 만일에 학생들이 도입과 복습 단계에서 재검토한 기초개념을 이해하지 못한다면 그들은 이해개발단계에서 곤란에 직면하게 된다. 반면에 교사들은 이전에 학습한 아이디어를 기초로 새로운 아이디어를 도입한다. 이와 유사하게 만일 학생들이 새로운 아이디어를 이해하지 못한다면 안내된 연습과 독립된 연습을 하는 동안 난관에 봉착하게 될 것이다.

효과적인 교사들은 지시적 수업을 하는 동안 몇 가지 진단 도구를 사용하여 학생들의 후속학습을 위한 준비성에 대한 피드백을 준다. 첫 번째 진단도구는 모종의 사전검사로, 소개될 내용영역에 대한 학생의 배경지식을 평가한다. 간단한 지필 사전검사는 교사에게 새로운 지료에 대한 전체 학급 학생들의 준비도를 간단하고 효율적인 스냅사진처럼 보여준다. 그 다음 수업을 하는 동안, 효과적인 교사는 문제와 본보기에 초점을 둔 상호작용적 질문을 통하여 계속적으로 학생들의 학습을 조정해 나간다. 문제와 본보기는 모든 학생들에게 구체적인 준거체제가 되며 교사로 하여금 학습문제나 그 밖의 작은 문제들을 탐구하게 한다. 안내된 연습을 진행하는 동안 효과적인 교사는 모든 학생들에게 새로운 내용과의 상호작용을 통하여 이해개발을 증명해 보이도록 요구한다. 독자적인 연습을 하는 동안 수집된 정보는 교사로 하여금 어떠한 아이디어가 이해되고 파지되었는지를 결정하게 한다.

초임교사가 범하는 가장 공통적인 실수 중 하나는 수업 중에 "여러분 이해합니까?"라고 묻는 것이다. 일반적으로 이해하지 못하거나 이해하지 못한 것을 인정하기가 두려운 학생들조차도 이해한 학생들과 함께 고개를 끄덕거린다. 학생들이 새로운 내용을 이해하고 있음을 증명해 보이도록 요구하는 교사의 질문을 통하여 위와 같은 문제를 벗어날 수 있다. 지시적 수업을 하는 동안 체계적이고 계속적인 형성평가는 교사에게 있어 학생이 교실에 들어올 때 지니고 온 배경지식을 다루는 강력한 도구가 된다.

안내된 발견 전략

지시적 수업에 대한 한 대안으로서 효과적인 교사는 가끔 개념과 일반화를 가르치기 위하여 안내된 발견방법을 사용한다. 안내된 발견이란 개념 그리고 개념 간이 관계를 가르치기 위하여 고안된 수업모형이다(Eggen & Kauchak, 2007: Mayer, 2004). 이 전략을 사용할 때, 교사는 학생들에게 본보기를 제시하고, 그들이 본보기내의 패턴을 찾으려 시도할 때 그들을 안내하고 학생들은 교사들이 가르치고자 시도하고 있는 아이디어를 기술할 수 있을 때 종결하게 된다(Clark & Mayer, 2003; Moreno, 2004). 안내된 발견 수업이 진행되는 동안 교사는 구조와 안내를 통하여 현재 배우고 있는 추상개념이 정확하고 완전한 지를 확인한다.

안내된 발견수업은 가끔 순수한 또는 비구조화된 발견수업과 대조된다. 비구조화된 발견수업에서 학습자는 교사의 지도 없이 패턴과 관계를 규명한다. 연구에 의하면 비구조적인 발견수업은 안내된 발견수업보다 덜 효과적이다. 왜냐하면 시간을 효과적으로 이용하지 못하고, 도움도 받지 못한 상태에서, 학생들은 가끔 상실감을 갖고 좌절하며, 이러한 혼란은 오개념으로 이끈다(Clark & Mayer, 2003; Mayer,2002, 2004). 결과적으로 비구조화된 발견식 방법은 학생의 프로젝트와 조사연구를 제외하면 오늘날 교실에서 거의 찾아볼 수 없다.

안내된 발견식 수업이 잘만 진행되면 그 수업은 효과적이 된다고 연구에 의해 밝혀지고 있다. 안내된 발견식 수업은 과제에 따라 설명식 보다 다소간의 시간을 더 필요로 한다. 그러나 장기적 파지가 더 잘 되고 설명식 수업보다도 더 전이가 잘 일어난다(Mayer, 2008, p.310). 안내된 발견식 수업을 사용할 때, 교사는 설명하는 시간이 더 적고, 질문하는 데 더 많은 시간을 보낸다. 그래서 학생들은 학습과 동기유발을 증진시키면서 학생들은 인지적으로 더 활동적이 되는 경향이 있다(Moreno & Duran, 2004).

지시적 수업과 마찬가지로, 안내된 발견식 수업은 4단계로 나누어지고 각 단계는 표 8.1에 개괄되어 있으며, 다음 수업에 잘 나타나 있다.

Hellen Cane는 학생들에게 단어발음에 관한 일반화를 가르치고 싶어한다. 이를 위하여, 교사는 칠판 위에 다음과 같은 단어를 제시하였다.

beat boat
meet main
beak

그러고 나서 그녀는 다음과 같이 말한다, "여러분, 오늘 우리는 단어 공격 기술에 대한 공부를 계속할 것입니다, 누가 어제 우리가 얘기했던 두 종류의 문자를 기억하고 있지…. Consuela?"

"모음과 자음이요"

"맞았어, Consulea. 누가 칠판에 쓴 단어에서 모음을 찾을 수 있을까…. Hassam?"

"E와 beat에서의 a요"

"좋아, Hassam. 자음은 어때…. Enrika?"

"음…. b와 beat에서 t요."

"훌륭해. 자 여러분, 단어를 더 자세히 보세요. 그리고 그 외에 무엇을 보고 있는지 말해보세요…. Henry?"

표 8.1 안내된 발견학습 단계

단계	학습요소
서론과 복습: 교사는 일종의 도입형태로 수업을 시작하고 이전의 학습을 복습한다.	• 주의를 끈다. • 사전지식을 활성화한다.
개방적 단계: 교사가 본보기를 제공하고 관찰과 비교를 요구한다.	• 지식을 구성할 경험을 제공한다. • 사회적 상호작용을 증진한다.
수렴적 단계: 교사는 본보기 속에서 패턴을 찾을 때 학생을 안내한다.	• 추상개념의 구성을 시작한다. • 사회적 상호작용을 증진한다.
종결: 개념이나 관계에 대한 설명이 말로 표현된다.	• 새로운 추상개념의 설명을 명확히 한다.

"위에 있는 단어들은 모두 네 개의 문자로 되어 있어요."

"좋아요. 다른 것은 뭐 없나요? Pam?"

"main과 같이, 어떤 것은 동사이고, 어떤 것은 명사고, 어떤 것은 형용사에요."

"이들 단어는 모두 명사가 될 수 있어요. 왜냐하면 main은 water main과 같이 명사가 될 수 있기 때문이에요. 그리고 meet는 track meet처럼 명사가 될 수 있어요."

"좋은 관찰이야. Geraldo. 다른 거 없니? Jimmy, 너는 어떻게 생각하니?"

Jimmy가 머뭇거렸다.

"Jimmy야, beat 단어 말해보렴."

"Beat."

"소리와 관련지어 알게 된 것은 무엇이니?"

Jimmy는 반응이 없었다.

"다시 말해보고, 나에게 들리는 대로 말해보렴."

"3개 - b, e, t."

"좋아. Jimmy. e가 긴 소리니 짧은 소리니, Pam?"

"길어요."

"그 단어에서 다른 글자는 뭐가 있죠, Will?"

"A요."

"a에 대하여 무엇을 알았니, Stephanie?"

"……."

"넌 그것을 전혀 듣지 않았구나."

"좋아, 그럼 우리는 이것을… 말해보자."

(머뭇거리며) "묵음이요."

"그렇지! 잘했어요. 여러분. 다른 글자들을 보고 beat와 비교해 보세요. Mike?"
"이들 단어에는 모두 두 개의 모음이 있어요."
"모음의 소리는 어떠니, Javier?"
"각각에서 첫 번째 음은 길어요."
"이들 단어에서 보이는 규칙을 설명할 수 있는 사람? Missy, 손들었구나."
"두 모음이 결합되어 있으면, 첫 번째 음은 길어요."
"두 번째 음은 어떻지?"
"음. 선생님이 말하지 않았어요."
"맞아요. 묵음이에요. 다른 학생들은 어때요? Missy가 말한 내용이 칠판 위에 적혀 있는 것과 일치하나요? 모두 동의하나요? 다시 들어보렴. 내가 칠판 위에 우리들의 생각을 적는 동안 나는 그것을 말할 거예요. '두 모음이 결합될 때, 첫 번째는 음은 길고 두 번째 음은 묵음이다.' Anne 이것이 일반화 될 수 있다고 생각하니?" Anne는 고개를 끄덕였다.
"칠판 위의 단어를 활용하여, 이유를 말해보렴"
"네. boat. o는 장음이고, a는 묵음이에요."
"Jason, 나열된 마지막 단어도 같다고 할 수 있나요?"
"네, 그 단어에서, a는 길고, i는 묵음이에요."
"잘 했어요. 이제 나는 여러분에게 더 많은 단어들을 제시할 거예요. 그것들이 칠판 위에 적힌 규칙을 따르는지를 확인하기 위해서." Ms. Cane는 칠판 위에 다음과 같은 단어를 적었다.

pain
beet
meat
man

"맞아요. pain에서 a는 장음, I는 묵음이에요." Abdual이 말하였다.
"또. beet 도요, 왜냐하면 e는 장음, 두 번째 e는 묵음이에요." Jess가 덧 붙였다.
"man은 어떻지? Antonio?"
"이 규칙에 맞지 않아요, 모음이 하나 밖에 없어요." Antonio가 주저하듯이 말했다.
"그렇지. Antonio. 그 규칙은 이 예에 적용되지 않아요. 이제, 우리의 규칙에 부합하는 단어 목록에서 다른 예를 들어봐요. Katlina."
"meat요?"
"좋아요. Katlina의 예가 적합하나요, Kim?"
"네."
"왜 그렇게 생각해?"
"e는 길게 들리고, a는 들리지 않아요."
"잘했어. Kim! 좋은 생각이야!"
Helen은 규칙을 점검하고 다음 수업을 위한 과제를 제시하면서 수업을 마쳤다.

잠시 이 수업을 생각해 봅시다. 이 수업에서 교사는 학생들의 추상개념 학습을 돕기 위해 안내된 발견접근법을 사용했다. 거기서, 학생들은 단어 유형에 관한 음성적인 일반화를 배웠다. 우리는 이것을 안내된 발견수업으로 부른다. 왜냐하면 학생들에게 정보가 제공되고 교사의 지도를 받아 학생들은 교사가 타겟으로 삼는 목표인 추상개념을 발견했기 때문이다.

계획

다수의 교사들이 발견학습 수업은 계획을 요구하지 않으며, 교사들은 단지 학생들이 세상을 발견하도록 여유롭게 해야 한다고 잘못된 생각을 하고 있다. 학생들이 자신의 세계에 관한 추상을 발견할 수 있다는 것이 사실일지라도, 이러한 과정은 학생들에게 종종 비효율적이고 실망스러운 것이 될 수 있다(Mayer, 2008). 학생들이 추상을 배우는데 훨씬 더 효과적인 교수 방법은 그런 학습을 위한 계획을 명확하게 세우고, 학습이 일어나도록 충분한 안내를 제공하는 것이다. 안내된 발견학습 수업은 수업의 비계를 제공하는 것이다.

교사 중심의 수업과 발견학습을 비교해보면, 계획 단계가 거의 동일하다는 것을 알 수 있다. 교사 중심의 수업과 마찬가지로, 발견학습의 계획 단계 또한 주제를 확인하고 목표를 설정하는 것으로 시작한다. Jane Morton의 목표는 Carl Hite와 동일하다. 학생들의 배경 지식의 고려 역시 두 교수 방법에서 중요하게 여긴다. 본보기의 선정은 안내된 발견학습 수업에서 무엇보다 중요하다. 왜냐하면 학생들은 배우고 있는 추상의 개념을 형성하기 위하여 자료와 본보기에 의존하기 때문이다. 교사 중심의 수업에서, 교사는 보다 충분하게 추상을 설명함으로써, 적합한 본보기의 부족을 고려할 수 있다. (지나칠 정도로 교사가 말을 많이 하는 것은 위험하다. 그것이 이미 논의되었다.) 이러한 조건들이 발견학습 수업에서는 볼 수 없다. 왜냐하면 학생들은 교사 중심의 수업보다 본보기에 상당히 의존하기 때문이다. 본보기가 부적절하다면, 추상을 학습하는 것은 더 어려워진다.

안내된 발견학습을 계획할 때 교사가 물어봐야 하는 필수적인 질문은 다음과 같다. "어떠한 본보기가 학생들에게 개념 또는 일반화를 하는데 도움을 줄 수 있을 것인가?" 이것은 관찰 가능한 특징들을 제공하거나 일반화를 위한 관찰 가능한 관계를 설명하는 좋은 본보기를 선정하는 것과 마찬가지이다. 예를 들어, 소의 그림은 포유류의 개념을 가르칠 때 소의 단어를 사용하는 것보다 더 좋은 방법이다. 왜냐하면, 개념의 특징이 그림에서 더 관찰가능하기 때문이다. 교사 중심의 수업을 위한 본보기 선정 기준이 안내된 발견학습 수업을 위한 본보기 선정에도 그대로 적용된다. 이러한 예들은 본질적인 특징이나 관계를 어느 정도 설명한다.

계획 과정에서의 다음 단계는 본보기의 순서를 정하는 것이다. 추상에 관련된 명백한 첫 번째 본보기는 추상을 더 빠르게 획득하게 한다. 반면에 학생들에게 제공되는 덜 명백한 첫 번째 본보기는 자료를 분석하고 가설을 형성하는데 더 많은 연습을 하게 한다. 본보기의 순서를 정하는 것은 학생의 능력과 관련된 과제의 난이도에 따라 달라질 수 있다. 더욱 복잡한 본보기는 똑똑한 학생들을 도전하도록 만드는데 사용되지만, 더 쉬운 본보기는 학습적 재능이 부족한 학생들을 돕기 위해 사용될 것이다.

안내된 발견학습을 계획할 때 마지막으로 고려해야 할 것은 시간이다. 학생들이 역점을 두어야 할 개념이나 일반화를 작성하지 않기 때문에, 학생들의 초기 반응은 교사 중심 수업에서의 반응보다 활발하게 나타나는 경향이 있다. 그러므로 동일한 자료를 다루는 교사 중심의 수업보다 시간이 더 걸린다. 나머지 시간은 우연적인 학습 가능성과 동기를 위하여 잘 사용될 수 있다. 그러나 안내된 발견학습 활동을 계획할 때 교사는 시간이라는 요소를 고려해야 한다.

실행

교사 중심의 수업과 안내된 발견학습의 계획 단계가 본질적으로 동일하지만, 실행 단계는 상당히 다르다. 교사 중심의 수업에서, 추상은 정의되거나 학생들에게 제공되는 반면에, 안내된 발견학습 수업에서는 그렇지 않다. 발견식 수업에서 학생들은 그들 스스로 본보기와 교사의 안내를 통하여 추상개념을 구성해야 한다.

추상개념을 구성할 수 있는 능력을 촉진하는 것은 안내된 발견과정에서 아주 중요한

단계이다. 학생들이 추상을 구성하는데 개념을 활용하기 때문에, 교사의 안내는 필수적이다(Mayer, 2008). 교사는 내용 목표를 명료화하는 것을 명심해야 한다. 왜냐하면 교사는 학생들이 추상을 다룰 수 있도록 안내하기 위하여 수업을 실행하고 질문을 전략적으로 사용해야 하기 때문이다. 〈그림 8.3〉에 제시되어 있는 수업 계획에서 이러한 과정이 어떻게 제시되어 있는지 살펴보자. 그리고 이 절의 첫 머리에 제시된 사례연구에서 Helen cane와 관련된 수업을 살펴보자.

그림 8.3 단어 발음에 대한 안내된 발견학습 수업

단원: 단어 발음 규칙

목적: 3학년 학생들은 다음의 규칙을 배울 것이다. "두 개의 모음이 만나면, 첫 번째 음은 길고, 그 두 번째 음은 묵음이 된다." 따라서, 일련의 단어가 제시되면, 학생들은 각각의 단어들을 정확하게 발음할 수 있을 것이다.

근거: 학생들이 정확하게 발음하기 위해서는 규칙을 이해해야 한다.

내용: 모음이 단어에 함께 제시되어 있을 때, 첫 번째는 길고, 두 번째는 묵음이다.

절차:

칠판 위에 다음과 같은 단어를 제시한다.

beat boat
meet main
beak

학생들에게 단어를 기술하도록 한다.
학생들에게 한 단어를 발음하도록 한다.
학생들이 들은 내용을 묻는다.
길었는지 짧았는지 묻는다.
다른 모음이 묵음이라는 것을 알 수 있도록 도움을 준다.
학생들에게 다른 단어와 처음 단어를 비교하도록 한다.
일반화(규칙)를 확인한다.
학생들에게 다음과 같은 단어를 제시한다.

pain
late
meat
man

학생들에게 그 규칙을 따르는 것을 찾고, 그 이유를 말하도록 묻는다.
학생들에게 b-o-a-t라고 쓰지만, 발음은 어떻게 하는지 묻는다.

자료: 단어 목록

평가: 학생들은 규칙에 기초한 일련의 단어를 발음한다.

표 8.2	안내된 발견학습 수업의 단계
교사:	1. 본보기 제시
학생들:	2. 본보기 설명
교사:	3. 또 다른 본보기 제시
학생들:	4. 두 번째 본보기 설명하고 첫 번째 본보기와 비교하기
교사:	5. 또 다른 본보기와 맞지 않는 본보기 제시
학생들:	6. 본보기를 비교하고 대조하기
교사:	7. 학생들이 특징이나 관계를 입증할 수 있도록 도와주기
학생들:	8. 관계나 정의 진술하기
교사:	9. 또 다른 본보기 요구하기

우선, 〈표 8.2〉에서 보듯이 Helen은 한 개가 아닌 5개의 본보기를 제시했다. 이것은 학생들이 공통점에 대한 예를 분석할 수 있는 기회를 제공한다.

그 다음 Helen은 자음과 모음을 간단히 검토했다. 즉 이것은 학생들이 수업에서 사용하게 되는 배경지식인 것이다. 개방적 단계에서 Helen은 학생들에게 본보기를 기술하도록 요구했고, 다양한 대답들은 기꺼이 수용하였다. 그는 참여를 조장하기 위하여 몇몇 학생들에게 똑같은 질문을 되물었다. 그는 학생들이 본보기 속에서 일정한 패턴을 즉각적으로 규명하지 못하면 신속하게 문제해결을 추구하였다. 어떻게 Helen의 발문전략이 학생들의 학습참여를 격려하여 학생들에게 동기를 부여하도록 고안되었는지 생각해 보자. 전형적으로 교사가 정답이 하나인 질문을 하면, 똑똑한 학생들이 재빠르게 답을 한다. 이것은 참여할 기회가 없다는, 그래서 학생들의 관심을 떨어뜨린다는 중요한 의미를 남긴다. 이것은 자연스러운 반응이다; 늘 뒤에 앉아 다른 사람이 정답을 맞춰 강화 받는 것만 바라보는 것은 유쾌한 일이 아니다. 안내된 발견 수업은 학생들이 실패에 대한 두려움 없이 관찰할 수 있는 기회를 준다. 이 접근법은 비참여자들이 토론에 함께 참여할 것을 권장한다. 수업당시에 옳았던 것을 학생들에게 관찰하도록 요구함으로써, 교사는 실패에 대한 최소한의 두려움만 가지고 모든 학생들이 수업에 참여할 수 있게 한다.

수렴적 단계에서, Helen은 본보기를 비교하도록 요구하고 그녀가 가르치고자 하는 일반화로 학급을 안내한다. 학생들이 Helen의 도움으로 패턴을 발견해 갈 때 그녀는 학생들에게 일반화를 추가 본보기에 관련짓도록 요구한다. 끝으로 Helen이 수업이 끝날 무렵 학생들이 보고 생각하도록 어떻게 칠판에 정리했는지를 주목하기 바란다. 이것은 몇 가지 이유에서 중요하다. 이것은 학급에서 고려해야 할 수업의 구체적인 기록인 셈이다. 이것이 중요한 이유는 학급이란 흥미와 능력이 다른 다양한 학생으로 구성되어 있으며, 가장 잘 준비된 수업이라 하더라도 몇 명의 학생은 뒤처지게 마련인 것이다. 칠판 또는 OHP에 추상개념을 적어두는 것은 모든 학생들이 그것을 보고 그들이 그 개념을 본보기와 관련지울 수 있는 기회를 제공해 준다. 또한 모든 학생들이 눈여겨 볼 수 있도록 어디엔가 추상개념을 써 두는 것은 학습을 위한 하나의 대안이 되며 그럼으로써 다양한 학습방식을 수용하게 한다.

연습 8.2

다음의 수업 예는 안내된 발견학습 수업을 기술한 것이다. 예를 보고, 다음 물음에 답하시오.

Mrs. Steiner는 유치원 학생들에게 동일이라는 집합 개념을 가르치려고 한다. 교사는 이를 위하여 교실 주변에 있는 물건을 수집하고 소집단에서 교사와 함께 이 개념을 배워보자고 하였다. 수업이 시작되자, 교사는 다음과 같이 말하였다. "오늘 몇 가지 물건을 보고 말할 거예요. 몇 가지 물건을 보여줄 거예요. 여러분들은 본 것을 말하면 돼요."

그런 다음, 교사는 책 2권과 블럭 2개를 가지고 온 후에, 이것들을 서로 양분하여 분리시켰다. 그리고 다음과 같이 질문하였다. "여러분들이 본 것에 대하여 말해볼 사람?"

"블럭 2개가 있어요."

"그 중에 하나는 파란색이에요."

"다른 것은 빨간색이에요."

"저기에 어제 읽은 책이 있어요. 선생님"

"그래. 또 다른 거는 없니?"

"다른 책은 동물에 관한 책이에요."

"책 표지에 코끼리 그림이 그려져 있어요."

"저 쪽에는 몇 권의 책이 있지? Jamie?"

"2개 있어요."

"여기에는 블록이 몇 개 있지? Ahmad?"

"2개 있어요."

"좋아. 이제 나는 여러분들이 더 많은 것을 보기를 바라."

그럼 다음 두 집단의 물체들을 옆으로 이동시키고, 원 안에 각각의 그룹을 놓고, 트럭 3개와 숟가락 3개를 가져 왔다. 교사는 두 그룹을 구별하여 놓았다. 그리고 교사는 학생들에게 그들이 본 것을 말하도록 하였다.

"트럭의 색깔이 모두 빨간 색이에요."

"3개의 숟가락이 있어요."

"1개의 트럭에는 바퀴가 없어요."

"트럭이 몇 대 있죠?" Steiner가 질문하였다. "이것들을 함께 세어볼까요- 하나, 둘, 셋. 트럭하고 숟가락 중에서 어떤 것이 더 많이 있나요. Shelly?"

"같아요."

그런 다음 교사는 공기 6개와 분필 6개를 가져 와서, 학생들에게 추가 관찰을 하도록 요구하였다. 이러한 교사의 도움을 받고서 학생들은 각 그룹의 숫자가 동일하다는 것을 알게 되었다. 같은 것끼리 묶은 집단의 숫자가 똑같다는 것을 학생들이 알아차릴 때까지 그녀는 몇 가지 다른 사물들을 대상으로 똑같은 절차를 반복하였다. Mrs. Steiner는 학생들에게 "동일"이라는 단어를 소개하였다. 그녀는 칠판에 기호를 쓰고 이쑤시개를 사용하여 학생들에게 같다는 기호를 보여주었다. 그런 다음 물체를 섞고, 새로운 집합을 만들고, 학생들에게 그 집합이 같은지 다른지를 말하도록 시켰다. 어떤 것들은 같고, 어떤 것은 달랐다. 그런 다음 교사는 학생들에게 자신들 앞에 있는 물건을 가지고 동일한 집합을 만들도록 시켰다.

1. 수업의 다음 절차를 확인해보아라.
   a. 초기에 제시한 예
   b. 추가적인 예의 제시
   c. 학생들이 예를 분류
   d. 학생들이 추가적인 예를 제시

2. Mrs. Steiner는 학생들에게 "같은 수"의 용어로 동일이라는 용어를 말했다. 발견학습 수업에서 이 활동이 옳은 것인가? 여기에 대한 이유를 설명하시오.

강의 - 토의

널리 사용되고 있는 세 번째 교사중심 수업은 **강의-토의법**이다. 강의-토의는 상호작용적인 수업전략으로 학생들이 조직화된 지식 체계 습득을 도와주기 위하여 설계되었다(Eggen & Kauchak, 2007). **조직화된 지식 체계**란 사실, 개념 그리고 원리를 연결하여 이들의 관계를 명확하게 만드는 주제를 말한다(Rosenshin, 1987). 예를 들면, 문학에서 특히 *Moby Dick*과 같은 소설에서 줄거리, 인물, 상징기호 사이의 관계를 연구할 때: 지리학에서 세계 여러 다른 지역의 지형, 기후, 경제를 연구할 때: 또는 생물학에서 기생충과 기생

충이 아닌 벌레를 비교하고 이들의 차이가 신체 구조조속에 어떻게 반영되는지를 비교할 때, 학생들은 조직화된 지식의 체계를 습득하고 있는 것이다.

강의-토의는 전통적인 강의를 수정한 것이다. 이제 널리 사용되고 있으면서 비효과적인 수업전략을 살펴보자.

강의

교수방법으로서 강의가 널리 보급된 것은 역설적이다. 비록 강의는 모든 방법 중에서 가장 많은 비판을 받지만, 강의는 가장 흔하게 계속 사용되고 있다(Cuban, 1993). 강의의 대중성은 다음을 실천 할 수 있는 능력에 기인된다.

- 학생이 다른 방법으로는 접근하지 못하는 정보를 획득하도록 돕는다. 강의는 학생 스스로 정보를 찾아내는데 수 시간이 걸릴 경우 이것을 학생에게 제공하는 것이 목적이라면 이것은 효과적일 수 있다.
- 학생들이 여러 자원으로부터 얻은 정보를 통합하도록 돕는다.
- 학생에게 다양한 견해를 제시한다.

강의는 이러한 목적을 달성하기 위한 한 가지 방법이다.

강의는 세 가지 다른 이점이 있다. 첫째, 시간계획이 내용조직에 제한되어 있어서 강의는 시간과 에너지 면에서 효율적이다. 둘째, 강의는 융통성이 있다. 강의는 실제로 어느 내용영역에도 적용가능하다. 셋째, 강의는 다른 수업전략에 비교적 간단하게 비교된다. 교사에 대한 요구도 비교적 적고 교사는 내용 조건과 제시에 집중하면 된다. 심지어 초임 교사까지도 수용 가능한 강의전달을 배울 수 있다.

이러한 용이성, 효율성 그리고 폭넓은 활용성에도 불구하고, 강의는 몇 가지 중요한 단점이 있다:

- 강의는 주의를 끌어들이고 유지하는데 비효과적이다. 우리 모두는 단지 시간을 빨리 보낼 목적으로 무감각한 강의를 들으며 앉아 있다.
- 강의는 교사로 하여금 학생의 의식, 이해정도를 확인하도록 허용하지 않는다. 교사들은 학생들이 정보를 정확히 해석하고 있는지 결정할 수 없다.
- 교사에게는 비록 쉽지만 강의는 학습자에게 큰 인지적 부담을 안겨준다, 그래서 우선 정보가 주어지면 학생들은 장기기억 속에 정보를 기호화해 둔다.

- 강의는 학습자를 수동적으로 만든다. 이것은 인지 학습의 견해와도 일치하지 않으며, 이 전략의 일차적인 단점이 된다.

강의는 학생들의 주의집중시간이 짧고 어휘가 제한되어 있어서 어린 학생들에게 특히 문제며, 고차원적인 사고가 목표인 경우 또한 비효과적이다.

강의의 약점 극복: 강의-토의

강의-토의는 교사의 발문을 통하여 간간히 짧은 기간 동안 정보를 제시함으로써 강의의 약점을 극복하는데 도움이 된다.

강의-토의는 상호작용적 방식에 의해 조직화된 정보의 체계를 가르치기 위하여 고안된 수업전략으로 여기에는 네 단계가 있다.

- 서론과 복습
- 정보제시
- 이해의 조정
- 통합

이 단계와 학습과의 관계는 표 8.3에 개괄되어 있다.

10학년 미국 역사교사가 자기 학생들과 함께 이 단계를 어떻게 진행하는지 알아보자.

Diane Anderson교사는 학생들에게 미국의 혁명을 이끈 사건을 이해시키고자 한다. 그녀는 우선 복습으로 수업을 시작하며, "우리는 지금 미국의 역사 중 어디를 연구하고 있지?"라며 칠판 위의 한 시점을 가리키며 묻는다.

"그쯤이요." Adam이 1970년대 중반을 가리키며 대답한다.

"그래 좋아." Diane는 미소를 짓는다. "우리는 거의 혁명기에 살고 있어요. 그 혁명은 역사상 중요한 사건이었어요. 그러나 나는 그 전에 무엇이 발생했는지 우리가 이해하기를 바라며, 그래서 우리는 실제로 1600년대 초로 되돌아가 볼 거 에요. 오늘 수업이 끝나면, 우리는 혁명은 우연히 일어난 것이 아니라는 것을 알게 될 거에요; 거기에는 불가피한 사건들이 있었어요…. 어느 한 시기에 발생한 사건이 다른 시대의 사건 그리고 오늘에 이르기까지 어떠한 영향을 미치는지를 아는 것은 역사연구의 중요한 부분이에요.

표 8.3 강의-토의단계와 학습과의 관계

단계	학습
도입과 복습: 교사는 본 수업에 앞서 도입과 복습의 형태로 시작한다.	• 주의집중하기 • 학생들의 배경지식기억 돕기
정보제시: 교사는 정보를 제시한다. 학습자의 과다한 학습내용기억을 방지하기 위해 짧게 제시한다.	• 학생들은 주제에 대한 지식을 습득한다.
이해의 조정: 교사는 학습자의 이해를확인하기 위해 단계적 질문을 한다.	• 학생들은 능동적이며, 그들이 새로운 내용을 이해하고 있는지 확인한다. • 새로 조직된 지식체계에 대한 구조화시작하기
통합: 교사는 학습자의 새로운 지식과 이전 지식의 통합을 돕기 위해 추가질문을 한다.	• 학생들은 일관된 정보 속에서 새로운 아이디어를 연결한다.

예를 들면, 미국에서 영국 사람과 프랑스 사람 간의 갈등은 영국인의 희생이 너무 커서 그들은 식민지 정책을 시작했는데 이것이 결국 혁명을 일으키게 했어요. 이것이 오늘 우리가 보고자 하는 것이에요…. 자 시작해봅시다."

그녀는 그 다음 수업을 시작한다. "우리는 영국 사람들이 1607년에 Jamestown을 건설한 것을 알지만 우리는 실제적으로 프랑스가 새로운 세계로 확대해 나간 것을 보지 못했어요. 우리는 여기서 Jamestown을 보고 있지만, 거의 같은 시기에 Champlain이라는 프랑스 탐험가가 St. Lawrence River강으로 내려와 여기에 Quebec시를 건설했어요." 그녀는 다시 지도를 가리켰다. "수년에 걸쳐 적어도 50주 중 35주가 프랑스 사람에 의하여 발견되거나 지도가 작성되었어요. 그들은 Detroit, St. Louis, 그리고 New Orleans와 같은 거창한 몇 개의 시를 설립하였어요." 계속해서 그녀는 지도에 표시한 몇 개의 지역을 가리켰다.

"자, 여러분은 두 집단들의 위치를 어떻게 알아차릴까요?"

잠시 생각하고 나서, Alfredo는 다음과 같이 대답한다. "프랑스 사람은 캐나다의 많은 땅을 갖고 있어요…. 이 나라도 그런 것 같습니다." 그는 지도의 북쪽과 서쪽을 가리켰다. "동쪽도 그런 것 같아요…. 그 곳은 영국군이 있고 서쪽은 프랑스군이 있어요." Troy가 덧붙였다.

"그래, 기억해 둬요. 이것은 거의 동시에 발생한 것이에요." Diane가 계속 말한다. "지금 이것들이 프랑스 정착민과 영국 정착민 사이의 중요한 차이점이에요. 또한 프랑스인들은 영국인들보다 아메리칸 인디언들에게 더 친절했어요. 또 프랑스 사람은 소위 영주제도가 있었는데 이 제도를 통하여 정착민들이 군대에 근무하면 땅을 받게 되었지요. 이 두 차이가 프랑스의 군사력에 대해 무엇을 시사하고 있을까요?"

"아마도 강력한 것" Josh가 제안했다. "프랑스 사람들이 군대에 가서 땅을 얻은 거에요." "그리고 아메리칸 인디언들은 그들이 프랑스사람들과 친했기 때문에 도와주었을 거에요." Tenish가 덧붙였다.

"잘 생각했구나. 그러한 점들을 기억해 두세요. 그것은 중요해. 자 이제 이외에 여기서 무엇을 주목하겠니?" Diane가 그녀의 손을 올려 넓은 지도를 밑으로 내리면서 묻는다.

"산?" Danielle이 분명하지 않게 대답한다.

"맞아, 정확해." Diane은 미소를 짓는다.

"왜 그것들이 중요하지? 산이 무엇을 하지?"

"… 영국군들은 일종의 울타리를 치고 있었고 프랑스군들은 마음껏 영토를 확장해 나갈 수 있었어요."

"좋아. 이제 땅이 더 늘어났어. 영국군은 새로운 정착민을 위한 땅이 필요했고 그래서 땅을 확장하고 싶어 했지. 그래서 산을 넘어 서부로 향했는데 그들이 누구에게 달려갔는지 알아 맞춰보세요…. Sarah?"

"프랑스군이요?" Sarah가 대답했다.

"맞아. 그래서 분쟁이 일어난 거에요. 그럼, 프랑스군과 영국군이 싸우게 되었을 때, 처음에 프랑스군이 영국군보다 더 성공적이었던 이유는 무엇이라고 생각하나요…. Dan?"

"글쎄요, 그들은 영주제도가 있어서… 그들은 땅을 위해 싸웠기 때문에 더 열심히 싸웠을 것 같아요."

"다른 사람은? Bette?"

"저는 아메리카 인디언들이 그 일부를 차지한다고 생각합니다. 프랑스군은 그들과 사이가 좋아서 인디언들이 프랑스군을 도왔을 것 같아요."

"그래. 여러분들 생각이 맞아요. 이제 우리는 프랑스 정착민의 두 가지 장점을 알게 되었어요. 이제 영국군에 대해 생각해 봅시다…. 그들의 장점 몇 가지를 살펴봅시다."(Eggen & Kauchak, 2007, pp.427-428)

자, 이제 Diane이 학생들의 조직된 지식 체계를 습득하고 이해하도록 도우려는 노력을 살펴보자. 그녀는 복습으로 수업을 도입했고 과거 이 사건이 현재 우리 삶의 방식에 어떠한 영향을 주는지 설명함으로써 학생들의 주의를 끌려고 시도했다. 그 다음 그녀는 Jamestown, Quebec 그리고 오늘날 미국의 프랑스인 정착에 관한 정보를 제시하고 지도를 사용하여 그녀가 제시한 아이디어들의 지리적 연결을 설명했다. 연구에 의하면, 지도, 도표, 기타 시각적인 표상형태는 교사가 내용을 제시할 때 학생들의 학습에 강력한 긍정적 영향을 미칠 수 있다는 것이다(Nesbit & Adesope, 2006; Reed, 2006).

이러한 간단한 내용제시 후 그녀는 발문을 사용하여 학생들을 이해 조정단계에 참여시켰다. 학생의 이해를 점검하는 과정을 제시하기 위하여 수업의 일부를 검토해 보자.

Diane : 자, 두 집단의 지역에 대하여 여러분은 무엇을 알아냈나요?
Alfredo : 프랑스 사람들은 캐나다의 많은 땅을 소유하고 있었어요. 이 나라도 비슷합니다(지도상에서 북과 서를 가리킨다).
Troy : 동쪽도 비슷해요. 영국군이 있고 서쪽에는 프랑스군이 있어요.

Diane의 질문은 학생들에게 인지적으로 적극적인 역할을 하도록 하고, 그들의 배경지식이 정확한지 확인하고, 새로운 정보를 이해하고 조직하는 것을 도울 의도로 제기된 것이다. 그들이 새로운 내용을 이해한 것에 만족하여, 그녀는 다시 정보를 제시하였다: "그래, 기억해 두세요. 이것은 거의 동시에 발생했어요." 그녀는 계속해서 프랑스군의 영주제도를 설명하고 프랑스군과 아메리칸 인디언들 간의 우정관계를 지적하였다. 그 다음 그녀는 다시 학생들의 주의를 돌렸다.

Diane : "그래서 … 이 두 가지 차이가 프랑스의 군사력에 관하여 무엇을 시사 하나요?"
Josh : 강력하다는 것일 겁니다. 사람들이 군대에 간다면 그들은 땅을 얻게 됩니다.
Tenisha : 그리고 아메리칸 인디언들은 프랑스군과 사이가 좋았기 때문에 도와주었을 거에요.

두 가지 질문은 유사하지만, 여기에는 아주 중요한 구분이 있다.

첫째, Diane은 이해를 조정하는 것이다. 즉 질문에 대한 학생의 반응, "두 집단의 지역에 관하여 무엇을 알아냈는가?"라는 질문은 그녀가 첫 번째 질문영역에서 제시한 것을 이해했는지 평가하도록 도움을 주었다. 두 번째 질문영역에서 그녀는 학생들이 프랑스군과 아메리칸 인디언간의 관계와 프랑스군의 군사력과 영주제도를 관련짓도록 도와서 사고의 통합을 시도했다.

정보제시, 이해조정 그리고 통합 이라는 하나의 과정을 완료한 후, 그녀는 그 과정을 반복했다, 2차 통합은 1차 통합보다 더 방대했다. Diane의 전체 수업에서 대한 목적은 프랑스군과 인디언 전쟁과 미국의 혁명 간의 인과 관계라는 복잡하고 상호 관련된 사고의 계발이었다. 강의-토의의 효과는 수업 중 토의의 질에 달려있다. 이러한 토의는 교사로 하여금 학생들이 새로운 내용을 이해하고 있는지 계속 평가하게 하고 새로운 아이디어를 통합하고 조직된 지식의 체계로 관련짓도록 도와준다. 강의-토의의 기본 전제는 이 방법이 전통적인 강의보다 더 효과적인 수업모형이라는 점이다.

교실에서의 공학

공학을 활용하여 교실에서의 수업을 향상시키기

이 장에서는 교사가 그들의 언어적 설명을 보충할 필요성을 강조했다. 이것을 보충하는 방법으로 계속적 피드백, 본보기, 숫자, 도표가 있는데 이것들은 학습자에게 추상적 아이디어를 구체적이고 확실한 형태로 표상해 관련지어 볼 수 있는 기회를 제공해 준다(Nesbit & Adescope, 2006; Reed, 2006). 공학은 다음과 같은 두 가지 면에서 교사중심 수업을 향상시키기 위해 사용된다.

- 파워포인트를 사용해 정보를 재미있고 상호작용적 방법으로 제시한다.
- 학생성취에 관해 즉각적이고 반응적인 질 높은 피드백으로 연습할 수 있는 기회를 제공한다.

이제 이들의 활용을 알아보자.

파워포인트: 새로운 정보를 역동적인 방법으로 제시하기

새로운 정보를 제시하는 것은 교사중심 수업에서 중요한 수업적 역할이다. 교사들은 가끔 정보를 분명하고 동기가 부여되는 형태로 설명해야 하는 문제에 봉착한다(Donovan & Bransford, 2005). 마이크로소프트사의 파워포인트 형태는 하나의 효과적인 대안이 된다. 농담조로 "스테로이드 위의 OHP"(Cuban, 2005)로 알려진 파워포인트는 실제로 다양한 형태로 내용제시를 할 수 있다. 일단 숙달만 되면, 교사는 내용제시에 다음과 같은 것을 포함시킬 수 있다.

- 교재
- 사진
- 학생작품샘플
- 차트와 그래프
- 비디오 클립
- 해설

학생들은 내용제시에서 파워포인트 사용법을 배울 수 있다. 이러한 선택사항은 교사들이 제시하고 있는 자료와 그것이 청중에 미치는 효과에 대해 깊이 생각하게 한다

(Saltpeter, 2005)

파워포인트는 일방적인 정보제시 방법이어서는 안 된다. 교사가 정보를 제시할 때 그들은 학생이 이해하고 있는지 그리고 아이디어를 관련짓고 있는지 점검해야한다. 파워포인트는 또한 학습자의 학습진전에 대한 즉각적인 피드백으로 교사와 학생에게 제공하는 퀴즈를 제시하는데도 활용할 수 있다(Finkelstein, 2005).

훈련과 연습

교육자들이 컴퓨터와 다른 공학형태들이 과제를 신속히 그리고 체계적으로 수행해 낼 수 있음을 인정하고 나서, 그들은 이러한 혁신을 이용하여 인간교사의 기능을 모방할 수 있는 방법을 모색하기 시작했다(Roblyer, 2006). 예를 들면, 학생들은 가끔 연습지와 플래쉬 카드를 이용하여, 독서에서 단어인식과 음성분석, 수학에서덧셈, 곱셈과 같은 기호기능을 연습한다. 컴퓨터가 이렇게 개선된 형태의 연습을 위하여 사용될 수 있을지 교육자들은 의아해 하고 있다. 이러한 질문은 피드백을 통하여 연습을 제공하려고 고안한 소프트웨어 훈련-연습 프로그램개발을 가져오게 하였다(Lever-Duffy, McDonald, & Mizell, 2003).

학생들은 스스로 훈련-연습 프로그램을 사용할 수 있게 때문에 교사들이 직접 참여할 필요는 없다. 그러나 이 프로그램이 교사의 전문성을 대체하지는 못한다. 이러한 프로그램 개발자들은 학생들이 이미 사실 또는 개념과 관련하여 수업을 받았다고 가정한다. 예를 들면, 학생들이 처음에 곱셈을 배울 때, 효과적인 교사는 학생들이 6×9는 9개 항목중 6개 세트, 또는 6개 항목의 9개 세트를 이해하도록 돕고 그들은 몇 가지 구체적 예를 제시하여 곱셈이라는 개념을 설명한다.

훈련과 연습프로그램은 초기수업이 끝난 후 기능이 자동화될 때까지 주 학생들이 사실에 대하여 생각할 필요 없이 저절로 사실을 알 때까지 학생들이 연습하는 것을 돕기 위해 사용된다.

모종의 훈련-연습 소프트웨어 프로그램에서는 게임형태를 사용하여 학생들의 동기를 증대시킨다. 예를 들면, 6 × 9 = ? 에 대한 정답을 타이핑하는 대신 학생들은 54를 레이저총으로 다르게 쓰는 것을 목적으로 할지 모른다.

가장 좋은 훈련-연습프로그램은 적응적이다. 즉 과제의 요구는 학생의 능력수준에 맞춘다. 예를 들면 곱셈지식을 증진시키기 위해 고안된 프로그램에서 결정하기 위해 사전검사를 실시함으로써 시작된다. 그 다음 높은 성공률을 확실하게 하기위한 문제들이 전략적으로 제시된다. 학생들이 대답을 못하거나 부정확하게 대답할 때 프로그램에서는 답을 제공하고 그 다음 그 사실을 재검사한다. 학생들이 일정한 기능수준에 도달해야만 보다 어려운 문제가 도입된다. 궁극적 목적은 학생들이 자동적으로 수학의 사실을 회상할 수 있는 것이기 때문에 답하는데 주어지는 시간 양은 그들이 능숙해 지면서 단축된다. 이것은 또한 학생들로 하여금 그들의 반응을 보다 신속하게 하도록 도전시킴으로 동기를 증진시킨다.

훈련-연습프로그램의 이점은 무엇인가? 첫째, 그것들은 효과적인 피드백을 통하여 연습을 제공하고 학생들에게 그들이 무엇을 숙달했으며, 그리고 어느 곳에서 더 많은 노력을 필요로 하는지를 알려준다. 연구들은 이러한 과정의 효과를 지지한다(Attewell, 2001). 둘째, 이들 프로그램은 지필에 의한 연습을 통하여 사기가 떨어진 학생들의 동기를 유발시킨다(Gee, 2005). 셋째, 이들 프로그램에서는 정보를 제공하고 학생의 반응을 채점할 필요가 없으므로 교사의 시간을 절약해준다.

반성하기

교사중심 수업 전략

INTASC 3, 4의 원칙

이 장에서 배운 서로 다른 수업전략을 생각해 보시오. 그 다음 여러분이 책임질 내용영역과 여러분이 가르치게 될 학생의 수준을 특히 강조하여 교실에서 이들 전략을 어떻게 통합할지 생각해 보시오.

연구자들은 컴퓨터에 보다 많은 시간을 보낸다고 반드시 더 많은 학습이 일어나는 것이 아니라고 경고한다(Roblyer, 2006). 더욱 중요한 것은 학습경험의 질과 그것들이 어느 정도 교사의 목적과 연결되느냐인 것이다.

요 약

이 장에서는 세 가지 교사중심 수업전략을 서술하였다. 모든 전략은 학생들에게 향후 학습에 필수적인 중요한 내용을 가르치기 위하여 설계된 것이다. 이외에 이 전략들은 모두가 교사에게 수업 중 학생들의 학습을 안내하고 지도하는데 중심적인 역할을 할 것을 요구하고 있다. 이들 전략은 각 전략마다 구체적인 단계에 차이가 있고 학습자에 대한 요구에 있어서도 차이가 있다.

지시적 수업이란 개념, 일반화, 기능을 가르치기 위해 사용되는 전략이다. 기능이란 구체적인 일연의 조작을 거치는 학습형태로서 많은 본보기를 통하여 설명될 수 있고 연습을 통하여 계발될 수 있다. 개념이란 긍정적, 부정적 본보기를 통하여 설명되는 범주이다. 일반화란 개념들로 구성되며 세계의 보편적인 유형으로 서술된다. 개념은 교육과정에서 중요한 일부를 이루고 있다. 우리가 개념을 가르칠 때, 우리는 학생들이 다음을 이해하기 바란다. (a) 개념의 본질적 특징 (b) 이것이 긍정적 본보기와 부정적 본보기와 어떠한 관련이 있는지 (c) 개념과 타 아이디어와의 관계. 이 마지막 기능은 개념과 상위, 동위, 종속개념을 연결지어 성취된다.

지시적 수업은 도입과 복습으로 시작되고, 이어 교사의 내용제시와 모델화 또는 개념이나 기능의 설명이 뒤따른다. 두 번째 단계는 이해의 개발에 목적이 있다. 그 다음 학생들은 우선 교사의 지도(안내된 연습)아래 새로운 내용을 연습하고 그 다음 자기 스스로(독립적 연습)연습해 나간다. 지시적 수업의 목적은 새로운 내용이 다양한 상황에 전이 될 수 있도록 새로운 내용을 자동적인 수준까지 발전시키는 것이다.

안내된 발견학습은 개념과 개념들 간의 관계를 가르치기 위하여 설계된 수업전략이다. 전략을 사용할 때, 교사는 학습목표를 상세화하고 학생들에게 정보를 제시하고 발문을 통하여 학생들을 목표로 안내한다.

안내된 발견학습은 구성주의에 근거하고 있는데 구성주의는 하나의 학습에 대한 견해로 이미 이해를 조직된 형태로 수용하기보다는 오히려 그들이 공부하는 주제에 대한 이해를 발전시킬 것을 제안한다. 새로운 학습이란 현재의 이해라는 맥락에서 발전하며 학습자들이 현실 세계 과제, 문제, 질문을 해결해 나갈 때 사회적 상호작용에 의해 촉진된다.

안내된 발견수업의 계획은 주제 확인부터 시작되고 이어 명확한 학습목표를 상세화하고 이어 본보기와 적절치 않은 본보기를 선정하고, 사회적 상호작용을 계획하고 평가를 결정하게 된다.

안내된 발견수업은 개방적 단계에서 시작되는데 학생들은 그들이 직면하게 되는 본보기를 관찰하고 기술한다. 그 다음 단계는 수렴적 단계로서 교사는 학생들을 학습목표로 안내한다. 종결에서는 주제를 요약한다. 적용에서는 새로운 이해를 추가 예를 통하여 적용한다.

조직된 지식의 체계는 사실, 개념, 일반화, 원리 그리고 학문적 규칙이 상호 관련된 연결체이다. 학교교육과정 중 중요한 부분은 이러한 내용형태에 집중한다. 이론은 개념들 간의 관계를 정확히 기술하는데 그것은 조직화된 지식체계의 전문적인 하위요소이다.

강의 할 때 교사는 학생들에게 정보를 조직하여 제시한다. 강의는 융통성이 있고 계획과 실행하기 쉽다. 강의는 학생들이 다른 방법으로 쉽게 접근이 용이하지 않은 정보를 습득하도록 돕는데 효과적이다. 그러나 강의는 학생들을 수동적 역할을 담당하게 하고 학생들의 기억 용량을 쉽게 초과하게 하며 교사로 하여금 학습진전을 평가하지 못하게 한다.

강의-토의는 강의의 융통성과 단순성을 상호작용 수업의 장점과 결합한 수업이다.

효과적인 강의-토의는 학생들의 주의를 끌기 위하여 고안된 도입으로 시작되고 이어 교사는 작은 단위의 강의로 정보를 제시한다.

내용제시에 이어 이해조정과 통합이 이어진다. 강의-토의수업은 정보제시, 이해조정, 통합이라는 주기가 이전의 주기와 연결될 때 발전적이다. 계속 주기가 이어짐에 따라 통합과정은 보다 심화 확대된다.

핵심 개념

강의-토의
교사중심 수업
도입과 복습(지시적 수업)
독립적 연습(지시적 수업)
안내된 발견
안내된 연습(지시적 수업)
역행적 설계
이해개발(지시적 수업)
조직화된 지식의 체계
표준
학습자중심 수업
형성적 평가

자격시험준비

다음 사례연구를 읽고, 이장의 구체적인 정보를 사용하여 다음의 질문에 답하시오.

Margaret Fontini는 6학년 언어 교육과정을 가르치려고 그녀가 작성한 연간 수업계획을 살펴보고 전년도의 메모를 발견한다.

학생들은 요약에 어려움을 갖고 있다. 어디에서 시작할지 모르겠다.

"나는 그 단원을 기억한다. 그것은 마치 이를 빼는 것과 같았다. 나는 어떻게 아이디어를 구할지 몰랐다. 이번에는 좀 더 잘해야만 했다." 그녀는 중얼거리며 책장에 꽂힌 언어 교사가 펴 낸 책을 몇 가지 살펴본다. 월요일 Margaret은 다음과 같은 말로 시작한다. "좋아, 여러분 수학책을 집어넣으세요. 만일 여러분이 문제를 끝내지 못했다면 집에 가져가서 내일의 수업을 준비하세요."

잠시 쉬고 나서 학생들은 수학책을 넣는다. Margaret은 계속해서 다음과 같이 말한다. "오늘 언어수업에서 우리는 책을 읽을 때 우리에게 도움이 되는 새로운 이해기술을 배울 것입니다. 그것을 요약이라고 부르겠습니다. 이것은 여러분이 언어를 학습하는데 도움이 되며, 또한 다른 내용영역에서도 도움이 될 것입니다. 모두들 여기 OHP를 보세요. 여기 여러분에게 지시할 한 가지 정의가 있어요.

좋은 요약은 문장의 핵심아이디어를 재 진술하고 중요하지 않고 중복된 정보는 삭제하고 때때로 상위개념을 포함한다.

잠시 쉬었다가 학생들에게 정의를 읽도록 한다. Margaret은 계속한다. "자, 좋은 요약이 어떠한 것인지 한번 봅시다. 모두 이 문구를 읽어보세요. 그런 후 여러분에게 두 가지 요약을 보여줄 거에요. 여러분은 어느 것이 그 문장에 보다 나은 요약인지 알아맞히기만 하면 됩니다. 자, 시작해 봅시다."

사막에는 태양광선을 멈추게 할 구름 한 점 없다. 그래서 태양이 지구를 달구고 있다. 그 결과 지구는 아주 더워져 기온이 120도나 되었다. 사막에는 약간의 빗방울이 떨어졌다, 대부분의 사막에는 연간 10인치의 강우량도 채 오지 않는다. 소나기가 온지도 수년이 지났나 보다. 사막에 빗방울 하나 없이 5년에서 10년의 세월이 흘러간다.

"모든 사람이 이 문장을 읽을 기회가 있을까? 자, 내가 만든 두 가지 가능한 요약문을 봅시다. OHP를 보고 어느 것이 더 좋은지 말해보세요.

1. 사막은 덥고 건조한 곳이다.
2. 사막의 태양은 무자비하다.

"어느 것이 더 좋다고 생각하는지 누가 말해볼까 … Tanya?"
"저는 1번이 더 좋다고 생각해요."
"좋아, Tanya. 나도 너의 의견과 같아. 1번이 분명히 더 좋아. 또 하나 다른 것을 시도해 봅시다. 다시 아래 문장을 읽어보세요. 그러면 여러분이 선택할 수 있는 두 가지 가능성을 제시하겠어요."

열은 식물의 씨앗을 괴롭히지는 않는다. 씨앗은 얼마동안 은 물 없이도 발육할 수 있다. 비가 오고 나면 씨앗은 솟아오르고 꽃이 피어난다. 그러면 사막은 많은 색깔을 가진 꽃으로 뒤덮인다. 사막은 붉고, 노랗고 오렌지색 그리고 푸른색의 꽃들이 도체에 피어 있는 아름다운 곳이다. 그러나 곧 땅이 건조해지기 시작한다. 새로운 씨앗은 땅으로 떨어져 다음에 비가 올 때까지 기다린다. 비가 오면, 식물은 성장하고 꽃을 피우고, 새로운 씨앗을 남기고 그리고 죽는다.

"모든 사람들이 이 내용을 읽고 요약할 기회가 있을까? 자, 그러면 다음 중 어느 것이 보다 나은 요약이라고 생각하니? 여기 OHP를 보세요."

1. 사막의 꽃은 비가 온 후에만 꽃이 핀다.
2. 씨앗은 완전히 사막에 적하다.

"Ricardo, 너는 어떻게 생각하니?"

"저는 2번이 더 낫다고 생각해요. 왜냐하면 그 문장은 꽃보다 씨앗에 대해 더 많이 말하고 있어요."

"좋아, Ricardo. 여러분 모두 동의합니까? 다른 의견 있나요? 없다면, 여러분에게 사막에 대해 스스로 요약할 몇 가지 문장을 내주겠어요. 그리고 내일 우리는 그것들을 비교해 볼 것입니다." 그러면서 그녀는 네 개의 문장이 적힌 종이를 나누어주었다.

"여러분, 기억하세요. 여러분은 각 문장에 대한 요약을 작성해야 합니다. 나는 주의를 돌아다니며 여러분을 도와주느라 바쁠 겁니다."

그러자 많은 학생들이 손을 들고 도움을 요청했다. 그녀는 각 학생들을 도와주면서, 학생들이 모두 어디서부터 시작해야 할지 몰라 어려워 한다는 것을 알게 되었다.

"흠… 나는 요약하기에 보다 더 노력 하는 것이 좋겠다는 생각이 드네요. 내일 수업시간에 첫 번째 것을 하겠습니다."

1. 수업의 도입단계는 얼마나 효과적이었는가? Margaret의 도입을 어떻게 개선할 수 있는가?

2. 수업의 이해개발단계는 얼마나 효과적이었는가? 그것을 어떻게 개선할 수 있는가?

3. 수업의 안내된 연습단계는 얼마나 효과적이었는가? 평가 시 사례연구를 참고하여 설명하시오.

4. 수업의 독립적 연습단계의 질을 분석하시오. 독립적인 연습단계를 어떻게 개선할 수 있는가?

비디오 연습

MyEducationLab으로 가서 "지시적 수업"이라는 주제를 선정하고 "지시적 수업모형"이라는 비디오를 시청하시오. 비디오를 본 후 비디오에 나오는 질문에 답하시오.

포트폴리오의 개발

이 활동의 목적은 여러분이 학급에서 교사중심의 수업전략을 사용할 수 있는 상이한 방업을 생각해 내도록 권장하기 위한 것이다. 여러분이 첫 해에 가르치게 될 학생의 급과 학년을 생각해 보시오.

- 이 장에 나와 있는 수업전략 중 어느 것이 여러분이 가르치게 될 학년수준에 가장 유용한가? 그 이유는 무엇인가?
- 이 장에 나와 있는 수업전략 중 어느 것이 여러분이 가르치게 될 다양한 내용에 비추어 가장 유용한가? 그 이유는 무엇인가?
- 위 두 질문에 열거된 수업전략 이외에 여러분은 다른 어떤 수업전략을 사용할 것인가? 이러한 다른 수업전략으로 무엇을 달성하고자 하는가?

토의문제

1. 다음 요소들은 교육과정에서 기능의 중요성에 어떠한 영향을 미치는가?
   a. 학년수준
   b. 교과목
   c. 학생의 능력수준(높고 낮음)

2. 교사들은 가끔 전문적인 타협을 해야 한다; 즉 여러분은 방금 지시적 수업을 시작하였는데 학교의 계획 바뀌어서 여러분이 계획한 것의 반 밖에는 시간이 없다. 여러분은 수업을 어떻게 조정할 것인가? 왜 그러한가?
   a. 도입과 복습
   b. 이해의 계발
   c. 안내된 연습
   d. 독립적 연습

3. 강의-토의를 사용하여 여러분이 효과적으로 가르칠 수 있다고 믿는 몇 가지 주제를 밝히시오. 강의-토의 전략이 부적합하다고 믿는 다른 영역을 밝히시오. 이 두 영역은 어떻게 다른가?

4. 강의-토의는 저학년 학생들을 가르치기 위해 어떻게 적합하게 만들 것인가?? 영어가 모국어가 아닌 학생들을 가르치기 위해 강의-토의를 어떻게 적합하게 만들 것인가?

5. 다음 요소들은 강의-토의 주기의 적절한 길이에 어떻게 영향을 미치는가?
   a. 학생의 나이
   b. 자료의 곤란 또는 복잡성
   c. 학생의 사전지식
   d. 교사의 제시 기술

6. 공학이 학교에서 눈에 두드러짐에 따라 안내된 발견은 얼마나 중요한 수업전략이 되는가? 여러분은 왜 그렇다고 혹은 그렇지 않다고 생각하는지 그 이유를 설명하시오.

현장경험을 위한 제안

1. 교사중심수업을 실행하고 있는 교사를 관찰하시오.
   a. 수업의 요점을 개관한다.
   b. 교사의 일차적 내용의 초점은 무엇인가?
   c. 교사는 추상적 아이디어를 얼마나 구체적으로 설명하는가?
   d. 교사는 학생들을 어떻게 수업에 참여시키나?
   e. 여러분은 수업을 개선하기 위해 어떠한 제안을 하겠는가?

2. 지시적 수업: 개념수업. 개념을 가르치는 교사를 관찰하고 다음의 기준에 비추어 수업을 비판하시오.
   a. 분명하게 정의된 특징
   b. 특징과 관련 있는 본보기와 적합하지 않은 본보기
   c. 학생에 익숙한 상위개념
   d. 목표개념과 다른 동위개념

   수업은 어떻게 개선할 수 있는가?

3. 상호작용적 기술수업; 기술관련 수업을 관찰하고 오디오나 비디오 테이프를 만든다. 그것을 다음의 입장에서 분석하시오.
   a. 도입과 복습
   b. 이해의 개발
   c. 안내된 연습

d. 독립적 연습

학생의 학습증진을 위해 수업을 어떻게 개선할 수 있는가?

4. 상호작용적 기술수업: 시험해 봅시다. 기초기능모형을 사용하여 기능수업을 계획하고 실시하고 그 수업을 테이프로 만드시오. 테이프를 들어보시오. 그리고 다음의 질문에 대답해 보시오.
   a. 도입은 명확했는가? 거기에는 다음 내용이 포함되었는가?
      1) 그 기능은 무엇이었으며 이미 배운 기능과 어떠한 관련이 있는가?
      2) 그것은 어떻게 적용할 수 있는가?
      3) 그것은 왜 유용한가?
      4) 그것은 언제 사용되어야 하는가?
   b. 여러분은 수업의 목적 또는 목표를 진술했는가?
   c. 여러분은 그 기능을 이미 배운 자료에 관련을 지었는가?
   d. 기능을 모방하면서 생각하면서 혼자 중얼거렸는가?
   e. 연습 중 성공률은 학습의 속도에 관하여 무엇을 제시했는가?
      1) 안내된 연습
      2) 독립된 연습
   f. 교사의 발언비중은 수업 내내 어떻게 변했는가?
   g. 학생의 몇 %가 기능을 바람직한 수준까지 수행할 수 있는가? 어떻게 아는가? 이 수준이 무엇인지 정의하고 왜 이 수준이 수용 가능한지 설명하시오.

다음시간에 무엇을 다르게 했는가?

5. 교과서, 교육과정지침서 또는 주의 표준을 조사하고 가의-토의수업을 위한 가능한 몇 가지 주제를 정하시오.
   a. 이 주제들이 공통적으로 갖고 있는 것은 무엇인가?
   b. 학생들이 수업에 참여하기 위하여 어떠한 배경지식을 필요로 하는가?
   c. (a) 수업을 시작하고 (b) 이해를 조정하고 (c) 정보를 통합하기 위하여 어떠한 질문을 사용하겠는가?

가능하면 수업을 실시하고 비판하시오.

6. 강의-토의 형식을 사용하고 있는 교사(또는 교수)를 관찰하시오. 그 수업이 전적으로 강의가 아닐 것이라고 미리 결정해 보시오. 그리고 그 수업을 다음 내용의 입장에서 분석해 보시오.
   a. 강의-토의 주기의 길이(질문 전에 교사는 얼마나 길게 발언했는가?)
   b. 교사가 제기한 질문의 종류(질문을 순서대로 적어두시오. 질문에 보낸 시간과 함께 적는다. 후에 이것이 이해인지 아니면 통합에 관한 것인지 결정하시오)교사는 보다 효과적인 수업을 위하여 어떻게 해 왔는가?

7. 강의-토의 형태를 사용하여 수업을 계획, 실행하고 비디오테이프로 만드시오. 녹화한 수업을 다음 변인에 따라 분석해 보시오.
   a. 도입/복습
   b. 보조 조직
   c. 강의-암송주기의 평균길이
   d. 각 주기의 이해 점검
   e. 각 주기의 통합 연결

   지나고 나서 보면, 여러분은 수업을 효과적으로 하기 위해 무엇을 달리 할 수 있겠는가?

교수도구

☞ 참고문헌

Beers. B. (2006). *Learning-driven school.* Alexandria, VA: Association for Supervision and Curriculum Development. An excellent introduction to applying the latest research to standards and accountability.

Carnine, D., Silbert, J., Kame'enui, E., Tarver, S., & Jongjohann, K. (2006). *Teaching struggling and at-risk readers: A direct instruction approach.* Upper Saddle River, NJ: Prentice Hall. Provides a comprehensive overview of direct instruction applications for the teaching of reading.

Marzano, R., Norford, J., Paynter, D., Pickering, D., & Gaddy, B. (2005). *A handbook for classroom instruction that works.* Upper Saddle River, NJ: Person. Provides a comprehensive and readable overview of the research on effective instruction.

Mayer, R. (2008). *Learning and instruction.* Upper Saddle River, NJ: Pearson. Describes different approaches to instruction as well as their psychological underpinnings.

Wiggins, G., & McTighe, J. (2005). *Understanding by design* (2nd ed.). Upper Saddle River, NJ: Pearson Education. Explains how to design instruction and standards and goals.

☞ 웹사이트

www.nwlink.com This site provides a historical look at the use of discovery learning in classroom.

www.rmcdenver.com/useguide/lessons/design.htm? This site has valuable information about designing standards-based lesson.

www.scondaryenglish.com/approaches.html Although this site focuses on English instruction, it also contains useful information about teacher-centered instruction in general.

www.scondaryenglish.com/approaches.html This site describes an interesting experiment comparing teacher-centered versus learning-centered instruction in an high school class.

www.nctm.org This site for the National Council of Teachers of Mathematics, while it focuses on math instruction, also contains valuable information about controversies involving teacher-centered versus learner-centered instruction.

09

학습자중심 수업전략을 통하여 표준에 도달하기

서 론

8장에서 우리는 "가장 잘 가르치는 방법이 무엇인가?"라는 질문을 제기했다. 이 장에서 우리는 효과적인 교사는 다양한 수업전략을 활용하고 이 전략을 목표와 가르칠 학생에게 맞추어야 한다는 것을 알게 되었다. 어느 때는 지시적 교사중심전략이 더 효과적이다. 다른 경우 효과적인 교사는 뒤로 물러나 학생들이 보다 적극적인 역할을 하도록 허용하는 교사다. 이 장은 여러분들이 교실 내에서 학습자 중심 수업전략을 구성하여 실행하도록 돕기 위하여 설계되었다.

학습자 중심수업은 교사가 학생들의 학습을 지시하기 보다는 오히려 촉진시키는 수업전략을 기술하고 있다(McCombs & Miller, 2007). 학습자중심 전략에서 교사는 의식적으로 학생의 참여, 주도성 그리고 사회적 상호작용을 보다 많이 강조한다. 학습자중심 전략을 통하여 효과적으로 달성되는 목적은 다음과 같다.

- 반대의견에 대한 인내, 집단 내에서 함께 협동할 수 있는 능력, 자신과 타인의 입장에 대한 조사와 같은 의사소통기능의 개발.
- Marco Polo's의 동방 방문, 포르투갈 탐험대의 아프리카 여행 그리고 콜럼버스의 신대륙발견 이러한 것들의 관계를 규명하는 것과 같은 주제에 대한 깊은 이해력의 개발
- 탐구와 문제해결기능의 개발(Cornelius-White 2007; Li et al., 2007)

학생들이 기초기능을 숙달한다는 의미에서 보면 이러한 목적들은 복잡하고 수준이 높고 숙달하기가 어렵다. 이 장에서는 교실 내에서 학습자중심 수업전략을 계획하고 실행하도록 돕기 위하여 설계되었다.

학습자 목표

9장에 대한 공부를 끝내면 여러분은 다음과 같은 것을 할 수 있어야 한다.

- 학습자중심 수업의 주요특징을 설명한다.
- 협동학습전략을 어떻게 계획하고 실행하는지 설명한다.
- 토의를 어떻게 계획하고 실행하는지를 이해한다.
- 문제중심수업을 어떻게 계획하고 실행하는지 설명한다.

학습자중심 수업의 특징 적용

다음은 학습자중심 수업전략을 사용하여 학생들을 가르치는데 관한 사례연구이다. 다음의 사례연구를 읽으면서 다음 질문을 생각해 보시오.

- 이 상이한 수업들의 공통점은 무엇인가?
- 그들은 어떻게 다른가?
- 새로운 내용을 학습하고자 할 때 학생들은 어떠한 역할을 하는가?
- 학습을 증진시킬 때 교사는 어떠한 역할을 담당하는가?

Sasha Harris는 6학년 수학을 담당하고 있는 교사로 한 가지 문제가 생겼다. 그녀가 가르치는 학생들은 수학 기능에는 상당한 차이가 나는데, 그녀는 여러 자리 곱셈 문제를 어디에서 시작해서 도입해야 할지를 잘 모르고 있다. 우선 그녀는 학생들을 소집단으로 나누고 각 집단마다 수학을 잘하고 열심히 하는 학습자가 있는지 확인했다.

Jon Davis는 고등학교 사회과 교사로 학생들이 미국 헌법에서 규정하고 있는 대통령의 권한과 의회의 권한을 이해하기를 원한다. 그는 이와 같은 문제를 개관하고 있는 비디오를 학생에게 보여주면서 수업을 시작한다. 그 다음 그는 활기찬 토의를 이끌어 나가는데 학생들은 정부 각 부처의 권한 증가에 대한 찬·반에 대한 토론을 벌여 나간다.

Maria Sanchez는 중학교 과학 교사인데 그녀는 건강한 영양의 기본원리를 이해하길 바란다. 학생들의 흥미를 끌기 위하여 그녀는 학생들에게 학생들이 먹는 학교급식인 점심에 초점을 맞추어 영양내용은 물론 바람직함과 맛에 대하여 음식을 분석하도록 요구했다. 음식을 분석하면서 학생들은 학교의 다른 학생들뿐만 아니라 학교의 영양사를 면담한다.

학습자중심수업의 특징

방금 여러분이 읽었던 수업 내용은 모두가 학습자 중심 수업으로 학생들은 그 수업의 목표를 달성하는데 주된 그리고 적극적인 역할을 수행하였다. 학습자 중심 수업에는 다음과 같은 특징이 포함된다.

- 학습자는 학습과정의 중심부에 있다. 즉 교사는 학생들이 자신의 학습에 책임을 지도록 격려해야한다.

- 교사는 학생의 학습을 안내하고 필요시에는 그들이 막다른 골목으로 향하지 못하거나 오개념을 개발하지 못하도록 개입해야 한다.
- 교사는 내용과 과정에 대한 깊은 이해를 강조해야 한다.

학생은 교수학습과정의 중심부에 있다.

인지학습이론, 전문가의 사고를 탐구하는 연구, 교사중심수업의 비판과 같은 여러 이론들의 영향이 확대되면서 학습에서의 학생의 역할이 더욱 강조되었다. 이러한 강조는 교사로 하여금 학생들이 자신의 학습에 책임을 지고, 새로운 내용을 학습하는 동안 학생 서로와 상호작용하는 학습활동을 설계할 필요성이 생겨났다(Cornelius-White, 2007).

교사는 학습자를 안내한다.

학습자중심 수업의 두 번째 특징은 교사가 학생들을 직접 가르친다기보다는 학습자를 안내한다는 것이다(Mayer, 2008). 이것을 이론적 맥락에서 설명하기 위해, 8장에서 6학년 학생들을 가르치는 Carl Hite의 수업을 돌이켜보자. Carl은 학생들이 원의 둘레를 계산하는 방법을 이해하기를 원했다. Carl은 원의 둘레를 발견하는 구체적 절차를 설명하고 시범 보이며, 학생들이 교사가 가르친 대로 따라 하는지 확인하므로 학생들의 학습에 직접 책임을 졌다. 학습자중심 수업에서 교사는 학생들에게 과제를 주고 학생들이 실수할 때만 개입하여 학생들 스스로 자신의 학습에 책임을 지도록 한다.

깊은 이해를 위한 수업

학습자중심 수업의 세 번째 특징은 깊은 이해를 강조하고 있다는 점이다(Bransford, Derry, Berliner, & Hammerness, 2005). "이해를 위한 교수"란 구절은 역설처럼 보인다. 어떠한 교사도 의식적으로 이해가 결여된 수업은 하지 않는다. 그러나 이해는 언제나 수업을 통해서만 생기는 것은 아니다. 이해를 위한 교수는 보기보다 단순하지가 않다. 이해는 깊은 사고과정을 수반한다. 여기에는 설명하기, 증거를 발견하기, 사고를 정당화하기, 추가 본보기 제공하기, 일반화하기, 부분을 전체와 관련짓기가 있다. 학생들은 새로운 내용을 배우면서 이러한 기능들을 연습할 기회가 필요하다. 즉 학습자 중심 수업에서는 이러한 기회를 제공한다.

학습자중심 수업에 대한 오개념

교사는 학습자중심 수업을 교실에 적용해 나갈 때 이들 개념을 잘못 해석하는 경우가 종종 있다. 잘못된 해석에는 다음과 같은 것이 있다.

- 명확한 목적과 세심한 준비는 교사중심수업보다 학습자중심 수업에서 그 중요성이 덜 하다.
- 학생들이 토의와 다른 형태의 상호작용에 참여 하게 된다면 학습은 자동적으로 일어난다.
- 교사는 전통적인 수업보다 학습자중심 수업에서 덜 중요한 역할을 담당한다.

학생들은 자신의 이해 구성에 대한 책임이 있기 때문에 교사는 학습자중심 수업을 사용할 때 명확환 목표가 덜 중요하다고 잘못된 결론을 내릴 수 있다. 이것은 사실과 거리가 멀다. 명확한 목적은 수업을 설계할 때 핵심적 사항을 교사에게 제공해주고 학생들을 돕기 때문에 더욱 중요하다. 교사는 수업을 전개해 나가면서 목적을 수정하지만 그들은 명확한 목적을 마음속에 간직하고 있다. 토론과 다른 형태의 상호작용이 자동적으로 학습을 이끈다고 결론짓는 것은 잘못된 것이다. 우리는 학생들이 그들에게 의미가 있는 이해를 구성하고 자기조적이 되기를 원한다. 그러나 글의 이해는 타당해야 한다. 만일 학생들이 막다른 골목으로 향하거나 그 주제에 대하여 오해를 하게 된다면 교사는 토의에 개입하여 방향을 바꾸어야 한다(Ding, Li, Piccolo, & Kulm, 2007).

마지막으로 교사들이 직접 강의하고 설명하는 것이 아니기 때문에 교사중심수업보다 학습자중심 수업에서 역할이 덜 중요한 것처럼 보일 수도 있다. 그러나 그들의 역할은 더욱 미묘하고 더욱 정교화되어 있다. 만일에 그들이 주제를 이해한다면, 대부분의 교사들은 그것을 적절히 설명하는 방법을 배워야 한다. 학습자들이 주제에 대한 깊은 이해력을 계발할 수 있도록 학습자를 안내한다는 것은 훨씬 더 어려운 일이다.

이 장에서 우리는 세 가지 학습자중심 전략을 탐구한다: 협동학습, 토의, 문제중심학습, 우리는 다음 절을 협동학습으로 시작한다.

협동학습 전략

최근의 연구에 의하면 초등학교 교실에서 보내는 대부분의 시간 (91%)는 교사주도의 일제식 수업이거나 개별자습으로 학생들이 서로 상호작용할 시간이 거의 없다(Pianta,

Belsky, Houts, & Morrison, 2007). **협동학습**은 집단의 협동을 증진시키고 학생들과의 상호작용을 향상시키기 위하여 설계된 교수 전략에 쓰이는 일반적 용어이다. 이러한 모든 전략들의 공통점은 학생들이 공동의 목표를 달성하기 위하여 소집단에서 협력하는 것이다. 이러한 전략은 대부분의 교실에서 발견되는 경쟁을 제거하기 위하여 설계되었다. 경쟁은 "승자와 패자"를 양산한다. 결국 이러한 교실은 학생들 간의 도움을 주지 못한다 (Johnson & Johnson, 2006; Madrid, Canas, & Ortega-Medina, 2007). 협동 학습 전략은 학생들이 협력하도록 조장하고, 공동의 목표를 달성하기 위하여 서로를 도울 수 있도록 설계되었다. 이러한 이유 때문에, 협동학습 전략은 다문화 교실에서 내용학습만 아니라 집단 간 긍정적인 태도를 증진시키는데도 효과적이다(Banks, 2006). 협동학습 전략이 이러한 목표를 어떻게 달성하고 있는지, 중학교 교실을 살펴보자.

> Sasha Harris는 7학년 기초 수학 수업을 시작하기에 앞서 사전 검사를 실시한 후에, 그녀는 충격을 받았다. 학생들은 인종과 수학에 대한 배경 지식도 다양하였다. 어떤 학생들은 소수와 분수를 할 수 있지만, 어떤 학생들은 곱하기와 나눗셈과 같은 수학의 기초 연산 능력에 어려움을 보였다.
>
> 이러한 다양성을 해결하기 위하여, 교사는 학생들을 4명씩 집단으로 편성하였다. 집단구성은 사전 점수와 인종적 배경을 기초로 하였다. 수학을 가르치는 것 이외에 교사는 학생들끼리 서로 알도록 돕고 서로 다른 인종 집단과 어울리도록 서로 도와야 할 필요성을 인식하였다.
>
> 다음날, Mr. Harris는 학생들이 여러 자리 수의 곱셈에 관한 과정을 복습하면서 수업을 시작하였다. 그녀는 일부 학생들에게는 쉬울지도 모르지만, 다른 학생들에게는 어려울 수도 있다는 것을 알았다. 그래서 그녀는 복습을 한 후에, 학생들을 팀으로 나누어 각 집단에 학습지를 제공하고, 어떻게 각 팀의 수행능력이 팀 구성원의 점수에 의해 결정되는지를 설명하였다. 불평하는 학생들이 있자, 교사는 다음과 같이 설명하였다. 팀은 특별하고 균형 있게 배치하였으며 학생들은 다른 사람과의 직접적인 경쟁이 아닌 개인의 향상에 의해서 평가된다고 설명하였다.
>
> 소집단 별로 문제지를 해결하는 동안에, Mr. Harris는 교실을 순회하면서, 협동을 격려하였고, 학생들에게 친구의 학습을 돕는 방법에 대하여 알려주었다. 수업 시간이 끝날 무렵 학생들은 퀴즈를 풀었다. 교사는 채점하고 다음날 나누어 주었다. 그녀는 팀 점수에 기초하여 점수를 주었다.

협동학습은 여러 가지 다양하지만 양립할 수 있는 목적을 달성할 수 있다. 협동학습은 전통적인 학습 목표, 기초기능, 고차원인적 사고력을 가르칠 수 있다. 또한 대인관계 기술을 가르치거나 다양한 인종을 돕고 서로 함께 학습하는 것을 돕는데 효과적인 전략이다. 협동학습은 일반교실에 특수 아동들을 통합하여 수용하는 것을 조장하는데 사용되어 왔다(Jonson & Jonson, 2006).

목적이 어떤 것이라도, 모든 협동학습 전략에는 다음과 같은 다섯 가지 본질적인 요소가 포함되어 있다(Johnson & Johnson, 2006):

- 사회적 상호작용은 학습을 촉진하기 위해 사용된다.
- 학생들은 배당된 과제를 집단과 함께 협동하여 해결한다.
- 학습목표는 집단의 학습활동을 지시하는 집단목표가 된다.
- 교사는 학생들에게 개별적으로 학습에 대한 책임을 지운다.
- 학생들은 내용목표를 학습하면서 협력 기술을 개발해 나간다.

학생들 간의 대면적인 상호작용은 몇 가지 이점이 있다. 그것은 학생들이 자신들의 복잡한 사고를 말로 표현할 수 있도록 해준다. 이것은 사고력과 학습을 촉진시키는 인지적인 요구 과제이다(뭔가를 쓰려고 노력하는 사람이 증명할 때). 또한 사회적 상호작용은 다양한 관점을 공유하게 하고, 학생들이 다양한 관점으로 아이디어를 볼 수 있도록 도와준다. 대면적인 상호작용은 다른 사람들의 아이디어에 기초하여, 학생들이 지식을 함께 구성할 수 있게 해준다(Eggen & Kauchak, 2007).

학습의 목표는 학생들의 열정을 합의되고 공유된 학습과제에 집중시킨다. Sasha Harris 수업에서 집단의 목표는 모든 구성원들이 여러 자리 수의 곱셈하는 방법을 배우는 것이었다. 집단의 목표는 학생들이 서로를 돕게 하는 동기가 되었고, 그것은 다시 다른 사람의 성공을 위해 노력하도록 하였다. 이러한 견해를 뒷받침하기 위하여, 연구자들은 성공적인 집단은 내용을 중심으로 상호작용을 확장하고, 집단의 목표는 학생들이 동료들에게 내용을 설명하도록 격려해 준다는 사실을 알아냈다(Webb, Farivar, & Mastergeorge, 2002). 이와 함께, 집단의 목표는 학생들에게 도움을 청하거나 도움을 주도록 격려한다. 교사들은 전체 집단의 수행 능력을 향상시키기 위하여 학생들에게 보상을 주는 점수 체제를 설정함으로써 집단의 목표를 촉진시킬 수 있다. 팀 수행능력에 대한 보상은 학생들에게 중요한 것이 될 수 있다. 보상으로는 자유 시간, 성취도 인증, 보너스 점수 등이 있다.

학생책무성은 집단에 있는 각 개인이 퀴즈, 시험, 개별 과제를 통하여 본질적인 내용학습에 책임을 지는 것이다. 개별 책무성은 집단의 성적과 보상이 개인의 퀴즈 점수 평균에 기초를 두었을 때 집단의 목표와 결합이 된다. 개별 책무성이 없다면, 집단에서 유능한 학생들이 모든 활동을 하게 되어, 동료들이 무시되거나 "무임승차"하게 될 수 있다.

협동학습의 마지막 특징은 학생들이 내용과 사회 상호작용기술 모두를 배운다는 점이다. 이러한 상호작용기술에는 교환하기, 듣기, 합의하지 않는 방법 배우기, 피드백 주기, 합의에 도달하기, 집단의 모든 구성원들이 참여하기 등이 포함된다. 이러한 협력기술은 협동학습 활동에서 배우는 가장 중요한 기술들 중의 일부분이고, 종종 배워야하며 개발되어져야 한다(Blatchford, Bains, Rubie-Davies, Bassett, & Chowne, 2006; Li et al., 2007). 협동학습활동 이후의 집단 과정은 구성원들에게 그들 집단의 효과를 반성하도록 한다. 이것은 집단을 더 효과적으로 만들고 개인들에게 그들의 행위가 집단의 활동에 어떻게 기여하는지를 이해하게 하는데 도움을 준다.

연습 9.1

Sasha Harris가 교실에서 협동학습의 본질적인 특징을 어떻게 적용하고 있는지 설명하시오.

a. 집단의 목표

____

b. 개별 책무성

____

c. 사회적 기능의 개발

____

협동학습의 시작

"우리가 무엇을 해야 하지?"

"나도 잘 모르겠는데."

"조용히 해! 안 들리잖아!"

"나도 들을 수가 없어. 너무 시끄러워"

성공적인 협동학습 활동은 저절로 일어나는 것이 아니다. 성공적인 협동학습 활동들은 사려 깊은 계획과 준비의 결과이다. 학생들이 이러한 수업전략에 관하여 제한된 경험을 갖고 있다면, 학생들에게 협동학습을 도입하기 위해서는 특별한 노력을 해야 한다.

교실에서 협동학습 전략을 실행하는 교사는 다음과 같은 잠재적인 문제점들을 확인해야 한다;

- 과제이탈 행동
- 함께 어울리지 못함
- 비행
- 집단 시간의 비효과적인 활용(Vaughn, Bos, Candace, & Schumm, 2006).

교사가 이러한 잠재적 문제점들의 하나하나를 어떻게 다루는지를 살펴보자.

과제이탈 행동. 과제이탈 행동은 크게 두 가지 요소에 기인된다. 과제의 목표가 명확하지 않거나 책무성이 부족할 때 발생한다. 학생들을 집단으로 나누기 앞서서, 교사는 활동의 목적을 명료하게 제시하고, 결과로서의 구체적 산물을 제시해야 한다. 이와 함께, 학생들이 과제를 완성해야 하는 시간(비교적 짧은 시간)을 구체적으로 제시하여야 한다. 학생들에게 협동학습을 처음 소개한다면, 짧고 단순한 과제에서 시작하고 목표와 방향을 명료하게 해야 한다. 이와 함께 결과를 명확히 기록하는 것은 책무성과 관련이 있다. 학생들이 결과에 대하여 정확히 알면, 학생들은 목적을 달성하기 위하여 명확한 목표를 가지게 된다.

함께 어울리지 못함. 효과적인 협동학습은 자동적으로 나타나는 것은 아니다. 사회적 기술이 개발되어야 한다(Berk, 2006, 2007). 많은 학습 활동에서 학생들은 다른 학생들과 고립되어 조용히 앉아 있게 된다. 협동학습에서는 말하고, 듣고, 서로의 학습을 돕는 기술들이 요구된다. 이 과정은 이질적인 집단에서 더욱 복잡하다.

교사는 학생들의 상호작용기술을 계발시키기 위하여 다음과 같은 협동학습 팀 만들기 연습을 활용해야 한다(Joson & Jonson, 2006).

1. *이름 알기.* 집단을 형성할 때 초기에 학생들이 서로의 이름을 알 수 있도록 시간을 배정한다. 다른 팀 구성원들이 그들의 파트너 이름을 알도록 게임이나 퀴즈를 사용한다.
2. *면접.* 이름 알기 연습의 확장으로, 학생들은 서로의 흥미, 취미, 좋아하는 음식 또는 서로에 대하여 알지 못하는 것들을 인터뷰하게 한다. 학생들에게 이러한 것들을 반 학생들에게 간략하게 소개하도록 한다.
3. *팀 이름 또는 로고 만들기.* 학생들에게 집단의 이름을 만들도록 한다. 학생들이 집단의 이름을 정할 때, 학생들이 모두 참여할 것을 강조하고, 합의를 하도록 하며, 개인의 권리를 존중하도록 한다.

특히 협동학습에서, 그리고 일반적으로 수업에서의 중요한 목적은 학생들이 서로 예의 바르고 존중하는 방법을 배우는 것이다. 이러한 규칙을 깨는 것은 여러분의 수업시간에 중요한 과실을 범하는 것이다. 노력과 인내를 통하여 여러분들은 이러한 규칙을 강조할 수 있고, 친구들하고만 공부하기를 원하는 학생들과 관련된 많은 문제들도 사라질 것이다.

비행. 협동학습 전략의 상호작용 성격 때문에, 자유와 구조화가 부족하면 결과적으로 학생들의 관리 문제가 증가된다(Emmer, Evertson, & Worsham, 2006; Evertson et al., 2006). 이러한 문제점을 해결하기 위하여 구체적인 과제 요구, 책임 설정, 책무성, 주의 깊은 학생 관찰 등이 요구된다.

학생들의 역할과 기대가 명료하지 않을 때 다양한 관리 문제가 발생된다(예를 들어, 우리가 무엇을 해야 하지?). 여러분이 학생들을 집단으로 나누기 전에, 모든 학생들이 자기들이 무엇을 해야 할 것인지를 알도록 해야 한다. 단지 학생들에게 과제만을 기술하지 말고, 학생들이 사용하려는 동일한 학습 자료를 가지고 학생들에게 직접적으로 시범을 보여 주어야 한다. 학생의 책무성은 구조를 형성하고 학습관리 문제를 최소화하는데 도움이 된다. 학생들이 기대되는 결과 또는 퀴즈가 제공될 것을 알게 되면, 그들의 노력은 보다 직접적으로 학습 과제에 초점을 맞추게 된다.

집단 시간의 비효과적인 사용. 학생들이 집단에 있을 때, 교실을 순회하면서 집단을 관찰하고 각각의 집단을 도와주어야 한다. 때때로 뒤에 서서 전체 교실을 관찰해라. 어떠한 집단이 활동을 잘 하는가? 어떠한 학생들이 분주하고, 어떠한 학생들이 빈둥거리거나 놀고 있는지? 도움이 더 필요한 집단에게는 시간을 더 사용해라(도움을 더 주어라). 효율적으로 활동하는 집단에게 긍정적인 말이 담긴 보상을 주도록 해라. 그리고 효율적인 집단에 대하여 전체 학생들의 주의를 끌 수 있도록 구체적인 노력을 해라.

협동학습의 유형

연구자들은 교사가 교실에서 학습을 극대화하기 위하여 다른 여러 수업전략의 요소들을 근거로 구성한 다양한 협동학습 전략을 사용하고 있음을 발견하였다(Eggen & Kauchak, 2007; Emmer & Gerwels, 2002). 연구자들은 가장 성공적인 전략에는 높은 수준의 개별책무성과 집단책무성, 교사의 조정, 피드백, 그리고 학생들의 사고력에 초점을 두고 제공한 구체적이고 다양한 자료들의 사용 등이 포함되어 있음을 발견하였다(Emmer & Gerewls, 2002). 이 절에서 우리는 몇 가지 협동학습 전략을 기술하였다. 이것들은 목표와 절차에 차이가 있다.

집단 학습. 집단 학습은 교사 중심의 수업 또는 강의와 같은 다른 수업 전략을 보충하기 위하여 학생들과의 협동을 활용하는 수업전략이다. 집단 학습은 낮은 수준의 목적과 높

은 수준의 목적 모두를 가르치는데 사용될 수 있다. 낮은 수업의 목적 예에는 다음 내용이 포함된다:

- 기초적인 수학 사실
- 역사적인 이름과 시기
- 화학 기호와 과학적인 용어
- 언어에서의 발음과 문법

집단 활동은 또한 동일한 내용에 대한 학생들의 사고력을 촉진시키기 위하여 사용될 수 있다, 가령:

- 학생들의 문제해결 기술을 향상시킨다.
- 사회과목에서 경향과 인과관계를 이해하는데 도움을 준다.
- 과학에서 실험 설계 방법을 가르친다.
- 초고에 대하여 피드백을 제공한다(Ginsburg-Block, Rohrbeck, & Fantuzzo, 2006; Harris, Graham, & Mason, 2006).

집단 학습은 수업의 목표, 집단의 크기와 구성, 학습과제에 따라서 많은 형태가 있다. 가장 단순한 집단 학습 방법은 짝으로 구성된 학습방법이다. 학생들이 서로 옆에 앉아서, 짝과 함께 학습하는 학생들은 기존의 수업에 쉽게 통합될 수 있다.

이 절에서는 널리 사용되고 있는 두 가지 집단 학습 즉 생각하고-짝을 이루고- 공유하기 방법과 짝 점검하기 방법을 논의한다.

생각하고-짝을 이루고-공유하기 방법에서, 교사는 정형화된 질문을 하지만, 한 학생에게 대답을 하도록 하기 보다는, 모든 학생들이 답에 대하여 생각해보고 동료와 함께 논의하도록 한다. 잠시 후에, 교사는 전체 학생들과 함께 학생들과 생각을 공유하기 위하여 각 짝 중 한 학생에게 질문한다. **생각하고-짝을 이루고-공유하기** 전략은 전체 집단을 대상으로 한 교사중심 수업에 함께 사용될 때 가장 효과적이다.

다음의 네 가지 요소가 이 전략의 효과에 도움이 된다.

- 학급의 모든 학생들에게 반응을 유도하고 적극적인 학습을 조장한다.
- 짝들의 개별 구성원들이 참여할 것으로 기대되기 때문에, 집단 활동에서 가끔씩 발생하는 무임승차를 줄일 수 있다.
- 계획하고 실행하는 것이 비교적 용이하다.
- 학습자에게 다른 전략, 보다 복잡한 집단 활동 전략으로 이전하는데 도움을 줄 수 있다.

학교에서 널리 사용되고 있는 두 번째 형태의 집단 학습은 짝 점검 학습이다. 이 전략은 학생들이 짝을 이루어 함께 수렴적 답을 요하는 질문에 중점을 두어 학습해 나간다. 이 전략은 통상 개념과 기능을 가르치고 학생들에게 해결자와 점검자의 역할을 교체하여 주제에 대하여 연습할 기회를 제공한 후에 실시된다. 짝은 정답 또는 오답이 있는 수렴적인 문제나 질문이 담긴 과제에 관한 유인물을 받는다, 여기에는 수학 문제, 철자, 문법, 구둣점 등에 관한 문제가 있다. 짝 중의 한명은 두 개 또는 세 개의 문제를 해결하고, 다른 한명은 답을 점검한다. 그런 다음 역할을 바꾼다.

학생들이 학습 할 때, 교사는 학습과정을 조정하고, 학생들이 정답에 대한 이유에 대하여 적시에 토론하도록 격려한다. 만약 학생들이 토론을 잘 못하면, 짝은 개별 학생들이 책 뒤에 있는 답을 확인 하는 것만 못한 결과를 가져온다. 이외에 불일치 또는 혼란스러운 부분에 대한 전체 학급 토론을 하기 위하여 활동 끝 부분에 시간을 남겨 두어야 한다.

학생 팀 성취 분담 학습. Sasha Harris의 예에서 볼 수 있듯이, 학습 팀 성취 분담 학습(STAD)에서는 능력이 높고 낮은 학생들이 짝을 이루어 4-5명이 팀을 이루고, 팀 점수는 개인의 향상 점수에 의하여 받게 된다(Slavin, 1995). STAD의 중요한 특징은 학생들에게 팀 수행에 따라 보상이 주어진다는 것이다. 따라서 집단의 협동을 조장하게 된다.

STAD의 단계는 다음과 같다.

1. 사전검사를 실시한다. 이것은 이전 단원에서의 활동 또는 실제적인 사전 검사가 될 수 있다.
2. 학생들을 서열화한다.
3. 각 팀의 학생들은 능력이 높은 학생, 중간 학생, 낮은 학생으로 4명씩 구성된다. 각 팀은 성과 인종과 관련하여 다양하다.
4. 평상시처럼 내용을 제시한다.
5. 학습할 내용이 담긴 학습지를 배부한다.
6. 학습 발전을 위하여 모든 집단을 관찰한다.
7. 개별 학생에게 개별 퀴즈를 실시한다.
8. 개인이 획득한 점수에 기초하여 팀 점수를 배정한다.

STAD는 널리 사용되고 있는 수업 방법이다. 이것은 대부분의 교과와 학년에서 넓은 적용가능성 때문이다. 교실에서 협동학습이 어떻게 진행되는지 Slavin(1995)의 내용을 상세히 살펴보면 다음과 같다.

집단 조사

Maria Gernandez는 교장선생님으로부터 초등학교에 있는 운동장과 체육관에 새로운 교구를 구입하는 것에 대한 자문 요청을 받았다. 그녀는 이번 기회가 학생들이 집단 조사에 참여하는데 좋은 기회가 된다고 생각하였다. 처음에 학생들에게 문제를 제시하였을 때, 학생들은 모두 농구공, 줄넘기와 같은 개인이 선호하는 것을 말하였다. 그러나 Mr. hernandez는 학생들에게 개인들이 원하는 것을 초월하여 생각하도록 하였다. 이 문제를 해결하기 위하여 집단을 나누고, 자료를 수집하도록 하였다. 인터넷과 도서실에서 정보를 찾을 수 있었다. 어떤 학생들은 다양한 수준의 학생들에게 여론조사를 하기로 결정하였다. 다른 사람들은 주변 학교를 방문하여 교구와 편의 시설을 점검하였다. 각 집단이 자료를 수집했을 때, Mr. Hernandez는 학생들이 자료를 정리하고, 그것을 전체 학생들과 공유할 수 있도록 일정한 양식에 기입하도록 도와주었다. 한 주가 끝날 때 각 집단은 결과를 발표하였고, 학생들은 결과의 차이점에 대하여 논의하였다.

협동학습은 고차원적인 학습을 조장하는 데에도 사용할 수 있다. 집단 조사는 학생들에게 공통적인 문제를 해결하거나 조사하기 위하여 팀을 3-6개로 구성한다(Tan, Sharan, & Lee, 2007). 이 방법이 사용되는 교과에는 과학 또는 사회과의 실험, 가정과 프로젝트, 예술에서의 디오라마 또는 미술의 콜라주가 있다. 학생들은 집단 목표 설정, 개별 책무성 부여, 프로젝트 완성에 대한 책임이 있다. 협동은 공동 집단의 목표를 통하여 증진되고, 점수는 전체 프로젝트에 의해서 결정된다.

집단 조사전략은 6단계이다.

1. 주제 선정: 학생들은 일반적인 영역에서 조사할 주제를 선정한다.
2. 협동학습 계획: 교사의 도움을 받은 학생들은 자료를 수집하는 방법과 인터넷 또는 도서관 자료 조사와 같은 다른 학습 활동을 계획한다.
3. 실행: 학생들은 다양한 학습 전략과 자료 원천을 통하여 자신들이 고안한 계획을 실행한다.
4. 분석 및 종합: 학생들은 지금의 집단 또는 다른 집단에서 수집된 정보를 분석하고 조직한다.
5. 최종 보고서 발표: 학생들은 수집한 정보를 공유한다.
6. 평가: 학생들은 결과와 관점을 비교하고 유사점과 차이점에 대하여 논의한다.

다양성을 수용하기 위하여, 교사는 집단을 이질적으로 구성해야 한다. 다양한 집단 구성원들은 모두 최종 보고서 작성에 참여해야 한다.

Jigsaw 방법

Felicia Garret는 고등학교 생물 교사이다. 그녀는 파충류 단원에 대하여 공부를 하려고 한다. 그녀는 그 단원에 학생들이 적극적으로 참여하기를 원했다. 따라서 그녀는 학생들을 4명으로 구성된 팀으로 편성하였다. 그녀는 능력, 성별, 인종적인 배경을 고려하여 팀을 편성하였다. 각 팀은 학습 주제가 동일하다: 학습 주제는 양서류와의 유사점과 차이점, 파충류의 종류(뱀, 거북이, 도마뱀 등), 파충류의 생리 병리학과 해부학, 파충류의 생태학적 적응이다. 각 팀원들은 이들 중 한 가지에 대하여 학습하기로 하고, 그들이 학습한 것을 집단에게 가르쳐야 한다. 이러한 것을 돕기 위하여, Felicia는 특별한 전문가 집단 모임을 만들었다. 이것은 개별 집단으로부터 특정 주제에 대한 전문가를 지정하여 그들의 결과를 토론하도록 하는 활동이다. 이러한 모임을 한 후에, 전문가들은 그들이 배운 내용을 다른 구성원들에게 가르치고, 전체 학생들을 대상으로 종합적인 시험을 본다.

Jigsaw는 공통 주제를 조사하기 위하여 학생들을 소집단으로 나누는 협동학습 전략 중의 하나이다(Aronson, Wilson, & Akert, 2005). 이러한 주제의 범위는 방대하여 개별 구성원들에게 주제의 세부내용들이 배당된다(예 지리에서는 멕시코, 과학에서는 파충류, 보건에서는 전염병). 그런 다음 개별 구성원은 구체적 세부내용에 대한 연구와 학습에 책임을 지고, 다른 구성원들에게 이 주제를 가르친다. 모든 학생들은 주제와 관련된 모든 정보를 학습하게 되고, 종합적인 퀴즈는 이것이 제대로 이루어졌는지를 평가하기 위한 집단 보고서를 보충하기 위하여 활용될 수 있을 것이다. 이들 협동학습의 다양한 형태들과의 차이점은 〈그림 9.1〉에 제시되어 있다.

그림 9.1 협동학습 전략

전략	내용 목표	구조
또래 교수법	사실, 기술, 목적	일반적인 수업에 반복 연습 보충
학생 팀 성취 분담 학습	사실, 기술	이질적인 팀으로 학습 팀의 수행에 강화 받는다.
집단 조사	집단 문제 해결/ 탐구	이질적인 팀. 팀은 집단 프로젝트에 할당된다.
직소(Jigsaw)	광범위한 주제에 대한 집단 조사	개별적인 팀 구성원들은 대 주제에 관한 개별 사실들에 할당된다.

교실에서의 다양성

협동학습: 다양성을 활용하기 위한 도구

불행히도, 사람들은 겉으로 나타난 것보다 다르게 보이거나 행동하는 사람들 또는 자신들과 다른 배경을 가진 사람들을 경계하려는 경향이 있다. 이러한 경향은 사회적 상황에서는 흔한 일로서 학교에서도 발생한다. 특별한 인종 집단의 학생들은 대부분의 시간을 함께 보내려고 하는 경향이 있다. 그래서 그들은 우리가 서로 다르다기보다는 훨씬 더 유사하다는 사실을 모른다.

교사로서, 우리는 서로 다른 배경을 가지고 있는 학생들 간의 인내심, 신뢰, 우정을 강요할 수 없다. 그러나 우리는 학생들을 협력하면 긍정적인 결과와 건강한 관계가 생기는 협동상황에 학생들을 배치할 수 있다(Johnson & Johnson, 2006).

이 분야의 연구는 이러한 생각을 지지한다. 협동학습 집단에서 공부하는 학생들은 사회적 기술을 향상시키고, 특수아동을 더욱 수용하고, 학업성취도, 인종, 그리고 성별이 다른 학생들과의 우정과 긍정적인 태도를 발달시킨다(Vaughn et al, 2006).

협동학습이 인종적, 대인간의 태도에 미친 긍정적인 결과는 다음과 같은 3가지 요소에서 생겨난다.

1. 다양한 유형의 학생들이 공동프로젝트에 함께 학습할 수 있는 기회
2. 참여자에 대한 동등한 지위 역할
3. 다양한 유형의 학생들이 개인으로서 서로에 대해 배울 수 있는 기회(Vaughn et al, 2006).

대인관계에 관한 협동학습의 긍정적인 효과는 집단 간 벽을 허물고 우정을 경험하는 기회로부터 생겨난 것이다. 학생들이 협력할 때, 그들은 인종집단과 능력 집단을 막론하고 모든 집단에 걸쳐 우정을 개발해 나간다. 그것은 다른 집단 간의 우정을 쌓게 해주는 동료 집단의 벽을 허물고 부드럽게 하는 경향이 있다. 이러한 긍정적인 결과를 달성하기 위하여, 교사는 주의 깊게 계획하고 전략적으로 실행할 필요가 있다(Blatchford et al., 2006).

효과적인 상호작용은 저절로 발생하지 않는다; 이것은 계획되고 가르쳐져야 한다(Blatchford et al., 2006; Ding et al., 2007). "도움" 행동이 학습될 수 있으며, 이들 기술은 특히 소수 학생들에게 중요하다. 그들은 종종 도움을 구하고 받는 행위에 망설이는

경향이 있다. 유용한 상호작용 기술을 위한 지침에는 다음과 같은 것들이 포함된다:(Li et al., 2007);

- *경청과 발문:* 다른 학생들에게 그들이 이해한 것을 말로 표현하도록 격려하고, 다른 사람을 비판하지 않고 다른 사람의 아이디어를 경청하기
- *이해력 점검하기:* 대답이 불완전할 때 정교화를 위하여 요구하기
- *과제참여하기:* 토론이 초점에 맞추어져 있는지, 그리고 시간제한은 잘 지켜지는지 확인하기
- *정서적인 지원:* 오답에 대한 부연 설명 제공하기(예 "괜찮아. 나도 처음에는 항상 이해가 안 돼.")

역할 놀이, 교사 모델링, 그리고 효과적인 집단에 관한 비디오테이프는 학생들이 이러한 기술을 배울 수 있도록 돕는데 사용될 수 있다.

다양성 수용을 성공적으로 촉진하기 위해서는 협동과 의사소통이란 과제가 필요하다. 학생들이 돌아가면서 리더 역할을 하게 함으로써, 교사는 모든 집단 구성원들이 참여할 수 있게 하고, 리더나 공격적인 학생이 활동을 지배하지 않도록 할 수 있다. 의사소통과 협동을 조장하기 위해 사용될 수 있는 다른 과제로는 수학 문제를 제시하고 확인하는 것, 학생들이 또래 교사로서 역할을 바꾸어가며 철자와 문법 연습하기, 그리고 개방형 문제를 제공하는 것 등이 있다(Johnson & Johnson, 2006; Vaughn et al., 2006).

이와 함께, 모든 집단은 특히 초반에 꾸준한 관찰과 지원을 필요로 한다. 학생들의 학업성취도는 집단에서의 상호작용의 양과 질에 관련된다. 교사들은 초기에 개별집단에서의 대인관계 문제를 다루어야 한다. 이러한 문제가 지속된다면, 교사들은 토론, 추가적인 시범, 역할 놀이를 하기 위하여 학생들을 재소집할 수 있다.

토의전략

토의는 고차적 학습목표를 달성하기 위한 일차적 수단으로서 교사-학생, 학생-학생간의 상호작용을 활용하는 수업전략이다. 토의의 특징은 교사에 대한 초점이 감소되고, 학생과 학생의 상호작용은 증대되고 학생의 참여수준은 높아진다. 토의가 효과적으로 활용되면, 토의는 사고력을 자극시키고, 태도 신념을 바꾸고 대인간의 기능을 발달시킨다(Burbles & Bruce, 2001; Meter & Stvens, 2000). 그러나 적절히 조직, 관리하지 못하면 토의는

교사에게 지루하고 좌절감을 주며, 시간낭비가 된다.

토의전략은 목표와 절차 면에서 협동학습전략과 상당히 다르다(Keeger, Zeitz, & Resnick, 2000; Meter & Stevens, 2000). 토의전략들은 개념이나 일반화와 같은 구체적인 내용을 가르치기 위하여 고안된 것이 아니다. 오히려, 토의전략은 다음의 학습과 같은 중요한 수업 목표에 도달하기 위하여 사용된다.

1. 아이디어 간의 연결과 관계 이해하기
2. 적극적인 경청자 되기
3. 지도성 기술 계발하기
4. 집단의 의견 요약하기
5. 자기주도 학습 기술 개발하기
6. 분석, 종합, 평가 기술 개발하기
7. 합의 도달하기
8. 의견에 대한 모순점과 차이점 다루기

학생들은 학급 토의에 적극적으로 참여함으로써 이들 기술을 학습한다.

토의과 교사 중심의 수업 전략 사이의 두 번째 차이점은 교사의 역할과 관련이 있다. 토의에서, 교사는 학습의 감독자이기보다는 촉진자이다. 여러 가지 면에서, 이러한 역할은 보다 어렵다. 왜냐하면, 교사는 수업의 방향과 속도를 덜 통제하기 때문이다. 그럼에도 불구하고, 교사의 역할은 중요하다. 학생의 상호작용과 아이디어 교환을 통하여, 교사는 학습을 촉진시킬 수 있다는 확신이 있어야 한다. 이것은 집단 활동을 주의 깊게 준비하고, 자료를 수집하고, 지원하고, 조정하고 평가함으로써 달성될 수 있다. 자! 이제 토의전략을 위한 교사의 계획에 대하여 살펴보자.

계획

토의수업의 계획과 실행에 관련하여, 가장 중요한 것은 조직이다. 활동을 세심하게 조직하는 것이 중요하다. 그렇지 않으면, 그 활동은 결과적으로 학습이 이루어지지 않거나 혼란에 빠지게 될 것이다. 토론에서 가장 큰 문제점은 학생들이 수업의 주제나 핵심 영역에서 벗어나려고 하는 것이다. 주의 깊은 계획과 조직만이 이러한 문제들을 예방할 수 있다.

토론 활동을 계획할 때는 다음과 같은 5가지 결정은 필수적이다. 첫째, 교사는 목표를 신중하게 고려해야 한다. 앞에서 언급했듯이, 토의의 목적은 내용 목표뿐만 아니라 의사소통기술과 사회적 기술을 습득하는데 있다.

둘째, 교사는 대집단에서 교사 중심으로 토론을 실행할 것인지 혹은 소집단에서 학생 중심으로 토론을 실행할 것인지를 결정할 필요가 있다. 이것은 교사의 목표와 관련이 있다. 토론의 일차적인 목적이 지도력 기술의 개발, 적극적으로 경청하기, 또는 다른 것과 관련된 상호작용 기술의 개발이라면, 소집단 활동이 효과적일 것이다. 반대로, 아이디어 관계를 탐색하거나, 분석, 종합, 평가 기술의 개발이 목표라면 이것은 교사 중심의 토론이 더 효과적일 것이다.

셋째, 교사는 학생들의 배경과 경험을 고려해야 한다. 어리거나 경험이 없는 학생들은 방향이 명료하고, 비교적 과제가 단순하며, 그리고 기간이 짧은 형태의 구조화를 필요로 한다. 학생들이 경험을 습득하게 되면, 학생들은 보다 자발적으로 수행할 수 있다. 토론 목적은 발달적이어야 한다. 이 수업방볍이 성공하기를 바라는 교사는 충분한 시간을 갖고 학생들의 보다 효과적인 토론 기술을 개발시켜 나가야 한다.

넷째, 토의는 요약, 나열, 일련의 결과와 같은 구체적인 결과물이 있거나, 구체적인 것을 수업에서 공유할 수 있어야 한다.

마지막으로, 교사는 활동을 위한 시간을 배당할 필요가 있다. 일반적으로, 배당 시간이 짧아야 한다. 우리가 학생들을 집단에 배치하고, 과제를 해결하는데 짧은 시간이 주어졌을 때, 학생들은 친구에 관한 이야기에서부터 날씨에 이르는 이야기까지 모든 것들에 대하여 대화하는 것을 경험하였을 것이다. 과제에서 벗어나는 이러한 현상은 소집단에서 발생하는 주요 문제 중의 하나이다. 이것은 구체적인 결과물과 구체적인 시간 구조 안에서 책임을 다하도록 함으로써 해결할 수 있다.

실행

토의전략을 실행할 때, 교사는 구조화를 위하여 수업 계획을 사용하고, 학생들을 지도하기 위하여 수업 중에 발문 전략을 활용한다. 〈그림 9.2〉에 제시된 수업 계획을 조사해 보고, 교사가 이 수업을 어떻게 실행하는지 살펴보자.

그림 9.2 토의수업을 설명하는 수업계획안

단원: 정부의 행정부

목적 및 목표: 미국 역사를 공부하는 학생들은 결론과 증거의 관계를 이해할 수 있다. 따라서 쟁점이 되고 있는 과제를 제시하면, 학생들은 자기 입장을 선택하고 증거에 기초 하여 그것을 견지해 나간다.

학생들은 지도자의 역할을 이해할 수 있을 것이다. 따라서 지도력이 요구되는 상황에 있을 때, 그들은 그들의 목적에 부합하는 집단을 도울 것이다.

학생들은 집단합의를 이해할 수 있을 것이다. 따라서 쟁점이 부각되었을 때, 그들은 합의에 도달할 수 있을 것이다.

근거: 분석, 종합, 평가 기술을 개발할 때, 증거를 갖고 결론을 평가할 수 있는 능력은 중요하다. 지도력과 합의에 도달하는 능력은 과제에서 중요한 기술이다.

내용: 미국 대통령은 국가의 위기가 발생하면 의회의 동의 없이도 행정적 결정을 할 수 있다. 무엇이 국가적 위기를 구성하느냐 하는 것은 논쟁이 될 수 있고 토론의 여지가 있다.

절차:

의회의 승인이 없이 행정 명령을 내릴 수 있는 대통령의 권한에 대한 문제를 제시한다.
두 가지 견해를 나타내는 영화를 보여준다.
학생들은 영화에 있는 한 가지 입장을 설정하고, 각 입장을 지지하는 정보의 한 항목을 제공한다.
학생을 다음과 같은 임무를 지닌 집단으로 구분한다.

쟁점에 대한 입장을 갖고 그것을 문서화한다.
학생들이 기록한 정보를 요약한다.
합의에 이르도록 한다. 합의가 불가능하면, 소수의 진술을 제시한다.

집단이 합의를 도출해 나가는 과정을 조정한다.
학생들에게 결과물을 발표하도록 한다.

자료: 대통령의 집행 권한과 관련된 쟁점이 담겨 있는 영화
평가: 학생들은 자신의 견해, 이를 지지하는 증거, 요약이 포함되어 있는 보고서를 제시한다.

John Williams는 학생들이 의회의 동의 없이 임금과 가격을 동결하는 대통령의 헌법의 권리를 분석하고 평가하기를 원했다.

교사는 다음과 같은 말을 하면서 수업을 시작하였다. "오늘 우리는 의회의 승인 없이 집행할 수 있는 대통령의 권리를 분석하려고 합니다. 나는 여러분에게 비디오를 보여줄 거예요. 나는 여러분들이 이 비디오에서 두 가지 입장을 확인하기를 바랍니다. 최소한 각 입장을 지지하는 정보 중 하나의 항목을 확인하세요. 여러분들이 처음에 해야 할 것이 무엇인지 말해보세요. Tom?"

"우리는 이 문제에 대하여 두 가지 입장을 확인해야 합니다."

"맞아요. 아주 잘했어요. 그러면, 그 다음에 해야 할 것은 뭐죠. Mary?"

"우리는 각 입장을 지지하는 정보 중에서 하나의 항목을 설정해야 합니다."

"훌륭해요. Mary. 여러분들이 비디오를 볼 준비가 되어있는 것 같군요."

비디오를 보여준 후에, Mr. Williams는 다음과 같이 질문하였다. "좋아요. 두 가지 입장이 무엇인지에 대하여 말해볼 사람?"

Tony가 자발적으로 대답하였다. "글쎄요, 실제로 단순한데요. 한 가지 입장은 통제

를 강요하기 위한 권리라는 것이고, 하나는 그렇지 않다는 거죠."

"좋아요. 이제, 여러분들은 각 입장을 지지하는 몇 가지 정보를 제시해보세요." Ms. Williams가 웃으면서 말했다.

Jasmine이 손을 들었다.

"Jasmine?"

"물가 상승률이 12%에요. 어떤 사람들은 수입이 고정되어 고통스러워하고 있어요. 그것이 통제를 지지하는 증거에요."

"Hasam?"

"만약 국가의 위기가 발생하지 않는다면 통제를 가하는 것은 위법은 아니에요. 물가 상승이 나쁘지만, 실제로 국가의 위기는 아니에요."

"좋아요. 모두, 이제 잘 들어보세요. 우리가 무엇을 공부할지에 대한 것입니다. 여러분들이 오늘 교실 안에 들어 왔을 때, 여러분들은 1에서 6까지의 수를 선택했어요. 여러분들은 교실의 벽에 1에서 6까지의 숫자가 걸려있는 것을 보았죠. 내가 여러분들에게 이동하라고 말하면, 모든 사람들은 1이라는 집단, 2라는 집단 등의 각 집단에 배치될 거예요. 자 이제 여러분들의 숫자를 보세요. 그러나 열 명 중 한 명은 숫자의 형태를 갖게 될 것이고, 다른 한 사람은 숫자가 적혀져 있어요. 선생님이 말한 숫자를 갖고 있는 학생이 조장이 됩니다. 이것은 무작위로 되어 있어요. 1년 동안 여러분들은 한 번 이상 조장이 될 수 있어요. 조장은 기록자를 임명할 수 있고 토론을 이끄는 책임이 있어요. 기록자는 정보를 요약해서 전체 학생들에게 보여줘야 해요. 각 집단의 과제는 필름에 제시되어 있는 문제에 대한 입장을 갖는 거예요. 전체 학생들에게 여러분의 입장을 구두로 기록하거나 글로 써서 문서화해도 돼요. 여러분들은 집단의 동의를 받아야 합니다. 여러분들 중 한명이라도 강력하게 반대한다면, 여러분은 친구들에게 설명할 때 단 한명의 소수 의견까지도 제시해야 합니다."

필름을 보여주기에 앞서서, Mr. Williams가 학생들에게 과제를 검토하였다. 마지막으로 말했다. "15분 주겠어요. 시작하세요. 시작."

Mr. Williams는 그리고 나서 모든 집단을 돌아다니며 5분 간격으로 시간을 말해 주었다. 15분이 되자, 그는 학생들을 모두 모았다.

"우리 다 못했는데요." Sharon이 불평했다.

"우리는 합의하지 못했는데요." 다른 조에 있는 Pam이 이야기했다.

"그래요…." Ms. Williams는 공감하며 말했다. "이 문제에 대하여 모두 토론합시다."

학생들에게 15분을 준 이유를 설명하고 시간 안에 열심히 끝낸 조에게 칭찬을 했다. 그는 학생들이 시간 안에 효율적으로 하기 위해서 15분의 시간을 주었다고 설명하였다. 그런 다음 그는 결론을 도출하는 방법으로 대집단 토론을 실시하였다. 집단 마다 보고서 결과를 가지고 왔다. 그리고 그들은 다음날 세부적인 결과를 분석하자고 이야기 했다.

연습 9.2는 John Williams의 수업을 분석하고, 이 절의 내용에 대하여 이해정도를 강화시킨다.

연습 9.2

시나리오에 설명된 수업을 보고 다음 질문에 답하시오.

1. Jone은 이 수업에서 발달시키고자 하는 목표가 4개 있다. 이 수업에 함축하고 있는 4가지 수업 목표를 쓰시오.
2. Jone은 대집단 및 소집단 기법을 모두 사용하였다. 각각의 기법에 사용한 비율을 확인하시오.
3. Jone은 학생의 경험과 발달을 어떻게 고려했는지를 설명하시오.
4. Jone은 토의를 가능한 효과적으로 하기 위하여 무엇을 제공했는가? 최소한 4가지 요소를 나열하시오.

문제중심수업

이 절에서는 문제 중심 수업에 대하여 고찰하고자 한다. 이것은 탐구와 문제해결 기술, 내용과 자기주도학습 능력 등을 가르치기 위하여 고안된 광범위한 수업전략이다. 명칭이 함축하고 있듯이, 문제중심학습은 문제 자체를 학생들이 탐구하고 조사하기 위한 핵심사항으로 삼는다(Gijbels, Dochy, Van den Bossche, & Segers, 2005; Lam, 2004). 문제 중심 수업 형태에 포함될 수 있는 교수방법은 탐구, 문제해결, 프로젝트중심 교수, 사례중심 수업, 앵커드 수업이다. 이 절에서는 문제 중심 수업 중에서 가장 널리 활용되고 있는 두 가지 수업을 살펴보려고 한다: 탐구와 문제해결이다. 이들 전략 모두는 문제에 답하거나 문제를 해결하기 위해 학생들의 적극적인 참여를 수반한다는 점에서 동일하다.

여러분들에게 문제 중심 수업의 주제를 소개한다. 다음 두 가지 수업 장면을 살펴보자:

> 고등학교 의사소통 수업시간에 다양한 미디어의 형태와 그것들이 미국 문화에 미치는 영향에 대하여 공부하고 있다. 주제는 TV광고로 결정되었으며, 학생들의 공부할 문제는 TV광고의 다양한 종류, 길이, 빈도수에 관한 것들이다. 이들 질문에 대답하기 위하여, Carla Schmidt는 학생들에게 수업에서 설정한 가설을 바탕으로 하여 자료를 수집하도록 하였다.

> Maria Sanchez의 중학교 과학 수업은 건강과 영양에 대한 공부를 하고 있었다. 수업시간에 학생들이 급식 메뉴에 대하여 끊임없이 불평을 하였다. 교장선생님, 학교 행정가와 상의 후에, Ms. Sanchez는 학생들에게 이 문제를 해결하기 위해 어떤 것을 하고

싫어 하는지를 물었다. 학생들은 이에 동의하였고, 여러 학년의 학생들이 선호하는 것과 식단의 영양소에 대한 정보를 수집하기 위하여 팀을 구성하였다.

이러한 문제중심 교수 에피소드는 얼마나 비슷한가? 그들이 공유하는 특징은 무엇이고 이들 특징이 어떻게 학습에 공헌하는가? 문제중심수업에서 학생과 교사는 구체적으로 어떤 역할을 하는가? 우리는 문제중심수업의 문제해결전략과 탐구를 분석함으로써 이러한 질문에 답하려고 한다.

문제중심수업의 개관

문제중심수업은 교육철학자인 John Dewey(1923, 1938)의 연구에 기반을 두고 있다. 그는 경험을 통한 학습의 중요성을 강조했다. Dewey는 기본적으로 아동들은 환경을 탐색하므로 학습하는 사회적으로 적극적인 학습자라고 믿는다(Dewey, 1910). 학교는 외부의 세계를 교실내로 끌어들여 외부의 세계를 이용하고 공부하기 용이하게 하여 이러한 자연적 호기심을 이용해야만 한다. Dewey는 학생이 배운 지식은 책에서 발견되거나 강의에 의해 전달되는 비활성적 지식이 되어서는 안 된다고 믿었다. 그 대신 지식이 모종의 문제해결에 적용될 때는 유용하고 생동감이 있어야 한다. Dewey의 연구는 미국의 진보주의 교육운동에 주된 영향을 미쳤으며 프로젝트중심 학습, 주제단원, 간학문적 수업과 같은 영역에 계속 그 모습을 나타내고 있다.

문제중심학습 전략은 다음과 같은 공통적인 특징을 공유하고 있다(Gijbels et al., 2005; Lam, 2004).

1. 수업은 문제나 질문의 형식으로 시작된다. 이것은 학생들이 탐구할 것에 대한 핵심을 제공한다. 고등학교 의사소통 수업시간에 질문은 학생들의 탐구를 위한 초점을 제공하기 위한 광고의 유형, 길이, 빈도이다. 중학교 과학 수업 시간에 교사는 학생들의 탐구를 위한 틀로서 점심식사 메뉴를 활용하였다.
2. 학생들은 문제를 탐구하고 질문을 추구하는데 일차적인 책임이 있다. 이러한 책임은 수업과 동기관점에서 모두 중요하다. 왜냐하면 문제중심수업에서 학생들은 행함으로써 배우기 때문이다(Pintrich & Schnuk, 2002).
3. 문제중심학습에서 교사의 역할은 촉진자이다. 교사가 직접적으로 정보를 전달하는 내용 중심의 수업과 달리, 문제중심학습은 교사가 문제나 질문을 제기하고, 도움을 주고, 질문을 철저히 조사함으로써 간접적으로 도와주어야 한다.

목적

문제중심수업은 세 가지 상호 관련된 목적이 있다. 첫째, 문제 또는 질문을 체계적으로 탐구하는 능력을 발달시키는 것이다. 구조화된 문제중심 활동에 참여함으로써, 학생들은 종합적이고 체계적인 방법으로 유사한 문제를 해결하는 방법을 배운다. 문제중심학습의 두 번째 목적은 자기주도 학습을 발달시키는 것이다. 학생들 스스로 탐구에 책임을 지기 때문에, 학생들은 자신의 학습을 조절하고 통제하는 것을 배운다(Meltzer, 2007).

셋째, 덜 중요하기는 하지만, 문제중심수업의 세 번째 목적은 내용 습득이다(Meltzer, 2007). 교사와 학생 모두 탐구가 어디에서 이루어질지 정확히 모르기 때문에 문제중심수업에서 학생들이 배우는 상당수의 내용들은 함축적이고 부수적이다. 이러한 이유로, 문제중심 전략은 교사 지시적 수업 또는 강의-토의수업과 같은 교사 중심의 수업 전략에 비하여 내용을 가르치는데 덜 효과적일 수도 있다(Kirschner, Swller, & Clark, 2006). 그러나 이러한 방법으로 학습된 정보는 오래 파지되고 전이도 더 잘 된다는 몇가지 준거가 있다(Barak & Dori, 2005).

이제 다음 절에서 설명할 탐구를 통한 문제중심 전략을 탐구해 보자.

탐구

탐구는 사실과 관찰의 논리적인 검토에 기초하여 질문에 대답하고 문제를 해결하는 과정이다(Victor & Kellough, 2004). **탐구 전략**은 내용을 가르치고 학생들을 분석적으로 생각하는데 도움을 주기 위하여 이러한 과정을 활용한다. 탐구수업은 학생들에게 내용과 관련된 문제를 제공함으로써 시작된다. 이러한 문제는 학생들의 연구 활동의 핵심으로 작용한다. 문제를 해결할 때, 학생들은 가설을 설정하고 문제에 대한 잠정적인 해결책을 제시하고, 이들 가설과 관련된 자료를 수집하고, 결론에 도출하기 위하여 이들 자료를 평가한다. 탐구수업을 통하여, 학생들은 미래의 문제를 해결하기 위한 전략을 함께 배운다. 탐구수업을 위한 계획 단계는 〈그림 9.3〉에 제시되어 있으며 다음의 교실사례연구에 잘 설명되어 있다.

Carla Schmidt는 고등학교 의사소통 수업을 담당하는 교사이다. 그는 미디어가 미국인의 삶에 미치는 영향에 대한 단원을 가르치고 있다. 이 단원을 공부하면서, 학생들은 미국에서 다양한 형태의 미디어 역사 즉, 신문, 라디오의 발명과 성장, 최근 삶에 영향을 주는 TV 등에 관하여 배웠다. 학생들이 이러한 주제를 조사했을 때, 이러한 미디어의 광고 역할이 논의 되었다. 광고에 대한 학생들의 의견을 통하여, Schmidt는 학생들이 광고가 미디어 분야에서 어떤 기능을 하는지 이해하지 못했음을 알았다. 그래서 교사는 학생들에게 이 주제와 관련된 자료를 수집하도록 하였다. 교사는 다음과 같이 말하면서 활동을 시작하였다. "우리는 미디어에 관한 토론에서 수십 번 광고에 대해 언급했어요. 우리가 알게 된 것은 무엇입니까? Jacinta?"

"글쎄요, 광고는 생산자가 사람들에게 상품 소개를 할 수 있도록 도와줘요."

"또한, 광고는 신문과 잡지와 같은 미디어의 비용에 대한 값을 지불해요." Chadra가 덧붙였다. "신문과 잡지는 그 안에서 광고를 하기 때문에 그것들에 대한 비용을 그 만큼 지불할 필요가 없어요."

"TV와 라디오는 거의 전적으로 모두 광고에 의해 지불 되요." Jewel이 말했다.

"좋아요. 지금부터 우리들은 TV광고를 더 자세히 살펴볼 거예요. 광고가 어떻게 활용되는지를 이해하게 될 거예요. 그러나 먼저 우리가 TV 광고에 대하여 얼마나 알고 있는지 살펴볼 필요가 있어요. Shanene?"

"글쎄요. 광고가 너무 많고 길어요."

"좋아요. 다른 건 없나요?… 아무도 대답하지 않네요. 그럼, 우리가 TV 광고를 이해하는데 도움을 줄 수 있는 몇 가지 질문을 할 수 있는지 알아봐요. 여기 네트워크에서 질문에 대답하는 사람이 있다고 생각해보세요. 여러분들이 그에게 어떠한 종류의 질문을 하면 될까요? 소집단으로 나누고, 질문의 항목을 만들 수 있는지 확인해 봐요."

잠시 후에, 집단은 그들의 생각을 공유하기 위하여 다시 모였다. 이러한 활동을 한 후에, 그들은 다음과 같은 두 가지 질문이 공통적으로 제기된다는 사실을 발견하였다. "TV 광고가 얼마나 자주 나오는가?", "가장 많이 광고에 등장하는 상품은 무엇인가?"

그림 9.3 탐구 전략 수업계획안 예시

단원: 미디어가 미국인들의 삶에 미치는 영향

목표: 고등학교 의사소통 수업을 듣는 학생들은 미디어가 미국인들의 삶에 미치는 영향을 이해할 수 있을 것이다. 따라서 텔레비전 광고에 관련된 질문을 받으면, 학생들은 광고의 유형과 프로그램과의 관계를 밝힐 수 있을 것이다.
학생들은 탐구 과정을 이해할 수 있을 것이다. 따라서 가설과 자료가 주어지면, 학생들은 가설을 지지하거나 반대하는 항목을 확인할 수 있을 것이다.

원리: 소비자의 구매 습관이 광고에 주는 영향을 이해하는 것은 학생들에게 물건 구입에 대한 의사결정을 보다 잘 하는데 도움을 줄 수 있을 것이다. 탐구 과정의 이해는 학생들에게 느낌 대신에 증거에 기초한 의사결정을 배우는데 도움을 줄 것이다.

내용: 텔레비전 광고는 제시되는 프로그램을 잘 보게 될 집단을 목표로 삼는다.
탐구 과정은 문제를 해결하거나 질문에 답하기 위한 가설을 설정하고, 자료를 수집하며, 자료를 사용하여 가설의 타당성을 평가한다.

절차: TV 광고가 얼마나 자주 등장하는지에 대한 질문으로 시작한다. 그리고 어떠한 물건의 종류가 광고에 가장 자주 등장하는지에 대하여 질문한다.
학생들은 질문에 답하기 위하여 가설을 설정한다.
학생들을 집단으로 나누고, 가설을 평가하기 위해 사용될 자료를 수집하게 한다.
각 집단은 데이터를 도표화하거나 제시한다.
학생들은 자료에 대해 토론하고 가설을 평가한다.
가설과 자료를 근거로 하여 일반화한다.

자료: TV 광고(학생들은 집에서 본다)

평가: 학생들에게 TV 프로그램에 관한 가설 예를 제시한다. 학생들이 가장 많이 볼 것 같은 광고의 유형을 예측한다. 학생들은 어떤 자료의 항목이 가설을 지지하고 반대하는지를 확인한다.

Carla가 학생들에게 이러한 질문의 답에 대한 가설을 세우도록 시켰을 때, 열띤 논쟁이 일어났다. 어떤 학생들은 광고가 5분마다 나온다고 생각하였으며, 다른 학생은 15분마다 나온다고 생각하였다. 또한, 학급 구성원들은 TV에서 선전하는 주 상품에 관하여 의견 일치를 이루지 못하였다. 어떤 학생들은 인형이라고 주장했으며, 다른 학생들은 맥주와 자동차라고 주장하였다. 여전히 다른 학생들은 식품과 세제라고 하였다. 이러한 논의를 해결하기 위하여, Carla는 다음과 같은 질문을 하였다. "여러분들 대부분이 이들 질문에 대하여 다양한 대답을 하고 있네요. 이것들을 칠판 위에 적어보고 가설을 만들어봅시다. 그런 다음 이들이 옳은지를 확인하기 위하여 몇 가지 정보를 수집해 봅시다."

가설:

1. 광고 시간 간격: (1) 5분 (2) 15분
2. 선전에 주로 등장하는 상품
   a. 장난감
   b. 맥주
   c. 자동차
   d. 음식
   e. 세제

표 9.1 TV 시청표

시간대	프로그램 유형	광고 상품	광고 시간	광고 간격
아침	만화	씨리얼	20초	10분
		인형	30초	10분
			45초	
점심	시리즈	세제	20초	10분
	토크쇼	식료품	30초	8분
		가정용품	45초	
저녁	시트콤	스낵	25초	15분
	특별기획	맥주	35초	12분
	영화	자동차	45초	
주말 오후	스포츠	맥주	25초	15분
		자동차	35초	12분
		〃	45초	

그런 다음 교사는 다음과 같은 추가 질문을 하였다. "글쎄, 최소한 우리는 이 질문들의 대답에 대하여 모두 동의하지 않는다는 사실을 알았어요. 그럼 어떻게 하면 이들 가설들이 옳다는 사실을 검증할 수 있을까요? 좋은 생각이 없나요?

학생들 중 몇 명은 이에 대한 대답을 위하여 방송국에 가서 의견을 조사하자고 제안하였다. 다른 학생들은 잡지나 책에서 답을 찾을 수 있지 않을까라고 제안하였다. 한편 다른 학생들은 실제 TV를 보면서 대답을 찾자고 제안하였다. 몇 차례 논쟁이 있은 후에, 학생들은 TV를 보면서 자료를 모으기 위해 팀을 나누기로 결정했다. 이것을 조직하기 위해, 학생들은 팀별로 서로 다른 시간과 서로 다른 방송국을 살펴보기로 결정했다. 학생들은 시계를 활용하여 광고의 시간을 측정하였고 그들이 발견할 것들을 학생들과 공유하기 위하여 공책에 기록하기로 합의하였다. 일 주 후에, 학생들은 정보를 수집하여 교실에 모였다. Carla는 학생들이 모든 정보를 표로 정리할 수 있도록 도와주었다. 〈표 9.1〉과 같다.

Carla는 다음과 같이 말하면서 토론을 시작하였다. "도표의 처음부터 세 번째 열을 보세요. 여러분들이 본 것을 말해보세요. Antonio."

"글쎄요, 하루 동안 살펴보았는데요. 동일한 채널에서 프로그램의 종류가 다양했어요."

"다른 것 없니? Terry?"

"하루 동안에 광고의 종류가 서로 달라요."

"잘했어. 하루 중에서 다른 시기에 서로 다른 유형의 프로그램이 왜 있다고 생각하니? Joan?"

"다양한 사람들이 서로 다른 것을 보기를 원해서 그래요."

"다른 건 없을까? Cassie?"

"사람들이 TV를 서로 다른 시간대에 보기 때문이에요. 우리 아버지의 경우에 저녁하고 주말에만 TV를 보세요."

"우리가 수집한 정보가 우리의 두 번째 가설에 대하여 무엇을 말해 주고 있죠? 가장 공통적으로 선전되는 물건이 뭐죠? Jim?"

"글쎄요. 언제 보는가에 달려 있어요. 낮에는 아이와 엄마를 위한 것이지만, 저녁에는 온 가족과 아버지를 위한 거예요. 또한 프로그램의 종류와도 관련이 있어요. 축구 경기를 보고 있을 때, 대부분의 광고는 트럭과 맥주였어요."

그런 다음 학생들은 토론을 안내하기 위해 설정한 가설을 활용하여 그들이 수집한 자료를 계속 분석하였다.

이제 잠시 멈추고, 이 수업이 어떻게 해서 탐구의 예가 되는지 살펴보자.

탐구수업은 네 가지 부분으로 이루어진다. 첫 번째에서, 교사는 학생들에게 문제를 제시한다. Carla는 처음에 학생들에게 미디어에서 광고의 기능에 대하여 질문하였다.

두 번째 활동 단계는 가설 설정이다. 전반적으로, 가설은 세상이 돌아가는 방식에 대한 잠정적인 진술이 된다; 수업에서 가설은 질문에 대한 잠정적인 대답이거나, 탐구 활동의 첫 번째 단계에서 제시된 문제의 해결책이다.

세 번째 단계에서, 가설의 타당성을 검증하기 위하여 자료를 수집한다. Carla의 학생들은 TV를 보면서 자료를 수집하고 광고의 종류와 길이에 대하여 알게 되었다.

탐구 활동의 마지막 단계에서, 자료를 활용하여 가설을 분석한다. Carls의 수업에서, 이 단계는 학생들의 자료가 제시되었을 때 시작되었고, Carls는 학생들에게 이 자료에서 나타나는 규칙을 조사하도록 시켰다. 논의가 계속되었을 때, 그녀는 학생들이 "우리가 수집한 정보가 세 번째 가설에 주는 시사점은 무엇인가?"와 같은 질문으로 가설을 분석할 수 있도록 안내하였다. 이들 단계를 〈표 9.2〉에 요약하였다.

표 9.2 탐구수업의 절차

학생: (교사의 지도를 받는)	1. 문제 확인 2. 가설 설정 3. 자료 수집 4. 자료 분석 및 결론 도출

탐구는 교사의 수업 전문성에 있어서 가치 있는 도구일 수 있다. 이에 대한 이유로는 다음과 같은 것들이 있다. 첫째, 탐구는 학생들에게 체계적인 탐구기술을 가르치기 위한 수단이 된다. 교실에서 어떠한 질문을 할 수 있는가를 관찰함으로써, 학생들은 그들의 삶의 영역에서 질문을 만들어 내고 대답하는데 모델을 제시할 수 있다. 또한, 이 탐구 모형의 단계는 학생들에게 정보 수집과 분석을 연습하게 하고, 삶의 다양한 측면에 이러한

기술들을 폭넓게 적용할 수 있도록 한다. 탐구는 학생들의 고차원적인 사고기술을 연습하는데 훌륭한 도구가 된다. 세 번째, 탐구는 교사 중심의 수업에 익숙한 학생들에게 내용을 가르치기 위한 또 다른 수업방법이다. 학생들이 각 단계에서 적극적으로 참여하기 때문에, 탐구 활동은 다른 수업방법에 비하여 동기의 한 대안이 될 수 있다(Brophy, 2004; Sungur & Tekkaya, 2006).

탐구수업 계획

탐구 활동을 계획할 때 첫 번째 단계는 문제를 설정하는 것이다. 본질적으로 이것은 여러분들이 가르치려는 서로 다른 주제를 조사하고 탐구에 기초한 교수방법을 활용하는데 가르쳐질 수 있는지를 결정하는 것이다. 이것은 항상 가능한 것은 아니다. 그러나 가능하면, 교사는 내용과 탐구 기술을 동시에 가르칠 수 있다.

종종 탐구 질문이나 문제는 다른 수업의 과정에서도 자연스럽게 나타날 수 있다. 예를 들어, 저자 중의 한 사람이 초등학교 과학 수업을 관찰하였다. 학생들은 몇 주 전에 심었던 씨앗에 대하여 토론하고 있었다. 일부 씨앗은 발아되었으나 다른 것은 그러지 않았다. 수업은 그 이유를 알아내는 것이었다. 교사는 이러한 상황에서 어떤 요인 때문에 씨앗이 발아되는지에 초점을 맞춘 탐구수업을 실시하는 것이 좋다고 판단하였다. 그런 다음 학생들은 다양한 요인들에 관하여 가설을 설정하였다(습도, 온도, 햇빛 등). 그리고 학생들은 다양한 재배 조건하에서 씨앗을 발아시켜 봄으로써 이들 요인들을 조사하였다.

이 예의 경우, 탐구수업은 이전 수업시간에 자연스럽게 제기된 질문이나 문제로부터 시작되었다. 이것은 두 가지 이유에서 탐구수업을 하는데 특히 효과적인 방법이다. 첫째, 학생들은 수업을 교사에 의해 설정된 인위적인 주제가 아니라 학생들의 요구에 대한 기능적인 반응으로 생각한다. 또한, 학생들은 자신들이 생활하면서 직면하는 문제를 해결할 때, 탐구 과정이 활용되고 전이가 증가되는 것을 알 수 있다.

그러나 종종 탐구수업은 수업 시간에 발생하는 문제로부터 자연스럽게 나타나는 것은 아니다. 그렇지 않다면, 교사는 학생들이 배워야 하는 특별한 주제가 있어야 할 것이다. 이들과 같은 상황에서, 교사는 탐구활동이 언제 유용한지를 인식하고, 내용을 효과적으로 구성해야 한다. 탐구 전략은 인과관계의 몇 가지 유형이 내용 영역에 수반될 때 가장 적절하다. 예를 들어, 과학 수업에서 탐구수업은 발아에 영향을 주거나 원인이 되는 요소에 초점을 맞추고 있다. 이와 유사한 방식으로, 광고에 대한 수업은 TV 광고의 내용에 영향을 주는 요인에 초점을 두고 있다. 내용 영역이 이와 같은 방식으로 다루어질 때, 문제를 확인하는 탐구수업의 첫 번째 단계가 이미 충족된 것이다.

탐구수업을 계획할 때 두 번째 과제는 수집된 자료를 정리하는 것이다. 때때로 TV 광고에 대한 수업의 예와 마찬가지로 이미 있는 자료를 활용할 수 있다. 한편, 교사는 필요할 때 이용할 수 있는 자료를 미리 계획해야 한다. 예를 들어, 과학 교사는 화분, 씨앗, 오일을 가져와서 학생들에게 씨의 발아에 관한 자료를 수집하도록 해야 한다. 미리 필요한 것들은 준비함으로써, 탐구 과정에서 시간과 노력의 허비를 최소화할 수 있다.

연습 9.3

다음의 주제를 보고, 이들 주제들이 탐구 활동에 더 적절한지, 발견 또는 교사 중심의 수업에 더 적절한지에 대하여 쓰시오.

________ 1. 초등학교 교사는 학생들이 생물의 성장에 미치는 요소에 대하여 알기를 원한다.
________ 2. 국어 교사는 학생들이 용어의 뜻을 이해하기를 원한다.
________ 3. 보건 교사는 학생들에게 운동과 맥박과의 관계를 알기를 원한다.
________ 4. 가정 교사는 학생들에게 양으로 구입하는 것이 단위 당 비용에 주는 영향을 알기 원한다.
________ 5. 사회 교사는 학생들이 자본주의와 사회주의의 차이점에 대하여 알기를 원한다.

탐구수업 실행

탐구수업의 첫 단계는 문제를 제시하는 것이다. 이 문제는 수업 시간에 초점을 제공하고, 다음 단계의 방향을 제시하고, 가설을 설정하는데 도움을 준다. 이전 수업에서 제기된 상황의 결과로서 문제가 나타날 수도 있고, 교사에 의해서 제시될 수도 있다. 교사가 문제를 제시할 때, 학생들의 주의를 끌 수 있는 핵심이 되는 사건을 제공하는 것이 도움이 된다. 예를 들어, 음식을 보관하는데 영향을 주는 요인을 가르치려고 하는 교사가 사과 2개를 가져와서 동시에 잘랐다. 하나는 냉장고에 있었던 것이고, 다른 하나는 아니었다. 교사는 학생들에게 두개 사과의 조건을 관찰하고, 왜 이러한 차이점이 발생했는지를 설명하도록 했다. 핵심이 되는 사건은 탐구수업의 자연적인 확실한 출발점이 된다.

다른 형태의 탐구수업을 위해 유사한 사건을 구성할 수 있다. 예를 들어, 텔레비전 광고에 관한 수업에서 교사는 수업을 시작하기 전에 텔레비전을 켜고 학생들에게 다양한 광고를 관찰하도록 한다. 여러 가지 예에서, 핵심적인 사건은 학생들이 관련지을 수 있는 구체적인 경험을 제공한다. 핵심적인 사건이 눈을 끄는 것이라면 동기 부여가 될 수 있고, 학생들이 그들 주변의 문제와 관련성을 파악할 수 있도록 하는데 도움이 될 수 있다 (Eggen & Kauchak, 2007). 그러나 문제를 학생들에게 제시할 때, 그것의 형식적인 진술은 모든 학생들이 볼 수 있고 생각할 수 있도록 칠판이나 OHP에 제시되어야 한다.

학생들이 문제에 대하여 생각할 시간이 있으면 교사는 학생들에게 해결책을 생각하도록 격려해야 한다. 종종 이러한 가설들이 자연스럽게 만들어진다; 평소에는, 교사가 학생들에게 가설을 세우도록 촉진할 필요가 있다. 예를 들어, 학생들이 음식의 손상과 저장에 영향을 미치는 요소에 학생들이 초점을 맞추기를 원하는 교사는 다음과 같이 질문을 할 수 있을 것이다. "음식을 상하지 않게 하기 위하여 부엌에서 어떤 것을 할 수 있지?"라든가 "여러분들이 한 주 동안 등산을 한다면, 어떤 음식을 가지고 갈까?" 이들 질문에 대한 대답은 학생들에게 가설이 되는 요인들을 확인하는데 도움을 줄 수 있다.

가설이 세워졌다면, 학생들의 다음 과제는 가설을 검증하기 위한 자료를 수집하는 것이다. 자료를 수집하는 과정은 몇 가지 방식으로 일어날 수 있다. 수업시간 내 집단 활동이나 방과 후 개별 활동으로 일어날 수 있다. 여기서 주로 고려해야 할 사항은 시간과 자원이다. 수업시간이 부족하거나 교실에서 이용가능한 자원이 없다면, 자료 수집 과정은 방과 후 활동으로 부과될 수 있다. 학생들이 집에서 자료를 수집하는 것은 몇 가지 장점이 있다. 하나는 탐구가 단지 교실에서만 실행되는 것이 아니라는 생각을 강화시켜 나갈 수 있다. 또한, 학생들이 집에서 자료를 수집함으로써, 부모들은 자녀들의 학습에 참여할 기회를 갖게 된다.

탐구의 마지막 단계는 자료 분석이다. 이 단계의 주목적은 학생들이 동의하는지를 판단하기 위해 수집한 정보를 분석하는 동안 가설을 검토하는 것이다. 만약 학생들이 동의하지 않는다면, 가설은 수정될 필요가 있고 대안적인 결론이 내려질 필요가 있다. 본질적으로, 수업의 이 부분은 학생들이 수업 활동을 요약하여 결론을 맺도록 하는 것이다. 결국 이러한 결론은 수업의 주요 내용결과로 이루어지는 것이다. 이것 때문에, 모든 학생들이 보고 노트 필기할 수 있도록 이러한 결론을 칠판에 적어야 한다.

자료 조직은 분석을 촉진한다. 이것은 정보를 차트 또는 그래프로 대체할 수 있다. 자료를 가지고 씨름하는 경험과 최고의 조직 패턴을 따라잡으려는 시도는 그 자체가 교육적 경험이다. 학생들이 이러한 과정에 대한 사전 경험이 전혀 없었기 때문에 어렵게 경험하게 될 것이다. 처음에 학생들에게 자료 분석을 하게 한 교사는 실망하지 않을 것이다; 이 기술은 배울 수 있고, 이것을 가르치는 최선의 방법은 경험을 통한 것이다.

문제해결

문제해결은 학생들이 직접적인 학습경험을 통하여 문제해결을 학습하도록 돕는 문제중심수업전략이다. 모든 문제중심수업전략과 마찬가지로 이것은 학생들이 교사의 도움을 받아 문제를 해결하는데 대한 책임을 지는 문제로부터 시작된다. 자, 이제 교실에서 교사가 문제해결전략을 어떻게 사용하는지 살펴보자.

Maria Sanchez는 중학교 과학 교사이다. 그녀는 문제해결 수업을 촉진하기 위하여 학교 급식에 관한 관심과 학생들의 흥미를 활용하였다. 학생들이 식단의 질에 대하여 불평하자, Maria는 학생들에게 이 문제에 대하여 생각해보자고 하였다. 교사는 〈그림 9.5〉에 제시된 문제해결 모형에 의하여 수업을 구성하였다. 학생들에게 이 내용을 OHP에 제시하였다.

그림 9.5 문제 해결 모형

문제 확인
↓
문제 제시
↓
전략 설정
↓
전략 실행
↓
결과 평가

"여러분, 여기를 보세요. 이 문제를 해결하기 위하여 제일 먼저 살펴볼 것이 무엇이죠?" Maria가 질문하였다. "Rashad?"

"식단에서 가장 좋은 음식이요."

"좋아요. 이것이 문제를 확인하는 출발점이에요. 그런데 정확하게 '좋은 음식'은 무엇을 의미하죠? 우리가 더 정확하게 말할 수 있는지 살펴봅시다."

열띤 토론 후에, 학생들은 좋은 음식이란 제공되는 음식의 양이나 질이라기보다는 식사의 내용이라는데 합의하였다. 식단에는 덜 익힌 채소가 있고 학생들이 좋아하는 아삭아삭한 것들은 충분하지 않았다. Maria 교사의 도움을 통하여, 학생들은 다음과 같은 항목을 설정하였다.

우리가 싫어하는 음식	우리가 좋아하는 음식
콩	햄버거
완두콩	피자
젤로우(디저트)	튀김
미트로프	타쿤(옥수수 빵)
스튜	핫도그

학생들이 목록을 완성한 후에, Maria는 다음과 같은 질문을 하였다. "여러분들이 제시한 목록이 모든 학교에 적합하다는 것을 어떻게 알 수 있지? 우리가 뭔가를 시도하고 바꾸려고 한다면, 모든 학년과 학생들이 동의하는지를 알아 볼 필요가 있어요. 또한, 왜 여러분은 학교 영영사가 여러분들을 괴롭히기 위해 이런 메뉴를 제공한다고 생각하죠?"

웃음소리가 끝나자 학생들은 침착해지고 이에 대하여 논의하였다. Maria는 학생들에게 영양사와 다른 학생들로부터 자료를 수집하는 방법에 대한 생각을 하도록 격려하였다. 학생들은 서로 다른 학년의 학생들에게 여론 조사를 하기 위해 팀을 나누는 것에 대하여 동의하였다. 또한 영양사가 식단을 어떻게 짜는지를 알아내기 위하여 영양사와 인터뷰해야 한다는 사실에 동의하였다.

며칠 뒤에 학생들은 자료를 수집한 팀으로부터 보고를 들었다. 학생들은 다른 학생들과 유사한 것들을 발견하였지만, 음식의 항목들이 서로 일치하지 않았다. 그리고 Maria는 학생들에게 그래프에 결과를 수량화하도록 격려하였다. 또한, 영양사를 인터뷰한 집단은 영양사가 식단을 작성할 때 지켜야하는 지침서를 설명하는 팜플렛이나 유인물을 가져왔다. 이 새로운 정보를 통하여, 학생들은 영양적인 지침을 지켜가면서도 학생들이 선호하는 것에 대한 보고서를 작성하기 시작하였다. 학생들은 다른 사람들과 보고서를 공유하기 전에 영양사와 공유하는 것에 동의하였다.

문제 해결은 문제중심 교수 전략이다. 이 방법으로 교사는 학생들이 직접적인 학습 경험을 통하여 문제를 해결하는 것을 배우도록 돕는다. 모든 문제중심 전략과 마찬가지로, 이것은 문제에서 시작한다. 그리고 학생들은 교사의 도움을 받으면서 문제를 해결한다. 문제 해결 모형은 다음과 같은 5단계로 구성된다. 이것은 Maria의 수업에서 볼 수 있었다:

1. 문제 확인
2. 문제 제시
3. 전략 설정
4. 전략 실행
5. 결과 평가

이러한 단계들은 OHP에 제시된다. 이것은 수업을 하는 동안 학생들의 활동을 안내한다.

문제해결 활동을 위한 계획

문제해결 수업은 단기적인 목적과 장기적인 목적이 있다. 교사의 단기적인 목적은 학생들에게 문제를 성공적으로 해결하는 것이고 문제를 해결하면서 내용을 이해하는 것이다. 이것은 앞에서 논의한 문제중심학습의 내용 요소와 관련이 있다. Maria의 수업에서, 교사는 학생들이 영양의 일반적인 원리를 이해하고 학교 식단에 어떻게 응용되는지 알기를 원하였다.

Maria의 장기적인 목적은 학생들에게 문제해결 과정을 이해시키고 자기주도적인 학습자로 성장시키는 것이다. 교사는 학생들에게 문제해결 과정을 이해시키려고 도움을 주었다. 즉, 학생들의 학습활동과 문제해결 모형과 관련을 짓게 했다. 그녀는 학생들이 학습을 진행할 때, 학생들에게 그들이 알게 된 것을 생각하고, 이해할 필요가 있는 기회를 제공하고, 문제해결 과정에 반영되도록 격려함으로써, 자기주도적인 학습자로서 학생들을 성장시키도록 도움을 주었다.

문제중심의 모든 전략과 마찬가지로, 첫 번째 단계는 계획으로서 문제를 확인하는 것이다. 이것은 수업의 핵심적인 요소가 된다(그림 9.5 참조). Maria는 학생들에게 영양과 식이요법 제한에 대해 생각해 볼 수 있는 계기로서, 점심 메뉴에 대한 불만족을 사용하였다. 균형 잡힌 식단은 점심 메뉴에 영향을 미친다.

두 번째 계획 단계는 자료 수집 절차가 논리적으로 가능하다는 것을 확인하는 것이다. Maria는 학생들이 인터뷰하기 위해 만날 수 있는 사람들, 즉 근무하고 있는 학교의 교장, 영양사, 다른 교사들에게 양해를 구하였다.

문제해결 수업 실행

효과적인 문제해결 수업은 이 모형의 주요한 목적에 해당되는 두 가지 수준에서 가능하다. 한 가지 수준에서 우리의 목표는 학생들에게 구체적인 문제 유형을 해결하도록 가르치는 것이다. 교사는 상호 질문을 통하여 학생들이 문제를 해결하도록 하고, 그것은 또한 학생들이 자료를 수집하도록 안내한다. 다른 수준에서 우리는 학생들이 문제해결 과정을 이해하고 자기주도적인 학습자가 되기를 바란다.

문제해결 모형에서의 첫 번째 단계는 문제를 확인하는 것이다. 이 단계가 명백한 것처럼 보이지만, 많은 학생들은 이 과정에서 여러 가지 문제를 경험한다(Bruning, Schraw, Norby & Ronning, 2004). 이것은 몇 가지 요인 때문이다. 아마도 가장 중요한 것은 학생들이 잘 정의되지 않은 문제를 충분히 연습하지 못했기 때문이라고 할 수 있다. 이것은 일상생활의 문제에서 발견되는 매우 흔한 종류의 것이다. 잘 정의되지 않은 문제는 목표가 애매하고 문제를 해결하기 위한 전략에 합의된 것도 없다. 대부분의 문제가 목표와 전략 모두 애매하다는 것이다. 우리가 실생활에서 직면하는 대부분의 문제가 잘 정의되어 있지 않다. 학생들에게 이와 같은 문제를 다루는 방법을 가르치는 최선의 방법은 학생들에게 문제가 정확히 무엇인지를 확인하게 하고, 다양한 연습을 제공하는 것이다.

문제를 정의하는데 또 다른 장애물은 학생들이 영역특수 지식이 부족하고, 문제를 해결하는데 서두르는 경향이 있다는 것이다(Eggen & Kauchak, 2007). 학생들이 문제에 관한 배경 지식이 부족할 때, 학생들은 문제에서 요구하는 것을 명확하게 확인하는데 어려움을 갖게 된다. 학생들이 이 단계에서 직면하는 또 다른 문제점은 문제에 반영되어 있는 다양한 복합적인 요소를 고려하지 않고 급히 해결하려고 하는 것이다. 문제해결 전문가는 처음에 그들에게 주어진 문제가 무엇인지 그리고 해야 할 것이 무엇인지를 파악하는데 많은 시간을 사용한다(Bruning et al, 2004). 학생들은 교사로부터 연습과 피드백을 통하여 이러한 것을 배운다.

두 번째 실행 단계는 학생들에게 문제를 표상하는 방법을 가르치는 것이다. 그리고 그것은 학생들에게 문제의 정의와 전략의 선택 사이에 존재하는 개념적 차이를 연결하는 전략을 제공하는 것이다.

학생들은 이 문제해결 단계에서 종종 당황한다. 그리고 도표를 그리는 전략과 아는 것과 모르는 것을 나열하는 전략이 종종 도움이 되기도 한다. Maria는 학생들에게 좋아하는 음식과 싫어하는 음식을 적어보도록 하면서 이 전략을 활용하였다. 이것은 문제의 핵심부분에 집중시키는데 도움을 주었다.

문제해결 수업의 세 번째 단계에서, 학생들은 문제에 맞는 적절한 전략을 선택하는데 도움을 받는다. 한 가지 문제는 학생들이 다른 해결방법에 대해 생각하지 않고 첫 번째 해결 방법에 갇히는 경향이 있다는 것이다. 이것은 학생들에게 즉각적인 대답을 줄 수 있으나, 이러한 특별한 문제를 보다 큰 맥락에서는 이해하지 못할 가능성이 있다. 학생들이 정답을 얻을 수 있을 수 있으나, 이유를 이해하지 못하고, 이 문제를 보다 큰 맥락과 관련시키지 못하게 될 수 있다. Maria는 학생들에게 다른 학생들의 기호와 영양의 필요조건을 설명함으로써 이 전략을 활용하였다.

이전 단계가 체계적으로 진행되었다면, 전략을 실행함으로써 학생들은 사고의 질을 현실적으로 검증하거나 시도할 수 있다. 이 전략은 이전 세 가지 전략을 자연적으로 확장시키고, 학생들이 그들의 생각을 실행하고 경험할 수 있는 기회를 제공한다. 이 단계는 다른 세 단계와 자연스럽게 연결되어야 한다. 그러나 그렇게 될 수 없다면, 교사는 추가적인 질문을 통하여 비계를 제공할 수 있다.

이 모형의 최종 단계에서, 교사는 학생들에게 그들이 찾아낸 해결책의 타당성을 입증하도록 한다. 학생들은 종종 이 단계에서 문제에 직면한다. 왜냐하면 학생들은 그 문제에 직접 참여하였고 활동하였기 때문이다. 또한 학생들은 해결책이 이치에 맞지 않음에도 불구하고, 문제를 결론지으려고 하거나 다른 문제에 관심을 가지려고 할 때도 있다. 해결책이 이치에 맞는 지의 여부와 관계없이, 대답을 찾은 것이 종종 학생들의 목적이 된다. 특히 어린 학생들은 이 전략에서 어려움을 갖는다. 왜냐하면 학생들은 서둘러 과제를 마치고 다음 문제로 넘어가기를 원하기 때문이다

문제해결 과정 분석하기

문제해결 과정의 마지막 단계인 분석은 이 모형을 활용하는 장기적 목적의 관점에서 매우 중요하다. 이 모형을 활용하는 주된 이유는 학생들이 보다 체계적이고 분석적인 문제 해결자가 되고 문제 해결자로서 자신의 생각을 인식하도록 돕는 것이다. 교사는 이것을 다음과 같은 질문을 통하여 격려할 수 있다. "오늘 문제해결을 통하여 우리가 배운 것은 무엇이었죠?" 학생들이 이 질문에 대해 생각할 때, 교사들은 학생들이 다음과 같은 것을 할 수 있도록 격려해야 한다. (a) 문제해결을 할 때 학생들이 경험한 절차를 생각해 보도록 한다. (b) 과정이 얼마나 잘 진행되었는지에 대하여 논의하도록 한다. (c) 학생들이 추천할 수 있는 변화된 것을 지적한다.

이것은 문제해결 실행에 대한 논의를 종합한 것이다.

이제 연습문제 9.4를 해결해보자. 문제중심 학습에 대한 여러분의 이해를 돕기 위하여 설계하였다.

연습 9.4

문제해결 수업을 활용하는 대학 교수의 다음 설명을 읽어보고 다음 물음에 답하시오.

Mr. Hayes의 수업은 교과서의 효과성에 영향을 주는 요인에 대하여 논의하고 있다. 그는 다음과 같이 새로운 단원을 시작하였다. "이제 나는 여러분들에게 다양한 교재의 가독성에 영향을 주는 요소에 대하여 살펴보려고 합니다. 쉽게 읽을 수 있는 방법에 영향을 주는 요인에 대하여 잠시 생각해봅시다. 어떠한 것들이 있을까요? Cal?"

"그림의 개수는 어떨까요?"

"좋아요. 좋은 생각이에요. 그 밖에 다른 것은 없나요?"

"있어요, 단어의 종류도 관련이 있을 것 같아요. 긴 단어가 짧은 단어보다 이해하기가 어려워요." Leeann이 대답하였다.

"문장의 길이도 관련이 있어요. 문장이 길수록 이해하기가 어려워요." Mike가 대답하였다.

"도표와 차트의 수도 관련이 있어요."라고 Cambrey가 제안하였다. "이것들은 책을 이해하기 어렵게 만들어요."

"출발이 좋은데요."라고 Mr. Hayes 선생님이 말했다. "우리가 생각한 것들이 옳은지 아닌지를 알 수 있는 방법에 대하여 좋은 생각이 있는 사람 있어요?"

학생들은 얼마동안 논의를 통하여, 그들이 언급한 변인들에 대하여 다양한 수준에서, 다양한 교재를 살펴보기로 결정하였다. 그들은 1학년, 4학년, 8학년 교재를 선정하고, 그것들을 고등학교와 대학교의 교재와 비교하였다. 그것들을 비교할 때 학생들은 다음과 같은 요소에 대한 평균을 계산하였다: 단어마다의 음절수, 한 문장의 단어 수, 10페이지 당 그림, 10페이지 당 그래프 또는 차트. 이 조사의 결과는 〈표 9.3〉에 제시되어 있다.

표 9.3 교재에 대한 정보

수준	음절	단어	그림	차트 또는 그래프
1학년	1.2	6.2	6.0	0.0
4학년	1.3	8.4	5.1	0.0
8학년	1.4	12.8	4.4	2.1
고등학교	1.6	15.0	3.1	2.4
대학교	1.7	17.0	2.0	2.5

수업은 Mr. Hayes의 질문에 의하여 계속되었다. "자료가 한 단어의 음절수와 학년 수준을 연결짓는 우리의 가설에 대하여 무엇을 말해주지, Don?"

"한 단어의 음절수가 학년 수준에 따라 증가한다는 것을 볼 수 있기 때문에, 우리 가설은 맞아요."

"좋아요. 한 문장의 단어 수는 어떻지? Kerry?"

수업은 학생들이 설정한 가설의 관점에서 각 셀을 분석하면서 계속 진행되었다.

1. 이것은 문제중심수업 중 어디에 해당하는가? 탐구 또는 문제해결?

2. 교재에서 제시된 구체적인 정보를 활용하여, 수업에서 서로 다른 부분을 확인해라.

교실에서의 공학

공학을 활용하여 문제해결 가르치기

공학은 학생들이 시뮬레이션을 통하여 해결할 실제적 문제를 제기하는데 사용될 수 있다. 시뮬레이션은 학생들이 실제로 동기가 부여되는 활동에 직접 참여하게 한다. 여기 한 예를 살펴보자.

Jasper는 새로운 보트 한 척을 구입해서 그것을 집으로 몰고 갈 예정이다. 그 배는 시간당 5갤런의 기름을 소비하고 8마일까지 갈 수 있다. 기름통에는 12갤런의 휘발유가 들어간다. 지금 보트는 156마일 지점에 있다. 야스퍼의 선착장은 132마일 지점에 있다. 집으로 가는 길에는 두 개의 주유소가 있다. 하나는 140.3마일 지점에 있고 나머지 하나는 133마일 지점에 잇다. 그들은 갤런당 각각 1. 109달러와 1.25달러를 받는다. 그들은 신용카드는 받지 않는다. Jasper는 그날 20달러를 갖고 떠났다. 그는 갤런당 1.25 달러를 주고 5갤런의 휘발유를 샀다. 그리고 보트 수리비로 8.25달러를 지불했다. 2시 35분이다. 일몰은 7시 52분이다. Jasper는 기름이 떨어지지 않은 상태로 일몰 전에 집에 도착할 수 있을까?(Williams, Bareiss, & Reiser, 1996, p. 2).

여러분이 방금 읽은 문제는 비디오에 근거한 문제해결 시리즈 The Adventures of Jasper Woodbury(Cognition and Techology Group at Vanderbilt, 1997). 이 시리즈는 12개의 문제로 구성되어 있으며 각각 15-20분의 비디오 에피소드가 있으며 이것은 에피소드에 나오는 인물들에게 하나의 도전을 예시하고 있다. 연구자들은 이 비디오에 기반한 에피소드를 개발했다. 왜냐하면 학생들에게 해결하도록 요구된 많은 수학문제들은 현실적이고 복잡한 삶과 관련된 응용문제들을 포함하고 있지 않기 때문이다.

각 에피소드의 문제는 의도적으로 잘 정의되어 있지 않다. 그래서 학생들은 문제를 발견하고 관련 정보와 비 관련정보를 구분해 내는 연습이 주어진다. 그들은 또한 목적-수단 분석방법을 이용하여 경험을 습득하는데 목적-수단 분석에서는 Jasper가 남겨놓은 돈이 얼마인지를 찾아내는 것 같은 하위목적을 밝혀야 한다.

학생들은 며칠에서 몇 주에 걸친 여러 수업일 동안 다른 학생들과 협력한다. 수업 중, 학생들은 문제해결에 관한 아이디어를 공유하고 그들의 사고를 정교화하기 위하여 피드백을 받고 해결책을 학급에 제시한다. 이러한 접근은 다른 해결전략의 장점과 단점을 분석할 수 있는 기회를 준다.

연구에 의하면 Jasper시리즈를 사용한 중학생들은 전통프로그램에 있는 학생들보다 언어문제를 해결하는데 더 성공적이었고 문제를 해결하고 하위 목적을 생성하는 계획을 더 잘 수립하였다. 그들은 또한 전통프로그램을 사용한 학생들과 마찬가지로 기본적인 수리개념을 이해했고 수학에 대한 보다 더 긍정적인 태도를 가졌다(Vanderbilt 인지와 공학집단, 1992). 교사의 논평이 이러한 결과를 확인해 주고 있다: "어린이들은 아주 흥분하여 집에 가곤 한다. 그리고 [부모들은 다음과 같이 말하곤 한다]나는 이 Jasper에 관하여 찾아봐야만 해. 이것이 나의 아이들이 온통 말하고자 하는 것이야. 만일 여러분이 고등학교 학생들에게 다가갈 수 있는 어떠한 방법이 있다면 여러분은 이 네 개의 Jasper 에피소드를 기억하고 있음을 알게 될 것이다. 그들은 우리가 지난해 기억했던 것을 아무도 기억하지 못할지도 모르나 그들은… 그들에게 히트를 친 에피소드는 기억할 것이다. 올해 그것은 그들에게 영향을 주었다(Vanderbilt 인지와 공학집단, 1992, p. 308).

또한 컴퓨터는 시뮬레이션을 통하여 문제해결과 고차적 사고기능을 가르치는데 사용된다(Newby, Stepich, Lehman, & Russell, 2006). Oregon Trail이라는 인기프로그램에 있어서 학생들은 개척자들이 Missouri Independence에서 Washington, Fort Vancouver로 여행하곤 했던 기차를 타고 Oregon에 도착하고자 한다. 학생들은 음식과 보급품에 대한 예산을 세우고 나쁜 기후, 무너진 기구와 같은 일연의 모의적 위기를 통하여 문제해결기술을 연습한다. Oregon에 도달하려는 목적은 학생들에게는 가장 우선적인 일이고, 프로그램을 진행해 가면서 학생들이 얻게 되는 정보와 문제해결기술은 부수적인 것이다.

또 하나의 예로서, 학습자들은 컴퓨터 소프트웨어를 사용하여 개구리를 실제 칼로 자르지 않고 개구리 해부를 모의실험 할 수 있다. 비록 모의실험이 학생들에게 직접적인 경험을 주지 못한다는 단점이 있기는 하지만 여기에는 적어도 세 가지 이점이 있다: (a) 이것은 거듭해 사용될 수 있어서 비용이 절약된다. (b) 개구리를 다시 조립하여 학생들이 이전 형태로 다시 돌아가 생각하게 할 수 있기 때문에 융통적이다. (c) 시뮬레이션은 과학을 위한 개구리의 희생을 막는다(Roblyer, 2006). 소프트웨어가 발달하고 확대됨에 따라, 공학은 학생들에게 풍부하고 현실적인 문제해결경험을 제공해 주는 점점 강력한 도구가 될 것이다.

반성하기

교수전략

INTASC 원리 1, 4

여러분이 교직 경력을 쌓기 시작할 때 여러분이 계획하고 있는 특정의 교수상황의 입장에서 이 장의 교수전략을 생각해 보시오(예 학년수준, 내용수준 또는 도시 대 시골)

요 약

이 장에서는 서로 다른 교수 전략에 대하여 살펴보았다. 각 전략은 6장에서 논의한 질문 기술을 사용하고 있으며, 이것에 기반을 두고 있다. 본 장에서 살펴본 모든 교수 전략은 교사들이 구체적인 목적을 도달하는데 도움을 주기 위하여 설계되었다. 처음 두 개의 전략, 교사의 교사 중심의 수업과 안내된 발견학습은 동일한 목적을 갖고 있으나, 가르치는 순서가 다르고 교사와 학생들 모두에게 서로 다른 기능을 요구한다. 안내된 발견학습은 교사 중심의 수업에 비하여 전형적으로 학생들에게 보다 동기가 잘 부여되고 학생들의 사고력을 증진하는데 효과적이다. 그러나 교사 중심의 수업방법은 상대적으로 시간적인 면에서 효율적이다.

모든 목적이 안내된 발견학습 또는 교사 중심의 수업에 의해서 도달될 수 있는 것은 아니다. 조직 기술, 집단 활동, 대인간의 인간관계 기술과 개방적인 마음과 같은 정의적 목표의 개발과 다른 사람의 의견을 경청하는 것 등을 수반하는 목적의 경우에, 토론 전략이 효과적으로 사용될 수 있다. 단 그들이 세심하게 조직되고 관찰된다면 말이다.

문제중심 학습은 질문이나 문제를 탐구하는데 학생들을 적극적으로 참여시키는 교수 전략의 유형이다. 탐구 방법은 그들이 학습하는 내용의 맥락에서 학생들이 체계적으로 탐구 능력을 개발하는데 유용한 방법이다. 탐구 문제는 종종 수업 활동의 과정 속에서 자연스럽게 일어나고 변경된다. 그래서 창의적인 교사는 다른 활동의 자연적 결과로서의 탐구 문제를 개발하는 기회를 가질 수 있다. 문제가 자연스럽게 발생하지 않을 때, 그것들은 미리 계획될 수 있고, 다른 활동을 맥락으로 사용하여 실행할 수 있다.

문제 해결은 학생들에게 사실적이고 실제 생활의 문제를 체계적인 방법으로 접근할 수 있도록 도움을 거친다. 마지막 단계에서, 학생들은 결과를 평가하고 과정을 분석한다.

공학은 교사들에게 이들 네 가지 수업 전략을 보다 효과적으로 실행할 수 있도록 도움을 준다. 질 높은 영상물은 교사 중심의 수업과 발견학습에서 예나 정보로서 활용될 수 있다. 공학은 피드백을 연습할 기회를 주고 자동성을 발달시키는데 필요하다. 공학은 또한 시뮬레이션과 문제 해결을 위한 효과적인 형태로 사용될 수 있으며, 학생들이 문제 해결 과정에서 사용할 수 있는 자료와 정보를 제공해준다.

핵심개념

문제중심수업	집단조사	토의
문제해결	집단학습	학생 팀 성취분담
생각하고 짝을 이루고-공유하기	짝점검	학습자중심수업
지그소우	탐구전략	협동학습

자격시험준비

다음의 사례연구를 읽고, 이 장의 구체적인 정보를 활용하여 다음의 질문에 답하시오.

Juanita Escobar는 7학년 보건 교사이다. 그는 순환계의 단원과 그것이 어떻게 작동되는지를 가르치고 있다. 첫 번째 수업은 심장에 초점을 맞추고 있다. 그녀는 다음과 같은 말로 수업을 시작하였다.

"맥박수가 무엇인지에 대하여 알고 있는 사람? Lynn?"

"심장이 얼마나 빨리 뛰는가를 의미합니다." Lynn이 대답하였다.

"아, 어떻게 셀 수 있죠? Jan?" Ms. Escobar가 격려했다.

"의사는 가슴의 소리를 들음으로써 알 수 있어요." Jan이 대답하였다.

"좋아요. 다른 방법은 없을까? Mary?"

"이렇게 손목을 잡고 정맥을 통하여 뛰는 것을 느낄 수 있어요."

"좋아요. Mary. 박동 수를 느낄 수 있는지 해봐요." Ms. Escobar가 지시했다.

그런 다음 그녀는 학생들이 맥박을 발견할 수 있도록 돕기 위하여 교실을 순회하였고, 벽에 걸린 시계를 사용하여 시간이 얼마나 되었는지 보았다. 모든 학생들이 맥박수를 계산한 후에, 교사는 칠판 위에 다음과 같은 문장을 썼다.

맥박 수에 영향을 주는 요인은 무엇인가?

"여러분 칠판에 적혀 있는 것을 보세요. 뭐가 있을지 생각해보아요. Andy?" Juanita가 지시하였다.

"운동이 영향을 줄 수 있어요." Andy가 대답하였다.

"공포도 영향을 줄 수 있어요. 내가 두려움에 떨게 되었을 때, 심장이 실제로 빠르게 뛰었어요." Mary가 말했다.

"좋아요. 이제 이들 중 한 가지를 살펴볼 거예요. 우리가 알게 된 것을 볼 수 있을 거예요. 운동이 영향을 준다는 가설을 어떻게 진술할 수 있을까? Juan?"

"음, 이건 어때요? 운동을 심하게 하면 할수록, 박동 수가 빨라진다."

"좋아. 이 가설을 어떻게 하면 검증할 수 있을까요? Ken?"

"우리 모두 운동을 하고 이것이 박동 수에 영향을 주는 것을 살펴보면 돼요." Ken이 제안하였다.

학생들은 몇 개의 집단으로 나누고, 앉아 있는 동안 그들의 박동 수를 측정하였다. 그런 다음 그들은 몇 분 동안 교실 주변을 걸었다. 그리고 몇 분간 점프를 하였다. 각 활동마다 그들의 박동 수를 기록하였다. 각 집단이 과제를 해결하였을 때, 각 집단은 교사가 준비해 놓은 포스터 위에 결과를 게시하였다. 다음날, 과학 시간의 도입 부분에 자료를 그래프로 나타내도록 하였다.

"우리가 설정한 가설과 관련하여 우리가 수집한 자료는 무엇을 말하고 있죠? 누가 말해볼까요? Anita?"

"그래프는 우리 가설이 옳다는 것을 나타내고 있어요. 운동을 하면 할수록 박동 수가 빨라져요."

"좋아. Anita. 잘했어요. 모든 사람에게 이것이 사실일까요? Luisa?"

"나는 그렇다고 생각해요. 그런데 운동을 많이 한 사람일 경우에 그래프의 모양이 약간 달라요."

"음. 이게 흥미진진한데, 다음 시간까지 이것을 조사해보자."

1. Juanita Escobar가 사용한 교수 전략은 이 장에서 제시한 것 중 어느 것인가? 이 수업에 대한 정보를 활용하여, 답을 설명하시오.

2. 이 수업에 제시된 정보를 활용하여, 수업 전략의 주요 단계와 부분을 확인하시오.

3. Ms. Escobar는 교사 중심의 수업을 활용하여 동일한 내용을 어떻게 가르칠 수 있을까?

비디오 연습

MyEducationLab으로 가서 "협동학습과 협력과제"라는 주제를 선택하여 "협동학습"이라는 비디오를 보시오. 비디오를 본 후 비디오에 있는 질문에 답하시오.

포트폴리오의 개발

이 활동의 목적은 여러분들에게 이 장에서 학습한 다양한 교수 전략에 대하여 생각하도록 하는 것이다.

- 학년 수준을 고려하여 전문가로서 첫 해에 가르치고 싶은 주제에 대한 내용 영역을 선정하라.
- 이 장에 기술된 수업 전략 중 하나를 사용하여 교수학습과정안을 작성하라. 4장에 제시되어 있는 교수학습과정안 형식을 활용하여 이 활동에 대한 교수학습과정안을 구성해라.
- 이 전략을 선택한 특별한 이유는 무엇인가? 여러분들이 구상한 내용과 학생들에게 효과적일 것이라고 생각한 이유는 무엇인가?
- 이 장에서 기술한 어떤 다른 전략을 활용하여 동일한 주제를 어떻게 가르칠 수 있을까? 이 대안적인 전략을 활용할 때의 장점과 단점은 무엇인가?

토의문제

1. 학생들의 발달 수준(1학년 학생과 고등학교 학생)이 안내된 발견학습과 교사 중심의 수업의 가치나 적절성에 어떠한 영향을 주는가?

2. 교사 중심의 수업 전략은 어떠한 내용영역에 보다 가치 있고 효과적인가? 발견학습 수업은 어떠한 내용영역에 더 가치 있고 효과적인가?

3. 본보기는 교사 중심과 발견학습 중 어떤 전략에서 더 중요한가? 왜 그런가?

4. 발견학습과 탐구학습 전략의 비슷한 점은 무엇인가? 그들의 차이점은 무엇인가?

5. 전체 학급을 대상으로 하는 토론의 장점과 단점은 무엇인가? 소집단 토론의 장점과 단점은 무엇인가?

6. 토론이 초등학교 저학년 학생들에게 효과적으로 사용될 수 있을까? 그 이유는 무엇인가? 만약, 그렇다면, 어떠한 조절이 필요한가?

7. 문제해결수업은 단원의 시작 부분에 있어야 하는가 아니면 수업이 종결될 때 있어야 하는가? 왜 그런가?

현장경험을 위한 제안

1. 학습자 중심의 수업을 실행하는 교사를 관찰해라.
   a. 수업의 주요 요점을 개괄한다.
   b. 교사가 일차적으로 강조하고 있는 내용은 무엇인가?
   c. 교사가 추상적인 생각을 설명하기 위하여 어떠한 방법을 사용했는가?
   d. 수업에서 교사가 학생들을 어떻게 참여시켰는가?
   e. 수업을 향상시키기 위하여 여러분들이 제안할 것은 무엇이 있는가?

2 학습자중심 수업 과정안을 설계하라.
   a. 내용의 초점을 명확하게 해명하라.
   b. 추상개념을 설명하기 위하여 사용할 예를 명확하게 밝혀라.
   c. 교실에서 학생들을 참여시키기 위하여 어떠한 질문을 사용할 것인가?

3. 활동 3에 따라서 수업을 실시하고, 다음 물음에 답하시오.
   a. 도입이 명료하였는가? 수업 시간에 학생들을 참여시켰는가?
   b. 여러분이 제시한 예의 수가 효율적이고 적절했는가?
   c. 학생들이 수업에 적극적으로 참여하였는가?
   d. 학생들이 수업의 목표를 달성하였는가? 어떻게 알았는가?
   e. 보다 수업을 효과적으로 하기 위해서, 수업을 어떻게 변화시킬 것인가?

4. 교과서나 교육과정 해설을 살펴보고 토론 수업에 적합한 주제를 선정해라.

a. 이들 주제의 공통점은 무엇인가?
b. 이 수업에 참여하기 위하여 학생들이 갖추어야 하는 배경지식에는 어떠한 것들이 있는가?
c. 여러분들은 (1) 수업을 시작하기 위해서 (2) 토론을 유지하기 위해서 (3) 수업을 마치기 위해서 어떤 종류의 질문을 사용할 것인가?

가능하면, 단원을 가르치고 비판하라.

5. 탐구수업을 위한 교수학습계획을 설계해라. 수업에서 다음 단계를 어떻게 시작할 것인가?
   a. 문제 제시
   b. 가설
   c. 자료 수집
   d. 자료 분석

   가능하면, 단원을 가르치고 비판하라.

6. 문제해결 수업을 설계하라. 수업에서 다음 단계를 어떻게 시작할 것인가?
   a. 문제 확인
   b. 문제 진술
   c. 전략 선정
   d. 전략 실행
   e. 결과 평가

   가능하면, 단원을 가르치고 비판하라.

교수도구

☞ 참고문헌

Johnson, D., & Johnson, R.(2006). *Learning together and alone: Cooperating, competition, and individualization*(8th ed). Needham Heights, MA: Allyn & Bacon. This book provides a comprehensive overview of research and issues surrounding cooperative learning.

Kain, D. (2003). *Problem-based learning for teacher, grades* K-8. Needham Heights, MA: Allyn & Bacon. This is an excellent introduction to problem-based instruction in elementary classrooms.

Mayer, R. (2004). Should there be a three-strikes rule against pur discovery learning? *American Psychologist, 59,* 14-19. This review article explains, from a research perspective, why guided discovery is more effective than pure discovery.

McCombs, B., & Miller, L. (2007). *Learner-centered classroom practice and assessment.* Thousand Oaks, CA: Corwin. This provides an excellent introductory overview to issues involving learner-centered classroom instruction.

Slavin, R.(1995). *Cooperative learning: Theory, research and practice*(2nd ed.). Needham Heights, MA: Allyn & Bacon. This classic in the area of cooperative learning describes dfferent instructional strategies in a direct and straightforward way.

☞ 웹사이트

www.ed.gov/pubs/OR/ConsummerGuides/coolpear.html This U.S. government site provides excellent information about cooperative learning strategies.

www.nicic.org/Downloads/PDF/TrainingResources/018534/018534.pdf This site provides useful information learner-centerd instruction in the classroom.

wwww.ncrel.org/sdrs/areas/issues/content/cntareas/science/sc3learn.htm in the classroom.

www.georgetown.edu/crossrodes/guides/engines.html Explores different ways to use technology in learner-centered instruction.

www.pblmn.k12.ca.us/PBLGuide/AssessPBL.html Explores issues around assessment in problem-based lesson.

10

학습자의 개인차 고려: 수업전략

수업전략의 적용 : 미국 교실의 변화하는 모습
다문화 교육
ELL 가르치기
위기에 처한 학생들을 가르치기
완전 통합
교실에서의 공학
학습양식
Howard Gardner의 다중 지능

서 론

우리가 과거의 어느 한 때를 상상해 보건데, 미국의 모든 아이들은 부모와 두 자녀로 구성된 가족에서 생활하며, 전통적인 미국 학교에 다녔다. 이러한 꾸며낸 과거에서 볼 때, 모든 학생들은 교실에서 영어를 사용하고, 깔끔하고 단정히 옷을 입었으며 배움에 열중하였다.

실제로 어떤 교사들은 이와 같이 사회가 거의 변화되지 않는 상황에서 아동들을 가르쳤으며, 모든 수업은 동질적인 학급을 대상으로 삼았다. 그러나 여러 변화가 일어났으며 그 결과 우리의 나라와 우리의 학급은 더욱 다양해졌다. 이 장은 점점 다양화해 가는 학급에서 여러분이 가르치는 일을 돕기 위해 설계되었다.

학습자 목표

10장을 학습하게 되면, 여러분들은 다음을 할 수 있을 것이다.

- 효과적인 간학문적 다문화 접근의 특성을 이해할 수 있다.
- 효과적인 협동학습 활동의 본질적인 특성을 기술할 수 있다.
- 협동학습의 세 가지 주요한 형태간의 차이점을 설명할 수 있다.
- 완전학습의 본질적인 요소를 나열할 수 있다.
- 컴퓨터를 교실의 다양성과 관련하여 활용하는 다양한 방식을 설명할 수 있다.
- 다양한 학습양식 유형간의 관계를 구분하고 이것이 학습에 미치는 영향을 설명할 수 있다.

수업전략의 적용 : 미국 교실의 변화하는 모습

다음은 교직 첫 해를 준비하는 초등학교 교사에 관한 사례연구이다. 이 사례연구를 읽어 나가면서, 다음 질문을 생각해 보시오.

- 여러분은 K-12동안 학교를 다니면서 어떠한 다양성에 직면했는가?
- 여러분이 특정학급을 담당하면 어떠한 다양성에 직면할 것인가?
- 여러분은 모든 학생들의 요구에 부응하기 위하여 여러분의 수업을 어떻게 적응시켜 나갈 것인가?

Juanita Coleman이 신임교사로서 첫 수업을 준비하면서, 5학년 학생들의 성적표를 보게 되었다. 그녀는 아이들이 재미있게 분류되어 있다고 생각했다. 학생들의 성적은 골고루 분포되어 있다. 이전 교사들은 학생들의 성적이 모두 A가 아니라고 진술하고 있다. 나는 아이들을 만날 때까지 기다릴 수가 없어. 수업을 시작하였다. 나는 내가 계획한 교육과정을 학생들이 좋아하기를 희망한다. 다양한 집단이 있기 때문에, 나는 다양한 집단 활동을 활용할 것이라고 생각하였다. 이것은 집단의 응집력을 형성하는데 도움을 줄 뿐만 아니라 학생들이 서로 도와 높은 성적을 얻을 수 있을 것 같다. 월요일에 어떤 일이 있을지 지켜보자."

우리의 학급은 점점 다양해지고 있으며 이러한 다양성은 몇 가지 다른 차원에서 일어나고 있다. 최근 통계에 의하면 우리가 가르치는 학생들에게서 많은 중요한 변화가 나타나고 있다. 전통적인 미국의 가족- 남편이 주로 돈을 벌고 어머니는 가정 밖에서 일하지 않으며, 두 명의 학령아동- 은 2000년 단지 미국 가구의 6%를 구성하고 있다. 대신 우리는 다음과 같은 형태를 목격하게 된다.

- 1980년에 비하여 결혼한 가족이 전체 가족의 68%를 구성한다.
- 전체 아이들의 23%가 그들의 어머니와 살고 있으며, 5%가 아버지와 살며, 고아가 4%이다.
- 아이를 가진 여성의 10명 중 7명이 일을 한다.
- 지난 20년간 이혼율이 4배 증가하였다. 한 부모 가정의 수가 약 25%로 추정되며, 앞으로 더 증가할 것이다.
- 한 부모 가족에서의 빈곤 발생률은 결혼한 가족에 비하여 7-8배 높다(Federal Interagency Forum on Child and Family Statistics, 2005; U.S. Bureau of the Census, 2005).

미국 가족의 변화 이외에 우리는 또한 학생들의 문화적 인종적 배경에 있어서도 극적인 변화를 목격해 왔다. 1970년대와 1980년대 사이에 미국에 이주해온 사람은 무려 1400만 명이 넘는다. 1900년대 초의 대부분의 이주자들은 유럽에서 왔으나 최근의 이주자들은 중앙 아메리카(37%), 아시아(25%) 그리고 카리브인 (10%)이고 최근 이주자의 14%만이 출생지가 유럽이다. 이것은 문화적 소수민인 학생인구를 급격히 증가시켰다.

2020년이 되면, 미국 학령기 인구가 상당히 변화될 것이다. 전문가들에 의하면 라틴 아메리카계 학생들과 아시아/태평양계 섬 학생들의 비율이 상당히 증가할 것이지만, 아프리카계 미국인들의 비율은 동일하게 유지될 것이다. 이 시기에 백인 학생의 비율은 전체 학생 인구의 63%에서 54%로 감소할 것이다(U.S. Bureau of Census, 2003b; U. S. Department of Education, 2002)(그림 10.1 참고). 2020년경에, 미국 학교 전제의 절반이 비백인 문화집단으로 구성될 것이다. 이들 각각의 집단은 가치와 전통이 상당히 다르며, 학생들의 학습에 영향을 준다.

이러한 모습들이 빠르게 변화하고 있으며, 다양한 학생들의 집단은 미국 교사들에게 도전이 되며, 이들에게 학습할 기회가 제공되어야 할 것이다. 강의와 같은 전통적인 교수전략은 학생들의 배경, 지식, 동기, 영어에 대한 설비가 동일하다고 가정하고 있기 때문에 이것은 더 이상 효과가 없을 것이다. 내일의 교사는 학생의 다양성을 인정하고 이에 기반한 다양한 수업전략이 숙련되어야만 할 것이다. 이 장의 목적은 여러분에게 장점으로서의 학생의 다양성에 적응하고 이를 고려한 수업전략을 소개하는 데 있다.

그림 10.1 **학령인구의 변화, 2000~2020**

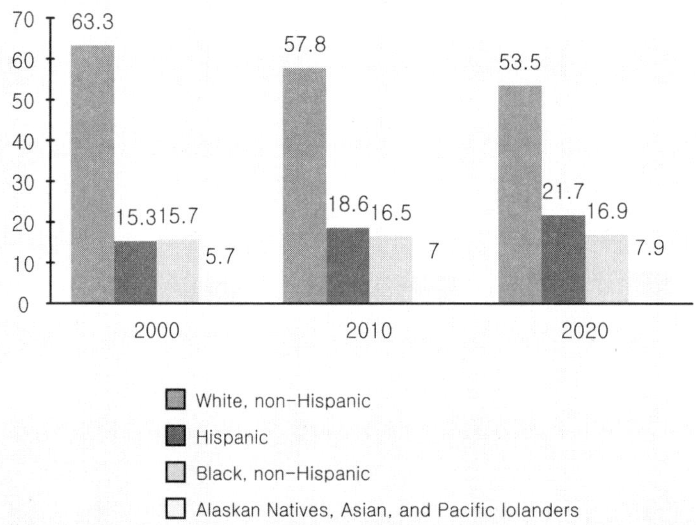

다문화 교육

지금까지 미국은 이주민들의 국가였다. 그러나 최근에 이러한 문화적 다양성이 학교와 학교교육에 어떻게 영향을 주는지에 대한 인식은 상당히 커지게 되었다. 1800년대 후반부터 1900년대 초반에, 인종이 뒤섞인 나라라는(melting pot) 개념이 지배적이었다; 미국에 온 이주민들의 문화가 미국 사회문화에 동화되기를 기대했다. 그러나 이러한 일은 발생하지 않았다. 그래서 교육자들은 이러한 다양성이 문제가 되고 있으며, 동시에 학교 교육과정을 풍부하게 하기 위한 잠재요인이 된다는 것을 인식하였다. 이러한 인식이 다문화교육의 개념을 형성 하였다.

Pat Andrew의 1학년 교실은 다양성을 반영하고 있다. 28명의 학생 중에서 11명은 아시아인, 7명은 아프리카계 미국인, 6명은 라틴 아메리카계인, 4명은 백인들이었다. 그들의 국적은 베트남, 캄보디아, 과테말라, 페루, 멕시코로 다양하다.

칠판 위에 학생의 이름과 조상과 국적을 연결한 세계 지도가 걸려있다. 칠판 위에, 학생들마다 문화유산에 관한 정보와 배경에 관한 이야기가 적혀있는 사진이 있다.

Andrew는 교실에서 다양성에 대하여 토론을 하면서 첫 수업을 시작하였다. 그녀는 자신의 문화적 배경을 설명하고 학생들은 자기 가족들의 문화에 대하여 토론하였다. 학생들은 각자 교실 앞에 나와서 세상에서 가장 중요한 사람, 즉 거울에 비친 자신의 모습을 볼 수 있는 곳으로 향했다. 토론을 마무리 하면서 Andrews는 이러한 다양성에도 불구하고 모든 학생들이 - 이 교실에서 배우고 성장한다 - 라는 한 가지 측면에서는 같으리라 기대했다.

이러한 다문화적 접근은 교육과정에도 스며들어있다. 아이들 중에 몇몇은 영어학습자(ELL)프로그램에 참여하고 있다. ELL프로그램은 학생들이 일반 학급의 수업을 이해할 수 있을 만큼 영어에 능숙할 수 있도록 마련된 영어 수업이다. 다른 학생들은 매일 오전 30분에서 한 시간 정도 두 가지 방식의 이중 언어 교육 프로그램에 지속적으로 참여한다. 그들은 영어와 스페인어로 읽기 쓰기를 배운다.

Andrew는 물론 다른 교육과정에서도 다문화적 접근을 강화하려고 시도하고 있다. 수학에서, 전체 학생들은 스페인어로 20까지의 수를 배운다. 읽기 수업시간에, 그녀는 학생들에게 가족에 관한 이야기를 하도록 시킨다. 그 이야기들은 타이핑되고 그 다음 학생들에 의해서 설명된다. 사회 수업시간에, 학생들은 매주 다양한 나라의 가족들을 학습한다. Pat는 다른 나라의 사진, 옷, 음악, 그리고 심지어 원주민의 그릇까지도 함께 공유하기 위하여 부모님과 조부모님이 수업에 참여하도록 하였다. 학생들은 다양한 나라의 음악을 배우고, 다양한 학생들의 문화에 독특한 예술 형태를 강조한 미술 프로젝트를 배운다.

*다문화 교육*은 문화의 차이를 조절하고 모든 학생들에게 교육 기회를 제공하기 위하여 사용하는 광범위한 학교의 전략을 종합적으로 표현한 언어이다. 인종이 뒤섞인 나라(melting pot)를 형성하기 위하여 노력하기보다는, 이러한 접근은 각 문화의 독창성을 인정하고 가치를 존중하는 미국을 "모자이크" 또는 "토스트 샐러드"로 묘사하는 새로운 은유를 만들어 냈다. 다문화 교육은 문화적 다양성과 미국인들의 삶의 양식에 대한 공헌을 인정하고 찬양한다. 이 교육의 주요 방법은 문화를 반영하는 교수 방법이다.

문화에 반응하는 교수

문화에 반응하는 교수는 교실에서의 문화적 다양성을 인정하고 수용하는 수업이다(Gay, 2005). 문화에 반응하는 교수의 요소는 다음과 같다.

1. 모든 학생들을 소중히 여기고 존중하는 긍정적 교실 환경 조성
2. 모든 학생들에 대한 긍정적인 학습 기대의 전달
3. 학생들의 문화적 다양성의 인정, 이러한 다양성을 교육과정 안에 통합시키려고 하는 적극적인 시도
4. 학생들의 배경과 장점에 기초한 교수 전략 활용

미국 학교에서 근무하는 교사들은 문화적으로 다양한 교실에서 일하기를 기대한다. 이러한 다양성에 대해 가장 중요한 것은 모든 학생들이 환영 받을 수 있고 배울 수 있다는 긍정적인 기대를 할 수 있는 교실 환경을 만드는 것이다. 교사의 기대가 학습에 직, 간접적으로 영향을 미친다는 연구가 있다(Good & Brophy, 2008). 학기 초에 모든 학생들에게 긍정적인 기대를 표현하는 교사는 학기 중에 모든 학생들에게 배울 기회를 동등하게 제공하고 문화적으로 다양한 학생들의 학습에 강력한 영향을 준다.

효과적인 다문화 교사는 또한 문화적인 다양성을 인정하고 교실에 문화적 다양성을 반영시킨다. 교육과정은 학생들에게 다양한 요구와 흥미와 기회의 탐색을 반영한다. 가정과 학교의 연계는 부모와 보육사와의 정기적인 서신을 활용한 적극적인 의사소통을 통해서 이루어지고, 그 결과 부모들은 교실에 들어와 수업에 기여하게 된다(Epstein et al, 2002).

효과적인 다문화 교사는 학생들의 배경과 경험의 중요성을 인식한다. 다른 경험을 약점으로 보는 보상 모형을 거부하고, 학생들의 흥미와 필요에 기초한다(Bank, 2006a, 2006b). 교사는 학생들에게 중국의 새해, 멕시코의 독립 기념일, 베트남 학생들의 Tet 경축일, 이슬람교계 학생들의 라마단과 같은 중요한 공휴일에 대해 언급하고 이를 경배하도

록 한다. 이러한 경축일에 대한 토론은 학생들에게 동기를 부여하고, 학교와 가정의 연계를 가치 있게 맺을 수 있다.

다문화적 목적을 달성하고 학생들의 다양한 요구를 충족시키는 또 다른 방법은 협동학습을 통해서 가능하다. 이것은 다음절에서 논의한다.

연습 10.1

Pat Andrew가 효과적인 다문화 교실의 특징을 어떻게 예시하고 있는지 기술하시오.

1. 학생들의 문화적 다양성 존중
2. 긍정적인 기대
3. 교육과정에서의 문화적 다양성
4. 학생들의 배경 지식 활용

ELL 가르치기

학생들 간에 언어의 다양성이 대단하다. 미국의 ELL의 숫자가 1991년과 2002년 사이 95%나 증가하였다(Gollnick & Chinn, 2006). **ELL(English-Language-Learner)**은 영어가 제1 언어가 아닌 학생을 말한다. 현재 미국에는 329개의 다른 언어가 사용되고 있으며 가장 일반적인 언어집단은 스페인어가 73%, 베트남어가 4%, 몽족어 1.8% 광동어 1.7% 캄보디아어 1.6%이다(Office of English Language Acquisition, 2004). ELL 학생 수는 앞으로 30년간 3배로 늘어날 것으로 기대된다. 이러한 언어의 다양성은 우리의 대부분의 수업은 말로서 이루어지기 때문에 교사에게는 큰 도전이 되고 있다.

전국의 학교는 〈표 10.1〉과 같이, 몇 가지 방식으로 언어의 다양성에 대해 대처하고 있다. 모든 프로그램은 궁극적으로 영어로 가르치도록 설계되어 있지만, 영어가 얼마나 빠르게 소개되고 일차 언어가 어느 정도 사용되고 유지되는지에 따라 다르다. 유지 언어 프로그램은 1차 언어를 사용하고 유지하는 것을 강조한다. 예를 들어, 휴스톤, 텍사스의 이중 언어 프로그램에서, 학생들은 90%를 스페인어로 10%를 영어로 배운다(Zehr, 2002). 영어 수업량은 학년마다 증가한다. 유지 프로그램과 반대로, 몰입 언어 프로그램은 영어로 급격한 전환을 강조하고 여기에는 1차 언어를 보존하려는 어떠한 시도도 없다.

표 10.1 ELL 학생을 위한 다양한 프로그램

프로그램유형	설명	장점	단점
유지	영어가 소개되는 동안에 1차 언어와 관련된 읽기와 쓰기 활동을 통한 1차 언어 유지	학생들은 두 가지 언어를 읽고 쓸 수 있다.	교사가 1차 언어를 습득해야 한다. 영어의 습득이 빠르지 않을 수 있다.
몰입	학생들은 영어만 사용하는 교실에서 몰입되어 영어를 배운다.	효율적일 때, 영어로의 전환이 빠르다. 교사가 2차 언어 훈련을 받을 필요가 없다.	모국어를 잊어버린다. Sink-or-swim 접근은 학생들을 힘들게 한다.
전환	학생들은 1차 언어로 읽기를 배우고, 2차 언어인 영어로 보충 수업을 받는다. 일단 영어가 완전히 습득되면, 학생들은 정규 수업시간에 들어가게 되고, 1차 언어를 사용하지 않는다.	1차 언어가 유지된다. 영어로의 전환이 쉬워진다.	교사가 1차 언어를 습득해야 한다. 영어의 습득이 빠르지 않다.
ELL 프로그램	학생들에게 보충 영어 수업 또는 내용 영역의 수정 수업을 제공하는 프로그램	행정가들이 다양한 언어적 배경을 다루는 것이 용이하다.	학생들은 영어로 내용 수업을 받을 때 이해하지 못할 수도 있다. 이 제도는 학생들을 분리시킨다.

영어학습프로그램은 내용획득을 너무 강조하고 있는 일종의 몰입프로그램이나 전환언어프로그램은 학생들이 충분한 영어를 획득할 때까지 1차 언어를 유지한다.

현재 이중 언어 교육과 같은 유지 프로그램의 미래는 불투명하다. 1968년 연방정부의 이중 언어법이 이중 언어 교육을 촉진하는데 중요한 역할을 하였다. 2001년에 낙오자 없는 교육 법령의 일부로서, 의회는 소수 민족의 언어를 보존하려는 시도 없이 영어를 가르쳐야 하는 미국 학교법을 통과시켰다(Spring, 2006). 영어획득법의 목적은 학생들이 가능한 한 빨리 영어 능력을 개발시키는 것이다. 그리고 이러한 능력은 매년 집중되어야 하는 것이다.

종종 언어학은 학교가 사용할 프로그램의 유형을 고려하는 요인으로 작용한다. LA에서 스페인어를 사용하는 것처럼, 많은 ELL 학생이 동일한 언어로 말할 때 학생의 원어를 말하는 교사를 고용할 수 있다면, 전환 프로그램은 효과적이다. 그러나 교실에서 다양한 1차 언어가 존재할 때, 모든 언어를 말할 수 있는 교사를 찾기란 불가능하다. 학생들이 교실을 이동하면서 수업을 받는 고등학교는 언어적 도전이 존재한다. 이 경우에는 ELL 프로그램이 더 적합할 것 같다.

1차 언어가 영어가 아닌 학생들을 대상으로 하기 때문에, 여러분들은 ELL학생들이 영어와 교과를 모두 학습하는데 도움을 줄 수 있는 교수 전략을 습득해야 한다. 이들은 다음과 같은 지도 원칙에 기초하고 있다.

- 학생의 능력 및 언어적 배경과 친숙해져라.
- 언어 발달을 위해 구체적 경험을 활용해라.
- ELL 학생들에게 언어를 연습할 기회를 제공해라.

Maria Garcia는 2학년 교사인데 위의 원리들이 Maria Garcia에게 어떠한 지침이 되고 있는지 살펴보자.

Garcia의 2학년 학급은 24명으로 구성되어 있다. 이 중에서 영어를 모국어로 사용하지 않는 학생은 8명이다. Garcia는 처음 2주 동안 학생 개개인과 이야기를 나누고, 가능한 한 그들에 대해 많은 것을 알아냈다. 부모-교사 회의가 진행되는 동안, 그녀는 학부모와 의사소통을 하기 위하여 다른 교사의 도움을 받았다. 그 해에, 그녀는 영어를 다른 과목과 함께 배우는 학생들의 발전에 특히 주목하였다.

그녀는 삽화가 그려진 한 권의 책을 읽어주면서, 그녀는 이야기 속의 소년과 소녀가 탐험하기로 결정한 숲 속의 사라진 오두막 그림을 보여주었고, 학생들로 하여금 등장인물이나 사건을 설명하게 하였다. 그녀는 그 이야기를 읽어준 후에 계속해서 토론을 벌여 나갔다.

"이야기에서 기억나는 것을 말해볼래… Carmela?"

"… 소년과 소녀", Carmela가 망설이며 대답하였다.

"그래, 잘했어, Carmela. 이 이야기는 소년과 소녀에 관한 내용이에요." Garcia가 미소 지으며, 등장인물의 그림을 가리켰다.

"…… 사라진 … 집."

"그래요." Garicia가 고개를 끄덕이며 학생을 격려하였다. "소년과 소녀는 집과 같은 오두막을 탐험하고 있었어요. 그러다가 그들이 길을 잃었어요." 그리고 그 책의 그림을 다시 지적하였다. "숲에서 오두막을 본 적이 있니?" 몇 명의 학생들이 자신의 경험과 다른 종류의 오두막을 공유한 후에, Maria는 학생들에게 오두막과 관련된 그림 몇 장을 더 보여주며, 이에 대해 토론하고, 그 이야기와 관련시켜 설명하였다. 그런 다음 그녀는 질문했다. "탐험한다는 뜻이 무엇일까요?… 여러분?"

ELL 학생들에게 영어와 교과의 수업 지도 원리를 실행하기 위한 Maria의 노력을 살펴보자. 먼저, 그녀는 반에 있는 모든 학생들과 특히 영어가 모국어가 아닌 학생들이 가능한 많이 학습할 수 있도록 하였다. 연구에 따르면 많은 교사들은 학생들이 가정에서 쓰고 있는 언어를 잘 알지 못한다고 지적했다. 교사가 이러한 학생들이 있다는 것을 인식하지 못하면, ELL 학생들의 요구를 충족시키기 위하여 수업을 조절할 수 없다. 상담자, 행정가, 다른 교사, 학생들 자신, 그들의 부모와 대화하는 것은 교사들에게 학습자의 배경을 이해하는데 도움을 줄 수 있다. 그리고 교사는 이러한 다양성을 존중하는 행위나 언어를 통하여 의사소통할 수 있다.

둘째, Maria는 언어 발달을 촉진시킬 수 있는 구체적인 경험을 활용하였다. ELL 학생들은 동시에 두 가지 과제 - 그들이 학습하고 있는 내용과 새로운 언어 - 에 직면해 있다. 매우 구체적인 경험이 특히 유용하다. Maria는 최소한 세 가지 방법으로 이러한 문제를 해결하였다. 첫째, 그녀는 지속적으로 책에 있는 사진을 언급하였다. 그것은 이야기에 대한 참고사항으로 구체적인 틀을 제공하였고 학생들이 배울 새로운 단어를 제공하였다. 둘째, 그녀는 오두막이나 탐험과 같은 개념에 대해 추가적인 예를 제공하였고, 개념을 이야기 속의 정보와 연결시켰다. 마지막으로, 그녀는 학생들에게 자신의 경험을 개념과 관련짓도록 하였다. 연구에 따르면, 새로운 정보와 기존의 정보를 연결하는 것은 모든 학생들에게 효과적이며, 특히 ELL 학습자에게 매우 효과적이라고 한다(Echevarria & Graves, 2007).

셋째, Maria는 언어를 연습할 수 있는 기회를 제공하였다. 대체로, 언어는 일종의 기능이다. 학생들은 일상생활을 통하여 영어를 배운다. 일반적인 학생과 특히 ELL 학생들은 언어를 연습하는데 가능한 한 많은 시간을 보내야 한다(Peregoy & Boyle, 2005). 학생들은 수동적으로 듣는 반면에 교사가 대부분을 말하는 교사 중심의 수업은 피해야 한다(Hernandez, 1997; Peregoy & Bpyle, 2001). 대신에, 학생들에게 구체적인 경험과 이를 말하고, 쓰고, 읽을 수 있는 기회를 제공해야 한다. 학생들이 구체적인 대답을 해야 한다는 부담이 없는 개방형 질문은 학생들의 반응을 정교화 하는데 중요한 수단이 된다(Echevarria & Graves, 2007).

이 이외에도 ELL 학생들에게 효과적인 다른 전략은 다음과 같다.

- 단어를 단순화하고 천천히 제공함으로써 말을 수정하기
- 몸짓, 그림, 또 다른 시각적 표상과 함께 단어 제시하기
- 상호작용을 강화하기 위해 소집단 활동 활용하기

- 새로운 단어를 모국어와 관련짓기
- 창의적으로 상호작용하는 과제를 통하여 작문과 독서 권장하기(Echevarria & Graves, 2007; Peregoy & Boyle, 2005)

이들 전략은 ELL 학습자를 돕고 모든 학생들의 수업을 풍족하게 해준다.

연습 10.2

당신은 가족에 대한 사회과 수업을 하고 있는 유치원 교사이다. 학생들이 가정에서는 다른 언어를 사용하고 있다. 당신은 학생들이 가족 구성원의 역할과 다른 이름을 이해하기를 원한다. 당신은 어떻게 (a) 구체적인 참고 사항을 제공하고 (b) ELL 학생들에게 영어를 연습할 수 있는 기회를 제공하는 수업을 설계할 수 있는가?

위기에 처한 학생들을 가르치기

학교에서 어려움을 겪는 학생들의 수가 증가하고 있다. 다음과 같은 몇 가지 요인으로 인하여 학생들은 학교에서 실패하는 위험에 처해있다:

- 낮은 사회경제적 지위
- 대도시 거주자
- 불명확한 가족사
- 차별 집단 지위
- 영어에 대한 친숙도 미약 또는 부재
- 이혼한 부모

이러한 요인들은 〈표 10.2〉에 제시되어 있는 것처럼, 다양한 교육적 문제를 야기 시킨다.

표 10.2 위기에 처한 학생들이 갖고 있는 교육적 문제들

낮은 점수	낮은 자아 존중감
낮은 성적	낮은 표준화 검사 점수
낮은 동기	높은 정학율
학교에 흥미 부족	높은 낙제율
낮은 출석률	특별 활동에서의 낮은 참여
유급	높은 마약 사용률
교실에서의 잘못된 행동	높은 범죄율

위기에 직면한 학생들은 현대 사회에서 생존에 필요한 기술 교육을 완수하지 못할 위험에 처해있는 학생들이다(Slavin, Karweit, & Madden, 1989). '위험에 처한'이라는 용어는 의학에서 사용하는 용어이다. 이것은 어떤 특정한 질병을 일으키는 습관이나 조건을 가진 개인을 일컫는 용어이다. 예를 들어, 고혈압과 과체중인 사람은 심장병 위험에 처해있다고 할 수 있다. 미국에서 교육의 수월성에 관한 국가 회의에서 '위기에 처한 국가'를 선언했을 때, 이 용어는 오늘날 기술공학 사회에서 교육과 개인의 경제적 복지와의 연결을 강조하면서 1983년 이후에 널리 사용되었다.

위기에 처한 학생들을 위한 효과적인 학습환경

환경적 요소로 인한 위기의 부정적인 효과를 최소화시키는 것은 무엇인가? 위기에 처한 학생들은 학습환경의 지원이 필요하다는 사실이 밝혀졌다. 위기에 처한 학생들에게 효과적인 학교는 교사와 학생간의 상호존중을 강조하고, 개인의 책임감과 협동을 강조하는 것이다(Ilg & Massucci, 2003; Pressley, Raphael, & Gallagher, 2004). 그들은 다음을 강조한다:

- 학교와 교실 규칙의 목적과 숨겨진 의미를 포함하고 있는 안전하고 질서 있는 학교 분위기
- 완전학습을 강조하는 학습목표
- 모든 학생들에 대한 높은 기대와 교사의 배려와 지원
- 협동, 공동체의식, 친사회적 가치
- 학생들의 책임감과 자기 조절; 외부 통제에 대한 강조 감소
- 높은 학부모 참여

위험에 처한 학생들을 위한 효과적인 학교는 “여러분들이 노력하면 성공할 수 있어요.”란 분명한 메시지가 있는 구조화되고 지원적인 학습환경을 만드는 것이다.

위기에 처한 학생들을 위한 효과적인 I교사

잘 운영되고 학업을 강조한 학교는 중요하다. 그러나 그것들로는 충분하지 않다. 수업기술이 좋고, 신중한 교사들은 또한 학업 실패 위기에 처해있는 학생들의 성공을 위해 꼭 필요하다(Doll, Zucher, & Brehm, 2004). 교사들은 도전과 지원을 하기 위하여 수업결정을 하는데 숙련될 필요가 있다. 이러한 능력은 위기에 처한 학생들과 함께 공부할 때 필요하다. 왜냐하면 그들의 요구와 개인적인 감수성은 학생들을 특히 실패, 개인적 경멸, 선호에 대한 암시, 그리고 학교와의 관련성에 대한 질문에 취약하게 만들기 때문이다.

학교에서 소외되는 것은 위기에 처한 학생들에게 문제가 된다(Barr & Parrett, 2001). 지루함, 참여 부족, 그리고 친구들에게 환영 받지 못해서 주변을 맴돈다는 느낌들은 학생들은 학교 경험에 참여하지 못하게 하고, 학습동기를 저하시킨다. 밝은 면이 나타나면, 그것들은 인간으로서 그리고 학습자로서 학생에 관심을 갖고 이들을 돌본 교사의 노력 결과이다(Dragem, 2002; Jordan, 2001).

교사는 학생들이 학문적으로 발달 할 수 있도록 어떻게 도와줄 수 있는가? 학생의 성공에 대한 교사의 이해와 헌신이 아주 중요한 요소이다. 한 고등학교 교사는 아래와 같이 보고하고 있다.

> 수 년 동안 한 번도 보지 못했던 한 졸업생이 수업이 끝났는데 나에게 잠시 들렀다. 그 때 그는 내가 늦게까지 일하고 있는 것을 보았다. 그는 눈에 눈물이 가득 고인채로 다음과 같이 말했다. “선생님은 저를 결코 단념하지 않으셨어요. 저를 무시한 적도 없고요. 선생님은 언제나 나에게 공부하라고 격려해 주셨어요. 심지어 선생님께 나쁜 짓을 했을 때조차도 그러셨어요. 고맙습니다.”(Barnoski, 2005, p.37).

효과적인 교사는 학생의 성공을 보장하기 위하여 여분의 시간을 낸다. 덜 효과적인 교사는 더욱 더 권위적이고 가까이 다가 갈 수가 없다. 그들은 수업의 지원을 학생을 어린아이 다루듯이 하거나 학생의 손을 잡는 것으로 간주한다. 강의는 가장 일반적인 수업전략이고 동기유발은 학생의 책임으로 돌린다. 학생들은 교사를 적으로 지각하고 가능하면 피하려고 하는데 사정이 여의치 못하면 그냥 참고 만다. 그들은 또한 교사가 학생에 대한 기대도 기준도 결여되어 있음을 원망한다.

정규학교의 한 교사가 있다. 무엇이든지 … 무엇이든지 놓고 가. 그러면 교사는 표시만 해 둔다. 그는 그것을 점검하지 않는다. 단지 표시만 해 두고 "좋아 과제를 했군." 어떻게 그것을 알게 되었지? 이제 아무것도 배우려 하지 않겠구만.

student, JFY Academy
Boston, Massachusetts
(Dynarski & Gleason, 1999, p. 13)

학교에서 소외되는 것은 위기에 처한 학생들에게 문제가 된다. 지루함, 참여부족, 친구에게 환영받지 못하고 주변을 맴돈다는 느낌 이러한 것들은 학생들을 학교경험에 참여하지 못하게 하고, 학습동기를 저하시킨다. 밝은 면이 보였다면, 그것들은 인간으로서 그리고 학습자로서 학생에게 관심을 갖고 이들을 돌본 교사의 노력의 결과이다(Drajem, 2002, Jordan, 2001). 그러나 인간이라는 요소를 떠나 교사는 그 외에 무엇을 할 수 있을까?

위기에 처한 학생들을 위한 효과적인 수업

어떻게 하면 위기에 처한 학생들의 요구에 부응하는 수업을 할 수 있을까? 전반적인 제안으로는 여전히 학생들에게 흥미를 북돋우고 구체적이고 현실 세계에 적응하는 것을 강조하면서 좀 더 구조화된 지원을 제공하는 것이다. 선행 연구는 일관되게 흥미를 돋우고, 동기를 부여하며, 학생들의 삶과 관련짓는 수업에 대한 필요성을 지지하고 있다(Corbett & Wilson, 2002; Easton, 2002; Thompson, 2002).

위기에 처한 학생들을 가르치는 교사는 기본적으로 다른 방식으로 가르칠 필요가 없다. 대신에 그들은 보다 체계적으로 효과적인 전략을 적용할 필요가 있다(Eggen & Kauchak, 2004). 교사는 학생들에게 자신의 학습을 통제할 수 있는 적극적인 학습 전략을 가르치는 동시에 성공을 확신할 수 있는 충분한 수업 지원을 제공할 필요가 있다. 위기에 처한 학생들을 위한 효과적인 수업 전략은 다음과 같다:

- 높은 기대
- 학생의 책무성 강조
- 명료한 교사의 설명과 모델링을 통한 높은 구조화 및 지원
- 잦은 질문을 통한 상호작용 교수법 활용
- 빈번한 피드백 제공하기
- 높은 성공률 확인(Brophy, 2004; Eggen & Kauchak, 2007)

이들 특성이 수업에서 어떻게 나타나는지 살펴보자.

Jenny Reeder가 새로운 수학 단원을 가르친다:

"여러분, 칠판 위쪽을 보세요. 오늘 여러분이 배워야 할 중요한 새로운 내용이에요. 모든 학생들이 집중을 해야 해요. 좋아요."

"이제, 우리는 뺄셈을 공부할 거예요. 우리는 뺄셈을 잘하고 있어요. 오늘 나는 새로운 뺄셈 문제를 소개할 거예요. 예전에 배운 것과 조금 달라요."

"우리가 27센트를 가지고 학교 서점에 가서, 9센트짜리 지우개를 한 개 사려고 해요. 남은 돈이 얼마죠? 이것은 뺄셈 문제에요. 전에 이와 비슷한 문제 유형을 배웠어요. 이것을 다음과 같이 쓸 수 있어요.":

$$\begin{array}{r} 27 \\ -\ 9 \\ \hline \end{array}$$

"자. 보세요. 7 빼기 9. 잠깐만요! 9가 7보다 커요. 무엇을 해야 하죠? 우리는 이와 같은 뺄셈 문제를 해결해야 해요. 우리는 빌려올 필요가 있어요. 빌려오는 것은 우리에게 이와 같은 숫자를 뺄 수 있도록 해줘요. 이것이 오늘 우리가 배울 내용이에요."

"이것은 여러분들이 배워야 하고 배울 수 있는 중요한 기술이에요. 여러분 모두가 그것을 이해할 수 있을 때 까지 이 기술을 열심히 배울 거예요. 그것을 하기 위해서, 모형돈을 꺼내세요. 그리고 우리가 이 문제를 이해할 수 있는지를 확인해 봅시다."

"좋아요. 이제 모두 여러분들의 동전 박스에서 10센트짜리 동전 2개와 1센트짜리 동전 7개를 꺼내세요. 그게 얼마죠? Chanille?"

"27 센트요!"

"잘했어요. 이제 칠판에 있는 문제를 다시 보세요. 이 문제는 7센트에서 9센트를 빼라고 말해주고 있어요…. 그런데, 잠시만요! 우리는 1센트짜리 동전을 충분히 갖고 있지 못해요. 우리는 7에서 9를 뺄 수 없어요. 7이 9보다 작기 때문이에요. 음? 따라서 우리는 10센트짜리 동전에서 빌려와야 해요. 이렇게 해봐요. 동전 박스에서 10센트짜리 동전 1개와 1센트짜리 동전 10개를 교환하세요. 이제 우리는 10센트짜리 동전 1개를 넣고 1센트짜리 동전 10개를 교환했어요.[작은 칠판 위에 페니와 다임을 설명하였다]. 이제 우리는 1센트짜리 동전 10개와 7개를 함께 놓게 되었어요. 이제 우리는 1센트 동전 17개를 갖게 된 셈이에요. 이것을 받아내림이라고 해요. 이제 우리는 이 문제가 지시하는 대로 9페니를 뺄 수 있어요. 해 보세요."

"이제, 또 다른 것을 연습해 볼까요. 모두들 칠판을 보세요. 이것을 여러분들의 칠판에 적어보세요."[학생들은 각자 문제를 풀기 위해서 노트보다 약간 큰 칠판을 갖고 있다]

$$\begin{array}{r} 33 \\ -\ 7 \\ \hline \end{array}$$

"음… 3빼기 7. 우리가 이것을 할 수 있나요? 왜 안 되죠? Jacinta?"

"7이 3보다 크기 때문이에요."

"좋아요. 우리에게 무엇이 필요하죠? Alicia?"

"받아내림이요."

"훌륭해요. 이제 이 문제를 보세요. 이 문제는 10의 자리에 3이 있기 때문에 앞의 문제와는 약간 달라요. 이것이 의미하는 것은 뭐죠? Jamal?"

"30."

"잘했어요. 10의 자리에 3이 있기 때문에, 이것은 3이 10개 또는 서른을 의미해요. 따라서 우리는 33을 갖고 있어요. 우리는 30에서 10을 빌려와야 해요. 이것을 동전을 갖고 해봐요."

Mr. Reeder는 수업을 계속 진행하였다. "한 문제 더 연습해 볼까요. Kim, Mario, Kareem, Susan 칠판 앞으로 나오세요. 이 문제를 풀어보세요. 다른 학생들은 자리에 앉아서 학생들이 문제를 정확하게 푸는지 확인하세요." 교사는 칠판 위에 다음과 같은 문제를 제시하였다.

$$\begin{array}{r} 46 \\ -\ 8 \\ \hline \end{array}$$

교사는 칠판에 있는 문제를 푸는 학생들을 관찰하고 나서, Kareem 이외에 다른 학생들이 모두 문제를 정확하게 풀고 있다는 것을 알게 되었다. 그는 칠판을 응시하고 있었다. 선생님은 학생에게 다가가 학생의 어깨에 손을 얹고 다음과 같이 말하였다. "Kim, Kareem을 도와 줄 수 있니?"

그녀는 대답하지 않았다.

"제일 먼저 우리가 무엇을 해야 하지, Kim?"

"6에서 8을 빼려고 했어요."

"그래서 어떤 일이 발생했지?"

"뺄 수가 없어요?"

"왜 그렇지, Kim."

"8이 6보다 크기 때문이에요."

"그래, 그래서 어떻게 했지?"

"빌려 왔어요."

"여러분 모두 이 말 들었나요? Kim은 6에서 8을 빼려고 했어요. 그런데 그렇게 할 수가 없었어요. 그래서 Kim은 숫자를 빌려와야만 했어요. 어떻게 했는지 우리에게 보여주렴."

"글쎄요. 4를 지우고 3으로 만들었어요."

"Kim, 왜 그렇게 했니?"

그녀는 대답하지 못했다.

"10의 자리에 있는 4는 무엇을 표현하는 거죠?"

"음, 40이요."

"4를 지우고 3으로 만들었는데, 너는 무엇을 한 거지?"

"받아내림이요! 음. 나는 40에서 10을 빌려오고, 그것을 30으로 만들었어요."
"잘했어, Kim. 그럼 10은 어디로 갔니? Kareem, 알겠니?"
"10을 6과 더해요?"
"좋은 생각이야. Karreem. 이제 16에서 8을 빼면?"
"8요?"
"잘했어. 답을 써보렴. 10의 자리에 남은 숫자는 얼마였지?"
"3. 이것은 30을 의미해요."
"써보렴. 정답은 뭐죠. Kareem?"
"38."
"잘 했어요. Kareem, 이제 또 다른 문제를 풀어보자."

구조와 지원을 결합함으로써, Ms. Reeder는 학습 부진아를 포함한 모든 학생들이 이렇게 중요한 기술을 배울 수 있도록 도와주었다.

연습 10.3

Jenny Reeder의 수업을 효과적인 수업 특성의 관점에서 분석하시오. 다음과 같은 사항이 어디서 일어났는지 확인하시오.

1. 높은 기대 전달
2. 학생의 책무성 강조
3. 명료한 교사의 설명과 모델링을 통한 학생의 구조화 및 지원 확대
4. 잦은 질문을 통한 상호작용 교수법
5. 피드백 자주하기
6. 높은 성공률

완전 통합

통합교육은 1975년 장애인 관련법이 통과되면서 상당히 변화되었다. 그 법은 장애인 교육법으로 명명되었고, 그것은 장애를 지닌 아동에게 자유롭고 적절한 교육을 제공하도록 했다(Sack-Min, 2007). 이 법이 우리가 장애 아동들을 가르치는 방법을 어떻게 바꾸었는지 알아보자.

Vicky Harrison은 동부 대도시에 근무하는 신임 교사이다. 그녀는 학생들이 1학년 생활에 적응할 수 있도록 지도하는데 처음 한 달을 보냈다. 이제 그녀는 읽기와 수학을

> 신나게 지도하려고 한다.
>
> 그녀는 부모님에게 사전읽기와 사전수학을 자녀와 함께 공부하게 하기 위해서 학교에 오도록 하였다. 결과를 분석한 결과, 어떤 학생들은 이미 1학년 책을 읽을 준비가 되어 있지만, 다른 학생들은 자신의 이름을 읽는 것도 어려워하였다. 수학도 이와 비슷하였다. 어떤 학생들은 숫자를 세고 물건을 분류하여 이름을 붙일 수 있었지만, 어떤 학생들은 숫자를 모르고 있었다.
>
> 진도를 나가면서, 그녀는 그 반 학생들 중 세 명이 점점 더 뒤쳐진다는 사실을 알았다. 그녀는 그들에게 방과 후 보충학습을 실시하였으나, 학생들은 여전히 배우지 못했다. Vicky는 좌절감을 느꼈다.
>
> 그녀는 교장 선생님과 이야기 했다. 교장 선생님은 특수교사와 상담선생님에게 도움을 요청할 것을 제안했다. 그 팀이 세 학생에 대하여 토론하였을 때, 그들은 수업 과정에 부모를 참여시키기로 결정하였다. 부모와 회의를 하면서, 그 팀의 세 명 중 두 명의 학생이 언어에서 기인한 문제인지를 알아보기 위해 영어와 스페인어로 검사를 하기로 결정하였다. 결과가 나오자, 그 팀은 개별 학생들의 프로그램을 계획하기 위하여 부모들과 자리를 함께 하였다. 한 명의 경우에는, 영어와 스페인어로 수업을 진행하는 프로그램을 첨가하였다. 다른 두 명의 경우에는, 특수교사가 Vicky의 수업으로 이 학생들의 특별한 요구를 충족시킬 수 있도록 돕기 위하여 Vicky와 팀을 이루었다.

과거에는, 학생의 다양성을 수용하는 한 가지 방법이 특수학급을 만드는 것이었다. 특수학급은 대개 분리되어 있고, 일반학급 옆에 독립되어 있었다. 이러한 특수학급에 있는 학생들의 대다수는 경도 장애를 갖고 있으며, 성공적인 학습을 하기 위해서는 수업 시간에 약간의 수정이 필요하였다(Hardman, Drew, & Egan, 2008).

특수학급에 대한 연구는 학생들이 여러 가지 면에서 고통을 겪고 있다고 밝혔다(Sapon-Shevin, 2007). 첫째, 그들은 충분한 학습 잠재력에 도달하지 못했다. 둘째, 그들은 "일반 세상"에서 사는 방법을 배우지 못했다. 셋째, 분리된 학급은 다른 학생들에게 특수 아동을 인정하고 함께 살아가는 방법을 배우지 못하게 하는 부정적인 결과를 초래했다.

미 공법 94-142의 장애아동 교육법 실행에 따라서, 학교는 "최소 제한 학급환경"을 마련해야 한다. 이 개념은 모든 학생들이 그들의 학업과 사회적 성장을 최대한 촉진시킬 수 있는 환경에서 학습할 권리가 있다는 것이다. 일반학급 환경에서 분리시키는 것은 "보상적인 도움을 일반 교실에서 만족스럽게 달성할 수 없는 장애의 정도와 성격에 한해서"만 가능하다. 이 법조항은 장애 학생을 정규 학급에 통합시킬 것을 요구하고 있다. 이 법에 대한 이론적 근거로, 장애아동이 일반학급의 교사와 학생들과 함께 공부할 때, 장애아동의 학업 수행이 나아지고, 자아개념이 형성되며, 그리고 동료가 장애아동을 인정하게 된다는 것이다(Hardman et al, 2008).

처음에는, "일반" 교실에 장애 학생을 배치하는 이러한 과정을 통합이라고 부른다. 시간이 지남에 따라 교육자들은 단지 통합이 장애 학생들의 전체 욕구를 충족하지 못한다는 것을 인식하였다. 이로부터 완전 통합이라는 개념이 대두되었다. 완전 통합은 장애 학생들을 교육시키는 종합적인 접근으로 총체적이고 체계적이며 동등한 지원을 주장한다. 완전 통합 운동은 세 가지 구성요소가 있다:

1. 특별한 욕구가 있는 학생을 정규 학교에 배치
2. 잘 적응할 수 있도록 적절한 지원과 서비스 제공
3. 일반교육과 특수교육 서비스의 조화

장애 학생들을 일반교실에 통합하는 것은 장애 학생들에게 "실제 생활"에서의 사람과 문제를 다루는 가치 있는 경험을 제공하는 것이다. 이러한 세계가 그들이 실제로 살아가는 세계이다. 통합은 또한 일반 학생들에게 장애 학생들에 대하여 배울 수 있고 그들과의 관계를 발전시킬 수 있는 기회를 제공함으로써 일반 학생들에게 이로울 수 있다.

통합은 직접적으로 학급 교사들에게 법의 다른 어느 조항보다 더 영향을 준다 (Turnbull, Turnbull, Shank, Smith, & Leal, 2007). 이것은 여러분 교실에 경도 장애 학생이 있다면, 여러분은 이러한 학생들을 위한 특별프로그램을 설계하고 실행하기 위하여 특수교사의 협조를 요청받는다는 의미이다. 이들 프로그램은 학생의 능력과 장애의 유형에 따라서 다양하다. 최소한으로 제한한 학습환경에 선택적으로 배치해 있는 형태가 그림 10.2에 제시되어 있다. 여기서 중요한 것은 학생의 요구와 능력에 따라 각각의 학생들을 개인적으로 고려해야 한다는 것이다.

이를 위한 본질적인 요소는 개별화 교육 프로그램(IEP)이다. IEP는 각각의 학생을 위해 설계된 개별화 된 교육과정을 종합적으로 기술한 것이다. 이것은 다음의 정보를 포함시켜야 한다:

- 정규 교육과정에서 학생들이 참여할 수 있는 측정 가능한 연간 목표와 단기 목표
- 학생들이 정규 교육과정 및 특별 활동에 참여하고 연간 목표를 달성할 수 있게 해주는 특수 교육 서비스와 프로그램 수정
- 학생들의 정규 교육활동 참여 여부 및 불참 이유 설명
- 정부 또는 지역 평가의 수정 사항 기술 또는 대안적인 평가방법 기술
- 서비스 시작에 대한 일정, 빈도, 지역, 기간 수립
- 연간 목표에 대한 학생들의 발전을 부모들에게 제공하는 방법(Vaughn, Bos, & Candace, & Schumm, 2006).

그림 10.2 **최소한의 제한적인 환경실행을 위한 선택적 교육서비스**

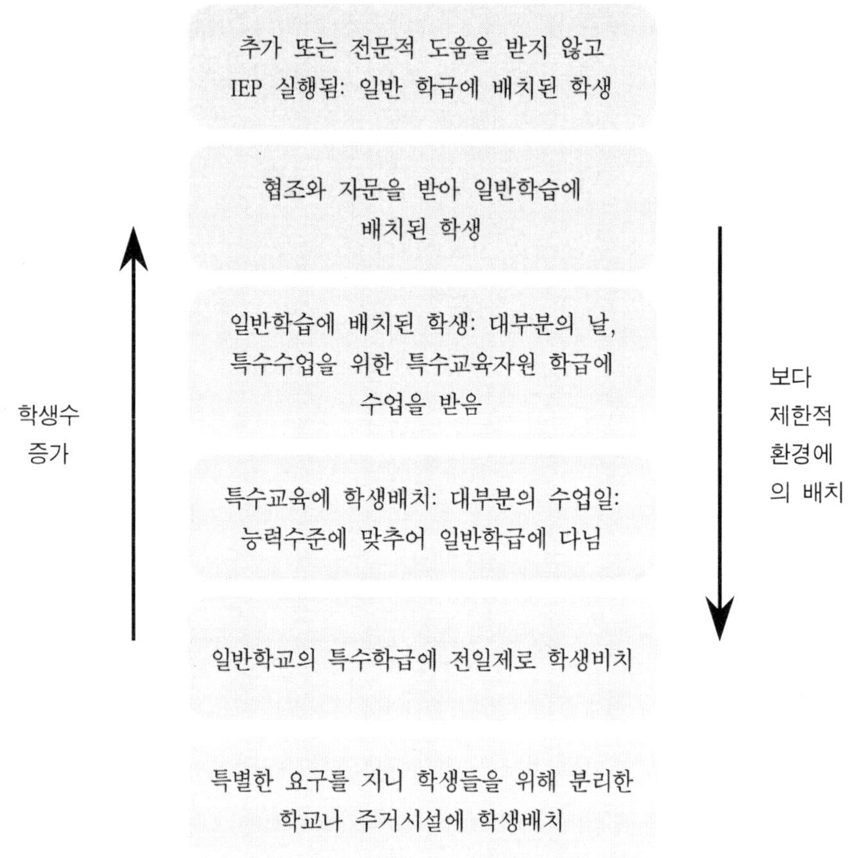

〈그림 10. 3〉은 IEP에 관한 견본이다. 이 회의에 필요한 사람들은 부모, 학생들과 함께 공부하는 담임교사와 특수교사, 그리고 학교를 대표하는 공식적인 사람을 포함한다.

공법 94-142의 마지막 조항은 장애 학생과 부모를 위한 정당한 법의 절차를 보장하고 있다. 절차적인 보호는 그들의 현재와 미래 교육에 부정적인 영향을 줄 수 있는 의사결정과 절차로부터 가족과 학생을 보호한다. 이들 정당한 법의 절차 보호는 부모들에게 사전에 중요한 교육적 의사결정을 통보해야 하고, 그들이 의사결정에 투입되어야 하며, 그들에게 불만이 있는지를 들어 볼 수 있는 기회를 요구하고 있다. 정당한 법의 절차 조항의 중요한 부분은 장애 학생을 위한 모든 서비스가 정기적으로 검토된다는 것이다. 이러한 재검토는 현재의 교육 절차에 대한 효과성을 평가하고, 학생들이 덜 제한적인 환경에 배치되어 있는지를 조사하는 것이다.

그림 10.3 개별화교육 견본

개별화 교육 프로그램

날짜 : 2005.3.1

(1) 학생	(2) 위원회		서명
이름: Joe S.	Mrs. Wrens	교장	
학교: Adams	Mrs. Snow	일반교사	
학년: 5	Mr. LaJoie	상담교사	
현재 장소: 일반교실/자료실	Mr. Thomas	자원교사	
	Mr. Ryan	학교상담교사	
	Mrs. S.	부모	
생년월일: 1993.10.1 **나이**: 11-5	Joe S.	학생	**교육기간** : 05.3.15-06.3.15

(3) 현재교육수준	(4) 연간목표	(5) 수업목표	(6) 목표준거 및 평가
수학 장점 1. 다시 모으기와 0이 있는 두 자리 수 덧셈과 뺄셈문제를 성공적으로 풀 수 있다. 2. 100단위 곱셈을 알 수 있다. 단점 1. 종종 풀어보았던 문제에서 실수한다. 2. 자습을 하지 않는다.	Joe는 덧셈에서 다시 모으기에 대한 지식을 적용할 수 있고, 4자리 숫자 뺄셈에서 다시 명명하기에 대한 지식을 적용할 수 있을 것이다.	1. 2개의 다시 명명하기를 요구하는 3자리 수 덧셈 20문제가 제시되었을 때, 학생은 1분당 한 문제씩 답을 할 것이다. 90%가 정확하다. 2. 2개의 다시 명명하기를 요구하는 3자리 수 뺄셈 20문제가 제시되었을 때, 학생은 1분당 한 문제씩 답을 할 것이다. 90%가 정확하다. 3. 3개의 다시 명명하기를 요구하는 4자리 수 덧셈 20문제가 제시되었을 때, 학생은 1분당 한 문제씩 답을 할 것이다. 90%가 정확하다. 4. 3개의 다시 명명하기를 요구하는 4자리 수 뺄셈 20문제가 제시되었을 때, 학생은 1분당 한 문제씩 답을 할 것이다. 90%가 정확하다	교사가 제작한 시험지 (주마다) 교사가 제작한 시험지 (주마다) 교사가 제작한 시험지 (주마다)

(7) 교육서비스 제공

필수 서비스	시작 날짜	서비스 기간	서비스에 대한 개별책임
보통 읽기	05-3-15	06-3-15	읽기전문교사와 특수교육 교사
자료실	05-3-15	06-3-15	특수교육교사
카운슬러	05-3-15	06-3-15	상담자
식단과 건강 관리	05-3-15	06-3-15	보건교사

보통교육 프로그램의 시간 : 60%에서 80%로 증가

교육장소의 적합성:

자료실의 구조는 Joe가 진술한 학습목표를 충족하기에 적합하다; 특히 보통교실과 같을 때 Joe는 카운슬러와의 대화를 통해 많은 도움을 얻을 수 있다. 그는 대화할 사람과 자신의 감정을 공유할 사람이 필요하다.

(8) 나는 개별화 교육 프로그램 개발에 참가할 기회를 가졌다.

나는 개별화 교육 프로그램에 동의한다. (√)

나는 개별화 교육 프로그램에 동의하지 않는다. ( )

부모의 서명 ___________

출처: Eggen, Paul, D.; Kauchak, Donald, Educational Psychology: Windows on Classrooms, 6th Edition, Copyright 2004. Reprinterd by permission of Peaeson Eduaciton, Inc., Upper Saddle River, NJ.

이것이 교사들에게 어떠한 영향을 미칠 것인가? 여러분들의 교실에도 장애 학생이 있을 가능성이 있다. 미국의 약 600만 명의 학생이 특수교육 프로그램에 참여하고 있으며, 이들 중 3분의 2는 비교적 작은 문제를 갖고 있다(Heward, 2006). 일반학급의 약 14%의 학생들이 특수교육 서비스를 받고 있다. 78%는 정규학급에서 유의미한 수업을 받는다. 일반학급에서 공부하는 장애 학생은 여러분의 교실에서 일부 시간 또는 대부분의 시간을 보내고 있다. 또한, 학업 문제 때문에 성공적으로 기능하지 못하는 일반교실에 이미 배치되어 있는 학생들이 특별한 도움을 요구하는 것으로 확인된다. 따라서 교사의 도움이 절대적이다. 이들 장애의 범위는 말, 언어 장애, 청각 장애 또는 시청각 장애, 경미한 학습 장애, 행동 장애와 같이 다양하다(Heward, 2006).

교사에게 중요한 과제는 장애 학생들을 지원하는 교실 학습환경을 만드는 것이다. 이를 위한 방법은 다음과 같다.

- 수업을 조절하기 위해서 장애 학생들과 규칙적으로 의사소통하기
- 학생들이 교실의 절차와 기대를 알 수 있도록 일정 정하기
- 보충 강화 전략을 통한 격려하기 및 지원하기
- 팀이 효과적으로 운영되고 있는지를 확인하기 위해서 특수교육 지원교사와 자주 의사소통하기
- 장애 학생이 다른 학생과 긍정적인 관계를 형성할 수 있도록 돕기(Hardman et al., 2008; Heward, 2006)

표 10.3 통합 교실을 위한 수업 조절

수정	설명
구조화와 지원 제공	목표는 명료하게 제시되어야 하고, 수업은 성공을 보장할 수 있도록 조절되어야 한다.
세부적인 단계로 구분하기	과제는 보다 작은 단계로 세분화 하고 실천을 위하여 보다 많은 기회를 제공해야 한다.
빈번한 피드백 제공	빈번한 과제와 퀴즈를 통하여 학생의 발전을 점검한다.
학습 시간 허용	학생들이 퀴즈와 과제를 해결하는데 보다 많은 시간을 허용함으로써 다른 학습량을 조절한다.
경쟁보다는 성공, 완전학습 강조	성공을 증진시키기 위한 과제와 퀴즈를 설계한다. 경쟁이 아닌 내용 숙달도에 따라 성적을 부여한다.

이러한 노력을 통하여 교실 환경을 장애 학생을 위한 지원적이고 교육적인 환경으로 만들 수 있다.

여러분들은 이들 학생들의 요구를 충족시키기 위하여 교육과정과 교수방법을 바꾸어야 할 것이다. 이들 중 몇 가지는 〈표 10.3〉에 제시되어 있다. 그러나 다른 것들은 이미 5장의 수업 계획에서 소개하였다.

〈표 10.3〉에서 볼 수 있듯이, 이들 조절은 모든 학생을 위한 좋은 수업의 기본 원리를 반영하고 있다; 경도 장애 학생에게 이는 매우 중요하며 결정적이다.

이들 학생들의 요구를 고려하여 교육과정을 조절할 때 교사는 컨설팅 능력이 있고 교실에서 팀티칭 수업 파트너로서 일하는 특수교사의 도움을 받게 된다(Hardman et al, 2002). 장애 학생이 일반 학급에 배치되기 전에, 행정가, 부모, 특수교사, 상담자, 학교 심리학자, 교사로 구성된 다학문적 팀은 개별 학생들의 요구에 대해 토론하기 위하여 모인다. 이 팀의 첫 번째 기능은 학생들의 장단점을 판단해서 그들의 특성에 적합하고 교사에 의해 실행될 수 있는 IEP를 계획하는 것이다.

이 회의에서 교사의 역할은 교실의 상황을 설명하고 이들 상황이 어떻게 학생의 성공을 도울 것인지 또는 방해할 것인지를 알아보는 것이다. 게다가, 교사가 이미 교실에서 학생들과 공부해왔다면, 교사는 학생의 문제를 진단하는데 있어서 중요한 자료원이 될 수 있다. IEP가 구성되면, 교사는 또한 IEP 요구가 교실 자원과 관련하여 교실의 실제와 현실이 일치하는지를 확인하는데 도움을 줄 수 있다.

마지막으로, 교사는 IEP 실행자로서 그리고 그것의 효율성을 평가하는 사람으로서 중대한 역할을 담당하고 있다. 앞에서 언급되었듯이, 이들 계획은 설정된 목적을 달성하고 있는지 정기적으로 검토된다.

연습 10.4

이 장 앞에 소개된 Vicky Harrison의 시나리오를 읽어보시오. 이 시나리오에서 다음과 같은 개념이 어디서, 어떻게 나타났는지 확인해보시오.

1. 최소 제한 학습환경
2. 특수아동 일반교실에 배치
3. 개별화 교육 프로그램
4. 적합한 절차

교실에서의 공학

교실에서의 다양성과 공학: 학생을 조절하기 위한 컴퓨터 활용

컴퓨터는 일반적으로 수업을 개선시킬 뿐만 아니라 개별 학생들의 다양한 요구를 충족시켜 주기 위하여 수업을 조절할 가능성이 크다(Lewis & Doorlag, 1999). 학교마다 컴퓨터의 수가 최근 몇 년 사이에 상당히 증가했다. 다양한 학생들의 요구에 부합하는 컴퓨터의 능력은 수학, 읽기와 같은 기초 기술과 문제해결이나 탐구와 같은 고차원적인 기술에 이르기까지 상당히 다양하게 개발되고 있다. 이 절에서 우리는 교육에서 컴퓨터 사용의 증가를 조사하고, 컴퓨터가 모든 학생들의 요구를 충족시켜 주기 위하여 어떻게 사용될 수 있는지를 분석한다.

학교에서 컴퓨터 활용

공학은 우리의 삶과 배우고 가르치는 방식을 변화시키고 있다. 다음은 학교에서 공학의 증가가 보여주는 사례들이다.

- 현재, 인터넷이 연결된 컴퓨터의 비율은 컴퓨터 1대당 약 6명이다.
- 공립학교의 거의 100%가 인터넷으로 연결되어 있다.
- 시골의 거의 모든 학교가 최소한 한 대의 텔레비전과 비디오 재생기가 있다.
- 교사의 41%가 교실에 TV가 있다(Swanson, 2006).

공학에서 가장 현저하게 성장한 영역은 컴퓨터이다(Roblyer, 2006). 초기에, 컴퓨터 교육은 컴퓨터 시대에 살기 위해 학생을 준비시키는 것이었고, 그것이 학교에서 대부분 컴퓨터를 사용하는 이유였다. 시간이 흐르면서, 컴퓨터를 활용한 수업이 확대되었다.

- 컴퓨터 보조 수업 - 반복 연습, 교수, 모의실험, 다매체 수업
- 컴퓨터 관리 수업 - 학생 성적표, 진단검사와 사전 검사, 검사 점수와 분석
- 수업 자료 설계 - 문자와 그림
- 학생을 위한 정보 도구 - 정보 인출, 처리, 그리고 다매체 학습에 대한 능력

일반적으로 공학, 그리고 특히 컴퓨터는 학생들이 비판적 사고 기술을 발달을 도와주는 수업의 중요한 부분으로 간주된다(Roblyer, 2006). 따라서 오늘날 교사는 공학을 잘 다룰 줄 알아야 한다.

적응적 컴퓨터 활용

컴퓨터 활용 수업은 학생들이 기본적인 사실을 학습하도록 도와주고 교사가 학생들에게 복잡한 사고 전략을 가르치는데 도움을 준다. 학습의 연속선 양 끝에 있는 학생들, 즉 경도 장애 아동과 영재 아동에게 컴퓨터 활용 수업의 가치는 개별 학생들의 다양한 요구를 반영하여 수업에 적용할 수 있는 능력에 달려 있다.

컴퓨터 보조 수업(CAI)은 기초 기술 영역에서 암산능력과 빠르고 정확한 응답을 개발하기 위해서 고안되었다. 수학 연구에서는 학습 부진아가 직면하고 있는 주요 문제는 수학 문제 계산에서 숫자 계산하기 전략에 지나치게 의존하는 것이라고 보고하고 있다(Bunning et al, 2004). 학생들이 수학 문제를 해결하기 위해서 숫자 계산하기 전략을 적용할 수 있을 정도로 수학적 사실을 이해하지 못할 때, 학생들은 문제에 대해 생각하거나 문제를 해결할 시간과 에너지를 기본적 사실에 지나칠 정도로 집중한다.

컴퓨터 프로그램은 몇 가지 면에서 이 문제를 해결해 준다(Roblyer, 2006). 컴퓨터는 학생들의 출발점 행동을 결정하기 위하여 사전검사를 시작한다. 습득된 기술에 기초하여, 컴퓨터는 높은 성공률을 보장하는 속도로 새로운 수학적 사실을 도입한다. 학생들이 답을 하지 못하거나 틀렸을 때, 조절 프로그램은 답을 제공하고 그 사실에 대하여 재시험을 보게 한다. 암산능력을 발달시키고 숫자 세기를 억제하기 위해서, 설명 속도는 일정 시각에 작동하도록 장치한다. 학생들이 보다 능숙해지면, 학생들의 반응 시간이 짧아진다. 이들 프로그램에 관한 연구가 장려되고 있다; 그것들은 즉각적인 피드백을 통하여 학생들을 동기화 시키고 교사들에게 시간을 절약하게 해준다(Roblyer, 2006).

가장 좋은 반복 연습 프로그램은 조절이다. 그것은 반복 연습 프로그램이 과제의 요구를 학생들의 능력에 맞추는 것을 의미한다. 예를 들어, 6×7=42와 같은 수학적 사실에 관한 지식을 향상시키기 위해 고안된 프로그램에서, 조절 프로그램은 학생들이 이미 6과 7의 곱한 결과를 알고 있는지를 확인하기 위해 사전검사를 실시하는 것으로 시작될 것이다. 그런 다음 높은 성공률을 확인하기 위하여 새로운 개념을 속도에 맞게 소개한다. 학생들이 대답을 하지 못하거나 틀린다면, 그 프로그램은 즉시 답을 제공하고 재시험을 보게 한다.

우리의 궁극적인 목적은 학생들이 수학적 사실을 자동으로 회상할 수 있도록 하는 것이기 때문에, 학생들이 좀 더 능숙해지면 정답을 맞히는 시간이 짧아진다. 이것은 또한 학생들이 좀 더 빠르게 반응하도록 하게 함으로써 동기를 증가시킨다.

반복 연습 프로그램의 장점은 무엇인가? 첫째, 그것은 효과적인 피드백을 제공한다. 즉, 학생들에게 즉각적으로 그들이 숙달한 것과 좀 더 학습해야 할 곳을 알려준다. 연구는 이러한 과정의 효과성을 지지한다(Attewell, 2001). 둘째, 그것은 지필 연습을 제거함으로써 학생들을 동기화시킨다(Gee, 2005). 셋째, 그것은 교사의 시간을 절약해 준다. 왜냐하면 교사는 정보 제공 및 학생들 반응을 채점할 필요가 없기 때문이다.

보조 공학

공학은 장애아동의 학습을 돕는데 특히 효과적인 도구가 될 수 있다. 보조 공학은 학생들의 컴퓨터 활용과 다른 종류의 기술을 활용하도록 돕는 조절 도구를 포함하고, 그것은 특히 장애 학생들에게 중요한 영향력을 준다. 만약 컴퓨터를 개조하지 않으면, 청각장애 또는 중도 신체 감각 장애를 지닌 학생들은 표준화된 컴퓨터를 활용할 수 없다. 이러한 변화는 대안적인 입력 장치와 출력 장치에서 일어날 수 있다(Heward, 2006; Hopkins, 2006).

컴퓨터 입력 장치 변경

컴퓨터를 효과적으로 활용하기 위해서, 학생들은 그들의 말과 생각을 입력할 수 있어야 한다. 글을 읽을 수 없거나 시각 또는 다른 신체적 장애가 심각한 학생들은 표준화된 자판을 사용하기가 어려울 수 있다.

한 가지 변경은 자판의 기능을 강화하는 장치를 포함시키는 것이다. 예를 들어, 자판을 보다 크고 보기 쉽게 만들거나, 문자를 찾기 쉽게 알파벳 순서로 배열하거나, 읽지 못하는 사람을 위해 그림을 활용하는 것 등이다. 추가적인 변경은 완전히 자판을 없애는 것이다. 예를 들어, 정보를 입력하기 위해 손을 사용할 수 없는 신체장애 학생들은 컴퓨터와 상호작용하기 위하여 머리를 끄덕이는 것과 같은 몸의 움직임에 의하여 작동되는 스위치를 활용한다. 터치스크린을 통해서 학생들은 그들의 반응을 나타내기 위해 모니터 스크린을 활용할 수 있다. 이 외에 말/음성인식 소프트웨어는 말을 스크린 상에서 텍스트로 번안할 수 있다(Silver-Pacuilla & Fleischman, 2006).

출력 장치 변경

표준화된 컴퓨터 모니터의 변경은 시각적 디스플레이를 무시하거나 크기를 확대하는 것이다. 크기 확대는 특대 모니터를 사용하거나 화면의 크기를 확대하는 장치를 사용하여 가능하다. 시각장애 학생의 경우, 언어 합성장치가 단어를 읽으면 이를 소리로 변환할 수 있다.

이러한 공학은 장애 아동들의 어려움을 예방할 수 있기 때문에 중요하다. 공학이 교실

수업에서 필수적인 부분이 되기 때문에 장애아동에게 공학의 중요성은 더욱 커질 것이다.

컴퓨터는 또한 학생들의 교육 발전을 추적하는데 사용되어 왔다. 이 장에서 계속되는 주제는 학생들이 다양한 속도와 방식으로 학습한다는 것이다. 컴퓨터가 학생들을 위한 수업을 개선하기 위하여 활용될 수 있는 효과적인 방법은 자료를 수집하고 추적하는 도구로 사용하는 것이다. 컴퓨터는 다음과 같이 사용될 수 있다.

- 평가 도구 계획과 개발
- 평가 결과 분석
- 보관 및 자료 갱신, 학생의 학습 발전 증거 자료(Newby, Stepich, Lehman & Russell, 2006)

컴퓨터와 관련된 활용은 IEP 계획을 구성하고 관리하는데 있다. IEP 계획은 앞 절에서 논의된 것으로 특수아동을 일반교실에 통합시키는 내용이다. 컴퓨터는 초기 계획을 구성하고, 주기적으로 관찰하고 기록을 하며, 그리고 최종 보고서를 작성할 때 유용하게 사용될 수 있다. 그리고 그러한 문서는 IEP 목적을 충족시켜 나아간다.

학습양식

도입

의문의 여지없이, 개별 학생들은 학습과제를 수행하고 문제를 해결하는 방식이 서로 다르다. **학습양식**은 *인지양식*이라고 불리기도 하는데, 이것은 학생들이 선호하는 학습방식, 문제해결 방식 또는 정보처리방식을 의미한다(Denig, 2003). 그것들은 학생들이 학습환경을 지각하고 상호작용하는 방식에 영향을 미친다.

Jan Healy는 2학년 학생들에게 과학을 재미있게 수업하기를 원했다. 그래서 그녀는 매주 화요일과 금요일 오후에 학습 센터에서 다양한 주제를 연구하느라 시간을 보낸다. 어떤 학생들은 씨를 심고, 그것의 성장을 측정한다. 반대로, 어떤 학생은 컴퓨터를 이용하여 시뮬레이션 실험을 한다. 학생들이 어떤 시간에는 혼자 학습하고, 다른 시간에는 집단에서 협력한다.

Jan은 그녀의 학생들을 한동안 관찰한 후에 학생들이 학습하는데 정해진 패턴이 있다는 사실을 알았다. 어떤 학생은 항상 혼자 공부하는 반면에, 어떤 학생은 항상 집단에서 공부했다. 어떤 학생은 독서를 좋아했다. 다른 학생은 손으로 직접 뭔가를 하면서 더 행복해 했다; 엉망일수록 더 좋다. 이것은 손으로 하는 과학 실험에 새로운 의미를 가져다주었다. 많은 사람들은 컴퓨터에 반해 있지만, 다른 학생들은 싫어한다. Jan은 이러한 차이가 다른 영역을 가르칠 때 무엇을 의미하는지 궁금했다.

학습양식은 학습자가 학습환경을 인식하고 상호작용하며 반응하는 방법에 영향을 주는 인지적, 정의적, 심리 운동적 특성이다. 학습양식이 서로 다른 학생들은 비교적 다르면서도 안정적인 방식으로 교육적 문제를 해석하고 해결하려고 시도한다. 이 절에서, 우리는 학습양식이 교수학습에 미치는 영향을 살펴볼 것이다.

학습양식: Dunn & Dunn의 연구

학습양식에 대한 가장 대중적인 접근 중의 하나는 Ken과 Rita Dunn(1992a, 1992b, 1993)에 의해서 개발되었다. 이들 교육자들은 학생들이 학습의 세 가지 주요 요인에서 다르게 반응한다는 것을 발견하였다. 환경(예 소리, 빛, 온도), 물리적 자극(예 구두 또는 문자), 구조/지원(예 개별 또는 집단). 이들 중 몇 가지 주요 차원들이 〈표 10.4〉에 제시되어 있다.

표 10.4 학습양식의 영역

차원	학습양식 차이
환경	
소리	최선의 학습을 위해서 조용한 환경이 좋은가 소란한 것이 좋은가?
빛	학생들이 밝은 것을 좋아하는가? 어두운 것을 좋아하는가?
온도	따뜻한 것을 선호하는가? 추운 것을 선호하는가?
설계	최선의 학습을 위해서 개별 책상이 좋은가? 2인 이상 책상이 좋은가?
물리적 자극	
기간	주의집중 시간은 최적의 활동 길이에 어떠한 영향을 주는가?
양상	학생들이 새로운 정보를 읽는 것을 선호하는가? 듣는 것을 선호하는가?
활동	학생들이 적극적으로 참여할 때 잘 배우는가? 수동적일 때 잘 배우는가?
시간	학생들이 오전에 학습을 잘 하는가? 오후에 학습을 잘하는가?
구조/지원	
동기유발	학생들은 외적 보상을 좋아하는가? 내적 동기를 좋아하는가?
감독	학생들은 꾸준한 지원과 감독을 원하는가? 독립적인 학습을 원하는가?
개별화/집단화	학생들은 개별 학습을 선호하는가? 집단 학습을 선호하는가?

서로 다른 학습양식을 선호하는 것은 당연하다. 우리는 사람들이 "나는 아침형 인간이에요." 또는 "오전 10시 전에 나에게 말하지 말아요."라고 말하는 것을 듣는다. 학습양식과 관련하여, 우리는 또한 "나는 시각적인 사람이에요. 나는 그것을 볼 필요가 있어요."라고 말하는 것을 듣는다. 이것은 어떤 사람이 어떤 개념을 시각적인 표상을 통해서 보다 효과적으로 학습한다는 것을 의미한다. 다른 사람은 보다 청각적이다. 그들은 구두 표상을 통하여 학습을 보다 잘 한다. 어떤 사람은 촉각적이다; 그들은 그것을 느껴야 한다. 이러한 모든 선호는 학습에 강력한 영향을 줄 수 있다.

학습자의 다양한 학습양식을 확인하기 위하여, 이들 연구자들은 학습양식 검사지를 개발하였다(Dunn, Dunn, & Price, 2000). 이 도구는 학생들에게 "나는 조용할 때 학습을 제일 잘 한다." "나는 스스로 공부하기를 좋아 한다." 와 같은 질문에 대답하도록 되어있다. 이것은 Likert 척도로 구성되어 있다(매우 동의, 동의, 부정, 매우 부정). 교사들은 〈표 10.4〉와 같은 특징들을 강조함으로써 자신의 검사 도구를 개발할 수 있으며, 이 정보를 사용하여 개별 학생, 집단 학생, 또는 전체 학생에 따라 수업에 적용시킬 수 있다.

또 하나의 다른 유망한 학습양식에 대한 접근 방법은 정보처리에 대한 심층적 접근과 표면적접근을 구분하는 것이다(Evans, Kirby, & Fabrigar, 2003).

예를 들면 여러분이 새로운 아이디어를 공부할 때, 여러분은 스스로에게 이 아이디어는 다른 아이디어와 어떠한 관계가 있고 그 아이디어의 본보기로 어떠한 것이 존재하며, 그 아이디어를 다른 상황에 어떻게 적용할지를 자문하는가? 만일에 그렇다면, 여러분은 심층적인 처리 접근방법을 사용하고 있는 것이다. 반면에, 여러분이 단순히 정의를 기억한다면, 여러분은 표면적 접근방법을 사용하고 있는 것이다. 여러분이 기대하고 있듯이, 검사가 이해와 적용에 초점을 둔다면 심층적 처리접근은 높은 성취를 가져다 줄 것이다. 그러나 표면적 접근은, 검사가 사실학습과 기억을 강조하는 경우에 성공할 수 있다. 심층적 처리접근을 사용하는 학생들은 보다 내발적으로 동기가 부여되는 경향이 있고, 반면에 표면적 접근을 사용하는 사람들은 높은 점수와 타인과 비교한 수행에 의하여 동기가 높게 부여된다(Pintrich & Schunk, 2002).

학습양식 이라는 아이디어는 교육에 널리 퍼져 있으며 많은 자문자들은 그들이 교사를 위한 워크숍을 진행할 때, 이 명칭을 사용한다. 그러나 이러한 현실에 대하여 말이 많다. 지지자들은 학습환경을 학습자의 기호에 일치시킴으로 성취가 증가하고 태도가 개선된다고 주장한다(Carbo, 1997; Farkas, 2003). 비판가들은 학습양식을 측정하는 도구의 타당도를 문제 삼아 반대의견을 제시하고 있다(Stahl, 1999). 또한 그들은 학습환경을 학습기회에 일치 시키려는 시도는 어느 경우에는 학습을 증가시키지 못하고 오히려 감소시킨다

고 하는 연구결과를 인용하고 있다(Brophy, 2004; Klein, 2003).

학습양식이라는 개념은 교사에게 세 가지 주된 시사점을 준다. 첫째, 학습양식은 모든 사람이 선호하는 어떠한 수업접근도 없기 때문에 수업을 다양화할 필요가 있음을 상기시킨다(Brophy, 2004). Chris Burnette는 모든 수업에 딱 하나의 방법을 적용했을 때 이 사실을 발견하게 되었다. 11장에서 보겠지만, 효과적인 교사는 여러 상이한 목적을 달성하기 위하여 다양한 수업전략을 사용한다는 것이다. 두 번째 학습양식에 대한 인식은 학생의 개인차에 대한 감수성을 증대시켜 개인으로서의 학생들에게 더욱 더 반응할 가능성이 커진다. 세 번째 교사는 학생으로 하여금 자신의 학습을 생각하게 하고, 그들의 메타인지를 계발하도록 격려해준다는 것이다. 메타인지란 가장 효과적으로 학습하는 방식과 이러한 요소들을 통제할 수 있는 능력에 대한 인식을 말한다(Martinez, 2006). 예를 들면, 스테레오를 틀고 공부하는 것은 집중능력을 감소시킨다는 것을 알고, 스테레오를 끄고 공부하는 학생은 메타인지를 시연해 보이는 것이다. 메타인지적 학생들은 덜 메타인지적인 학생보다 학습과제에 맞추어 전략을 보다 더 잘 조절해 나갈 수 있다. 그 결과 그들의 성취는 더 올라간다(Eggen, & Kauchak, 2007).

학생들로 하여금 가장 잘 학습할 수 있는 방법을 생각하도록 격려함으로써 교사는 학생에게 일생동안 그들이 활용할 수 있는 강력한 학습도구를 제공한다.

Howard Gardner의 다중 지능

우리가 가르치는 학생들의 차이를 설명하는 또 다른 방법은 다중지능의 관점에서 찾을 수 있다. 다중지능 관점에서 보면 지능이란 몇 가지 다른 종류의 지능 또는 몇 가지 다른 지능의 국면으로 구성되어 있다고 한다(Gardner, 2006; Gardner & Moran, 2006). 다중지능이론에 숨겨져 있는 생각은 다음과 같다: 다양한 사람은 다양한 면에서 "영리하다." 우리는 수학을 잘하지만 말하기와 쓰기를 못하는 학생을 직면하거나, 대인관계 기술이 뛰어나지만 전통적 교과에 재능이 없는 사람을 직면하게 된다.

Howard Gardner는 지능과 관련하여 학생들의 차이점을 최소 8가지 방식으로 구분하였다(표 10.5 참조). 학생들의 다양한 지능을 발달시키기를 바라는 교사들은 다음과 같이 해야한다:

- 학생들이 다양한 방식으로 성공할 수 있는 다차원적 교실 환경 만들기
- 다양한 학습 차원을 유발할 수 있는 학습 과제 제공하기

- 학생들이 자신을 다양한 양상으로 표현할 수 있도록 격려하기
- 학생들이 습득한 개념이나 기술을 설명하는데 학생들의 선택을 허락하기(Gardner & Moran, 2006; Moran, Kornhaber, & Gardner, 2006)

이상의 학습양식을 보면, Gardner의 업적에서 교사가 받아들여야 할 가장 중요한 메시지는 다음과 같다: 학생들은 복잡하고 다면적인 개인들로서 그들을 분별있게 대하고 다양한 교수방법을 통하여 가르쳐야 한다.

표 10.5 Gardner의 다중지능이론

영역	사례
언어 지능: 단어의 의미와 배열, 다양한 언어 사용에 대한 민감성	시인, 저널리스트
논리-수학 지능: 세계의 질서와 패턴을 인식하고 일련의 긴 추론을 다룰 수 있는 능력	과학자, 수학자
음악 지능: 박자, 리듬, 톤에 대한 민감성	작곡자, 바이올린리스트
공간 지능: 시각적인 세상을 정확하게 인식하는 능력, 자신의 지각에 기초하여 세상을 수정하고 변형하고 재창출하는 능력	조각자, 항해자
신체-운동 지능: 몸을 활용하고 사물을 다룰 수 있는 능력	댄서, 운동선수
대인관계지능: 다른 사람을 인식하고 구별하는 능력	치료자, 외판원
개인내적지능: 자기 자신의 삶에 대한 느낌 갖기	자아 인식한 개인
자연 지능	생물학자, 식물학자

출처: Chekley, k(1997). The first seven… and the eighth: A conversation with Howard Gardner. Educational Leadership, 55(1)m 8-13.

반성하기

학습의 차이

INTASC 원리 3과 9

여러분이나 여러분이 담당한 학급과 관련하여 이 장에서 읽은 학습자의 차이에 대하여 생각해 보시오.

요 약

학생들의 다양성은 교수의 중요한 부분으로 점점 더 중요시 되고 있다. 이것은 마치 우리 학교에서 학생들의 성격이 변화하는 것처럼 점점 더 중요해지고 있다. 이러한 다양성은 교수를 더욱더 도전적이고 보상적으로 만들고 있다.

이들 변화에 부응하기 위하여, 교사들은 이러한 다양성을 조절하기 위한 다양한 수업 전략이 필요하다. 다문화 교육은 다양한 문화로부터 온 학생들이 가장 높은 수준에 도달할 수 있도록 도와주기 위하여 학생들의 장점을 구축하려 시도하고 있다. 협동학습은 다양한 배경과 능력을 가진 학생들을 그룹으로 나누어 학습활동을 하는 또 다른 하나의 교수전략이다. 완전학습은 학생들에게 형성평가, 피드백, 추가 시간, 대안적인 학습활동을 제공함으로써 학생들의 다양성을 배려한다. 통합은 특수 아동의 요구를 충족시키기 위한 종합적인 접근 방법으로, 특수아동들을 특별한 지원이 있는 교실과 학교에 통합시킨다. 마지막으로, 컴퓨터는 다양한 학생들의 수업 요구를 충족시키기 위한 추가적 방법을 제공한다.

이 장의 마지막 절에서, 우리들은 학습양식과 다중지능이 수업에 미치는 영향을 살펴보았다. 학습양식은 우리에게 개별 학생들의 개인차를 상기시키고, 다양한 교수 전략의 효과성을 설명하는데 도움을 준다. 다중지능이론은 우리가 "영리"하게 되는 다양한 방법들을 이해하는데 도움을 주고, 다양한 지능의 종류를 발달시킬 수 있는 교실 환경을 설계하도록 격려해 준다.

핵심개념

개별화 교육계획
다문화교육
다중지능
메타인지
몰입언어프로그램
문화적으로 반응하는 수업
보조공학
영어를 1차 언어로 사용하는 학습자
영어학습프로그램
완전통합
위기에 처한 학생
유지언어 프로그램
장애우 교육법
전환언어프로그램
최소제한 환경
통합교육
학습양식

자격시험준비

다음의 사례 연구를 읽고, 이 장의 구체적인 정보를 활용하여 다음 물음에 답하시오.

Amy Tran은 대도시에 다니는 3학년 학생을 알고 있다. 그 학생은 동물에 빠져 있다. 그래서 그녀는 학생의 이러한 관심을 중심으로 수업을 하고자 한다. 그녀는 야생생활 잡지에서 다양한 사진을 오리고 붙여서 수업을 준비하였다. 그녀는 다음과 같이 말하면서 활동을 시작하였다.

"오늘 우리는 동물에 대하여 새로운 것을 알게 될 거예요. 여러분들 모두 배울 수 있다고 생각하는 것이 중요해요."

교사는 그리고 나서 두 장의 사진을 보여주었다. 한 장은 코끼리 사진이고, 다른 한 장은 꽃 속에 숨겨진 곤충 사진이었다. 그런 다음 그녀는 학생들에게 그림을 설명하게 하였다. 처음에 학생들은 꽃 속에 있는 곤충을 발견하지 못하였다.

"전 코끼리를 보았어요." Sandra가 말했다.

Tommy가 덧 붙였다. "정말 커요."

"나무 옆에 서 있어요." Roberto가 계속 말하였다.

"몸통이 잎에 둘러싸여 있어요." Russ가 지적하였다.

선생님이 미소 지으며 말했다. "잘했어. 이제, 다른 그림을 볼까요?"

Kwan이 망설이면서 말했다. "꽃은 노란색이에요."

"사진에는 4송이 꽃이 있어요." Lan이 덧붙였다.

학생들은 잠시 침묵하였다. Amy는 그림을 지적하며 암시 전략을 사용하였다 "꽃을 더 자세히 관찰해 보세요."

Sandra가 뛰면서 말했다. "아! 그 안에 벌레가 있어요."

"벌레는 꽃과 닮았어요." Cindy가 말했다.

"무슨 뜻이야?" Tran이 질문하였다.

"색깔이 같아요." Cindy가 대답하였다.

"꽃처럼 동그래요." Juan이 추가로 대답하였다.

"꽃처럼 둥글하다고 말할 때, 여러분들은 이것을 기술하는 단어를 알고 있나요?" Tran이 질문하였다. 그녀의 질문에 아무런 대답이 없었다. "우리는 그것을 모양이라고 불러요. 벌레는 꽃과 같은 모양이에요."

Tran은 학생들을 칭찬하였다. "잘 했어요. 여러분! 몇 장의 그림을 더 볼까요." 교사는 초원에 있는 들소 사진과 덤불과 산림 속에 숨어 있는 어린 사슴을 보여주었다. 이들 사진을 코끼리와 벌레 사진 옆에 놓았다. 교사는 다시 학생들에게 그들이 무엇을 보았는지 물어보았다. 학생들은 다음과 같이 대답하였다.

"들소는 갈색이에요."

"매우 커요."

"어린 사슴의 등에 점이 있어요."

"그것을 보기가 매우 어려워요."

"코가 있어요."

Tran은 계속하였다. "이제 여러분은 짝과 함께 어린 사슴과 벌레를 비교해 보세요. 여러분들이 학급 친구들과 공유할 수 있는 유사점을 세 가지 찾아보세요. 5분의 시간을 주겠어요." 5분이 지나자, 학생들은 생각들을 공유하기 위하여 모였다.

"그것들은 모두 동물이에요." Terry가 대답하였다.

"그것들은 모두 보기가 어려워요. 왜냐하면 꽃과 비슷하고 그 안에 벌레가 있어요." Kanya가 대답하였다.

"동물을 보기가 어려울 때 우리는 그것을 무엇이라고 부르는지 아니?" Tran이 질문하였다.

아무런 대답이 없었다. "색깔과 모양이 위장되어 있기 때문에 동물을 보기가 어렵다고 말했다. 나중에 우리는 동물이 다양한 방식으로 위장하는 것을 배울 거예요. 그러나 지금은 우리는 색깔과 모양에 집중해야 해요."

1. 이 수업은 ELL 학생을 위하여 효과적인 수업을 어떻게 실행했는가?
2. 이 수업은 위기에 처한 학생들을 위하여 효과적인 수업을 어떻게 실행했는가?
3. 이 수업에서 Gardner의 다중지능이론 중 어떤 영역이 활용되었는가?

비디오 연습

MyEducationLab으로 가서 "다양성: 문화적, 언어적"이라는 주제를 선정하여 "문화적으로 다양한 학생의 가정경험 통합"이라는 비디오를 보시오. 비디오를 본 후 비디오에 나와 있는 문제에 대답하시오.

포트폴리오의 개발

이 활동의 목적은 여러분들이 학습자의 차이를 근거로 하여 활용할 수 있는 다양한 방식에 대하여 생각하도록 조장하는데 있다. 여러분들이 전문가로서 첫 해에 학생들을 가르친다고 상상해 보시오.

- 이 장에서 기술한 다양성이라는 차원에서 이들 학생들은 얼마나 다양한가?
- 다양성을 기초로 하여 여러분은 어떤 구체적인 수업 전략을 활용할 수 있는가?

토의문제

1. 다문화 교육은 다른 학년에 비하여 어떤 학년에서 더 중요한가? 왜 그런가? 다문화 교육이 어떤 내용에서 더 중요한가? 왜 그런가?
2. 협동학습 전략이 어떠한 양식의 학생에게 가장 효과적인가? 가장 효과가 없는 양식은? 왜 그런가?
3. 완전학습에서 학습의 책임은 어떻게 변하는가? 이러한 변화는 생산적인가?
4. 전문가들은 교사가 학생들의 학습양식에 맞추어 수업을 조절해야 하는지 아니면 학생들에게 다양한 학습 방법을 가르쳐야 하는지에 대한 논쟁을 벌이고 있다. 어떠한 접근이 더 바람직한가? 왜 그런가?
5. 공학은 다른 학년에 비하여 어떤 학년에서 더 가치 있는가? 다른 내용보다 어떤 내용에서 더 중요한가? 왜 그런가?
6. 다음과 같은 학생에게 통합은 어떠한 이로움이 있는가?
   a. 장애 학생
   b. 일반 학생
   c. 교사

   이들 세 가지 집단에서 바람직하지 않은 부작용이 나타날 수 있는 가능성은 무엇인가? 어떻게 하면 이러한 부작용을 최소화시킬 수 있는가?

현장경험을 위한 제안

1. 반 학생들의 다양성에 관하여 교사를 면담해라. 학생들은 다음 사항과 관련하여 어떠한 차이가 있는가?
   a. 문화
   b. 가정 언어
   c. 사회경제적 지위
   d. 학습양식
   e. 다중 지능

   교사는 이러한 차이에 맞추어 무엇을 하는지 관찰하시오.

2. 몇 명의 소수 학생을 중심으로 교실을 관찰하시오.
   a. 그들이 어디에 앉는가?
   b. 그들은 누구와 말하며 친구는 누구인가?

c. 그들은 출석하고 참여하는가?
d. 그들은 교실 상호작용에 참여하는가?

교사에게 이 학생들의 개인차를 고려하여 무엇을 구축할지 물어보시오.

3. 교사가 몇몇 소수 학생을 확인했는지 물어보아라. 이 학생들을 면접하고 다음을 질문하시오.
   a. 이 학교에 얼마동안 다녔는가?
   b. 학교에서 가장 좋은 것은 무엇인가?
   c. 가장 싫은 것은 무엇인가?
   d. 교사는 그들이 더 잘 배울 수 있도록 무엇을 도와주어야 하는가?

4. 협동학습의 몇 가지 양식을 사용하는 교사를 관찰해라.
   a. 교사는 학생들의 활동을 위하여 어떠한 준비를 하는가?
   b. 학생들을 집단으로 구성할 때, 나누는 기준은 무엇인가?
   c. 집단은 성과 인종적 배경의 관점에서 얼마나 차이가 있는가?
   d. 집단 내에서 학생들은 어떠한 활동에 참여하는가?
   e. 교사는 학생들의 책무성을 어떻게 유지하는가?
   d. 수업이 어떻게 개선되었는가?

5. 컴퓨터의 활용과 이용가능성에 관련하여 교사를 면담하시오.
   a. 각 교실에 몇 대가 있는가? 또는 다른 교실과 연결될 수 있는가?
   b. 학교에 얼마나 많이 있는가?
   c. 얼마나 현대적이고 최근 것인가?
   d. 컴퓨터에는 최신의 소프트웨어가 설치되어 있는가?
   e. 교사는 컴퓨터를 수업에 어떻게 활용하는가?
   f. 교사는 수업계획과 성적관리를 위하여 컴퓨터를 어떻게 활용하는가?

6. 통합에 대하여 교사를 면담하시오.
   a. 교실에 장애 학생이 얼마나 많이 포함되어 있는가?
   b. 교사는 이 학생들을 위하여 수업을 어떻게 적응시키는가?
   c. 이 학생들과 협력할 때 교사에게 필요한 도움은 무엇인가?
   d. 교사가 통합과정을 더 효과적으로 진행하기 위한 제안은 무엇인가?

교수도구

☞ 참고문헌

Bank, J. (2006). *An introduction to multicultural education*(4th ed.). Boston: Allyn & Bacon. A readable introduction to the field of multicultural education.

Brophy, J. (2004). *Motivating students to learn*(2nd ed.). Boston: McGraw-Hill. This text on motivation has several excellent chapters on motivating struggling students placed at risk.

Gollinick, D., & Chinn, P. (2006). *Multicultural education in a pluralistic society*(7th ed.). Upper Saddle River, NJ: Merill/Prentice Hall. Describes how muticultural education fits into educating our pluralistic society.

Peregoy, S., & Boyle, O. (2005). *Reading, writing, and learning in ESL*(4th ed.). New york: Longman. Provides a comprehensive and readable account of how to instruct English-language learners in the classroom.

Sapon-Shevin, M. (2007). *Widening the circle: The power of inclusive classroom.* Boston: Beacon Press. Describes the advantages of inclusive classrooms and how to make them happen.

☞ 웹사이트

http://www.tesol.edu Provides excellent information about different ways to help ELL learners succeed in the classroom.

http://www.uni.edu/coe/inclusion This site has good information how to make inclusion happen in your classroom.

http://www.learningstyles.net Contains useful information about learning styles and the effects on classroom learning.

http://pzweb.harvard.edu/PIs/HG_MI_after_20_years.pdf An interesting look at the arer of multiple intelligences and how our views of intelligence have change over the years.

http://www.cec.sped.org This is the Web site for the Council for Exceptional Children and contains valuable information about working with students with exceptionalities.

UNIT 4

표준과 수업평가

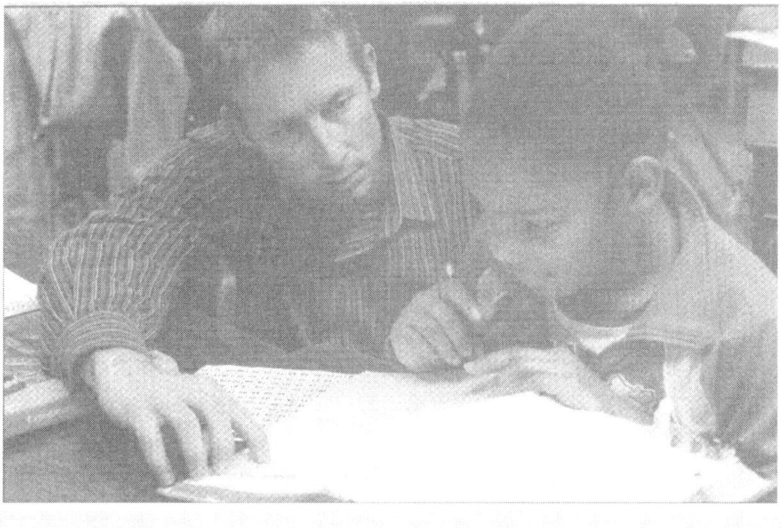

11장 표준과 책무성시대의 학습평가

11

표준과 책무성 시대의 학습평가

교실에서의 평가 적용
교실 수업평가
효과적인 평가문항의 준비
대안적 평가
교실에서의 다양성
점수와 점수 부여하기
피드백 체제
교실에서의 공학

서 론

우리는 이제 수업 단계 중 마지막 단계에 있다. 지금까지 수업의 계획과 실행을 생각해 왔는데 이제 평가에 관심을 돌리고자 한다. 평가에는 계획단계에서 명시한 목적을 학생들이 도달했는지 여부를 결정하는 기법이 포함된다.

이 책은 학습의 평가에 초점을 맞추고 있는 교재가 아니기 때문에, 우리는 평가주제에만 집중하고 있는 책에서 보게 되는 내용 모두를 제공하지는 않을 것이다. 그러나 우리는 평가의 역할을 조사해 보고 계획, 실행, 학습의 평가 과정이 어떻게 상호관련이 있는지를 보여줄 것이다. 표준의 이행, 이것에 도달하는데 있어 교사, 학생에 대한 책임부여가 뚜렷해지면서 이러한 역할은 최근 몇 년 동안 아주 중요하게 되었다.

학습자 목표

11장을 공부한 후 다음과 같은 것들을 할 수 있을 것이다.

- 학습평가의 특징 기술
- 공식적인 측정과 비공식적인 측정의 차이점 설명
- 효과적인 측정 항목과 비효과적인 측정 항목의 차이점 논의
- 개념과 일반화를 측정하기 위한 항목 준비
- 평가 자료에 근거 한 점수 배점 설명

교실에서의 평가 적용

다음은 하나의 사례연구로서 세 명의 교사가 서로 다른 평가를 사용하고 있다. 여러분은 이 사례연구를 읽으면서 다음 질문을 생각해 보시오.

- 각 평가의 특징은 무엇인가?
- 평가 간 차이를 설명하시오.
- 어떠한 평가가 형식적 평가인가?
- 어떠한 평가가 비형식적 평가인가?

Jim Gorman의 반 학생들은 기초 대수학 숙제를 Jim Gorman 교사에게 제출하고 있

다. 그들은 과제를 교환해서 채점을 하고 가장 어려웠던 문제에 대해서 토론을 했다.
다 맞은 학생들은 몇 명이나 되나요?" 그가 학생들에게 물어본다.
"좋아요!" 손을 드는 학생들을 바라보며 웃음을 짓는다. "우리는 이런 문제들을 다루어봤어요. 금요일에 이 장에 대한 시험을 볼 거니까 기억하세요. 이제, 정수의 뺄셈으로 넘어가 볼까요."

Kelly Moris는 화학 수업시간에 이틀에 한 번씩 한 두 문제의 퀴즈를 낸다. 그녀는 그램으로 되어 있는 원소의 집합체를 분자와 원자 번호로 바꾸는 문제를 다룬 학생들의 시험지를 채점하면서 생각한다. '조금 더 연습을 해야겠군. 분자를 그램으로 바꾸는 것은 잘 하는데, 반대로 하는 것은 잘 못해.'

Babara Fisher의 4학년 학생들은 복수 명사를 만드는 규칙에 대해 배우고 있다. 칠판에 몇 개의 단어를 적은 후 Babara는 학생들이 복수로 만드는 것을 검사하며 지적을 한다.
"이 단어를 다시 봐봐, Nancy." Nancy가 공책에 'citys'라고 쓴 복수형을 보며 말한다. 10분 동안 명사의 복수형 만들기를 다룬 후, 다른 활동으로 넘어간다.
후에 그녀는 점심을 먹으며 이렇게 말한다. "학생들이 이 규칙을 정확히 이해한 것 같지는 않아요. 학생들은 'y'를 'i'로 바꾸고 'es'를 붙인다는 것을 잘 이해하지 못했어요. 하지만 어떻게 하겠어요? 내가 이 학습요소에 시간을 더 할애하면 수업시간에 다루어야 할 모든 목표들을 다 다룰 수 없는데요."

교실 수업평가

교실수업평가는 학생들의 학습진전에 대한 의사결정을 내리는 데 수반되는 모든 과정을 포함한다(Nitko, 2004). 여기에는 학생들의 필기내용에 대한 관찰, 수업 중 제기되는 질문에 대한 대답, 교사가 자작한 검사, 표준화검사에서의 수행이 포함된다. 또한 여기에는 1학년들이 활자체로 글 쓰는 것을 지켜보거나 미술을 공부하는 학생들이 도기를 만드는 것을 관찰하는 것 같은 수행평가도 포함된다.

이외에 어느 주제를 다시 가르치거나 점수를 배당할지에 대한 의사결정도 포함된다. Both Jim의 결론 즉, "자네 형편 없구만" Babara의 내 학생들이 규칙을 제대로 안 지켰어 이러한 것들은 Kelley가 내린 결정인 "이것들을 좀 더 해"와 같이 평가과정의 일부이다. 평가란 교수학습의 일부이다. 그 중요성과 거기에 소요되는 시간 양에도 불구하고 -전문가들은 자기들 시간의 1/3을 소비한다- 교사들은 간혹 그러한 요구를 수용할 준비가 되어 있지 않다고 느낀다(Stiggins, 2004, 2005).

교실수업평가의 기능

학습의 증진이 평가의 일차적 기능이다. 예를 들면 Kelly가 낸 퀴즈에 대한 학생의 수행은, 원소의 질량을 분자와 원자의 수로 전환하지 못함을 시사했다. 그래서 Kelly는 학생들에게 보다 많은 연습을 제공하기로 결정했다. 평가를 통하여 그녀가 수집한 정보가 없었더라면 학습을 증진시키겠다고 내린 결정은 불가능했다.

연구결과에 의하면 평가가 수업의 일부로 사용되는 학급이 그렇지 않은 학급보다 학생들의 학습량이 더 많고, 학습과정에 대한 잦은 피드백을 주는 간단한 평가가 장기간의, 이따금씩 마치 한 학기에 한 번 치르는 시험 같은 경우보다 더욱 효과가 있었다 (McGlinchey & Hixson, 2004; Stiggins, 2005).

연구는 또한 잘 설계된 평가 시스템은 학생들의 학습동기를 증대시켰다고 지적하고 있다(Black, Harrison, Lee, Marshall, & William, 2004; Ross, Rolheiser, & Hogaboam-Gray, 2002). 자신의 경험을 생각해 보시오. 거의 확실한 것은 철저히 평가 받고 정보적 피드백을 받았을 때 가장 열심히 공부했고 가장 많이 배우게 된다.

형식적, 비형식적 평가

교사는 형식적, 비형식적 평가를 통하여 자료를 수집한다. **비형식적 평가**란 학습과정에 대한 우발적인 정보를 수집하고 이 정보에 기초하여 의사결정을 내리는 과정을 말한다. 예를 들어 교사는 여기저기 왔다 갔다 하는 학생을 보고 수업에 다시 참여하도록 그를 불렀다면 그 교사는 비형식적 평가를 실시하고 있는 것이다. 이와는 반대로, **형식적 평가**는 학습과정에 대하여 정보를 체계적으로 조직하고 의사결정을 내리는 과정이다. 예를 들면, Kelly는 학생에게 퀴즈를 내고 학생들에게 더 많은 연습을 제공하겠다고 결정했을 때, Kelly는 형식적 평가에 참여한 것이다. 교사들은 형식적 평가로 검사와 퀴즈를 사용한다. 또한 어떤 체육교사가 학생들의 윗몸일으키기 횟수를 관찰하는 것과 같이 교사들은 관찰 가능한 수행만을 사용한다.

형식적 평가의 필요성. 비형식적 평가는 교사들이 수업에서 요구되는 다양한 의사결정을 돕는데 필수적이다(Black et al, 2004). 예를 들면, 이 평가는 교사들이 누구를 부를지, 학생이 답하는데 얼마나 오랫동안 시간을 끌지, 얼마나 빨리 수업을 끝내야 할지를 결정하는데 도움이 된다. 비형식적 평가 없이는 이러한 의사결정은 불가능하다(Rose, Williams, Gomez, & Gearon, 2002). 그러나 비형식적 평가는 학습의 전모를 완전히 그려내지 못한다(Green & Mantz, 2002). 예를 들면, 손을 든 소수 몇 명만의 반응을 토대로

모든 학생들이 이해하고 있다고 결론을 내리는 것은 간혹 교사들이 저지르는 실수이다. 그들은 가끔 비형식적평가를 토대로 점수를 배당하는 것 같은 중요한 결정을 내리기도 한다. 쉽게 반응하고 참여적인 성격을 갖고, 신체적으로 매력적인 학생들은 가끔 별 운이 없는 동료들 보다 더 높은 점수를 받는다(Ritts, patterson, & Tubbs, 1992).

형식적 평가에 대한 자료를 체계적으로 수집하는 것이 잠재적인 편견을 막는데 있어 중요하다. 앞서 보았듯이, Kelly의 퀴즈는 형식적 평가였다. 모든 학생들이 똑같은 문항에 반응했다. 그래서 그들은 교사에게 그들이 이해하고 있다는 종합적인 인상을 남겨주었다. 형식적 평가는 특히 초등학교 저학년에서 중요하다. 그곳에서 교사들은 손으로 글쓰기 또는 숫자를 말로 표현하기와 같은 수행척도를 사용한다. 이러한 평가는 이따금 주관적이다. 그리고 학생의 이해 이외의 여러 요인의 영향을 받게 된다. "필요하다면 이러한 결정을 부모에게 문서로 작성하여 자기주장을 할 수 있을까"라는 질문이 이 평가과정에 필요한 지침이 된다.

평가의 정확성. 모든 평가에 있어 교사들 간에는 그 정확성에 차이가 있다. 예를 들면 교사는 Juan의 창의력보다는 곱셈표에 관한 지식을 더 정확히 구할 수 있다. 알파벳에 관한 아동의 지식은 독해력보다 더 정확히 측정될 수 있다. 이 외에 평가의 정확성은 평가도구에 의하여 결정된다. 예를 들면, 표준화 독서검사를 올바로 실시하여 해석하면, 비형식적 방법보다 아동의 독서수준을 좀 더 정확히 평가할 수 있다.

교사들은 평가의 정확성을 높이기 위해 계속적으로 노력해야만 한다. 이 장의 목적은 학생의 이해를 가능한 정확히 측정하는 것을 배우는데 도움을 주기 위한 것이다.

평가에 있어서의 책무성 문제

지난 수 년 간에 걸쳐 개혁자들은 미국학생의 지식과 기능의 부족에 대하여 우려를 표명해 왔다. 예를 들면, 18세에서 24세에 이르는 사람을 대상으로 한 조사연구에서, 응답자 10명중 6명은 중동지역의 지도에서 이라크가 어디 있는지 찾지 못했고, 그 중 반은 뉴욕주가 어디 있는지 찾지 못했다(Manzo, 2006). 다른 연구에서는 과학, 독서, 쓰기, 수학지식에 의혹을 드러내고 있다. 예를 들면, 교육진보에 관한 국가단위의 평가 결과, 다섯 개의 보기 중 하나를 고르라고 했는데, 미국 8학년의 38%만이 식사비에서 15%의 팁을 계산할 수 있었다(Stigler & Hiebert, 2000).

사회문제 해설자들은 이러한 부적절성에 대한 많은 글을 쓰고 있으며 교육자들도 **표준중심의 교육**, 교육과정과 수업을 미리 결정하고 목적이나 표준에 초점을 맞추는 과정을 개선하고 교사 학생이 이러한 표준에 도달할 책임을 지게 함으로써 교육의 부적절성에 반응해 왔다. **표준**이란 연령이 다르고 특정내용을 배우는 학생들이 알아야 하고 반드시 해야만 할 것을 상세화해 놓은 것이다. **책무성**은 학생들이 상세화된 표준에 도달했다는 것을 증명해 보이도록 요구하고, 교사가 학생의 성취에 책임을 지우는 과정을 말한다.

낙오자 없는 교육. 책무성운동은 2001년 **낙오자 없는 교육법**(NCLB)에 관한 문구를 통하여 크게 활성화되었다. 한 전문가는 이 법안을 30여년 만에 공립학교에 관한 연방국정에 가장 중대한 변화라고 부르고 있다(Hardy, 2002, p201). George. W. Bush 대통령이 NCLB는 초중등 교육법의 두 번째 권한이다. 이 교육은 1965년에 시작되어 불우한 학생들을 위한 보상교육 프로그램에 수십억 달러가 소비되었다. 평가는 이 법안의 핵심이다.

NCLB는 여러 수준에서의 평가와 책무성을 요구한다. 예를 들면, 여러 주에서는 모든 학년의 모든 아동이 꼭 알아야만 하는 표준을 만들 것을 요구한다. 또한 여러 주는 수학, 독서에 관한 표준을 즉시 계발해야하고, 과학에 대한 표준은 2005-2006 학년도까지 계발되어야 한다. 주에서는 이러한 표준을 실행에 옮겨야하고, 지속적인 연방의 재정지원금을 받기 위해서는 표준 달성에 관한 정보를 수집해야만 한다. 개별학교들은 학교에 다니는 모든 아동이 만족스러운 진전을 하고 있다는 것을 보장하는데 대한 책임을 지고 있다. 학교, 학구, 주에서는 민족, 인종, 성, 영어능력에 따른 여러 학생 집단의 성취를 알아보기 위해 성취에 관한 기록을 보관해야 한다.

만일 학교가 2년 연속 이들 학생 집단 중 어느 집단의 학습진전을 제대로 이루지 못한다면, 많은 학생들은 다른 학교로 전학 갈 것이다. 만일 학교의 수행이 3년간 표준 이하라면, 학생들은 지역의 돈으로 학교 밖에서 일대 일 수업을 받게 된다. 4년부터는 학교는 보호관찰을 받게 되고 교정적 방법을 택해야 한다. 즉 지역, 개별학교, 이들 학교 교사들은 책무성이라는 압박을 받고 있다. 실제로 이 모든 것은 표준화검사 결과에 달려 있다(Christie, 2003).

고위험 검사(Hiht-stakes tests). 이 검사는 표준화 검사로 학생들이 표준에 도달된 정도를 측정하기 위하여 고안된 검사이다(Linn & Miller; Popham, 2004). 이 검사는 최소한의 능력 검사라고도 불리는데, 세 가지의 요소로 구성된다. (a) 수락 가능한 성취에 대한 표준, (b) 모든 해당 학년 학생(예 5학년, 8학년...10학년)이 검사를 치러야 하는 요구조건, (c) 진급, 졸업 결정을 위한 검사결과의 활용. 학생들이 검사에 실패해서 상급학년으로 진급을 못하거나 고등학교를 졸업할 수 없을 때 위험이 아주 커지기 때문에 고위험 검사라는 용어가 붙여졌다.

여러분도 예상하고 있듯이 이 시험은 논쟁이 되고 있다. 지지자들은 그 과정이 학교제제의 목적을 명확히 하고 학생들에게 무엇을 학습할지에 대한 분명한 메시지를 보내고 일반 대중에게는 학교의 효과성에 관한 확실한 증거를 제공해 준다고 주장하고 있다(Hirsch, 2000). 반면 그들은 교원양성자료 검사 그 자체가 개선되어야 한다는 점을 인정하면서 검사가 가장 공정하고, 민주적인 학교교육의 목적을 달성하는 가장 효과적인 수단이 되어야 한다고 주장한다. 더욱이 표준을 정하고 표준의 도달 정도를 측정하는 검사를 사용하고 있는 교육제도는 불우한 환경에서 온 학생들을 포함하여 모든 학생들의 성취를 개선해야 한다고 주장한다(Bishop, 1995, 1998).

Hirsch(2000)는 검사지지자들의 입장을 다음과 같이 요약하고 있다. "그것들[표준과 표준의 성취를 측정하는 검사]은 반세기 만의 가장 유망한 교육적 발전이다"(p. 64).

비판론자들은 교사들은 학생들의 시험 준비를 도와주는 데 너무 많은 시간을 보내고 있으며 그 검사는 실제로 가르쳐지고 있는 교육과정을 반영하지 못하고 있다고 비판하고 있다(Amrein & Berliner, 2002; Behuniak, 2002; Berliner, 2005; Meier, 2002). 그들은 또한 절단점수가 임의적이고 도구도 너무 거칠어서 학생, 교사, 학교에 대한 중요한 결정을 내리는 데 사용할 수 없다고 주장한다(Popham, 2004). 이 외에 검사는 소수 집단 학생들에게 불리하며, 특히 영어 능력이 제한된 학생에게는 더욱 그렇다(Hafner, 2001; Neil, 2003; Popham, 2003).

이러한 비판에도 불구하고 표준중심 교육과 고위험이 따르는 검사는 널리 사용되고 있다. 한편 여러분은 이러한 검사를 만드는데 참여하지 않지만, 구체적인 표준에 맞춰 평가를 설계해야 한다. 이것이 우리가 이 장에서 이 절을 포함시킨 이유이다.

연습 11.1

다음 시나리오를 읽고 비공식적인 측정에는 (비)를, 공식적인 측정에는 (공)을, 평가에는 (평)을 해당 문장 번호 옆에 써 넣으시오.

Karen Anthony는 그녀의 유치원 학생들이 글로 쓴 단어를 인지해서 소리를 듣고 알맞은 단어를 집어 들 수 있기를 원했다. 그래서 그녀는 유치원 학생들이 단어를 구별하는 활동을 하기 전에 소리 값의 차이에 관해 더 학습을 해야 할지를 결정해야 했다. 그녀는 학생 개개인에게 bird, dog, ball, dad, man, none, nose, milk를 발음해 주고, 첫소리가 같을 것을 말하게 하기로 결심했다 ______ (1). 그런 다음 그녀는 학생들이 소리를 연결시킬 수 있는지를 점검했다. 20명의 학생 중 8명이 소리로 들려준 4쌍을 정확하게 단어와 연결시켰고, 다른 12명의 학생들은 쌍의 하나 또는 그 이상을 잘못 연결시켰다______(2).

그녀는 학생들을 8명으로 된 모둠과 12명으로 된 모둠으로 나누고, 단어 인식 활동을 시작했다_____ (3). 더 작은 모둠으로 만들기 위해서 Karen 선생님은 12명으로 된 모둠을 A로 시작해서 M을 거쳐 Z까지 중에서 이름이 같은 철자로 시작하는 학생들을 한 모둠으로 묶어서 한 모둠당 6명의 학생이 되도록 만들었다_____ (4). 그녀는 사물의 그림을 보여주고 단어들을 발음해

보면서 두 모둠의 아이들과 함께 단어의 첫 소리를 연습해야겠다고 마음먹었다.

Karen 선생님은 6명으로 구성된 첫 번째 모둠과 연습을 하는 동안 Joey가 Mary를 꼬집고 그녀의 머리를 잡아당기는 것을 보았다 _____ (5). 선생님은 Joey가 소란을 일으키면서 Mary를 흘낏 쳐다보는 것을 봤다_____ (6).선생님은 Joey가 다른 활동에서도 눈에 띄는 행동을 했다는 것을 기억해 냈다_____ (7). Joey를 꾸짖음으로써 더 주목하는 일을 만들지 말아야겠다고 결심했다_____ (8). Mary도 그에게 거의 관심을 보이지 않는다는 것을 알아차렸다.

Karen 선생님은 6명으로 이루어진 두 그룹과 일주일동안 학습을 한 후에, 각각의 학생들에게 15장의 그림을 나누어 주고, 'b'로 시작하는 그림을 모두 하나의 파일로 모으고, 'd'로 시작하는 그림을 두 번째 파일에 모으고, 'm'으로 시작하는 단어는 세 번째 파일에, 'n'으로 시작하는 단어는 네 번째 파일에 모으라고 설명을 해주었다 _____ (9). 학생들의 활동 결과를 보고 Karen 선생님은 과업을 잘 수행해 낸 8명의 학생들에게는 기호 인식과정을 학습하게 하고, 아직도 미숙한 학생들은 조금 더 연습하도록 했다._____ (10).

효과적인 평가문항의 준비

측정 항목 준비하기에 대한 토론을 시작할 때, 우리는 과정이 겉으로 보기보다 더 복잡하다는 것을 강조하게 된다. 예를 들어, 선다형 항목은 실제로 최소 세 가지 학습 국면을 측정한다: (a) 학습자의 학습 내용 이해 정도, (b) 선다형 항목에 대해 반응할 수 있는 능력, (c) 독해 능력. 이 요인들 각각은 측정의 정확성에 영향을 미친다. 항목을 준비할 때 이 요인들을 꼭 기억해야 한다.

이 문제에 대처하는 한 가지 방법은 측정의 빈도를 늘리고, 다양한 형태의 측정도구를 사용하는 것이다. 빈도가 증가하면 학생들이 선다형과 같은 특정한 형태의 측정도구를 연습하게 되고, 다양한 형태를 접하면 학생들은 자신의 강점을 찾아낼 수 있다. 예를 들어, 글쓰기를 잘하는 학생은 에세이 항목을 자신 있게 할 수 있다.

지필검사는 보편적으로 사용된다. 그 이유는 다른 형태보다 더 정확해서라기보다는 더 효과적이기 때문이다. 큰 교실에서 각각의 학생들과 함께 한 가지 주제에 대해서 토론을 하는 것은 시간을 낭비하는 행위이지만, 종이와 연필로 테스트를 치루면 빨리 수행될 수 있다. 여기서는 종이와 연필로 하는 전통적인 방식을 지지하지도 반대하지도 않는다. 다만, 가능한 한 정확하게 문제를 만드는 방법을 기술하겠다. 다른 유형의 문항 형식에 대한 좋은 토론은 Linn과 Miller(2005)의 논문에서 볼 수 있다. 이제 측정에 대해 좀 더 구체적으로 다루어 본다.

사실 학습 평가하기

4장에서 언급했듯이, 사실은 반복연습으로 학습되어지는 정보의 형태이고 이런 유형의 학습 성취에 대한 측정은 Anderson과 Krathwohl(2001)에 의해 개발되어진 분류학에서 '기억하기'와 교차되는 '실제적 지식'에 해당되는 영역으로 분류된다. 예를 들어, 학습자가 역사적으로 중요한 사건이 일어난 당시에 대통령이 누구인지를 알고 있나 측정하는데 적절한 항목은 다음과 같이 구성될 것이다:

남북 전쟁당시 대통령은?

a. Alexander Hamilton
b. Robert E. Lee
c. Abraham Lincoln
d. William Jennings Bryan

이 예는 인지를 알아보는 항목으로 학습자가 단순히 올바른 번호를 "인지" 해야만 한다는 것을 의미한다. 같은 학습목표를 위해 학습자의 산출을 요구하는 항목의 질문은 다음과 같다.

미국의 남북전쟁 당시 대통령은 누구였을까요?

이 경우엔, 학생들이 대답을 '산출' 해야 한다. 분명히, 산출을 요구하는 항목은 인지를 알아보는 항목보다 더 요구하는 바가 크므로 교사들은 학습 목표와 평가 항목을 고려할 때, 이러한 요소를 염두에 두어야한다.

개념 이해 평가하기

첫째, 개념이 사실적인 지식-기억 수준에서 측정되어질 수 있는 반면에, 개념을 측정하는 것은 일반적으로 개념적 지식과 이해하기와 교차되는 영역으로 분류된다. 이것은 학생들에게 개념에 해당하는 독특한 예를 들어보라고 물어봄으로써 매우 쉽게 이루어진다. Anderson과 Krathwohl(2001)의 분류표에 대한 이해를 새롭게 하려면, 4장으로 되돌아가 이를 참고하기 바란다. 예를 들어, 취학 전 유치원 아동들이 '사이에(between)' 란 개념을 이해하고 있는지 알아보자. 그들의 이해 여부는 〈그림 11.1〉을 사용하여 측정할 수 있다.

이제 다른 수준의 개념 측정에 대해 논의해보자. 몇몇 학습목표는 개념 자체에 대한 이해를 초월한 관계에 대한 분석을 요구하는데 이에 대한 다음 토론을 주목하길 바란다.

앞서 살펴보았듯이, 개념 이해 그 자체는 근본적으로 '개념적 지식-이해'의 과제이다.

그림 11.1 인지 검사문항

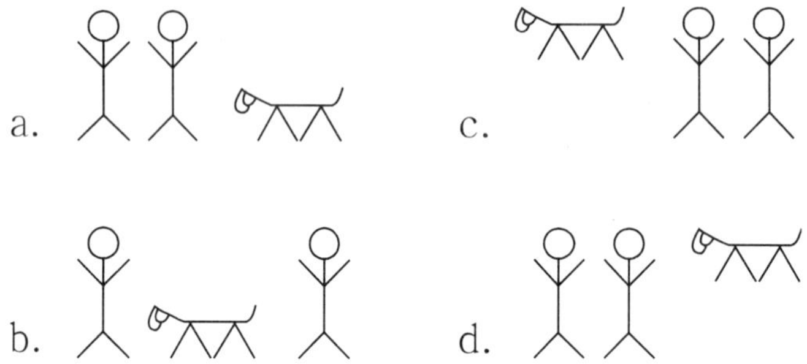

두 소년 사이에 개가 있는 그림에 ×표 하시오

명사(noun)라는 개념이 있는 예를 하나 더 들어보자. 수업의 목표가 학생들이 명사를 '이해하기'라고 가정해 보자. 이것은 무엇을 의미하는가? 몇 가지 가능성이 있다:

1. 명사의 정의 쓰기
2. 몇 가지 정의 중에서 명사의 정의 구별해내기
3. 단어 목록에서 명사 찾아내기
4. 명사를 이용하여 문법적으로 올바른 문장 만들기
5. 문장 목록에서 명사에 표시하기
6. 글에 쓰인 명사의 의미를 해석함으로써 저자의 의도 기술하기
7. 몇 가지 해석 중에서 문맥상 가장 적절한 명사의 의미 선택하기

지금까지 살펴보았듯이 "이해하기"가 무엇을 의미하는지를 결정하는 것이 간단하지만은 않다. 일곱 가지 가능성을 나열해 봤고 이 외에도 더 있다는 것은 의심할 여지가 없다. 결정은 교사의 신중한 판단에 달려있다.

이제 그 가능성들을 들여다보고 지금까지 제시했던 자료들의 문맥에서 살펴보자.
첫째, 각각의 측정은 교사들이 학생들의 명사에 대한 이해여부를 평가하기 위해 설계된 공식적인 측정이 될 수 있다. 이것은 학생들의 학습을 관찰하거나 다양한 반응을 듣는 것과 같은 비공식적인 측정과는 대조적이다.

둘째, 가능성들은 다른 수준을 나타낸다. 항목 1과 2는 사실적인 지식-기억하기 항목이고, 3과 5는 개념적 지식-이해하기 항목이며, 4는 절차적인 지식-적용하기 항목이고, 6과7은 절차적인 지식-분석하기 항목이다. 이런 정보를 살펴보는 목적은 교사들이 분류표의 위 단계 수준의 항목을 알고 학생들이 학교의 수업 중 대부분을 차지하는 사실적인 지식-기억하기 항목을 넘어설 수 있도록 격려하기 위한 것이다.

셋째, 가능성 중 몇몇은 산출을 요구하고 또 다른 몇몇은 인지만을 필요로 한다. 1, 4, 6은 산출을 요구하는 항목으로 학생들은 각각 정의, 문장, 분석을 만들어내야 한다. 2, 3, 5, 7은 인지 항목으로 학생들은 정의, 목록 안에 있는 명사, 문장 안에 사용된 명사, 명사의 사용에 대한 올바른 해석을 인지해야 한다.

인지와 산출에 대해 조금 더 자세히 살펴보자.

첫째, 분류표 상의 같은 수준에서도 산출 항목이 인지 항목보다 일반적으로 더 어렵다. 1과 2는 둘 다 사실적인 지식-기억하기 항목이지만, 정의를 회상하고 진술하는 것은 그것을 단순히 인지하는 것보다 더 어렵다. 인지가 산출보다 더 간단함을 보여주는 또 다른 예는 우리들이 사용하는 어휘에서 찾아볼 수 있다. 우리가 이해하는 어휘는 사용하는 어휘보다 몇 배 더 많다고 일반적으로 믿어지고 있다. 다시 말하면, 우리가 대화에서 사용하는 단어보다 더 많은 단어를 인지하고 있다는 것이다.

둘째, 인지 항목을 채점하는 것이 훨씬 더 쉽다. 산출 항목에서는 학생들 개개인이 서로 다른 반응을 보여 교사는 학생들의 산출물이 학생의 개념에 대한 이해를 나타내는 지를 결정해야 한다. 예를 들어, 항목 6과 7을 비교해보자. 항목 6은 학습자에게 더 많은 것을 요구해서 그들은 질문을 해석하고, 생각을 조직하고, 종이에 써야한다. 항목 7에서는 학생들이 가장 적절하다고 생각하는 번호를 고르면 된다. 또한 항목 6에서는 항목 7과 달리 수렴적 질문(한 가지 대답을 요하는 질문)이 아니기에 학생들은 다양한 반응을 하게 된다. 그러므로 항목 7은 채점에서 더 일관성을 유지하기 쉽고, 이런 의미로 항목 6을 다룰 때 교사는 결정을 더 잘 해야 하는 것이다.

항목 형식을 결정할 때 고려해야 할 또 다른 요인은 수반되는 작업 양이다. 산출 항목이 준비하기에는 더 쉽지만, 채점하기에는 인지 항목이 더 용이하다. 어떤 것을 사용할지는 교사의 목표에 따라 달라지는 것이다. 만약 교사가 학생들이 글로 써서 표현하기를 배우게 하고 싶으면 산출 항목을 선택할 것이다. 물론, 개념에 대한 이해 이외에도 쓰기 능력을 측정할 수 있다는 것도 염두에 두어야한다.

이러한 요소들의 정확한 측정이 불가능하다는 것을 제안하는 것은 아니다. 반대로 측정은 학생들과 교사의 수업에 대한 정보를 얻을 수 있기 때문에 즐거운 작업이 될 수 있다. 대신에 이러한 요소들은 교사가 더 많은 건전한 결정을 하기 위해 노력하면서 측정을 할 때 고려해야 할 사항들을 상기시켜 준다.

연습 11.2

유치원 아이들의 포유동물에 대한 개념을 측정하기 위한 선다형 문항을 작성해 보시오.

일반화의 이해 평가하기

개념을 다루었을 때와 마찬가지로 일반화도 지식과 이해 수준에서 측정될 수 있다. 게다가 일반화는 개념적 지식-적용하기 수준과 절차적 지식-적용하기 수준에서 쉽게 측정될 수 있다.

이제 다른 수준도 살펴보도록 하자. 사실적인 지식-기억하기 수준에서 일반화를 측정하려면 학생들에게 목록을 주고 한 가지를 기억하거나 구별해 보라고 하면 된다. 좀 더 높은 수준에서 일반화를 측정하는 것은 또 다른 일이다. 다음의 목표들을 보자.

> 심리학도들은 간헐적인 강화가 행동을 계속 유지시키고 소멸을 지연시킨다는 일반화를 이해할 것이다.

다음 항목들을 고려해 보자:

> 다음 중 어떤 것이 간헐적인 강화가 행동을 유지시키고 소멸을 지연시킨다는 일반화를 설명해주는가? 모두 찾아 동그라미로 표시하시오.
>
> a. Williams 선생님은 Johnny의 자습을 격려했다. 일주일 동안 선생님은 그 학생이 자리에서 조용히 공부를 할 때마다 5분에 한 번씩 보상을 했다.
> b. Smith 선생님은 날마다 숙제를 내주시지만 검사는 간헐적으로 하신다.
> c. Johnny는 활발한 3학년 학생으로 장난치기를 좋아한다. 선생님은 대개 엄격하고 단호하시다. 하지만 때때로 Johnny의 행동이 우스워서 선생님도 웃을 수밖에 없다.
> d. 문이 닫혀 있으면 사람들은 일반적으로 문을 몇 번씩 흔들어보다가 그냥 가거나 열쇠를 찾으러 간다.
> e. Jones씨는 세탁실에서 세탁기에 50센트를 넣었다. 하지만 작동이 되지 않아 다른 기계에 다시 동전을 넣었다.

f. Las Vegas에 간 사람은 주로 돈을 잃지만 아주 가끔은 돈을 따기도 한다.
g. Anderson씨는 Johns 강에서 특정한 자리에서 물고기를 낚았다. 이제 그는 낚시를 할 때면 항상 그 자리에서 하고 꽤 성공하는 편이다.

이런 인지 문항에서 학생들은 일반화를 설명하는 문항을 구별하기만 하면 된다. 다시 말하면, 일반화의 예를 구별하면 된다. 이 점에 관해서는 측정이 이해 수준의 과업인 개념의 예를 구별하는 것과 비슷하다.

문항의 형식을 주목하자. 학생들은 응답할 때 각각의 선택을 개별적으로 결정한다. 그래서 문항은 본질적으로 사실 또는 거짓의 형식을 취할 수 있다. 지시사항은 다음과 같을 수 있다:

다음 문항 중에서 간헐적인 강화가 행동을 유지시키고 소멸을 지연시킨다는 일반화를 설명하는 것에 '사실'이라고 표시하시오.

선다형 항목을 만들기 위해서는 선택지를 4개나 5개로 줄여야 한다. 그리고 그 중 옳은 것은 하나여야 한다.

다음은 강화가 바람직한 행동을 유발하는데 가장 효과적이라는 일반화를 적용 수준에서 이해했는지를 측정하는 선다형의 예이다:

어떤 공공시설에서 지면 보수 작업을 하는 사람들은 일의 대가로 하루에 50 센트씩 받았다. 일이 끝나면, 일을 검사하는 조사관이 와서 일꾼들에게 돈을 지불했다. 얼마 후에, 일은 항상 만족스럽고 일꾼들이 항상 돈을 받았기 때문에, 관리자는 모든 일꾼들에게 아침에 출석을 부르면서 보수를 지불하고 일이 끝난 후 관리자가 와서 보수를 지급하는 경영상의 문제를 해결하기로 결정했다.

다음 중 이 변화의 결과로 가장 잘 설명한 것은?

a. 변화는 없고 그 일은 더 순조롭게 진행될 것이다.
b. 일꾼들은 그들이 보수를 받는다는 것을 알고 있기에 더 좋아하고 결과적으로 더 열심히 일할 것이다.
c. 일꾼들은 그들이 일을 하던 하지 않던 간에 보수를 받기 때문에 더 열심히 일하지 않을 것이다.
d. 일꾼들은 적은 보수에 모욕감을 느껴 이전만큼 열심히 일하지 않을 것이다.

이 예에서 학생들은 적용 수준의 과업인 일반화의 결과를 예측해야 한다는 것을 주목해야 한다.

앞의 예에서, 일반화에 대한 이해를 측정할 때는 문항의 가지가 되던지, 선다형 문항의 틀린 선택지에 해당하든지 간에 짧은 이야기를 필요로 한다는 것을 주목해야 한다. 일반화는 개념보다 더 광범위하고 포괄적이어서 일반화를 측정할 때는 가끔 그렇다는 것을 알아두어야 한다. 일반화에 대한 학생의 이해를 측정하기 위해 질문에 사용된 사건을 만드는 방법은 연습을 통해 익힐 수 있다.

이야기가 필요 없는 다음과 같은 예도 있다. 7장에서 나왔던 예로 교사는 학생들이 다음을 이해하기를 원한다.

> 한 단어에서 두 모음이 나란히 사용되면, 첫 번째 모음은 길게 발음되고 두 번째 모음은 발음되지 않는다.

이 일반화를 측정하기 위한 항목은 다음과 같다:

> (선생님이 읽는다) 여러분 앞에 있는 단어들을 보세요. 선생님이 하나씩 읽어 볼 거예요. 선생님이 알려준 규칙에 해당되는 단어들을 표시해 보세요. 규칙은 한 단어에서 두 모음이 나란히 사용되면, 첫 번째 모음은 길게 발음되고 두 번째 모음은 발음되지 않는 것입니다.
>
> beat　　　boat
> meet　　　main
> beak

이 항목에서는 단어를 제시하고 발음을 해주는 것이 모두 필요하다. 왜냐하면 그 규칙이 단어의 소리와 철자에 연결되어 있기 때문이다. 단순히 학생들에게 단어만 보여주고 어떤 단어가 그 규칙에 해당하는지 표시해 보라고 하는 것은 적절치 못하다. 올바르게 반응하기 위해서 학생은 단어가 어떻게 발음되는지 알아야 한다; 이런 경우의 예는 유일한 것은 아니다. 지금은 단지 지식수준의 예를 들었을 뿐이다. 이 예는 측정 과정에 대해 교사가 신중히 생각해야 한다는 것을 잘 보여주고 있다.

연습 11.3

한 문단의 이야기를 만들고 다음 목표를 측정하는 선다형 문항을 작성해보시오.

기후는 문화에 영향을 미친다는 일반화를 학생들이 이해한다. 그래서 학생들은 문화에 대한 설명을 읽고 이 일반화를 보여주는 진술을 찾아낼 수 있다.

탐구 기능 평가하기

이제 탐구기능의 측정을 간단히 살펴보자. 탐구기능이란 교재의 주제에서 출발해서 측정지점에 도달하기까지를 포함한다. 그 이유는 탐구 학습을 측정하는 것은 결국엔 지적기능을 측정하는 것이기 때문이다. 여기에 포함된 기능은 정보를 가설로 연결시키는 능력, 두 개 이상의 가설 중 주어진 정보를 가장 잘 지지해 줄 수 있는 것을 결정할 수 있는 능력 등이다. 예로써 정보와 가설의 관계를 보여주는 상황을 나타내는 〈그림 11.2〉를 살펴보자.

그림 11.2 해안선의 부분 지도

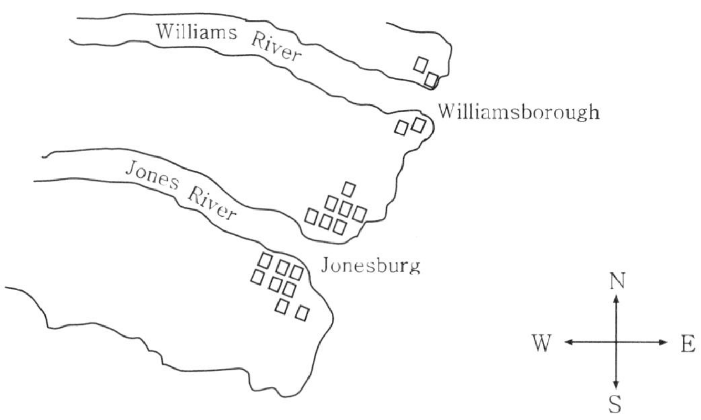

이 그림 상에 있는 두 도시는 모두 해안가와 강어귀에 위치하고 있다. 그러나 Jonesburg는 크고 교통이 분주한 요지인 반면에, Williamsborough은 작고 그다지 알려지지 않은 도시이다. 다음은 이런 차이점의 원인을 설명하기 위해 제안된 가설들이다.

1. Williamsborough와 Jonesburg가 둘 다 해안가에 위치하고 강의 어구이긴 하지만, Williamsborough의 항구는 Jonesburg의 항구보다 작고, 바람과 지역 특유의 방심할 수 없는 조류로 돛단배를 이용하던 초기 시절에는 입항하기가 위험하였다.
2. 해안가를 따라 놓여 있는 산맥이 Williamsborough는 고립시켰지만, Jonesburg에 와서는 작은 산, 언덕 정도로 축소되어 육로로 수송하는 것이 가능했다.

다음은 가설에 관한 정보이다. 이 정보를 토대로 하여, 어떤 가설이 더 논리적인지 결정하고, 그렇게 선택한 이유를 간단히 설명해보라.

1. 해안가의 조류는 북쪽에서 남쪽으로 흐른다.
2. Jonesburg의 항구는 Williamsborough의 항구보다 크다.
3. 돛단배 시절에 Williamsborough 근처에서 배가 좌초한 경우와 Jonesburg 근처에서 배가 좌초한 경우의 수가 거의 같다.
4. Jonesburg와 Williamsborough는 거의 100 마일 떨어져있다.
5. Williamsborough를 둘러싼 산맥이 Jonesburg를 둘러싼 산맥보다 더 험하다.
6. Jonesburg 주위에 부는 바람이 Williamsborough 주위에서 부는 바람보다 더 변화하기 쉽다.

지금 우리는 정보와 가설을 연결시키는 학생들의 능력을 측정하고 있다는 것을 기억해야하는데 이 측정은 문항의 특정한 내용은 중요하지 않다는 것을 의미한다는 것도 염두에 두자. 탐구 수업은 과학에 관한 주제를 제시할 수 있는데 반해, 문항은 사회 과목의 내용을 포함할 수 있다. 문항의 내용에 포함되어 있는 정보가 아니라 학생들의 지적 능력을 측정하고 있기 때문에 탐구수업이 적합하다. 이것은 종종 학생에겐 독특한 경험이 되는데 처음에는 어려울 수도 있다. 하지만, 일단 이런 능력을 갖추게 되면 학생들은 강력한 사고력을 획득하게 된다.

연습 11.4

탐구 상황에 관한 다음 예를 읽고, 다음의 정보에 대해 응답하시오.

한 연구는 다양한 세계인들의 수명을 조사하여 보고하였다. 조사자들은 평균수명에서 큰 차이를 보이는 특정한 두 부류의 사람들을 찾았다. 그룹 A(수명이 긴 부류)는 그룹 B(수명이 짧은 부류)보다 전체적인 생활수준이 훨씬 낮았다. 평균 수명이 그룹 A는 85세였고 그룹 B는 70세였다. 조사자들은 이 놀라운 현상을 다음과 같이 설명했다.

그룹 A는 생활수준은 낮았지만 건강에 도움이 되는 방식으로 살았다. 그들의 삶의 토대는 근본적으로 농사였기에 가축을 돌보고 농장을 가꾸면서 열심히 일하고 활동적으로 살았다. 그래서 그들은 날씬한 몸을 유지하고 살이 찌는 것을 막을 수 있었다. 그들은 심리적 스트레스를 받기 쉬운 도시에서 멀리 떨어진 산에서 살았다. 술, 담배, 콜레스테롤 함량이 높은 음식과 같은 해로운 음식을 최소한으로 섭취했다. 반면에 그룹 B는 혈압 문제를 야기하는 심리적 스트레스가 높고, 공장으로부터 나오는 연기에 공기는 오염되고, 앉아서 일하는 도시에 살고 있는 사람들이었다.

다음은 두 그룹에 관해서 발견한 정보이다. 위 설명을 지지하면 (s)를 지지하지 않으면 (ns)로 표시하시오.

_______ 1. 그룹 A의 평균 키는 약 177.8cm이고 몸무게는 대략 86.2kg이며, 그룹 B의 평균키는 약 182.9cm이고 몸무게는 81.6kg 정도 된다.

_______ 2. 1인당 하루 평균 단백질 섭취량은 다음과 같다.
그룹 A: 총 섭취량 - 60g, 동물성 단백질 섭취량 - 1g
그룹 B: 총 섭취량 - 100g, 동물성 단백질 섭취량 - 95g

_______ 3. 그룹 A는 진과 보드카를 섞은 술 등을 하루에 1인당 평균 170g정도 섭취한다.

_______ 4. 그룹 A는 산에서 양치는 일 등으로 하루에 12시간 정도를 걸으면서 일을 한다.

_______ 5. 그룹 B가 살고 있는 도시는 제강산업과 같은 기간산업이 아니라 보험회사나 사진복사 회사를 위한 정보센터와 같은 "서비스" 산업으로 주목받았다.

_______ 6. 위 5번에서 주목받은 회사들은 많은 관리인과 판매사원을 고용했다. 모든 회사들은 경쟁 회사보다 더 성공한 점에 대해 자부심을 갖고 있다.

_______ 7. 위 5번과 6번에서 주목받은 회사들은 또한 개인이나 단체가 운동을 할 수 있는 포괄적인 휴양 프로그램을 제공하는 점에 대해 자부심을 갖고 있다. 모든 관리자와 판매사원들은 적어도 주당 5시간 정도는 격렬한 운동을 한다는 점을 주목한다.

_______ 8. 그룹 A는 그들의 여가 시간에 파이프 담배와 흡사한 뿌리 담배 피우기를 즐긴다. 조사자들은 그 담배 연기를 깊이 들이 마시면 정신이 아찔해진다는 것을 알게 되었다. 하지만 원주민들은 곧 익숙해진다고 말했다.

_______ 9. 그룹 A를 인터뷰해보니 대부분의 사람들이 다음과 같이 말했다. "저녁에 이 곳에 앉아 지는 해를 바라보며 조용히 대화를 하고, 우리들의 아이들이 커가는 것을 바라보는 것은 정말 좋습니다."

_______ 10. 그룹 B는 대부분 이렇게 말했다. "내 일을 사랑합니다. 유일한 문제는 항상 바쁘게 일하기 위해 노력을 해야 한다는 것이지요. 고되고 단조로운 일을 마치고 집으로 돌아올 때가 정말 행복합니다. 이 도시의 교통은 아주 살인적이죠."

여러분은 지금 탐구 과정의 측정을 위한 교사와 학생의 독특한 유형의 측정을 보고 있다. 물론 교사는 여전히 앞서 설명한 전형적인 방식으로 학습 내용에 대한 학생들의 이해도를 측정할 수 있다. 우리의 목적은 여러분에게 탐구기능의 측정을 간단히 소개 하는데 있다. 탐구기능의 측정에 대한 완벽한 토론은 이 교재의 영역을 넘어서는 일이기에 이 장에서 보여준 소개는 개략적인 수준이다. 그러나 이 소개를 받고 여러분이 학생들의 중요한 사고력을 신장시키기 위해 출발하기를 바란다.

대안적 평가

종이와 연필로 이루어지는 평가가 교육에서 널리 사용되지만 여전히 비판의 대상이 되고 있다. 그 이유 중 몇 가지를 살펴보자.

- 지필평가는 낮은 수준의 학습에 초점을 맞추는 경향이 있다.
- 지필평가는 학생들이 사고하는 방법에 대한 통찰을 제공하지 못한다.
- 지필평가는 학생들이 이해하고 있는 것을 실생활에 적용시키는 능력을 측정하지 못한다(Shepard, 2001).

이런 비판에 대한 반응으로 참 평가를 강조한다. 참 평가는 수행 평가와 대안적 평가라는 말로 쓰이기도 하는데, "실생활"과 관련된 과제를 학생이 직접 수행하는 것을 측정한다(Herman, Aschbacher, & Winters, 1992; Worthen, 1993). 예를 몇 가지 들어보겠다.

- 건조기에서 꺼낸 세탁물이 왜 들러붙어 있는지와 같은 실생활에서 일어나는 문제를 설명하기
- 다른 나라의 펜팔 친구에게 편지쓰기
- 식물의 성장에 영향을 미치는 다른 요소를 측정하기 위해 실험을 계획하고 수행하기
- 조각 원본 만들기

의류가 들러붙어 있는 이유를 설명한 글, 편지, 실험 기술, 조각과 같은 산출물 이외에도 교사는 참 평가를 하면서 학생들의 사고를 살펴보고자 한다(Gronlund, 1993). 예를 들면, 학생들이 학업을 수행할 때 쓰기에서의 향상이나 체계적인 관찰을 입증할 수 있는 에세이들을 모아놓은 포트폴리오를 고려해 볼 수 있다.

참 평가의 두 가지 형태를 살펴보자. 수행평가와 포트폴리오의 사용이 그 두 가지이다.

수행평가

한 중학교 과학 선생님은 학생들이 어떤 상표의 아스피린이 더 빨리 녹는지를 결정하는 간단한 과학 실험을 계획하고 수행하는 데에 어려움을 겪고 있다는 것을 알게 되었다.

보건 선생님은 사람들이 응급처치를 사용할 때 겪는 가장 큰 문제가 기술 그 자체가 아니라 언제 무엇을 해야 할지를 아는 것이라는 사실을 전문 잡지에서 보았다. 이 문제에 대한 대처로 선생님은 주기적으로 예고되지 않은 '재난'의 날을

> 정하였다. 교실에 들어오는 학생들은 재난으로 예기치 못한 상처를 입은 희생자를 만나게 된다. 그때마다 학생들은 먼저 문제를 진단하고 응급처치를 해야 한다 (Eggen & Kauchak, 2004).

이 교사들은 학생들의 생각에 대하여 정보를 모으기 위해 수행평가를 실시한다. 수행평가는 자연스러운 상황에서 학생들이 어떻게 수행하는지를 직접적으로 관찰함으로써 그들의 기술과 이해도를 측정한다.

두 가지 일반적인 수행평가 방법은 체크리스트와 평정척도이다. 학생의 수행에서 반드시 보여야 하는 영역을 기술해 놓은 체크리스트는 체계적인 관찰을 가능하게 한다. 체크리스트를 사용할 때 학생들의 행동이 확인되어야 한다. 예를 들어, 학생들이 식물의 성장에 대한 실험을 계획하고 실행하는 능력을 평가하고자 하는 과학 교사는 〈그림 11.3〉과 같은 체크리스트를 준비할 것이다. (원한다면 더 자세한 기록도 가능한데, 이로써 체크리스트와 체계적인 관찰 둘 다에 해당되는 요소들을 결합시킬 것이다.)

체크리스트는 "통제되어야 하는 변수를 구별하시오."와 같은 행동이 드러나는 경우나 그렇지 않은 경우 모두 유용하다. 그러나 "결과를 기술해보시오."와 같은 경우에 결과란 단순히 존재의 유무가 아니다; 글로 기술하는 것이 다른 것보다 더 효과적일 수 있다. 이런 경우에 평정척도를 사용한다.

그림 11.3 실험 계획 평가를 위한 체크리스트

____ 1. 문제를 기술하시오.
____ 2. 가설을 진술하시오.
____ 3. 통제되어야 할 변수를 명시하시오.
____ 4. 독립변수와 종속변수를 명백하게 하시오.
____ 5. 종속변수를 측정할 수 있는 방법을 최소한 세 가지 만드시오.
____ 6. 차트나 표에 있는 정보를 구조화하시오.
____ 7. 결과를 기술하시오.

그림 11.4 실험 계획 평가를 위한 평가척도

각 항목의 등급을 정하시오. 5등급은 '우수함'이고 1등급은 '미흡함'입니다.

5 4 3 2 1 1. 문제를 명확히 기술한다.
5 4 3 2 1 2. 가설을 명확히 진술한다.
5 4 3 2 1 3. 변수를 효과적으로 통제한다.
5 4 3 2 1 4. 정보를 적절하게 수집한다.
5 4 3 2 1 5. 정보를 명확히 제시한다.
5 4 3 2 1 6. 논리적 결론 도출한다.

포트폴리오 평가(Portfolio Assessment)

포트폴리오는 학생들의 작업의 결과물을 모아놓은 것으로 이 평가에서는 결과물이 미리 설정한 기준에 따라 검토된다(Stiggins, 2001). 포트폴리오는 진정한 평가의 두 번째 유형이다. 이 평가 방법을 사용하면 학생들은 그들의 학업 결과물을 모으고 평가하는 과정에 참여한다. 포트폴리오는 학생들의 글과 같이 학업 후의 산출물을 모아놓은 것이다; 그 자체는 평가가 아니다. 평가는 교사와 학생들이 이 산출물에 대해 가치를 정하는 것이다.

포트폴리오는 두 가지 특징이 있다. (a) 오랜 시간동안 학생들이 학습하고 만들어 놓은 결과물을 포함시킨다는 것이다. (b) 학생들 자신도 어떤 재료를 평가하고 어떻게 평가할지를 결정하는 데에 참여한다는 것이다.

포트폴리오는 학습 과정을 반영해야 한다. 예를 들어, 포트폴리오 안에 있는 에세이들은 평가를 하는 기간, 학기, 또는 그 과정 전체 기간 동안 학생이 변화하는 모습을 보여준다. 이러한 자료는 교사와 학부모의 면담에서 상담 자료로 사용될 수 있고 학생들의 학습에 대한 피드백이 될 수도 있다.

대안적 평가에서의 채점기준표 활용하기

교사들이 더 정확한 측정과 평가를 할 수 있도록 가장 도움을 줄 수 있는 지침서는 채점기준표를 구성하는 것이다. 이 채점기준표는 점수를 결정하는 지침으로, 학생에 대한 기대, 학생 지도사항, 과제에 대한 동기 등을 명확히 나타내어 개인별 성적표가 된다. 그리고 학생들이 이해할 수 있는 언어를 사용하여 명확하고 간단한 형태로 작성한다. 채점기준표는 한 가지 기준을 설명하는 여러 설명문이 있고 이 척도는 내림차순으로 정렬되어 있다. 각각의 설명문들은 그 수준에서 기대되는 것을 명시하고 사고의 명쾌함을 촉진시킨다(Huffman, 1998). 〈그림 11.5〉는 이러한 채점기준표의 한 예이다(Fiderer, 1998).

그림 11.5 이야기 예상하기 평가를 위한 채점기준표

이야기 예상하기

이야기 예상하기 평가

- 주인공, 사건, 해결이 제시되어 있는 이야기 선택하기
- 각각의 학생에게 일정 부분의 이야기를 복사해 주기-인물과 문제에 대한 정보정도만 제시
- 학생들에게 *내가 예상하는 이야기(My Story Prediction) 계획서 복사해 주기*
- 모든 학생들을 위한 *이야기 예상하기(Make a Prediction)에 대한 반응 복사하기*

평가 실행

- 학생들이 이야기의 시작부분을 읽고, 계획서를 완성하고, 그들의 예상을 기록하도록 30분 이상을 허락한다.
- 내가 예상하는 이야기 계획서를 나누어 주고 지시사항을 읽는다.
- 이야기 예상하기 응답양식을 나누어 준다.
- 학생들이 이야기의 결말에 대한 생각을 기록하기 전에 이야기 전체 윤곽을 다시 살펴보도록 지도한다.

내가 예상하는 이야기(My Story Prediction): 다음의 미완성 이야기를 읽으세요. 이야기가 어떻게 끝날지 생각해 보세요. 아래 선 위에 그 이야기를 적어보세요.

1. 주인공은 어떤 사람입니까?

____

____

2. 지금까지 어떤 일이 일어났습니까?

____

____

이야기 예상하기(Make a Prediction): 주인공들과 지금까지 일어난 일에 대해 생각해 보세요. 여러분의 이야기 예상하기 계획서를 보세요. 이야기의 결말을 예상하기 위해 여러분이 알고 있는 내용을 사용하세요.

여러분이 생각한 결말을 다음 선 위에 기록하세요.

나는 예상합니다…______________________________

____

____

____

____

내가 이런 결말을 생각한 이유는…

____

____

____

____

이야기 예상하기 채점기준표

점수
등급 = 3
응답을 완성했다. 예상이 논리적이고 순서대로 이야기가 구성되어 있으며 주인공과 사건에 대한 이해가 완벽하다.

등급 = 2
응답이 미완성이다. 예상이 합리적이고 이야기를 아주 잘 이해하였다. 응답은 이야기의 한 부분과 연결되어 있지만 고려하지 않은 사건도 있다.

등급 = 1
응답이 토막토막 끊어져있다. 예상은 이야기와 거의 연결부분이 없고 비논리적이다. 이야기의 사건과 주인공에 대해 작은 부분만 이해했다.

등급 = 0
응답이 비논리적이다. 예상은 이야기를 잘못 이해했음을 보여준다.

다음은 〈그림 11.3〉에서 제시한 체크리스트를 평가하기 위해 사용할 수 있는 채점기준표의 또 다른 예이다.

등급 = 5

문제를 명확히 진술했다. 학생들은 주제와 문제가 왜 중요한지를 이해한다. 가설을 세울 수 있는 골격을 제시한다.

등급 = 4

문제가 매우 명확하다. 제시가 적절하긴 하지만 더 중요한 문제들을 구분할 수도 있다. 가설을 세울 수 있는 적절한 토대를 마련했다.

등급 = 3

문제의 진술이 불명확하다. 가설을 세우기 위한 토대가 명확하지 않다.

등급 = 2

진술을 기록하긴 했지만 문제의 형태에 알맞지 않다. 학생이 문제의 중요성을 이해했는지의 여부를 알 수 없다.

등급 = 1

문제를 진술하지 않았다.

다른 영역에 대한 채점기준표도 또한 앞서 소개한 예들과 비슷한 형태로 만들 수 있다. 위의 설명을 통하여 관찰자들은 학생의 학업행위와 산출물에 대한 믿을만한 신뢰도를 획득 할 수 있다.

채점기준표를 사용하는 것은 수행평가의 기준-지향 시스템에서 필수적인 요소이다(Falk & Ort, 1998). 채점기준표는 다음의 장점을 가지고 있다(Baker, 1997):

- 설명서는 기준을 가지고 평가를 하는 비교적 효과적인 방법을 제공한다.
- 일반적인 채점기준표는 교사의 짐을 덜어준다. 교사가 모든 교과 내용을 책임져야 하는 초등학교에서 교사들은 한 가지의 정해진 기준(원리, 선험 지식 등)을 기억하기만 하면 된다. 이 기준은 다른 주제들에 적용될 수 있다.
- 일반적인 채점기준표는 점수를 매기는 데 들어가는 비용을 줄여준다.
- 채점기준표는 교사들이 교실 수준에 따라 선택하게 되는 총괄(공식적인) 평가(교육구와 주에 의해 실시됨)와 형성평가에 모두 사용된다.

채점기준표를 점점 많이 사용하고는 있지만 교육자들은 다음과 같은 결점을 알고 이를 피해가도록 해야 한다(Popham, 1997):

- 채점기준표는 전반적인 기술 습득을 평가하지 못하고 종종 특정한 행동에만 국한되기도 한다.
- 기준이 때로는 너무 일반적이어서 채점기준표가 본질적으로 가치를 지니지 못할 수도 있다.
- 교재에 토대를 둔 많은 채점기준표는 너무 길고 장황하다.
- 채점기준표는 종종 기술 그 자체로 다루어진다. 교사들은 테스트를 지향하여 학생들을 가르치지 말고, 수행평가에 제시된 기술을 지향하여 수업을 해야 한다.

채점기준표는 평가 과정에서 교사를 돕는다. 그러나 더 중요한 것은 채점기준표가 교사의 수업에 대한 피드백을 제공한다는 점이다. 잘 고안된 채점기준표는 교사들에게 수업의 효과성에 대한 매우 값진 정보를 제공하고, 수업 목표, 학습 활동, 평가를 한 눈에 볼 수 있게 제시한다(Falk & Ort, 1998).

교실에서의 다양성

평가에서의 편견 줄이기

교사는 학생들을 평가할 때, 학생들의 발전에 대한 결정을 하고 자신의 수업을 향상시키기 위해 정보를 모은다. 그러나 학습자의 다양성은 때로는 이러한 과정을 복잡하게 한다. 예를 들어, 소수 민족의 학생들은 일반적인 시험 절차, 다른 시험 유형, 그리고 시험 전략에 대한 경험이 부족하다. 그리고 시험의 목적을 이해하지 못할 지도 모른다. 대부분의 평가가 언어를 기반으로 만들어졌기 때문에 언어는 또 다른 장벽이다(Heubert & Hauser, 1999; Land, 1997). 교사들은 최소한 다음의 세 가지 방법으로 평가 절차를 수정함으로써 이런 다양성을 극복하고자 한다: (a) 첫째, 어휘 선택에 신중을 기하기, (b) 시험에서 쓰이는 언어를 모국어로 하지 않는 학생들을 미리 준비시키기, (c) 점수를 줄 때 학생들의 다양성을 인정하기

단어 선택에 신중을 기하기

다양한 배경을 지닌 학생들을 평가할 때 내용에 대한 편견은 언제나 발생하는 일이다(Hanson, Hayes, Schriver, Lemahien, & Brown, 1998). 예를 들어, 소수 민족의 학생들은 자신들의 문화에서 일반적이지 않은 것에 대한 정보, 즉 케이블카와 같은 교통수단, 미국 미식축구와 같은 운동경기, 반조와 같은 음악 악기와 같은 것을 접할 때 어려움을 겪을 수밖에 없다(Cheng, 1987). 게다가 추수감사절과 같은 기념일이나 아브라함 링컨과 같은 미국의 역사적 인물들은 대부분의 미국인에게는 잘 알려진 내용이지만 소수민족 학생들에게는 익숙하지 않을 수도 있다. 이런 용어나 사건들이 평가 문항에 포함되어 있다면 교사는 의도된 주제와 미국인들의 어휘와 문화에 대한 학생들의 이해를 둘 다 측정하는 것이다. 결과적으로 타당도에 문제가 생긴다.

이런 문제에 대한 쉬운 해결책은 없다. 그러나 교사들이 이러한 문제점을 깨닫고 숙고한다면 문제 해결에 첫 발을 디딘 것이나 다름없다. 또한 시험을 치른 후에 학생들에게 시험 문제에 대해 질문하고 자세히 토론함으로써 의도되지 않은 편견을 알아볼 수 있다.

영어를 모국어로 하지 않는 학생들을 위한 조치

다음 시험이 러시아어로 문제가 출제된다면 여러분은 어떻게 하겠는가? 이런 예상은 영어를 모국어로 하지 않는 학생들이 시험을 치룰 때 겪는 어려움을 어느 정도 느끼게 해준다. 이 학생들을 도울 수 있는 가장 효과적인 방법은 시험과 시험 절차를 수정하는 것이다. 다음은 이를 위한 몇 가지 제안이다.

- 시험을 볼 때 시간을 좀 더 준다.
- 학생들이 용어집이나 사전을 사용할 수 있도록 허락한다.
- 지시사항을 크게 읽어보도록 한다(가능하면, 그들의 모국어로).
- 시험문제를 크게 읽어보도록 하고 잘못 이해한 것을 명백하게 설명해 준다.
- 간단한 용어를 사용하여 시험지를 만든다.
- 시각적인 보조 자료를 제공한다.

위 제안들 중에서 학생들이 용어집이나 사전을 사용할 수 있도록 시간을 좀 더 허락해 주는 것이 가장 가능성 있는 방법일 것 같다(Abedi, 1999).

점수 부여 시 다양성 인정하기

에세이 시험이나 대안적 평가는 학생들이 정보를 조직하고 분석적으로 생각하고 이해한 것을 실생활의 문제에 적용할 수 있는 능력을 측정하는데 가장 효과적이다. 그러나 이런 평가는 시험 내용뿐만 아니라 언어까지 어려워하는 학생들에게 또 다른 짐을 부여하는 것이다. 교사들은 무엇을 할 수 있을까? 타당도 있는 평가를 위해 에세이나 대안적 유형을 사용할 필요가 있지만, 교사들은 또한 학생들의 문법적 오류도 간과할 수 없다. 한 가지 해결책은 에세이나 수행평가를 할 때 두 영역으로 나누어 평가하는 것이다. 하나는 내용을 평가하는 것이고 다른 하나는 문법, 철자, 구두법을 평가하는 것이다(Hamp-Lyons, 1992; Scarcella, 1990). 점수를 이렇게 두 영역으로 나누면 교사는 학생들의 내용에 대한 이해와 언어를 사용하는 능력을 구별 지어 평가하게 된다. 이러한 평가방법 수정은 시험 성적이 학생들의 다양한 성취수준을 반영하는 것이지 학생들의 배경 지식, 어휘, 교양시험과 관련된 문화적 편견을 반영하는 것이 아니라는 것을 가능한 한 확실히 하기 위한 것이다.

점수와 점수 부여하기

점수와 점수 매기기는 논쟁의 여지가 있지만, 이것들의 장점은 수십 년 동안 주장되어 왔다. 어떤 사람들은 점수가 학생들을 서로 싸우게 만드는 본래 파괴적인 요소를 띈다고 주장한다(Kohn, 1996). 하지만 학부모와 학생들 모두 점수를 기대하기 때문에 점수가 사라질 것 같지는 않다. “만족”, “매우 만족” 등과 같은 용어로 등급을 매기는 시스템이 사용되고 있지만 이것들도 역시 문자로 등급을 부여하던 전통적인 방식을 대신해서 사용되는 용어에 지나지 않는다.

이 교재에서 점수의 효과성과 적절성을 반박하지는 않을 것이다. 점수는 학교제도에서 항상 한 부분을 차지해 왔고 앞으로도 그럴 것이다.

규준지향평가와 준거지향평가

학생들의 발전에 대해 결정을 하고 다른 학생과 비교하여 점수를 부여할 때, 이 평가는 규준 지향적이다. 대부분의 표준화 검사는 규준지향평가이다; 교실, 학급, 교육구에서 실시하는 시험은 학생들의 수행이 전국에 있는 다른 학생들과 비교된다.

그러나 교실에서 교사들은 규준지향평가를 거의 사용하지 않는다. 교사들은 준거지향평가를 실시하여 학생들이 정해진 기준에 어느 정도 도달했는지를 평가한다.

준거지향평가에서는 일반적으로 학생들의 성취 정도가 퍼센트로 나타난다. 교사 생활을 시작하면 이 방식부터 접하게 될 것이다. 다음은 퍼센트 방식의 한 예이다.

93 - 100%	A
85 - 92%	B
76 - 84%	C
67 - 75%	D

이런 방식으로 교사는 학기말에 학생들의 평균 퍼센트를 결정하고 이 퍼센트는 학생들의 성적이 된다. 점수에 관한 전반적인 이슈들을 살펴보고자 한다면 Linn and Miller(2005)를 참고하길 바란다.

성적부여의 목적

성적은 다음 두 가지의 주된 목적을 지닌다: 하나는 피드백을 제공하는 것이고, 또 하나는 학교의 요구를 충족시켜 주는 것이다. 그것들을 살펴보자.

피드백 제공. 성적의 가장 중요한 목적은 학생과 학부모들에게 피드백을 제공하는 것이다. 그렇게 하는데 있어서, 성적은 주로 9주 정도 되는 정해진 기간 동안에 학생들이 학업에서 어느 정도 성취했는지를 나타내는 척도이다. 피드백이 유용하다면 학생들과 학부모들은 성적을 부여하는 방식에 익숙해져야 한다. 가장 일반적인 방식은 A, B, C, D, F와 같이 문자로 성적을 부여하는 것으로 이 문자들은 매우 우수함, 우수함, 보통, 부족함 그리고 매우 부족함을 의미한다.

지역에 따라서는 통과/실패(pass/fail, P/F) 또는 우등/만족/불만족(honors/satisfactory/unsatisfactory, H/S/U) 방식을 사용하기도 한다. 어떤 방식을 사용하던지 간에 성적을 부여하는 목적은 학생의 학업 발전을 전달하기 위함이다.

학교의 요구 충족. 성적은 교육기관의 요구를 충족시켜 주기 위해 사용된다. 예를 들어, 학생들의 반을 편성할 때 성적을 기초 자료로 사용하고, 학생들의 진급을 장려하거나 학교 시스템 안에서 학생들을 졸업시키기 위해 성적을 고려하기도 한다. 우등생을 결정하거나 상이나 장학금을 받을 학생을 선발할 때도 성적은 기초자료가 된다. 학생들이 교육과정 외의 활동에 참여하기에 적합한지를 결정할 때도 성적을 사용하기도 한다.

마지막으로, 성적은 대학 입학이나 운동에 참여할 수 있는 적격성을 결정할 때도 중요한 요소가 된다. 예를 들어, 미국 대학 체육 협회(National Collegiate Athletic Association)는 제안 48호(Proposition 48)라고 부르는 규칙을 만들 때, 고등학교 졸업생이 NCAA 소속 대학 간의 운동경기에 참여하기 위해서는 평균 C학점 이상이어야 한다고 명시했다. (이외에도 제안 48에는 SAT 점수가 최소한 700점이거나 ACT 점수가 최소한 17이어야 한다는 조항도 포함되어 있다.)

성적의 본래 목적은 학생들의 학업 성취와 발전에 대한 정보를 제공하는 것이었다. 그러나 교육 기관이 확대되면서 성적은 오늘날 학생들이 성인이 되었을 때 성공여부를 결정짓는 중요한 요인이 되고 있다. 이것은 전문 분야에서 뿐만 아니라 기술습득 여부를 보여주어야 하는 분야에서도 통용되고 있다.

성적의 부적절한 사용

앞서 말했던 것처럼 성적의 주된 목적은 학생들의 학업 성취수준을 나타내고 이 성취 정도를 학생들과 학부모들에게 전달하는 것이다. 그러나 교실에서 성적을 다른 방도로 사용하고 있다. 때때로 성취 수준은 낮지만 월등히 노력을 많이 한 학생에게 부적절하지만 더 높은 성적이 부여되기도 한다. 이렇듯 성적은 성취 수준에 상관없이 학생들이 계속 학업에 전념하도록 인센티브를 제공하기 위해 고안된 것이다. 이런 일이 발생할 때면 성적은 성취보다 더 중요해지는데 이는 종종 바람직하지 않다. 교실에서 높은 점수를 받았던 학생이 표준화 검사에서 낮은 점수를 받게 되면 학부모들은 혼란스러워하고 좌절하고, 학교 관리자와 이사회는 화가 날 수도 있다는 것이 문제이다. 성적의 기능이 학생 성취에 대한 정보를 전달하는 것이라면 부정확한 정보를 전달하는 것은 피해야한다.

교사는 또한 성적을 경영 도구로 사용하지 말아야한다. 성취수준이 B등급인 학생에게 참여율이 저조하고 결석을 하고 교사의 방침을 어겼다고 해서 C등급으로 성적을 부여하는 것은 불합리하다. 이런 상황은 앞서 소개한 것처럼 다른 방식으로 해결해야 한다.

다른 영역을 효과적으로 다루기 위해서도 역시 성적 이 외의 방식으로 처리되어야 한다. 학생들이 긍정적인 자아개념을 갖고 부정적인 생각을 갖지 않도록 하기 위해 성적을 이용해서는 안된다. 협동적인 학생을 보상하거나 비협동적인 학생을 처벌하기 위해 성적을 주어서도 안된다.

학생들을 응원하는 가장 좋은 방법은 계속해서 수업의 질을 재검토하고 향상시키는 것이다. 질 높은 수업을 통해 더 많은 학생들은 학문적으로 더 높은 성취를 이룰 수 있고 결국 더 좋은 성적을 받게 될 것이다.

피드백 체제

학생에게 피드백 주기

학생들은 교사로부터 말과 글로 피드백을 받는다. 말로 주는 피드백은 묻고 대답하는 과정을 통해 이루어진다. 글로 주는 피드백의 가장 일반적인 형태는 종이와 연필로 행해지는 공식적인 시험을 본 후 성적을 부여하는 것이다. 앞서 이야기 한 것처럼 학생들은 성적이 그들의 학업 성취수준을 명확하게 전달하기 위한 방법이란 것을 이해해야 한다. 교사들은 또한 성적표에 의견을 적기도 한다. 성취 수준을 전달하기 위한 모든 피드백은 반드시 이해할 수 있는 것이어야 한다.

교사의 성적 부여 정책과 제도는 학생에게 단순하고 명확해야한다. 이 책을 통해 계속 강조했듯이, 학생들은 그들의 학습 상황, 그들이 달성해야 할 학습 목표, 학업에서 성공하기 위하여 수행해야 하는 정도를 이해할 권리가 있다. 학생의 수행과 성취에 관한 피드백을 계속 주어 학생 스스로가 자신의 학업 수행이 어떠했는지를 계속해서 알아야한다.

학부모에게 피드백 주기

학부모에게 성적을 전달하는 가장 일반적인 형태는 성적표이다. 고등학교 성적표는 학업 성취를 반영하는 성적을 제공하는데 반해, 초등학교 성적표는 학업 성취뿐만 아니라 학업 이외의 학교생활 전반적인 영역에서 학생들의 행동이 만족스러운지 그렇지 않은지를 알려주는 기능을 한다.

학부모들은 학교가 보통 성적으로 제공하는 학생들의 학업 수행 정보에 친숙해져야 한다. 그러나 이런 정보는 성취 수준을 명확히 전달함으로써 이용가능성이 있는 것이다. 한 학급에서의 B 등급이 다른 학급에서의 B 등급을 의미하지 않을 수도 있다. 앞서 말한 것처럼, 한 학생이 학교에서 발급한 성적표에서는 '만족'을 받고 표준화 검사에서는 낮은 점수를 받는다면 학부모들은 이해하지 못한다.

성적표나 다른 성적 전달 방식들을 사용하는 이유는 부모가 자녀들의 학업 발전을 더 잘 알도록 하고자 함이라는 것을 교사들은 명심해야 한다. 성적표는 이런 목표를 달성할 수 있는 유일한 방법이다.

학업 발전을 전달할 수 있는 다른 방법은 교사들이 작성한 보고서이다. 그러한 보고서는 읽기에 명확하고 쉬워야하고, 성적에 대한 어떤 언급도 해서는 안 된다. 교사들은 일상 언어를 사용해서 무엇을 말하려고 하는지와 어떻게 말해야할 지를 심사숙고하여 일반적인 학업 상황을 전달해야 한다.

학부모에게 의사 전달할 수 있는 가장 효과적인 방법은 면담이다. 얼굴을 마주 보고 대화를 하면서 부모들은 궁금한 점을 묻고 교사들은 이해 할 수 있도록 대답을 해야 한다. 부모들은 자녀들이 받은 성적이 어떤 의미인지를 알아야 할 필요가 있는데, 바로 면담을 통해서 교사는 학생의 관찰 가능한 성취 이 외에도 학습에서의 문제점을 명확하게 제시할 수 있다. 이 면담은 양방향 의사소통이기에 교사도 또한 학부모로부터 학생과 학생의 가정환경에 대한 귀중한 정보를 얻을 수 있다는 것을 깨달아야 한다. 이런 정보를 이용하여 교사는 더 높은 성취를 달성할 수 있다.

교실에서의 공학

평가 개선하기

교실에서의 빈번한 평가는 교수-학습 과정에서 필수적인 부분이다. 하지만 잦은 평가는 교사의 많은 시간과 노력을 필요로 한다. 이런 점을 해결하기 위해 공학이 필요하다.

컴퓨터 공학은 교실에서 특히 귀중한 방법인데 학생들은 컴퓨터를 이용해서 많은 양의 자료를 저장하고, 조작하고, 처리할 수 있다. 컴퓨터는 다음의 세 가지 중요한 역할을 수행하고 시간을 절약하는 평가 방법을 제공한다(Newby, Stepich, Lehman, & Russell, 2006; Roblyer, 2006). 여기에는 다음과 같은 내용이 포함된다;

- 검사를 계획하고 구성하기
- 시험 결과를 분석하기
- 학생들의 성적기록을 보관하기

위 세 가지를 살펴보자.

검사를 계획하고 구성하기(Planning and Constructing Tests)

검사를 제작하는 소프트웨어 프로그램은 워드 프로세싱 프로그램보다 최소한 세 가지 면에서 장점이 있다. 첫째는, 표준적인 구조를 사용한다는 것이다. 즉, 교사들은 공간처리나 형태에 대해 걱정할 필요가 없다. 둘째는, 다양한 형태의 검사 양식을 자동적으로 개발해서 재검사에 용이하게 사용되고 모든 아이들이 같은 검사지를 받아 서로 보고 싶어 하는 유혹을 예방할 수 있다. 셋째는 상업적으로 검사 문제 은행을 만들어 교사들이 직접 만든 문항과 상업적으로 만들어진 문항 중 좋은 것만 골라 사용할 수 있도록 한다. 이렇게 시간과 노력을 절약할 수 있는 장점이 교실 평가를 더 효과적이고 효율적으로 만들어 준다.

많은 검사 개발 프로그램들은 상업적으로 유용하다. 프로그램들을 사용해서 다음과 같은 작업을 할 수 있다.

- 다양한 형식으로 검사 파일을 개발한다. 한 파일 안의 검사 문항들은 주제, 장, 목표 또는 다른 수준에 의해서 개발된다.
- 다양한 형태의 검사를 제작하기 위해서 이미 개발된 시험 문제 은행에서 무작위로, 선택적으로, 또는 범주화해서 필요한 문항을 선정한다.

- 문항을 수정해서 완전한 검사 문항으로 통합한다.
- 검사를 치른 후 학생들이 가져갈 수 있는 별도의 시험지와 정답지를 만든다.

검사 자료를 분석하기

컴퓨터 공학은 시험 점수를 부여하고, 결과를 보고하고, 교사들의 시간을 절약해주고, 학생들에게 더 풍부한 내용의 피드백을 제공하는 과정에 도움을 준다. 소프트웨어 프로그램은 기계로 점수를 부여하는 테스트에 용이하고 다음과 같은 기능을 수행한다.

- 시험에 대해 객관적으로 점수를 부여하고 시험 평균, 중앙치, 최빈치, 범위 그리고 표준편차와 같은 기술적인 통계치를 제공한다.
- 난이도를 보여주는 문항의 목록, 각각의 선택지를 고른 학생들의 비율, 어떤 문항에 응답하지 않은 학생들의 비율, 각 문항과 전체 시험과의 연관성 등을 보여준다.
- 점수나 등급 또는 나이나 성별에 따라 학생들의 응답을 분류한다(Merrill et al., 1992).

교사들은 컴퓨터 공학을 이용해 절약한 시간과 에너지를 각각의 문항뿐 아니라 전체 시험을 분석하고 개선하여 학생들의 학업을 증진시키는데 사용한다.

학생들의 성적기록 보관하기

효과적인 평가제도는 주로 학생들의 학업 수행을 다양한 자료로부터 수집한다. 교사가 이 정보를 유용하게 사용하려면 얻기 쉽고 사용가능한 형태로 저장되어 있어야 한다. 컴퓨터는 학생들의 평가를 저장하고 분석하고 보고하는데 효율적인 방법을 제공한다. 어떤 교사는 이렇게 말한다:

> 나는 학생들의 점수를 컴퓨터 성적 파일에 보관합니다. 종이에 성적을 기록하는 것처럼 컴퓨터 성적 파일에 점수를 입력하면, 나는 언제든지 학생들의 학업 발전을 알 수 있고 학생들이 다른 학생들과 비교해서 어떤 위치에 있는지를 파악할 수 있다. 성적을 입력하는데 약간의 시간이 걸리긴 하지만, 성적 보고 기간 동안 나의 일은 더 수월해 집니다. 내가 해야 할 일은 단지 파일을 열고 학생들의 성적을 점수 기록란에 기록하는 것이다(Morrison, Lowther, & DeMuelle, 1999, p.355).

컴퓨터 공학에 익숙한 교사들은 표 계산 소프트웨어를 개개인의 성적표로 전환할 수도 있다(Forcier & Descy, 2005). 상업적인 소프트웨어 또한 유용한데, 개인의 시험 성적을

분석하기 위해 고안된 대부분의 프로그램은 다음의 기능을 지닌다:

- 모든 학급과 과목에 대한 새로운 파일을 시작한다. 학생의 이름이나 고유 번호로 파일을 정리한다.
- 성적을 평균내고 새로운 성적을 만들거나 또는 예전 성적을 바꾸고 추가 학점을 가산한다.
- 어떤 시험이나 점수를 위해 평균, 중앙치, 최빈치, 표준 편차와 같은 기술적인 통계를 계산한다.
- 산술 점수나 원 점수를 계산하여 등급으로 바꾸어준다.
- 활동의 유형과 그 활동들의 중요한 가치를 기록한다.
- 분기별, 학기별 또는 학년별 성적의 평균을 계산한다.

교사의 시간과 노력을 줄여줄 뿐만 아니라 이러한 프로그램들의 장점은 정확하고 즉각적이라는 것이다. 입력된 정보가 정확하다면 버튼 하나만 클릭하면 점수를 얻을 수 있다. 게다가, 기록은 언제나 사용 가능해서 학생들에게 정확하고 즉각적인 피드백을 제공한다(Roblyer, 2006). 어떤 프로그램은 심지어 학생들의 점수를 영어 이외의 다른 언어로도 제공한다(Forcier, Descy, 2005).

공학과 포트폴리오

컴퓨터 공학은 또한 학생들의 포트폴리오를 정리하고, 저장하고, 보여줄 수 있다(Newby et al., 2006; Stiggins, 2005). 컴퓨터에 저장된 포트폴리오는 공간과 접근성의 문제를 제기하지만 이용가능성을 향상시킨다. 상자 안에 쌓여가는 학생들의 포트폴리오를 관리하는 문제를 해결하려는 교사들은 컴퓨터에 전자식으로 포트폴리오를 저장하는 장점을 입증한다.

컴퓨터 공학은 교수-학습 과정의 혁명이다. 평가 과정에 미친 영향은 실로 대단하고, 평가가 학습에 공헌할 수 있도록 도와주는 공학의 능력은 계속 증가하고 있다.

반성하기

교실수업평가

INTASC 원리 3, 8, 그리고 10

이 장에서는 학생의 학습 평가에 대한 토의를 생각해 보시오.

요 약

평가는 학습에 대한 정보를 모으는 과정이고, 평가는 그 사정을 기초로 의사결정을 내리는 과정이다.

평가의 정확도는 학생들이 사실, 개념, 일반 규칙들을 어느 정도로 이해하고 있는지를 결정하기 위해 사용되는 잘 고안된 문항에 달려있다. 이 평가들은 주로 인지형이나 서답형의 문항으로 구성된다.

수행평가와 포트폴리오와 같은 대안적 평가 방식은 전통적 평가 방식의 타당도에 대해 회의적인 교사들에게 선택의 기회를 제공한다. 수행평가를 사용할 때는 채점기준표를 사용해야 한다.

성적을 결정하고 전달하는 것은 세 단계 모형의 마지막 단계이다. 성적을 결정할 때 교사는 먼저 학생들을 서로 비교할 것인지 학생을 미리 정해 놓은 기준에 비교할 것인지를 결정해야한다. 일단 결정을 하면, 다음 단계는 교사가 문자로 성적을 객관적으로 부여하기 위해 적절한 성적 제도를 선택해야 한다. 성적 제도가 아무리 개관적이라 할지라도 어느 정도의 주관성은 항상 존재한다는 것을 아는 것이 중요하다.

그리고 문자로 된 성적이 부여되면 그 다음 단계는 그 성적을 학생과 부모에게 명확하고 이해 가능하도록 전달하는 일이다. 이 시점에서 가장 결정적으로 중요한 요소는 학생이 받은 문자 성적이 학생의 수행 정도를 정확하게 나타내야 한다는 것이다. 이렇게 하면 세 단계 모형은 끝난다.

마지막으로 꼭 기억해야 하는 것은 이 모형을 사용하는 것은 끝없이 그 과정이 지속된다는 것이다. 비록 성적을 부여하고 전달하는 과정이 평가의 단계를 마무리 한다 할지라도 교사는 계속되는 수업을 계획하고 실행하고 평가하기 위해 학생들의 성취 수준을 살펴보아야 한다. 그러므로 세 단계 모형을 사용하면 순환 반복적인 상황이 벌어지고, 교사는 끝없이 수업을 하게 된다. 그런 과정을 통해서만이 교사들은 계속적으로 수업을 향상시키고 학생의 학업 성취와 성공 지향적인 환경을 증진시키도록 도와 줄 수 있다.

핵심개념

교실수업평가	수행평가	체크리스트
규준지향 채점	절대기준지향평가	평정척도
낙오자 없는 교육법	참평가	포트폴리오
높은 위험에 따르는 검사	채점기준	표준지향교육
비형식적평가	책무성	형식적평가

자격시험준비

다음 사례를 읽고 이번 장에서 언급된 내용을 사용하여 질문에 답해 보시오.

Marianne Milligan 선생님은 Rio Grande 고등학교에서 통신학을 가르치신다. 선생님은 수업 첫머리에서 학생들에게 논설문을 나누어 주시고는 이 글을 읽고 학습지의 "심화 문제"를 해결하라고 말씀하셨다. 학생들에게 종이 한 장을 꺼내서 오른쪽 맨 위에 이름, 날짜, 학기를 쓰라고 하셨다. 그리고 종이에 제목 "에세이를 해부하라."라고 적으라고 말씀하셨다.

그리고는 다음과 같이 말씀하셨다.

"좋아요, 자 이제 시작해 볼까요. 나누어 준 에세이를 보세요. 모든 에세이에는 제목이 있어요. 어떤 제목이든 상관없으니 '에세이를 해부하라.'라는 글 아래에 각자 적어보세요."

"이것이 제목 페이지인가요?" Jon이 질문을 했다.

"제목 페이지를 따로 만들지 않아도 된단다. 이 종이에다가 모든 과제를 하면 돼." 선생님께서 대답해 주셨다.

"이제, 우리가 할 일은 다섯 문단으로 구성된 에세이를 보면서 공부하는 겁니다. 이 에세이는 여러분이 생각하는 것에 대해 다른 사람을 설득하는 방법을 보여주는 구조로 쓰여 졌어요. 그럼 먼저 나누어 준 에세이를 조금씩 분해해 볼까요. 여러분이 분해할 에세이들은 다른 반 친구들이 작성한 글이에요. 그 친구들도 역시 오전 수업에서 여러분이 작성한 에세이를 분해했어요. 이렇게 해야 서로 공평하지요."

Milligan 선생님은 영사기로 가셔서 에세이 하나를 올려놓으셨다. 학생들에게 학습지에 있는 첫 번째 심화 문제를 보라고 하셨다.

"우리는 이제 주제를 찾을 거예요. 주제는 도입이 되는 문단에 있어요. 이 에세이의 주제는(영사기의 에세이를 가리키며) '인체 면역 결핍 바이러스(HIV)를 갖은 학생은 학교에서 농구를 해서는 안 된다고 생각한다(안 된다를 강조하며)'입니다. 1번 문제의 답을 적어보세요. 그 문장이 이 에세이의 주제, 즉 핵심 생각입니다. 다음 문제를 볼까요? '저자가 이 주제를 전개해 나가기 위해 사용한 첫 번째 이유는 무엇입니까?' 이 내용은 주로 두 번째 문단의 처음 부분에 나옵니다. 에세이의 두 번째 문단을 보시면 '그들은 미국 농구 협회(National Basketball Association, NBA)에서 운동을 할 수 없습니다. 그런데 어떻게 고등학교에서는 농구를 할 수 있겠습니까?'라고 쓰여 있습니다. 이 주장이 옳을까요?"

"예." Elizabeth가 대답했다.

"좋아요. 옳다고 생각하면 2번 문제에 'NBA는 HIV를 갖은 선수를 받아들이지 않는데 왜 고등학교에서는 운동선수로 받아주어야 하는가?'라고 적으면 됩니다. 이것이 이 사람이 에세이의 주제를 뒷받침하기 위해 사용하는 근거입니다. 다음 질문에선 예를 찾아보라고 하는군요. 이것은 무엇을 의미하지요? Robert 대답해 볼까?"

"기록이나 목록을 말합니다." 로버트가 대답했다.

"우리가 예를 알도록 하기 위한 질문 같은데요." Maria가 덧붙였다.

"훌륭해요. 그럼 예를 찾아볼까요?" 선생님께서 말씀하셨다.

"NBA의 규약에 대한 설명이 있는데요." Mercedes가 말했다.

"잘했어요. 첫 번째 이유를 뒷받침하기 위해 사용된 거로군요." 선생님은 계속해서 영사기를 이용하여 에세이를 함께 보면서 같은 방식으로 수업을 진행하셨다. 두 번째 이유와 세 번째 이유를 찾고 그 이유를 뒷받침하는 예들을 찾아보았다.

"이제 마지막 질문을 봅시다. 마지막 단락에서 결론에 해당하는 문장을 찾아보는 문제군요. 이 에세이에서는 어느 문장일까요?…Toby?"

"에세이에서 'HIV 감염자들이 농구를 하도록 허락해선 안 된다고 생각 한다'라는 문장입니다."

"잘했어요. 이렇게 이 에세이를 분해해서 에세이의 골격 구조를 살펴봤어요. 도입부분, 이유 1과 예, 이유 2와 예, 이유 3과 예, 그리고 결론까지 찾아보았어요. 이제 영사기에 나오는 다른 에세이를 보면서 다시 한 번 똑같은 작업을 해봅시다. 이 에세이는 지금까지 봤던 에세이와 반대 입장의 글이에요. HIV를 갖은 학생이 농구를 하는 것이 허락되어야 한다는 것이지요. 여기서 중요한 부분은 '~되어야 한다.' 이겠지요."

Milligan 선생님은 학생들이 두 번째 논설문을 가지고 작업하도록 시켰다. 첫 번째 에세이를 가지고 했던 것처럼 똑같이 학습지에 있는 심화 문제들에 답해보도록 학생들을 지도하였다. 남은 수업 시간동안 Milligan 선생님과 이중 언어 도우미들은 학생들이 그 과제를 잘 수행하도록 관찰하고 도와주었다.

1. Milligan 선생님께서 수업시간에 사용하신 비공식적인 측정은 어떤 방식으로 이루어졌나요?

2. 학생들이 논설문이라는 개념을 이해했는지를 어떻게 측정하겠습니까?

3. 학생들의 학업 성취를 결정하기 위해 사용할 수 있는 대안적인 평가 방법은 무엇이 있을까요?

4. 마지막 문단을 보면 Milligan 선생님은 이중 언어 도우미를 활용하셨습니다. 영어를 모국어로 하지 않는 학생들을 위해 여러분이 준비한 것은 무엇인가요?

비디오 연습

MyEducationLab으로 가서 "평가"라는 주제를 선택하고 "포트폴리오"라는 비디오를 보시오. 비디오 에피소드 다음에 나오는 질문에 답하시오.

포트폴리오의 개발

이 활동의 목적은 여러분이 학급이나 다른 수업에서 사용할지도 모르는 평가기준체제를 고안하도록 도와주는데 있다.

- 평가체제에서 시험 문항이나 퀴즈를 어느 정도 비중을 둘 것인지를 기술한다.
- 평가체제에서 여러분이 숙제를 어떻게 처리할 것인지, 어느 정도 비중을 둘 것인지를 기술한다.
- 평가체제에서 어떻게 여러분이 학생들이 부여받은 점수를 인정하고 알아보도록 도울 것인지를 기술한다.

토의문제

1. 평가는 학생들이 학습하는 양을 늘릴까요?, 줄일까요?, 또는 영향을 전혀 미치지 않을까요? 여러분의 입장을 지지할 만한 증거를 제공하시오.

2. 평가가 학습자의 동기를 향상시킬까요? 저하시킬까요? 또는 영향을 전혀 미치지 않을까요? 여러분의 입장을 지지할 증거를 제공하시오.

3. 평가는 어느 정도까지 동기 유발 목적으로 사용되어야 할까요? 그렇게 생각하는 이유를 설명하시오.

4. 학습을 향상시키기 위해 평가를 사용하는 것과 비교하여 등급을 부여하고 보고하기 위한 평가를 어느 정도까지 사용해야 합니까?

5. 전통적인 지필평가 방식은 학생들의 낮은 수준 학습을 평가하는 것이라고 주로 비평을 받습니다. 이러한 비평에 동의합니까? 설명해보시오.

6. 전통적인 지필평가 방식이 너무나 혹독하게 비평을 받기 때문에 결국엔 사용되지 않을 것이라고 당신은 생각하십니까? 당신의 생각이 긍정이든 부정이든 이유를 설명해 보시오.

7. 지금으로부터 5년 후 그리고 10년 후를 상상해 보시오. 실제적인 평가방식이 지금보다 더 탁월할까요? 그렇지 않을까요? 왜 그렇게 생각하는지 이유를 설명해 보시오.

8. A, B, C 등으로 점수로 부여하는 전통적인 방식이 왜 그렇게 오랫동안 지속이 되어왔다고 생각하십니까? 이러한 전통적인 평가방식이 결국 사라질까요? 그렇든 그렇지 않든 이유를 설명해 보시오.

현장경험을 위한 제안

1. 교사 한 사람을 면담하시오. 물어볼 질문들은 다음과 같습니다.
   a. 평가가 학습을 촉진시키기에 얼마나 중요한 역할을 수행한다고 생각하십니까?
   b. 어떻게 평가하십니까? 당신의 평가 방식을 설명해 주실 수 있으십니까? 숙제나 프로젝트 그리고 시험과 퀴즈를 당신의 평가 방식에 어떻게 포함시키십니까?
   c. 당신의 평가방식에 실제적인(또는 대안적인 평가 또는 수행) 평가를 활용하십니까? 그렇다면 점수를 부여할 때 그 평가를 어떻게 수치화 시키십니까?
   d. 성적표와 중간 향상 보고서를 보내는 방법 이외에 어떻게 평가 결과를 학부모에게 전달하나요?
   e. 시험 보기 전날이라도 학생들의 시험을 위해 특별한 시험 준비를 하는 것이 있나요?
   f. 시험을 본 후 학생들과 함께 시험에 대해 점검을 하나요? 왜 하나요? 또는 왜 하지 않나요?
   g. 얼마나 자주 시험을 보십니까?

2. 시험을 보기 전 날 선생님을 잘 관찰하십시오. 학생들이 시험 준비를 하도록 무엇인가를 하십니까?

3. 시험지가 학생들에게 되돌려지는 날을 관찰하십시오. 선생님은 그 시험에 대해서 학생들과 토론을 하십니까? 만약에 하신다면, 토론의 부분으로서 선생님이 무엇을 하시는지 구체적으로 설명하십시오.

4. 선생님들의 시험지 표본들을 모으십시오. 그 시험지를 공부하면서 다음과 같은 질문을 고려하십시오.
   a. 시험 문항의 대부분은 인지적 분류에서 어떤 수준에 해당합니까? 주로 지식수준입니까? 아니면 더 높은 수준의 사고력을 측정하는 항목입니까?
   b. 대부분의 문항을 위해 사용된 유형은 어떤 것입니까? 주로 선다형, 연결하기 또는 진위 구별하기와 같은 객관식 유형입니까? 아니면 괄호 넣기 또는 글쓰

기와 같은 다른 유형입니까?

c. 대부분의 문항들은 명확합니까?(다시 말하면, 오해의 소지는 없습니까?)

5. 만약 선생님이 학생들의 수행물을 모아 놓은 포트폴리오를 활용한다면, 그 내용을 점검하시오. 내용을 설명하고 친구들과 그것들에 대해 토론할 준비를 하시오.

교수도구

☞ 참고문헌

Emmer, E. T., Everston, C. M, & Worsham, M. E. (2006). *Classroom management for middle and high school teachers*(7th ed.). Boston: Allyn & Bacon. A widely respected text that provides detailed suggestions for responding to classroom management problems in middle and high schools.

Evertson. C. M. Emmer, E. T., & Worsham, M. E. (2006). *Classroom management for elementary teachers*(7th ed.). Boston: Allyn & Bacon. A widely respected text that provides detailed suggestions for responding to classroom management problems in elementary schools.

Everston, C. M, & Weinstein, C. S. (Eds.). (2006). *Handbook of classroom managemenet research, practice, amd contemporary issues.* Mahwah, NJ; Lawrence Erlbaum Associates. This handbook provides a comprehensive overview of research and effective practice in classroom management.

Good, T. L., & Brophy, J. E., (2008). *Looking in classrooms*(10th ed.). Boston: Allyn & Bacon. This well-known and widely used text includes a chapter specifically devoted to effective responses to disruptive behavior.

Marzano, R. J., Marzano, J. S., & Pickering, D. J. (2003). *Classroom management that work; Research-based strategies for every teacher.* Alexandria, VA: Association for Supervision and Curriculum Development. This research-based resource provides specific strategies for responding to classroom management problems.

☞ 웹사이트

www.adprma.com/managemistakes.htm Identifies a series of common mistakes that new teacher make in responding to classroom managemwnt issues.

www.adprma.com/management.htm Offers suggestions for responding to classroom management issues as well as other suggestions for creating an orderly classroom.

www.4faculty.org/includes/images/solutionstable.pdf Identifies a series of classroom management issues and suggests possible solutions to each.

www.kde.state.ky.us/KDE/Instructional+resources/Career+and+Technical+Education/Classroom+Management.htm Offers one state's approach to offering suggestions to teachers about dealing with classroom management issues.

[용어해설]

"나" 메세지	학생들이 규칙과 절차를 이해하고 있음을 확인하는 방법.
강의-토의	조직된 정보를 상호작용적 방식으로 가르치기 위해 고안된 수업전략; 네 단계로 구성된다. 도입과 복습, 정보제시, 이해 조정, 통합.
개념	공통된 특징을 공유하는 일군의 아이디어 또는 대상
개발화 교육계획	학생 개개인을 위해 고안된 개별화 교육과정의 포괄적 기술.
개방적 질문	확산적 질문 참조.
계획하기	교사가 수업단원을 설정하고 학습할 목표를 선정하고 목표들을 학습하기 위한 근거를 선정하는 3단계 교수모형의 한 요소.
고위험 검사	표준에 도달한 정도를 측정하기 위해 고안된 표준화검사.
고차적인 질문	학생들의 정보처리를 요구하는 질문.
교사중심수업	교사의 역할이 학습내용을 제시하고 학생의 학습과정을 명확하게 지시하는 수업
교실분위기	긍정적인 학생의 감정을 지원하는 학습환경.
교실수업평가	학생의 학습 진전에 관한 의사결정을 내리는데 있어서의 과정.
구성주의	의도적인 학습활동에 참여하면서 유용한 이해를 구성할 수 있는 기회를 제공해주는 학습접근
국가적 목적	범국가적으로 중요하다고 여기는 목적.
규범준거 평가	학생들의 비교를 근거로 한 학생의 진전과 점수에 대한 결정.
규칙	학생행동에 대한 표준.
긍정적 질문	잘못 제공된 답을 최종정답으로 바꾸도록 돕는 질문.
기능	학생들이 수업에서 보이게 되는 방대한 행동.
낙오자없는 교육법	연방규정으로 각 주에서 표준을 제정하고 이 표준을 몇 가지 수준에서 평가할 것을 요구하는 규정.
낮은 수준의 질문	일반적으로 회상을 묻는 질문.
내발적	내적가치의 느낌에 대한 보상.
내용의 개요	한 단위 수업에서 가르칠 수업내용에 대한 청사진
높은 기대	학생의 학습과 성취에 때한 교사의 긍정적 견해.
다문화교육	학교가 문화적 차이에 적응하고 모든 학생들에게 교육적 기회를 제공하기 위한 다양한 수업전략을 나타내는 포괄적 용어.
다중지능	지능은 몇 가지 종류 또는 몇 가지 국면으로 구성되어 있다고 제안하는 지능에 관한 견해.
단원계획	교사가 일반적으로 무엇을 학습하고 왜 학습하며 어떠한 학습이 학습자결과를 촉진할지를 결정하는 과정.

단원내용개요	단원의 목적을 촉진하기 위하여 고안한 수업내용의 개요를 적은 단원계획의 일부.
단원목적	학습자의 결과를 일반적인 용어로 설정해 놓은 단원계획의 일부
단원의 근거	교육과정 속에 단원의 결과를 포함시키는데 대한 정당화.
대기시간	교사가 질문을 하고 잠시 기다리는 시간.
도입과 복습(지시적 수업)	학생의 주의를 모으고 그 주의를 수업에 끌어들이고 전시학습내용을 상기시키기 위하여 고안된 지시적 수업의 일부.
독립된 연습(지시적 수업)	학생들이 새로운 내용을 실천할 수 있도록 추가 기회를 제공하기 위하여 고안된 지시적 수업의 마지막 단계.
동기부여	학생의 학습과 성취에 대한 욕구를 증가시키는 내적인 동인.
동시대처행동	교사가 한 번에 한 가지 이상을 할 수 있는 능력.
메타인지	교사가 학생들의 학습에 진정한 관심을 전달한다.
명확성	기대된 학생행동에 관한 명확한 의사소통.
목적진술	학습자가 누구이고 일반적으로 무엇을 달성해야 할지를 구체화한 목적 목표.
목표기준	학습자가 수행해야 하는 목표에 대한 수락 가능한 수준.
목표의 관찰된 행동	행동목표의 수행요소.
목표조건	평가 당시 학습자에게 주어진 또는 주어지지 않은 조건.
몰입언어프로그램	일차언어를 보존하려는 시도도 없이 급격한 영어로의 전환을 강조하는 언어획득 프로그램.
문제중심수업	문제해결과 탐구기능을 가르치기 위해 고안된 광범위한 수업전략. 문제를 조사와 탐구의 핵심사항으로 사용함.
문제해결	실생활에서 학습경험을 통하여 문제해결을 배우도록 돕는 문제중심 수업전략.
문화적으로 반응하는 수업	교실 내에서 문화적 다양성을 인정하고 이에 적응하는 수업.
반성	교사가 수업이 얼마나 효과적인지 수업을 다시 들여다보는 관점.
배려	진정으로 학생에게 관심을 갖고 있는 교사
보조공학	학생들이 내용을 학습하기 위하여 컴퓨터와 기타 공학을 사용하도록 돕는 적응적인 공학도구
복습	사전학습의 요약과 그것을 앞으로 배울 것과 관련짓는 것.
부정적 질문	학생들이 정답에서 오답으로 바꾸게 하는 질문.
비지시적 단서	학생들에게 직접 언급하지 않고 학생의 학습과제를 벗어난 행동에 주의를 기울이는 것.
비판적 사고	추론을 통한 정보처리 능력을 증진시키는 지적과정.

비형식적 평가	학습 진전에 대한 우연한 정보를 수집하고 그 정보에 기초하여 의사결정을 내리는 과정.
사실	관찰 가능한 단 하번 발생하는 것에 대한 진술.
사회(목적 자원으로서)	학생들이 사회의 도전에 효과적으로 대처하도록 돕기 위하여 고안된 목적.
생각하고-짝을 이루고-공유하기	일종의 집단학습전략으로 교사는 일상적인 질문을 제기하나 학생을 부르지 않고 교사는 모든 학생들이 답(생각하는 전략)을 생각하고 그것을 그들의 파트너(짝과 공유하는 전략)와 토론하도록 요구함.
수동적 학습	학생들이 정보를 수용하는 학습활동.
수렴적 질문	일반적으로 단 하나의 정답만이 있는 질문.
수업내용	교사가 학생들에게 제시할 아이디어.
수업목표	행동목표를 보시오.
수업목표	의도되고 구체적인 수업의 결과.
수업의 근거	학생들에게 수업을 제시하는데 대한 이유.
수업자료	학생의 학습을 촉진하는 다양한 자원.
수업절차	수업을 촉진하기 위해 사용되는 전략.
수업초점	학생의 주의를 끌어들이고 유지하는 방법.
수업평가	교사가 학생의 학습을 평가하는 방식.
수행평가	자연 상황에서 학생의 수행을 직접 관찰하여 학생의 기능과 이해를 측정하는 하는 것.
실행	학습을 증진시키기 위해 고안된 교사의 내용, 전략, 지료의 제시를 포함하는 3단계 교수모형의 일부.
심체적 영역	신체활동과 능력에 초점을 두고 있는 영역.
아동(목적자원으로서)	개인의 요구에 부응하기 위하여 고안된 목표
안내된 발견	개념과 개념들 간의 관계를 가르치기 위하여 고안된 수업전략: 교사는 학생들에게 본보기를 제시하고 그들이 본보기 속에서 패턴을 찾도록 그들을 안내하고 교사가 가르치고자 하는 아이디어를 학생들이 기술할 수 있을 때 종결에 이른다.
안내된 연습(지시적 수업)	학생들에게 새로운 기능이나 개념을 시도할 기회를 제공하고 교사가 학습 진전에 관한 피드백을 제공하는 지시적 수업의 단계.
암시하기	긍정적 발문을 참조.
언어전환프로그램	학생들이 충분한 영어를 습득할 때까지 일차언어를 유지하는 언어프로그램.
역행적 설계	기대한 학습 목표를 규명하고 그 다음 이 목표가 달성되었는지 평가하는 방법을 구체화하고 마지막으로 목표를 도달하기 위한 학습경험

	을 수립하는 것의 계획에 관한 접근.
열정의 모델이 됨	교사가 학생들의 학습에 진정한 관심을 전달함.
영어-언어 학습자	영어가 제1언어가 아닌 학습자.
영어-언어학습프로그램	내용습득을 상당히 강조하고 있는 몰입프로그램.
완전파악	교실에서 일어나는 일 일체에 대한 인식.
외발적	학생을 위한 가시적이고 외적인 보상.
위기에 처한 학생들	현대사회에 생존하는데 필요한 기능을 갖고 교육을 끝마치지 못할까 두려워하는 학생들.
유지언어프로그램	1차 언어를 사용하고 유지하는 것을 최대한 강조하는 언어프로그램. 학생들은 모국어로 수업을 받고 영어수업도 받으면서 점차 영어를 늘려나감.
의사결정	교사가 학습경험의 계획, 실행, 평가에 관하여 결정을 내리는 과정.
이해의 개발(지시적 수업)	교사가 지시적 수업의 가정 중요한 단계인 새로운 내용을 설명하는 지시적 수업의 한 영역.
인지	학생이 생각하고 정보를 처리하는 방식
인지적 영역	정보의 축적, 처리에 초점을 두고 있는 영역
일반화	인과관계를 시사하는 유형을 표상화 한 진술.
장기적 목적	장기간의 학습을 통하여 성취해야 할 목적.
장애우 교육법안 (P. L. 94-142.)	장애우에게 자유롭고 적합한 교육을 제공할 것을 요구하는 연방법률.
재지시 질문	교사가 많은 학생들에게 똑같은 질문을 제기하는 발문기법.
저지	학생을 직접 지적하여 행동을 멈추게 하는 것.
적극적 학습	학습자가 학습을 지시하는데 상당한 투입을 하는 학습
절대기준준거평가	사전에 정해진 표준에 도달한 학생에 대한 평가.
절차	학생들이 매일 매일 따라야 할, 이미 확립된 일상.
정의적 영역	태도, 가치, 느낌에 집중하는 영역
조직	유연하고 효과적인 학습경험의 촉진을 준비하는 것.
종결	수업이 끝날 무렵 실시되는 복습.
주장적 훈련	교사가 권리, 규칙, 절차를 세우고 강화와 벌로서 강요하는 관리체제
지그소	공동주제를 탐구하기 위하여 소집단을 구성하는 협동학습전략.
지시적 수업	후속학습에 필요한 본질적인 지식과 기능을 가르치기 위하여 고안된 수업전략: 기능을 구체적인 단계로 나눌 때 유용했고 낮은 성취자와 특수아를 가르칠 때 특히 효과적인 것으로 나타난다.
지식	지적, 도덕적, 이전 정보의 습득과 그 정보를 표현하거나 사용할 수 있는 능력.

지역목적	구체적인 학구에서 중요하다고 여겨지는 결과.
집단조사	공동적인 문제를 조사 또는 해결하기 위해 3-6명으로 팀을 구성하는 협동학습전략.
집단학습	교사중심 지시적 수업 또는 강의-토의와 같은 기타 수업전략을 보충하기 위하여 학생들의 협동을 사용하는 수업전략.
짝점검	수렴적 답이 있는 문제에 초점을 맞추면서 짝끼리 협동하는 집단 학습전략.
참평가	실생활과제를 통하여 학생수행의 직접적 측정
채점기준	의사결정을 점수로 매기는 지침.
책무성	학생들이 구체적인 표준에 도달했음을 증명해 보이도록 요구하고 교사에게 학생의 수행에 대하여 책임을 지도록 하는 과정
체크리스트	수용 가능한 수행으로 표현되는 특징을 서면으로 기술한 것.
최소제한 환경	모든 아동들이 자신의 학문적 사회적 성장을 가능한 최대한도로 조성해주는 환경에서 학습 할 권리가 있다는 생각.
추상개념	현상을 기술하고 이해하고 단순화시키기 위해 사용되는 아이디어.
칭찬	학생의 반응이나 행동을 적극적으로 지지하는 방식.
탐구전략	학생들에게 내용을 가르치고 분석적인 사고를 하도록 돕기 위하여 사실과 관찰에 관한 논리적 분석을 기초로 질문에 답하고 그리고 문제를 해결하는 탐구과정을 사용하는 수업전략.
태도	교사가 학생들을 정서적, 심리적, 지적으로 바라보는 방식
토의	교사·학생 그리고 학생·학생의 관계를 고차적인 학습목적에 대한 1차적인 수단으로 사용하는 수업전략.
통합	전체적, 체계적, 조정된 서비스를 지지하는 특수아를 교육하기 위한 종합적 접근.
통합(mainstreaming)	장애학생들을 정규학급에 배치하는 과정.
평가	학생의 수행과 성취에 관한 정보를 수집하는 과정.
평가진술	학생수행, 조건, 기준을 포함하는 목적의 한 부분.
평정척도	각각의 차원을 평정하는 가치의 척도와 차원에 대한 기술.
포트폴리오	시전기준에 비추어 검토되는 수집된 학생작품.
표준	학생들이 배우고 알 필요가 있는 것은 주와 국가조직이 상세화 하기 위한 시도.
표준(목적자원으로서)	적극적 학습: 구성주의 참조.
피드백	학생 반응의 정화성과 적합성에 대한 정보.
학교경영	학급의 질서를 세우고 유지하는 전략.

학급훈육	학생의 비행에 대한 교사의 반응
학문(목적자원으로서)	교육받은 사람에게 유용할 것으로 생각되는 교과지식
학생팀성취 분담	능력수준이 높고 낮은 학생들이 5,6명씩 짝을 이루고 팀 점수가 개인들의 기능검사 점수를 개선한 정도에 기초하여 매겨지는 협동학습 전략. 학생들은 팀의 수행과 집단 협동의 격려에 따라 보상을 받음.
학습양식	인지양식이라고 불리는 학생들이 선호하는 학습. 문제해결 또는 정보처리 양식.
학습자 다양성	아동들이 차이가 나는 방식.
학습자중심 수업	교사가 학생의 학습을 지시하기보다 촉진하는 수업.
행동목표	수행, 조건, 기준의 학습자 결과
협동학습	학생들 간의 집단협동과 상호작용을 북돋으려 고안된 여러 수업전략에 대한 일반용어. 이 전략에 공통된 점은 학생들이 소집단을 구성하여 공통적인 학습목적을 달성하고자 협동을 하고 있다는 점이다.
형성적 평가	수업이 진행되는 동안 학생들에게 피드백을 제공하고 교사가 학습자의 배경지식과 미래의 수업에 대한 적응을 진단하는데 도움을 주기 위해 학생의 학습 진전에 관한 정보를 수집하는 것.
형식적 평가	학생의 학습 진전에 대한 정보를 체계적으로 수집하고 의사결정을 내리는 과정.
확고한	학생이 자신의 행위에 대한 책임을 지는 것. 교사가 자신의 말뜻을 학생들에게 전달하는 것.
확산적 질문	방대한 수용 가능한 학생의 반응이 있는 질문.

[색 인]

【인명색인】

A

B

【내용색인】

ㅎ

역 자 소 개

권낙원(權樂遠)

- 1967. 3 ~ 1971. 2 공주사범대학 교육학과 졸업(문학사)
- 1971. 8 ~ 1973. 8 서울대학교 교육대학원 교육심리전공(교육학석사)
- 1980. 9 ~ 1984. 6 미국 미네소타대학교 대학원 교육과정 및 수업전공(Ph.D.)
- 1985 ~ 1994. 10 한국교원대학교 부교수
- 1994. 10 ~ 현재 한국교원대학교 교수
- 1972 ~ 1973 한국교육개발원 연구원
- 1976 ~ 1980 한국교육개발원 주임연구원
- 1984 ~ 1985 한국교육개발원 책임연구원
- 1999. 9. 14 ~ 2001. 9. 13 중학교특별활동교과용도서 심의회 심의위원, 교육부
- 2000. 4 ~ 2002. 4 한국교원대학교 제 1대학 학장
- 2005 ~ 2006 학습자중심 교과교육학회 회장

【주요 저서】
- 수업모형(번역), 아카데미프레스, 2010.
- 교사를 위한 교육과정론(공저), 공동체, 2010.
- 현장교사를 위한 수업모형(공저), 동문사, 2010.
- 교수-학습 이론의 이해, 문음사, 2006(문화관광부 선정 우수 학술 도서 선정)
- 교육과정 및 방법론, 상조사, 2003.
- 교수방법, 원미사, 2001.
- 열린교육의 이론과 실제(편역), 현대교육출판사, 1997. 1.
- 토의 수업의 이론과 실제, 현대교육출판사, 1996.
- 교육과정과 평가(공저), 상조사, 1995. 8.
- 수업의 원리와 실제(역), 성원사, 1994.
- 학습지도 기술(번역), 성원사, 1990.

【주요 논문】
- A. N. Whitehead의 리듬과 교육내용의 선정 및 조직의 준거에 대한 고찰, 학습자중심교과교육연구, 6(2), 2006.
- 통합수업 분류 준거 탐색에 관한 연구, 학습자중심교과교육연구, 6(2), 2006.
- 개인적 실천 지식으로서의 교수기술의 의미와 형성과정 연구, 한국교원교육연구, 23(3), 2006.
- 교육과정 실행 수준 결정 요인 탐색, 교육과정연구, 24(3), 2006.
- 통합교육과정의 과제와 전망, 학습자중심교과교육연구, 5(2), 2005.
- 초등학교 교사의 수업모형 적용 실태분석, 학습자중심교과교육연구, 5(2), 2005.
- 교수방법 분류준거 탐색, 학습자중심교과교육연구, 4(2), 2004.
- 교수 유형 분석을 위한 준거 탐색, 교육과학연구, 20, 2004.

역자와의
협의하에
인지 생략

학습자 중심 교수방법

2012년 3월 26일 인쇄
2012년 3월 31일 발행

역 자 권 낙 원
발행자 박 준 식

발행처 도서출판 원미사
서울 성북구 장위 2동 65-192호 우남빌딩 202호
전화 : 02) 919-9630, 942-1276
등록 : 1994년 1월 18일(제6-192호)
E-mail : wonmisa9630@daum.net

잘못된 책은 교환해 드립니다. 정가 20,000원

ISBN : 978-89-5544-162-8